Freiheit und wettbewerbliche Ordnung

Freiheit und wettbewerbliche Ordnung

Photo: Leif Geiges

Institut für Allgemeine Wirtschaftsforschung
der Albert-Ludwigs-Universität Freiburg

Freiheit und wettbewerbliche Ordnung

Gedenkband zur Erinnerung an Walter Eucken

Herausgegeben von
Bernhard Külp
Viktor Vanberg

Haufe Verlagsgruppe
Freiburg • Berlin • München
2000

Die Deutsche Bibliothek - CIP-Einheitsaufnahme

Freiheit und wettbewerbliche Ordnung :
Gedenkband zur Erinnerung an Walter Eucken / Institut für Allgemeine Wirtschaftsforschung der Albert-Ludwigs-Universität Freiburg im Breisgau. Bernhard Külp ; Viktor Vanberg (Hrsg.). – 1. Aufl. – Freiburg i. Br. ; Berlin : Haufe, 2000
ISBN 3-448-04259-5

ISBN 3-448-04259-5 Best.-Nr. 00906-0001

Einband-Entwurf: Marei Bittner, Graphik*freelance*, Freiburg i. Br.
Druck: F. X. Stückle, Ettenheim

Vorwort

Am 20. März 2000 jährte sich der 50. Todestag von Walter Eucken, der auf einer Vortragsreise in London plötzlich verstarb. Die Freiburger Wirtschaftswissenschaftliche Fakultät ehrt Walter Eucken mit diesem Gedenkband.

Mit Walter Eucken verbinden wir vor allem drei Begriffe: den der Freiburger Schule, des Neoliberalismus sowie des ORDO-Gedankens.

Grundsätzlich hielt Walter Eucken nicht sehr viel von Schulenbildung. Die Wissenschaftler, die zur Freiburger Schule gezählt werden, waren auch zu einem großen Teil nicht Schüler Euckens im engeren Sinne, sondern eher wirtschafts- und rechtswissenschaftliche Kollegen, die gleiche ordnungspolitische Grundvorstellungen verbanden.

Walter Eucken gilt weiterhin als Begründer des deutschen Neoliberalismus. Ähnlich wie sich Adam Smith Ende des 18. Jahrhunderts gegen die dirigistischen Maßnahmen des Merkantilismus ausgesprochen hatte, wandte sich auch Walter Eucken gegen den Dirigismus, so wie er das Wirtschaftssystem des Nationalsozialismus geprägt hatte, sowie gegen die punktuellen Eingriffe des Staates während der Weimarer Republik. Insofern brachte Walter Eucken eine Renaissance des liberalen Gedankengutes, das in Deutschland durch das Vorherrschen der historischen Schule zurückgedrängt worden war.

Der ORDO-Gedanke, der dritte Begriff, der sich mit dem Namen Walter Euckens verbindet, weist auf die zentrale Bedeutung der Wirtschaftsordnung in dem Denken Walter Euckens hin. Im Gegensatz zu den älteren liberalen Positionen war Walter Eucken davon überzeugt, dass es eines starken Staates bedürfe, um eine marktwirtschaftliche Ordnung zu erhalten, die nicht nur gegen einen zu großen staatlichen Eingriff, sondern auch gegen monopolistische Tendenzen privater Unternehmungen stets erneut verteidigt werden müsse.

Walter Eucken ist neben zahlreichen anderen Veröffentlichungen vor allem durch seine beiden Buch-Veröffentlichungen: „Grundlagen der Nationalökonomie“ und „Grundsätze der Wirtschaftspolitik“ bekannt geworden. Mit den 1940 veröffentlichten Grundlagen der Nationalökonomie versuchte Walter Eucken die historische Methode zu überwinden. Die Bedeutung der Geschichte komme darin zum Ausdruck, dass jede konkrete Situation aus einer Vielzahl von idealtypischen Einzelmerkmalen wie Haushalts- und Unternehmungsverfassungen sowie speziellen Marktformen gebildet sei. Er nahm somit in dem Streit um die geeignete wirtschaftswissenschaftliche Methode, die vor allem zwischen G. Schmoller als Vertreter der historischen Schule und C. Menger als Vertreter der theoretischen Methode geführt wurde, eine vermittelnde Rolle ein.

Größere Bedeutung erlangte Walter Eucken mit seinen Grundsätzen der Wirtschaftspolitik, die 1952 posthum von K. Paul Hensel und seiner Frau Edith Eucken-Erdsiek herausgegeben wurden. Sie stellen das Vermächtnis des von Walter Eucken geschaffenen ORDO-Liberalismus dar, indem vor allem die konstituierenden und regulierenden Prinzipien einer Marktwirtschaft herausgearbeitet wurden. Auf diesen Grundsätzen basierte maßgeblich die in der Zeit nach dem 2. Weltkrieg in der BRD von Ludwig Erhard und Alfred Müller-Armack initiierte Soziale Marktwirtschaft, die sehr bald zu einem rapiden Aufschwung, dem sogenannten deutschen Wirtschaftswunder, führte.

Dem von Walter Eucken entwickelten Neoliberalismus kommt gerade in den heutigen Tagen erneut eine große Bedeutung zu. Nach dem Zusammenbruch des Ostblocks Anfang der 90er Jahre des 20. Jahrhunderts schien es zunächst, dass der Dirigismus endgültig überwunden sei. Eine überzeugendere Bestätigung liberaler Grundsätze als der Zusammenbruch des Kommunismus schien kaum nötig. In der Zwischenzeit formierten sich die Gegner neoliberaler Gedankengänge aber erneut. So wird vor allem in Lateinamerika von Vertretern der christlichen Soziallehre der Neoliberalismus für die sozialen Ungerechtigkeiten in diesen Ländern verantwortlich gemacht, und in Deutschland werden Reformbestrebungen innerhalb der sozialdemokratischen Partei als „neoliberal“ gekennzeichnet und kritisiert. Es bedarf wohl kaum einer Erwähnung, dass das von Walter Eucken entwickelte liberale Gedankengut weder für die sozialen Verhältnisse in Lateinamerika verantwortlich ist, noch, dass die in der Sozialdemokratie sichtbaren Reformbestrebungen Ausfluss neoliberaler Grundsätze darstellen. Aber es macht deutlich, dass es auch in der heutigen Zeit notwendig erscheinen mag, sich mit dem Gedankengut Walter Euckens erneut zu beschäftigen, offen zu legen, worin die liberalen Grundsätze

Walter Euckens tatsächlich bestanden und welche Bedeutung diesen Gedanken in der heutigen Zeit zukommen.

Ein Teil der wirtschafts- und rechtswissenschaftlichen Kollegen, die in Freiburg lehren bzw. gelehrt haben, oder die sich in besonderem Maße dem ORDO-Gedanken Walter Euckens verbunden fühlen, widmen den folgenden Band dem Gedenken Walter Euckens. Ein Teil der hier vorgelegten Aufsätze setzt sich hierbei ex pressis verbis mit einzelnen von Walter Eucken entwickelten Thesen auseinander, zum Teil werden auch gerade die Gemeinsamkeiten, aber auch die Unterschiede zu den Arbeiten Friedrich A. v. Hayeks, des zweiten großen Gelehrten, der mit dem Namen der Freiburger Schule verbunden ist, herausgearbeitet. Ein letzter Teil der hier vorgestellten Arbeiten versucht im Geiste der von Walter Eucken entwickelten wirtschaftspolitischen Grundsätze liberales Denken weiter zu entwickeln und auf die heute anstehenden Probleme anzuwenden.

Das Zusammenstellen eines solchen Bandes ist immer mit sehr viel Arbeit verbunden. Ich darf an dieser Stelle im Namen der Herausgeber meinen Mitarbeitern Frau Dipl.-Volksw. Elke Denner-Gundel und Herrn cand. rer. pol. Armin Wiesler für die gesamte redaktionelle Aufbereitung recht herzlich danken. Bei Frau Giseltraut Herbert bedanke ich mich für die Reinschrift einzelner Manuskripte. Abschließend möchte ich allen Autoren für die gute Zusammenarbeit, dem Haufe Verlag für seine Unterstützung dieses Vorhabens sowie dem Walter Eucken Institut für die freundliche Überlassung eines Fotos von Walter Eucken danken. Dank gebührt nicht zuletzt der Ludwig-Erhard-Stiftung für die großzügige Förderung der Veröffentlichung dieses Gedenkbandes.

Freiburg, im März 2000 Prof. Dr. Bernhard Külp

Inhaltsverzeichnis

III. Wettbewerb und die Rolle des Staates

IV. Ordnungsökonomik

I.

Wirtschaftspolitik als Ordnungspolitik

Zur Normativität ordoliberalen Denkens*

Gerold Blümle / Nils Goldschmidt

1 Synthese aus dem Widerspruch

„Es fehlt der Sinn für geschichtliche Tatsachen, es fehlt das strenge ökonomische Denken“[1] – dieser Kommentar Walter Euckens umreißt die Grundpfeiler seines Forschungsprogramms: in der „chronischen Krise“[2] der deutschen Nationalökonomie der 20er und 30er Jahre fordert Eucken Überlegungen, in denen „historisches und theoretisches Denken Schritt für Schritt zusammenwirken“[3].

So ist Eucken trotz aller Attacken, die er zur „Überwindung des Historismus“[4] aufbietet, niemals Verfechter einer „rein konstruktiven, freischwebenden Theorie“[5], sondern sein Denken ist ursächlich mit der historischen Betrachtungsweise verbunden: „If he [Eucken, d. Verf.] had lived in a different intellectual environment, he might very well have directed his attack against theorists without changing substantially his own doctrine.“[6]

Eucken ist also einerseits Vertreter einer „jüngsten historischen Schule“[7] – seine Methode ist ohne die Hinwendung zur wirtschaftlichen Wirklichkeit der Vergangenheit und Gegenwart undenkbar.

Euckens Dissertation „Die Verbandsbildung in der Seeschiffahrt“ von 1914[8] und Habilitation „Die Stickstoffversorgung der Welt“ von 1921[9], die beide bei Her-

---

* Wichtige Anregungen haben wir Arnold Berndt, Inga Fuchs und Klaus Kammerer zu verdanken. Bei der Literaturrecherche haben uns insbesondere Eleonore Dietrich und Katharina Hampel unterstützt.

1 Eucken (1932b), S. 321.

2 Schumpeter (1927), S. 17.

3 Eucken (1938), S. 214 (im Original Hervorhebungen).

4 Eucken (1938).

5 Hiervon grenzt sich Eucken explizit in einem Brief an Alexander Rüstow vom März 1929 ab. Zit. nach Janssen (1998), S. 32.

6 Lane (1956), S. 29.

7 Clausing (1958), S. 257 im Anschluß an Schumpeter (1954), S. 815 - 824.

8 Eucken (1914).

9 Eucken (1921).

mann Schumacher eingereicht wurden, sind eindeutig dem Forschungsprogramm der Historischen Schule zuzurechnen. Bisher fehlt eine ausführliche Untersuchung des Einflusses, den Schumacher auf den jungen Nationalökonomen ausgeübt hat. Schumacher ist ohne Frage ein Vertreter der jüngeren Historischen Schule, jedoch weisen einzelne Aussagen schon darüber hinaus. So wird Schumachers Vorgehen, das „bei den Problemen der wirklichen Wirtschaft"[10] ihren Ausgangspunkt findet und mit „theoretischer Denkkraft"[11] verknüpft wird, Eucken beeinflußt haben. Wenn Schumacher einen „Kulturzustand" fordert, „in dem Vernunft und Gemeinwohl entscheiden"[12] und auf eine „Organisation der Gesamtheit"[13] zielt, zeigen sich offensichtliche Verbindungslinien zu Euckens Erwägungen[14].

Andererseits war Eucken – spätestens seit seinem Werk „Kritische Betrachtungen zum deutschen Geldproblem" von 1923[15] – „ein theoretischer Nationalökonom"[16], der „die klassische Theorie"[17] weitergeführt hat.

Sehr anschaulich wird diese Begeisterung für das theoretische Arbeiten in der Unterstützung, die Eucken dem – bisher wenig beachteten – Versuch von Alexander Rüstow zuteil werden ließ, eine Gruppe der jüngeren deutschsprachigen Theoretiker („Ricardianer") zu gründen, um so einerseits ein eigenständiges Diskussionsforum zu initiieren und andererseits geschlossen gegen die Majorität der Historischen Schule im Verein für Socialpolitik vorgehen zu können.[18]

Indem Eucken nun seine Herkunft aus der Historischen Schule bewahrt und sie mit der aufstrebenden theoretischen Analyse verbindet, gelingt es ihm, das spezifische (normative) Anliegen herauszubilden, das für die

---

10 Wendt (1958), S. 134.

11 Wendt (1958), S. 136.

12 Schumacher (1930), S. 9.

13 Schumacher (1919), S. 435.

14 Aufschlußreich wäre hier sicherlich (trotz mancher zeitbedingter Passagen) auch die „relecture" von Schumachers Spätwerk „Die Wirtschaft in Leben und Lehre" (Schumacher (1943)), das – wie Karl Brandt es formuliert – „verdient, der Vergessenheit entrissen zu werden" (Brandt (1993), S. 215). So verlangt Schumacher dort z. B., daß sich die „Volkswirtschaftslehre ... mit den Daten ... beschäftigen muß" (Schumacher (1943), S. 539). Ebenso findet sich – ohne Hinweis auf Eucken – eine Auseinandersetzung mit dem Idealtypus; vgl. Schumacher (1943), S. 545 - 547.

15 Eucken (1923). Jedoch ist auch hier der offensichtliche Bezugspunkt die wirtschaftliche Wirklichkeit.

16 Wagner (1950), S. 172.

17 Wagner (1950), S. 173.

18 Vgl. hierzu insb.: Janssen (1998), S. 20 - 38 sowie Krohn (1981), S. 132 - 141 und Meier-Rust (1993), S. 39 - 46.

Freiburger Schule und den Ordoliberalismus[19] konstitutiv ist: „Denkende Gestaltung der Ordnung ist nötig“[20].

Diese Sichtweise wird zur Basis für „eine integrative Lösung ordnungspolitischer Probleme“[21], so daß Eucken eben nicht nur „Abschluß wie auch Neubeginn der nationalökonomischen Sehweise bedeutet“[22], sondern im Widerspruch zu den bisherigen Ansätzen eine eigenständige Synthese von historischer und theoretischer Forschung anstrebt.

Die Absicht der folgenden Überlegungen ist es, das Spezifische der Euckenschen Vorgehensweise im Spannungsfeld von Historischer Schule und Neoklassik zu verdeutlichen und dabei herauszuarbeiten, daß sein Forschungsprogramm der „denkende[n] Durchdringung der Tatbestände“[23] nur unter Einbeziehung normativer Elemente vollständig erfaßt werden kann. Hierbei wird eine zweistufige Arbeitsweise gewählt: In Kapitel 2 wird zunächst dargelegt, daß Euckens Methode darauf zielt, zur „wahren“ Erkenntnis der ökonomischen Wirklichkeit zu gelangen. Kapitel 3 dokumentiert, daß diese nationalökonomische (Wesens-) Einsicht mit einem Ordnungsverständnis korrespondiert, das nicht eine (wertfreie) systematische Zuordnung wirtschaftlicher Tätigkeit meint, sondern entschieden ein

---

19 Unglücklicherweise werden die Begriffe „Freiburger Schule“ und „Ordoliberalismus“ häufig recht ungenau verwendet. Um dem entgegenzuwirken, sollte man unter der „Freiburger Schule“ – im Anschluß an Böhm (1957) – nur die Forschungs- und Lehrgemeinschaft an der Universität Freiburg in den 30er und 40er Jahren um Walter Eucken, Franz Böhm und Hans Großmann-Doerth verstehen. Dies entspricht dem Ordoliberalismus i. e. S. Davon könnte man in dogmenhistorischer Perspektive einen Ordoliberalismus i. w. S. unterscheiden, der – in Abgrenzung zu anderen liberalen Strömungen – die Notwendigkeit von Grundprinzipien zur Errichtung einer Wirtschaftsordnung (um so wettbewerbsvernichtenden Tendenzen entgegenzuwirken) betont und gewisse regulierende Eingriffe akzeptiert; vgl. Grossekettler (1997), S. 16. Dieser Strömung sollten dann auch z. B. Alexander Rüstow, Wilhelm Röpke, Alfred Müller-Armack und Ludwig Erhard zugerechnet werden. Darüber hinaus könnte man Vertreter einer „Freiburger (Lehr-) Tradition“ benennen, die sich wie Eucken – wenn auch mit je unterschiedlicher Einschätzung – mit Fragen der „Wirtschaftsverfassung“ auseinandersetzen. Hierzu zählen Friedrich August von Hayek, Erich Hoppmann, Manfred E. Streit und Viktor Vanberg.

20 Eucken (1940/1989), S. 240.

21 Häuser (1994), S. 67.

22 Heuß (1995), S. 322.

23 Eucken (1940/1989), S. 69 (in Original hervorgehoben).

„ethisches Wollen“ zum Ausdruck bringt. Die Ausführungen enden mit einigen Anmerkungen zur Aktualität des Euckenschen Forschungsansatzes, wobei Grundlinien einer „rekursiven Wirtschaftstheorie“ entwickelt werden (Kapitel 4).

2 Methodisches

2.1 Alltagserfahrung und Abstraktion

Einen neuen Impuls erhielt die Debatte des seit den 80er Jahren des 19. Jahrhunderts schwelenden (älteren) Methodenstreits mit der Konstruktion des „Idealtypus“ durch Max Weber. In seiner berühmten Abhandlung „Die ‚Objektivität‘ sozialwissenschaftlicher und sozialpolitischer Erkenntnis“ von 1904[24] versucht Weber mit dem Idealtypus – wobei er den Begriff von seinem Freund und Kollegen, dem Juristen Georg Jellinek übernimmt[25] – zwischen beschreibender Historie und theoretischen Gesetzmäßigkeiten zu vermitteln[26], um so „genetische Begriffe“[27] zu bilden, „die durch die gedankliche Steigerung bestimmter Elemente der Wirklichkeit gewonnen“[28] werden. Weber, der zumindest in seinen Grundlinien der Historischen Schule zuzuordnen ist[29], geht es dabei nicht darum, mit Hilfe des Idealtypus zum „eigentlichen Gehalt“ oder zum “‚Wesen‘

---

[24] Weber (1904/1988).

[25] Jellinek (1901/1960), S. 34 - 42, sieht im Idealtypus einen „Wertmaßstab“, etwas „Seinsollendes“. Mit diesem normativen Zugang unterscheidet sich Jellinek fundamental von der Weberschen Konstruktion. Ein Umstand, den Eukken offensichtlich übersehen hat, wenn er davon spricht, daß Weber von Jellinek „Begriff *und* Begriffsinhalt übernommen“ (Eucken (1940/1989), S. 269, Anm. 66, eigene Hervorhebung) hat. Hingegen war sich Eucken bewußt, daß Weber nicht beanspruchte, den „Idealtypus“ entdeckt zu haben; vgl. Eucken (1940/1989), S. 269, Anm. 66.

[26] In recht überschwenglicher Weise schreibt dazu Euckens späterer Kollege und Freund Bernhard Pfister: „Der Mann aber, der in der harten Zeit erkenntnistheoretischer Grundlegung die Fülle historischer Erkenntnisse in ihrem Werden und Gewordensein mit gesicherten Aussagen vereinte ... – *dieser Mann war Max Weber*“ (Pfister (1928), S. 108, Hervorhebung im Original).

[27] Weber (1904/1988), S. 194 (im Original Hervorhebungen).

[28] Weber (1904/1988), S. 190.

[29] Vgl. dazu die ausführliche Argumentation bei Hennis (1987).

der geschichtlichen Wirklichkeit"[30] vorzudringen, sondern ein Werkzeug „zum Zweck der geistigen Beherrschung des empirisch Gegebenen"[31] zu entwickeln. Aufgrund der Bedeutung des *Begriffs* erscheint es durchaus konsequent, Weber – erkenntnistheoretisch – als Nominalisten zu bezeichnen.[32]

Ohne weder die verschiedenen Facetten, die der Idealtypus bei Weber annimmt, zu klären[33] noch zu analysieren, inwieweit sich Idealtypus und Wirtschaftsstufe bei Weber entsprechen[34], ist es jedoch fraglos, daß in der Folgezeit Webers Konstruktion erheblichen Einfluß auf die methodischen Fragen der Wirtschaftstheorie erhielt[35], wobei sicherlich die Entwicklung des „Wirtschaftsstils" im Anschluß an Werner Sombart[36] und Arthur Spiethoff[37] besondere Bedeutung erlangten[38]. Einen erneuten Höhepunkt – und wohl auch Abschluß – erreichte die Diskussion mit Euckens „Grundlagen der Nationalökonomie".

Eucken, überzeugt davon, daß die bisherigen Lehransichten vor der „großen Antinomie" von „individuell-historischem" und „allgemein-theoretischem Problem" versagt haben[39], fordert die Rückbesinnung auf „die alltägliche wirkliche Wirtschaft"[40]. Diese will er durchdringen, um durch

---

30 Weber (1904/1988), S. 195.

31 Weber (1904/1988), S. 208.

32 Vgl. Eisermann (1993), S. 77, Anm. 189.

33 Vgl. z. B. Lindbekk (1992).

34 Vgl. Eisermann (1993), insb. S. 87, Anm. 220.

35 So betont Carl Brinkmann noch 1944, daß es für die Wirtschaftstheorie entscheidend ist, „daß der in unserer Wissenschaft zunächst von Max Weber aufgestellte Begriff des Idealtypus immer mehr Raum gewinnt" (Brinkmann (1944), S. 103).

36 Sombart sieht in der „Gestaltidee" eine Möglichkeit, den „Stoff zu Systemen zu ordnen", um so „das Wirtschaftsleben einer bestimmten Zeit in seiner Eigenart zu erfassen" (Sombart (1930), S. 183).

37 „Der Wirtschaftsstil ist ein Denkgebilde, und man kann ihn einen ‚Idealtypus' nennen" (Spiethoff (1932), S. 57). Dort findet sich auch ein Verweis und eine deutliche Abgrenzung zum Weberschen Idealtypus.

38 Bemerkenswert ist, daß auch Paul Mombert, der 1906 bei Karl Diehl habilitierte, den Idealtypus als Wirtschaftsstil interpretiert; vgl. Mombert (1927), z. B. S. 57f. und S. 117.

39 Vgl. Eucken (1940/1989), S. 15 - 23.

40 Eucken (1940/1989), S. 67.

„‚pointierend hervorhebende' oder ‚isolierende' Abstraktion"[41] zu „allen ... reinen, idealtypischen Wirtschaftsformen"[42] zu gelangen:

> „Wie aus zwei Dutzend Buchstaben eine gewaltige Mannigfaltigkeit von Worten verschiedener Zusammensetzung und verschiedener Länge gebildet werden kann, so aus einer beschränkten Zahl elementarer, reiner Formen zu wirtschaften eine unübersehbare Mannigfaltigkeit konkreter Wirtschaftsordnungen."[43]

Die Idealtypen, die Eucken auf diese Art gewinnt, „sind reine Formen, echte Idealtypen"[44], d. h. sie „sind aus der konkreten Wirklichkeit gewonnen, und sie dienen der Erkenntnis konkreter Wirklichkeit. Hierfür sind sie sogar unentbehrlich"[45].

Mit diesen Überlegungen grenzt sich Eucken bewußt von Weber ab. Eucken wirft Weber vor, daß seine verkennende Rede vom Idealtypus als Utopie[46] letztlich nur einen „Torso"[47] hervorgebracht habe. Besondere Kritik übt Eucken daran, daß Weber weder „den fundamentalen Unterschied von Realtypen und Idealtypen"[48] erkannt hat, noch „die Verschiedenheit der Abstraktionsverfahren, die zur Bildung der beiden Typen führen"[49] benannte. So will Eucken – zwar „nicht ... gegen Weber" – den Begriff nun „exakt und vollständig bestimmen", um ihn so von den „großen Mängeln" zu befreien[50].

Mit dieser Kritik verweist Eucken bereits auf seine eigentliche Intention. Unabhängig davon, ob er tatsächlich eine Verbesserung des Begriffs nicht „gegen Weber" anstrebte, oder ob der Idealtypus der „Grundlagen" Weber „geradezu entgegengesetzt"[51] ist, geht es Eucken darum, durch Abstraktion und Idealtypus „die Wandlungen des geschichtlichen Wer-

---

41 Eucken (1940/1989), S. 70.
42 Eucken (1940/1989), S. 72.
43 Eucken (1940/1989), S. 72 (im Original hervorgehoben).
44 Eucken (1940/1989), S. 123.
45 Eucken (1940/1989), S. 123 (im Original Hervorhebungen).
46 Vgl. Weber (1904/1988), S. 191 bzw. Eucken (1940/1989), S. 123.
47 Eucken (1940/1989), S. 268, Anm. 66.
48 Eucken (1940/1989), S. 268, Anm. 66.
49 Eucken (1940/1989), S. 268, Anm. 66.
50 Eucken (1940/1989), S. 268, Anm. 66 (im Original Hervorhebungen).
51 So bereits Rüstow (1940), S. 118. Vgl. auch Haselbach (1991), S. 103. Eine grundlegende Erörterung findet sich auch bei Machlup (1960/61).

dens"[52] zu überdauern und so, statt der „Relativierung der Wahrheitsidee"[53], „eine krisenfestere Wissenschaft"[54] zu entwerfen.

Dogmengeschichtlich legitimiert Eucken sein Verständnis des Idealtypus und seine Anbindung an die isolierende Abstraktion bereits 1937 mit dem Verweis auf das Hauptwerk von Johann Heinrich von Thünen „Der isolierte Staat":

> „Auf Grund der Erfahrung bilden wir durch isolierende Abstraktion gedanklich reine Fälle, die das, worauf es ankommt, pointiert hervortreten lassen. So verfuhr z. B. auch J. H. von Thünen. ... Kein ernster Nationalökonom bestreitet heute, daß Thünens Verfahren korrekt ist und daß es zugleich notwendig ist, um das gestellte Problem zu lösen."[55]

Diese Überlegungen greift Eucken in den „Grundlagen" wieder auf.[56]

Für die Methode Euckens – zumindest in dem hier interessierenden Kontext – scheint jedoch nicht so sehr die Reminiszenz an den großen Theoretiker und Agrarwirtschaftler Thünen von Bedeutung zu sein als vielmehr der Bezug zur Phänomenologie und zu deren Begründer Edmund Husserl[57].

---

[52] Eucken (1940/1989), S. 232.

[53] Eucken (1940/1989), S. 271, Anm. 70.

[54] Eucken (1940/1989), S. 233.

[55] Eucken (1937), S. 544f. So schreibt Thünen in der Einleitung zum zweiten Teil des „isolierten Staates": Ohne das „Abstrahieren von der Wirklichkeit, ... [gelangen] wir zu keiner wissenschaftlichen Erkenntnis" (Thünen (1850/1910), S. 407). Thünen selbst sprach vor dem Erscheinen seines Werkes von dem „idealen Staat"; vgl. Schumacher (1883), S. 90 bzw. S. 95, woraus Gerhard Stavenhagen den Schluß zieht, daß Thünen „zum Ausdruck bringen wollte, daß es sich bei seinem Modell um eine begriffliche Zweckkonstruktion zu Erreichung eines wissenschaftlichen Zieles handelt" (Stavenhagen (1969), S. 108). Entsprechend resümiert Edgar Salin (1951), S. 134: „In der Art des abstrahierenden Vorgehens den Engländern verwandt, hat Thünen in Wirklichkeit als einziger das zu vermeiden gewußt, was immer wieder als der Fehler der Klassik gerügt und doch nie geändert wurde, ihre Verwendung wirklichkeitsfremder Arbeitshypothesen."

[56] Vgl. Eucken (1940/1989), S. 70 sowie S. 269, Anm. 66.

[57] Schon Hans Ritschl betont die Bedeutung der Husserlschen Methode für die Vorgehensweise Euckens; vgl. Ritschl (1943), S. 11. Neben allen im folgenden darzulegenden systematischen Kongruenzen wird diese Einschätzung durch die freundschaftliche Verbundenheit zwischen Eucken und Husserl verstärkt; vgl. z. B. Lenel (1990), S. 16.

Dieser Konnex zeigt sich bereits in der Einsicht, wie Eucken sie schon 1933 formulierte: „indem wir unsere Wahrnehmungen denkend verarbeiten, erkennen wir die Zusammenhänge der Sachen und setzen uns in den Stand, vernünftig und damit erfolgreich zu handeln“[58].
In der programmatischen Abhandlung „Was leistet die nationalökonomische Theorie“ von 1934, als Vorrede zu den „Kapitaltheoretischen Untersuchungen“ konzipiert, tritt die Verbindung zu phänomenologischen Ansätzen deutlich hervor. Eucken fordert eine Theorie, die „eine objektive, allgemein gültige Wahrheit ... eine evidente Vernunftwahrheit“[59] enthält. Hierbei schließt er explizit an den Husserlschen Begriff der „Evidenz“ als Ziel theoretischer Erkenntnis an.[60] In dem berühmten Ruf „zu

---

58 Eucken (1933), S. 150. Bereits 1928 benennt Eucken in seinem Züricher Referat über „Kredit und Konjunktur“ vor dem Verein für Socialpolitik erste Ansätze seines methodischen Vorgehens: „Methodologisch bin ich demnach so vorgegangen, daß ich durch Analyse des Tatbestandes zu einem theoretischen Ergebnis zu kommen meinte. Die Zulässigkeit eines solchen Verfahrens zwecks Erzie[l]ung theoretischer Erkenntnisse kann meines Erachtens überhaupt nicht bezweifelt werden. Soviel zum Ausgangspunkt“ (Eucken (1929), S. 387, im Original Hervorhebungen).

59 Eucken (1934), S. 29. Die phänomenologische Grundrichtung dieser Schrift wurde insbesondere von Fritz Holzwarth (1985), S. 89 – 103, herausgearbeitet. Jedoch muß bedacht werden, daß neben der fehlenden idealtypischen Betrachtungsweise in dieser Schrift; vgl. Holzwarth (1985), S. 101, dort noch ein fallibilistischer Theoriebegriff vorliegt; vgl. Eucken (1934), S. 29 (interessanterweise wird dies hier auf Thünens Standorttheorie angewendet). Gleiches gilt offensichtlich noch für die „Kapitaltheoretischen Untersuchungen“; vgl. Herrmann-Pillath (1991), S. 22. Ebenso scheint in der Abhandlung von 1934 die „große Antinomie“ erst in Ansätzen gelöst zu sein: Eucken gibt Theoretikern und Historikern gleichermaßen recht, anstatt einen methodischen Neubeginn zu betonen; vgl. Eucken (1934), S. 46.

60 Eucken (1934), S. 29. Unter Evidenz versteht Husserl in den „Logischen Untersuchungen“ „die volle Übereinstimmung zwischen Gemeintem und Gegebenem als solchem“ (Husserl (1901b/1992), S. 594). In drastischer Form benennt Eucken im Anschluß an Husserl das Ziel der Wissenschaft in den „Grundlagen“: „Die Wissenschaft will das Mittel sein, unserem Wissen das Reich der Wahrheit, und zwar im größtmöglichen Umfang, zu erobern, aber das Reich der Wahrheit ist kein ungeordnetes Chaos, es herrscht in ihm Einheit der Gesetzlichkeit“ (Eucken (1940/1989), S. 230, vgl. Husserl (1900/1992), S. 15). Auffälligerweise verweist Eucken mit Ausnahme von einer Stelle (Eucken (1940/1989), S. 245, Anm. 4) ausschließlich auf die „Logischen Untersuchungen“ von Husserl.

den Sachen selbst“[61] findet Eucken offensichtlich das methodische Rüstzeug, um so den „Trümmerhaufen“[62] historischer Einzelerkenntnisse zu beseitigen. In deutlicher Abgrenzung zur Historischen Schule (und ihrer Hoffnung von der geschichtlichen Untersuchung zur allgemeinen Theorie fortzuschreiten)[63] wendet sich Eucken den „Erscheinungen von größter Gleichförmigkeit“[64] zu und beschreitet den „Weg der Abstraktion“[65]. So gelangt man durch „Reduktionen des tatsächlich Gegebenen auf reine Fälle“[66]. Dies entspricht offensichtlich dem phänomenologischen Forschungsprogramm, wie es Husserl z. B. in der Einleitung zu den „Ideen I“ ausführt:

> „Demgegenüber wird die reine oder transzendentale Phänomenologie nicht als Tatsachenwissenschaft, sondern als Wesenswissenschaft ... begründet werden; ... Die zugehörige Reduktion, die ... von der tatsächlichen (‚empirischen‘) Allgemeinheit zur ‚Wesens’allgemeinheit überführt, ist die eidetische Reduktion.“[67]

Methodisch wird dieser Prozeß, um zu „notwendigen, allgemeinen und zugleich wirklichkeitsnahen Wahrheiten“[68] zu gelangen, bei Eucken mit dem – bereits benannten – Verfahren der ‚pointierend hervorhebenden‘ Abstraktion gekoppelt. Auch hier findet sich ebenfalls die Rückbindung an die phänomenologische Vorgehensweise, wie sie Eucken in den Grundlagen selbst benennt.[69]

---

61 Erstmals in den „Logischen Untersuchungen. Zweiter Band I. Teil“ (Husserl (1901a/1992), S. 7). Vgl. Eucken (1940/1989), S. 22. Vgl. zu dieser Formel und ihrem Ort im philosophischen Denken Becke (1999), S. 36, Anm. 13.

62 Eucken (1940), S. 474.

63 Exemplarisch schreibt Gustav von Schmoller zur Übernahme des Jahrbuchs: „Als Gelehrter ... halte ich es für meine Pflicht ..., die Jünger der Wissenschaft an die strenge selbstlose Zucht methodischer Einzeluntersuchung zu gewöhnen. Nur diese Behandlung ist es, welche durch ihre stille, emsige Thätigkeit immer breitere Theile der Wissenschaft auf einen für immer unverrückbaren Boden zu stellen vermag“ (Schmoller (1881), S. 7).

64 Eucken (1934), S. 16 (im Original Hervorhebungen).

65 Eucken (1934), S. 19.

66 Eucken (1934), S. 21.

67 Husserl (1930/1992), S. 6.

68 Eucken (1934), S. 29 (im Original hervorgehoben).

69 Vgl. Eucken (1940/1989), S. 254, Anm. 28 bzw. Husserl (1901a/1992), insb. S. 214f.

Es ist hier nicht die Absicht, Euckens Ansatz in ein phänomenologisches Korsett zu zwängen[70], sondern aufzuweisen, daß Eucken mit der Einbeziehung philosophischer und methodologischer Erwägungen ein bestimmtes Ergebnis ermöglichen will: theoretisch gesicherte Erkenntnis, die sich der *Wahrheit* verpflichtet weiß. Hierfür nutzt er die damalige Diskussion; dabei sind die Rückbindung an die „Alltagserfahrung" sowie Reduktion und Abstraktion die Werkzeuge, die aufgefundenen – ahistorischen[71] – Idealtypen das Ziel nationalökonomischer (Wesens-)Einsicht[72].

2.2 Der Datenkranz floriert

So explizit Eucken in seiner idealtypischen Betrachtungsweise bei der Alltagserfahrung ansetzt, beschränkt er dennoch aus methodischer Notwendigkeit seine Analyse der Wirklichkeit – ein Kranz von Daten entsteht:

---

70 Carsten Herrmann-Pillath hat in einer ausführlichen Analyse „Eucken als Phänomenologen" rekonstruiert und nachgewiesen, daß so viele Mißverständnisse in der Eucken-Interpretation auszuräumen sind; vgl. Herrmann-Pillath (1991), insb. S. 18 - 23. Jedoch ist es äußerst problematisch, Euckens Methodologie als „Versuch angewandter Phänomenologie" (Herrmann-Pillath (1991), S. 18) zu generalisieren. Trotz der auch hier nachgewiesenen Analogien, ist Euckens Ansatz eigenständig und auf der Grundlage verschiedener Forschungsansätze entstanden. So gehören sicherlich der ethische Aktivismus seines Vaters Rudolf Eucken, auf dessen Einfluß später noch näher eingegangen werden soll, der teleologische Idealismus von Rudolf-Hermann Lotze, Lehrer von Rudolf Eucken, und der voluntaristische Idealismus von Wilhelm Wundt zu den methodischen Gewährsleuten Euckens, wie zahlreiche Verweise in seinen Schriften belegen.

71 Eine Konsequenz der Euckenschen Idealtypen ist der oft beklagte fehlende Bezug zur Dynamik des wirtschaftlichen Geschehens; vgl. z. B. Heuß (1989), S. 23f. Jedoch relativiert sich dieses Problem, wenn man berücksichtigt, daß eine phänomenologische Denkrichtung notwendig zu solchen „Urformen" führen muß.

72 Gerade hier findet sich ein fundamentaler Unterschied zu der Konzeption des Idealtypus als Werkzeug bei Weber. Dieser Unterschied wird um so deutlicher, wenn man Webers äußerst distanzierte Einstellung zur transzendentalen Phänomenologie Husserls miteinbezieht; vgl. Hull (1984), S. 15 - 17. Folglich ist es fragwürdig, die Perspektive Webers, trotz mancher Parallelen, als „Referenzsystem" Euckens zu benennen; vgl. Krüsselberg (1989), S. 226.

> „Gesamtwirtschaftliche Daten sind diejenigen Tatsachen, die den ökonomischen Kosmos bestimmen, ohne selbst unmittelbar von ökonomischen Tatsachen bestimmt zu sein. An den faktischen gesamtwirtschaftlichen Daten endigt die theoretische Erklärung.“[73]

Mit diesem Kunstgriff versucht Eucken das Dilemma der Historischen Schule zu durchbrechen und die nationalökonomische Wissenschaft aus dem Stadium von „Vorbereitung und Materialsammlung“[74] herauszuführen.

Die Idee, der ökonomischen Theorie eine (definitorische) Grenze zu geben, ist keine originär Euckensche Erfindung. Harald Winkel vermutet (ohne dies näher zu erläutern), daß Eucken den „Datenbegriff“ von der sozialrechtlichen Schule übernommen hat.[75] Tatsächlich findet sich der Grundgedanke zwar schon bei deren Begründer, dem Juristen Rudolf Stammler[76] - und auch Karl Diehl, Euckens Freiburger Kollege und ökonomisches Haupt der sozialrechtlichen Richtung, scheint diese Idee zu akzeptieren.[77] Jedoch sind für den Datenbegriff im Sinne von Eucken und der Freiburger Schule wohl eher die damaligen Überlegungen im Rahmen der Geld- und Kapitaltheorie sowie der Konjunkturtheorie von Bedeutung, wie insbesondere die Ausführungen von Friedrich A. Lutz in seiner Habilitation „Das Konjunkturproblem in der Nationalökonomie“ von 1932 verdeutlichen: „Die Daten selbst sind für die moderne Theorie ... Gegebenheiten, deren Gestalt einer theoretischen Ableitung nicht mehr zugänglich sind, weil sie von anderen als rein ökonomischen Momenten abhängig sind.“[78] Hierbei scheint Lutz

73 Eucken (1940/1989), S. 156.

74 Schmoller (1923), S. 123.

75 Vgl. Winkel (1977), S. 182.

76 „Natur und Technologie diktieren den Menschen die empirischen Bedingungen, unter denen sie leben und schaffen können“ (Stammler (1896/1921), S. 444).

77 Es ist „sogar Pflicht des Nationalökonomen, bei allen seinen volkswirtschaftlichen Erwägungen immer die Schranken aufzuweisen, die aller sozialen Wirksamkeit der Menschen durch die Natur gezogen sind“ (Diehl (1916), S. 23). Darüber hinaus akzeptiert Diehl – zumindest implizit – die Bedeutung außerwirtschaftlicher Faktoren in seiner äußerst kritischen Auseinandersetzung mit Euckens Datenbegriff; vgl. Diehl (1941), S. 54f.

78 Lutz (1932), S. 66f.

sein Verständnis vor allem in Auseinandersetzung mit Adolf Löwe zu gewinnen.[79] Aufschlußreich sind auch die Ausführungen von Karl Friedrich Maier in seiner Schrift „Goldwanderungen", wobei er insbesondere die notwendige Rückführung theoretischer Probleme auf die Daten des ökonomischen Systems betont.[80] Dieses spezifische Verständnis der Daten kann geradezu als „differentia specifica" der Freiburger Schule bezeichnet werden, wie ein weiterer Eucken-Schüler, Fritz W. Meyer, andeutet: „Denn als Daten des ökonomischen Systems fassen *wir* diejenigen Größen auf, die den ökonomischen Kosmos bestimmen. ... Dieses Vorgehen ... ist – auch in der modernen Theorie – keineswegs allgemein gebräuchlich."[81]

Euckens Interpretation vom „Kranz von ‚Daten'"[82] findet sich wiederum erstmals 1934. In der Abhandlung zur nationalökonomischen Theorie und insbesondere in der „Ersten Untersuchung" der „Kapitaltheoretischen Untersuchungen" expliziert Eucken sein Verständnis. Dort entwickelt er aus der Analyse der „einfachen Wirtschaft" die fünf Daten „Bedürfnisse",

---

79 Vgl. Löwe (1926). In seiner Auseinandersetzung mit der „Axiomatik und Denktechnik" in der Nationalökomie ist für Horst Wagenführ Löwe ebenfalls der entschiedene Bezugspunkt zum Begriff der Daten; vgl. Wagenführ (1933), S. 207 - 211.

80 Maier (1935), insb. Teil I, Kapitel III. In seiner Definition zitiert Maier Karl Schlesinger; vgl. Schlesinger (1914), S. 1, seine Systematisierung bezieht sich auf Euckens „Kapitaltheoretische Untersuchungen". Darüber hinaus betont Maier: „Sie [die Daten, d. Verf.] ergeben sich bei der theoretischen Arbeit an den Problemen und zwar dadurch, daß man die Analyse der Tatsachen solange fortsetzt, bis man an die Grenzen des Ökonomischen stößt; diese Grenzen werden von den Daten gebildet. Infolgedessen arbeitet j e d e r Theoretiker mit ihnen, auch wenn er sie anders nennt" (Maier (1935), S. 65, Anm. 1, Hervorhebung im Original). Maier verweist dabei u. a. auf Eugen von Böhm-Bawerk, Gustav Cassel und Joseph Schumpeter; vgl. Maier (1935), S. 65, Anm. 1. Neben diesen greift Eucken (1940/1989), S. 262f., Anm. 51, auch auf den Österreicher Richard Strigl zurück. Bei Strigl findet sich bereits 1923 folgende Formulierung: „Der ökonomische Prozeß erscheint gleichsam in das Bett der Daten eingelagert, ist mit diesen notwendig verknüpft, an sie gebunden" (Strigl (1923), S. 12). Auffällig ist, daß Strigl den Begriff hier bereits im Zusammenhang mit methodischen Erwägungen anführt und ihn in seiner Konjunkturtheorie später wieder aufgreift: „In allen diesen Fällen [bei Wirtschaftskrisen, d. Verf.] ist der sich in der Wirtschaft abwickelnde Prozeß der einer Anpassung an geänderte Daten" (Strigl (1934), S. 200).

81 Meyer (1938), S. 14, Anm. 1 (eigene Hervorhebung).

82 Eucken (1934), S. 39.

„Natur", „Arbeit", „technisches Wissen" und „Konsumgütervorrat".[83] Bezogen auf gesellschaftliche Wirtschaftssysteme benennt Eucken ein weiteres Faktum: „In der staatlichen, rechtlichen, sozialen Ordnung und in den Sitten eines Volkes sieht sie [die theoretische Nationalökonomie, d. Verf.] ein Datum: das sechste."[84]

Die Interpretation der einzelnen gesamtwirtschaftlichen Daten ist in dem hier diskutierten Zusammenhang nicht von Bedeutung. Wesentlich ist vielmehr die Tatsache, daß Eucken der ökonomischen Theorie ein festumgrenztes Aufgabengebiet zuordnet und sie so von peripherem Ballast befreit. Keinesfalls negiert Eucken den Einfluß dieser Größen für das wirtschaftliche Geschehen, er versagt ihr nur die Unmittelbarkeit. Auf diese Weise gelingt ihm das, was für die Entwicklung seiner Methode wesentlich ist: „Nur mit Hilfe des Apparats der Daten gelingt es, den Zusammenhang zwischen dem historisch-politischen Geschehen und dem wirtschaftlichen Geschehen zu klären"[85]. Eucken geht es nicht um das „warum" der Datenänderungen, es geht vielmehr darum, theoretisch die wirtschaftlichen Wirkungen dieser Datenänderungen zu erklären. Diese Daten werden jedoch nicht gesetzt, sondern ergeben sich aus der „nationalökonomische[n] Problemstellung und pointiert-hervorhebender Analyse"[86].

Die Konstruktion des Datenkranzes ist also eng mit der Euckenschen Methode verwoben. Aus der Sicht des Freiburger Nationalökonomen stößt seine idealtypische Betrachtung gleichsam „automatisch" an die Grenzen ökonomischer Theorie. Jedoch erscheint rückblickend eher die umgekehrte Reihenfolge einleuchtend: erst dadurch, daß Eucken mittelbare Faktoren aus der nationalökonomischen Analyse verbannt, gelingt es,

---

[83] Vgl. Eucken (1934), S. 57 - 62. Insbesondere das Datum „Konsumgütervorrat" erscheint in seiner Abgrenzung etwas problematisch. An späterer Stelle interpretiert Eucken (1934), S. 126, „Verfügungsmacht über Konsumgüter" als Kapital und bezeichnet – unter diesem Aspekt – dies als ein Datum. Dieser Kapitalbegriff der „Untersuchungen" wird von Eucken aber an keiner anderen Stelle wieder aufgegriffen (vgl. Folz (1970), S. 146). Entsprechend heutiger Terminologie, z. B. in der Ökonometrie, könnte man Kapital in diesem Sinne als „verzögert endogene" bzw. „vorherbestimmte" Variable bezeichnen.

[84] Eucken (1934), S. 65.

[85] Eucken (1940/1989), S. 161.

[86] Eucken (1940/1989), S. 263, Anm. 51. Das Gesagte gilt jedoch nicht für die Wirtschafts*politik*. Ihr obliegt geradezu die Änderung der Daten.

eine Theorie zu entwerfen, die sich – wie gezeigt – auf die „Urformen" der Wirtschaft bezieht und so der „wahren" (ökonomischen) Erkenntnis den Weg freiräumt.[87]

3 Ethisches Wollen

3.1 Der Kampf um die Lebensgestaltung

„Wir wissen als Schüler Rudolf Euckens, daß eine geistige Reformation der gesamten Menschheit notwendig ist, kommen muß und wird."[88] Dieses Zeugnis der Gefolgschaft des 34-jährigen Walter Eucken faßt zugespitzt die Zielrichtung des Einflusses zusammen, den Rudolf Eucken, Philosoph und Literatur-Nobelpreisträger von 1908, auf seinen Sohn ausgeübt hat: es ist der ethische Aktivismus seines Vaters, der „Euckens Idealismus für eine bessere Welt"[89] begünstigt hat.

In seinen Gedanken formuliert der Jenenser Philosoph Rudolf Eucken einen „neuen Idealismus", in dem er „Fichte wohl weiter folgt, als ihm selbst bewußt geworden ist"[90]. Dabei zielt er auf „eine befreiende Erhebung ... [des] Geisteslebens über die Natur"[91]: „Der Mensch ist eben, sofern er am Geistesleben teilhat, mehr als ein bloßer Punkt, ein Gesamtleben wird ihm damit zu eignem Leben und wirkt in ihm als Kraft solches Lebens"[92]. Wahrheit und Sittlichkeit sind so „Erschließungen des Allebens"[93]. Die adäquate Methode ist das noologische Verfahren: „Jene [die

87 Zwei Aspekte verstärken diesen Eindruck: Zum einen betont Eucken die Notwendigkeit eines „Datenkranzes" bereits 1934, also bevor er erstmals die „isolierte Abstraktion" und die Idee des „idealtypischen Wirtschaftssystems" in der Abhandlung „Vom Hauptproblem der Kapitaltheorie" konkretisiert; vgl. Eucken (1937), insb. S. 544 - 547. Zum anderen mißlingt ihm die Theoriebildung dort, wo er sich raschen Datenänderungen ausgesetzt sieht: es sind gerade die zahlreichen Datenvariationen, die Euckens Skepsis hinsichtlich einer allgemeinen Konjunkturtheorie begründen; vgl. Eucken (1940/1989), insb. S. 192f. Ausführlich dazu Folz (1970), S. 122 - 144.

88 Eucken (1926), S. 16.

89 Karsten (1992), S. 112 (eigene Übersetzung).

90 Haskamp (1966), S. 48.

91 Becher (1927), S. 3.

92 Eucken, R. (1913), S. 72.

93 Eucken, R. (1913), S. 121.

noologische Betrachtungsweise, d. Verf.] hat die Entfaltung selbständigen Geisteslebens bei uns zu verfolgen, jede einzelne Betätigung im Ganzen zu begründen und vom Ganzen her zu verstehen"[94]. Entscheidende Bedeutung erhält hierbei die Tat, weil „das Geistesleben sich im Schaffen, in den Tathandlungen entwickelt"[95]. Nachdrücklich faßt Rudolf Eucken sein philosophisches Credo in dem Leitartikel zur ersten Ausgabe der Zeitschrift ‚seines' „Euckenbundes"[96] zusammen:

> „Das geistige Leben gilt uns nicht als eine Verwendung naturgegebener Kräfte, sondern als ein Durchbrechen einer höheren Stufe der Wirklichkeit. ... Wir fordern daher einen kraftvollen Aktivismus, ja eine heroische Lebenshaltung ... . Nur so gewinnt uns das Leben eine innere Geschichte; zugleich verwandelt es sich uns in eine Bewegung und Tat des ganzen Menschen, vor aller einzelnen Tätigkeit steht uns eine umfassende Tatwelt, die uns zu sich erheben kann. ... Nur der Gewinn einer neuen *Lebensordnung* ... kann uns aus den Verwicklungen der Gegenwart befreien."[97]

---

94 Eucken, R. (1913), S. 119.

95 Becher (1927), S. 3.

96 Curt Hacker, erster Herausgeber von „Der Euckenbund. Organ für ethischen Aktivismus", benennt folgendes Ziel der Vereinigung: „Der Euckenbund will eine alle Stände und Berufe umfassende Lebensgemeinschaft bilden, die auf der Grundlage philosophischer Einsicht einer Reform des gesamten geistigen Lebens von seinen innersten Quellen her dienen soll. Er sucht jene wissenschaftliche Grundlage in der Philosophie des Führers, nach dem er sich nennt; er legt sich damit jedoch keine grundsätzliche Beschränkung auf ..." (Hacker (1925), S. 7). Mit der vierten Ausgabe vom April 1925 wird die Zeitschrift in „Die Tatwelt. Monatsschrift für Erneuerung des Geisteslebens" umbenannt. Somit verweist bereits der Titel – im Anschluß an Edith Erdsiek – auf einen „zentrale[n] Begriff der aktivistischen Lebensanschauung" und bezeichnet „eine Welt der überlegenen Geistigkeit, eine Welt der Tat und der Freiheit" (Erdsiek (1925), S. 55). Edith Erdsiek, seit 1920 mit Walter Eucken verheiratet, war von 1928 bis 1935 Herausgeberin der Zeitschrift.

97 Eucken, R. (1925), S. 2f. (eigene Hervorhebung).

Rudolf Euckens Verlangen nach einer neuen Lebensordnung, sein Wirken als „Seelenerwecker“[98], blieb nicht ohne Einfluß auf den Sohn. Dabei ist es offensichtlich nicht so sehr die Methode, die Walter Eucken von seinem Vater übernommen hat; hierin ist er – wie gezeigt – eher einer phänomenologischen Vorgehensweise gefolgt.[99] Vielmehr ist es der „Kampf um die Lebensgestaltung“[100] und das Denken in idealen (Lebens-) Ordnungen, die Eucken von seinem Vater übernimmt[101]: Genauso wie der Vater eine neue Lebensordnung anstrebt (hierin also ein ethisches Wollen verwirklichen will), so sucht auch der Sohn die Ordnung, die bestimmten

---

98 So urteilt bereits Max Scheler, der bei dem Jenenser Philosophen promovierte und habilitierte: „Das Wertvolle dieser Gedanken [Rudolf Euckens, d. Verf.] ist weniger in ihren sehr mangelhaften theoretischen Begründungen gelegen als in ihrer ... energisch aufweckenden Kraft. Eucken war in einem überwiegend praktisch-materialistischen Zeitalter einer der stärksten *Seelenerwecker*, die Deutschland besessen hat“ (Scheler (1973), S. 274, Hervorhebung im Original). Eine ähnliche Einschätzung gewinnt neuerdings Uwe Dathe: „Eucken wurde mehr und mehr zum populären Programmatiker in den Gefilden der geistigen Erneuerung des Lebens. Seine Wirkung unter den akademischen Philosophen nahm dabei in dem Maße ab, in welchen sie in Kreisen des Bildungsbürgertums zunahm“ (Dathe (1995), S. 253).

99 Jedoch ist – zumindest aus damaliger Sicht – der Brückenschlag zwischen beiden Richtungen nicht unmöglich. Husserl selbst sah in der Philosophie Rudolf Euckens einen Weg (neben der Phänomenologie), „um die im Lebensgange der Menschheit sich aufsteigend bekundende Einheit des Geisteslebens zu erschauen und auf ursprüngliche Quellen zurückzuführen“ (Husserl (1927), S. 10). Husserl resümiert: „Die unschätzbaren Werte der Geistesphilosophie Euckens ... beruhen durchaus darauf, daß er ... überall aus dem Leben selbst schöpft, aus historisch geleiteten Intuitionen und darin erschauten überempirischen Notwendigkeiten der Motivation“ (Husserl (1927), S. 10f.). Da die Phänomenologie die Philosophie Rudolf Euckens „mit Dankbarkeit aufnimmt“ (Husserl (1927), S. 11), bedeutete für den Freiburger Nationalökonom die phänomenologische Forschungsmethode sicherlich keinen weitreichenden Bruch mit den Lehren des Vaters, sondern eher eine Neu-Akzentuierung. Daß Rudolf Eucken bei methodischen Fragen ein Anknüpfungspunkt für die Nationalökonomie war, belegt z. B. auch Schmollers Verweis im „Grundriß“; vgl. Schmoller (1923), S. 100.

100 Eucken, R. (1920), S. 6.

101 Vgl. auch Dörge (1959), S. 89.

normativen Ansprüchen gerecht wird.[102] Ordnungsökonomik im Sinne Walter Euckens ist also zunächst normative Wissenschaft mit explizit ethischen Zielen.[103] Diese These zu begründen und die Ansprüche, die Eucken dabei an seine Ordnungsidee stellt, darzulegen, ist die Aufgabe der folgenden Überlegungen.

3.2 Ordnungsansprüche

Aus Euckens Engagement für „Die Tatwelt"[104] läßt sich bereits die Grundrichtung ablesen, die das Ziel seiner Überlegungen angibt:

> „Auf der einen Seite ist nicht zu verkennen, daß der moderne Kapitalismus die geistige Leere der Zeit mitverschuldet ... und vor allem erschwert und erschweren wird, wieder eine umfassende geistige Lebensordnung zu schaffen. Aber auf der anderen Seite müssen wir zugestehen, daß die Erhaltung des Kapitalismus für die Versorgung der Menschen mit wirtschaftlichen Gütern eine Notwendigkeit ist. ... Das Problem besteht also darin, diese Schwierigkeit zu überwinden, die Menschen wieder Glieder einer umfassenden geistigen Lebensordnung werden zu lassen und einer solchen Lebensordnung entsprechend die Wirtschaftsform zu gestalten, die dabei aber auch ihrem äußeren Zweck entspricht."[105]

Euckens ethisches Wollen zielt also auf die Herausbildung einer Ordnung, die das Dilemma zwischen geistigem bzw. sozialem Anspruch und notwendigem Wirtschaften überbrückt. Auch wenn sich im Laufe der Zeit Euckens Terminologie und der Blickwinkel ändern – insbesondere durch die Herausbildung einer eigenen Methode und die Distanzierung von der

---

[102] Beispielhaft zeigt sich dies auch in der zustimmenden Feststellung, die Walter Eucken in der Neu-Herausgabe von „Die Lebensanschauungen der grossen Denker" von Rudolf Eucken vornimmt: Die Philosophie des Vaters will „in der Gefährdung des Menschen und im Wechsel der Zeit etwas Festes ... finden – Werte, die unerschüttert sind und einen Halt bieten" (Walter Euckens „Vorwort des Herausgebers" in Eucken, R. (1890/1950), S. V).

[103] In diesem Zusammenhang kann nicht näher auf die Frage eingegangen werden, inwieweit das ordoliberale Programm auch unter dem methodologischen Anspruch der Werturteilsfreiheit geführt werden kann. Vgl. hierzu grundlegend (in einer anderen als der hier verfolgten Akzentuierung) Vanberg (1997).

[104] Zwischen 1925 und 1933 veröffentlichte Eucken dort zehn Aufsätze und vier Rezensionen, wobei die Besprechungen und die ersten fünf Artikel mit dem Pseudonym „Kurt Heinrich" – den beiden Mittelnamen Euckens – bezeichnet sind.

[105] Eucken (1926), S. 15f.

väterlichen „Ideologie"[106] – das Anliegen seiner Forschung scheint konstant zu bleiben: es geht darum, eine Ordnung zu errichten, die die „geistig-seelische[n] Existenz des Menschen mit sehr nüchternen Fragen der wirtschaftlichen Lenkungsmechanik"[107] verbindet. Das zentrale Gebot Euckens und der gesamten Freiburger Schule ist also die Forderung nach einer „menschenwürdige[n] Ordnung"[108].

Hierbei sind für Euckens Ordnungsbegriff[109] zumindest drei Merkmale konstitutiv[110]:

---

106 Wie weit beide Konzeptionen letztlich kongruent sind, kann hier nicht weiter verfolgt werden. Friedrich-Wilhelm Dörge vermutet eine sehr nahe Anlehnung; vgl. Dörge (1959), S. 88 - 91.

107 Eucken (1952/1990), S. 184.

108 Eucken (1952/1990), S. 14. So auch in den „Grundlagen": Eucken (1940/1989), S. 240. Analog umreißen Fritz W. Meyer und Hans Otto Lenel die Aufgabe des neuen Jahrbuchs „ORDO": „Wie muß die Wirtschafts- und Sozialordnung beschaffen sein, in der sich ein menschenwürdiges und wirtschaftlich erfolgreiches Leben entwickeln kann?" (Meyer/Lenel (1948), S. VII). Rückblickend sieht Otto Schlecht in der Suche nach der menschenwürdigen Ordnung die „Euckensche Schlüsselfrage" (Schlecht (1990), S. 65).

109 Es ist natürlich unbestritten, daß Eucken neben der Ordnung, die der Menschenwürde entspricht, Ordnung auch im Sinne von „positiv gegebenen Wirtschaftsordnungen" (Eucken (1940/1989), S. 238) interpretiert. Hierauf hat bereits Böhm ausdrücklich hingewiesen; vgl. Böhm (1950). Diese trennscharfe Unterscheidung ist Eucken letztlich erst in der sechsten Auflage seiner „Grundlagen" gelungen; vgl. Peter (1950/51), S. 753. Jedoch interessiert in diesem Zusammenhang nur das normative Verständnis des Euckenschen Ordnungsbegriffs. Darüber hinaus hat Streit angemerkt, daß „die Unterscheidung dadurch erschwert [wird] ..., weil seine [Euckens, d. Verf.] Wettbewerbsordnung dem ORDO entspricht" (Streit (1992), S. 17, Anm. 14).

110 Ausdrücklich soll hier von der Idee abgerückt werden, den Ordnungsbegriff bei Eucken ausschließlich anhand einer (ideengeschichtlichen) Ursache-Wirkung-Relation zu bestimmen. So können verschiedene Aspekte integriert werden und vor allem wird deutlich, daß Eucken sein Verständnis aus einem *normativen Anspruch an die Ordnung* ableitet. So wird auch verständlich, daß Eucken „kein methodologisches Buch" (Eucken (1940/1989), S. IX) schreiben wollte, sondern Systematisierungen und Bedingungen vorgibt, die die Erarbeitung einer idealen Ordnung ermöglichen. Auf diese Weise umgeht man auch die Schwierigkeiten vieler Eucken-Interpreten, sein Konzept monokausal erklären zu wollen und die Stringenz seines Entwurfs an der Vorlage zu messen, statt die Originalität des Ansatzes herauszuarbeiten.

1. *Ordnung als Ordo.* Eucken sieht in seinem Verständnis von „Ordnung, die dem Wesen des Menschen und der Sache entspricht, d. h. Ordnung, in der Maß und Gleichgewicht bestehen“[111] eine lange Tradition[112]: ausgehend von Augustin zieht er die Linie über die mittelalterlichen Denker[113] bis hin zum „ordre naturel“ der Physiokraten. Die Suche nach „der Wesensordnung oder der Naturordnung oder des Ordo“[114] gewinnt nach Ansicht des Nationalökonomen vor allem in „Zeiten versagender oder ungerechter positiver Ordnungen“[115] besondere Bedeutung. Jedoch hat Eucken die Herkunft und das ideelle Verständnis des Ordo-Gedankens, abgesehen von den knappen Ausführungen in den „Grundlagen“ und der fast wörtlichen Übernahme in den „Grundsätzen“[116], nicht näher erläutert – um so mehr wurde in der Nachfolge der Begriff interpretiert und diskutiert.[117]

So betont Edith Erdsiek im Prolog zum ersten ORDO-Band, daß „echtes Ordnungsbemühen“ ein „Nachtasten der Linien ist, die in der Wirklichkeit vorgegeben sind“[118]. Übereinstimmend fordert K. Paul Hensel, daß alle ordnungspolitischen Bemühungen auf „vorgegebene, ‚im Sein verankerte‘ Möglichkeiten der Ordnung“[119] ausgerichtet sein sollten. Diesem Verständnis folgend kommt Franz Böhm zu dem Ergebnis: „Diese prästabilierte Harmonie ... ist nun eben das, was Eucken unter Ordo verstand, nämlich eben eine vom Menschen vorgefundene, nicht von ihm geschaffene Ordnung.“[120] Otto Veit versucht auf dieser Basis den Ordo-Gedanken metaphysisch zu orten. Hierbei rekurriert Veit auf die „analogia entis“

---

111 Eucken (1940/1989), S. 239.

112 Vgl. Eucken (1940/1989), S. 239.

113 In den „Grundsätzen“ bezieht Eucken den Ordnungsbegriff explizit auf Thomas von Aquin; vgl. Eucken (1952/1990), S. 348.

114 Eucken (1940/1989), S. 239.

115 Eucken (1940/1989), S. 239.

116 Vgl. Eucken (1952/1990), S. 372 - 374.

117 Vgl. zur Übersicht Becker (1965), S. 95 - 98.

118 Eucken-Erdsiek (1948), S. 9.

119 Hensel (1949), S. 267.

120 Böhm (1950), S. XLVIII (im Original Hervorhebungen). Auf diese Weise gehört nach Böhm die Marktwirtschaft zu den „sozialen Urphänomenen, die nicht von den Menschen, sondern mit den Menschen gesetzt sind“ (Böhm (1958), S. 171, im Original Hervorhebungen).

und sieht so im Ordo „die Spiegelung eines metaphysischen Ordnungsbildes“[121].

Hingegen wurde außerhalb der Freiburger Schule an dem Ordo-Verständnis schon früh Kritik geäußert. Nicht nur die Doppeldeutigkeit des Begriffs wird bemängelt[122], sondern der „Wahrheitsanspruch“ des gesamten Konzepts wird in Frage gestellt. So lobt z. B. Oswald von Nell-Breuning zwar, daß mit der Ordo-Idee der „subtheologische Gedanke von der ‚invisible hand‘ preisgegeben“[123] wird, jedoch kritisiert er den „rein formale[n] Charakter ... der neoliberalen Utopie“[124]. Die erste umfassende Beurteilung erfuhr die ordoliberale Gedankenwelt durch Egon Edgar Nawroth. In seiner Abhandlung „Die Sozial- und Wirtschaftsphilosophie des Neoliberalismus“ – oft als „Kampfansage gegen die Soziale Marktwirtschaft“[125] (fehl-)interpretiert – versucht Nawroth den deutschen Neoliberalismus dem Nominalismus an die Seite zu stellen und attestiert der Ordo-Idee der Freiburger Schule einen „in den verschiedensten Bedeutungen schillernden Begriffsnominalismus“[126], der dem Verständnis der Scholastik widerspricht.[127] Entsprechend unterstreicht Eckart Müller auch neuerdings, „wie wenig Eucken ... der scholastischen Tradition nahesteht“[128]. Diesem Problem soll hier nicht weiter nachgegangen werden[129], denn letztlich handelt es sich um eine recht müßige Diskussion: Entscheidend ist – und dies ist wohl auch nicht zu bestreiten – daß Eucken seine Ordo-Idee unter den *Anspruch* stellt, der Natur- oder Wesensordnung zu entsprechen und somit die Wirtschaftspolitik sucht, die „die freie natürli-

---

121 Veit (1953), S. 6. Eine harsche Kritik an den Veitschen Ausführungen vollzieht Müller (1997), S. 39f., Anm. 122.

122 Vgl. z. B. Beckerath (1953), S. 293.

123 Nell-Breuning (1953a), S. 218.

124 Nell-Breuning (1953a), S. 219.

125 Utz (1994), S. 70, Anm. 4. Vgl. auch Utz (1994), S. 145, Anm. 16. Ein Beispiel für dieses schwierige Verhältnis der Ordoliberalen zu Nawroth ist die „Dokumentation“ von Willgerodt (1966).

126 Nawroth (1961), S. 386.

127 Vgl. Nawroth (1961), S. 386. Eine ähnliche Ansicht bietet bereits Ernst-Wolfram Dürr: „Der ORDO-Gedanke ist nicht frei von Pragmatismus ... [und] steht ... im Gegensatz zum ‚ordo‘ der Scholastik“ (Dürr (1954), S. 165).

128 Müller (1997), S. 40, Anm. 122.

129 Vgl. z. B. auch Fischer (1993), insb. S. 79 - 86.

che gottgewollte Ordnung verwirklichen soll"[130]. Zwei weitere Hinweise unterstreichen die Bedeutung des Ordo als „Wesensordnung": zum einen ist dieses Verständnis mit einer Methode, die auf Weseneinsicht zielt, kompatibel[131], zum anderen unterstützt eine solche Sichtweise die Einbindung von (konstituierenden und regulierenden) Prinzipien, da gilt: „der Verfall der Ordnungen [beginnt] mit dem Verstoß gegen die Prinzipien"[132]. Im Mittelpunkt steht also das „Wollen" einer bestimmten Ordnung, die im Ordo-Denken ihre metaphysische Legitimation erfährt.[133] Oder, um diesen Gedankengang mit Leonhard Miksch abzuschließen: „Das ökonomische Gleichgewicht, für das Eucken ... eintrat, ... ist ganz einfach Ausdruck der wahren Ordnung."[134]

2. *Ordnung in Freiheit.* Zweifellos ist Euckens wirtschaftstheoretisches und wirtschaftspolitisches Streben ein „Programm der Freiheit"[135]. In seinem Denken (zumindest in den „Grundsätzen") nimmt wie „schon für Kant ... die Freiheit den Platz des zentralen Werts"[136] ein. Jedoch reicht der Hinweis auf Kant und das emphatische Hervorheben des Freiheitsideals nicht aus, um die Bedeutung der Freiheit als ethisches Postulat und Anspruch an die Ordnung im Werk des Nationalökonomen ausreichend zu beschreiben. Nicht nur, daß man auf diese Weise Gefahr läuft, das Euckensche Verständnis in die Nähe eines reduzierten neoliberalen Individualismus zu rücken, sondern man verfehlt auch den Kern im Denken des Freiburgers: es ist eben nicht richtig, daß für „das Weltbild W. Eukkens und seine gesamte wissenschaftliche Argumentation ... das Dogma vom Primat der Freiheit grundlegend"[137] ist, seine Methode ist keine

---

[130] Eucken (1952/1990), S. 176.

[131] Folglich läuft auch der Vorwurf, Euckens Ordo-Begriff sei letztlich nichts anderes als die von ihm bekämpften Hypostasierungen; vgl. Runge (1971), S. 57f., ins Leere: sucht die Methode das Wesen der Wirklichkeit zu erkennen (und ist eben keine Begriffsnationalökonomie), so muß man – in dieser Forschungslogik – zur Erkenntnis der wahren Ordnung fortschreiten.

[132] Eucken (1952/1990), S. 252. So enthalten nach Eucken Prinzipien „Forderungen allgemeiner Art" (Eucken (1952/1990), S. 252).

[133] Vgl. Voigt (1996), S. 160.

[134] Miksch (1950), S. 287.

[135] Eucken (1952/1990), S. 370.

[136] Runge (1971), S. 31.

[137] Nawroth (1961), S. 76 (im Original Hervorhebungen).

„Philosophie der Freiheit“[138], keine „Verabsolutierung der Freiheit“[139], sondern es gilt, daß erst der ordnungstheoretische Ansatz Euckens sein Verständnis von Freiheit erklärt.

Bedenkt man, wie zentral der Begriff der Freiheit für Eucken in den „Grundsätzen der Wirtschaftspolitik“ ist, so ist es äußerst erstaunlich, daß dieser Begriff in den „Grundlagen“ keine Bedeutung hat[140], sich in den frühen Schriften sogar eher kritische Töne finden.[141] Zwei Hinweise können andeuten, warum in den „Grundsätzen“ der Freiheitsbegriff eine bis dahin ungeahnte Bedeutung gewinnen konnte.

Erstens war der Zusammenhang von Freiheit und Ordnung für die Freiburger Schule ein elementarer Diskussionsgegenstand. So schreibt Böhm bereits 1933 in „Wettbewerb und Monopolkampf“: Es ist „also auch die Aufgabe einer jeden Zeit und einer jeden Generation ..., den Gedanken der Freiheit gegen den Gedanken der zentralisierten Reglementierung zu verteidigen“[142]. In seiner Schrift von 1937 „Die Ordnung der Wirtschaft“, erstes Heft der von Böhm, Eucken und Großmann-Doerth herausgegebenen Schriftenreihe, betont der Jurist, daß es notwendig ist, die Ordnung zu finden, die das Problem des bürgerlichen Zeitalters, nämlich „eine Ordnung in Freiheit zu errichten“[143], löst. Insbesondere die Arbeit von Miksch „Wettbewerb als Aufgabe“ wird Euckens Freiheitsverständnis weitreichend beeinflußt haben. Dabei bestimmt der Eucken-Schüler ein sehr

---

138 Müller (1997), S. 40 - 49.

139 Fischer (1993), S. 69.

140 Erst in der 6. Auflage von 1950 findet sich der Hinweis auf ein „selbstverantwortliches Leben“ (Eucken (1940/1989), S. 240) der Menschen, das als Freiheitspostulat interpretiert werden könnte; so z. B. Müller (1997), S. 38. Der Kontext bezieht sich aber nicht so sehr auf „Freiheit“ als Existential des Menschen, sondern – wie Eucken bereits 1938 ausführt – auf „die selbstverantwortliche Tätigkeit des Einzelnen ... im Rahmen einer wirklichen Ordnung der Wirtschaft“ (Eucken (1938), S. 80).

141 So schreibt Eucken in „Die Tatwelt“: „Sie [die Zeitkritik Rudolf Euckens, d. Verf.] geht nicht von der Frage aus, ob der Zustand der Gesellschaft Gleichheit und Freiheit verbürge, sie setzt vielmehr an einem ganz anderen Punkte ein. Das Problem wird in den Mittelpunkt gestellt, ob in der Gegenwart der Mensch einen geistigen Lebensinhalt gewinnen kann“ (Eucken (1927b), S. 45).

142 Böhm (1933), S. 162.

143 Böhm (1937), S. 4 (im Original Hervorhebungen).

enges Verhältnis von Ordnung und Freiheit: „Ordnen heißt in Freiheit ordnen“[144] – eine Sichtweise, die Eucken in den „Grundsätzen“ wörtlich übernimmt.[145] Freiheit kann sich also erst in der Ordnung richtig entfalten – ein Blickwinkel, der eher in der Tradition von Augustinus und der Scholastik steht, denn in der kantianischen Linie.[146]

Zweitens gewinnt der Freiheitsbegriff bei Eucken durch die Auseinandersetzung mit den Ideologien seiner Zeit an Bedeutung und Profil. Insbesondere die fatalistische Sicht wirtschaftlicher Zwangsläufigkeiten und die vermassende Wirkung der Zentralverwaltungswirtschaft stehen im Mittelpunkt seiner Kritik: „Mögen in den Köpfen wohlmeinender Schriftsteller zentrale Planung und Freiheit vereinbar sein – in der geschichtlichen Realität erdrückt die massive wirtschaftliche Macht, die in den Zentralen wirksam wird, die Freiheit“[147]. Freiheit ist also der entscheidende Gegenbegriff zur Macht und zwar in dreifacher Hinsicht: die Freiheit ist bedroht „durch private Macht ..., durch das Kollektiv und durch den Staat“[148]. Darüber hinaus wird nicht zuletzt die freiheitsverachtende nationalsozialistische Diktatur Euckens Forderung nach einer Ordnung in Freiheit in der Nachkriegszeit gestärkt haben.[149]

Es ist also richtig, daß für Eucken – zumindest in seinen späteren Arbeiten – der Freiheitsbegriff zentral ist, nicht jedoch als Basis für seine Argumentation, sondern als Anspruch an die Ordnung.

3. *Ordnung und christlicher Glaube.* So häufig die Bewandtnis der Freiheit für das Euckensche Werk immer wieder in den Mittelpunkt gerückt wird, so selten wird der entscheidende Einfluß des (christlichen) Glaubens für sein Wirken gewürdigt. Dabei finden sich bei ihm durchgängige

---

144 Miksch (1937), S. 11.

145 Vgl. Eucken (1952/1990), S. 179.

146 Vgl. z. B. Gässler (1994), S. 95. Müller weist zurecht darauf hin, daß Euckens Freiheitsbegriff jedoch eng mit der neukantianischen Wertephilosophie zusammenhängt; Freiheit bei Eucken bezieht sich auf die „Einsicht in eine gegebene Werteordnung“ (Müller (1997), S. 37, Anm. 109). Der Ordnungsbegriff ist also konstitutiv für das Freiheitsverständnis.

147 Eucken (1947), S. 5.

148 Eucken (1952/1990), S. 177.

149 Müller (1997), S. 48, Anm. 162, betont, daß Eucken schon vor der nationalsozialistischen Diktatur sich vehement gegen die „Auslöschung der Persönlichkeit“ und „Vermassung“ wendet (Eucken (1932a), S. 86). Der Freiheits*begriff* gewinnt aber erst – wie aufgezeigt – in den späteren Arbeiten an Aktualität.

Bezüge zu einem glaubenden Verstehen der Wirklichkeit: „Ich aber könnte weder existieren noch arbeiten, wenn ich nicht wüßte, daß Gott existiert.“[150]

Eucken sieht dabei zunächst in seinen frühen Überlegungen sogar einen Widerspruch zwischen marktwirtschaftlichem System und christlichem Glaube: „Geist des modernen Kapitalismus und Geist des Christentums sind schlechterdings unvereinbar.“[151]

Der Nationalökonom fordert daher in der „Tatwelt“ ein Denken, das vom Glauben her seinen Ausgang nimmt:

> „Die geschichtliche Entwicklung wird nach Scheitern aller anderen Versuche mit Notwendigkeit zu dem Ergebnis führen müssen, daß der umfassende Sinnzusammenhang den Tätigkeiten des einzelnen Menschen nur von der Religion, vom Glauben an Gott wieder verliehen werden kann. Erst dann wird auch auf sozialem und politischem Gebiet wieder eine gewisse Beruhigung eintreten.“[152]

Wesentlich ist dabei, daß Eucken die Ordnung nicht nur als gottgewollten Ordo versteht, sondern die herauszubildende Ordnung auch unter den Anspruch stellt, eine christliches Leben zu ermöglichen. Exemplarisch verdeutlicht dies die „Wirtschafts- und Sozialordnung“ des Freiburger Bonhoeffer-Kreises, die von Eucken, Constantin von Dietze und Adolf Lampe 1942 für die Nachkriegszeit ausgearbeitet wurden.[153] Dort fordern die Freiburger Ökonomen eine Wirtschaftsordnung, die es ermöglicht, ein Leben evangelischer Christen zu führen[154], die die „Menschen als sittliche Persönlichkeiten“[155] achtet und so beschaffen ist, daß „echte Gemeinschaft möglich ist“[156].

---

150 Eucken 1942 in einem Brief an Rüstow. Zit. nach Lenel (1991), S. 12.

151 Eucken (1927a), S. 131.

152 Eucken (1932a), S. 87.

153 Der Freiburger Bonhoeffer-Kreis gehört zu den sog. Freiburger Kreisen, drei Widerstandszirkeln gegen das nationalsozialistische Regime. Vgl. Goldschmidt (1997).

154 Vgl. Dietze/Eucken/Lampe (1942/1979), S. 129.

155 Dietze/Eucken/Lampe (1942/1979), S. 129.

156 Dietze/Eucken/Lampe (1942/1979), S. 129. Vgl. zum Ganzen Goldschmidt (1998). Es ist jedoch zu bedenken, daß Eucken zumindest der Theologie Luthers kritisch gegenüber stand: „Mein Christentum ist das ... eines Leibniz oder Kant“ (Eucken 1944 in einem Brief an Rüstow. Zit. nach Lenel (1991), S. 12).

Sicherlich ist es äußerst problematisch – zumindest in diesem Rahmen – eine weitreichende Analyse der religiösen Motivation Euckens nachzuzeichnen, jedoch kann als gewiß gelten, daß für Eucken jede Ordnung einen „religiös-metaphysischen Gehalt“[157] braucht und der Anspruch des christlichen Menschenbildes ein notwendiger Maßstab ihrer Güte ist.[158]

Als Ergebnis dieses Kapitels läßt sich also festhalten, daß Euckens ethisches Wollen in dem Denken seines Vaters den entscheidenden Impuls erhielt. Dabei verbinden sich Euckens Überlegungen mit einem Streben, daß auf eine menschenwürdige Ordnung zielt, die sich unter dem Anspruch des Ordo, der Freiheit und des christlichen Glaubens herausbildet. Eucken geht es um die Gestaltung einer Ordnung, die zu einem bestimmten normativen Ergebnis befähigt: „Die Gesamtordnung sollte so sein, daß sie den Menschen das Leben nach ethischen Prinzipien ermöglicht.“[159]

4 Wirtschaftstheorie als rekursiver Prozeß

Was bleibt?

Methodisches: Das Vorgehen Euckens, das auf die „phänomenologische[n] Wesenserfassung“[160] zurückgeht, kann im modernen wissenschaftstheoretischen Diskurs keinen Bestand haben. Die Rückbindung an Husserl, dessen Philosophie letztlich „eine Ontologie auf idealistischer Grundlage“[161] ist und somit einen „Absolutismus im Übergang“[162] bedeutet, muß zerfließen: Im Wissen um eine evolutive Naturgeschichte bietet eine transzendentalphilosophische Methodik und ihre Rückbindung an eine „Erste Philosophie“ keinen Halt mehr in der sozialwissenschaftlichen Debatte – auch wenn eine ähnliche Vorgehensweise die unausgesprochene Grundlage zahlreicher ökonomischer Theorien bildet.

---

157 Eucken 1943 hinsichtlich der Probleme des Liberalismus in einem Brief an Rüstow. Zit. nach Lenel (1991), S. 12.

158 Vgl. hierzu auch den (anekdotischen) Verweis auf Euckens christliches Menschenbild bei Nell-Breuning (1953b), S. 244.

159 Eucken (1952/1990), S. 199.

160 Husserl (1910/11), S. 341 (im Original hervorgehoben).

161 Strasser (1991), S. 144.

162 Welz (1996), S. 99.

Dennoch weist Euckens Ansatz bereits einen Weg auf, der zur Überwindung einer fundamentalistischen Wirtschaftstheorie führt: Verläßt man den Standpunkt einer ökonomischen Wesenseinsicht, bleibt in Eukkenscher Tradition die notwendige Hinwendung zur wirtschaftlichen Wirklichkeit. D. h., daß ökonomische Theorie nur dann gelingen kann, wenn sie sich der Historizität ihrer eigenen Erkenntnis und insbesondere ihres Erkenntnisobjektes „wirtschaftliche Wirklichkeit" bewußt ist. In der Wirtschaftstheorie gibt es dann kein „ein-für-alle-mal", sondern nur eine Theorie auf der Grundlage bestehenden Wissens. Ändert sich die Einsicht in historische und gegenwärtige Gegebenheiten, muß dies notwendig zur Modifikation der Theorie führen. Wird so der Standpunkt absoluter Erkenntnis aufgegeben, ist es offensichtlich, daß der „Datenkranz" auch für die Wirtschaftstheorie nicht mehr unantastbar ist. Da das „Wesen der Sache" unentdeckt bleibt, muß der Rahmen relevanter Faktoren immer neu umgrenzt werden.[163]

Ethisches Wollen: Wurzelt die ökonomische Theorie nicht auf „ewigen Wahrheiten", schwindet ihre Möglichkeit, Wirtschaftsethik absolut zu begründen. Entthront man also den metaphysisch legitimierten Ordo, entfällt der Anspruch, von *ökonomischer* Erkenntnis zu unverrückbaren moralischen Postulaten fortzuschreiten.

Gleichwohl ist auch hier eine Rückbesinnung auf Eucken hilfreich. Das gesamte Euckensche Werk durchzieht ein wirtschaftspolitischer Impetus: der Bogen spannt sich von der kritischen Analyse der deutschen Geldpolitik Ende der 20er Jahre über die Forderung nach einem „dritten Weg" während der nationalsozialistischen Diktatur, bis hin zu seinem Einsatz für die nachkriegsdeutsche Wirtschafts- und Sozialordnung. Zahlreiche Arbeiten Euckens dokumentieren, wie aus dem Wissen um theoretische Zusammenhänge die Forderung nach Gestaltung der wirtschaftlichen Ordnung erwachsen kann. D. h. die Theorie knüpft bei Eucken nicht nur an der Alltagserfahrung an, sondern theoretische Erkenntnis ist zugleich auch (normativer) Maßstab für die wirtschaftspolitische Praxis. Theoretische Zusammenhänge sind so Ausgangspunkt sowie Zielgröße der kritischen Reflexion. Eine solche Sichtweise ermöglicht dabei die Integration von sozialem bzw. ethischem Anliegen und wirtschaftlicher Notwendigkeit.[164]

---

163 Vgl. Blümle (2000).

164 Vgl. Blümle/Goldschmidt (1999).

Rekursion: Unter diesen Bedingungen läßt sich Wirtschaftstheorie als „rekursiver Prozeß" bestimmen. Dabei bedeutet Rekursion eben nicht nur stereotype Reproduktion, sondern die Wiederaufnahme einer bestimmten Methode („Verarbeitungsvorschrift") – hier im Zusammenspiel von wirtschaftlicher Wirklichkeit und Abstraktion – auf das Resultat einer vorhergehenden Anwendung eben dieser Methode. Die Variation der Befunde ergibt sich dabei aus der jeweils veränderten Erkenntnis von geschichtlicher und gegenwärtiger Situation, die sich nicht zuletzt aus wirtschaftspolitischen Handlungen ergibt. Auf diese Weise ist wirtschaftliche Theorie immer nur Zwischenergebnis.[165]

Somit verbleibt einer ökonomischen Theorie, die sich in der Tradition Euckens neu formulieren will, die betrübliche, aber notwendige Einsicht, wie sie bereits von Joseph Schumpeter formuliert wurde: „Statt scharfe Konturen für Disziplinen und Richtungen zu gewinnen, müssen wir uns damit abfinden, daß alles ineinander fließt."[166]

---

[165] Dabei konstituiert sich die ökonomische Theorie aber eben nicht am Ende der geschichtlichen Untersuchung, sondern „immer wieder".

[166] Schumpeter (1926/27), S. 22.

Literaturverzeichnis

Becher, R. (1927)
Rudolf Eucken und seine Philosophie, in: *Die Tatwelt*, Bd. 3, S. 1 – 5.

Becke, A. (1999)
Der Weg der Phänomenologie. Husserl, Heidegger, Rombach, Hamburg: Kovac.

Becker, H.P. (1965)
Die soziale Frage im Neoliberalismus. Analyse und Kritik, Heidelberg: Kerle.

Beckerath, E. v. (1953)
Walter Euckens Grundsätze der Wirtschaftspolitik, in: *Ordo*, Bd. 5, S. 289 – 297.

Blümle, G. (2000)
Norm oder ökonomisches Gesetz? Eine grundsätzliche Frage, diskutiert am Vergleich der Einkommensverteilung in Deutschland und Frankreich, in: Lüdeke, R., Scherf, W., Steden, W. (Hrsg.): *Wirtschaftswissenschaft im Dienst der Verteilungs-, Geld- und Finanzpolitik*, Berlin: Duncker & Humblot (im Erscheinen).

Blümle, G./ Goldschmidt, N. (1999)
Die Konsequenzen der Verrechtlichung für die ethischen Grundlagen wirtschaftlicher Ordnung, Diskussionsbeiträge des Instituts für Allgemeine Wirtschaftsforschung, Abt. Math. Ökonomie, Nr. 18, Universität Freiburg, Mai 1999.

Böhm, F. (1933)
Wettbewerb und Monopolkampf. Eine Untersuchung zur Frage des wirtschaftlichen Kampfrechts und zur Frage der rechtlichen Struktur der geltenden Wirtschaftsordnung, Berlin: Hehmann.

Böhm, F. (1937)
Die Ordnung der Wirtschaft als geschichtliche und rechtsschöpferische Leistung. Nebst Einleitung der Herausgeber, Ordnung der Wirtschaft, H. 1, Stuttgart u. Berlin: Kohlhammer.

Böhm, F. (1950)
Die Idee des Ordo im Denken Walter Euckens, in: *Ordo*, Bd. 3, S. XV – LXIV.

Böhm, F. (1957)
Die Forschungs- und Lehrgemeinschaft zwischen Juristen und Volkswirten an der Universität Freiburg in den dreißiger und vierziger Jahren des 20. Jahrhunderts, in: Wolff, H.J. (Hrsg.): *Aus der Geschichte der Rechts- und Staatswissenschaften zu Freiburg i. Br.*, Freiburg: Albert, S. 95 – 113.

Böhm, F. (1958)
Wettbewerbsfreiheit und Kartellfreiheit, in: *Ordo*, Bd. 10, S. 167 – 203.

Brandt, K. (1993)
Geschichte der deutschen Volkswirtschaftslehre. Band 2: Vom Historismus zur Neoklassik, Freiburg: Haufe.

Brinkmann, C. (1944)
Über die Erneuerung der Wirtschaftstheorie, in: *Jahrbücher für Nationalökonomie und Statistik*, Bd. 160, S. 97 – 120.

Clausing, G. (1958)
Arthur Spiethoffs wissenschaftliches Lebenswerk, in: *Schmollers Jahrbuch*, 78. Jg., S. 257 – 290.

Dathe, U. (1995)
Gottlob Frege und Rudolf Eucken – Gesprächspartner in der Herausbildungsphase der modernen Logik, in: *History and Philosophy of Logic*, Bd. 16, S. 245 – 255.

Diehl, K. (1916)
Theoretische Nationalökonomie. Erster Band: Einleitung in die Nationalökonomie, Jena: Fischer.

Diehl, K. (1941)
Die sozialrechtliche Richtung in der Nationalökonomie, Jena: Fischer.

Dietze, C. v./ Eucken, W./ Lampe, A. (1942/1979)
Wirtschafts- und Sozialordnung, in: *In der Stunde Null. Die Denkschrift des Freiburger „Bonhoeffer-Kreises": Politische Gemeinschaftsordnung. Ein Versuch des christlichen Gewissens in den politischen Nöten unserer Zeit*, Tübingen: Mohr (Paul Siebeck).

Dörge, F.-W. (1959)
Menschenbild und Institution in der Idee des Wirtschaftsliberalismus bei A. Smith, L. v. Mises, W. Eucken und F.A. v. Hayek, in: Ortlieb, H.-D. (Hrsg.): *Zur Ordnung von Wirtschaft und Gesellschaft*. Festgabe für Eduard Heimann, Hamburger Jahrbuch für Wirtschafts- und Gesellschaftspolitik, Bd. 4, Tübingen: Mohr (Paul Siebeck), S. 82 – 99.

Dürr, E.-W. (1954)
Wesen und Ziele des Ordoliberalismus, Winterthur: Keller.

Eisermann, G. (1993)
Max Weber und die Nationalökonomie, Marburg: Metropolis.

Erdsiek, E. (1925)
Die ethischen Forderungen des Aktivismus – ein lebendiges Ganzes, in: *Die Tatwelt*, Bd. 1, S. 54 – 58.

Eucken, R. (1890/1950)
Die Lebensanschauungen der grossen Denker. Eine Entwicklungsgeschichte des Lebensproblems der Menschheit bis zur Gegenwart, 20. Auflage, Berlin: de Gruyter.

Eucken, R. (1913)
Grundlinien einer neuen Lebensanschauung, 2. Auflage, Leipzig: Veit.

Eucken, R. (1920)
Der Sozialismus und seine Lebensgestaltung, Leipzig: Reclam.

Eucken, R. (1925)
Unsere Forderung an das Leben, in: *Der Euckenbund*, Bd. 1, S. 2 – 4.

Eucken, W. (1914)
Die Verbandsbildung in der Seeschiffahrt, Staats- und Sozialwissenschaftliche Forschungen, H. 172, München u. Leipzig: Duncker & Humblot.

Eucken, W. (1921)
Die Stickstoffversorgung der Welt. Eine volkswirtschaftliche Untersuchung, Stuttgart u. Berlin: Deutsche Verlags-Anstalt.

Eucken, W. (1923)
Kritische Betrachtungen zum deutschen Geldproblem, Jena: Fischer.

Eucken, W. (1926)
Die geistige Krise und der Kapitalismus, in: *Die Tatwelt*, Bd. 2, S. 13 – 16 (unter dem Pseudonym Dr. Kurt Heinrich).

Eucken, W. (1927a)
Religion und Sozialismus. Eine Fortsetzung der Diskussion, in: *Die Tatwelt*, Bd. 3, S. 125 – 132 (unter dem Pseudonym Dr. Kurt Heinrich).

Eucken, W. (1927b)
Vom Radikalismus sozialistischer und Euckenscher Prägung, in: *Die Tatwelt*, Bd. 3, S. 44 – 48.

Eucken, W. (1929)
Kredit und Konjunktur, in: Boese, F. (Hrsg.): *Wandlungen des Kapitalismus. Kredit und Konjunktur*, Schriften des Vereins für Socialpolitik, Bd. 175, S. 287 – 305 u. S. 386 – 391.

Eucken, W. (1932a)
Religion – Wirtschaft – Staat, in: *Die Tatwelt*, Bd. 8, S. 82 – 89.

Eucken, W. (1932b)
Staatliche Strukturwandlungen und die Krisis des Kapitalismus, in: *Weltwirtschaftliches Archiv*, Bd. 36, S. 297 – 323.

Eucken, W. (1933)
Denken – Warum? in: *Die Tatwelt*, Bd. 9, S. 148 – 152.

Eucken, W. (1934)
Kapitaltheoretische Untersuchungen. Mit einer Einleitung in die Sammlung: Was leistet die nationalökonomische Theorie?, Probleme der Theoretischen Nationalökonomie, H. 1, Jena: Fischer.

Eucken, W. (1937)
Vom Hauptproblem der Kapitaltheorie, in: *Jahrbücher für Nationalökonomie und Statistik*, Bd. 145, S. 533 – 564.

Eucken, W. (1938)
Die Überwindung des Historismus, in: *Schmollers Jahrbuch*, 62. Jg., S. 191 – 214.

Eucken, W. (1940)
Wissenschaft im Stile Schmollers, in: *Weltwirtschaftliches Archiv*, Bd. 52, S. 468 – 506.

Eucken, W. (1940/1989)
Die Grundlagen der Nationalökonomie, 9. Auflage, Berlin u. a.: Springer.

Eucken, W. (1947)
Gibt es wirtschaftliche Zwangsläufigkeiten? Visionen, Suggestionen und Entwicklungsgesetze, in: *Wirtschaftszeitung* vom 24.01.1947, S. 5.

Eucken, W. (1952/1990)
Grundsätze der Wirtschaftspolitik. hrsg. von Edith Eucken und K. Paul Hensel, 6. Auflage, Tübingen: Mohr (Paul Siebeck).

Eucken-Erdsiek, E. (1948)
Chaos und Stagnation, in: *Ordo*, Bd. 1, S. 3 – 15.

Fischer, T. (1993)
Staat, Recht und Verfassung im Denken von Walter Eucken. Zu den staats- und rechtstheoretischen Grundlagen einer wirtschaftspolitischen Konzeption, Frankfurt u. a.: Lang.

Folz, W.J. (1970)
Das geldtheoretische und geldpolitische Werk Walter Euckens, Berlin: Duncker & Humblot.

Gässler, G.F. (1994)
Der Ordo-Gedanke unter besonderer Berücksichtigung von Augustinus und Thomas von Aquino, Sankt Augustin: Academia.

Goldschmidt, N. (1997)
Die Entstehung der Freiburger Kreise, in: *Historisch-Politische Mitteilungen*, Bd. 4, S. 1 – 18.

Goldschmidt, N. (1998)
Christlicher Glaube, Wirtschaftstheorie und Praxisbezug. Walter Eucken und die Anlage 4 der Denkschrift des Freiburger Bonhoeffer-Kreises, in: *Historisch-Politische Mitteilungen*, Bd. 5, S. 33 – 48.

Grossekettler, H. (1997)
Die Wirtschaftsordnung als Gestaltungsaufgabe. Entstehungsgeschichte und Entwicklungsperspektiven des Ordoliberalismus nach 50 Jahren Sozialer Marktwirtschaft, Ökonomische Theorie der Institutionen, Bd. 1, Münster u. Hamburg: Lit.

Hacker, C. (1925)
Wesen und Ziele des Euckenbundes, in: *Der Euckenbund*, Bd. 1, S. 7 – 9.

Häuser, K. (1994)
Das Ende der Historischen Schule und die Ambiguität der deutschen Nationalökonomie in den zwanziger Jahren, in: Nörr, K.W., Schefold, B., Tenbruck, F. (Hrsg.): *Geisteswissenschaften zwischen Kaiserreich und Republik. Zur Entwicklung von Nationalökonomie, Rechtswissenschaft und Sozialwissenschaft im 20. Jahrhundert*, Stuttgart: Steiner, S. 47 – 74.

Haselbach, D. (1991)
Autoritärer Liberalismus und Soziale Marktwirtschaft. Gesellschaft und Politik im Ordoliberalismus, Baden-Baden: Nomos.

Haskamp, R.J. (1966)
Spekulativer und phänomenologischer Personalismus. Einflüsse J. G. Fichtes und Rudolf Euckens auf Max Schelers Philosophie der Person, Freiburg u. München: Alber.

Hennis, W. (1987)
Eine „Wissenschaft vom Menschen“. Max Weber und die deutsche Nationalökonomie der Historischen Schule, in: ders.: *Max Webers Fragestellung. Studien zur Biographie des Werkes*, Tübingen: Mohr (Paul Siebeck), S. 117 – 166.

Hensel, K.P. (1949)
Ordnungspolitische Betrachtungen zur katholischen Soziallehre (im Sinne der Päpstlichen Enzykliken Rerum Novarum und Quadragesimo Anno), in: *Ordo*, Bd. 2, S. 229 – 269.

Herrmann-Pillath, C. (1991)
Der Vergleich von Wirtschafts- und Gesellschaftssystemen: Wissenschaftsphilosophische und methodologische Betrachtungen zur Zukunft eines ordnungstheoretischen Forschungsprogramms, in: *Ordo*, Bd. 42, S. 15 – 67.

Heuß, E. (1989)
«Die Grundlagen der Nationalökonomie» vor 50 Jahren und heute, in: *Ordo*, Bd. 40, S. 21 – 30.

Heuß, E. (1995)
Wo steht die deutschsprachige Wirtschaftstheorie heute? In: Schachtschneider, K.A. (Hrsg.): *Wirtschaft, Gesellschaft und Staat im Umbruch*. Berlin: Duncker & Humblot, S. 322 – 334.

Holzwarth, F. (1985)
Ordnung der Wirtschaft durch Wettbewerb. Entwicklung der Ideen der Freiburger Schule, Freiburg: Haufe.

Hull, T.E. (1984)
Max Weber and the Methodology of Social Sciences, New Brunsbrick u. London: Transaction.

Husserl, E. (1900/1992)
Logische Untersuchungen. Erster Band: Prolegomena zur reinen Logik (Text nach Husserliana XVIII), hrsg. von E. Ströcker, Hamburg: Meiner.

Husserl, E. (1901a/1992)
Logische Untersuchungen. Zweiter Band I. Teil: Untersuchungen zur Phänomenologie und Theorie der Erkenntnis (Text nach Husserliana XIX/1), hrsg. von E. Ströcker, Hamburg: Meiner.

Husserl, E. (1901b/1992)
Logische Untersuchungen. Zweiter Band II. Teil: Untersuchungen zur Phänomenologie und Theorie der Erkenntnis (Text nach Husserliana XIX/2), hrsg. von E. Ströcker, Hamburg: Meiner.

Husserl, E. (1910/11)
Philosophie als strenge Wissenschaft, in: *Logos*, Bd. 1, S. 289 – 341.

Husserl, E. (1927)
Die Phänomenologie und Rudolf Eucken, in: *Die Tatwelt*, Bd. 3, S. 10 – 11.

Husserl, E. (1930/1992)
Ideen zu einer reinen Phänomenologie und phänomenologischen Philosophie. Erstes Buch: Allgemeine Einführung in die reine Phänomenologie (Text nach Husserliana III/1), hrsg. von E. Ströcker, Hamburg: Meiner.

Janssen, H. (1998)
Nationalökonomie und Nationalsozialismus. Die deutsche Volkswirtschaftslehre in den dreißiger Jahren, Beiträge zur Geschichte der deutschsprachigen Ökonomie, Bd. 10, Marburg: Metropolis.

Jellinek, G. (1901/1960)
Allgemeine Staatslehre, 3. Auflage, Bad Homburg: Genter.

Karsten, S.G. (1992)
Walter Eucken: Social Economist, in: *International Journal of Social Economics*, Bd. 19, S. 111 - 125.

Krohn, C.-D. (1981)
Wirtschaftstheorien als politische Interessen. Die akademische Nationalökonomie in Deutschland 1918 – 1933, Frankfurt u. New York: Campus.

Krüsselberg, H.-G. (1989)
Zur Interdependenz von Wirtschaftsordnung und Gesellschaftsordnung: Euckens Plädoyer für ein umfassendes Denken in Ordnungen, in: *Ordo*, Bd. 40, S. 223 – 241.

Lane, F.C. (1956)
Some Heirs of Gustav von Schmoller, in: Lambie, J.T. (Hrsg.): *Architects and Craftsmen in History*, Festschrift für Abbott Payson Usher, Tübingen: Mohr (Paul Siebeck), S. 9 – 36.

Lenel, H.O. (1990)
Walter Eucken. Leben und Werk, in: Bombach, G., Lenel, H.O., Schlecht, O.: *Vademecum zu einem Wegbereiter der Modernen Theorie in Deutschland. Kommentar zur Faksimile-Ausgabe der 1940 erschienenen Erstausgabe von Walter Eucken: Die Grundlagen der Nationalökonomie*, Düsseldorf: Verlag Wirtschaft und Finanzen, S. 15 – 35.

Lenel, H.O. (1991)
Walter Euckens Briefe an Alexander Rüstow, in: *Ordo*, Bd. 42, S. 11 – 14.

Lindbekk, T. (1992)
The Weberian Ideal-type: Development and Continuities, in: *Acta Sociologica*, Bd. 35, S. 285 – 297.

Löwe, A. (1926)
Wie ist Konjunkturtheorie überhaupt möglich? in: *Weltwirtschaftliches Archiv*, Bd. 24, S. 165 – 197.

Lutz, F. (1932)
Das Konjunkturproblem in der Nationalökonomie, Probleme der Theoretischen Nationalökonomie, H. 2, Jena: Fischer.

Machlup, F. (1960/61)
Idealtypus, Wirklichkeit und Konstruktion, in: *Ordo*, Bd. 12, S. 21 – 57.

Maier, K.F. (1935)
Goldwanderungen. Ein Beitrag zur Theorie des Geldes, Probleme der Theoretischen Nationalökonomie, H. 4, Jena: Fischer.

Meier-Rust, K. (1993)
Alexander Rüstow. Geschichtsdeutung und liberales Engagement, Stuttgart: Klett-Cotta.

Meyer, F.W. (1938)
Der Ausgleich der Zahlungsbilanz, Probleme der Theoretischen Nationalökonomie, H. 5, Jena: Fischer.

Meyer, F.W./ Lenel, H.O. (1948)
Vorwort: Die Aufgabe des Jahrbuchs, in: *Ordo*, Bd. 1, S. VII – XI.

Miksch, L. (1937)
Wettbewerb als Aufgabe. Die Grundsätze einer Wettbewerbsordnung, Ordnung der Wirtschaft, H. 1, Stuttgart u. Berlin: Kohlhammer.

Miksch, L. (1950)
Walter Eucken, in: *Kyklos*, Bd. 4, S. 279 – 290.

Mombert, P. (1927)
Geschichte der Nationalökonomie. Band 2, Jena: Fischer.

Müller, E. (1997)
Evangelische Wirtschaftsethik und Soziale Marktwirtschaft, Neukirchen-Vluyn: Neukirchener.

Nawroth, E.E. (1961)
Die Sozial- und Wirtschaftsphilosophie des Neoliberalismus, Heidelberg: Kerle.

Nell-Breuning, O. v. (1953a)
Gemeinsames und Trennendes in den Hauptrichtungen der Wirtschaftswissenschaft und Wirtschaftspolitik, in: *Grundsatzfragen der Wirtschaftsordnung. Ein Vortragszyklus von der Wirtschafts- und Sozialwissenschaftlichen Fakultät der Freien Universität Berlin*, Berlin: Duncker & Humblot, S. 215 – 231.

Nell-Breuning, O. v. (1953b)
Sinnbestimmung der Wirtschaft aus letzten Gründen, in: *Grundsatzfragen der Wirtschaftsordnung. Ein Vortragszyklus von der Wirtschafts- und Sozialwissenschaftlichen Fakultät der Freien Universität Berlin*, Berlin: Duncker & Humblot, S. 232 – 251.

Peter, H. (1950/51)
Walter Eucken. Die Grundlagen der Nationalökonomie, in: *Finanzarchiv NF*, Bd. 12, S. 753 – 754.

Pfister, B. (1928)
Die Entwicklung zum Idealtypus. Eine methodologische Untersuchung über das Verhältnis von Theorie und Geschichte bei Menger, Schmoller und Max Weber, Tübingen: Mohr (Paul Siebeck).

Ritschl, H. (1943)
Wandlungen im Objekt und in den Methoden der Volkswirtschaftslehre, in: *Schmollers Jahrbuch*, 67. Jg., S. 387 – 415.

Runge, U. (1971)
Antinomien des Freiheitsbegriffs im Rechtsbild des Ordoliberalismus, Tübingen: Mohr (Paul Siebeck).

Rüstow, A. (1940)
Zu den Grundlagen der Wirtschaftswissenschaft, in: *Revue de la Faculté des Sciences Economiques de l'Université d'Istanbul*, Bd. 2, S. 105 – 154.

Salin, E. (1951)
Geschichte der Volkswirtschaftslehre, 4. Auflage, Tübingen: Mohr (Paul Siebeck).

Scheler, M. (1973)
Gesammelte Werke. Band 7: Wesen und Formen der Sympathie. Die deutsche Philosophie der Gegenwart, hrsg. von Maria Scheler, Bern: Francke.

Schlecht, O. (1990)
Zur Ethik in Euckens Werk, in: Bombach, G., Lenel, H.O., Schlecht, O.: *Vademecum zu einem Wegbereiter der Modernen Theorie in Deutschland. Kommentar zur Faksimile-Ausgabe der 1940 erschienenen Erstausgabe von Walter Eucken: Die Grundlagen der Nationalökonomie*, Düsseldorf: Verlag Wirtschaft und Finanzen, S. 63 – 77.

Schlesinger, K. (1914)
Theorie der Geld- und Kreditwirtschaft, München: Duncker & Humblot.

Schmoller, G. v. (1881)
Ueber Zweck und Ziele des Jahrbuchs, in: *Jahrbuch für Gesetzgebung, Verwaltung und Volkswirthschaft im Deutschen Reich NF*, Bd. 5, S. 1 – 18.

Schmoller, G. v. (1923)
Grundriß der Allgemeinen Volkswirtschaftslehre. Erster Teil, 2. Auflage, München u. Leipzig: Duncker & Humblot.

Schumacher, H. (1883)
Johann Heinrich von Thünen – Ein Forscherleben, 2. Auflage, Rostock u. Ludwigslust: Hinstorff.

Schumacher, H. (1919)
Unternehmertum und Sozialismus, in: *Schmollers Jahrbuch*, 43. Jg., S. 405 – 435.

Schumacher, H. (1930)
Marktprobleme. Rede zur Verfassungsfeier am 6. Juli 1930, Berlin: Preußische Druckerei- und Verlags-Aktiengesellschaft.

Schumacher, H. (1943)
Die Wirtschaft in Leben und Lehre. Einführung in die Volkswirtschaftslehre, Leipzig: Koehler & Amelang.

Schumpeter, J. (1926/27)
Gustav v. Schmoller und die Probleme von heute, in: *Schmollers Jahrbuch*, 50. Jg., S. 337 – 388.

Schumpeter, J. (1927)
Deutschland, in: Mayer, H. (Hrsg.): *Die Wirtschaftstheorie der Gegenwart, Band 1: Gesamtbild der Forschung in den einzelnen Ländern*, Wien: Springer, S. 1 – 30.

Schumpeter, J. (1954)
History of Economic Analysis, New York: Oxford University Press.

Sombart, W. (1930)
Die drei Nationalökonomien. Geschichte und System der Lehre von der Wirtschaft, München u. Leipzig: Duncker & Humblot.

Spiethoff, A. (1932)
Die Allgemeine Volkswirtschaftslehre als geschichtliche Theorie. Die Wirtschaftsstile, in: *Schmollers Jahrbuch*, 56. Jg., S. 891 – 924.

Stammler, R. (1896/1921)
Wirtschaft und Recht nach der materialistischen Geschichtsauffassung, 4. Auflage, Berlin u. Leipzig: de Gruyter.

Stavenhagen, G. (1969)
Geschichte der Wirtschaftstheorie, 4. Auflage, Göttingen: Vandenhoeck & Ruprecht.

Strasser, S. (1991)
Welt im Widerspruch. Gedanken zu einer Phänomenologie als ethischer Fundamentalphilosophie, Dordrecht u. a.: Kluwer.

Streit, M.E. (1992)
Die Interdependenz der Ordnungen – Eine Botschaft und ihre aktuelle Bedeutung, in: *Ordnung in Freiheit. Symposium aus Anlaß des 100. Jahrestages des Geburtstages von Walter Eucken am 17. Januar 1991*, Tübingen: Mohr (Paul Siebeck), S. 5 – 29.

Strigl, R. (1923)
Die ökonomischen Kategorien und die Organisation der Wirtschaft, Jena: Fischer.

Strigl, R. (1934)
Kapital und Produktion, Beiträge zur Konjunkturforschung, Bd. 7, Wien: Springer.

Thünen, J.H. v. (1850/1910)
Der isolierte Staat in Beziehung auf Landwirtschaft und Nationalökonomie. Zweiter Teil, Rostock 1850 (Neudruck: Jena: Fischer, 1910).

Utz, A.F. (1994)
Sozialethik, IV. Teil: Wirtschaftsethik, unter Mitarbeit von Brigitta Gräfin von Galen, Bonn: WBV.

Vanberg, V. (1997)
Die normativen Grundlagen von Ordnungspolitik, in: *Ordo*, Bd. 48, S. 707 – 726.

Veit, O. (1953)
Ordo und Ordnung. Versuch einer Synthese, in: *Ordo*, Bd. 5, S. 3 – 47.

Voigt, S. (1996)
Die konstitutionelle Ökonomik als Herausforderung für die Theorie der Wirtschaftspolitik – zugleich eine Skizze zur Weiterentwicklung einer ökonomischen Theorie der Verfassung, in: Pies, I., Leschke, M. (Hrsg.): *James Buchanans konstitutionelle Ökonomik*, Tübingen: Mohr (Paul Siebeck), S. 157 – 183.

Wagenführ, H. (1933)
Der Systemgedanke in der Nationalökonomie. Eine methodengeschichtliche Betrachtung, Jena: Fischer.

Wagner, V.F. (1950)
Walter Eucken, in: *Schweizerische Zeitschrift für Volkswirtschaft und Statistik*, Bd. 86, S. 172 – 174.

Weber, M. (1904/1988)
Die ‚Objektivität' sozialwissenschaftlicher und sozialpolitischer Erkenntnis, wiederabgedruckt in: Winckelmann, J. (Hrsg.): *Gesammelte Aufsätze zur Wissenschaftslehre*, 7. Auflage, Tübingen: Mohr (Paul Siebeck).

Welz, F. (1996)
Kritik der Lebenswelt. Eine soziologische Auseinandersetzung mit Edmund Husserl und Alfred Schütz, Opladen: Westdeutscher Verlag.

Wendt, S. (1958)
Die Wirtschaft in Leben und Lehre. Hermann Schumacher und sein Werk, in: *Schmollers Jahrbuch*, 78. Jg., S. 129 – 148.

Willgerodt, H. (1966)
Dokumentation, in: *Ordo*, Bd. 17, S. 355 – 367.

Winkel, H. (1977)
Die deutsche Nationalökonomie im 19. Jahrhundert, Darmstadt: Wissenschaftliche Buchgesellschaft.

Zur Ethik in Euckens Werk*

Otto Schlecht

1 Wichtiger Beitrag zur Fundierung der Sozialen Marktwirtschaft

Ohne Übertreibung kann man sagen, dass Euckens „Grundlagen der Nationalökonomie" und die als unmittelbare wirtschaftspolitische Fortentwicklung und Konsequenz daraus entstandenen, posthumen „Grundsätze der Wirtschaftspolitik" mehr als irgend ein anderes Werk in der jüngeren Wirtschaftsgeschichte das wirtschaftspolitische Denken und Handeln eines Landes über mehr als eine Epoche hinaus bestimmt haben. Es war sicher auch kein Zufall, dass der Einfluss dieses Werkes in einer großen Zeit des Umbruchs von Zwang und Diktatur zu Freiheit und Demokratie erfolgte, eben in der Nachkriegszeit in der Bundesrepublik, in der die Soziale Marktwirtschaft begründet wurde.

In den letzten Jahren wird immer wieder die Frage gestellt, ob die Soziale Marktwirtschaft – oder nach Eucken, die Wettbewerbsordnung – eigentlich bei aller zugebilligten Effizienz eine Wirtschaftsordnung ist, die den Menschen in den Mittelpunkt stellt, die die sozialen Probleme zu bewältigen in der Lage ist, die gleichzeitig auch dem Menschen in seiner Umwelt und mit den daraus entspringenden Herausforderungen gerecht wird. In vielen Diskussionen wird die Soziale Marktwirtschaft mit purem Kapitalismus gleichgestellt, ihr wird Seelenlosigkeit und die Ausbeutung von Natur und Umwelt auf Kosten kommender Generationen vorgeworfen, sie basiere nur auf Eigennutz und habe somit vor allem letztlich keinen ethischen Gehalt. Bei meiner Antwort darauf möchte ich das ethische Postulat in der Wirtschaft interpretieren als ein Verhalten, das gewollt oder durch das bewußt geschaffene, rechtliche und gesellschaftliche Umfeld auto-

* Überarbeitete Fassung eines 1990 im Kommentar-Band zu: „Walter Eucken, Die Grundlagen der Nationalökonomie", Handelsblatt-Bibliothek „Klassiker der Nationalökonomie", erschienenen Aufsatzes.

matisch zu einer die grundlegenden Freiheitsrechte jedes Einzelnen garantierenden, kurz „menschengerechten“ Wirtschaftsordnung führt und sie sichert.

2 Suche nach einer menschenwürdigen Ordnung

Wie steht es also mit der Ethik in Euckens Werk? Walter Eucken hat das Wort Ethik in den „Grundlagen“ überhaupt nicht verwendet, in seinen „Grundsätzen“ taucht es nur beiläufig auf. Das wirkt für uns umso verwunderlicher, als wir in der ökonomischen Diskussion derzeit geradezu einer Inflationierung dieses Wortes gegenüberstehen! Ist also ausgerechnet Walter Eucken ethischen Überlegungen in Verbindung mit der Gestaltung einer Wirtschaftsordnung fernstehend geblieben? Dies wäre erstaunlich, auch vor dem Hintergrund, dass ja sein Vater Rudolf Eucken Professor für Philosophie in Basel und Jena war und sich auch mit sozialethischen Problemen auseinandergesetzt hat.

Richtig ist, dass Walter Eucken sich als Wirtschaftstheoretiker erstaunlicherweise als erster nüchtern, gründlich und ohne ideologischen Überbau mit dem Phänomen der zentral vom Staat gelenkten Wirtschaft befaßt hat, obwohl dieses Wirtschaftssystem ja wahrhaftig häufig genug in der Geschichte vorgekommen ist. Er hat analytisch herausgearbeitet, dass der Typus Zentralverwaltungswirtschaft auch eine Ordnung, und eine in sich stabile Ordnung ist, die in vielerlei Formen in der Realität existiert hat. Er hat sie als reine Form – als Idealtypus – der Verkehrswirtschaft (wir sagen heute: der reinen Marktwirtschaft) gegenübergestellt. Insofern war er ein wertfrei Untersuchender im Sinne Max Webers.

Es wäre jedoch ein fatales und tiefgreifendes Verkennen Walter Euckens und seines Denkansatzes, wenn man ihm ausgehend von der neutralen Herausarbeitung der beiden Idealformen der Zentralverwaltungswirtschaft und der Verkehrswirtschaft vorwerfen würde, er sei ein wertfreier Theoretiker geblieben und habe nur unter Effizienz-Gesichtspunkten diese Wirtschaftssysteme untersucht und dabei eine Präferenz für die Marktwirtschaft ausgesprochen.

Im Gegenteil, das ganze Werk Walter Euckens durchzieht immer wieder die Frage nach der „menschenwürdigen Ordnung“, bei der der Mensch im wirtschaftlichen Bereich am besten seine Selbstverwirklichung findet, dies aber in einem System, das gleichzeitig dem anderen ein Maximum an Freiheit garantiert. Der Verfasser dieses Beitrages bekennt gern, dass es gerade die Euckensche Schlüsselfrage war, die ihn als Freiburger Student (und bis heute) in den Bann des großen Lehrers gezogen hat:

> „Wie kann der modernen industrialisierten Wirtschaft eine funktionsfähige und menschenwürdige Ordnung gegeben werden?“[1]

Als Wirtschaftspolitiker hat Eucken damit klar eine urteilende Wertung an die theoretischen Erkenntnisse angelegt. Seine Antwort auf die Schlüsselfrage lautete zusammengefasst:

> „Funktionsfähig und menschenwürdig heißt: In ihr soll die Knappheit an Gütern ... so weitgehend wie möglich und andauernd überwunden werden. Und gleichzeitig soll in dieser Ordnung ein selbstverantwortliches Leben möglich sein.“[2]

Und an anderer Stelle:

> „Die Gesamtordnung sollte so sein, dass sie den Menschen das Leben nach ethischen Prinzipien ermöglicht“.[3]

Soweit diese Anforderungen an die Wahrung der Menschenwürde in einer Ordnung erfüllt sind, wird diese Ordnung bei Eucken zur Ordo, einem Begriff, den er bewusst auf seine Ursprünge bezieht: ursprünglich von Augustinus entwickelt, dann später von der gesamten mittelalterlichen Scholastik, vor allem von Thomas von Aquin in der Summa Theologica, aufgenommen und im Mittelpunkt des scholastischen mittelalterlichen Denkens einer geistigen Ordnung stehend. Walter Eucken hat dies in den Grundlagen so definiert:

> „Ordnung hat aber noch einen anderen Sinn: als Ordnung, die dem Wesen des Menschen und der Sache entspricht, d. h. Ordnung, in der Maß und Gleichgewicht bestehen... (Der Ordo-Gedanke) bedeutet die sinnvolle Zusammenfügung des Mannigfaltigen zu einem Ganzen.“[4]

---

1 Eucken (1968), S. 14.
2 Eucken (1959), S. 240.
3 Eucken (1968), S. 199.
4 Eucken (1959), S. 239.

Und im dann Folgenden zeigt er nicht zuletzt unter dem unmittelbaren Eindruck des schrecklichen nationalsozialistischen Unrechtssystems, wie sehr er diesen Begriff des Ordo entgegensetzt dem totalitären, menschenverachtenden Zugriff des Staates auf den Menschen ohne jede ethische Begrenzung.

> „Vor allem zu Zeiten versagender oder ungerechter positiver Ordnungen gewinnt diese Idee der Wesensordnung oder der Naturordnung oder des Ordo regelmäßig eine große Kraft. Die Absurdität der konkreten Zustände gibt den Anstoß dazu. Die Ordnung wird gesucht, welche ... der Vernunft oder der Natur des Menschen oder der Dinge entspricht. ... Heute lebt diese Idee wieder auf angesichts der dringenden Notwendigkeit, für die industrialisierte Wirtschaft die fehlende funktionsfähige und menschenwürdige Ordnung der Wirtschaft, der Gesellschaft, des Rechtes und des Staates zu finden. Mögen die Fassungen des Begriffs ... wechseln, die Absicht der Begriffsbildung bleibt gleich oder ähnlich.“[5]

Wir haben damit ein zentrales Element gefunden, das auch heute noch für die ethische Verantwortung unserer Wirtschaftsordnung gilt. Walter Eucken hat sich dann – und das zeigt die tiefe ethische Verwurzelung in seiner Gedankenführung sehr deutlich und seine weite Distanz zu dem wertneutralen Denken eines Max Weber – gerade in den späteren Jahren immer mehr mit diesem Begriff des Ordo als einer spezifischen Werteordnung befasst.

3 Ordo als spezifische Werteordnung

Zentrales Element bei der Verwirklichung des Ordo ist die Wettbewerbsordnung. Und eigentlich zeigt sich in diesen Kategorien – nicht so sehr im Nächstliegenden der überlegenen Effizienz – auch bei Eucken die ethische Dominanz der Wettbewerbsordnung gegenüber der Zentralverwaltungswirtschaft, die er in sich auch als eine „Ordnung“ bezeichnet. Wettbewerbsordnung ist für ihn eine Koordinationsordnung; Zentralverwaltungswirtschaft eine Subordinationsordnung (Franz Böhm). Damit besteht für Eucken der eigentliche – ich möchte sagen –, philosophische Ansatz im Nachdenken über wirtschaftliche Phänomene darin, die Wirtschaft als eine menschenbezogene Ordnung und nicht als einen instrumentalen

---

5 Eucken (1959), S. 239.

Zusammenhang ökonomischer Gesetzmäßigkeiten zu begreifen. Es gilt bei der Gestaltung des konkreten Wirtschaftslebens, also der Wirtschaftspolitik, Freiheit und Ordnung zu einem tragfähigen Gleichgewicht zu führen. Gerade dieses Denken in Ordnungen, das ein zentrales Anliegen Euckens war, ist uns heute oft abhanden gekommen. Es bedarf einer Renaissance dieses Denkens, nicht nur um unsere eigene heutige Wirtschaftsordnung auch in der Zukunft zu bewahren, sondern auch in der Perspektive einer kohärenten Ordnung in Europa. Eine andere Ordnung als die unsere mit den gleichen Vorzügen ist prinzipiell nicht zu sehen.

4 Einzel- und Gruppeninteressen bedrohen die Wettbewerbsordnung

Der Grundgedanke einer solchen Wettbewerbsordnung, wie sie bei Eucken zur Ordo wird, hat zur zentralen Idee, dass die Ausübung wirtschaftlicher Macht durch einen Einzelnen oder durch ein Kollektiv so begrenzt wird, dass sie nicht oder möglichst wenig die Rechte und Freiheiten anderer zu beeinträchtigen in der Lage ist.

> „Wie der Rechtsstaat, so soll auch die Wettbewerbsordnung einen Rahmen schaffen, in dem die freie Betätigung des Einzelnen durch die Freiheitssphäre des anderen begrenzt wird und so die menschlichen Freiheitsbereiche ins Gleichgewicht gelangen.“[6]

Walter Eucken hat sich bereits in den „Grundlagen“ und später dann ausführlicher in den „Grundsätzen der Wirtschaftspolitik“ intensiv mit dem Problem der Macht und der Machtausübung im wirtschaftlichen Leben beschäftigt. Er hatte eine tiefe Skepsis gegenüber wirtschaftlicher Macht, mehr als viele andere und mehr vor allem als die meisten Klassiker des Wettbewerbssystems, die zwar auch die Bildung von Monopolen ablehnten, aber nicht in dem Maße zentral in ihre Überlegungen die ständige Gefahr einer Einschränkung, ja einer Zerstörung der Wettbewerbsordnung durch wirtschaftliche Macht einbezogen. Eucken dagegen sah darin eine ständige Bedrohung der Wettbewerbsordnung:

[6] Eucken (1968), S. 250.

> „Anbieter und Nachfrager suchen stets – wo immer es möglich ist – Konkurrenz zu vermeiden und monopolistische Stellungen zu erwerben oder zu behaupten. Ein tiefer Trieb zur Beseitigung von Konkurrenz und zur Erwerbung von Monopolstellungen ist überall und zu allen Zeiten lebendig. Jeder erspäht Möglichkeiten, um Monopolist zu werden.“[7]

Er kam damit zu dem Urteil:

> „Nur in einer einzigen Marktform tritt das Phänomen der wirtschaftlichen Macht ganz zurück: nämlich bei Verwirklichung der vollständigen Konkurrenz.“[8]

Dabei hat Eucken aber die Frage wirtschaftlicher Macht nicht mit bloßer Größe verwechselt:

> „...in der Verkehrswirtschaft (ist es)... die Marktstellung, die über die Machtstellung entscheidet.“[9]

Er sieht dann auch nicht als einen Ausweg die Kontrolle wirtschaftlicher Macht, sondern fordert radikal:

> „Nicht in erster Linie gegen die Mißbräuche vorhandener Machtkörper sollte sich die Wirtschaftspolitik wenden, sondern gegen die Entstehung der Machtkörper überhaupt. Sonst besitzt sie keine Chance, mit dem Problem fertig zu werden.“[10]

Wenn es Walter Eucken auch sicher bewusst war, dass er das Idealbild der vollständigen Konkurrenz nicht überall verwirklichen konnte, so sieht er in der konsequenten Ausrichtung auf die vollkommene Konkurrenz doch ein wesentliches Ziel für die Wirtschaftspolitik. Wir sind heute nicht nur in der täglichen Wirtschaftspolitik, sondern auch in Erkenntnis der Realitäten sicher entfernt von diesem Idealbild. Wir haben aber auch gelernt, dass andere Faktoren als ein jeweils gegebenes momentanes Bild der Märkte dazu tendieren können, das Problem wirtschaftlicher Macht zu entschärfen. Es kommt heute hinzu, dass durch die gestiegene europäische und weltweite Integration der Begriff des Marktes sich von seiner engen, fast regionalen früheren Definition entfernt hat. Dennoch bleibt für

7 Eucken (1968), S. 31.
8 Eucken (1959), S. 201.
9 Eucken (1959), S. 202.
10 Eucken (1968), S. 172.

uns heute das Phänomen wirtschaftlicher Macht als Bedrohung nicht nur des Funktionierens einzelner Märkte bestehen, sondern auch als ein ethisches Problem im Hinblick auf eine freiheitliche Gesellschaftsordnung – im nationalen Zusammenhang wie im größeren europäischen.

5 Die „soziale Frage" umfassend bedenken

Manche Kritiker haben – unter ethischen Aspekten – bemängelt, dass Eucken in seinem „Denken in Ordnungen" der Sozialpolitik nur wenig Raum gewidmet hat. Seine „soziale Frage" war aber viel umfassender angelegt. Für ihn bestand sie in erster Linie darin, die Freiheitsrechte und das menschenwürdige Leben der Bürger durch eine funktionsfähige Wettbewerbsordnung vor staatlichen und privaten Machtballungen zu schützen:

> „...die Wettbewerbsordnung (ist) eine Voraussetzung dafür, dass das Privateigentum an Produktionsmitteln (an anderer Stelle: ‚die Vertragsfreiheit') nicht zu wirtschaftlichen und sozialen Mißständen führt."[11]

Für Walter Eucken war Sozialpolitik in erster Linie umfassende Ordnungspolitik für Wirtschaft und Gesellschaft:

> „Es gibt nichts, was nicht sozial wichtig wäre. Es gibt keine wirtschaftspolitische Maßnahme, die nicht zugleich auch, sei es direkt oder indirekt, soziale Auswirkungen und soziale Bedeutung hätte. Wer soziale Interessen vertreten will, sollte daher sein Augenmerk vor allem auf die Gestaltung der Gesamtordnung richten. Durch die allgemeine Ordnungspolitik muss versucht werden, die Entstehung sozialer Fragen zu verhindern. Entstehen sie doch, so ist zuerst zu prüfen, ob es sich nicht um Sekundärwirkungen irgendwelcher, auf ganz anderem Gebiete liegender Maßnahmen handelt."[12]

In diesem umfassenden Sinne nahm er leidenschaftlichen Anteil am Schicksal der Menschen. Spezielle soziale Versicherung war dabei eher eine Selbstverständlichkeit, solange nicht durch überzogene soziale Leistungen die wirtschaftliche und gesellschaftliche Gesamtordnung gefährdet wird.

---

[11] Eucken (1968), S. 275.
[12] Eucken (1968), S. 313.

6 Staatsaufgabe: Die Ordnung gestalten

Aus Skepsis gegenüber wirtschaftlicher Macht entspringt die Forderung Euckens nach einer starken Stellung des Staates bei der Gestaltung des Rahmenwerkes für eine wettbewerbliche Ordnung. Da die Wettbewerbsordnung von sich aus nicht immer zu einem stabilen Zustand tendiere, sondern eher das Gegenteil der Fall sei, müsse auch der Staat eine aktive Rolle bei der Verwirklichung der Wettbewerbsordnung spielen.[13] Eucken stellt in dem ersten seiner „staatspolitischen Grundsätze der Wirtschaftspolitik" die radikale Forderung auf:

> „Die Politik des Staates sollte darauf gerichtet sein, wirtschaftliche Machtgruppen aufzulösen oder ihre Funktionen zu begrenzen."[14]

Aus der Erfahrung ist allerdings einzuwenden, dass eine solch radikale Forderung in der Realität eines modernen, pluralistischen Demokratie-Systems nicht der alleinige Ausweg sein kann. In einer Demokratie mit Koalitionsfreiheit ist eine gewisse Bildung wirtschaftlicher Machtgruppen wohl unvermeidlich. Auf der anderen Seite muss man auch sehen, dass die Gegenkräfte, die einer übermäßigen Ausübung einer Machtstellung gegenüberstehen, stärker sind als von Eucken gesehen. Die Aspekte des potentiellen Wettbewerbs, der Gegenmacht, potentieller Auflösungserscheinungen bei Machtagglomerationen, die verstärkte Konkurrenz infolge eines engen Zusammenrückens der Weltmärkte oder letztlich auch das Bewusstsein der Verantwortung für das Gemeinwesen bei vielen müssen heute mit berücksichtigt werden. Wichtig bleibt jedoch, dass der Staat soweit wie irgend möglich die Märkte offen hält, selbst keine Zugangsschranken aufstellt und Monopolrenten weder bewusst noch unbewusst absichert.

Weitgehende Aktualität sollte für den Wirtschaftspolitiker heute der zweite Euckensche Grundsatz haben:

> „Die wirtschaftspolitische Tätigkeit des Staates sollte auf die Gestaltung der Ordnungsformen der Wirtschaft gerichtet sein, nicht auf die Lenkung des Wirtschaftsprozesses."[15]

---

13 Vgl. Eucken (1968), S. 325f.
14 Eucken (1968), S. 334.
15 Eucken (1968), S. 336.

Eucken hat in der Tat ganz zentral eine staatliche Wirtschaftspolitik des permanenten Eingreifens in den Wirtschaftsablauf im Rahmen einer Verkehrswirtschaft gebrandmarkt und sie als eine Wirtschaftspolitik der Experimente kritisiert. Immer wieder hat er darauf hingewiesen, dass der Staat auf diese Weise sich vielmehr zum Spielball von Machtgruppen und Interessenten entwickle und diese Unterhöhlung der Staatsautorität durch partikulare Gewalten die Autorität des Staates schwäche.[16] Dem setzte er die Notwendigkeit eines stabilen Staatsapparates gegenüber, der genug Macht besitzt, um bestimmte, genau umschriebene Ordnungsaufgaben zu erfüllen. Gerade hierin unterscheidet sich Eucken auch von den Vorstellungen der Rolle des Staates im eigentlichen Kapitalismus, dem Laissez-faire-System, das er mit der gleichen Entschiedenheit kritisierte wie die Zentralverwaltungswirtschaft. Dort gestalte der Staat zwar auch über die Rechtsordnung den Ablauf der Wirtschaft. Es werde aber nicht als Aufgabe angesehen, eine eigene Politik zur Gestaltung der Wirtschaftsordnung zu betreiben.

Die vielen misslichen Erfahrungen, die wir im Laufe insbesondere der 70er Jahre mit einem allzu hohen Erwartungshorizont auf die sogenannte Feinsteuerung der Wirtschaft und dem ständigen Herumoperieren zur Beeinflussung des Wirtschaftsprozesses im Sinne einer Wachstumsmaximierung gewonnen haben, lässt den Wirtschaftspolitiker heute wieder viel stärker auch die Bedeutung staatlichen Maßhaltens in der makroökonomischen Steuerung verstehen. Die christlich-liberale Bundesregierung hat seit Beginn der 80er Jahre diesem Aspekt mit einer betont mittelfristigen Orientierung in der Wirtschaftspolitik Rechnung getragen. Die rotgrüne Bundesregierung ist nach ihrem anfänglichen orientierungslosen Zickzack-Kurs noch auf der Suche nach einem ordnungspolitischen Leitbild. Auf der anderen Seite würde freilich die Meinung, dass auch hier nicht das Kind mit dem Bade ausgeschüttet werden kann und nicht ein Verzicht auf jede Beeinflussung des Wirtschaftsprozesses ausgesprochen werden sollte, gerade von Eucken geteilt werden. Denn er war ein starker Kritiker des zyklisch verstärkenden Verhaltens der Reichsregierung anlässlich der großen Depression Anfang der 30er Jahre. Hier betonte auch Eucken die Notwendigkeit einer Stabilisierungspolitik durch den Staat.[17]

---

16 Vgl. Eucken (1968), S. 336.

17 Vgl. Eucken (1968), S. 329.

7 Freiheit ist unteilbar

Ein zentrales Problem bleibt die These Euckens von der „Interdependenz der Ordnungen“. Dies ist in der Tat der Mittelpunkt eines jeden Ansatzes, der die Erkenntnis wirtschaftlicher Vorgänge und Zusammenhänge nicht rein instrumental versteht, sondern die enge Verbindung zwischen Wirtschaftsordnung einerseits und Gesellschafts-, Staats- und Rechtsordnung andererseits im Blickfeld hat.

> „Die Wirtschaftsordnung ist ... die Gesamtheit der Formen, in denen die Lenkung des alltäglichen Wirtschaftsprozesses in konkreto jeweils erfolgt. Und diese Formen der Wirtschaftslenkung stehen in naher Verbindung zur Ordnung der Gesellschaft.“[18]

Dabei hat Eucken bewusst nicht auf die Primordialität der Wirtschaftsordnung hingewiesen als eines notwendigen Unterbaus für eine bestimmte Staatsordnung. Vielmehr ist es die wechselseitige Abhängigkeit zwischen Wirtschafts- und Gesellschaftsordnung, die ihn interessierte. Walter Eucken hat damit bereits theoretisch die Entwicklungen und Probleme beschrieben, wie wir sie bei den tiefgreifenden Umwälzungen im Osten erlebt haben und noch erleben.

Es ist bezeichnend, dass schon in der Vergangenheit in einzelnen Ländern des Ostblocks angesichts der wachsenden Ineffizienz ihrer Wirtschaft im Vergleich zu den Marktwirtschaftsländern im Westen immer wieder Versuche unternommen wurden, durch mehr oder weniger schüchterne Änderungen oder Auflockerungen der Zentralverwaltungswirtschaft, durch Einbeziehung einzelner marktwirtschaftlicher Elemente das System insgesamt effizienter zu machen, um das beherrschende Knappheits- und Lenkungsproblem zu erleichtern. Diese Ansätze mussten aber weitgehend erfolglos bleiben, solange nicht auch Veränderungen in der Gesellschaftsordnung zugelassen wurden. Schon Franz Böhm hat 1950 vorhergesagt:

> „Viel wahrscheinlicher ist, dass die zunehmende Differenzierung des Wirtschaftsprozesses, die den Vorgang des zentralen Steuerns ungemein erschwert..., gerade umgekehrt im Volk ein zunehmendes Bedürfnis nach individueller Freiheit erzeugen wird... Die Zentralverwaltungswirtschaft wird also ihre Anziehungskraft als ökonomisches System auf die

[18] Eucken (1968), S. 180f.

> breiten Massen von Jahrzehnt zu Jahrzehnt in fortschreitender Beschleunigung einbüßen.“[19]

Beim Prozess der politischen und wirtschaftlichen Reformen im Osten wurde diese Interdependenz der Ordnungen ganz deutlich und fühlbar. Mehr wirtschaftliche Freiheit zieht als Konsequenz die Forderung nach politischer Freiheit nach sich, mehr politische gesellschaftliche Freiheit fordert ihr Pendant im Wirtschaftlichen. In China ist versucht worden, den Schritt auf die marktwirtschaftliche Ordnung zu tun, ohne gleichzeitig zu realisieren, dass dies Forderungen nach Auflockerung auch der gesellschaftlichen und politischen Ordnung in Richtung auf mehr Freiheit, auf mehr Demokratie nach sich ziehen wird. Dies hat dann zu dem traurigen Konflikt geführt, den wir in Erinnerung haben. Wir wissen heute nicht, wie es dort weitergeht. Ist es denkbar, dass die konstituierenden Prinzipien – um bei Eucken zu bleiben – einer marktwirtschaftlichen Ordnung, wie offene Märkte, Privateigentum und Vertragsfreiheit, auch nur im Ansatz verwirklicht werden können ohne einen entsprechenden Grad an politischer Freiheit? Man kann es bezweifeln; obwohl ich sehe, dass die kulturellen und gesellschaftlichen Grundlagen in Asien sicher andere sind als bei uns.

In den mittel- und osteuropäischen Ländern, mit zum Teil geradezu revolutionären Reformansätzen, scheint die Entwicklung anders zu verlaufen. Hier erleben wir zur Zeit die Interdependenz zwischen Gesellschafts- und Rechtsordnung und Wirtschaftsordnung deutlich am praktischen Fall. Auch hierzu sei Walter Eucken zitiert:

> „Es hat wenig Wert, in unbestimmter Weise davon zu sprechen, die Politik bestimme die Wirtschaft, worauf andere erwidern, die Wirtschaft bestimme die Politik. Das exakte Erkennen der Ordnungsformen und ihrer wechselseitigen Beziehungen ist nötig. Und dabei stoßen Denken und Handeln immer wieder auf das wirtschaftliche Ordnungsproblem.“[20]

Für uns heute stellt sich natürlich die Frage, wie diese Entwicklung weitergehen wird. Glückt es, in beiden Bereichen so gleichgewichtig voranzugehen, dass große Spannungen im Gesellschafts- und Wirtschaftssys-

---

19 Böhm (1950), S. XXVIf.

20 Eucken (1968), S. 183.

tem vermieden werden können? Wir können nur hoffen, dass der gewaltige und kühne Versuch gelingt, dass mehr wirtschaftliche Freiheit mit mehr politischer Freiheit, mehr wirtschaftliche Selbstbestimmung mit mehr politischer Selbstbestimmung, mehr wirtschaftliche Koordination über den Markt und den Preismechanismus mit mehr politischer Koordination über die demokratische Willensbildung einhergeht, dass andererseits die Zurückdämmung des staatlichen Lenkungsmonopols in der Wirtschaft von einer Zurückdämmung des absoluten staatlichen Machtanspruchs begleitet wird. Natürlich gilt dies jeweils auch umgekehrt. Dass dies nur ein Erfolg werden kann, wenn die wirtschaftliche Leistungssteigerung in absehbarer Zeit auch dem einzelnen Bürger eine sichtbare Erfolgsquittung in der Hebung seines derzeit noch extrem niedrigen Lebensstandards gibt, ist selbstverständlich. Je konsequenter dieser freiheitliche Weg aber gegangen wird, desto mehr ist auch der Erfolg da, desto mehr liegt darin aber auch die Chance einer dauerhaften friedlichen Intensivierung der politischen und wirtschaftlichen Beziehungen zwischen Ost und West.

Die geradezu atemberaubende Renaissance und Aktualität Euckenscher Ordnungsideen – auch im ethischen Sinne – wird deutlich, wenn der letzte reformkommunistische Ministerpräsident Ungarns, Miklós Németh, 1989 formulierte:

> „Ich habe erkannt, dass die These von der Allmächtigkeit des Volkswirtschaftsplanes ein ideologisches Dogma ist, das an der Wirklichkeit der Praxis scheitern muss... Einen besseren Mechanismus als das Spiel der Marktkräfte hat man bislang nicht gefunden. Gleichzeitig bin ich der Ansicht, dass das freie Spiel der Marktkräfte mit den sozialen und ethischen Werten der Gesellschaft in Konflikt geraten kann. Aber diese Konflikte sind nicht durch Einschränkung des Marktes und durch staatliche Eingriffe zu lindern, sondern durch den Ausbau eines sozialen, kulturellen und rechtlichen institutionellen Systems, das die Wettbewerbsordnung umgibt."[21]

8 Prioritäten ändern sich, Prinzipien nicht

Eucken hat die wichtige Rolle des Staates bei der Gestaltung der Wirtschaftsordnung auch im Hinblick auf neu auftretende Probleme gesehen:

---

21 Németh (1989).

> „So unerträglich es ist, die Gestaltung der Wirtschaftsordnung im Zeitalter der Industrie, der modernen Technik, der großen Städte und der Massen sich selbst zu überlassen, so unfähig ist der Staat zur Führung des Wirtschaftsprozesses selbst.“[22]

Hiermit hat Eucken ausdrücklich auf die Bedeutung des Staates, den Ordnungsrahmen setzen zu müssen, hingewiesen. Das bedeutet für uns heute z. B. im Hinblick auf die Probleme der Erhaltung der Umwelt und der Bewahrung des menschlichen Umfeldes für kommende Generationen, dass der Staat auch in einer Marktwirtschaft eine klare, eindeutige Leitungs- und Lenkungsfunktion zu übernehmen hat. Die Wirtschaftsordnung ist dabei gegenüber der Form staatlicher Rahmengestaltung offen. Dem marktwirtschaftlichen System entspricht auch in Fragen der Umwelt jedoch am meisten die direkte Zuordnung eines „Preises bei der Verwendung eines knappen Gutes“, also hier der Umwelt. Deshalb gehört das Verursacherprinzip grundsätzlich zur Marktwirtschaft. Der Staat ist nicht dazu da, Abbruchunternehmer für andere zu spielen oder für Folgekosten anderer Verursacher aufzukommen, sondern er sollte von vornherein den entsprechenden Rechts- und Ordnungsrahmen für die Erhaltung der Umwelt setzen. Fordern aber kann auf der anderen Seite die Wirtschaft die „Konstanz der Datensetzung“, also nicht in kurzen Abständen immer wieder neue Regelungen und Ordnungsmaßnahmen zu setzen, die ohnehin nur dem Stand der Technik hinterherlaufen, sondern vorausschauend Daten in Form von Anreizen zur Schonung der Umwelt zu geben, bzw. von Belastungen bei einem Fehlverhalten.

Wenn von ökologischen Problemen, in den Werken Euckens und seiner Zeitgenossen nicht so umfassend, wie sie heute gesehen werden, die Rede ist, so kann ihnen das nicht zum Vorwurf gemacht werden, denn das spiegelt nur andere Prioritäten der Gesellschafts- wie der Naturwissenschaften jener Zeit und auch weniger Wissen um die Bedeutung dieser Probleme wider. Es war keineswegs ein Zeichen dafür, dass für sie nur die wirtschaftliche Leistungssteigerung ohne Rücksicht auf andere Wirkungen und Folgen im Vordergrund stand. Dabei muss man sich daran erinnern, dass schließlich die Katastrophe des Zweiten Weltkrieges mit ganz anderen Schäden noch in der Erinnerung aller stand.

---

22 Eucken (1968), S. 336.

Um es zu wiederholen: auch damals in Zeiten zum Teil extremen Mangels, wie es vor der Währungsreform und unmittelbar danach der Fall war, waren die Werke Walter Euckens wie auch der anderen Begründer der Marktwirtschaft weit entfernt von Utilitarismus oder reinem Effizienzdenken. Für sie war es allererste Aufgabe, eine freiheitliche Wirtschafts- und Gesellschaftsordnung zu schaffen, die offen und zur Lösung aktueller, neu auftretender Probleme bereit und geeignet ist, ohne die wesentlichen Elemente einer solchen Ordnung aufs Spiel zu setzen. Für sie stand an erster Stelle die marktwirtschaftliche, machtbegrenzende Wettbewerbsordnung als das wirtschaftliche Gegenstück zu einer Staatsordnung, die demokratische Freiheiten und eine möglichst weitgehende Selbstverwirklichung des Menschen im Rahmen eines friedlichen gesellschaftlichen Zusammenlebens erlaubt. Damit ist Walter Eucken auch im Hinblick auf ethische Forderungen, die an Wirtschaft und Gesellschaft zu stellen sind, heute so aktuell wie eh und je.

Literaturverzeichnis

Böhm, F. (1950)
Die Idee des Ordo im Denken Walter Euckens, in: *Ordo*, Bd. 3, S. XV – LXIV.

Eucken, W. (1959)
Die Grundlagen der Nationalökonomie, 7. Auflage, Berlin u. a.: Springer.

Eucken, W. (1968)
Grundsätze der Wirtschaftspolitik, 4. Auflage, Tübingen: Mohr (Paul Siebeck).

Németh, M. (1989)
Miklós Németh: Ein demokratisches Ungarn steuert auf das entwickelte Europa zu, in: *Die Welt* vom 30.10.1989, Berlin.

Ordoliberalismus und Soziale Marktwirtschaft aus evolutorischer Sicht

Werner Zohlnhöfer

1 Zur Problemstellung

Die um Erkenntnisse zur Gestaltung von Wirtschaftssystemen[1] und das Verständnis sowie die Steuerbarkeit gesamtwirtschaftlicher Prozesse bemühte Wirtschaftswissenschaft hat – im Gegensatz zu den Natur- und Ingenieurwissenschaften – nicht die Möglichkeit, Hypothesen unter Laborbedingungen zu testen, um auf diese Weise empirisch fundierte Erkenntnisfortschritte zu erzielen und gleichzeitig auch der Theoriebildung kontinuierlich neue Impulse zu verleihen. Allerdings gibt es für die Theorie der Wirtschaftspolitik ein – freilich nur sehr begrenzt damit vergleichbares – funktionales Äquivalent: Gemeint ist die Möglichkeit, historische „Experimente" mit der Gestaltung von Wirtschaftssystemen einer systematischen Analyse zu unterziehen, um auf diesem Wege aus den Erfahrungen zu lernen, die mit der politischen Umsetzung bestimmter wirtschaftspolitischer Konzepte gemacht wurden. Doch lassen sich diese Experimente nicht beliebig wiederholen; außerdem sind sie in der Regel mit hohen Risiken, bisweilen sogar mit erheblichen Wohlstandseinbußen verbunden. Um so lohnender erscheint es für eine Theorie der Wirtschaftspolitik, die um Realitätsnähe und Praxisbezug bemüht ist, sich dieser Erkenntnisquelle zu bedienen. Das gilt insbesondere, wenn es um die grundlegende Frage geht, inwieweit sich bestimmte konzeptionelle Vorstellungen über die Gestaltung von Wirtschaftssystemen als tragfähig erweisen.

---

1 Der Begriff des Wirtschaftssystems wird hier weit definiert, so dass er alle „Mechanismen, die wirtschaftliche Entscheidungen in Produktion, Konsumtion und Verteilung von Gütern ermöglichen" umfasst. Vgl. Thieme (1999), S. 9.

Ein hervorragendes Beispiel für die wissenschaftliche Fruchtbarkeit dieses Verfahrens der Erkenntnisgewinnung bildet das Werk Walter Euckens. Durch eine ebenso systematische wie differenzierte Analyse und Auswertung der historischen Entwicklung von Wirtschaftssystemen hat er nicht nur die Grundlage für die Renaissance des liberalen Gedankenguts (vor allem im Deutschland der Nachkriegszeit) gelegt, sondern auch das begrifflich-analytische Instrumentarium der Wirtschaftswissenschaft bereichert.

Dabei erscheinen für die Originalität und die praktische Wirksamkeit von Euckens wissenschaftlicher Arbeit auf diesem Gebiet vor allem drei Aspekte maßgeblich. Zunächst hat er die ökonomische Wirklichkeit vorurteilsfrei zur Kenntnis genommen, ohne Defizite zu beschönigen oder hinwegzudefinieren; so nahm er die „soziale Frage" so ernst wie wenige liberale Ökonomen und widmete sich konsequent der Frage nach deren Ursachen. Ganz Ähnliches gilt auch für die Ursachenanalyse selbst: Er setzte sich intensiv mit Theorie und Praxis des wissenschaftlichen bzw. totalitären Sozialismus auseinander und belegte überzeugend, dass der Marxismus als Diagnose ebenso wenig tragfähig ist wie die Zentralverwaltungswirtschaft als Therapie. Gleichzeitig ist er weit davon entfernt, das Credo des klassischen Liberalismus gegen Kritik zu immunisieren oder es gar zu dogmatisieren. Vielmehr setzt er auch hier seine kritische Sonde an und entdeckt in dem Typ von Wirtschaftssystemen, der als Umsetzung liberaler Vorstellungen gilt, eine folgenschwere Tendenz zur Selbstzerstörung. Schließlich – und dies dürfte für die politische Bedeutung des Ordoliberalismus entscheidend gewesen sein – begnügte sich Eucken nicht mit Diagnose und Kritik, er zog selbst auch praktische Konsequenzen und leitete aus seinen Erkenntnissen unmittelbar wirtschaftspolitische Handlungsempfehlungen ab. Ohne das „Vierte Buch" über „Die Wettbewerbsordnung und ihre Verwirklichung" hätten die „Grundsätze der Wirtschaftspolitik"[2] wohl nie eine vergleichbare Karriere gemacht.

Abgesehen davon hat sich Eucken in vielfältiger Weise als kreativer Denker erwiesen und in seinem Gesamtwerk eine ganze Reihe von Denkanstößen gegeben, die sich als innovativ und weiterführend erwiesen haben. Das sittliche Engagement und die Bedeutung Euckens als Wissenschaftler

2 Vgl. Eucken (1990), S. 241 - 324; alle relevanten Zitate sind dieser Ausgabe entnommen.

sind mit Recht in zahlreichen Publikationen gebührend gewürdigt worden. Deshalb soll im folgenden das Werk Euckens nicht nur als Vermächtnis betrachtet, sondern konkret der Frage nachgegangen werden, inwieweit Ordoliberalismus und Soziale Marktwirtschaft wirtschaftspolitische Konzeptionen[3] darstellen, die als zukunftsfähig zu betrachten sind. Geprüft werden soll dies an der Frage, inwieweit eine an diesen Leitbildvorstellungen orientierte Wirtschafts- und Sozialpolitik geeignet erscheint, das in einer Sackgasse steckende Wirtschaftssystem Deutschlands (und anderer Länder Westeuropas) wieder flott zu machen.

Dieses Erkenntnisziel legt folgenden Aufbau nahe: Angesichts der erheblichen Unschärfen, die viel verwendete, aber selten definierte Konzepte aufweisen, ist es geboten, zunächst die genannten Leitbildvorstellungen selbst inhaltlich eindeutig zu kennzeichnen und sie klar voneinander abzugrenzen, um die folgende Argumentation nachvollziehbar zu machen. Vor diesem Hintergrund ist dann kurz zu verdeutlichen, inwieweit die Konzeptionen des Ordoliberalismus und der Sozialen Marktwirtschaft im deutschen Wirtschaftssystem bisher Niederschlag gefunden haben; gleichzeitig sind die wichtigen Diskrepanzen zwischen diesen Leitbildern und der – angeblich – danach gestalteten Realität zu identifizieren. Auf der Basis dieser Befunde soll dann die Frage nach der Zukunftsfähigkeit der zur Diskussion stehenden wirtschaftspolitischen Konzeptionen beantwortet werden.

2 Merkmale wirtschaftspolitischer Konzeptionen

Wer sich ernsthaft mit wirtschaftspolitischen Konzeptionen beschäftigt, stößt auf einen überraschenden Befund: Gemeint ist die geradezu verwirrende Begriffsvielfalt, die Publikationen zu dieser Thematik kennzeichnet. Das zeigt sich nicht nur darin, dass die verschiedenen Teildisziplinen der Sozialwissenschaften für vergleichbare, ja im wesentlichen sogar gleiche Leitbildvorstellungen höchst unterschiedliche Begriffe verwenden

[3] Unter einer wirtschaftspolitischen Konzeption wird hier – in Anlehnung an Pütz (1975), S. 209f. – ein langfristig gültiges Leitbild „für die Gesamtheit aller Handlungen" politischer Entscheidungsträger verstanden. Entsprechend umfasst eine Konzeption Aussagen über Ziele, Gestaltungsgrundsätze und Methoden der Wirtschaftspolitik, die in einem widerspruchsfreien Zusammenhang miteinander stehen (sollen).

(so dass der Klassische Liberalismus zum Konservatismus oder gar Kapitalismus wird!). Es gilt auch für die Wirtschaftswissenschaften selbst. Ein besonders drastisches Beispiel bildet hier das Konzept der sozialen bzw. Sozialen Marktwirtschaft. Die Verschiedenartigkeit der Inhalte, die damit in Verbindung gebracht werden, grenzt an Willkür. Hinzu kommt noch, dass nur selten zwischen Leitbild und Realität von Wirtschaftssystemen unterschieden wird, was zusätzliche Missverständnisse bedingt, ja nicht selten erhebliche Verwirrung stiftet.

Deshalb erscheint es nicht nur für das hier verfolgte Erkenntnisziel geboten, sondern für die wissenschaftliche und für die öffentliche Diskussion um die Zukunft unseres Wirtschaftssystems unabdingbar, die miteinander rivalisierenden Leitbildvorstellungen eindeutig voneinander abzugrenzen. Dies ist nicht nur Vorbedingung für einen fruchtbaren wissenschaftlichen und politischen Dialog. Es ist auch ganz entscheidend für Art und Umfang der von der staatlichen Wirtschaftspolitik zu bewältigenden Probleme: Vor allem aber kann nur auf diese Weise verhindert werden, dass eine wirtschaftspolitische Konzeption deshalb verworfen wird, weil ein in hohem Maße defizitäres Wirtschaftssystem den Namen dieses Leitbilds trägt, in Wahrheit aber keineswegs auch (konsequent) nach diesem Leitbild gestaltet ist.

Kann somit die Notwendigkeit einer klaren Abgrenzung zwischen verschiedenen Leitbildvorstellungen als erwiesen gelten, so ist gleichzeitig zu betonen, dass es hier nicht um eine historische oder historisierende Betrachtung gehen soll, sondern um eine evolutorische Perspektive: Gefragt ist also nicht eine Schriftenexegese im Detail zum Zwecke der Identifikation und der Dogmatisierung einer „reinen Lehre“ oder einer allein selig machenden Wahrheit und die damit verbundene Ausgrenzung von Häretikern. Es geht auch nicht primär um einzelne Autoren und/oder die Bildung von Schulen. Worauf es ankommt, ist vielmehr allein eine zweckmäßige und sachgerechte Unterscheidung nach den grundlegenden Aussagen, die eine Konzeption prägen. Von nuancenreichen Unterschieden im Detail und zwischen verschiedenen Autoren kann, ja muss dabei abgesehen werden.

Das beste Beispiel für dieses Vorgehen bildet W. Eucken selbst: Was ihn in den „Grundsätzen der Wirtschaftspolitik“ interessiert, sind nicht die (feinen) Unterschiede zwischen den verschiedenen Vertretern der klassischen Nationalökonomie; was ihn interessiert, sind die wirtschaftspolitische Konzeption des Klassischen Liberalismus und die Ursachen für die mit deren Verwirklichung einhergehenden „Fehlentwicklungen", insbesondere die sog. soziale Frage. Die im folgenden gebotene Konzentration auf das Wesentliche lässt sich auch mit Hilfe des sog. Primärkriteriums verdeutlichen, das N. Kloten vorschlug, um Euckens elementare Typologie der Wirtschaftsordnungen weiterzuentwickeln. Demnach lassen sich Wirtschaftssysteme – ebenso wie dafür formulierte Entwürfe – danach klassifizieren, inwieweit öffentliche über private „Wirtschaftsführung" dominiert,[4] ein Merkmal, das vermutlich in der Tat system- bzw. ordnungsprägend ist. Jedenfalls lässt sich an Hand dieses Kriteriums die historische Entwicklung der wirtschaftspolitischen Konzeptionen charakterisieren, und zwar im Sinne einer Evolution mit (keineswegs zufälligen!) Ergebnissen.

Wirtschaftspolitische Konzeptionen streben eine prinzipiell umfassende und gleichzeitig langfristige Orientierung an, um Glaubwürdigkeit und – die dafür erforderliche – Kontinuität der Programmatik gewährleisten zu können. Sie sollen jedoch auch kurzfristig der wirtschaftspolitischen Praxis als Richtschnur zur Definition des aktuellen Handlungsbedarfs dienen. Daraus ergeben sich prinzipiell widersprechende Anforderungen an den Präzisionsgrad ihrer Aussagen. Wie die Erfahrung zeigt, lässt sich dieses Dilemma dadurch weitgehend überbrücken, dass zwischen normativen Vorgaben und Methoden zu deren Verwirklichung unterschieden wird. Die normativen Vorgaben übernehmen dabei die Rolle der Konstanten, die Kontinuität und Verlässlichkeit signalisieren, während über Mitteleinsätze nur bedingte Aussagen gemacht werden, so dass sie möglichen Veränderungen der zu gestaltenden Wirtschaftswirklichkeit und relevanten Erkenntnisfortschritten variabel angepasst werden können. Dabei kommt es vor allem darauf an, die Trennungslinie zwischen invarianten und anpassungsbedürftigen Aussagen so zu ziehen, dass sie möglichst lange aufrechterhalten werden kann, ohne den Kontakt mit der in ständigem Wandel begriffenen Realität und deren theoretischer Durchdringung zu verlieren. Je mehr dies gelingt, desto tragfähiger und erfolgversprechender ist eine Konzeption.

---

4 Vgl. Kloten (1955), S. 127.

3 Der Ordoliberalismus als Leitbild

Zur historischen Einbindung der folgenden Argumentation genügt es zu betonen, dass der Ordoliberalismus auf die epochemachenden Vorstellungen des Klassischen Liberalismus über die Gestaltung eines marktwirtschaftlichen Systems zurückgreift, sie gleichsam wieder freilegt, sie aber auch ganz entscheidend weiterentwickelt und dadurch erst wieder zukunftsfähig macht.

Es ist bekanntlich das historische Verdienst der Freiburger Schule des Ordoliberalismus im allgemeinen und das W. Euckens im besonderen, die konstitutive Rolle des Wettbewerbs für eine Marktwirtschaft (wieder)entdeckt zu haben: Nur eine wettbewerbliche Ordnung des wirtschaftlichen Geschehens erlaubt es, individuelle Freiheit und wirtschaftliche Leistungsfähigkeit miteinander zu verbinden. Die – von politischen Entscheidungsträgern zu setzenden oder auch nur zu beachtenden – Rahmenbedingungen, die die Entfaltung eines in diesem Sinne wünschenswerten Wettbewerbs erwarten lassen, fasst Eucken in seine vielzitierten „konstituierenden Prinzipien der Wettbewerbsordnung" zusammen. Es ist hier nicht erforderlich, sie im einzelnen vorzustellen. Wesentlich ist allein festzuhalten, dass diese „Prinzipien" in ihrer Gesamtheit noch heute als die Konstanten einer Wettbewerbsordnung Geltung beanspruchen können, wenn sie als allgemeine Gestaltungspostulate interpretiert und auf ihre Kernaussagen reduziert werden. Gleichzeitig jedoch weisen die Vorstellungen darüber, wie diese Postulate wirksam umzusetzen sind, als die Variablen der Konzeption, mindestens zum Teil einen erheblichen Anpassungsbedarf auf. Dies sei an einigen der konstituierenden Prinzipien exemplifiziert.

Nach Euckens Auffassung sind „alle Bemühungen, eine Wettbewerbsordnung zu verwirklichen", vergeblich, „solange eine gewisse Stabilität des Geldwertes nicht gesichert ist."[5] Die daraus abgeleitete Forderung nach einem Primat der Währungspolitik war, als die zitierten Zeilen geschrieben wurden, noch keineswegs allgemein akzeptiert; die weltweiten Erfahrungen mit inflationären Entwicklungen in der Nachkriegszeit haben dem Ordoliberalismus jedoch recht gegeben, so dass sich der postulierte Primat der Währungspolitik als Fels in der Flut erwiesen hat und heute als

5 Eucken (1990), S. 256.

weltweit akzeptiert gelten kann. Dagegen haben sich die Institutionen, Regeln und geldpolitischen Konzepte, die – nach heutiger Auffassung – einen stabilen Geldwert gewährleisten, erheblich geändert – zumal im Vergleich zu den Vorstellungen, die Eucken zu Papier brachte: Der relevante Erkenntnisfortschritt führte also nicht zu einer Veränderung des von Anfang an vertretenen Ziels (der Geldwertstabilität), das – im Gegenteil – im Laufe der historischen Entwicklung vielmehr bestätigt, ja noch bekräftigt wurde; der wissenschaftliche Fortschritt schlug sich vielmehr ausschließlich im Wandel der Methode, d. h. des Weges nieder, der als zielführend erachtet wird.

Ganz Ähnliches gilt für die anderen konstituierenden Prinzipien. So war vor allem die Forderung nach Privateigentum an Produktionsmitteln noch Jahrzehnte lang weit weniger konsensfähig als das Postulat der Geldwertstabilität, bevor es sich – auch als Folge des Zusammenbruchs der sozialistischen Planwirtschaften – weltweit durchzusetzen vermochte. Die sich darin manifestierende zunehmende Akzeptanz marktwirtschaftlicher Systeme machte dann – vor allem im Zuge der Systemtransformation – deutlich, dass Eucken auch dieses für eine Wettbewerbsordnung konstitutive Prinzip geradezu zeitlos gültig formuliert hat.

Nur scheinbar anders verhält es sich mit dem wettbewerbspolitischen Leitbild. Zwar entscheidet sich Eucken explizit für das Modell der vollständigen Konkurrenz. Worum es ihm aber in der Substanz geht, ist – nach den diversen Textstellen zu schließen – ein Wettbewerb, der im Sinne der an ihn gestellten Aufgaben als wirksam zu betrachten ist. Eucken verwendet in diesem Falle also eine bestimmte Vorstellung über den Weg zum Ziel, um das allgemeine Prinzip selbst zu bezeichnen. Unterscheidet man auch hier konsequent zwischen allgemeinem Prinzip einerseits und methodischer Umsetzung andererseits, so lässt sich Euckens Position in Analogie zum Primat der Währungspolitik interpretieren: Danach ist Grundlage jeder Wettbewerbsordnung ein wirksamer Wettbewerb. Was als wirksamer Wettbewerb zu betrachten ist, bleibt grundsätzlich offen. Er wird in concreto durch Leitbilder definiert, die einerseits durch möglicherweise unterschiedliche normative Vorstellungen über die Aufgaben und/oder Leistungsfähigkeit des Wettbewerbs geprägt sind,[6] andererseits aber auch Veränderungen unterliegen (können), die aus Erkenntnisfortschritten der Wettbewerbstheorie resultieren.

6 Vgl. Zohlnhöfer (1996a).

Unabhängig davon, welches wettbewerbspolitische Leitbild Akzeptanz findet, stellt sich schließlich die Frage nach den Grenzen der Leistungsfähigkeit des Wettbewerbs. Es spricht für die innere Logik von Euckens Vorstellung einer Wettbewerbsordnung, dass auch diese Frage angegangen und – grundsätzlich gültig – beantwortet wird. Hier kann zunächst unmittelbar an die Erkenntnis der Klassiker angeknüpft werden, dass im Fall des natürlichen Monopols der Wettbewerb, im Falle des Kollektivguts sogar der Markt versagt und daher staatlicher Handlungsbedarf angezeigt ist. Eucken vernachlässigt zwar das Kollektivgutproblem, identifiziert gleichzeitig jedoch weitere Kategorien des Markt- bzw. Wettbewerbsversagens. Zum einen anerkennt er, dass bei Existenz (negativer) externer Effekte eine wirtschaftspolitische Korrektur geboten ist und antizipiert damit das heute allgemein anerkannte Postulat eines wirksamen Schutzes der Umwelt. Zum anderen hält er auf Märkten, die durch eine anomale Reaktion des Angebots gekennzeichnet sind, die Setzung von Mindestpreisen für vertretbar, ja für geboten.

Diese „regulierenden Prinzipien"[7] lassen sich als notwendige Ergänzungen der wettbewerblichen Marktsteuerung begründen; denn diese Steuerung soll einzelwirtschaftliche Freiheit, Effizienz und eine Einkommensverteilung nach Marktleistung gewährleisten und wäre daher ohne die in Frage stehenden Maßnahmen staatlicher Wirtschaftspolitik defizitär. Ziel der regulierenden Prinzipien ist also nicht eine Korrektur der Wettbewerbsordnung (im Sinne einer zusätzlichen Zieldimension), sondern deren Vervollkommnung.

Grundsätzlich anders verhält es sich mit dem (vierten) Prinzip der „Einkommenspolitik"[8]. Hier nämlich geht es explizit um eine Korrektur der Einkommensverteilung, die aus der Wettbewerbsordnung resultiert. Gilt diese Verteilung als (markt-)leistungsgerecht, so orientiert sich die Korrektur an Gesichtspunkten der Bedarfsgerechtigkeit und sprengt damit gleichsam den normativen Rahmen der Wettbewerbsordnung. Der Bedarf an „Einkommenspolitik" resultiert also nicht daraus, dass bestimmte Bedingungen (auf einzelnen Märkten) den Wettbewerb in seiner Wirksamkeit beeinträchtigen, sondern daraus, dass die bei allenthalben wirksamem Wettbewerb resultierende Einkommensverteilung nicht voll akzeptiert wird. Gefordert wird m. a. W. nicht die „Reparatur" einer auf einigen

---

7 Vgl. Eucken (1990), S. 291ff.

8 Vgl. Eucken (1990), S. 300f.

Märkten aus strukturellen Gründen defizitären Wettbewerbsordnung, sondern die Korrektur einer Einkommensverteilung, die Ergebnis einer (intakten) Wettbewerbsordnung ist.

Somit wird mit der Akzeptanz von „Einkommenspolitik" die von Vertretern ordoliberalen Denkens üblicherweise geforderte Beschränkung des staatlichen Handlungsbedarfs auf Wirtschaftsordnungspolitik – im Sinne eines Anliegens traditioneller Sozialpolitik – durchbrochen.[9] Daran ändert auch die Einschränkung, die Umverteilung dürfe die Investitionstätigkeit nicht beeinträchtigen, nichts. Sie dürfte ganz im Gegenteil einen Beleg dafür liefern, dass sich Eucken der Andersartigkeit dieses regulierenden Prinzips bewusst war. Allerdings sollte diese Abweichung vom Kodex strikter Wirtschaftsordnungspolitik auch nicht überbetont werden; denn sie ist als Ausnahme restriktiv formuliert und kann nicht als allgemeine Befürwortung sozialpolitischer Maßnahmen gewertet werden, zumal sich Eucken gerade mit Aussagen zur Sozialpolitik ganz generell sehr zurückhält. Immerhin scheint hier der Brückenkopf für eine naheliegende Erweiterung der Idee der Wettbewerbsordnung zur Konzeption der Sozialen Marktwirtschaft zu liegen. Um das Verhältnis dieser beiden Leitbildvorstellungen näher präzisieren zu können, ist auch die Konzeption der Sozialen Marktwirtschaft kurz, aber authentisch zu skizzieren.

4 Die Soziale Marktwirtschaft als Leitbild

Bekanntlich hat A. Müller-Armack die „Soziale Marktwirtschaft" nicht nur als Begriff erfunden. Er hat Soziale Marktwirtschaft auch als wirtschaftspolitische Konzeption sui generis definiert, so dass sie nicht nur unverwechselbar und eindeutig von anderen Konzeptionen abzugrenzen ist, sondern als Leitbild auch der wirtschaftspolitischen Praxis ganz konkret Orientierung zu bieten vermag. Allerdings wird dies in der einschlägigen Literatur weitgehend nicht zur Kenntnis genommen. So finden sich, um nur ein Beispiel zu geben, in drei Beiträgen eines kurzen Sammelbandes vier verschiedene Deutungen, von denen keine Müller-Armacks In-

---

9 Dies verdeutlicht auch eine Systematik der „Ursachen für Modifikationen der laissez faire-Marktwirtschaft", die zwischen „Beeinträchtigungen der Allokationsfunktion (Marktversagen)" und „Beeinträchtigungen der Distributionsfunktion (Marktablehnung)" unterscheidet. Vgl. dazu Luckenbach (1986), S. 132 - 150.

terpretation auch nur einigermaßen gerecht wird.[10] Dieses Beispiel ist kein Einzelfall, sondern die Regel. Wie diese Beobachtung zu erklären ist, muss hier offen bleiben. Jedenfalls vermag die Tatsache, dass Konzeptionen, wie eingangs bereits dargetan wurde, die Funktion der Konsensmobilisierung haben und daher unvermeidbar substanziell durch recht allgemein gehaltene Aussagen gekennzeichnet sind, allein die beobachtbare Willkür der Interpretation des Begriffs der Sozialen Marktwirtschaft nicht zu rechtfertigen. Vielleicht lässt sich dieser Befund eher damit erklären, dass Müller-Armack seine wirtschaftspolitischen Vorstellungen zunächst ausgesprochen kasuistisch formulierte und die sie tragenden Grundlagen erst später zu allgemeinen Leitlinien verdichtete.

Da hier weder Dogmen- noch Wirtschaftsgeschichte als solche interessieren, sondern allein die Evolution wirtschaftspolitischer Konzeptionen des Liberalismus, denen prinzipielle – von Besonderheiten des Ortes und der Zeit weitestgehend unabhängige – Bedeutung zukommt, kann der Katalog von Maßnahmen, den Müller-Armack zur „Verwirklichung der Sozialen Marktwirtschaft“ formuliert hat,[11] vernachlässigt werden; denn er ist auf die spezifische historische Situation der Nachkriegszeit zugeschnitten und daher nur für Historiker von Belang. Von prinzipieller Bedeutung, weil weiterführend und – wie noch zu begründen sein wird – zukunftsfähig sind dagegen die konzeptionellen Vorstellungen, die in der Folgezeit entwickelt wurden und nun kurz zu präsentieren sind.

Nach einer treffenden Formulierung von Müller-Armack selbst ist die Konzeption der Sozialen Marktwirtschaft als „neuartige Synthese“ im Sinne einer „ordnungspolitischen Idee“ zu verstehen, „deren Ziel es ist, auf der Basis der Wettbewerbswirtschaft die freie Initiative mit einem gerade durch die marktwirtschaftliche Leistung gesicherten sozialen Fortschritt zu verbinden.“[12] Die grundlegende Idee der Sozialen Marktwirtschaft besteht somit darin, „das Prinzip der Freiheit auf dem Markt mit dem des sozialen Ausgleichs zu verbinden.“[13]

---

10 Vgl. Schwarz (1990), S. 11 - 29.
11 Vgl. Müller-Armack (1948).
12 Müller-Armack (1956), S. 390.
13 Müller-Armack (1962), S. 243.

Dieser Kennzeichnung entsprechend ist „das Grundelement der Sozialen Marktwirtschaft vor allem anderen ein freier Wettbewerb.“[14] Ihm kommt die Funktion eines wirtschaftlichen Fundaments der Sozialen Marktwirtschaft zu. Entsprechend weiß sich diese Konzeption dem Credo des Liberalismus uneingeschränkt verpflichtet und misst der Schaffung einer Wettbewerbsordnung (im Sinne Euckens) durch Setzung allgemeiner Rahmenbedingungen (buchstäblich) konstitutive Bedeutung bei. Im Gegensatz zu den meisten anderen liberalen Leitbildvorstellungen, zu denen – von der „Einkommenspolitik“ abgesehen – auch der Ordoliberalismus zu zählen ist, sieht sie aber einen über diesen Bereich der Wirtschaftspolitik hinausgehenden wirtschaftspolitischen Handlungsbedarf: Sie geht m. a. W. davon aus, dass wettbewerbliche Marktsteuerung allein vor allem Gesichtspunkten der Start- und Bedarfsgerechtigkeit sowie der sozialen Sicherheit nicht ausreichend Rechnung zu tragen vermag und daher ergänzungsbedürftig ist.

Doch wird die Marktsteuerung nicht nur als ergänzungsbedürftig, sondern auch als ergänzungsfähig betrachtet. Voraussetzung dafür ist allerdings – und dies ist von entscheidender Bedeutung –, dass die Gestaltung der Politik des sozialen Ausgleichs zwei Grundsätzen genügt: dem Subsidiaritätsprinzip einerseits und dem Postulat der Marktkonformität andererseits. So fordert das Subsidiaritätsprinzip, dass eine Politik des sozialen Ausgleichs nur in Frage kommt, wenn Haushalte und/oder Unternehmen ein sie konfrontierendes Problem selbst nicht mehr zu bewältigen vermögen, und auch dann soll nur Hilfe zur Selbsthilfe geleistet werden, ohne das einzelne Wirtschaftsobjekt (ganz) aus seiner Verantwortung zu entlassen. Demgegenüber postuliert das Prinzip der Marktkonformität, Mitteleinsätze so zu gestalten, dass sie „den sozialen Zweck sichern, ohne störend in die Marktapparatur einzugreifen.“[15] Dieses Postulat entspringt nicht einfach liberaler Dogmatik, wie immer wieder behauptet wird, sondern stellt ein Gebot praktischer Vernunft dar; denn Maßnahmen, die den Funktionsbedingungen wettbewerblicher Marktsteuerung nicht Rechnung tragen, verfehlen i. d. R. nicht nur ihr Ziel, sie sind auch mit so gravierenden unerwünschten Nebenwirkungen verbunden, dass sie eine aufwendige Interventionsspirale auslösen, die der in Gang befindlichen Fehlsteuerung weitere Impulse verleiht.

---

14 Erhard (1962), S. 577.

15 Müller-Armack (1956), S. 391.

Damit stellt die Konzeption der Sozialen Marktwirtschaft nicht auf ein konkretes, schon gar nicht auf ein festgefügtes Programm von Staatsaufgaben ab, sondern auf *Postulate* der Gestaltung praktischer Wirtschaftspolitik – im Gegensatz zu Euckens Katalogen der konstituierenden und der regulierenden Prinzipien. Da die Agenda der praktischen Wirtschaftspolitik im politischen Prozess bestimmt wird, erscheint diese Ausrichtung auf eine effiziente Gestaltung des Mitteleinsatzes durchaus angemessen. Außerdem bleibt die Konzeption damit offen[16] für künftige Entwicklungen und sich wandelnde Aufgaben staatlicher Wirtschaftspolitik, wie z. B. die inzwischen allgemein akzeptierte Forderung nach Umweltschutz. Im übrigen steht und fällt der Erfolg staatlicher Wirtschaftspolitik mit der Wirksamkeit des Mitteleinsatzes, so dass sich auch aus dieser Sicht eine Fokussierung auf Gestaltungsfragen des Instrumentariums empfiehlt.

5 Das Verhältnis zwischen Ordoliberalismus und Sozialer Marktwirtschaft

Ein Vergleich der skizzierten Konzeptionen lässt Gemeinsamkeiten und Unterschiede deutlich erkennen. Die Konzeption der Sozialen Marktwirtschaft enthält – gleichsam als ihre liberale Komponente – den Ordoliberalismus, geht aber mit ihrer sozialen Komponente – in Gestalt einer Politik des „sozialen Ausgleichs" – in der Bejahung eines Handlungsbedarfs staatlicher Wirtschaftspolitik weit darüber hinaus. Diese „Erweiterung der Staatsaufgaben" ist allerdings von grundlegender und daher folgenreicher Bedeutung; denn es geht nicht nur um eine rein quantitative Ausweitung staatlicher Aktivitäten, sondern auch und vor allem um eine neue Qualität.

Das lässt sich vor allem an der Begründung des Handlungsbedarfs festmachen: Wie bereits herausgearbeitet wurde, geht es nicht mehr nur darum, im Rahmen der Wettbewerbsordnung Funktionsschwächen zu kompensieren, die sich auf einzelnen Märkten unter bestimmten Bedingungen (Monopol, anomale Reaktion des Angebots, externe Effekte, Nichtanwendbarkeit des Ausschlussprinzips) einstellen; vielmehr geht es darum, die Ergebnisse der Wettbewerbsordnung, vor allem die Primärverteilung

16 Vgl. Zohlnhöfer (1997), S. 24f.

der Einkommen, einer politischen Korrektur zu unterwerfen und/oder die Freiheit der Einkommensverwendung einzuschränken.

Zielen die Aufgaben der staatlichen Wirtschaftspolitik im Rahmen der Wettbewerbsordnung letztlich darauf ab, individuelle Freiheit, ein bedarfsgerechtes Angebot und eine marktleistungsgerechte Einkommensverteilung allenthalben zu gewährleisten, so wird eine Politik des sozialen Ausgleichs mit der Forderung nach sozialer Gerechtigkeit, d. h. vor allem mit Gesichtspunkten der Bedarfsgerechtigkeit und der sozialen Sicherheit, begründet. Deshalb kann der Übergang von der Konzeption des Ordoliberalismus zum Leitbild der Sozialen Marktwirtschaft durchaus als Quantensprung bezeichnet werden. Es ist der Übergang vom liberalen zum sozialen Rechtsstaat.[17]

Allerdings erfreut sich diese differenzierende Sicht in der Literatur keineswegs allgemeiner Zustimmung. Vielmehr gibt es vor allem zwei Auffassungen, die statt der hier betonten Unterscheidung beide Konzeptionen unter das Dach eines Begriffs subsumieren, wenngleich dies auf sehr unterschiedliche Weise geschieht. So wird es einerseits als „zweckmäßig" erachtet, „Theoretiker und Politiker, die – wie vor allem Eucken, Böhm, Müller-Armack und Erhard – die Soziale Marktwirtschaft in den 30er und 40er Jahren vorgedacht und in den 40er und 50er Jahren auch politisch mitaufgebaut haben, in *einem* Cluster von Wissenschaftlern als Ordoliberale (i. w. S.) zusammenfassen ...".[18] Dies wird damit begründet, dass „die gemeinsamen Überzeugungen aus heutiger Sicht nämlich sehr viel stärker (waren) als die Gemeinsamkeiten mit Ideen der Sozialliberalen ... oder mit korporatistischen Ideen ..."[19] der 60er und 70er Jahre.

Diese pauschale Sicht überzeugt aber aus mehreren Gründen nicht. Zum einen verkennt sie die Notwendigkeit, zwischen Leitbild und Realität (z. B. der Sozialen Marktwirtschaft) zu unterscheiden. Zum anderen reflektiert sie eine eher historische als evolutorische Sicht und blockiert damit weitgehend die Frage nach Stellenwert und Bedeutung beider Konzeptionen im Rahmen der Entwicklung zukunftsfähiger Vorstellungen über die Gestaltung von Wirtschaftssystemen. Vor allem aber übersieht diese „Entdifferenzierung" die systematischen Unterschiede zwischen Ordoli-

17 Vgl. Zohlnhöfer (1990).
18 Grossekettler (1997), S. 17f.
19 Grossekettler (1997), S. 18.

beralismus und Sozialer Marktwirtschaft und das darin liegende Potenzial, die höchst unterschiedliche Erfolgswirksamkeit beider Leitbildvorstellungen in der wirtschaftspolitischen Praxis zu erkennen und zu erklären. Es sind also keineswegs nur „die Zeitgenossen“, die zwischen den genannten Theoretikern und Politikern, „in bezug auf manche Fragen deutliche Unterschiede gesehen haben.“[20]

Der zweite Versuch einer Entdifferenzierung geht gleichsam umgekehrt vor: Er reduziert die (Konzeption der) Soziale(n) Marktwirtschaft auf den Ordoliberalismus. Dies wird dadurch erreicht, dass die soziale Komponente als Bestandteil dieses Leitbilds nicht (mehr) zur Kenntnis genommen, sondern ersetzt wird durch die soziale Qualität einer Wettbewerbsordnung: Nach dieser Interpretation will der Begriff Soziale Marktwirtschaft nur besagen, „dass die Marktwirtschaft als solche sozial ist, nicht dass sie erst sozial gemacht werden muß.“[21] Diese Auffassung wird auch L. Erhard zugeschrieben,[22] hat aber mit der Konzeption der Sozialen Marktwirtschaft sehr wenig zu tun. Es ist zwar richtig, dass Müller-Armack selbst die effiziente Allokation von Ressourcen, die reibungslose Koordination und andere Steuerungsleistungen der Marktwirtschaft als „soziale Leistungen“ bezeichnet hat. Es ist aber auch richtig – und schon durch hier zitierte Aussagen belegt –, dass er gerade der Ergänzung bzw. Weiterentwicklung der Marktwirtschaft im Sinne von Euckens Wettbewerbsordnung durch eine subsidiär und marktkonform gestaltete Politik des „sozialen Ausgleichs“ besondere Aufmerksamkeit schenkte.[23] Die Reduzierung auf einen bloßen Pleonasmus wird daher Müller-Armacks Idee der Sozialen Marktwirtschaft als einer „irenischen Formel“ sicherlich nicht gerecht.

Es ist hier weder möglich noch nötig, der Frage nachzugehen, wie sich diese pleonastische Verfremdung der Konzeption der Sozialen Marktwirtschaft erklärt. Sie dürfte aber mit der Entwicklung des realen Wirtschafts-

---

20 Grossekettler (1997), S. 18.

21 Müller-Vogg (1998), S. 140.

22 Vgl. Müller-Vogg (1998), S. 140.

23 Vgl. Müller-Armack (1956), S. 391, wo es z. B. heißt: „Die Orientierung [der Produktion] am Verbrauch bedeutet bereits eine soziale Leistung der Marktwirtschaft, ... Der Gedanke der Sozialen Marktwirtschaft beschränkt sich aber nicht darauf, lediglich das Instrumentarium der Konkurrenz sozial funktionsfähig zu machen.“

systems in Deutschland zusammenhängen, das sich in der Politik des sozialen Ausgleichs zunehmend vom angeblichen Leitbild entfernte und dadurch die Neigung förderte, eine Politik des sozialen Ausgleichs überhaupt als überflüssig, ja als schädlich zu betrachten und die Rückkehr zur „adjektivlosen Marktwirtschaft“ (V. Klaus) zu postulieren.

6 Die Wirksamkeit beider Leitbilder im Vergleich

Abgesehen davon, dass es sich Wissenschaftler mit dieser undifferenzierten Forderung allzu leicht machen, zeigt schon ein kurzer Blick auf die Nachkriegsentwicklung der Sozialen Marktwirtschaft in der Realität, dass eine differenzierte Evaluierung geboten ist. Betrachtet man die Entwicklung der staatlichen Wirtschaftspolitik im Lichte der hier klar unterschiedenen Konzeptionen, so zeigt sich ein auffallendes Muster: Während die liberale Komponente der Konzeption der Sozialen Markwirtschaft mit außergewöhnlicher Konsequenz umgesetzt wurde, haben die Gestaltungspostulate der sozialen Komponente in der Praxis kaum identifizierbare Spuren hinterlassen.[24]

Dies ist um so bemerkenswerter, als sich die Gestaltungspostulate für den „sozialen Ausgleich“ schon zu Zeiten, als L. Erhard und A. Müller-Armack wirtschaftspolitische Verantwortung trugen, als praktisch wirkungslos erwiesen. Eine Ausnahme bildet lediglich die Lohnpolitik, die Erhard damals mit Mut und Engagement zum „Maßhalten“ bewegen konnte. Dagegen entwickelte sich – auch unter Erhard – das System der sozialen Sicherung nach den tradierten Mustern, die in aller Regel weder dem Prinzip der Subsidiarität noch dem der Marktkonformität entsprechen. Auch die sozialpolitisch motivierte Agrar- und Kohlepolitik sowie die Politik des sozialen Wohnungsbaus gehen in ihrer ausgesprochen marktinkonformen Prägung auf Nachkriegsjahre (1955 bzw. 1961) zurück, in denen Erhard Bundeswirtschaftsminister war.

Diese Feststellung ist nicht als Vorwurf zu verstehen. Vielmehr soll der damit konstatierte historische Tatbestand – ganz im Gegenteil – als Indiz dafür gewertet werden, dass (auch) Erhard als – ebenso kompetenter wie angesehener – Wirtschaftsminister nicht in der Lage war, diese eindeutig im Widerspruch zu den Gestaltungsprinzipien der Sozialen Marktwirt-

[24] Vgl. Zohlnhöfer (1996b).

schaft stehenden Politikmuster zu verhindern. Das gilt schon, wenn man unterstellt, Erhard habe sich am Leitbild der Sozialen Marktwirtschaft orientiert; denn dann hätte er marktkonforme Lösungen durchsetzen müssen. Es gilt aber noch mehr für den Fall, dass er eine Politik des sozialen Ausgleichs in Gänze für überflüssig oder schädlich hielt; denn in diesem Fall hätte er die Entstehung einer sektoralen Wirtschaftspolitik von Beginn an blockieren und das übernommene System der sozialen Sicherung abbauen müssen. Doch so engagiert sich Erhard auch dagegen gestemmt haben mag – sein Widerstand war offenbar zum Scheitern verurteilt.

Das extrem einseitige Wirksamkeitsprofil der Konzeption der Sozialen Marktwirtschaft wirft die interessante Frage auf: Woran liegt es, dass die liberale Komponente – und damit letztlich der Ordoliberalismus – so erfolgreich umgesetzt werden konnte, während die Politik des sozialen Ausgleichs traditionellen Mustern des Interventionismus folgte bzw. treu blieb, als gäbe es die dafür ausdrücklich formulierten Gestaltungsprinzipien überhaupt nicht.

Eine schlüssige Beantwortung kann wohl nur – wenn es sie überhaupt gibt – eine umfassende historisch-politikwissenschaftliche Untersuchung leisten; denn der skizzierte Befund ist zweifelsohne multidimensional bedingt. Aus der hier interessierenden Sicht ist anzunehmen, dass die Trennschärfe der Scheidelinie, die das höchst einseitige Wirksamkeitsprofil der Konzeption der Sozialen Marktwirtschaft charakterisiert, kein Zufall ist. Deshalb ist zu vermuten, dass das Wirksamkeitsprofil wesentlich von dem Ausmaß (mit-)bestimmt wird, in dem die Konzeption zu Handlungsempfehlungen verdichtet und (wenigstens ansatzweise) konkretisiert ist. Wie die Gegenüberstellung der beiden Leitbildvorstellungen – bzw. der beiden Komponenten der Konzeption der Sozialen Marktwirtschaft – verdeutlichte, hat Eucken die ordoliberalen Vorstellungen nicht nur als Ergebnis einer umfassenden Evaluierung historischer Erfahrungen abgleitet, er hat sie auch inhaltlich als „konstituierende“ und „regulierende“ Prinzipien einer Wettbewerbsordnung konkretisierend umschrieben. Im Gegensatz dazu begnügt sich Müller-Armack damit, für die Gestaltung des sozialen Ausgleichs mit der Vorgabe von allgemeinen und abstrakten Gestaltungsgrundsätzen eines nicht weiter gekennzeichneten Mitteleinsatzes, ohne – wenigstens zur Exemplifizierung – für einzelne Teilbereiche der Wirtschafts- und Sozialpolitik substanzielle Handlungskonzepte zu formulieren.

Darüber hinausgehende Konzepte bleiben in „irenischen Formeln" (Müller-Armack) stecken. Das beste Beispiel dafür ist das Konzept der Sozialpartnerschaft. In der Erkenntnis, dass die Tarifautonomie die Achillesferse der Sozialen Marktwirtschaft bildet, weil Kollektivverhandlungen über Mindestlöhne eine permanente Gefahr für die Verwirklichung der stabilitätspolitischen Ziele darstellen, soll dieses Konzept den Verhandlungsparteien ein Selbstverständnis nahe legen, das eine gesamtwirtschaftlich verantwortliche Tarifpolitik gewährleistet. Ob sich Gewerkschaften und Arbeitgeber(verbände) davon leiten lassen oder die ihnen übertragene Macht dazu missbrauchen, die Wirtschaftspolitik der Regierung zu unterlaufen und stabilitätspolitische Ziele zu gefährden, bleibt aber ihnen selbst überlassen, hängt somit allein vom guten Willen der Beteiligten ab. Das Postulat der Sozialpartnerschaft stellt also lediglich auf moral suasion ab und war damit prinzipiell von Anfang an zum Scheitern verurteilt. Was deshalb bis heute fehlt, ist eine rechtliche Gestaltung der Tarifautonomie, die – unabhängig vom guten Willen der Beteiligten! – eine marktkonforme Tarifpolitik sicherstellt. Dies ist vor allem deshalb bemerkenswert, weil eine solche Regelung dringend geboten ist, wenn das Beschäftigungsniveau erhöht und die Legitimität der Sozialen Marktwirtschaft in der Bevölkerung nicht noch weiter sinken soll.

7 Die Zukunftsfähigkeit der Sozialen Marktwirtschaft als Leitbild

Was hier kurz am Beispiel des Arbeitsmarktes demonstriert wurde, kann verallgemeinert werden: Die Konzeption der Sozialen Marktwirtschaft ist bis heute zu abstrakt und zu praxisfern geblieben! Es fehlen weithin Handlungsentwürfe, die aus den allgemeinen Prinzipien dieser Konzeption abgeleitet und auf die Bewältigung der seit Jahrzehnten schwelenden Probleme in den verschiedenen Bereichen der Politik des sozialen Ausgleichs – also insbesondere im System der sozialen Sicherung – ausgerichtet sind. Die Vorstellungen über die Gestaltung der sozialen Komponente der Sozialen Marktwirtschaft stecken gleichsam noch immer im Stadium der angewandten Forschung und haben sich damit bisher selbst um ihre praktische Wirksamkeit gebracht. Um das latente Potenzial zur Entfaltung zu bringen, bedarf es eines Übergangs in die Phase der (sozialtechnologischen) Entwicklung von praktikablen Entwürfen, d. h. einer konzeptionell fundierten Programmatik aus einem Guss, die so konkret und problemorientiert ist, dass sie dem Entscheidungsbedarf der praktischen Wirtschaftspolitik entgegenkommt, in die öffentliche Diskussion Eingang findet und in sich schlüssige, aufeinander abgestimmte Konzepte zum Abbau des Problemstaus anbietet.

Damit drängt sich aus historisch-evolutorischer Sicht eine Parallele zur stufenweisen Umsetzung der liberalen Konzeption geradezu auf. Der globale Siegeszug des liberalen Credo sollte nicht vergessen lassen, dass die Umsetzung der Konzeption des Klassischen Liberalismus in ein entsprechend strukturiertes Wirtschaftssystem, das den mit diesem Leitbild verbundenen Erwartungen entspricht, keineswegs auf Anhieb gelang oder ein im ganzen reibungsloser und kontinuierlicher Prozess war. Das genaue Gegenteil ist bekanntlich der Fall: Die liberalen Ideen, die bei der Entstehung der modernen Wirtschaftssysteme Pate standen, wurden zunehmend von staatlichen Interventionen überlagert. Dies führte zu Wirtschaftssystemen, die nur noch wenig gemein hatten mit den Vorstellungen des Liberalismus, die sie eigentlich prägen sollten. Aber gerade diese fast schon hoffnungslose Entwicklung führte zur Rehabilitation liberaler Ideen durch die Vertreter des Ordoliberalismus, allen voran W. Eucken. Eine Begründung dafür, dass die Ergebnisse ordoliberalen Denkens auch die Praxis staatlicher Wirtschaftspolitik wesentlich prägen konnten, wurde schon zu geben versucht.

Somit zeigt sich bei langfristiger Betrachtung, dass der Liberalismus (mindestens) zweier Anläufe bedurfte, um sich in Deutschland, ja in Europa erfolgswirksam zu etablieren. Der erste Anlauf war vor allem deshalb ein Fehlstart, weil die Konzeption unvollständig war und dadurch Fehlentwicklungen bedingte, die staatlichen Interventionismus unvermeidbar machten und zur Pervertierung der ursprünglichen Idee führten. Erst der zweite Anlauf bot die Möglichkeit, eine erheblich verbesserte Konzeption, die im Lichte der gemachten Erfahrungen weiterentwickelt und den Bedürfnissen der wirtschaftspolitischen Praxis stärker angepasst worden war, erfolgreich umzusetzen.

Die bisherigen Darlegungen zur Sozialen Marktwirtschaft legen die Vermutung nahe, dass dieses Entfaltungsmuster auch auf diese wirtschaftspolitische Konzeption übertragbar ist. Jedenfalls kann auch für das Leitbild der Sozialen Marktwirtschaft der erste Anlauf einer Umsetzung der Politik des sozialen Ausgleichs als weitgehend gescheitert gelten: Einmal mehr ließ tradierter staatlicher Interventionismus der geforderten Neuorientierung hin zu einer konzeptionell geprägten Politik größerer Zielwirksamkeit keinen Entfaltungsspielraum. Doch besteht nach dem skizzierten Entfaltungsmuster der Idee des Liberalismus – von den frühen Anfängen ihrer Umsetzung bis zur erfolgreichen Verwirklichung als liberaler Komponente der Sozialen Marktwirtschaft – kein Anlass zur Resignation. Das gilt um so mehr, als nicht nur die Ursachen, wie eben schon erwähnt wurde, sondern auch die Folgen des Scheiterns nicht unerhebliche Ähnlichkeiten aufweisen: In beiden Fällen führten Defizite in der Konzeption selbst und – nicht zuletzt dadurch mitbedingte – Fehlentwicklungen in der staatlichen Wirtschaftspolitik zu erheblichen Wohlstandseinbußen und gleichzeitig in eine Sackgasse, aus der nur ein Neuanfang im Sinne einer sachgerechten und daher zielwirksameren Wirtschafts- und Sozialpolitik wieder herausführt.

Nach dem Entfaltungsmuster des liberalen Gedankenguts zu schließen, dürfte es zu dieser Neuorientierung der Politik des sozialen Ausgleichs im Sinne der Konzeption der Sozialen Marktwirtschaft nur kommen, wenn es gelingt, die von der politischen Praxis bislang verschmähten Konzepte als geeigneten Ausweg aus der Sackgasse zu präsentieren. Dies setzt mindestens zweierlei voraus. Zum einen sind im Rahmen einer systematischen Diagnose die Ursachen der – seit langem – beobachtbaren Fehlentwicklungen freizulegen und im Lichte der Konzeption der Sozialen Marktwirtschaft einer kritischen Würdigung zu unterziehen. Zum anderen ist überzeugend darzutun, inwieweit eine Neuorientierung der Politik des sozialen Ausgleichs im Sinne der Gestaltungspostulate der Sozialen Marktwirtschaft als zielführend zu betrachten ist; dies impliziert auch die schon geforderte Weiterentwicklung dieses Leitbilds. Tatsächlich spricht vieles dafür, dass eine Konkretisierung dieser Konzeption in Form ausformulierter Entwürfe für verschiedene Teilbereiche – beispielsweise das System der sozialen Sicherung – der staatlichen Wirtschafts- und Sozialpolitik mehr als jede andere Konzeption eine Orientierung zu bieten vermag, die sich als zukunftsfähig erweist. Letztlich läuft diese Forschungs- und Entwicklungsstrategie grosso modo auf ein Vorgehen hinaus, das W. Eucken – vor allem in seinen „Grundsätzen der Wirtschaftspolitik" – so erfolgreich praktiziert hat.

Dies alles vermag freilich nur eine Wirtschaftswissenschaft zu leisten, die sich grundsätzlich für die Soziale Marktwirtschaft zu engagieren bereit ist, weil sie eine konsequente Umsetzung dieses (weiterentwickelten) Leitbilds für einen geeigneten Weg hält, um den vieldimensionalen Problemstau aufzuarbeiten. Ein Blick in die Literatur zeigt allerdings, dass sich die Begeisterung für die Soziale Marktwirtschaft in Grenzen hält, zumal der Begriff, wie gezeigt wurde, selten angemessen präzisiert wird, Leitbild und existierendes Wirtschaftssystem oft nicht auseinandergehalten werden und daher die Neigung sehr verbreitet ist, das Kind mit dem Bade auszuschütten, d. h. mit der Kritik an wohlfahrtsstaatlichen Tendenzen der praktizierten Sozialpolitik die Konzeption der Sozialen Marktwirtschaft als ganze über Bord zu werfen – zugunsten eines bloßen Minimalstaats.[25]

Die recht verbreitete Ablehnung der Sozialen Marktwirtschaft beruht offenbar letztlich auf der Vorstellung, eine Politik des sozialen Ausgleichs sei auf mittlere Sicht verzichtbar. Diese Auffassung erscheint allerdings höchst wirklichkeitsfremd. Ohne dies hier im einzelnen begründen zu können, zeigt schon ein vorurteilsloser Blick auf die Realität: Zur Entscheidung steht nicht die Frage, ob es Sozialpolitik geben wird oder nicht; zur Entscheidung steht allein die Frage, wie die Sozialpolitik künftig zu gestalten ist.[26] Dafür spricht nicht nur, dass das Grundgesetz ausdrücklich einen sozialen Rechtsstaat (Art. 20 I) fordert. Auch die schon erwähnten Erfahrungen L. Erhards lassen keine anderen Prognosen zu, zumal die mit dem Prozess der Globalisierung des wirtschaftlichen Geschehens verbundenen Risiken für Arbeitnehmer den unabweisbaren Handlungsbedarf im Bereich der Sozialpolitik sicherlich eher vergrößern als reduzieren. Im übrigen nimmt die Relevanz verteilungspolitischer Fragen mit sinkenden Wachstumsraten zu.

All dies spricht dafür, dass sich die Wirtschaftswissenschaft nicht weniger, sondern mehr als bisher auch mit verteilungspolitischen Fragestellungen beschäftigen sollte, wenn sie nicht weiter an Einfluss auf die Gestaltung staatlicher Wirtschaftspolitik – zumal im Bereich der Politik des sozialen Ausgleichs – verlieren will.[27]

Schon Eucken scheint dies erkannt zu haben; denn er hat, wie erwähnt, in das Bündel der sog. regulierenden Prinzipien auch die Einkommenspolitik

---

25 Vgl. Woll (1989).
26 Vgl. Zohlnhöfer (1992).
27 Vgl. Nelson (1989), bes. S. 10ff.

mitaufgenommen und damit die traditionellen Begründungen staatlichen Handlungsbedarfs mit verschiedenen Fällen von Marktversagen gesprengt. Damit hat er die Weiterentwicklung der Wettbewerbsordnung hin zur Sozialen Marktwirtschaft bereits „angedacht" und sich insofern als ebenso weitsichtig wie unorthodox erwiesen. Die Erinnerung an diesen schöpferischen Denker sollte sich daher nicht darauf beschränken, seiner Leistungen zu gedenken und sie gleichsam wie einen Schatz zu hüten und zu konservieren. Sein Vermächtnis geht weit darüber hinaus. Es impliziert die Aufforderung an ordnungstheoretisch orientierte Ökonomen, die sie konfrontierenden Probleme vorurteilsfrei anzugehen und liberalen Regelungen auch im Bereich der Sozialpolitik den Weg zu bahnen. Das ist eine notwendige, wenngleich vermutlich noch keineswegs hinreichende Bedingung dafür, dass der Entwicklung zum Versorgungs- bzw. Wohlfahrtsstaat wirksam Einhalt geboten werden kann. Die bloße Kritik an dieser Entwicklung genügt dafür jedenfalls nicht; das lehrt die reichhaltige Erfahrung der letzten Jahrzehnte.

Literaturverzeichnis

Erhard, L. (1962)
Deutsche Wirtschaftspolitik. Der Weg zur Sozialen Marktwirtschaft, Düsseldorf u. Wien: Econ.

Eucken, W. (1990)
Grundsätze der Wirtschaftspolitik, 6. Auflage, Tübingen: Mohr (Paul Siebeck).

Grossekettler, H. (1997)
Die Wirtschaftsordnung als Gestaltungsaufgabe. Entstehungsgeschichte und Entwicklungsperspektiven des Ordoliberalismus nach 50 Jahren Sozialer Marktwirtschaft, Münster u. Hamburg: Lit.

Kloten, N. (1955)
Zur Typologie der Wirtschafts- und Gesellschaftsordnungen, in: *Ordo*, Bd. 7, S. 123 – 143.

Luckenbach, H. (1986)
Theoretische Grundlagen der Wirtschaftspolitik, München: Vahlen.

Müller-Armack, A. (1948)
Vorschläge zur Verwirklichung der sozialen Marktwirtschaft, wieder abgedruckt in: ders. (1974): Genealogie der Sozialen Marktwirtschaft. Frühschriften und weiterführende Konzepte, 2. Auflage, Bern u. Stuttgart: Haupt, S. 90 – 107.

Müller-Armack, A. (1956)
Soziale Marktwirtschaft, in: *HdSW*, Bd. 9, Stuttgart: Fischer, Tübingen: Mohr (Paul Siebeck), Göttingen: Vandenhoeck & Ruprecht, S. 390 – 392.

Müller-Armack, A. (1962)
Das gesellschaftspolitische Leitbild der Sozialen Marktwirtschaft, wieder abgedruckt in: ders. (1974): Genealogie der Sozialen Marktwirtschaft. Frühschriften und weiterführende Konzepte, 2. Auflage, Bern u. Stuttgart: Haupt, S. 146 – 162.

Müller-Vogg, H. (1998)
Unsere Unsoziale Marktwirtschaft. Vom guten Modell zur traurigen Praxis, Köln: Universitätsverlag.

Nelson, R.H. (1989)
Introduction and summary, in: Pechman, J.A. (Hrsg.): *The Role of the economist in Government*, New York: New York University Press, S. 1 – 22.

Pütz, Th. (1975)
Grundlagen der theoretischen Wirtschaftspolitik, 3. Auflage, Stuttgart: Fischer.

Schwarz, G. (Hrsg.) (1990)
Das Soziale der Marktwirtschaft, Zürich: Verlag Neue Zürcher Zeitung.

Thieme, H.J. (1999)
Wirtschaftssysteme, in: Bender, D. u. a. (Hrsg.): *Vahlens Kompendium der Wirtschaftstheorie und Wirtschaftspolitik*, Bd. 1, 7. Auflage, München: Vahlen, S. 1 – 52.

Woll, A. (1989)
Freiheit durch Ordnung. Die gesellschaftspolitische Leitidee im Denken von Walter Eucken und Friedrich A. von Hayek, in: *Ordo*, Bd. 40, S. 87 – 97.

Zohlnhöfer, W. (1990)
Sozialstaat oder Wohlfahrtsstaat? - Zur Konzeption der Sozialen Marktwirtschaft, in: Gauger, J.-D., Weigelt, K. (Hrsg.): *Soziales Denken in Deutschland zwischen Tradition und Innovation*, Bonn: Bouvier, S. 192 – 238.

Zohlnhöfer, W. (1992)
Von der Sozialen Marktwirtschaft zum Minimalstaat? Zur politischen Ökonomie des Wohlfahrtsstaates, in: *Ordo*, Bd. 43, S. 269 – 284.

Zohlnhöfer, W. (1996a)
Das normative Element in der wettbewerbstheoretischen Doktrinbildung, in: Kruse, J., Mayer, O.G. (Hrsg.): *Aktuelle Probleme der Wettbewerbs- und Wirtschaftspolitik*, Erhard Kantzenbach zum 65. Geburtstag, Baden-Baden: Nomos, S. 101 – 117.

Zohlnhöfer, W. (1996b)
Wie sozial ist die Soziale Marktwirtschaft?, in: Heidelberger Club für Wirtschaft und Kultur e. V. (Hrsg.): *Sozialfall Sozialstaat* (Symposium 1995), Münster u. Hamburg: Lit, S. 225 – 237.

Zohlnhöfer, W. (1997)
Die ordnungspolitischen Grundlagen der Ökologischen und Sozialen Marktwirtschaft, in: Rüther, G. (Hrsg.): *Ökologische und Soziale Marktwirtschaft. Entstehung, Grundlagen, Elemente*, Bonn: Köllen, S. 19 – 41.

Konstanz der Wirtschaftspolitik – Was sie bedeutet, und was sie nicht bedeutet

Walter Hamm

1 Der aktuelle Bezug

Chaotischer könnte es kaum zugehen. Für die Wirtschaft einschneidende Gesetze werden erlassen. Nach wenigen Wochen müssen sie „nachgebessert“ werden. Weitere Änderungen werden – wie im Fall der sogenannten „Scheinselbständigkeit“ – angekündigt. Die Zeitungen sind voll von Plänen, welche Steueränderungen die Regierungsparteien als notwendig erachten. Dementis und neue Absichtserklärungen folgen. Ein Steuerreformgesetz, zunächst für den 1. Januar 2000 versprochen, wird um ein Jahr verschoben. Rentenkürzungen, die für die Höhe der Lohnzusatzkosten von erheblichem Einfluß sind, werden zunächst kategorisch abgelehnt, dann doch für unumgänglich gehalten, in einer bestimmten Form (Begrenzung auf einen Inflationsausgleich) als unumstößlich erklärt und schließlich doch wieder in Frage gestellt.

Zur „Ökosteuer“, die am 1. April 1999 in Kraft getreten ist, fehlte auch nach mehreren Monaten noch immer eine „Stromsteuer-Durchführungsverordnung“, die Klarheit über die faktische Belastung der steuerpflichtigen Unternehmen schafft. Das Gesetz über die Fortführung der „ökologischen Steuerreform“ soll zwar Planungssicherheit gewährleisten, indem die Steuererhöhungen für die Jahre 2000 bis 2003 festgelegt werden. Gleichzeitig wird jedoch das Bundesfinanzministerium beauftragt, zu einem noch offenen Zeitpunkt (ab 2001 oder 2002) eine neue Steuersystematik einzuführen. Welche Belastungswirkungen davon ausgehen werden, bleibt offen. Die neue Steuer und die unglaublich komplizierten Vorschriften des „Ökosteuer“-Gesetzes belasten rund 200.000 Unternehmen der gewerblichen Wirtschaft schwer. Die zusätzlichen Bürokratiekosten für eine weitere Steuererklärung sind für die Unternehmen (und für die Zollverwaltung, die für die Kontrolle, für die Einziehung der Vorauszahlungen und für die so gut wie regelmäßig fälligen Steuerrückerstattungen zuständig ist) beträchtlich.

Auf Grund des Gesetzes über geringfügige Beschäftigungsverhältnisse (630 DM-Jobs) hatten die Finanzämter rund zwei Millionen Anträge auf Befreiung von der Steuerpflicht zu bearbeiten (die in 90 % der Fälle genehmigt wurden). Die betroffenen (meist mittelständischen) Unternehmen, insbesondere der Gastronomie, des Einzelhandels und der Gebäudereinigung, sowie die Zeitungsverlage wissen oft nicht, wie sie die Produktion ihrer Dienstleistungen ohne die auf 630 DM-Basis Tätigen aufrechterhalten können.

Die am 1. Januar 1999 in Kraft getretene erste Stufe der Steuerreform ist an Kompliziertheit und Undurchsichtigkeit für den Steuerzahler kaum zu überbieten. Die Vorschriften, nach denen die Verrechenbarkeit von Verlusten zwischen verschiedenen Einkunftsarten begrenzt wird, werden beispielsweise allgemein als „Steuerungetüm" bezeichnet. Zwar sind die Vereinfachung der Steuergesetze und der Abbau der Bürokratie versprochen worden. Das Gegenteil ist jedoch eingetreten.

Dieselbe Bundesregierung, die noch vor wenigen Monaten die Gewerkschaften mit durchschlagendem Erfolg zu aggressiver Lohnpolitik aufgefordert hatte (zwecks Belebung der Binnennachfrage), tritt inzwischen für eine gemäßigte Lohnpolitik ein und will im öffentlichen Dienst zwei Jahre lang nur noch einen Inflationsausgleich sicherstellen.

Das ist nur eine unvollständige Aufzählung jüngster staatlicher Maßnahmen, die für das Investitionsverhalten der Unternehmen wichtig sind. Bedenklich ist vor allem die Unberechenbarkeit der Politik. Was gestern gesetzlich fixiert wurde, wird heute wieder geändert. Auf feierlich abgegebene „Garantien" wie in der Rentenpolitik ist kein Verlaß. Versprechen werden nicht eingelöst. Ankündigungen bleiben ohne Folgen. Das Ergebnis solchen unsteten und unzuverlässigen staatlichen Vorgehens liegt auf der Hand:

> „Die nervöse Unrast der Wirtschaftspolitik, die oft heute verwirft, was gestern galt, schafft ein großes Maß von Unsicherheit und verhindert ... viele Investitionen. Es fehlt die Atmosphäre des Vertrauens."[1]

---

1 Eucken (1952), S. 288.

2 Walter Euckens Vorstellungen über die Konstanz der Wirtschaftspolitik[2]

Euckens Anmerkungen zur Konstanz der Wirtschaftspolitik zielen auf einen für jede freiheitliche Ordnung zentralen Punkt, nämlich die Bereitschaft der Unternehmen, zu investieren und Arbeitsplätze einzurichten. Von der staatlichen Politik ausgehende Risiken, so Eucken, veranlassen die Unternehmer entweder zum Verzicht oder zum Aufschieben von Investitionen oder zur Verkürzung der Amortisationsfristen. Nur noch solche Vorhaben würden verfolgt, die trotz politischer Risiken eine ausreichende Rendite versprechen. Es komme also zu einer schärferen Auslese unter den Investitionsvorhaben. In allen Fällen ist eine mehr oder weniger ausgeprägte Minderung der Investitionsbereitschaft zu konstatieren. Ferner weist Eucken darauf hin, daß staatliche Interventionen und die dadurch geschaffene Unsicherheit Anstöße zur Bildung von Mischkonzernen gäben, weil auf diese Weise das Risiko, von staatlichen Maßnahmen nachteilig getroffen zu werden, vermindert werde. Fehlende Konstanz der Wirtschaftspolitik veranlasse zur Unternehmenskonzentration und beeinträchtige den Wettbewerb.

Allen diesen Feststellungen ist zuzustimmen. Welche Anforderungen an die Konstanz der Wirtschaftspolitik zu stellen sind, wodurch sie sich im einzelnen auszeichnet und welche Verstöße welcher Art zu konstatieren (und zu vermeiden) sind, bleibt allerdings im wesentlichen offen. Diesen Mangel hat Eucken selbst empfunden. Denn gegen Ende des zitierten Abschnitts findet sich in seinem Manuskript die Notiz „Ausbau im Einzelnen"[3]. Dazu ist es nicht mehr gekommen. Im folgenden wird versucht, zur Füllung dieser Lücke beizutragen.

3 Konstanz der Wirtschaftspolitik versus Dynamik der Wirtschaft

In einer dynamischen, international eng verflochtenen Volkswirtschaft ändern sich für die Unternehmen ständig wichtige wirtschaftliche Daten. Die Zusammenarbeit über die Grenzen hinweg wird intensiver. Unter-

---

2 Vgl. Eucken (1952), S. 285 - 289.

3 Eucken (1952), S. 289.

nehmenszusammenschlüsse revolutionieren die Wettbewerbsverhältnisse. Bestehende heimische Unternehmen expandieren oder schrumpfen. Neue Unternehmen werden gegründet, neuartige Produkte verdrängen eingeführte alte Güter. Die nationalen Wirtschafts- und Sozialpolitiken stehen auf dem Prüfstand und müssen sich im internationalen Kontext bewähren. Ist Konstanz der Wirtschaftspolitik in einem solchen Umfeld illusionär?

Keineswegs, so muß die Antwort lauten, wobei allerdings unterschiedliche Anforderungen je nach dem Bereich der Wirtschaftspolitik zu beachten sind. Eucken hat keinen Zweifel daran gelassen, auf welchen Feldern eine konstante Wirtschaftspolitik als besonders wichtig zu erachten ist, nämlich auf dem Gebiet der Ordnungspolitik.

> „Die Wirtschaftspolitik stelle einen brauchbaren wirtschaftsverfassungsrechtlichen Rahmen für den Wirtschaftsprozeß her; an diesem Rahmen halte sie beharrlich fest und ändere nur mit Vorsicht.“[4]

An anderer Stelle erwähnt er „die langfristige Festlegung von Steuern“ und die Geldwertstabilität.[5] Ausdrücklich spricht Eucken von „einer gewissen Konstanz der Wirtschaftspolitik“, die nötig sei, „damit eine ausreichende Investitionstätigkeit in Gang kommt.“[6]

Eine „gewisse“ Konstanz bedeutet nicht vollständige Unbeweglichkeit. Was sich behaupten will, muß sich anpassen. In der Tat können sich als Folge der wirtschaftlichen Dynamik und auf Grund von internationalen Verträgen neue Aufgaben für die Wirtschaftspolitik stellen. Es genügt, in diesem Zusammenhang an die Fortentwicklung der Europäischen Gemeinschaften zu erinnern. Wie sind diese Aufgaben anzugehen, und wie kann dafür gesorgt werden, daß Korrekturen der Wirtschaftspolitik die unternehmerischen Investitionsabsichten möglichst wenig beeinträchtigen?

---

4 Eucken (1952), S. 289.
5 Vgl. Eucken (1952), S. 288.
6 Eucken (1952), S. 288.

4 Ursachen einer verunsichernden Wirtschaftspolitik

> „Die außerordentliche Unstabilität der experimentierenden Wirtschaftspolitik – so der Währungs-, Handels-, Steuer- und Lohn-Politik – ... hat das Element der Unsicherheit wesentlich vergrößert.“[7]

Dieses Urteil Euckens gilt heute in ganz ausgeprägtem Maße, wenn sich auch die bevorzugten wirtschaftspolitischen Tätigkeitsfelder verschoben haben, vor allem hin zur Sozial- und Arbeitsmarktpolitik.

Wo liegen die Hintergründe einer die Investoren verunsichernden Wirtschaftspolitik? Gemeinsam ist allen Ursachen „der Verfall des Denkens“ in Ordnungen.[8] Die Fähigkeit, den Zusammenhang zwischen einzelnen Maßnahmen und dem Funktionieren der Gesamtordnung zu erkennen, ist weithin verlorengegangen. Wirtschaftspolitische Interventionen werden isoliert gesehen. Die möglichen Neben- und Fernwirkungen bleiben unbeachtet.

Welche wirtschaftspolitischen Fehler oder Unterlassungen tragen vor allem zur Investitionsunlust und damit zur Dämpfung der wirtschaftlichen Dynamik bei? Im folgenden wird an Hand aktueller Beispiele eine Liste solcher Maßnahmen präsentiert.

4.1 Motive der Sicherung politischer Macht

Bei knappen parlamentarischen Mehrheiten erweisen sich viele Politiker als erpreßbar. Sie bemühen sich, Interessentenwünsche zu Lasten der Allgemeinheit zu erfüllen, sofern sie sich mit derartigen Maßnahmen ein Mehr an Wählerstimmen ausrechnen können. Verbände aller Art benutzen diese Verhaltensweise von Politikern auch dazu, Besitzstände gegen politische Reformabsichten zu verteidigen. Einmal zugesagte staatliche Wohltaten und finanzielle Vorteile (z. B. Subventionen oder Sozialleistungen) erweisen sich deswegen als schwer korrigierbar. Ändern sich politische Mehrheiten, ist damit allerdings oft auch ein Wechsel der politisch als förderungswürdig angesehenen Interessengruppen verbunden. Unsicherheit über den Ausgang von Wahlen erzeugt häufig schwindende Investitionsbereitschaft.

---

[7] Eucken (1952), S. 287f.

[8] Vgl. Eucken (1952), S. 193ff.

Finanzielle staatliche Vergünstigungen stehen stets unter dem Vorbehalt der Finanzierbarkeit. In Zeiten einer angespannten Haushaltslage erweisen sich Ausgabenkürzungen oft als unvermeidbar. Wer laufende Unterstützung aus der Staatskasse erhält, lebt daher in ständiger Unsicherheit über die Dauerhaftigkeit öffentlicher Hilfen. Für ganze Wirtschaftszweige und die dort Arbeitenden, etwa für den Steinkohlebergbau, für die Seeschiffswerften, für die Landwirtschaft und den Wohnungsbau – sämtlich hochsubventionierte Wirtschaftsbereiche –, hängt die wirtschaftliche Zukunft maßgeblich von der keineswegs gesicherten Stetigkeit staatlicher Finanzhilfen ab. Die wechselhafte Geschichte der steuerlichen Abschreibungsvergünstigungen (etwa für Binnenschiffe und Flugzeuge) zeigt, daß Investoren oft auf schwankendem Grund disponieren, weil sich politische Ansichten über die Förderungswürdigkeit von Unternehmen ändern. Die Konstanz der Wirtschaftspolitik ist nicht gegeben.

4.2 Punktuelles Denken

Die weit verbreitete Neigung, ökonomische Phänomene isoliert zu betrachten und gegen unerwünschte Entwicklungen ohne Beachtung ökonomischer Zusammenhänge punktuell vorzugehen, ist eine weitere Ursache für die Verunsicherung von Investoren. Ein typisches Beispiel für punktuelles Denken war die Aufforderung der rot-grünen Bundesregierung, die Gewerkschaften sollten 1999 für einen kräftigen Lohnschub sorgen, um damit die Binnennachfrage anzuregen. Unberücksichtigt blieben dabei die nachteiligen Folgen für die Beschäftigung. Starke Lohnerhöhungen können mittelfristig zu einem Sinken der gesamtwirtschaftlichen Lohnsumme führen und die Nachfrage der privaten Haushalte (auch wegen Kündigungsängsten) vermindern (Vorsichtssparen).

Eucken weißt auf weitere Ursachen punktuellen wirtschaftspolitischen Denkens und Handelns hin. Beamte sähen allein ihr Ressort, Verbandsgeschäftsführer träten für gezielte Maßnahmen zugunsten der von ihnen vertretenen Mitglieder ein. Der Gesamtzusammenhang wirtschaftlicher Vorgänge bleibe infolgedessen bei vielen staatlichen Entscheidungen außerhalb des Blickfelds. Die Folgen punktueller Maßnahmen für den „wirtschaftlichen Gesamtprozeß“ würden nicht beachtet.[9]

9 Vgl. Eucken (1952), S. 195f.

Die Auswirkungen punktuellen Handelns sind klar. Wegen Erfolglosigkeit oder wegen unerwarteter nachteiliger Neben- und Fernwirkungen muß korrigiert („nachgebessert") werden, oft in mehreren Etappen. Verläßliche Grundlagen für unternehmerische Investitionsrechnungen gibt es wegen fehlender Konstanz der Wirtschaftspolitik nicht.

4.3 Fehlendes Denken in kausalen Zusammenhängen

Weit verbreitet ist die Neigung, in der Wirtschaftspolitik an Symptomen zu kurieren. Die Ausgaben in der Gesetzlichen Krankenversicherung steigen zu schnell und gefährden die Beitragssatzstabilität. Dagegen gibt es, so die Bundesregierung, ein einfaches Gegenmittel: Für die Ausgaben der Krankenkassen wird administrativ eine Obergrenze festgesetzt. Wer sie überschreitet, hat mit finanziellen Sanktionen (Nichtbezahlung erbrachter Leistungen) zu rechnen. In der Wohnungspolitik wurden in den 70er Jahren als Reaktion auf unerwünschte Mieterhöhungen die Wohnungsmieten eingefroren. Das Thermometer, das eine nicht genehme Temperatur anzeigte, wurde kurzerhand zerschlagen.

Die Auswirkungen des Kurierens an Symptomen sind in der Wirtschaftspolitik stets dieselben. Da nicht an den Ursachen von politisch als unerfreulich eingeschätzten Prozessen angesetzt wird, werden die auslösenden Konstellationen nicht beseitigt. Die Mißstände bestehen fort, oder sie verschlimmern sich sogar. Regelmäßig kommt es zu Inkonsistenzen und zu Interventionsspiralen, die jedoch die erhofften Verbesserungen nicht bewirken. Der Mietenstopp beispielsweise entmutigte die Bauherren, verminderte das Wohnungsangebot, erzwang die bürokratische Zuteilung von Wohnungen (administrative Verwaltung des Mangels) und veranlaßte zu Wohnungsbausubventionen. Die „Deckelung" der Ausgaben von Krankenkassen – ein anderes Beispiel – schreckt Investoren ab, dämpft den medizinischen Fortschritt, verteuert die Krankenbehandlung, demotiviert Ärzte und Pflegepersonal, zwingt zur Rationierung von Leistungen (wie im verstaatlichten britischen Gesundheitssystem) und führt zur Zwei-Klassen-Medizin, weil sich finanziell gutgestellte Zwangsversicherte durch Abschluß einer privaten Zusatzversicherung der staatlich verordneten Leistungseinschränkung entziehen können. Die inzwischen rund 25 Jahre dauernden (letztlich vergeblichen) Kostendämpfungsbemühungen des Gesetzgebers sind ein drastisches Beispiel für eine Interventionsspirale: Mit immer härteren administrativen Eingriffen zunächst in die

Preise, dann auch in die Menge erbrachter medizinischer Leistungen ist es zwar gelungen, vorübergehend den Ausgabenanstieg zu bremsen. Die Betroffenen fanden jedoch stets neue Wege zum Unterlaufen der gesetzlichen Kostendämpfung. Zugleich sind die Verwaltungskosten aller Beteiligten (mit Ausnahme der Patienten) drastisch gestiegen. Die für die Krankenbehandlung verfügbaren Mittel wurden auf diese Weise reduziert. An den falschen Anreizen, die maßgeblich zur Ausgabensteigerung in der Gesetzlichen Krankenversicherung beitragen, wurde widersinnigerweise nichts geändert.

In Wirtschaftsbereichen mit einem dichten Netz staatlicher Interventionen ist ständig mit neuen überraschenden Eingriffen des Gesetzgebers zu rechnen. Welcher Art diese Maßnahmen sind, ist unvorhersehbar. Investoren werden hierauf mit äußerster Zurückhaltung reagieren. Das Gebot, für eine konstante Wirtschaftspolitik zu sorgen, wird verletzt.

4.4 Fehlen klarer politischer Ziele

Es genügt nicht, politische Ziele zu verkünden. Hinzu kommen muß das Vertrauen, daß die Regierenden die erklärten Ziele ernst nehmen. Außerdem müssen die Ziele hinreichend klar und unmißverständlich formuliert sein, und es muß Kriterien für die Beurteilung des Erfolgs der Wirtschaftspolitik geben. Häufig stellt sich jedoch heraus, daß entweder die versprochenen Ziele stillschweigend aufgegeben werden oder daß die ergriffenen Maßnahmen ungeeignet sind, die vorgegebenen Ziele zu erreichen. Mit anderen Worten hat insgeheim ein Wechsel der Ziele stattgefunden. In allen diesen Fällen ist ein hohes Maß an Unsicherheit für die Betroffenen das Ergebnis solcher politischer Verhaltensweisen. Das Vertrauen in die staatliche Politik leidet. Von Verläßlichkeit und Berechenbarkeit staatlichen Handelns kann keine Rede sein.

Die Bundesregierung will die kleinen und mittleren Unternehmen dazu motivieren, zu expandieren und mehr Mitarbeiter einzustellen. Die am 1. Januar in Kraft getretene erste Stufe der Steuerreform belastet jedoch gerade die kleinen und die mittleren Unternehmen erheblich. Die versprochene Entlastung ist wegen der Verschiebung der zweiten Stufe der Steuerreform auf das Jahr 2001 in weite Ferne gerückt. Das Ausmaß der steuerlichen Entlastung ist zudem unsicher. Von der „Ökosteuer“ werden die kleinen und mittleren Unternehmen voll getroffen, während die Großunternehmen nur einen geringen Bruchteil zu tragen haben. Diese diskriminierende Regelung schädigt ausgerechnet jene Unternehmen, die angeblich besonders gefördert werden sollen.

Der vereinfachte Kündigungsschutz für Mitarbeiter in Unternehmen mit bis zu zehn Beschäftigten gilt seit Anfang 1999 nur noch für Unternehmen mit bis zu fünf Beschäftigten. Förderung des selbständigen Mittelstands? Maßnahmen gegen die sogenannte „Scheinselbständigkeit" erschweren das Selbständigwerden und die Neugründung kleiner Unternehmen. Von den Maßnahmen zur Verminderung der geringfügigen Beschäftigungsverhältnisse (630 DM-Jobs) sind vor allem kleine und mittlere Unternehmen betroffen. Offensichtlich passen alle erwähnten Maßnahmen nicht mit dem erklärten Ziel zusammen.

Viele kleine und mittlere Unternehmen befürchten, daß es in diesem Stil weitergeht. Mit den nächsten Stufen der „ökologischen" Steuerreform, also der Verteuerung von Energie, sind weitere erhebliche Nachteile speziell für den selbständigen Mittelstand bereits programmiert. Dies wird nicht ohne Folgen für die Aktivität mittelständischer Unternehmer bleiben. „Unternehmerische Entscheidungen sind zukunftsgerichtet, sie werden deswegen in starkem Maße von Erwartungen bestimmt."[10]

Noch ein anderes Beispiel sei genannt. Die rot-grüne Bundesregierung strebt eine ökologische soziale Marktwirtschaft an. Über eine zusätzliche Besteuerung des Energieverbrauchs sollen Anreize für ein umweltfreundliches Verhalten geschaffen werden. Die am 1. April 1999 in Kraft getretene „Ökosteuer" spart jedoch den besonders umweltschädlichen Kohleverbrauch vollständig aus, während für den Strom aus Kernkraftwerken (ohne CO_2-Emissionen) die Steuer erhoben wird. Die energieintensive Industrie – einer der wichtigsten Energieverbraucher – ist bis auf einen minimalen Beitrag ausgenommen. Die plakativ verkündeten ökologischen Ziele sind in den Hintergrund getreten, ohne daß diese Tatsachen jemals erwähnt worden wären. Geblieben ist allein die Absicht der Erzielung von Einnahmen für den Bundeshaushalt. Die zusätzlich eingehenden Steuereinnahmen werden dazu benutzt, die Zuschüsse des Bundes zur Rentenversicherung zu erhöhen, was Beitragssenkungen für die Versicherten und für die Unternehmen ermöglicht.

---

[10] Sachverständigenrat zur Begutachtung der gesamtwirtschaftlichen Entwicklung (1998), S. 206.

Die steuerliche Zusatzbelastung des Energieverbrauchs läuft unter einem falschen Etikett. Die Höhe der Steuersätze wurde so gewählt, daß nachhaltig hohe Einnahmen für die Staatskasse erzielt werden, der Energieverbrauch also nicht (nennenswert) sinkt. Das vorgegebene Ziel „Schonung der Umwelt" wird mit der „Ökosteuer" allenfalls am Rande verfolgt. Solche Erfahrungen sind nicht geeignet, das Vertrauen in staatlich verkündete Absichten zu erhöhen und Sicherheit für privatwirtschaftliche Dispositionen zu schaffen.

4.5 Innere Widersprüche der staatlichen Wirtschaftspolitik

Oft wissen Investoren nicht, woran sie sich halten sollen, weil gleichzeitig sich widersprechende Ziele verfolgt werden und da nicht erkennbar wird, wo die Regierung Prioritäten setzt. Inkonsistente Wirtschaftspolitik ist für die Betroffenen gleichbedeutend mit Orientierungslosigkeit und mit hohen Risiken für das private Tätigwerden.

Die Bundesregierung will die Innovations- und Investitionsbereitschaft der Unternehmen erhöhen mit dem Ziel, die Arbeitslosigkeit abzubauen. Mit der ersten Stufe der Steuerreform ist jedoch die Steuerbelastung der Unternehmen erheblich gestiegen. Die Neigung, unter diesen Umständen Produktionsanlagen in Deutschland zu bauen und zu erweitern, ist verständlicherweise gering. Offenbar wird nicht gesehen, daß die Steuerpolitik verhindert, was als wichtigstes Ziel der Wirtschaftspolitik bezeichnet worden ist: den Abbau der Arbeitslosigkeit.

Auf die Europäische Zentralbank ist Ende 1998 und Anfang 1999 massiv eingewirkt worden, die Leitzinsen zu senken. Damit sollte die Kreditfinanzierung von Investitionen verbilligt und ein Beitrag zur Ausweitung der Binnennachfrage geleistet werden. Unbeachtet blieb, daß eine geldmengenvergrößernd wirkende Zinspolitik inflatorisch wirkt. Davon gehen nicht nur Einflüsse auf die Lohnpolitik aus (reichlich bemessene Inflationszuschläge bei Lohnforderungen, damit die Reallöhne keinesfalls sinken). Auch die Unsicherheit der Investoren, woran sich die Geldpolitik künftig orientieren wird, ob der Einfluß der Politik auf die Zentralbankentscheidungen künftig zunehmen wird und wie sich die Inflationsraten entwickeln werden, steigt. Langfristige Investitionen werden von diesen zusätzlichen Risiken besonders hart getroffen.

Dem Ziel „soziale Gerechtigkeit“ weist die Bundesregierung einen besonders hohen Rang zu. Darunter wird – wie die Diskussionen über die Steuerreform zeigen – im wesentlichen die Einebnung von Einkommensunterschieden verstanden. Andererseits wird großer Wert auf verstärktes Leistungsstreben, auf eine „Innovationsoffensive“ und auf ein hohes unternehmerisches Engagement gelegt. Wenn höhere Leistung keinen adäquaten Niederschlag im Nettoeinkommen findet, werden jedoch die meisten Leistungswilligen auf zusätzliche Anstrengungen verzichten. „Soziale Gerechtigkeit“ in dem derzeit praktizierten Sinne erstickt die Leistungsmotivation, was nachteilige Folgen für die wirtschaftliche Entwicklung, für die Innovationsbereitschaft, auf das Wachstum des Bruttoinlandsprodukts, auf das Ansteigen der Einkommen, auf die Einnahmen der Sozialkassen und auf das Arbeitsplatzangebot haben wird.

Diese inneren Widersprüche werden entweder nicht erkannt oder bewußt übergangen. Von Berechenbarkeit der Wirtschaftspolitik kann unter diesen Umständen keine Rede sein. Das Vertrauen in Versprechungen der Politiker geht verloren. Enttäuschung macht sich breit und lähmt die wirtschaftlichen Kräfte.

4.6 Fehlende langfristige Planungssicherheit

> „Langfristige Orientierung bedeutet, daß die Vereinbarkeit gegenwärtiger Maßnahmen mit Erfordernissen der Zukunft stets mitbedacht wird, daß damit zugleich bei den wirtschaftlich aktiven Bürgern die Erwartung verläßlicher Politik für die Zukunft entstehen kann.“[11]

Von diesen Anforderungen ist die aktuelle Wirtschaftspolitik weit entfernt. Vielmehr besteht die deutsche Wirtschaftspolitik aus einem Konglomerat nicht untereinander abgestimmter Einzelmaßnahmen. Mit jeder dieser Maßnahmen wird auf irgendeinen aktuellen Mißstand reagiert. Es wird nicht erkennbar, daß sich die Bundesregierung langfristige Ziele gesetzt hat, die sie konsequent verfolgt. Erst dann hätten die davon betroffenen Unternehmen klare Orientierungsmarken für eigene Entscheidungen.

---

11 Sachverständigenrat zur Begutachtung der gesamtwirtschaftlichen Entwicklung (1998), S. 208.

Die große Anzahl unkoordinierter, diskretionärer Eingriffe hinterläßt dagegen Unsicherheit. Niemand kann sagen, zu welchen überraschenden Interventionen es morgen und übermorgen kommen wird. Soweit langfristige wirtschaftspolitische Ziele genannt werden, fehlt es an klaren und verläßlichen Vorstellungen, wie diese Ziele erreicht werden sollen. Von konstanter Wirtschaftspolitik im Sinne von langfristiger Stetigkeit und Berechenbarkeit ist nichts zu spüren.

4.7 „Konsensuale" Wirtschaftspolitik

Die rot-grüne Bundesregierung will im Konsens mit großen Interessenverbänden regieren. Das „Bündnis für Arbeit", ein Energie- und ein Renten-„Gipfel" sind die ersten institutionellen Einrichtungen dieser Art. Zwar ist die Beratung durch Verbände im Vorfeld gesetzgeberischer Initiativen eine seit Jahrzehnten übliche und nützliche Praxis. Der Sachverstand von Verbänden kann auf diese Weise für die Formulierung von Gesetzen aktiviert werden.

Konsenssuche mit Verbänden hat jedoch eine andere Qualität. Sie bedeutet die Teilung der politischen Macht mit demokratisch nicht legitimierten Kräften. Es ist bedenklich, wenn parlamentarisch nicht zur Verantwortung zu ziehende und nicht in allgemeinen Wahlen abwählbare Interessenvertreter maßgebend an politischen Entscheidungen beteiligt werden. „Die innere Autorität des Staates und sein Anspruch, Vertreter des Gesamtinteresses zu sein", werden durch den „parakonstitutionellen Einfluß der Sondergruppen"[12] zerstört.

Im vorliegenden Zusammenhang geht es um die Berechenbarkeit staatlicher Politik für Unternehmer. Verteilungskoalitionen, wie „Bündnisse" aller Art charakterisiert werden können, machen staatliche Politik unkalkulierbar. Zu welchem Ergebnis Konsensgespräche führen, läßt sich nicht prognostizieren. Politische Absichten werden sich oft nicht als der Beschlußlage in „Bündnissen" entsprechend erweisen. Eine Regierung, die davon ausginge, daß mächtige Interessenverbände in Konsensgesprächen die Regierungsabsichten lediglich abzunicken hätten, könnte nämlich nicht mit der Bereitschaft von Verbänden zur Zusammenarbeit in „Bündnissen" rechnen.

---

12 Röpke (1979), S. 206.

Wenn auf „konsensuale Politik" gesetzt wird, kann dies daher nur bedeuten, daß politische Entscheidungen vom – ungewissen – Ausgang von „Bündnis"-Gesprächen abhängen. Ein klarer und vorhersehbarer Kurs der Politik ist nicht mehr möglich. Für die von politischen Maßnahmen Betroffenen bedeutet dies weitreichende Unsicherheit. Hohe, ohne Not herbeigeführte politische Risiken für unternehmerische Entscheidungen sind ungeeignet, mehr wirtschaftliche Dynamik zu erzeugen und zur Einrichtung zusätzlicher Arbeitsplätze in Deutschland zu veranlassen. „Konsensuale Politik" steht im Widerspruch zu dem politischen Hauptziel, die Arbeitslosigkeit durch Schaffung neuer Arbeitsplätze zu reduzieren. Konstanz der Wirtschaftspolitik läßt sich mit der Abhängigkeit von Regierungsentscheidungen von der Zustimmung von Verbänden und Koalitionen von Interessenten nicht herstellen.

4.8 Vertagung überfälliger politischer Entscheidungen

Die deutschen Standortnachteile lassen sich vor allem an drei Politikfeldern festmachen: erstens an vergleichsweise hohen Unternehmenssteuern, zweitens an den weltweit höchsten Lohnzusatzkosten bei ohnehin hohem Lohnniveau und drittens an einem kaum noch überschaubaren Dickicht rechtlicher Regelungen, die unternehmerische Aktivitäten erschweren, verzögern und verteuern.

Zur Konstanz der Wirtschaftspolitik gehörte es, auf allen drei Politikfeldern möglichst rasch Klarheit über politische Rahmendaten zu schaffen. Das Gegenteil geschieht. Strukturelle Reformen der Sozialversicherung bleiben aus. Stattdessen bemüht sich die Bundesregierung, der Sozialversicherung auf Kosten erheblicher zusätzlicher Ansprüche in der Zukunft vorübergehend Luft zu verschaffen, indem weitere Bevölkerungsgruppen in die Sozialversicherung hineingezwungen werden. Der wachsenden Anzahl von Beitragszahlern heute stehen beträchtliche Zusatzbelastungen morgen gegenüber. Kurzsichtiges Denken dominiert. Die Lösung der Finanzierungsprobleme wird in die Zukunft verschoben.

Wer heute in einem geringfügigen Beschäftigungsverhältnis Rentenversicherungsansprüche erwirbt, könnte eigentlich nur mit einer minimalen Altersrente rechnen. Da Politiker „bedarfsorientierte Mindestrenten" für notwendig halten, werden diese Rentner jedoch mit einer wesentlichen Aufstockung ihres Rentenanspruchs rechnen können. Die zukünftigen

Belastungen der Rentenkassen steigen, obwohl aus demographischen Gründen das Gegenteil geboten wäre.

In der Gesetzlichen Krankenversicherung wursteln sich viele Bundesregierungen seit über 25 Jahren mit Kostendämpfungsgesetzen mehr schlecht als recht durch. Wie die allein schon wegen der zunehmenden Überalterung der Bevölkerung notwendigen Reformen aussehen könnten und zu welchen Entlastungen bei den Lohnzusatzkosten diese Reformen führten, bleibt offen.

In der Steuerpolitik war zunächst eine Entlastung der Unternehmen zum 1. Januar 2000 fest versprochen worden. Jetzt wird als Termin der 1. Januar 2001 genannt, wobei völlig offen ist, wie die Nettoentlastung aussehen wird und welches Ausmaß sie haben wird. Da alle Zusagen stets mit dem Finanzierungsvorbehalt versehen werden, besteht ein hohes Maß an Unsicherheit, mit welchen Nettoentlastungen wirklich gerechnet werden kann. Konstanz der Wirtschaftspolitik bedeutete jedoch, daß sich die Steuerzahler frühzeitig auf neue Steuergesetze einstellen können.

In der Deregulierungs- und Entbürokratisierungspolitik (Vereinfachung und Überschaubarkeit gesetzlicher Regelungen) sind bisher nicht einmal die ersten Schritte eingeleitet worden. Die ersten Gesetze der rot-grünen Koalition haben sogar die Bürokratisierung in der Wirtschaft und in der öffentlichen Verwaltung wesentlich verschlimmert. Politische Absichtserklärungen, denen keine Taten folgen, schaffen jedoch Unsicherheit bei den Betroffenen über notwendig werdende Anpassungen und die damit verbundenen Kosten.

5 Risikomindernde wirtschaftspolitische Strategien

5.1 Klare ordnungspolitische Orientierung

Welchen Anforderungen muß eine Wirtschaftspolitik genügen, die Eukens Vorstellungen von konstanter Wirtschaftspolitik entspricht? An erster Stelle ist das Vertrauen in die Verläßlichkeit freiheitlicher staatlicher Rahmenregelungen zu nennen. Alle Akteure auf Märkten müssen damit rechnen können, daß der Staat dauerhafte und verläßliche ordnungspolitische Regelungen schafft. Dieser Grundsatz soll in den folgenden Abschnitten konkretisiert werden.

5.2 Verzicht auf Preisreglementierung und Abbau der Subventionen

Durch Preisinterventionen können Regierungen die Grundlagen privatwirtschaftlicher Rentabilitätsrechnungen zerstören und Märkte desorganisieren. Wo es derzeit noch solche Maßnahmen gibt, sollte deren Abschaffung ins Auge gefaßt und durch Vorankündigung geplanter Änderungen ein frühzeitliches Reagieren der Betroffenen ermöglicht werden.

Glättung von Anpassungsprozessen wird auch beim Abbau rentabilitätsverfälschender Subventionen (in Stufen) zweckmäßig sein und den Widerstand gegen ein solches Vorgehen vermindern. „Die Hauptsache ist es, den Preismechanismus funktionsfähig zu machen. Jede Wirtschaftspolitik scheitert, der dies nicht gelingt.“[13]

Vor allem in der Gesundheitspolitik haben viele Bundesregierungen gegen diese Regeln verstoßen. Die Preise für Arzneimittel, für ärztliche Leistungen und andere Gesundheitsdienste werden unmittelbar oder mittelbar staatlich geregelt, ohne daß der Zweck, nämlich die Kostendämpfung, bisher erreicht worden wäre (Kurieren an Symptomen). Aber unter anderem auch in der Wohnungswirtschaft (Sozialwohnungen) und in der Versorgungswirtschaft gibt es nach wie vor Reste staatlicher Preisvorschriften.

5.3 Konsistente Wettbewerbspolitik

Marktwirtschaftliche Preisbildung erzeugt nur dann befriedigende Ergebnisse, wenn Wettbewerbsbeschränkungen unterbunden werden. Das bedeutet mehrerlei. Zunächst ist an staatliche Instanzen die Forderung zu richten, daß rechtliche Monopole oder Wettbewerbsvorteile öffentlicher Unternehmen (beispielsweise beim Fernsehen, im gewerblichen Personenfernverkehr zugunsten der Deutschen Bahn AG, in der Briefbeförderung) beseitigt werden. Von Staats wegen ist für offene Märkte, für ein wirksames Verbot wettbewerbsbeschränkender Verhaltensweisen und für die Verhinderung wettbewerbsbeschränkender Unternehmenszusammenschlüsse zu sorgen.

---

[13] Eucken (1952), S. 255.

5.4 Verläßliche Notenbankpolitik

Ähnlich bedeutsam ist die Sicherung der Geldwertstabilität. „Alle Bemühungen, eine Wettbewerbsordnung zu verwirklichen, sind umsonst, solange eine gewisse Stabilität des Geldwertes nicht gesichert ist.“[14] Eucken hat dies eingehend begründet: Bei offener Inflation „wird die Lenkungsmechanik des Preissystems der Fähigkeit beraubt, den Wirtschaftsprozeß zureichend zu dirigieren. Denn die Preise steigen ungleichmäßig.“[15] Bei zurückgestauter Inflation werden Datenänderungen nicht mehr in den Preisen sichtbar. Das Preissystem wird als Lenkungsinstrument beseitigt.[16]

Die Bedeutung eines stabilen Geldwertes ist von der rot-grünen Bundesregierung zumindest vorübergehend (Ende 1998 und Anfang 1999) verkannt worden. Obwohl im Vorfeld der Bildung der Europäischen Währungsunion gerade von deutscher Seite institutionelle Regelungen durchgesetzt worden waren, die politischen Druck auf die Organe der Europäischen Zentralbank (EZB) ausschließen, wirkte die Bundesregierung massiv auf die EZB ein, die Leitzinsen zu senken. Die EZB hat diesem Druck nicht nachgegeben.

Nicht nur das Festhalten am Ziel der Geldwertstabilität ist für die Einschätzbarkeit der Notenbankpolitik wichtig. Auch die Geldpolitik der Zentralnotenbank sollte einen Beitrag zur Stetigkeit und Verläßlichkeit staatlicher Politik leisten. Der Deutschen Bundesbank ist dies über Jahrzehnte hinweg gelungen. Sie hat nicht kurzfristig und hektisch auf Veränderungen der Geldmenge und des Preisniveaus reagiert, sondern sie hat bewußt auf mittel- und langfristige Tendenzen abgestellt und keinen Zweifel daran gelassen, an welchen Größen sie ihre Geldpolitik orientiert. Die Geldpolitik war infolgedessen längerfristig kalkulierbar, und sie hat den Märkten einschätzbare Signale gegeben. Damit ist ein wichtiger Beitrag zur Konstanz der Wirtschaftspolitik geleistet worden. Offensichtlich folgt die Europäische Zentralbank diesem erfolgreichen Kurs der Deutschen Bundesbank.

---

[14] Eucken (1952), S. 256.

[15] Eucken (1952), S. 256.

[16] Vgl. Eucken (1952), S. 257.

5.5 Achtung des Privateigentums

Die Sicherung von Eigentumsrechten ist eine weitere wichtige Säule jeder freiheitlichen Ordnung. Das Privateigentum an den Produktionsmitteln schafft eine „Freiheitssphäre..., in der sich die spontanen Kräfte dauernd äußern“ und in der ständig über eine „fortlaufende Anpassung“[17] der unternehmerischen Aktivitäten auf Beschaffungs- und Absatzmärkten entschieden wird.

Nach der Vereinigung der beiden deutschen Teilstaaten im Jahre 1990 sind erhebliche Zweifel daran entstanden, ob das Privateigentum an den Produktionsmitteln von Bundesregierungen beachtet und geschützt wird. Das in der DDR enteignete Privateigentum an gewerblichen und landwirtschaftlichen Unternehmen ist – nach dem Übergang ins Eigentum der Bundesrepublik Deutschland – mit fadenscheinigen und rechtlich nicht haltbaren Argumenten entweder gar nicht oder nur zum Teil an die früheren Eigentümer zurückgegeben worden. In einigen Fällen „dürfen“ die Alteigentümer ihr Eigentum zu ermäßigten Preisen zurückkaufen. In anderen Fällen ist die entschädigungslose Enteignung für rechtens erklärt worden. Dieser Umgang mit den Rechten von Privateigentümern stärkt nicht das Vertrauen in die staatliche Eigentumspolitik.

Ähnliches gilt für die Diskussion über die Wiedereinführung der Vermögensteuer. Das Bundesverfassungsgericht hat auf Grenzen der Besteuerung hingewiesen. Als kritische Schwelle, deren Überschreitung als enteignungsähnliche Maßnahme anzusehen sei, wurde die Hälfte des Einkommens genannt. Die lebhafte Diskussion über Vermögensabgaben und über ein „Notopfer der Reichen“ zeigt, daß das regelmäßig aus versteuertem Einkommen gebildete Privatvermögen begehrliche Blicke von Politikern auf sich zieht, unabhängig davon, ob es sich um Produktivvermögen oder um Vermögen konsumtiver Art handelt.

Auch die Erbschaftsteuer kann eigentumspolitisch bedenkliche Folgen verursachen. Die Vererbung mittelständischer Personenunternehmen droht nach den Plänen der Bundesregierung zu Erbschaftsteuerbeträgen zu führen, die das Weiterbetreiben eines Familienunternehmens für die Erben unmöglich macht. Mit großzügigen Freibeträgen (wie sie von den großen Wirtschaftsverbänden gefordert werden) ließen sich die bedenkli-

---

[17] Eucken (1952), S. 271.

chen Folgen hoher Erbschaftsteuersätze für mittelständische Unternehmen verhindern. Andernfalls werden das Sparen, das Investieren und die Kapitalbildung in Unternehmen bestraft und das Konsumieren prämiert. Der Widerspruch zu einer die Arbeitslosigkeit bekämpfenden Politik liegt klar zutage.

5.6 Haftung für unternehmerische Fehler

Privateigentum an den Produktionsmitteln ermöglicht unternehmerischen Erfolg und schafft damit Anreize für selbstverantwortliches unternehmerisches Tätigwerden. Die Eigentumsrechte dürfen sich jedoch nicht auf die Möglichkeit beschränken, Gewinne zu erzielen, sondern sie müssen auch die Haftung für Verluste einbeziehen. Könnten Verluste sozialisiert, also auf die Allgemeinheit abgewälzt werden, würde dies einem leichtfertigen Umgang mit knappen Ressourcen Vorschub leisten.

Gegen den Grundsatz, daß die Haftung das unerläßliche Pendant zur Chance der Gewinnerzielung bildet, wird häufig verstoßen. Mit dem Argument, Arbeitsplätze dürften nicht verloren gehen, werden oft großzügige Hilfen aus öffentlichen Haushalten für marode Unternehmen bereitgestellt. Die freiheitliche Ordnung der Wirtschaft wird auf diese Weise diskreditiert. Wenn es Chancen für die Sanierung unrentabler Unternehmen gibt, werden sich private Geldgeber finden. Staatshilfen zögern meist das endgültige Ausscheiden eines Unternehmens aus dem Markt nur kurze Zeit hinaus. Schlechtem Geld wird gutes Geld (der Steuerzahler) nachgeworfen.

Im Falle Ostdeutschlands war nach 1989 sicherlich eine staatlich finanzierte Auffanglösung für zahlreiche verlustbringende Unternehmen richtig. Der Umstrukturierungsprozeß erforderte einen langen Atem und umfassende Hilfen, die im notwendigen Umfang nicht durch private Kapitalgeber erwartet werden konnten. Nach über zehnjähriger Übergangszeit ist jetzt allerdings der Zeitpunkt gekommen, über die Modalitäten einer Einstellung staatlicher Hilfen zu entscheiden und damit der sich ausbreitenden Subventionsmentalität entgegenzuwirken. Die Privateigentümer sollten sich nicht länger ihrer Haftung entziehen können. Andernfalls leidet die Glaubwürdigkeit einer freiheitlichen Ordnung von Wirtschaft und Gesellschaft. Konstanz der Wirtschaftspolitik muß auch bedeuten, daß temporäre Sonderregelungen auslaufen, wenn sich die Verhältnisse normalisiert haben.

6 Schlußfolgerungen

Stetigkeit und Berechenbarkeit der Wirtschaftspolitik sind Grundvoraussetzungen dafür, daß unternehmerische Risiken, soweit sie von Staats wegen zu vertreten sind, begrenzt werden. Fehlt das Vertrauen in die staatliche Wirtschaftspolitik und bestehen Zweifel an der Verläßlichkeit politischer Absichtserklärungen, dann bleiben negative Folgen für die Investitionsbereitschaft, für die wirtschaftliche Dynamik und für die Schaffung zusätzlicher Arbeitsplätze nicht aus.

Unter Konstanz der Wirtschaftspolitik hat Walter Eucken offenkundig einen Kurs der Wirtschaftspolitik verstanden, der sowohl die Entfaltung der einzelwirtschaftlichen Kräfte in einem ordnungspolitisch klar definierten Umfeld fördert als auch zugleich ein hohes Maß an Stetigkeit und Berechenbarkeit schafft. Beide Anforderungen an eine konstante Wirtschaftspolitik sind derzeit nur in geringem Maße erfüllt. Hierin ist ein wesentlicher Grund für niedrige Raten des Wirtschaftswachstums und für die hohe Dauerarbeitslosigkeit zu sehen. Dieser Einsicht zum Durchbruch zu verhelfen ist ein Ziel des vorliegenden Beitrags.

Ein ordnungspolitisch konsequentes Handeln einzufordern wird gern als altmodisch und überholt abgetan. Praktische Erfahrungen überall in der Welt – so auch in Deutschland – bestätigen jedoch immer wieder, daß ordnungspolitische Mängel zu Fehlentwicklungen und zum Brachliegen produktiver Kräfte (Wachstumseinbußen) führen.

Die Agrarmärkte sind ein klassisches Beispiel für die Desorganisation der Wirtschaft durch Preisinterventionen. Die Erfahrungen mit der Deregulierung im Güterverkehr, in der Telekommunikation und in der Stromversorgung beweisen, wie teuer staatlich garantierte Monopolstellungen für öffentliche Unternehmen eine Volkswirtschaft zu stehen kommen. Dennoch gibt es nach wie vor etliche Fälle von verordneten Marktzugangs- und Wettbewerbsbeschränkungen. Die Regulierung der Märkte für Arbeitsleistungen wird sogar noch weiter vorangetrieben.

Die regelmäßig wiederkehrenden öffentlichen Auseinandersetzungen über eine Politik des billigen Geldes (politischer Druck auf die Zentralnotenbanken, die Leitzinsen zu senken) zeigen, daß die von inflatorischen Störungen ausgehenden Gefahren von Politikern immer noch gründlich verkannt werden. Auch die zentrale Bedeutung des Privateigentums und der privaten Haftung bei Mißerfolgen für einen dezentral gesteuerten, auf privater Initiative beruhenden Wirtschaftsprozeß wird von manchen Politikern nicht ernstgenommen. Viele eigentumsfeindliche Steuerpläne beweisen es. Die Unternehmergewinne als Anreiz für Vorstoß und Nachahmung im Wettbewerb werden mit umverteilungspolitisch motiviertem Mißtrauen betrachtet. Mit der Eskalation umverteilungspolitischer Maßnahmen sind sowohl bei den Begünstigten als auch bei den Belasteten die Impulse verschüttet worden, die zur Leistung anregen und für eine dynamische Entwicklung der Wirtschaft unerläßlich sind.

Wie sehr das Denken in ordnungspolitischen Kategorien vernachlässigt wird, zeigt das weitverbreitete punktuelle Denken in der Wirtschaftspolitik. Daß ein Mißstand nicht isoliert gesehen werden darf, daß es vielfältige Interdependenzen mit anderen Vorgängen gibt, daß ein Kurieren an Symptomen nicht zu dauerhaftem Erfolg führt, daß die Reaktionen der Betroffenen zu beachten sind (Entwicklung von Umgehungsstrategien), daß Fernwirkungen staatlicher Maßnahmen oft das Gegenteil des Gewünschten bewirken – alles das wird regelmäßig übersehen, wenn punktuell gedacht und gehandelt wird. Ordnungspolitisch geschultes Analysieren würde vor wirtschaftspolitischen Torheiten schützen.

Es ist bedrückend, die lange Reihe von Verstößen gegen eine widerspruchsfreie, verläßliche und berechenbare Wirtschaftspolitik zu verfolgen. Die oben zusammengestellte Liste ist sicherlich unvollständig. Aber sie zeigt, daß viele Regierende offensichtlich kein ausreichendes Gespür dafür haben, wie das Vertrauen von Investoren gewonnen und erhalten werden kann – zum Vorteil des Gemeinwesens und insbesondere des Millionenheeres der auf einen Arbeitsplatz Hoffenden. Obwohl die Regierungspolitik jederzeit, und nicht erst in vier Jahren, vor allem danach beurteilt werden soll, was sie für die Beschäftigung erreicht hat, werden unentwegt Maßnahmen getroffen, die beschäftigungsmindernd wirken.

Regierungen müssen sich in einem sich ständig ändernden Umfeld bewähren. Auch die Wirtschaftspolitik kann sich dem Wandel nicht entziehen. Die Deutsche Mark muß dem Euro weichen. Das Zusammenwachsen der nationalen Volkswirtschaften in Europa wirkt sich auch als zunehmender Wettbewerb zwischen den nationalen Politiken aus. Verlieren werden jene Regierungen und Mitgliedstaaten, denen es nicht gelingt, eine ähnlich effiziente Wirtschafts- und Sozialpolitik zu konzipieren und zu verwirklichen wie die erfolgreichen Konkurrenzländer.

Was bedeutet unter diesen Umständen konstante Wirtschaftspolitik? Von den Regierungen wird eine Vision gefordert, welche Veränderungen zu erwarten sind. Diese Vorstellungen sollten als Orientierungsgrößen der Öffentlichkeit und damit auch der Kritik zugänglich gemacht werden. Des weiteren ist darzulegen, welche wirtschaftspolitischen Umstellungs- und Anpassungsschritte in welchen Zeitabständen als notwendig erachtet werden und vorgesehen sind. Konstanz der Wirtschaftspolitik – es sei wiederholt – bedeutet nicht Erstarrung staatlichen Handelns in einer sich ständig verändernden Umwelt. Vielmehr ist Konstanz zu verstehen als eine vorhersehbare und möglichst stetige Weiterentwicklung der staatlichen Rahmenbedingungen und als Leitfaden für eine Volkswirtschaft im Wandel. Risikominderndes, Vertrauen schaffendes staatliches Handeln ist gefordert.

Literaturverzeichnis

Eucken, W. (1952) *Grundsätze der Wirtschaftspolitik*, Bern u. a.: Francke.

Röpkc, W. (1979) *Jenseits von Angebot und Nachfrage*, 5. Auflage, Bern: Haupt.

Sachverständigenrat zur Begutachtung der gesamtwirtschaftlichen Entwicklung (1998) *Vor weitreichenden Entscheidungen,* Jahresgutachten 1998/99, Stuttgart: Metzler-Poeschel.

Ideen und Interessen in der Entwicklung der europäischen Wirtschaftsordnung

François Bilger

1 Einleitung

Nach den Aussagen seiner Frau und anderer Zeitgenossen war Walter Eucken am Ende seines zu kurzen Lebens über den raschen Erfolg seiner Ideen überrascht. „Dieses Buch", hatte er in einer Note zu seinem letzten Werk geschrieben, „ist nicht Tagesproblemen gewidmet. Es will auf das Denken Einfluss nehmen und ist insofern eine Arbeit auf lange Sicht. Ich bin zufrieden, wenn die Gedanken zu weiteren Überlegungen und zu neuer Untersuchung der Wirklichkeit anregen und wenn sie so im Laufe der Jahre und Jahrzehnte wirken"[1]. Wie John Maynard Keynes war er wahrscheinlich überzeugt, „dass man die Kraft der konstituierten Interessen stark übertreibt im Verhältnis zu der Macht, die die Ideen allmählich erreichen." „In Wahrheit", fügte Keynes hinzu, „wirken diese nicht unverzüglich aber nur nach einiger Zeit"[2]. Die schnelle und rasch erfolgreiche Grundentscheidung zugunsten einer liberalen und geordneten Marktwirtschaft, die Walter Eucken noch selbst erlebte, konnte ihn also nur, trotz seiner persönlichen Mitwirkung, sehr verwundern.

Obwohl diese Grundsatzentscheidung in der damaligen Zeit bei außerordentlichen politischen Gegebenheiten und nicht gegen organisierte kollektive Interessen, sondern entgegen anders gerichteten Ideologien getroffen worden war, wurde sie doch allmählich als bemerkenswerter Beweis der politischen Überzeugungskraft gut durchdachter wirtschaftswissenschaftlicher Konzepte angesehen. Die ersten relativ ordnungskonformen Reformen, die danach, auch gegen wirtschaftlichen Widerstand, verwirklicht wurden, haben natürlich zunächst nicht nur bei den gleich gesinnten Kollegen und Schülern Walter Euckens diesen wissenschaftlichen Opti-

---

1 Eucken (1952).

2 Keynes (1936).

mismus und den Eifer für die ordnungspolitische Forschung und Beratung gesteigert. Nach und nach entstanden aber, im Zuge zunehmender wirtschafts- und sozialpolitischer Fehlentwicklungen sowie vielfältiger und gravierender Abweichungen vom ordnungspolitischen Modell, große Enttäuschungen und regelmäßig wachsende Ernüchterung.[3] Gleichzeitig drängte sich immer mehr die Meinung auf, dass die rasche Einführung einer echten Wettbewerbsordnung in Westdeutschland nach dem Krieg das wahre deutsche Wirtschaftswunder war, und dass die diskretionäre Nominierung eines überzeugten Wirtschaftswissenschaftlers als Wirtschaftsminister sowie der entscheidende Einfluss einer Besatzungsmacht eine außergewöhnliche Konstellation von Bedingungen darstellten, die man in einer normalen repräsentativen Demokratie nicht vorfindet. In einer solchen Demokratie sind die Interessen der Politiker und der Parteien, und dahinter der wirtschaftlichen und sozialen Verbände, für die Entwicklung oder, noch öfters, die Blockierung des ordnungspolitischen Rahmens sowie übrigens für die prozesspolitischen Entscheidungen viel entscheidender als die intellektuellen Erkenntnisse und Empfehlungen, selbst wenn diese über einen breiten wirtschaftswissenschaftlichen Konsens verfügen. Es ist also verständlich, dass dem anfänglichen ordnungspolitischen Optimismus heute und wiederum nicht nur bei den Ordoliberalen ein großer Skeptizismus und manchmal sogar ein radikaler wissenschaftlicher Pessimismus gefolgt ist.[4]

Aus dieser Perspektive stellt sich unweigerlich die ziemlich ernüchternde Frage: Hat die ordnungspolitische Beratung unter den Umständen einer normalen Demokratie noch einen Sinn? Sicher obliegt es der Wissenschaft, die Kenntnis der tatsächlichen Ordnungen und ihrer Entwicklungen regelmäßig zu verbessern und zu aktualisieren, aber ist es nicht pure Zeitverschwendung, aus diesen Erkenntnissen normative Aussagen über die optimale Ordnung zu ziehen und sie der Öffentlichkeit beizubringen, da solche Aussagen auf die tatsächliche gesellschaftliche Entwicklung praktisch keinen Einfluss ausüben können? War das ambitiöse Programm, das sich 1936 Walter Eucken und seine Kollegen gestellt hatten und das sie nach dem Krieg eifrig fortsetzten, nur eine illusorische und von vornherein zum Scheitern verurteilte wissenschaftliche Aufgabe? Oder hat es doch einen Sinn, ein solches Programm weiterzuführen, weil trotz aller

3 Vgl. Cassel (1998); Lenel (1997); Fischer (1989).
4 Vgl. bspw. Apolte/Wilke (1998).

gegensätzlichen Beweise zugunsten der Macht der Interessen, doch noch einige Chancen für eine erfolgreiche Beeinflussung der wirtschaftlichen Entwicklung durch die Ideen bestehen?

Im folgenden soll versucht werden, am Beispiel der Entwicklung der europäischen Wirtschaftsordnung, die Walter Eucken nicht mehr erlebt hat, die aber ordnungspolitisch besonders aufschlussreich ist, auf diese Fragen eine Antwort zu geben. Nach einem kurzen Überblick der allgemeinen wissenschaftlichen Meinungen in Bezug auf den wirtschaftspolitischen Einfluss der Ideen und der Interessen folgt eine aus dieser Sicht kritische Auseinandersetzung mit den dominierenden Erklärungen der ordnungspolitischen Gestaltung in der Europäischen Union und danach eine komplexere Interpretation des jeweiligen Einflusses der Ideen und der Interessen in der Entwicklung der europäischen Wirtschaftsordnung. Abschließend soll auf die anfangs gestellte Frage der praktischen Relevanz der ordnungspolitischen Forschung und Beratung eingegangen werden.

2 Die allgemeine wirtschaftswissenschaftliche Diskussion

In der philosophischen Staatslehre gibt es seit jeher einen grundsächlichen Disput zwischen einer rationalistischen oder sogar idealistischen Konzeption des Staats (vor allem Kant und Hegel, hier ausnahmsweise vereint) und einer realistischen oder materialistischen Konzeption (hier vor allem Hobbes und Marx). In der Wirtschaftswissenschaft hingegen hat es lange Zeit überhaupt keine gründliche Forschung und Diskussion über die Bestimmungen des Staatsverhaltens gegeben und erst seit der Mitte dieses Jahrhunderts ist diese Frage durch die Wirtschaftswissenschaftler aufgegriffen und ernsthaft studiert worden.

Es ist bestimmt nicht übertrieben zu behaupten, dass, seit ihren Anfängen im 18. Jahrhundert, die moderne Wirtschaftswissenschaft explizit oder zu meist implizit eine idealistische Konzeption des Staats übernommen hat. Obwohl oft skeptische Beurteilungen des Staatsverhaltens formuliert wurden, haben die Wirtschaftswissenschaftler jahrzehntelang unzählige ordnungs- oder prozesspolitische Analysen und Vorschläge formuliert, die auf der Hypothese gemeinwohlorientierter Politiker und Bürokraten basierten. Selbst die staatsfeindlichsten liberalen Autoren haben angenommen, dass die Machthaber in der Lage sind, rational konzipierte Reformen durchzuführen, sich unter gewissen Bedingungen gegen die Vertreter der Interessengruppen zu behaupten und sogar ihre eigene Macht freiwillig zu beschränken. Im anfänglichen Ordoliberalismus war, wahrscheinlich aus philosophischen und später aus den schon erläuterten faktischen Gründen, das Vertrauen in den starken und gemeinwohlorientierten Staat besonders ausgeprägt. Nur die marxistische Lehre hat seit jeher im Staat den Vertreter der Interessen der dominierenden Klasse gesehen, dieses jedoch im Rahmen einer extrem materialistischen Entwicklungstheorie, die nicht überzeugen konnte und auch historisch widerlegt wurde. Selbst als das Verhalten des Staats allmählich in den wirtschaftlichen Modellen endogenisiert wurde, wurde ihm noch eine idealistische Zielfunktion anerkannt.

Es ist höchst wahrscheinlich, dass die Wurzeln dieser langfristigen Dominanz der idealistischen Vorstellung des Staats vor allem in den psychologischen Grundlagen der wirtschaftswissenschaftlichen Forschung zu suchen sind und vor allem im notwendigen Glauben an den gesellschaftlichen Nutzen dieser Forschung. Aber wie dem auch sei, ist es klar, dass das dauerhafte Festhalten an einer so naiven und manchmal sogar inkonsistenten Verhaltenshypothese des Staats sowohl der theoretischen Entwicklung als auch der praktischen Relevanz der Wirtschaftswissenschaft stark geschadet hat.

Es ist das historische Verdienst der Neuen Politischen Ökonomie, die von Schumpeter (1947) und Downs (1957) eingeleitet und danach von vielen anderen weiterentwickelt wurde, und vor allem der Public Choice Analyse, den Schleier aufgehoben und die wahren Motive der Machthaber aufgedeckt zu haben. Politiker, Parteien und auch Bürokraten, selbst wenn sie exzellente subjektive Motivationen haben, verfolgen in ihren Entscheidungen und Handlungen, genau so wie alle anderen Wirtschaftsakteure, in der Regel vor allem die Maximierung ihrer eigenen Interessen – Macht, Prestige und Wohlstand – und, als Zwischenziel für die Parteien, die Maximierung der Wählerstimmen zur Gewinnung oder Erhaltung der Macht. Entgegen dem Unternehmenswettbewerb führt aber der Parteienwettbewerb um die Wählergunst nicht unbedingt zur Verwirklichung des Gemeinwohls, sondern vor allem zur Befriedigung von bedeutenden organisierten Partikularinteressen. Die Aufgabe der unrealistischen Hypothese wohlwollender Politiker hat somit den oft entscheidenden Einfluss der politischen, wirtschaftlichen und sozialen Interessen hinter dem Vorwand der gemeinwohlorientierten Ideen in den politischen Entscheidungen klar enthüllt.

Diese wissenschaftliche Leistung ist äußerst positiv einzuschätzen, und sie hat bei weitem noch nicht alle ihre analytischen Früchte für die Forschung hervorgebracht. Dank ihrer Klärung des politischen Verhaltens können schon unzählige aus wirtschaftswissenschaftlicher Sicht unverständliche Fehlentscheidungen der wirtschaftspolitischen Träger sowie die außerordentlich schwache Erfolgsquote der wissenschaftlichen Beratungsorgane und natürlich die darauf folgenden volkswirtschaftlichen Fehlentwicklungen rational erklärt werden. Es ist auf jeden Fall jetzt nicht mehr möglich, das außerordentlich hohe Gewicht der Interessen in den politischen Zielfunktionen zu ignorieren.

Allerdings sollte sich diese Denkrichtung, genau so wie jede andere, vor der immer bestehenden Versuchung hüten, ihre Erklärungskapazität zu überschätzen und von einem Extrem ins andere zu fallen. Es wäre für die Wirtschaftswissenschaft nicht nützlich, wenn diese gerechtfertigte wissenschaftliche Reaktion gegen den früheren naiven Idealismus in einen genauso naiven Materialismus mündete und wenn jeglicher Einfluss uneigennütziger Ideen und Werte in den wirtschaftspolitischen Handlungen der politischen und bürokratischen Akteure geleugnet würde. In der Tat gibt es viele bekannte Ausnahmen, es sei hier nur an Ludwig Erhard erinnert. Zugegeben falsifizieren solche Ausnahmen nicht die Theorie, sie bestätigen sie eher durch ihre relative Seltenheit. Wichtiger erscheint die Tatsache, dass jeder Staat eine sehr komplexe Institution darstellt, die sehr verschiedene Aufgaben zu erfüllen hat, sehr verschiedentlichen Einflüssen unterworfen ist und schließlich sehr unterschiedliche Entscheidungen treffen muss, die mit einem zu einfachen Ansatz nicht erklärbar sind.

Der Staat ist zuerst ein komplexes polyzentrisches Entscheidungssystem an dem nicht nur die regierenden Parteien sondern andere öffentliche Machtträger (Ministerialbürokratie, Zentralbank, Verfassungsgericht, Oppositionsparteien, usw.) sowie außerstaatliche Organisationen (wirtschaftliche und soziale Verbände, aber auch Medien und andere Meinungsträger) und sogar internationale Organisationen teilhaben, und in dem infolgedessen jede wichtige Entscheidung sehr vieler verschiedenartiger und oft gegensätzlicher Interessen und Meinungen Rechnung tragen muss. Um dabei einen einigermaßen funktionsfähigen Kompromiss zu erreichen, ist notwendigerweise eine die Interessen übergreifende Konzeption oder Strategie unumgänglich, sei es nur um die verschiedenen Interessen in Einklang zu bringen. Die wachsende Schwierigkeit der politischen Entscheidungsfindung in einem solchen komplexen System ist übrigens eine der Erklärungen der allmählichen Sklerotisierung und Reformschwäche der entwickelten Staaten.[5]

Die Unentbehrlichkeit intellektueller Konzepte und Modelle ergibt sich auch aus der Tatsache, dass der Staat, entgegen den relativ einfachen Zielen und Kriterien eines Unternehmens, eine Vielfalt von Aufgaben zu bewältigen und eine Vielzahl von Beschränkungen zu berücksichtigen hat: Außen- und innenpolitische, wirtschaftliche, soziale und kulturelle und schließlich auch betriebswirtschaftliche Aufgaben sind gleichzeitig zu verfolgen. Allein bei den wirtschaftlichen Zielen muss man wenigstens noch zwischen Stimulierung, Allokation und Stabilisierung unterscheiden, und das Gleiche gilt für die anderen Bereiche. Da fast alle wichtigen Maßnahmen mehr oder weniger alle diese Funktionen betreffen oder in komplexer Weise beeinflussen, und der Staat, selbst wenn er auf diesem Gebiet kurzfristig einen gewissen Spielraum besitzt, auch den ökonomischen Gesetzen der begrenzten Mittel unterliegt, verlangen fast alle eventuell wahlstimmenmaximierenden Entscheidungen wahlstimmenminimierende Opfer oder Schwierigkeiten auf anderen Gebieten. Auch hier gibt es also die Möglichkeit und oft sogar die Notwendigkeit, ein interessenunabhängiges intellektuelles Konzept geltend zu machen, um selbst aus politischer Sicht optimale Entscheidungen treffen zu können. Je entwickelter, komplexer und heterogener eine Wirtschaft wird, desto stärker ist der technische Sachzwang und desto geringer werden der politische Spielraum und selbst die Erkenntnis des politischen Eigeninteresses für die führenden Organe des Staats.

In Anbetracht dieser Tatsachen ist es klar, dass selbst politische Massenorganisationen, die nur auf Eroberung und Konservierung der Macht ausgerichtet sind, ein allgemein umfassendes und effizientes staatliches Ordnungs- und Verwaltungskonzept nicht entbehren können, ohne das die Machteroberung und noch mehr die Machterhaltung unmöglich wären. Mit einfachen Wahlversprechen können sich eventuell im Parteienwett-

5 Vgl. Olson (1982).

bewerb kleine Oppositionsparteien einen Platz sichern, für echte Machtanwärter müssen notwendigerweise Ideen neben den Interessen berücksichtigt werden. Allerdings heißt dies nicht, dass eine Regierungspartei ein wissenschaftlich fundiertes Programm haben muss, genauso wie ein Managerteam auch ohne betriebswirtschaftlich getestete Methoden auskommen und sogar sehr effizient sein kann. Erfahrung oder Intuition sind oft im Staat wie im Unternehmen sehr erfolgreich. Die Geschichte lehrt leider auch, dass nicht alle wirtschaftswissenschaftlichen Ratschläge, selbst wenn sie von einem breiten Konsens des Fachs getragen werden, perfekt sind und sich in der praktischen Anwendung bewähren. Manchmal provozieren sie sogar echte Katastrophen. Man braucht nur an die, trotz gewichtigen aber minderheitigen Einwänden erfolgte, allgemeine Einführung der keynesianischen Wirtschaftspolitik in den 60er und der Friedmanschen Wechselkursreform in den 70er Jahren zu erinnern, die miteinander die Zerstörung der früheren weltwirtschaftlichen Ordnung, die Ölpreisschocks und die Weltwirtschaftskrise hervorbrachten, und deren adverse Wirkungen nur allmählich durch neue internationale Spielregeln überwunden worden sind. Es ist also nicht erstaunlich, wenn die Machthaber nicht immer den wirtschaftswissenschaftlichen Vorschlägen Folge leisten, man kann ihnen manchmal mildernde Umstände zubilligen.

Schließlich kann man nicht alle politischen Entscheidungen gleichsetzen, weil sie sowohl von ihrer Natur und Wirkung als auch von ihren Prozeduren her sehr unterschiedlich sind. Zwischen prozesspolitischen Verwaltungsmaßnahmen, Gesetzesänderungen, Verfassungsreformen und schließlich internationalen Verträgen bestehen in jeder Hinsicht deutliche Unterschiede. Bei den ersten, deren wirtschaftliche, soziale und politische Wirkungen, wenigstens kurzfristig, relativ sicher voraussehbar sind, und die von der Regierung selbst oder einer parlamentarischen Mehrheit entschieden werden, können ohne Zweifel parteipolitische Zwecke leicht berücksichtigt werden. Bei den Verfassungsänderungen hingegen[6] und noch mehr bei internationalen Verträgen, für die meistens spezifische Mehrheiten oder sogar Volksentscheidungen vorgesehen sind, und die hauptsächlich langfristige und kaum vorhersehbare politische Wirkungen erzeugen, ist eine politische Ausnutzung viel unwahrscheinlicher, so dass intellektuelle Konzeptionen des Gemeinwohls bei solchen grundsätzlichen Entscheidungen notwendigerweise ein größeres Gewicht haben.

6 Vgl. Buchanan (1962); Hayek (1967); Hoppmann (1987); Vanberg (1997).

Zusammenfassend ist festzuhalten, dass es auf jeden Fall angebracht erscheint, die meisten politischen Entscheidungen als Kompromisse zwischen vielfältigen Interessen und Ideen zu interpretieren, die im Rahmen der komplexen staatlichen Institutionen stattfinden. Vor allem sollte sorgfältig zwischen prozess- und ordnungspolitischen Entscheidungen unterschieden werden, da in den ersten eher die materialistischen und in den zweiten eher die idealistischen Momente vorherrschen. Und schließlich sollte bei internationalen Verträgen die Analyse noch differenzierter gestaltet werden, da in solchen Fällen nicht nur Partikularinteressen und Rationalitätskriterien sondern auch die nationalen Gesamtinteressen und die dominierenden Ideologien der verschiedenen beteiligten Staaten kollidieren. Bei diesen hoheitlichen Vereinbarungen erscheinen also sowohl die politökonomischen als auch die rationalökonomischen Interpretationen der politischen Entscheidungen zu überfordert und folglich unzulänglich. Beide sollten in diesen Fällen in eine komplexere und realitätsnähere Konzeption der Entstehung und des Wandels der internationalen Institutionen eingebettet werden.

Im folgenden wird dieser Standpunkt am Fallbeispiel der Gestaltung der europäischen Wirtschaftsordnung veranschaulicht werden.

3 Unzulängliche Interpretationen

Für die Erklärung der Entwicklung und progressiven Gestaltung der europäischen Wirtschaftsordnung durch die Verträge von Rom, die Einheitliche Europäische Akte und schließlich die Verträge von Maastricht und Amsterdam, sowie die zahlreichen zusätzlichen Änderungs- und Erweiterungsvereinbarungen, gibt es in dem soeben erwähnten Sinne sowohl idealistische als auch materialistische Analysen. Beide erscheinen aber als zu einfache und vor allem zu einseitige Interpretationen der Wirklichkeit.

Man findet die idealistische Konzeption der europäischen Wirtschaftsordnung in den meisten offiziellen Publikationen der EG und in vielen Lehrbüchern, die bemüht sind, ihren Lesern die europäische Integration als eine planmäßige und logische Konstruktion verständlich zu machen.[7] Die frühere Theorie der Stufen der Integration[8] und vor allem die Theorie des

7 Vgl. bspw. Debon-Jay/Lemoine (1994).

8 Vgl. Viner (1950); Balassa (1975).

fiskalischen Föderalismus[9] rechtfertigen weitgehend die allmähliche Liberalisierung der Märkte und die parallele Zentralisierung der Politiken als eine Entwicklung, die sich zweckmäßig und sachgerecht aus dem politischen Willen ergibt, progressiv die verschiedenen nationalen Wirtschaften in einer einheitlichen supranationalen Wirtschaft zu vereinen.

Die erste Stufe der Integration – die Zollunion – charakterisiert sich durch die Beseitigung der Zölle und Kontingente und also die Schaffung des gemeinsamen Markts. Gleichzeitig erfordern die möglichen negativen Externalitäten die Einführung einer gemeinsamen Zollpolitik sowie Regeln eines fairen Wettbewerbs. Die nachfolgende Stufe – die Wirtschaftsunion – beseitigt die nichttarifären Handelshemmnisse und konstituiert somit den einheitlichen Binnenmarkt. Logischerweise folgt aus den schon erwähnten Gründen die gemeinsame Außenhandelspolitik, ein Währungssystem und eine geldpolitische Koordinierung. Das Prinzip der fiskalischen (und auch rechtlichen) Äquivalenz der Entscheidungen, Nutzen und Kosten erfordert gleichzeitig eine gemeinsame Redistributionspolitik sowie eine Harmonisierungspolitik und eventuell eine koordinierte Strukturpolitik. Schließlich fügt die dritte und letzte Stufe – die Wirtschafts- und Währungsunion –, die die verbleibenden Währungshemmnisse beseitigt und somit den total integrierten Markt schafft, eine einheitliche Währungspolitik sowie eine finanzpolitische Koordinierung und eventuell ein solidarisches Stabilisierungssystem hinzu und bringt damit die wirtschaftliche Integration zu ihrem Abschluss.

In dieser Analyse entsprechen also alle Elemente der europäischen Wirtschaftsordnung vor allem einer Zweckrationalität, der Logik der wirtschaftlichen Integration in der Perspektive des politischen Endziels. Namentlich in französischen Analysen der europäischen Integration[10] wird diese nicht nur als ein musterhaftes Beispiel idealistisch gesinnter und politisch weitsichtiger Staatsmänner gewürdigt, die sich über alle Partikularinteressen hinaus für ein geeinigtes und friedliches Europa eingesetzt haben, sondern es wird auch oft beklagt, dass überholte sektorale Interessen oder nationale Egoismen eine raschere und weitgehendere Übertragung nationaler Zuständigkeiten behindert hätten. Die europäische Wirtschaftsordnung wäre also in diesem Sinne vor allem ein Werk der Ideen gegen die Interessen.

---

9 Vgl. Musgrave (1959); Oates (1991).

10 Vgl. u. a. Maillet (1975).

Diese idealistische Betrachtungsweise ist nicht ohne Rechtfertigung. In der Tat ist die europäische Integration, wenn man von verschiedenen historischen Wechselfällen und nebensächlichen Begleiterscheinungen absieht, einem bemerkenswert konstanten politischen Willen zu verdanken, und sie ist einem im Großen und Ganzen rationalen Stufenplan gefolgt. Allerdings sind in diesem logischen Integrationsmuster einige besonders umstrittene Politiken nicht einfügbar, wie die Agrar- oder die Industriepolitik. Dieses grobe Schema gibt auch keinen Aufschluss über den genauen Umfang der wünschenswerten Zentralisierung und die konkrete Gestaltung der verschiedenen Politiken.[11] Und schließlich und vor allem wird hier implizit eine einseitige Konzeption der ordnungspolitischen Entwicklung vertreten, ohne alternative und eventuell optimalere Konzepte für eine große und heterogene Wirtschaftsgemeinschaft, wie die flexible oder differenzierte Integration oder der Ordnungswettbewerb, zu berücksichtigen.

Eine entgegengesetzte materialistische Bewertung der europäischen Wirtschaftsordnung ist vor allem aus politökonomischer Sicht vorgetragen worden.[12] Aus dieser Perspektive erklärt sich die Gestaltung der europäischen Wirtschaftsordnung und vor allem die wachsende Zentralisierung nicht vornehmlich durch Sachzwänge, sondern fast ausschließlich durch die Interessen der Politiker und Bürokraten und hauptsächlich der wirtschaftlichen und sozialen Kräfte in Europa. Das systematisch wählerstimmenmaximierende Handeln der Politiker in allen Mitgliedstaaten erklärt, dass sie gewisse Politiken mehr oder weniger zentralisiert haben, um auf diese Weise europaweite homogene Gruppeninteressen leichter zu befriedigen als unter der politischen und steuerlichen Kontrolle der Nationalebene. Diese dominierende Erklärung wäre für die Agrar-, die Forschungs- und die Industriepolitik sowie die Sozialpolitik und sogar die Außenhandelspolitik maßgeblich. Spezifische nationale Partikularinteressen von Sektoren oder Regionen erklären hingegen die allmähliche Entwicklung der regionalen und sozialen Strukturfonds. Sogar die Übertragung wettbewerbs- und geldpolitischer Zuständigkeiten auf die europäische Ebene würde sich hauptsächlich aufgrund der Tatsache erklären lassen, dass diese Kompetenzen bereits autonomen und oft für die politischen Machthaber störenden Institutionen auf nationaler Ebene angehören

11 Vgl. Gerken (1995).
12 Vgl. Vaubel (1992).

und diese Übertragung eher zu einer Erleichterung der Verfolgung der nationalen politischen Ziele beitrage. Schließlich erklärt sich auch noch dieser allgemeine und übertriebene Zentralisierungstrend durch das eigene Machtstreben der europäischen Bürokraten. In dieser Analyse erscheinen also, in totalem Widerspruch zu der vorhergehenden Analyse, praktisch alle europäische Politiken als interessengebunden und ohne rationale Rechtfertigung.

Die politökonomische Betrachtungsweise hat den Verdienst, auf reale Faktoren hinzuweisen, die die konkrete Gestaltung der europäischen Wirtschaftsordnung und vor allem die allmähliche Entwicklung der europäischen Wirtschaftspolitiken sicher beeinflusst haben. Selbst wenn man annimmt, was historisch wohl kaum diskutabel erscheint, dass die nationalen Regierungen seit dem Ende des 2. Weltkriegs das europäische Einigungswerk hauptsächlich aus zu meist ehrbaren politischen Gründen verfolgt haben, heißt dies nicht, dass sie bei ihren ordnungspolitischen Entscheidungen, ihre eigennützigen politischen Interessen und also auch die wichtigsten nationalen Gruppeninteressen aus den Augen verloren hätten. Gerade bei den größten und erfolgreichsten Staatsmännern besteht immer ein enger Zusammenhang zwischen hohem politischen Ehrgeiz und persönlichem Machtstreben; diese Feststellung könnte auch leicht in der europäischen Integration bestätigt werden.

Dennoch dürfte das politökonomische Erklärungsmuster den Einfluss der Interessen in der europäischen Wirtschaftsordnung deutlich überbewerten. Die logischen und faktischen Schwächen dieses „ökonomistischen" Erklärungsansatzes sind rasch aufgezeigt worden:[13] Vernachlässigung der politischen Dimension, Überschätzung idealtypischer Alternativen und sogar innerer Widerspruch in der politökonomischen Erklärung der Verlagerung der politischen und bürokratischen Kompetenzen auf die supranationale Ebene. Aus all diesen Gründen sind die gängigen politökonomischen Ansätze für die Erklärung der europäischen Integration klar unzulänglich und deutlich überfordert. Partikularinteressen haben sicher einzelne Aspekte der europäischen Vereinbarungen bestimmt oder manchmal den Zeitplan verändert, aber sie waren nicht in der Lage, die Gestaltung der Gesamtordnung wesentlich mitzubestimmen.

---

13 Vgl. Zohlnhöfer (1992).

Genauso wie die idealistische, ist also auch die materialistische Interpretation zu einfach und zu einseitig, um die Komplexität der Realität überzeugend zu erklären. In Anbetracht dieser Tatsache wird in den allgemeinen Studien der Entwicklung der europäischen Wirtschaftsordnung eine gemischte Interpretation angenommen, die beide Analysen verbindet und je nach der betrachteten Politik die Rationalität oder, im Gegenteil, die Interessengebundenheit nachweist.[14] Eine solche eklektische und meist nur implizite Synthese der beiden Standpunkte erscheint aber ohne Unterstützung einer positiven Theorie der ordnungspolitischen Entwicklung auch zu unzulänglich und vor allem scheint sie zu sehr, in Abwesenheit einer eindeutigen und allgemein akzeptierten normativen Theorie der Kompetenzverteilung in einer Wirtschaftsgemeinschaft, vom persönlichen Ermessen und noch mehr vom nationalen Standpunkt abzuhängen.

Für die Erklärung der Gestaltung der europäischen Wirtschaftsordnung ist davon auszugehen, dass es sich um internationale Staatsverträge handelt, bei denen in erster Linie weder die wirtschaftswissenschaftliche Rationalität noch der parteipolitische Machtkampf, sondern andere Bestimmungsgründe entscheidend sind. Die normative Integrationstheorie und die politökonomische Analyse können von Natur aus nur ergänzende Elemente einer anders gearteten Gesamterklärung sein, die logischerweise in den zentralen Theorien und den Kernkonzepten der Institutionenökonomie zu suchen ist. Die europäische Integration sollte geradezu ein Lehrbuchbeispiel für die Theorie der Entstehung und des Wandels der wirtschaftlichen Institutionen,[15] die ökonomische Theorie der Verfassung[16] oder noch die Theorie der unvollständigen Verträge[17] sowie für die Anwendung der Konzepte der Transaktionskosten, der Interdependenzkosten, der ideologischen Organisationskulturen oder informalen Regeln und dergleichen darstellen. Es ist überraschend, dass anscheinend noch keine umfassende Analyse der europäischen Integration aus dieser Perspektive[18] hervorgebracht wurde, die als einzige in der Lage wäre, den komplexen Prozess der wirtschaftlichen und auch politischen Integration überzeugend zu erklären. In Abwesenheit einer solchen systematischen

---

14 Vgl. Mayer u. a. (1989); Gröner/Schüller (1993); Klemmer (1998); Caesar/Scharrer (1999).

15 Vgl. North (1990).

16 Vgl. Buchanan/Tullock (1962).

17 Vgl. Grossmann/Hart (1986).

18 In Ansätzen bei Leipold (1993).

Analyse soll hier ein solcher Ansatz nur grob skizziert werden, um ein realistischeres und klareres Bild des Zusammenspiels der Ideen und Interessen in der Gestaltung der europäischen Wirtschaftsordnung zu gewinnen.

4 Ein institutionenökonomischer Ansatz

Internationale Vereinbarungen wie die europäischen Verträge unterscheiden sich deutlich von allen anderen politischen Entscheidungen. In der Tat handelt es sich weder um gewöhnliche prozesspolitische Entscheidungen, die im Rahmen der repräsentativen Demokratie stattfinden, und bei denen naturgemäß der politökonomische Ansatz nützlich und erfolgreich angewandt werden kann, noch um nationale ordnungspolitische Gesetze oder Verfassungsänderungen, bei denen die normativen systemtheoretischen Kriterien eine wichtige Rolle spielen können, sondern um zwischenstaatliche Vereinbarungen, die das Gesamtinteresse der betroffenen Volkswirtschaften und außerdem die politische Souveränität sowie die gesellschaftliche Entwicklung der beteiligten Staaten betreffen.

Ein in der Perspektive der Institutionenökonomie gestaltetes Erklärungsmuster der europäischen Wirtschaftsordnung, von den Romverträgen bis zum Amsterdamvertrag, müsste von der zentralen Hypothese ausgehen, dass diese neuen Institutionen entstanden sind, weil die gesellschaftliche Umorganisation für alle Mitgliedstaaten sowohl politisch als auch wirtschaftlich gewinnversprechend erschien, aus wirtschaftlicher Sicht durch die Minimierung der Transaktionskosten und die Maximierung der Produktionsleistungen. Die Konzeption dieser Umorganisation war aber zwischen diesen Staaten mit sehr unterschiedlichen Größen, Strukturen, Verhaltensweisen sowie ordnungs- und wirtschaftspolitischen Kulturen und Vorstellungen und demnach vielfältiger Interessen und Ideologien, naturgemäß sehr verschieden. Da die neuen Institutionen aber nur durch einstimmige Verträge zwischen diesen souveränen und gleichberechtigten Staaten zustande kommen konnten, musste in allen Stufen der Integration ein allgemeiner Konsens über ihre konkrete Gestaltung erreicht werden. Jede neue Integrationsstufe erforderte also neue Kompromisse zwischen gegensätzlichen nationalen Interessen und Ideologien sowie kompensatorische Maßnahmen für voraussehbare oder eventuelle externe Interdependenzkosten, damit, wie es bei allen Verträgen normal ist, für jeden Partner die Balance zwischen Nutzen und Kosten oder Chancen und Risiken sowohl in materieller als auch in ideologischer Hinsicht ausgewogen sei. Vor allem die Ungewissheit hat noch dazu, aus Vorsichts- und Vorbeugungsgründen, zu zahlreichen Ausnahmeklauseln und Interventionsmöglichkeiten geführt.

Bei diesen hoheitlichen Entscheidungen haben die europäischen Politiker natürlich nicht auf einmal ihr persönliches Streben nach Macht, Prestige oder Wohlstand verloren, aber sie waren zu meist nicht in der Lage, die genauen persönlichen Konsequenzen dieser grundsätzlichen und vor allem langfristigen Veränderungen der politischen Spielregeln abzuschätzen. In dieser Ungewissheit, war es für sie in der Regel rational, die Verwirklichung der in ihren Staaten mehrheitlich vertretenen Auffassung des nationalen Interesses oder der dominierenden ideologischen Vorstellung des supranationalen Gemeinwohls zu verfolgen. In gewissen Ausnahmefällen ist allerdings nicht auszuschließen, dass sie, aus persönlicher Überzeugung oder um ihren Namen mit einem historischen Wendepunkt in Verbindung zu bringen, eigenen ideologischen Betrachtungen den Vorrang gegeben haben.

Schließlich muss noch berücksichtigt werden, dass die europäischen Verträge in langwierigen zwischenstaatlichen Verhandlungen vorbereitet wurden, bei denen Expertengremien sowie Ministerialbürokratien, deren Interessen in der Regel sehr verschieden sind, aktiv mitwirkten, und dass sie danach außergewöhnlichen verfassungsrechtlichen Ratifizierungsverfahren unterworfen waren, an denen nicht nur die regierenden Parteien und die interessierten wirtschaftlichen und sozialen Lobbys sondern auch die Oppositionsparteien sowie die Vertreter intellektueller Verbände und die Spezialisten der Sozialwissenschaften, die in der Regel eine gewisse Idee des Gemeinwohls verteidigen, teilnahmen. Es ist klar, dass in diesem Zusammenhang die Aufklärung der Wähler oder ihrer Vertreter sowie der öffentlichen Meinung über die verschiedenartigen Folgen der Verträge außergewöhnlich groß war, und dass also einfache parteipolitische und gruppenbezogene Interessen oder dogmatische wirtschaftswissenschaftliche Vorstellungen die Ratifizierung solcher Verträge kompromittiert hätten.

Aus dieser „institutionellen" Perspektive verändert sich die Interpretation des Einflusses der Ideen und Interessen in der Gestaltung der europäischen Wirtschaftsordnung sehr deutlich. Nicht die wirtschaftswissenschaftlichen Rationalitätskriterien aber auch nicht die branchenspezifischen Partikularinteressen müssen als vordergründig angesehen werden, sondern einerseits die nationalen Gesamtinteressen und andererseits die nationalen Ordnungsvorstellungen. Dies kann bei einer näheren Betrachtung der verschiedenen und ganz besonders der umstrittensten europäischen Politiken festgestellt werden.

Es ist bezeichnend, dass in der deutschen Literatur, die naturgemäß vom deutschen Ordnungsverständnis geprägt ist, vor allem die auf französische Initiative oder Forderung entstandenen Politiken, wie die Agrar- oder Industriepolitik oder auch die wirtschafts- und beschäftigungspolitische Koordinierung, als interessenabhängig abgestempelt werden, während sie im Gegenteil in der französischen wirtschaftswissenschaftlichen Literatur als notwendige und oft sogar als unzureichende Korrekturen einer zu liberalen Wirtschaftsordnung angesehen werden. Dieser Gegensatz ist sehr aufschlussreich im Hinblick auf die wahren Bestimmungsgründe der europäischen Wirtschaftsordnung.

Für die dringliche französische Forderung einer gemeinsamen Agrarpolitik am Anfang der EU war ohne Zweifel das tatsächliche oder vermeintliche nationale Gesamtinteresse entscheidend, d. h. die notwendige Eröffnung des europäischen Markts für die starke französische Landwirtschaft als Kompensation und Ausgleich für den erwarteten Durchbruch der mächtigen deutschen Industrie auf dem französischen Markt. Tatsache ist auch, dass damals in keinem der sechs Gründerstaaten ein freier Agrarmarkt bestand. Das Dilemma war also nicht: gemeinsamer Markt für Agrarprodukte mit oder ohne gemeinsame Agrarpolitik, sondern gemeinsame Agrarpolitik oder kein gemeinsamer Markt. Dass danach die jährlichen prozesspolitischen Verhandlungen über die Agrarpreise oder sogar die Änderungen der Marktordnungen unter dem Druck der landwirtschaftlichen Organisationen und ihrer kollektiven Interessen stattgefunden und oft zu irrationalen oder zu halbherzigen Reformen geführt haben, ist ohne Zweifel. Aber man kann auch vermuten, dass die allmähliche Reform der Agrarpolitik auf nationaler Ebene wahrscheinlich noch schwieriger und langwieriger gewesen wäre, wenn die EU nicht gelegentlich eine nützliche Sündenbockfunktion übernommen hätte, gerade gegen die organisierten Interessen.

Auch die von französischer Seite vorgeschlagenen Forschungs- und Industriepolitiken gehen nicht vornehmlich auf Forderungen von französischen Forschungseinrichtungen oder industriellen Unternehmen zurück, sondern auf den anhaltenden und quasi einstimmigen Vorschlag der Wirtschaftswissenschaftler aus Universität oder Staatsapparat, die seit dem 2. Weltkrieg eine interventionistische Entwicklungskonzeption aufgenommen haben,[19] und sich seither durch manche theoretische Neuerungen, wie letztlich die Theorie der strategischen Handelspolitik oder der strategischen Industriepolitik, in dieser Sicht bestätigt fühlten.[20] Genauso wie die deutschen Wirtschaftswissenschaftler mehrheitlich nicht müde werden, für eine konsequente Wettbewerbsordnung auf europäischer Ebene einzutreten, und dadurch wahrscheinlich ihre Politiker und Beamten zu einer Betonung dieser wirtschaftspolitischen Orientierung ermutigen, plädieren ihre französischen Kollegen seit Jahren unermüdlich für verstärkte strukturelle Politiken auf europäischer Ebene, was natürlich auch unmittelbar oder über die Medien die nationalen Politiker und Beamten zu solchen Forderungen veranlasst.[21] Man kann geteilter Meinung über diese oder jene Konzeption sein, Tatsache ist, dass es dominierende nationale Konzeptionen gibt, die man nicht einfach der Verteidigung von Partikularinteressen zuschreiben kann, und die tiefe kulturelle Wurzeln haben, aus eindrucksvollen nationalen Erfahrungen entstammen oder unbewusst das tatsächliche oder vermeintliche nationale Interesse vertreten.

Die gleiche Analyse gilt für die letzten im Rahmen der Wirtschafts- und Währungsunion auf französische Initiative verabschiedeten Politiken, die wirtschaftspolitische Koordinierung der Euro-11-Gruppe sowie die gemeinsame Beschäftigungspolitik. Die erste entspricht ganz der in der französischen Wirtschaftswissenschaft noch weit verbreiteten und dominierenden neu-keynesianischen Konzeption des optimalen konjunkturellen Policy-Mix. Die zweite Initiative geht hauptsächlich auf die praktische Erkenntnis zurück, dass gemeinsam gesetzte supranationale Ziele, wie letztlich die währungspolitischen Konvergenzkriterien für den Einstieg in die Währungsunion, einen sehr nützlichen Stimulierungs- und Selbstdisziplinierungseffekt auf die nationalen Regierungen ausüben können. Weder bei der ersten noch bei der zweiten Politik geht es aus französischer Sicht um politische Versuche, die haushaltspolitische Dis-

19 Vgl. Bilger (1994); vgl. auch Starbatty/Vetterlein (1990); Eickhof (1998).
20 Vgl. u. a. Rollet (1990); Buzelay (1996); Cartelier (1996).
21 Vgl. Bilger (1998).

ziplin oder die Eigenverantwortung für die Beschäftigungsentwicklung zu lockern, wie man es manchmal in Deutschland aus politökonomischer Sicht erklären will,[22] ganz im Gegenteil.

All diese Betrachtungen zeigen, dass man sich, ganz besonders bei internationalen Vorgängen wie der europäischen Integration, vor zu nationalgebundenen Interpretationen hüten sollte, die sehr leicht zu Fehleinschätzungen führen können, weil man die noch bestehenden kulturellen und in diesen Fällen wirtschaftswissenschaftlichen Unterschiede nicht kennt oder deren Einfluss unterschätzt. Jeder Staat ist in den europäischen Integrationsprozess mit seinen eigenen Interessen und vor allem mit seiner eigenen Vorstellung der optimalen europäischen Wirtschaftsordnung eingetreten, die von seiner spezifischen politischen Tradition und wirtschaftlichen Kultur geprägt war, im Falle Frankreichs einer zentralistischen und interventionistischen Tradition. Jeder Staat hat also verständlicherweise versucht, diesen Standpunkt so weit wie möglich in der europäischen ordnungspolitischen Gestaltung durchzusetzen.[23] Gleichzeitig hat jedes Land, nicht nur aus Opportunismus sondern oft aus einfachem Unverständnis anderer Denkkategorien, seine Partner bezichtigt, nicht das Allgemeinwohl sondern seine eigennützigen nationalen Interessen oder sogar spezifische Partikularinteressen zu verteidigen. Genauso wie man in der deutschen Literatur unzählige Verdächtigungen dieser Art gegenüber den französischen Positionen trifft, so findet man auch ohne Mühe genau so viele in der französischen Literatur gegenüber den deutschen Standpunkten: So wurde lange die deutsche Vorliebe für den totalen internen und externen Freihandel mit weitgehendem Verzicht auf gemeinsame Politiken als das typische Verhalten einer dominierenden Volkswirtschaft angesehen, die dank einer überdurchschnittlichen, starken und exportorientierten Industrie automatisch im internationalen Wettbewerb der Gewinner ist. Solche Vorbehalte erinnern unweigerlich an die am Anfang des 19. Jahrhunderts öfters formulierten deutschen Vorwürfe gegen den damals von Großbritannien propagierten unkontrollierten Freihandel. Es ist bezeichnend, dass sie weitgehend verstummt sind, seit Frankreich selbst einen strukturellen Handelsbilanzüberschuss erreicht hat. Auch der systematische deutsche Widerstand gegen jegliche Erweiterung von solidarischen Umverteilungsmaßnahmen, obwohl diese ordnungspolitisch

22 Vgl. Kösters (1998).

23 Vgl. Feldmeier (1993); Bilger (1996).

kaum bestritten sind und auf nationaler Ebene meistens als gerechtfertigt angesehen werden, wird natürlich oft aus der Tatsache erklärt, dass Deutschland der größte Nettozahler ist. Es ist schon etwas an der marxistischen Betrachtungsweise, die die Objektivität der Wirtschaftswissenschaft leugnet: Oft übernimmt ein Land in einer gewissen Periode die Konzeptionen, die seinen tatsächlichen oder vermeintlichen relativen Stärken und Schwächen oder Vorteilen und Nachteilen entsprechen.

Aber wie dem auch sei, nichts erlaubt zu behaupten, dass Frankreich gewisse Politiken, deren genaue Wirkungen und räumliche Verteilung übrigens schwer vorhersehbar waren, hauptsächlich zur Befriedigung bestimmter Partikularinteressen in die europäische Wirtschaftsordnung eingebracht hat. Die gewöhnliche und auch ohne Zweifel wahre Erklärung aus französischer Sicht ist einfach die politische Berücksichtigung des nationalen Interesses oder die wirtschaftspolitische Überzeugung der wenigstens gelegentlichen objektiven Nützlichkeit solcher Politiken für die gesamte europäische Wettbewerbsfähigkeit, für die globale oder nationale Konjunkturstabilisierung und für die Förderung der nationalen Beschäftigungsinitiativen.

Ähnliches gilt schließlich für eine Politik, deren Verwirklichung und Entwicklung nicht nur in Frankreich sondern in der ganzen Europäischen Union in vielen Kreisen unaufhaltsam gefordert wird, die gemeinsame Sozialpolitik. In der rationalistischen Analyse erklärt sich die Forderung einer weitgehenden europäischen Harmonisierung durch die Gefahr einer kumulativen Rückentwicklung der nationalen, den Präferenzen der Bürger entsprechenden, Sozialordnungen, in der politökonomischen Analyse hingegen durch das gewerkschaftliche und auch unternehmerische Interesse an einer Ausschaltung des lohn- und sozialpolitischen Wettbewerbs. In Wirklichkeit spielt aber auch auf diesem Gebiet die Ideologie eine sehr bedeutende Rolle. Es ist geradezu beeindruckend, wie in allen Parteiprogrammen bei den europäischen Wahlen, in allen Kundgebungen der europäischen Bewegungen und in unzähligen Büchern und Zeitungsartikeln die Einseitigkeit der wirtschaftlichen und monetären Integration beklagt und ein soziales und kulturelles Europa neben dem wirtschaftlichen und finanziellen Europa gefordert wird. Bei diesen zu meist sehr abstrakt formulierten Klagen und Forderungen der öffentlichen Meinung wäre es bestimmt unzulässig, nur von Verteidigung spezifischer Interessen zu sprechen. Es geht viel mehr um den Ausdruck einer seit jeher in ganz

Europa weit verbreiteten Ideologie des notwendigen Ausgleichs zwischen wirtschaftlicher Effizienz und sozialer Solidarität, die in der bis jetzt verfolgten asymmetrischen europäischen Integration nicht gewährleistet erscheint. Es geht um das informale Gesellschaftsmodell, das, vor allem unter dem Einfluss der christlichen Soziallehre, die Geister in allen europäischen Völkern jahrhundertelang tief geprägt hat und weiterhin meist unbewusst beeinflusst, und das wahrscheinlich auch in einem großen Maße die trotz aller Schwierigkeiten sture Erhaltung der jetzigen Sozialsysteme in allen europäischen Staaten erklärt. Auch auf diesem Gebiet sollte man also, unabhängig von wissenschaftlichen Erkenntnissen, den mächtigen Einfluss der Ideen nicht unterbewerten. Übrigens müsste man, entgegen den politökonomischen Prämissen, den europäischen Machthabern eine bemerkenswerte ordnungspolitische Standfestigkeit anerkennen, da sie in dieser Sache, in Anbetracht des permanenten Drucks der öffentlichen Meinung und der massiven politischen Nachfrage, wirklich Minimaldienst geleistet haben.

Wenn man schließlich den Endzustand der europäischen Wirtschaftsordnung betrachtet, ist es klar, dass, wie es bei solchen internationalen Verträgen zu erwarten ist, der mächtigste Partner seinen Standpunkt am besten durchgesetzt und die Gesamtordnung somit entscheidend geprägt hat, während die anderen Partner nur Teilzugeständnisse für ihre Vorstellungen erringen konnten. In der Tat ist auf der europäischen Ebene vornehmlich das deutsche Modell verwirklicht worden, mit den vier zentralen ordoliberalen Elementen der Wettbewerbsordnung: freie und offene Binnen- und Außenmärkte, Primat der Wettbewerbsregeln in der Strukturpolitik und Primat der Geldpolitik sowie Disziplinierung der Finanzpolitik in der Konjunkturpolitik. Anscheinend haben sich die deutschen Regierungen auf der europäischen Ebene kräftiger und erfolgreicher für die ordoliberalen Grundsätze ein- und durchgesetzt als manchmal in ihrem eigenen Land. Hingegen hat Frankreich zum Beispiel, außer der Agrarpolitik, nur die Einführung subsidiärer oder sogar symbolischer Flankierungsmaßnahmen erreicht: gelegentliche Ergänzung der nationalen Industrie- und Forschungspolitiken, unverbindliche Koordinierung der nationalen Wirtschaftspolitiken, gegenseitiger Informationsaustausch bei den nationalen Beschäftigungspolitiken. Aus reiner ordoliberaler Sicht ist dieser Kompromiss zwischen den wirtschaftspolitischen Konzeptionen der beiden führenden europäischen Staaten natürlich nicht als optimal anzusehen.[24] Aber aus einer etwas pragmatischeren Sicht, und wenn man juristische Unklarheiten nicht mit wirtschaftlichen Bestimmungen gleichstellt, scheint eine solche Verbindung vielleicht doch nicht so schlecht und sogar vertretbar. Hat Walter Eucken nicht selbst realistischerweise zwischen Prinzip und Moment, zwischen Zentral- und Randgebieten und schließlich zwischen konstituierenden und regulierenden Prinzipien der Wirtschaftsordnung unterschieden? Eine Unterscheidung, die im Grunde genommen etwas verändert, aber doch ziemlich ähnlich die Zusammensetzung der ordoliberalen Grundelemente, die in der Primärkompetenz der Union verankert sind, und der gelegentlichen diskretionären Interventionen, die in der Sekundärkompetenz der Union liegen, charakterisiert. Dies kann umso mehr behauptet werden, da das klare wirtschaftspolitische Entscheidungskriterium „der offenen Märkte mit freiem Wettbewerb" für die Durchführung dieser Politiken in den Verträgen wiederholt bestätigt wird, und die Reformen und Entwicklungen aller Wirtschaftspolitiken der EG seit langer Zeit und ohne Ausnahme die allmähliche Liberalisierung und Deregulierung aller Zweige der europäischen Wirtschaft systematisch fördern. Die anscheinende Verlagerung hin zu einer europäischen Wirtschaftspolitik sollte nicht die viel bedeutendere Einschränkung der nationalen Wirtschaftspolitiken, besonders in den früher sehr interventionistischen Staaten, verbergen.

Zusammenfassend kann man schließlich festhalten, dass die Rolle sowohl der Rationalitätskriterien als auch der Partikularinteressen in der Gestaltung der europäischen Wirtschaftsordnung gewöhnlich deutlich überschätzt wird, und dass hingegen in einer realistischen und supranationalen Perspektive der Einfluss der nationalen Gesamtinteressen und vor allem der nationalen Ideologien wesentlich aufzuwerten ist. Allerdings gibt es zwischen diesen beiden Bestimmungsgründen eine enge Verbindung. Eine national dominierende Ideologie kann sich sicher nicht auf Dauer erhalten, wenn sie mit dem tatsächlichen oder vermeintlichen nationalen Interesse unvereinbar ist, oder sich ihm sogar widersetzt. Dies ist wahrscheinlich eine für die wirtschaftswissenschaftliche Beratung sehr wichtige Erfolgsbedingung.

---

[24] Vgl. Gröner/Schüller (1993); Cassel (1998); Streit (1998).

5 Schlussbetrachtungen

Anfangs wurde die Frage gestellt, ob in den gegebenen politischen Umständen der repräsentativen Demokratie eine ordnungspolitische Forschung und Beratung noch eine gesellschaftliche Nützlichkeit aufweist, da vorwiegend wirtschaftliche und soziale Interessen die politischen Entscheidungen bestimmen.

Eine allgemeine Betrachtung der Staatsaufgaben hat schon, trotz der gewichtigen Vorwände der politökonomischen Theorie, verdeutlicht, dass kein Staat ohne eine gewisse gesamtpolitische Konzeption auskommen kann, und in diesem Maße nicht notwendiger- aber doch möglicherweise auf ordnungspolitische Vorschläge aus der Wirtschaftswissenschaft angewiesen ist. Vor allem aber hat die Analyse der Gestaltung der europäischen Wirtschaftsordnung in den letzten fünfzig Jahren deutlich gezeigt, dass bei diesen internationalen Verträgen die ordnungspolitischen Vorstellungen neben den Auffassungen der nationalen Gesamtinteressen eine entscheidende Rolle gespielt haben. In dem Maße also, in dem wirtschaftswissenschaftliche Studien und Ratschläge in der Lage sind, die allgemeine nationale Ideologie zu beeinflussen, können sie auch die praktische ordnungspolitische Gestaltung durch die Staaten wesentlich mitbestimmen. Ordnungspolitische Forschung und Beratung haben folglich, selbst in der repräsentativen Demokratie, immer noch einen Sinn, wenn sie, wie es übrigens Walter Eucken und seine Kollegen schon dachten und praktizierten, durch eine aktive Verbreitungs- und Überzeugungsarbeit in der gesamten Bevölkerung ergänzt werden, und dabei die Konformität der Ideen mit dem nationalen Gesamtinteresse deutlich hervorheben. Diese nicht unbedingt neue aber doch erfrischende Feststellung könnte vielleicht dazu beitragen, den heute ziemlich weit verbreiteten wissenschaftlichen Skeptizismus zu lindern und der ordnungspolitischen Aufgabe, wie sie Walter Eucken früher formulierte, wieder einen gewissen Enthusiasmus zu verleihen.

In Bezug auf die europäische Integration wäre diese Ermunterung besonders angebracht, weil, trotz mancher Ausnahmen, gerade die europäische Wirtschaftsordnung bis jetzt sehr deutlich und viel deutlicher noch als irgend eine nationale Wirtschaftsordnung durch die ordoliberale Konzeption geprägt wurde, und weil in dieser Hinsicht, bei aller Bescheidenheit und notwendiger Differenzierung, die Bäume den Wald nicht verbergen sollten. Künftig wird diese Konzeption auch allmählich die gesamte europäische Ideologie prägen, weil, wie übrigens in Deutschland in den Nachkriegsjahren, eine kollektive marktwirtschaftliche Kultur gewöhnlich nicht vor, sondern nach der Schaffung und erfolgreichen Tätigkeit marktwirtschaftlicher Institutionen entsteht.

Diese optimistische Einschätzung der Zukunft der europäischen Wirtschaftsordnung könnte allerdings durch zwei Entwicklungen gefährdet werden. Einerseits ist es wahrscheinlich, dass, in der jetzt total integrierten europäischen Wirtschaft, die nationalen und vor allem die europaweiten Brancheninteressen noch stärker als früher auf die prozesspolitischen europäischen Entscheidungen Einfluss ausüben werden, und somit zu einer allmählichen Fehlentwicklung der Wirtschaftsordnung führen könnten. Mehr denn je müsste hier die Wirtschaftswissenschaft ihre Aufklärungs- und Denunziationsrolle spielen. Aber die größte Gefahr droht aus einer anderen Richtung. Mit der Steigerung der Mitentscheidungskompetenz des Europäischen Parlaments gewinnt die repräsentative Demokratie und gleichzeitig natürlich die parteipolitische Logik auch auf europäischer Ebene an Bedeutung, besonders in sozialpolitischen Fragen. Selbst wenn die europäische Sozialordnung derzeit in den Windeln liegt, und diese Fragen noch weitgehend dem Einstimmigkeitsprinzip unterworfen sind, steigt die Gefahr schädlicher Harmonisierungen. Bis jetzt hat vor allem eine Koalition der Staaten und der Wirtschaftsverbände die europäische Integration vorangetrieben, künftig könnte es immer mehr eine Koalition der Politiker und der Sozialverbände sein. Wenn die deutsche Entwicklung hier auch als Modell dienen würde, könnte die europäische Wirtschaftsordnung allmählich in eine Soziale Marktwirtschaft verwandelt werden, die nicht mehr genau den Grundsätzen der ordoliberalen Konzeption entsprechen würde.

Dieses Szenario ist heute das wahrscheinlichste, aber die Geschichte lehrt, dass es keine zwangsläufige Entwicklungen gibt. Vielleicht ist die Europäische Union, in Anbetracht des großen amerikanischen Konkurrenten und des europäischen Gesamtinteresses, auch auf diesem Gebiet in der Lage, ein weitgehendes Deregulierungsprogramm wie das des europäischen Binnenmarkts herzustellen. Auf jeden Fall sollte die Konzeption eines wirklich funktionsfähigen europäischen Sozialmodells für die ordnungspolitische und vor allem für die ordoliberale Forschung die große Herausforderung der Zukunft sein.

Literaturverzeichnis

Apolte, T./ Wilke, T. (1998)
Größere Effizienz der Wirtschaftspolitik durch institutionalisierte wissenschaftliche Politikberatung, in: Cassel, D. (Hrsg.): *50 Jahre Soziale Marktwirtschaft*, Stuttgart: Lucius & Lucius, S. 769 – 789.

Balassa, B. (1975)
European Economic Integration, Amsterdam u. a.: North-Holland.

Bilger, F. (1994)
Industriepolitik für die Europäische Union, in: Hartwig, K.H. (Hrsg.): *Veränderte Arbeitsteilung in Europa – Brauchen wir ein Industriepolitik?*, Baden-Baden: Nomos, S. 203 – 228.

Bilger, F. (1996)
Die Konkurrenz der Wirtschaftsstile und die Entwicklung der Europäischen Union, in: Klump, R. (Hrsg.): *Wirtschaftskultur, Wirtschaftsstil und Wirtschaftsordnung*, Marburg: Metropolis, S. 175 – 190.

Bilger F. (1998)
Le couple franco-allemand dans l'intégration économique européenne, in: *Revue d'Allemagne*, Bd. 30, S. 323 – 334.

Buchanan, J.M./ Tullock, G. (1962)
The Calculus of Consent, Ann Arbor: University of Michigan Press.

Buzelay, A. (1996)
Intégration et désintégration européenne, Paris: Economica.

Caesar, R./ Scharrer, H.E. (Hrsg.) (1999)
Ökonomische und politische Dimensionen der Europäischen Wirtschafts- und Währungsunion, Baden-Baden: Nomos.

Cartelier, L. (Hrsg.) (1996)
Critique de la raison communautaire, Paris: Ciriec-France.

Cassel, D. (Hrsg.) (1998)
50 Jahre Soziale Marktwirtschaft, Schriften zu Ordnungsfragen der Wirtschaft, Bd. 57, Stuttgart: Lucius & Lucius.

Debon-Jay M.-A./ Lemoine, F. (1994)
Economie de l'intégration européenne, Paris: Presses Univ. de France.

Downs, A. (1957)
An Economic Theory of Democracy, New York: Harper and Row.

Eickhof, N. (1998)
Die Forschungs- und Technologiepolitik Deutschlands und der EU: Maßnahmen und Beurteilungen, in: *Ordo*, Bd. 49, S. 465 – 488.

Eucken , W. (1952)
Grundsätze der Wirtschaftspolitik, Tübingen: Mohr (Paul Siebeck).

Feldmeier, G.M. (1993)
Ordnungspolitische Perspektiven der europäischen Integration, Frankfurt a. M.: Lang.

Fischer, W. (Hrsg.) (1989)
Währungsreform und Soziale Marktwirtschaft, Erfahrungen und Perspektiven nach 40 Jahren, Berlin: Duncker & Humblot.

Gerken, L. (1995)
Vertikale Kompetenzverteilung in Wirtschaftsgemeinschaften, in: Gerken, L. (Hrsg.): *Europa zwischen Ordnungswettbewerb und Harmonisierung*, Berlin u. a.: Springer, S. 3 – 33.

Gröner, H./ Schüller, A. (Hrsg.) (1993)
Die europäische Integration als ordnungspolitische Aufgabe, Stuttgart: Fischer.

Grossmann, S.J./ Hart, O.D. (1986)
The Costs and Benefits of Ownership: A Theory of Vertical and Lateral Integration, in: *Journal of Political Economy*, Bd. 94, S. 691 – 719.

Hayek, F.A. v. (1967/1969)
Bemerkungen über die Entwicklung von Systemen von Verhaltenregeln, in: ders.: *Freiburger Studien*, Tübingen: Mohr (Paul Siebeck), S. 144 – 160.

Hoppmann, E. (1987)
Ökonomische Theorie der Verfassung, in: *Ordo*, Bd. 38, S. 31 – 45.

Keynes, J.M. (1936)
The General Theory of Employment, Interest and Money, London: Macmillan.

Klemmer, P. (Hrsg.) (1998)
Handbuch Europäische Wirtschaftspolitik, München: Vahlen.

Kösters, W. (1998)
Probleme der Supranationalisierung der Wirtschaftspolitiken in der EU, in: *List Forum für Wirtschafts- und Finanzpolitik*, Bd. 24, S. 378 – 393.

Leipold, H. (1993)
Die EG im Spannungsverhältnis zwischen Konsens und Effizienz, in: Gröner, H., Schüller, A. (Hrsg.): *Die europäische Integration als ordnungspolitische Aufgabe*, Stuttgart: Fischer, S. 41 – 71.

Lenel, H.O. u. a. (Hrsg.) (1997)
Soziale Marktwirtschaft: Anspruch und Wirklichkeit seit fünfzig Jahren, Ordo, Bd. 48, Stuttgart: Lucius & Lucius.

Maillet, P. (1975)
La construction européenne, Paris: Presses Univ. de France.

Mayer, O.G./ Scharrer, H.-E./ Schmahl, H.-J. (Hrsg.) (1989)
Der europäische Binnenmarkt, Perspektiven und Probleme, Hamburg: Weltarchiv.

Musgrave, R.A. (1959)
The Theory of Public Finance, New York: MacGraw-Hill.

North, D.C. (1990)
Institutions, Institutional Change and Economic Performance, Cambridge: Cambridge University Press.

Oates, W. (1991)
Fiscal Federalism: An Overview, in: Prud'homme, R. (Hrsg.): *Public Finance with Several Levels of Government*, Den Haag: Foundation Journal Public Finance, S. 1 – 18.

Olson, M. (1982)
The Rise and Decline of Nations, New Haven u. a.: Yale University Press.

Rollet, P. (1990)
Spécialisation internationale et intégration européenne, Paris: Economica.

Schumpeter, J.A. (1947)
Capitalism, Socialism and Democracy, New York: Harper.

Starbatty, J./ Vetterlein, U. (1990)
Die Technologiepolitik der Europäischen Gemeinschaft – Entstehung, Praxis, ordnungspolitische Konformität, Baden-Baden: Nomos.

Streit, M.E. (1998)
Soziale Marktwirtschaft im europäischen Integrationsprozess, in: Cassel, D. (Hrsg.): *50 Jahre Soziale Marktwirtschaft*, Stuttgart: Lucius & Lucius, S. 177 – 199.

Vanberg, V. (1997)
Die normativen Grundlagen von Ordnungspolitik, in: *Ordo*, Bd. 48, S. 707 – 726.

Vaubel, R. (1992)
Die politische Ökonomie der wirtschaftspolitischen Zentralisierung in der EG, in: *Jahrbücher für neue politische Ökonomie*, Bd. 11, S. 30 – 65.

Viner, J. (1950)
The Customs Union Issue, New York: Stevens.

Zohlnhöfer, W. (1992)
Koreferat zum Beitrag von Roland Vaubel, Zur Verteilung der politischen Entscheidungskompetenzen in der EG, in: *Jahrbücher für neue politische Ökonomie*, Bd. 11, S. 66 – 72.

II.

Arbeitsmarkt- und Sozialordnung

Walter Eucken und die soziale Frage

Bernhard Külp

Es entspricht einem weitverbreiteten Vorurteil, daß der Neoliberalismus die soziale Frage vernachlässige. Dieses Urteil trifft weder auf den Neoliberalismus im allgemeinen, noch auf W. Eucken, den Begründer des Neoliberalismus, im besonderen zu. Nehmen wir die posthum von seiner Frau E. Eucken und seinem Schüler K. P. Hensel herausgegebenen Grundsätze der Wirtschaftspolitik als Summe und Vermächtnis der wirtschaftspolitischen Überzeugungen W. Euckens. Hier wird die soziale Frage nicht nur ausführlich behandelt, sie steht sogar im Zentrum der Grundsätze der Wirtschaftspolitik.

Das Problem der sozialen Frage wird bereits im ersten Buch angesprochen, das eine erste Orientierung über das ordnungspolitische Problem bringt. Die zentrale Aufgabe der Ordnungspolitik wird danach nicht nur in der Lenkung des Wirtschaftsprozesses, sondern auch in der Lösung der sozialen Frage gesehen. Die stärksten wirtschaftspolitischen Bewegungen der Neuzeit nähmen im Verteilungsproblem ihren Ausgang. Die Verteilung des Sozialproduktes sei jedoch ein Teilhergang des gesamten Wirtschaftsprozesses und seiner Lenkung. Die Verteilungspolitik sei ein eminent wichtiger Teil der Wirtschaftspolitik. Aber sie lasse sich nicht aussondern, und sie sollte von vornherein als das angesehen werden, was sie ist: als ein Glied des ordnungspolitischen Gesamtproblems. Diese Erkenntnis sei der erste Schritt zur Lösung der sozialen Frage.

Die soziale Frage wird weiterhin im zweiten Buch der Grundsätze angesprochen, das sich mit der Erfahrung und Kritik vergangener wirtschaftspolitischer Bemühungen befaßt. Zunächst geht W. Eucken (in Kapitel IV) auf die Politik des Laissez-faire ein. Im Jahre 1831 habe der preußische Handelsminister von Schuckmann angeregt, das Trucksystem (die Entlohnung der Arbeiter mit Produkten der eigenen Fabrik) gesetzlich zu verbieten. Auf die Kritik seiner Ministerkollegen, daß ein solches Verbot mit den Grundsätzen einer wohlverstandenen Gewerbefreiheit in Widerspruch stehe, antwortete von Schuckmann: „Die Gewerbefreiheit suche und finde ihren Schutz in den allermeisten Fällen in Konkurrenz und bedürfe dort keiner Vormundschaft des Staates. In den wenigen Fällen aber, wo Konkurrenz der Natur der Sache nach unmöglich sei, da werde es notwendig, daß der Gesetzgeber ins Mittel trete". W. Eucken fügt hinzu, daß es nicht verwunderlich sei, daß unter solchen Umständen die Idee der freien Ordnung, die den Arbeitnehmern zunächst faktisch keine Freiheit gebracht habe, auf Widerstand gestoßen sei. Entscheidend sei jedoch, daß diese Mängel aufgrund eines Nachfragemonopols auf den Arbeitsmärkten aufgetreten seien und nicht, wie K. Marx behauptet habe, deshalb, weil die Arbeiter im Zuge der Industrialisierung ihr Eigentum an Produktionsmitteln verloren hätten.

Seit Mitte des 19. Jahrhunderts habe sich die Lage der Arbeiter wesentlich verbessert. Nicht etwa deshalb, weil die Trennung der Arbeiter vom Eigentum an den Produktionsmitteln rückgängig gemacht worden wäre, sondern weil die Produktivität der Arbeit aufgrund zunehmender Mechanisierung gestiegen sei, und weil das Nachfragemonopol auf den Arbeitsmärkten weitgehend überwunden werden konnte.

Das Problem der sozialen Frage wird erneut im Kapitel VIII „Die Wirtschaftspolitik zentraler Leitung: Kritik" aufgegriffen. Es wird zugestanden, daß die Politik zentraler Leitung die Gefahr lang anhaltender Arbeitslosigkeit von Massen verringert habe. Indessen: Vollbeschäftigt seien auch die ägyptischen Fellachen der Pharaonenzeit oder die Sklaven auf den römischen Großgütern des 1. Jahrhunderts gewesen – allerdings bei großer sozialer Not. Daß aber in staatlichen Planwirtschaften eine größere Gerechtigkeit erreicht werde, sei der große Irrtum der Geschichte. Die Abhängigkeit der Einkommenshöhe vom Markt könne zwar durchaus zu Ungerechtigkeit führen, aber die Abhängigkeit von zentralen Machtkörpern sei noch viel gefährlicher. Beim Übergang zur staatlichen Planwirtschaft sei die eine Form der Unsicherheit durch eine andere Form abgelöst worden. Der einzelne Arbeitnehmer sei nun nicht mehr von seinem Arbeitgeber, aber vom Staat abhängig. Damit stoße man auf den Kernpunkt der sozialen Frage: die Freiheit. Die Unfreiheit ermögliche den Druck auf die Daseinsbedingungen. Die Herrschaft privater wie öffentlicher Machtkörper gefährde die Durchsetzung der Gerechtigkeit, und mangelnde Sicherheit entspringe aus mangelnder Freiheit. Die staatliche Planwirtschaft habe nicht nur die Freiheit der Betriebsleiter beschränkt, sondern die bereits früher gefährdeten Freiheitssphären der Arbeiter noch um ein weiteres verringert. Statt die Freiheitssphäre so abzugrenzen, daß nicht die eine – z. B. die des Arbeitgebers – die andere – nämlich die der Arbeiter – zusammendrücke, würden beide verkleinert oder sogar beseitigt, indem beide den Weisungen einer dritten Stelle: der zentralen Planstelle unterworfen würden.

Auch im dritten Buch, das sich mit dem Problem der Freiheit und der Ordnung befaßt, wird das Problem der sozialen Frage in Kapitel XI unter dem Stichwort „Nochmals das Problem" erneut aufgeworfen. W. Eucken beginnt mit einem Zitat von G. Schmoller: „Der herrschende soziale Gegensatz unserer Zeit ist der zwischen den Unternehmern und den industriellen Arbeitern". W. Eucken fährt fort, G. Schmoller habe mit dieser Einschätzung der Situation für das 19. Jahrhundert durchaus recht gehabt. K. Marx habe jedoch zu Unrecht die Lösung der sozialen Frage in der Beseitigung des Privateigentums an den Produktionsmitteln gesehen. Faktisch sei es während des 19. und zu Beginn des 20. Jahrhunderts gelungen, die soziale Frage in anderer Weise, als K. Marx es sich vorgestellt habe, einer Lösung näherzubringen. Die Existenzbedingungen der Arbeiter hätten sich wesentlich gehoben, der Reallohn sei um ein Vielfaches gestiegen. Freilich sei es nicht gelungen, die soziale Frage ganz zu lösen. Die soziale Frage habe einen neuen Charakter erhalten. Früher sei es vor allem die Ungerechtigkeit der Verteilung gewesen, die den sozialpolitischen Eingriff des Gesetzgebers hervorrief. Jetzt rücke ein neues Problem in den Vordergrund: die Unsicherheit in Form der lang andauernden Arbeitslosigkeit von Massen. Dieser neuen Form der sozialen Frage gegenüber habe sich eine neue Sozialpolitik entwickelt. Es werde nun nicht mehr der Versuch unternommen, punktuell soziale Probleme anzugehen, sondern die Wirtschaftsordnung und die Konjunkturpolitik sei in den Dienst einer Lösung der sozialen Frage gestellt worden, wobei sich zwei entscheidende Entwicklungslinien herausgebildet hätten: die Entstehung großer sozialer Machtkörper sowie die keynesianische Vollbeschäftigungspolitik. Hiermit hätte sich erneut ein Wandel in der Form der sozialen Frage ergeben: Der Arbeiter und nicht nur der Arbeiter, sondern die Gesamtheit der wirtschaftenden Personen sei nun von der Maschinerie des Staates und anderer öffentlicher Gewalten abhängig geworden. Das gesamte Leben werde allmählich verstaatlicht. Diese neue soziale Frage sei nun nicht mehr nur eine industrielle Arbeiterfrage, sondern sie erstrecke sich auf sämtliche Berufsschichten – auch auf die Bauern, Handwerker, Händler und die freien Berufe.

Im 19. Jahrhundert habe die soziale Frage gleichsam privaten Charakter gehabt, heute sei die soziale Frage öffentlich-rechtlich. Obwohl sich somit der Charakter der sozialen Frage entscheidend gewandelt habe, würden sich die Antworten nach wie vor in zwei veralteten Antithesen bewegen. Die erste Antithese laute: Privateigentum contra Kollektiveigentum, sie sei vor allem von K. Marx vorgetragen worden, die zweite große Antithese proklamiere zentrale Lenkung gegen vermeintliche Anarchie der individuellen Produktion. Die Geschichte habe gezeigt, daß weder eine Kollektivierung des Eigentums an Produktionsmitteln noch eine zentrale Planung eine befriedigende Lösung der sozialen Frage gebracht habe, vielmehr sei auf diesem Wege die Unfreiheit vergrößert worden und gerade in dieser Ausweitung der Unfreiheit liege die neue soziale Frage.

Das Problem der sozialen Frage und ihrer Lösung wird schließlich auch im vierten Buch der Grundsätze weiter analysiert, das die Wettbewerbsordnung und ihre Verwirklichung zum Inhalt hat. Symptomatisch für die Betrachtungsweise W. Euckens ist hierbei, daß die Sozialpolitik unter Kapitel XVIII „Die Politik der Wettbewerbsordnung – die Interdependenz der Wirtschaftsordnungspolitik“ behandelt wird. Richtig verstandene Sozialpolitik sei stets universaler Art. Sie sei identisch mit der Politik zur Ordnung der Wirtschaft oder der Wirtschaftsverfassungspolitik. In diesem Rahmen könne man auch von spezieller Sozialpolitik sprechen, wobei allerdings sofort hinzuzufügen sei, daß diese ebenfalls im Sinne der ordnungspolitischen Gesamtentscheidung zu erfolgen habe, wenn sie Erfolg haben solle und wenn durch sie die übrige Ordnungspolitik nicht durchkreuzt und auf diesem Wege neue Formen der sozialen Frage hervorgerufen werden sollten.

Das Anliegen der sozialen Gerechtigkeit könne nicht ernst genug genommen werden. Die Verwirklichung der sozialen Gerechtigkeit hänge sowohl von der Verwirklichung des Grundprinzips der Wettbewerbswirtschaft als auch von der Anwendung aller konstituierenden und regulierenden Prinzipien ab. Ob durch Geldentwertung die Sparer enteignet werden, ob durch Schließung der Märkte bestimmte Personen von den Erwerbschancen ausgeschlossen werden, ob durch Mißbrauch der Vertragsfreiheit die Freiheit anderer eingeengt werde oder durch Haftungsbeschränkung das Risiko auf andere überwälzt werde, immer werde durch solche Manipulation zugleich ein gerechter Austausch der wirtschaftlichen Leistungen unterbunden. Soziale Gerechtigkeit sollte man also durch

Schaffung einer funktionsfähigen Gesamtordnung und insbesondere dadurch herzustellen suchen, daß man die Einkommensbildung den strengen Regeln des Wettbewerbs, des Risikos und der Haftung unterwerfe. Man sollte sie nicht in der Abschaffung des Privateigentums suchen. Festzuhalten sei: daß Privateigentum zwar zu Mißständen führen kann, Kollektiveigentum jedoch führen muß. Auch das Verlangen nach Sicherheit sei ein universales Problem. Das Kollektiv könne zwar Arbeitslosigkeit vermeiden, aber es beschwöre die viel schwerere Gefahr persönlicher Unsicherheit herauf. Eine Verkehrswirtschaft könne andererseits den Menschen wirtschaftliche Sicherheit gewähren, allerdings nur dann, wenn sie störungsfrei verlaufe.

Wir wollen im weiteren Verlauf dieser Abhandlung vier Thesen W. Euckens herausgreifen, sie vertiefen und überprüfen, inwieweit sie auch heute – etwa 50 Jahre nach seinem Tode – Gültigkeit behalten. Wir wollen uns erstens mit der These befassen, daß die soziale Frage wiederholt einen Wandel erfahren hat, daß man aber versuche, die soziale Frage mit alten Rezepten zu überwinden. Wir wollen uns zweitens mit der These auseinandersetzen, in der Öffentlichkeit werde fälschlicherweise behauptet, daß die Lösung der sozialen Frage in Konflikt zu dem Ziel stehe, eine freiheitliche (marktwirtschaftliche) Ordnung zu realisieren. W. Eucken setzte dieser Behauptung die These gegenüber, daß nur in einer freiheitlichen Wirtschaftsordnung die soziale Frage befriedigend gelöst werden könne. Wir wollen drittens die These diskutieren, die traditionelle Sozialpolitik habe die soziale Frage nicht nur nicht befriedigend gelöst, sondern sogar zu einer Verschärfung der sozialen Frage geführt. Wir wollen uns schließlich viertens mit der These befassen, die beste Sozialpolitik sei Wirtschaftsordnungspolitik, und eine spezielle Sozialpolitik könne nur befriedigen, wenn sie die allgemeine Ordnungspolitik nicht behindere.

Wenden wir uns zunächst der ersten These zu. Die soziale Frage entstand im 19. Jahrhundert aufgrund der extremen Notlage, der die Mehrzahl der Industriearbeiter ausgesetzt war. Diese Notlage war jedoch weniger durch Schaffung einer freiheitlichen Wirtschaftsordnung, sondern vielmehr im Zusammenhang mit der Industrialisierung aufgrund des Zusammenbruches der mittelalterlichen Ordnung, des rapiden Bevölkerungswachstums und einer zunächst extrem geringen Produktivität entstanden. Wie W. Eucken feststellte, hatte sich in den nächsten 100 Jahren die Notlage der Industriearbeiter vermindert, das reale Lohneinkommen der Industriearbeiter vervierfachte sich in etwa, allerdings trat ein Wandel in der sozialen Frage in zweierlei Hinsicht ein: Nicht nur die Industriearbeiter, sondern alle Berufe wie Landwirte, Handwerker, Händler und sogar einzelne freie Berufe waren nun von der sozialen Frage betroffen. Zum anderen wandelte sich der Charakter der sozialen Frage: War die soziale Frage im 19. Jahrhundert fast ausschließlich eine Frage der Einkommensverteilung, so lag im 20. Jahrhundert der Schwerpunkt der sozialen Frage im Auftreten der Massenarbeitslosigkeit, also in einem Beschäftigungsproblem (Problem der wirtschaftlichen Unsicherheit) und wurde zusehends zu einem Problem der Unfreiheit nahezu aller Personenkreise. Ganz anders als es K. Marx prophezeit hatte, verbesserte sich jedoch die Notlage der Industriearbeiter nicht etwa dadurch, daß man das Privateigentum an Produktionsmitteln abschaffte, sondern dadurch, daß aufgrund der Zunahme der regionalen Mobilität und durch Entfaltung der marktwirtschaftlichen Kräfte die Produktivität enorm anstieg. Gleichzeitig machte W. Eucken darauf aufmerksam, daß die Verschärfung der sozialen Frage vor allem dadurch entstanden ist, daß man die soziale Frage durch falsche Mittel zu lösen versuchte.

Heute, etwa 50 Jahre nach W. Euckens Tod, kann man erneut davon sprechen, daß sich die soziale Frage gewandelt hat. Es sind vor allem drei Momente, auf die in diesem Zusammenhang hinzuweisen ist. Massenarbeitslosigkeit gibt es auch heute wiederum, nachdem sie in den 60er Jahren als weitgehend überwunden angesehen werden konnte. Trotzdem dürften die Ursachen dieser Arbeitslosigkeit heute – wie J. M. Keynes Ende der 20er Jahre vermutet hatte – weder in dem Versagen der Kapitalmärkte, noch in einer allgemeinen Unterkonsumtion liegen. Von allen real existierenden Märkten müssen gerade die heutigen Kapitalmärkte als die am meisten funktionierenden Märkte angesehen werden, die Kapitalmobilität und die Zinsflexibilität sind extrem hoch. Sofern die Ersparnis die Investitionsbereitschaft der Unternehmer übersteigt, wird diese Kluft um ein Vielfaches durch hohe Defizite in den Staatshaushalten überkompensiert. Nach Überzeugung der meisten Ökonomen auf der Welt muß das Verharren der Volkswirtschaft auf einem extrem hohen Arbeitslosenniveau seit den 80er Jahren („Hysterese") auf zu hohe Stückkosten zurückgeführt werden.

Die soziale Frage hat sich zweitens insoweit gewandelt, als sich die Einkommensverteilung wesentlich gewandelt hat. Während vor 50 Jahren noch die Masse der Arbeitnehmer nur über den Produktionsfaktor Arbeit verfügt hat und insoweit Proletarier waren, verfügen immer mehr Arbeitnehmer über größere Ersparnisse und erhalten somit auch Kapitalerträge. Damit hat sich jedoch die Interessenlage der Arbeitnehmer gewandelt: Von einer Umverteilung der Einkommen zugunsten der Lohnsätze und auf Kosten der Zinserträge profitiert der Arbeitnehmer immer weniger.

Ein Wandel in der sozialen Frage ist drittens insoweit eingetreten, als ein immer größerer Teil der Arbeitnehmer an der untersten Ebene der Einkommenshierarchie ein Einkommen bezieht, das kaum dem Existenzminimum entspricht. Gleichzeitig ist es auch diese Arbeitnehmergruppe, die vorwiegend von Arbeitslosigkeit betroffen ist. Die Ursache für das Auftreten dieser neuen Armutsgruppe liegt vor allem darin, daß auf der einen Seite die allgemeinen Qualifikationsanforderungen aufgrund der zunehmenden Mechanisierung der Produktion ansteigen, gleichzeitig aber ein immer größerer Teil der Arbeitnehmer nicht in der Lage ist, dieses berufliche Qualifikationsniveau zu erreichen.

W. Eucken hatte nicht nur davon gesprochen, daß sich die soziale Frage im Verlauf der Neuzeit gewandelt habe, er sprach auch davon, daß trotz dieses Wandels immer wieder der Versuch gemacht werde, diese soziale Frage mit Hilfe alter, überholter Lösungskonzepte zu überwinden. W. Eucken dachte hierbei vor allem an den Versuch der Marxisten, durch Sozialisierung des Privateigentums und durch Einführung einer staatlichen Planwirtschaft die sozialen Probleme zu lösen. Auch heutzutage kann man davon sprechen, daß nach wie vor Bemühungen unternommen werden, die soziale Frage mit überkommenen und nicht effizienten politischen Instrumenten zu lösen, obwohl festgestellt werden kann, daß zumindest in der Gegenwart wohl keine größere politische Gruppe soziale Probleme mit Hilfe der Sozialisierung von Produktionsmitteln zu lösen versucht. Insoweit ist in der Tat auch in der Wahl der politischen Mittel ein grundlegender Wandel eingetreten. Wenn wir trotzdem davon ausgehen müssen, daß zu überholten Instrumenten Zuflucht genommen wird, so bezieht sich diese Kritik vor allem auf den Versuch sozialdemokratischer Politiker, mit Hilfe keynesianischer Instrumente die Massenarbeitslosigkeit zu überwinden. Gerade in jüngster Zeit wurde die Kaufkrafttheorie beschworen, wonach Arbeitslosigkeit stets durch Mangel an Güternachfrage ausgelöst sei und deshalb Lohnsatzsteigerungen und die dadurch ausgelöste Mehrnachfrage nach Konsumgütern diesen Mangel beheben könnten.

Diese These stößt aus zweierlei Gründen ins Leere. Auf der einen Seite liegt die Ursache der Massenarbeitslosigkeit seit den 80er Jahren nicht schwergewichtig in einem Mangel an Nachfrage nach Konsumgütern. Aber selbst dann, wenn eine zu geringe Güternachfrage die heutige Arbeitslosigkeit verursacht hätte, verkennt die Kaufkrafttheorie auf der anderen Seite, daß in einer keynesianischen Welt nur dann ein Beschäftigungsanstieg zu erwarten ist, wenn die Nachfrage stärker steigt als das Angebot. Bei Lohnsatzsteigerungen nimmt jedoch die Konsumnachfrage gerade in einer keynesianischen Welt aufgrund einer Konsumneigung kleiner eins immer geringer zu als der Kostenwert des Angebotes. Auch die Forderung nach einer Politik des billigen Geldes ist nicht geeignet, das Problem der Massenarbeitslosigkeit zu lösen. Arbeitslosigkeit entsteht heute vor allem deshalb, weil in Zeiten überhöhter Stückkosten die Unternehmungen vor allem solche Investitionen vornehmen, die Arbeitskosten einsparen. Das Lohn-Zins-Verhältnis ist zu hoch, um Vollbeschäftigung zu garantieren. Das Lohn-Zins-Verhältnis wird jedoch nicht nur durch zu hohe Lohnsätze, sondern auch durch Zinssenkungen verschärft.

Gerade ein überhöhtes Lohn-Zins-Verhältnis ist aber auch dafür verantwortlich, daß sich die Arbeitslosigkeit vor allem auf die unteren Einkommensgruppen bezieht. Die Gewerkschaften haben sich in der Vergangenheit wiederholt darum bemüht, die Einkommensverteilung zugunsten der unteren Einkommensgruppen zu verändern. Sie helfen damit jedoch nur dem geringen Teil der Arbeitnehmer, die ihren Arbeitsplatz behalten. Der größere Teil dieser Gruppe wird durch diese Maßnahmen belastet, da die Gefahr der Arbeitslosigkeit in dieser Gruppe steigt.

Es sind nicht nur die Thesen der Kaufkrafttheorie, mit deren Hilfe die heutigen Regierungen den Versuch unternehmen, die Massenarbeitslosigkeit zu überwinden. Bei der Überwindung der Arbeitslosigkeit wird dem Bündnis für Arbeit eine Schlüsselrolle zugewiesen. Auch hierbei handelt es sich um ein überholtes und ineffizientes Instrument. Die Verfechter des Bündnisses für Arbeit greifen auf das Instrument der Konzertierten Aktion zurück, das K. Schiller Mitte der 60er Jahre eingeführt hatte. Sowohl bei der Konzertierten Aktion wie auch beim Bündnis für Arbeit sollen Beratungen zwischen Regierung, Arbeitgebern und Gewerkschaften auf zentraler Ebene eine Lösung der anstehenden Probleme bringen. Die

Konzertierte Aktion ist gescheitert. Sie ist daran gescheitert, daß die eigentlichen für die Beschäftigung relevanten Entscheidungen in unserer Gesellschaft von den Tarifpartnern sowie von den Unternehmungen durchgeführt werden. Die Beschäftigungsnachfrage hängt einmal von dem Umfang und vor allem von der Art der Investitionsentscheidung der Unternehmer ab, zum anderen von den jeweiligen Lohnsätzen, die im wesentlichen in den Tarifverhandlungen festgelegt werden. „Moral suasion" wird nur dann Einfluß nehmen, wenn es gelingt, die Anreize für die Beteiligten zu ändern. Beschlüsse auf zentraler Ebene haben keinen unmittelbaren Einfluß auf die Entscheidungen der Tarifpartner und Investoren, einmal deshalb, weil die Masse der Unternehmer und Tarifpartner gar nicht an diesen zentralen Beschlüssen beteiligt ist, zum anderen aber auch deshalb, weil es nicht gelingt, denjenigen materiell zu bestrafen, der sich nicht an diese Beschlüsse hält.

Die Beschlüsse des Bündnisses für Arbeit auf zentraler Ebene gleichen Prognosen. Hierbei stehen die Teilnehmer des Bündnisses unter dem Zwang, eher optimistische Prognosen abzugeben. Sie wollen ja eine Lösung der anstehenden Probleme versprechen. War jedoch die Prognose zu optimistisch, so besteht die Gefahr, daß gerade deshalb das Bündnis zusammenbricht, die Arbeitnehmervertreter werden den Arbeitgebern vorwerfen, daß sie sich nicht an die Beschlüsse gehalten hätten und gerade deshalb das Bündnis aufkündigen.

W. Eucken richtet sich in einer zweiten These gegen die Vorstellung, die Verwirklichung einer freiheitlichen Ordnung gehe auf Kosten der sozialen Sicherheit und Gerechtigkeit. Ganz im Gegensatz hierzu geht W. Eucken davon aus, daß soziale Sicherheit und Gerechtigkeit nur in einer freiheitlichen Ordnung möglich sei. Die These vom wechselseitigen Konflikt der wirtschafts- und gesellschaftspolitischen Ziele ist so alt wie die moderne Wirtschaftswissenschaft. So richtete sich bereits A. Smith gegen die Konfliktthesen des Merkantilismus. Der Merkantilismus – die Wirtschaftspolitik des Absolutismus zu Beginn der Neuzeit – ging von der grundlegenden Überzeugung aus, daß der Vorteil der einen Nation stets einen Nachteil einer anderen Nation nach sich ziehe. Die internationalen Beziehungen seien stets Konfliktbeziehungen. Einen Vorteil könne eine Volkswirtschaft aus dem internationalen Handel dadurch ziehen, daß sie Exportüberschüsse erziele; diese würden mit Gold bezahlt. Auf diese Weise könne der Goldvorrat auch der Volkswirtschaften vermehrt werden, die, wie Frankreich damals, über keine eigenen Goldproduktionsstätten verfügten. In der Vermehrung der Gold- und damit auch der umlaufenden Geldmenge sah man jedoch eine wichtige Voraussetzung für eine Ausweitung von Produktion und Handel. Dem Exportüberschuß der einen Nation entspricht jedoch immer ein Importüberschuß einer anderen Nation, die aus den gleichen Gründen Gold und damit die Voraussetzung für ein wirtschaftliches Wachstum einbüßt. Folgerichtig war der Merkantilismus bemüht, vor allem über Importzölle die Handelsbilanz zu aktivieren.

Der Altliberalismus wandte sich gegen diese Vorstellungen eines notwendigen Konfliktes der Nationen untereinander. Durch Ausweitung der internationalen Arbeitsteilung könne die Wohlfahrt aller am Außenhandel beteiligten Volkswirtschaften vergrößert werden. In diesem Zusammenhang ist vor allem auf die Theorie der komparativen Kosten hinzuweisen, die von D. Ricardo entwickelt wurde. Danach sei eine internationale Arbeitsteilung sogar für Länder vorteilhaft, die im Vergleich zum Ausland in allen relevanten Gütern einen absoluten Kostennachteil aufwiesen. Wichtig sei allein, daß sich die einzelnen Volkswirtschaften auf diejenigen Güter spezialisieren, in denen die relativen Kosten (die Verhältnisse der Stückkosten zueinander) geringer seien als im Ausland.

Es wäre allerdings falsch, wenn man aus diesen Überlegungen den Schluß ziehen wollte, daß in der liberalen Theorie eines A. Smith dem Konflikt keine wohlfahrtssteigernde Funktion zuerkannt werde. Es ist der Wettbewerb der Unternehmer zueinander, dem es letztendlich zu verdanken ist, daß im Endergebnis die Güterproduktion doch dem Bedarf der Konsumenten entspricht. Was ist jedoch ein Wettbewerb anderes als eine spezielle Form von gesellschaftlichem Konflikt?

Thesen des gesellschaftlichen Konflikts stehen sowohl in den marxistischen Theorien als auch in den Grundüberzeugungen der Kathedersozialisten im Vordergrund. Nach marxistischer Vorstellung ist es das Gewinnstreben der Unternehmer, das die Realisierung des Gemeinwohls verhindere und auch nach der Vorstellung der Kathedersozialisten könne den sozialen Belangen nur dadurch zu einem Durchbruch verholfen werden, daß die Freiheit der Marktteilnehmer eingeengt werde. Es ist das Anliegen W. Euckens, zu zeigen, daß die Einschränkungen der unternehmerischen Freiheit durch den Staat nicht zu größerer Freiheit und Gerechtigkeit zugunsten der Arbeitnehmer geführt haben, daß vielmehr der staatliche Einfluß nur zu einer Einschränkung der Freiheit aller geführt habe.

Die These, daß Freiheit, Sicherheit und Gerechtigkeit in einem Konfliktverhältnis zueinander stünden, wird auch heute wieder – ein halbes Jahrhundert nach W. Eucken – den liberalen Vorstellungen entgegengehalten. Die Sozialdemokratie hat sich weitgehend dem Keynesianismus verschrieben und im Mittelpunkt der keynesianischen Wirtschaftslehre stehen Thesen von Konfliktbeziehungen. So kennt die keynesianische Theorie einen Konflikt zwischen den Zielen der Vollbeschäftigung und der Geldwertstabilität (das Phillipskurven-Theorem), weiterhin wird im Rahmen der keynesianischen Außenwirtschaftstheorie vom Konflikt zwischen den Zielen der Währungsstabilität (Devisenbilanzausgleich) und der Geldwertstabilität gesprochen. Vor allem stehen in einer keynesianischen Welt auch die Ziele der Vollbeschäftigung und der Einkommensverteilung in Konflikt zueinander.

Die Konfliktbeziehung zwischen Einkommensverteilung und Vollbeschäftigung geht auf die keynesianische Verteilungstheorie von N. Kaldor zurück. In ihrer ursprünglichen Fassung unterstellt Kaldor eine Vollauslastung aller Ressourcen, mit dem Ergebnis, daß Nachfragesteigerungen keinen Einfluß auf das Realeinkommen und damit auch auf die Beschäftigung haben können. Sie verpuffen vollständig in Preissteigerungen, die sich schließlich in Gewinnsteigerungen (in einer Reduzierung der realen Lohneinkommen) niederschlagen. Umgekehrt wird auch davon ausgegangen, daß Nachfrageminderungen lediglich dazu dienen, Nachfrageüberhänge (und damit auch Gewinneinkommen) abzubauen, ohne daß die Produktion und damit der Beschäftigungsgrad zurückginge. Nun hat Kaldor seine Verteilungstheorie in den 50er Jahren entwickelt, die durch Überbeschäftigung und Inflation geprägt waren. Die Annahme, daß Nachfragevariationen keinen Einfluß auf die realen Größen nehmen, kann in der heutigen durch Massenarbeitslosigkeit geprägten Welt nicht mehr aufrechterhalten werden. Das bedeutet jedoch, daß die Nachfragefaktoren allein die Einkommensverteilung nicht mehr determinieren, es entsteht im Kaldorianischen Verteilungsmodell ein Freiheitsgrad, der nur dadurch überwunden werden kann, daß man auch Angebotsfaktoren mit in die Betrachtung aufnimmt. In einer solchen Situation geraten die Ziele „Vollbeschäftigung“ und „Verbesserung der Einkommensverteilung zugunsten der Lohnempfänger“ automatisch in eine Konfliktbeziehung. Der Versuch, Einkommen und Beschäftigung durch Beschäftigungsprogramme zu steigern, führt unweigerlich dazu, daß die Lohnquote zurückgeht. Die Steigerung der effektiven Nachfrage, z. B. durch Ausweitungen der Investitionsaktivitäten oder auch des Defizites im Staatshaushalt führt partiell zu Preissteigerungen, die sich in Gewinnsteigerungen und Verringerungen im realen Lohneinkommen niederschlagen.

Diese Konfliktbeziehung zwischen Vollbeschäftigungsziel und Verteilungsziel gilt aber auch für den Fall, daß die Gewerkschaften den Versuch unternehmen, die Einkommensverteilung zugunsten der Arbeitnehmer zu verbessern. Folgt man der Theorie von Kaldor, reichen bloße Nominallohnsteigerungen nicht aus, die Lohnquote zu erhöhen, da aufgrund von Nachfrageüberhängen auf den Gütermärkten die Unternehmer jederzeit die Möglichkeit haben, die Lohnkostensteigerungen auf den Güterpreis abzuwälzen, ohne deshalb Absatzrückgänge befürchten zu müssen. Entsprechend der Theorie von Kaldor kann die Einkommensverteilung nur dadurch nachhaltig zugunsten der Arbeitnehmer verbessert werden, daß die Sparquote der Arbeitnehmer erhöht oder die Investitionsquote verringert wird. In beiden Fällen verringert sich die effektive Nachfrage, was unter keynesianischen Bedingungen zu einem Rückgang in der Produktion und damit auch in der Beschäftigung führen muß.

Wir hatten oben festgestellt, daß der im Rahmen der merkantilistischen Politik auftretende Zielkonflikt nur deshalb auftritt, weil der Merkantilismus mit ganz bestimmten Methoden (mit Handelsbeschränkungen) seine Ziele zu erreichen versucht, daß aber bei Zulassung eines Freihandels (also bei Verzicht auf handelsbeschränkende Maßnahmen) dieser Konflikt verschwindet und eine Ausweitung der internationalen Arbeitsteilung allen am Außenhandel beteiligten Nationen zugute kommt. Eine ähnliche Abhängigkeit von den gewählten Maßnahmen der Wirtschaftspolitik läßt sich auch für die im Rahmen der keynesianischen Politik behaupteten Zielkonflikte feststellen. Dies gilt bereits für den im Phillipskurven-Theorem zum Ausdruck gebrachten Zielkonflikt zwischen Vollbeschäftigung und Geldwertstabilität. Zwischen den Zielen der Vollbeschäftigung und der Geldwertstabilität besteht sicherlich kein Konflikt, der sich denknotwendig aus der Definition dieser Ziele ableiten läßt. Ganz im Gegenteil lassen sich beide Ziele dadurch realisieren, daß ungleichgewichtige Entwicklungen von Angebot und Nachfrage vermieden werden. Inflation kann durch Vermeidung von Nachfrageüberhängen, Arbeitslosigkeit durch Vermeiden von Angebotsüberhängen überwunden werden. Wie vor allem M. Friedman gezeigt hat, kann nur sehr kurzfristig mit einem Trade off zwischen Arbeitslosenrate und Inflationsrate gerechnet werden. Auf lange Sicht werde die Phillipskurve zu einer Parallelen der Preis-Achse. Kurzfristig mag es zutreffen, daß Beschäftigungsprogramme, die in einer Ausweitung der effektiven Nachfrage bestehen, über Preissteigerungen, die sich zunächst in Gewinnsteigerungen niederschlagen, die Unternehmungen veranlaßt, die Produktion und mit ihr die Beschäftigung auszuweiten. In diesem Sinne mag es kurzfristig richtig sein, daß die Arbeitslosenrate auf Kosten der Inflationsrate reduziert wurde. Dieser Effekt kommt jedoch nur kurzfristig und damit vorübergehend zum Tragen.

Die Gewerkschaften werden die nächste Tarifrunde zum Anlaß nehmen, Lohnerhöhungen durchzusetzen, um den durch Preissteigerungen entstandenen Kaufkraftverlust wettzumachen. Dadurch sinken die Gewinne wiederum auf das Niveau vor Ausführung der Beschäftigungsprogramme, und dies hat wiederum zur Folge, daß die Unternehmungen ihre Produktion und damit auch ihre Beschäftigung auf das vorherige Niveau zurücknehmen. Ganz allgemein gilt, daß von Preissteigerungen nur solange ein expansiver Effekt ausgehen kann, als die Preissteigerungen unerwartet eintreten. Sobald Preissteigerungen erwartet werden, stellen sich die Wirtschaftssubjekte auf diese Veränderungen ein und gerade deshalb gehen von ihnen keine nachhaltigen Effekte aus. Die Inflation müßte von Periode zu Periode gesteigert werden, wollte man einen anhaltenden positiven Effekt erreichen, diese Politik würde zu einem laufenden Anstieg der Inflationsrate führen, bis sich schließlich die Politiker veranlaßt sehen würden, durch restriktive Maßnahmen diesen Prozeß zu stoppen.

Es läßt sich zeigen, daß auch der oben dargestellte Konflikt zwischen Verteilungs- und Beschäftigungszielen letztlich von der Wahl der ergriffenen Maßnahmen abhängt. Die vergangene Tarifpolitik war im wesentlichen im Hinblick auf die Frage, wie sich Lohnsatzsteigerungen auf die Beschäftigung auswirken, durch Kaufkraftargumente bestimmt. Nur allmählich setzte sich auch bei Gewerkschaften die Erkenntnis durch, daß zumindest in den Zeiten, in denen eine klassische Arbeitslosigkeit vorliegt, Lohnsatzsteigerungen auch zu Beschäftigungsrückgängen führen. Trotz dieser an und für sich positiv zu bewertenden Entwicklung geriet die Tariflohnpolitik zunehmend in eine Sackgasse. Eine gewisse Zeit wurden expansive (über die Produktivitätssteigerungen hinausgehende)

Lohnsteigerungen erkämpft, ohne daß sich diese Politik unmittelbar in einem Anstieg der Arbeitslosigkeit niederschlug. Der Grund dafür lag einfach darin, daß das Angebot an Arbeitsplätzen von Investitionsentscheidungen abhängt, diese jedoch stets langfristig angelegt sind und deshalb Korrekturen hin zu arbeitssparenden (arbeitsplatzvernichtenden) Investitionen stark verzögert eintreten. Langfristig kam es sehr wohl zu einem Anstieg in der Arbeitslosigkeit. Die Gewerkschaften waren deshalb auch bereit, aus gesamtwirtschaftlicher Verantwortung heraus einige Jahre Lohnzurückhaltung zu üben. Aber auch hier gilt, daß die positiven beschäftigungssteigernden Effekte wegen des Investitionscharakters der Entscheidungen zur Schaffung und Vernichtung von Arbeitsplätzen wiederum erst stark verzögert eintraten. Die Gewerkschaften kündigten deshalb die bisherige moderate Lohnpolitik auf mit dem Argument, daß die von ihnen erbrachten Vorleistungen (Beschränkung auf produktivitätsorientierte Lohnerhöhungen) nicht honoriert worden seien, daß die Arbeitgeber nicht mit Beschäftigungssteigerungen geantwortet hätten. Sie meldeten deshalb hohen Nachholbedarf an. Aber gerade diese Kehrtwendung der Gewerkschaften trug dazu bei, daß die Unternehmer wenig neue Arbeitsplätze errichteten, da die Rentabilität einer Investition eben nicht von der Höhe der Lohnsteigerungen in den vergangenen Jahren, sondern in den zukünftigen Jahren, für die die Investitionen getätigt werden, abhängen. Ein Ausweg aus dieser Sackgasse läge darin, daß die überbetrieblichen Tarifverträge Öffnungsklauseln erhalten, die den einzelnen Unternehmungen die Möglichkeit eröffnen, mit der Belegschaft längerfristige beschäftigungserhaltende Verträge abzuschließen.

Eine solche Möglichkeit bestünde z. B. darin, den Arbeitnehmern in einem langfristigen Vertrag eine Ertragsbeteiligung gegen einen Verzicht auf Lohnsteigerungen einzuräumen. Da Ertragsbeteiligungen die Unternehmungen nur dann belasten, wenn Erträge erzielt werden, sinkt das allgemeine Unternehmensrisiko, die Bereitschaft zu Investitionen steigt an, und da die Lohnsätze nicht so stark wie bisher ansteigen, entkrampft sich das Lohn-Zins-Verhältnis, und Investitionen, die eher kapitalsparend und nicht einseitig arbeitsplatzvernichtend sind, werden wieder rentabler. Dem Ziel der Vollbeschäftigung wird auf diese Weise Rechnung getragen, ohne daß diese Zielrealisierung auf Kosten einer gerechten Einkommensverteilung geht. Steigen die Gewinne, steigen auch die Ertragsbeteiligungssummen an die Arbeitnehmer an. Bleiben jedoch die Gewinne aus, so wiegt für die Arbeitnehmer der Umstand schwerer, daß die Gefahr der Entlassung geringer wurde.

Wie ist aber die dritte hier zu behandelnde These W. Euckens zu verstehen, daß die Sozialpolitik in der Vergangenheit sogar oftmals zu einer Verschärfung der sozialen Frage geführt habe? W. Eucken bezieht sich bei dieser These vor allem auf die Bemühungen, die soziale Frage dadurch zu lösen, daß der zentrale Staat in den Markt eingreift und daß auf diese Weise ohne Beseitigung der eigentlichen sozialen Mängel die Unfreiheit der gesamten Bürger immer größer wurde. Heute fast 50 Jahre nach W. Euckens Tod sehen wir in dieser Frage klarer. Es kann kein Zweifel bestehen, daß das Vorantreiben des Wohlfahrtsstaates weltweit zu einem Kollaps geführt hat und daß es erneuter Anstrengungen bedarf, um die soziale Frage sachgerecht zu lösen. Zur Beurteilung sozialpolitischer Maßnahmen reicht es nicht länger aus, daß man nach den Zielen fragt, die mit diesen Maßnahmen angestrebt werden und daß man diese Ziele bejaht, es muß auch überprüft werden, wie effizient diese Maßnahmen im Hinblick auf diese Ziele sind, welchen Preis eine Gesellschaft im Sinne einer Verletzung anderer Ziele zu zahlen hat und ob das gleiche Ziel nicht auch auf anderem Wege mit weniger Kosten und insgesamt effizienter erreicht werden kann.

Beginnen wir zunächst mit der Frage, inwieweit die Bemühungen um Vollbeschäftigung ineffizient sind und bisweilen sogar dazu beigetragen haben, den Umfang an Arbeitslosigkeit zu vergrößern. Als erstes muß nochmals an die bereits besprochene Kritik M. Friedmans im Hinblick auf Beschäftigungsprogramme erinnert werden, wonach Nachfragesteigerungen nur kurzfristig in der Lage sind, den Umfang der Arbeitslosigkeit zu verringern, daß der Erfolg dieser Maßnahmen ausbleibt, sobald sich die Bürger an die Inflation angepaßt haben. In diesem Sinne bedarf es einer immer größer werdenden Inflation, um Beschäftigungseffekte überhaupt zu erreichen. Jede Inflation führt jedoch immer zu ungewollten Veränderungen in der Einkommens- und Vermögensverteilung, so daß bereits hier gilt: Die eine soziale Frage wird dadurch gelöst, daß eine andere soziale Frage neu entsteht. Werden die Beschäftigungsprogramme defizitär finanziert, kommt noch hinzu, daß eine solche Politik bereits dadurch terminiert wird, daß der Anteil der Schuldenlasten am gesamten Budget nur solange ansteigt, bis der Staat gar nicht mehr in der Lage ist, durch eine Weiterverschuldung neue Mittel auf dem Kapitalmarkt zu erhalten. Das dann notwendig gewordene Zurückfahren der Schulden ist auf jeden Fall schmerzvoll und ist in jedem Falle mit weiteren ungerechten Belastungen einzelner verbunden. Beschäftigungsprogramme, die mit Steuern finanziert werden, bringen keine Entlastung auf den Arbeitsmärkten, entweder deshalb nicht, weil bei Vorliegen keynesianischer Arbeitslosigkeit die effektive Nachfrage auf diese Weise gar nicht ansteigt oder deshalb, weil bei Vorliegen klassischer Arbeitslosigkeit die Kosten steigen und damit die Beschäftigungsnachfrage zurückgeht.

Als weitgehend ineffizient haben sich auch die Versuche erwiesen, die Zahl der Beschäftigten dadurch zu vergrößern, daß die Arbeitszeit der Beschäftigten verringert wird. Diese Maßnahmen werden empfohlen in der Erwartung, daß bei gleichbleibender Beschäftigungsnachfrage in Arbeitsstunden gerechnet die Zahl der Beschäftigten etwa in dem Maße gehoben werden kann, in dem die Arbeitszeit des einzelnen Beschäftigten reduziert wird. Ganz abgesehen davon, daß diese Pläne in der Regel den Freiheitsgrad des einzelnen um ein weiteres reduzieren, sind diese Maßnahmen vor allem dann ineffizient, wenn die Gewerkschaften gleichzeitig einen vollen Lohnausgleich durchzusetzen versuchen. Voller Lohnausgleich heißt, daß die Stundenlohnsätze um den gleichen Betrag erhöht werden, um den die Arbeitszeit verkürzt wird. Die hierdurch ausgelöste Zunahme in den Stückkosten reduziert jedoch die gesamtwirtschaftliche Nachfrage nach Arbeitsstunden, was den zunächst positiven Beschäftigungseffekt wiederum zumindest teilweise zunichte macht. Rechnen wir mit Produktionsfunktionen vom Typ Cobb-Douglas, so ist notwendigerweise die Arbeitsnachfrageelastizität größer eins, und dies bedeutet, daß der Rückgang in der Nachfrage nach Arbeitsstunden größer ausfällt als der Entlastungseffekt der geringeren Arbeitszeit, so daß in diesem Falle der Umfang der Arbeitslosigkeit sogar ansteigt.

Wird jedoch der Versuch unternommen, die Zahl der Arbeitslosen dadurch zu reduzieren, daß man eine Frühverrentung forciert, so verlagert man im günstigsten Falle das eine soziale Problem der Arbeitslosigkeit dadurch, daß man das Problem der Finanzkrise in der Rentenversicherung, das etwa ab dem Jahren 2030 aufgrund demographischer Entwicklungen seinen Höhepunkt erreicht, nur noch vergrößert. Der Versuch, den Umfang der Entlassungen von Arbeitskräften dadurch zu reduzieren, daß man die Kündigung erschwert, stellt nur eine Scheinlösung dar. Auf diesem Wege wird – wiederum im günstigsten Falle – kein neuer Arbeitsplatz geschaffen. Die Sicherheit der bereits Beschäftigten wird auf Kosten der bereits Arbeitslosen erhöht. Da allerdings ein rigoroser Kündigungsschutz, der auch Kündigungen erschwert, die volkswirtschaftlich zur Anpassung an den strukturellen Wandel notwendig erscheinen, stets für die Unternehmungen mit Kosten verbunden ist, wird die Nachfrage nach Arbeitskräften auf diesem Wege eher reduziert und das Problem der Beseitigung von Arbeitslosigkeit sogar verschärft.

Die These von ineffizientem Einsatz politischer Maßnahmen gilt aber auch für verteilungspolitische Einrichtungen. Oberstes Ziel sozialpolitischer Einrichtungen müßte eigentlich der Schutz der Ärmsten sein und die Finanzierung dieser hierdurch notwendigen Ausgaben könnte nur dann als gerecht(fertigt) angesehen werden, wenn die Lasten entsprechend der Einkommenshöhe der einzelnen Bürger verteilt werden. Tatsächlich sind die Einrichtungen der sozialen Sicherheit oftmals Einrichtungen zugunsten der nicht ganz Armen und zu Lasten der nicht ganz Reichen. In den Genuß der Einrichtungen der sozialen Sicherheit kommen vorwiegend nur die Beschäftigten – Nichtbeschäftigte sind auch keine Mitglieder der Sozialversicherung. Zumindest soweit die Finanzierung der sozialen Lasten aus Mitgliedsbeiträgen erfolgt, können die Reichsten nicht zur Finanzierung herangezogen werden, da sie als Nichtmitglieder auch keine Versicherungsbeiträge zu entrichten haben. Es ist überhaupt fragwürdig, ob man im Rahmen von Versicherungseinrichtungen Umverteilungsziele anstreben soll, die über die Ziele einer risikenbezogenen Umverteilung hinausgehen. Die Ziele einer vertikalen und horizontalen Umverteilung könnten sehr viel effizienter außerhalb der Versicherungseinrichtungen erfolgen, jeder Versuch einer solchen Umverteilung innerhalb der Versicherungseinrichtungen beeinträchtigt die allokative Aufgabe einer Versicherung.

Befassen wir uns schließlich mit der letzten hier angesprochenen These W. Euckens, daß die beste Sozialpolitik eine Wettbewerbspolitik sei und daß auch eine spezielle Sozialpolitik stets daran gemessen werden sollte, daß sie die allgemeine Wettbewerbsordnung nicht außer Kraft setzt. Während die drei bisher besprochenen Thesen auch außerhalb des Neoliberalismus bis zu einem gewissen Grad akzeptiert werden dürften, wird sicherlich diese vierte These am meisten kontrovers diskutiert. Wir brauchen hierzu gar nicht auf die marxistischen Thesen zurückzugreifen, die nur in einer Überwindung der marktwirtschaftlichen (kapitalistischen)

Ordnung die Lösung der sozialen Frage sehen. Es entspricht auch der von den Kathedersozialisten und Teilen der neoklassischen Wohlfahrtstheorie propagierten Sichtweise, daß die reine Marktlösung Mängel aufweise und daß überall dort, wo Marktmängel auftreten, der Markt durch bürokratische Ordnungen korrigiert und ersetzt werden müsse.

Im Kernpunkt der hier zu behandelnden These steht folgender Gedanke. Es ist gerade der Wettbewerb, der einseitige monopolistische Vermachtungserscheinungen abzubauen hilft und der damit eine ausgeglichene Verteilung der materiellen Güter zwischen Unternehmungen und Haushalten, zwischen Arbeitgebern und Arbeitnehmern ermöglicht. Zwar gibt es keine klare Richtlinie, die eindeutig festlegt, wann eine Aufteilung des Sozialproduktes auf die einzelnen Bevölkerungsgruppen als gerecht angesehen werden kann. Aber immerhin trägt der Markt, sofern nur auf beiden Marktseiten ausreichender Wettbewerb stattfindet, dazu bei, daß die Interessen aller am Markt beteiligten Gruppen in die Preisbildung eingehen. Insofern trägt der Wettbewerb eben nicht nur zu einer möglichst effizienten, am Konsumenteninteresse ausgerichteten Allokation bei, er ermöglicht auch gleichzeitig eine durchaus befriedigende Distribution des Sozialproduktes.

Umgekehrt gilt, daß überall dort, wo der Markt in der Realität als höchst ungerecht angesehene Ergebnisse hervorgebracht hat, es fast immer daran gelegen hat, daß der Wettbewerb unterbunden war und daß deshalb unbefriedigende Verteilungsergebnisse realisiert wurden. So hing die Armut der Industriearbeiter zu Beginn der Industrialisierung neben anderen Bestimmungsgründen (vor allem extrem hohen Wachstum der Bevölkerung, dem zunächst kein gleich hohes Wachstum der Güterproduktion entsprach) auch damit zusammen, daß die Unternehmer auf den Arbeitsmärkten in der Regel über ein Nachfragemonopol verfügten, aufgrund dessen die Industriearbeiter den Unternehmungen auf Gedeih und Verderb ausgeliefert waren. Auf lange Sicht gesehen war es gerade auch wiederum der Anstieg im Wettbewerb auf den Gütermärkten, der die Unternehmer zu technischem Fortschritt drängte und der durch die hierdurch eintretende Steigerung in der Produktivität überhaupt erst die Voraussetzung für einen allgemeinen Anstieg im Pro-Kopf-Einkommen auch der Arbeitnehmer schuf.

Obwohl die Entstehung der Gewerkschaften die Monopolisierung der Arbeitnehmerseite zur Folge hatte und somit formal gesehen auf der Arbeitsangebotsseite vom Wettbewerb wegführte, hat W. Eucken die Aktivität der Gewerkschaften keineswegs rundum als gegen die Wettbewerbsordnung gerichtet verurteilt. Gewerkschaftliche Aktivität habe oftmals einfach dazu beigetragen, daß die einseitige Monopolstellung auf der Arbeitsnachfrageseite kompensiert wurde, und zwar in dem Sinne, daß das nun bestehende bilaterale Monopol auf den Arbeitsmärkten die Marktergebnisse in Richtung der unter Wettbewerbsbedingungen erzielten Ergebnisse korrigiert hat. In diesem Ergebnis sah W. Eucken durchaus eine positive Wendung. Allerdings hat W. Eucken vor der Gefahr gewarnt, die gewerkschaftliche Aktivität könne auch dazu führen, daß das bisher realisierte einseitige Nachfragemonopol zu einem in ihren Ergebnissen ebenfalls einseitigen Angebotsmonopol führe.

Nun ist die in der BRD verwirklichte Marktordnung der Tarifparteien insbesondere durch die Rechtsprechung der obersten Arbeitsgerichte bestimmt. Diese bemüht sich u. a. gerade darum, für eine weitgehend ausgeglichene Position beider Tarifpartner zu sorgen. So wird z. B. das Streikrecht der Arbeitnehmer damit gerechtfertigt, daß ohne Streikrecht die Arbeitgeber nach wie vor über eine Übermachtstellung auf den Arbeitsmärkten verfügen würden. Gleichzeitig wird jedoch auch den Arbeitgebern ein Recht auf Aussperrung zugestanden, weil nur auf diesem Wege verhindert werden könnte, daß die Arbeitnehmer aufgrund ihrer Streikmöglichkeiten ein Übergewicht erlangen. Allerdings wird den Arbeitgebern im Rahmen der herrschenden Rechtsprechung wiederum kein unbegrenztes Recht auf Aussperrung zugestanden, im allgemeinen wird nur die Abwehraussperrung, die auf eine vorhergehende Ausrufung eines Streiks von seiten der Arbeitnehmer reagiert, voll bejaht. Man sieht, daß die Rechtsprechung der obersten Arbeitsgerichte um ein gerechtes Austarieren der Rechte beider Seiten bemüht ist.

Nun hat auch W. Eucken nicht bestritten, daß aufgrund von Marktunvollkommenheiten – z. B. aufgrund inverser Arbeitsangebotskurven – die Marktergebnisse bisweilen über diskretionäre politische Maßnahmen korrigiert werden müssen. Aber auch diese diskretionären Maßnahmen müssen auf ihre Verträglichkeit mit der Wettbewerbsordnung hin stets überprüft werden. Nur solche politischen Eingriffe können geduldet werden, die marktkonform sind. Von nichtmarktkonformen Maßnahmen müsse immer dann gesprochen werden, wenn der Staat einen Teil der wirtschaftlichen Entscheidungen den Marktpartnern entziehe. So ist insbesondere jede Festlegung von Mengen und Preisen von seiten des Staates als marktinkonform abzulehnen.

Die Forderung nach einer Beschränkung auf marktkonforme Maßnahmen der Sozialpolitik stellt sich auch heute. Versuchen wir diesen Gedanken anhand der heute kontrovers diskutierten Forderung zu verdeutlichen, die Ergebnisse von Tarifverträgen durch Öffnungsklauseln auch zuungunsten der Arbeitnehmer zu korrigieren. Nach dem Unabdingbarkeitsprinzip verleiht der Staat den Tarifverträgen, die zwischen Gewerkschaften und Arbeitgebern abgeschlossen wurden, einen Schutz, der über den allgemeinen Rechtsschutz privater Verträge hinausgeht. So ist es bei der derzeitigen Regelung nicht möglich, daß Arbeitnehmer und Arbeitgeber, die einem gültigen Tarifvertrag unterliegen, in einem Zusatzvertrag zuungunsten der Arbeitnehmer abweichen, auch dann nicht, wenn der betroffene Arbeitnehmer ex pressis verbis dieser Zusatzregelung zustimmt. Nun kann gerade dieses Unabdingbarkeitsprinzip eine sachgerechte Lösung des Arbeitslosenproblems verhindern. Es besteht die Gefahr, daß in einem überbetrieblichen Tarifvertrag Löhne vereinbart wurden, die in einzelnen Betrieben eine Verringerung von Arbeitsplätzen und damit einen Anstieg in der Arbeitslosigkeit auslösen. Es wäre durchaus denkbar, daß die Belegschaft zusammen mit der Unternehmung zu einer Einigung gelangen könnte, die den Interessen beider Gruppen (der Belegschaft wie der Unternehmung) besser als der Tarifvertrag entsprechen würde, so z. B. dann, wenn sich die Unternehmer zu einer Erhaltung der Arbeitsplätze verpflichten würden, sofern gleichzeitig die Lohnsätze in geringerem Umfang angehoben würden, als dies im Tarifvertrag vorgesehen ist.

Eine solche Regelung ist jedoch aufgrund des Unabdingbarkeitsprinzips nicht möglich, obwohl das Gesamtinteresse der Arbeitnehmer, das nicht nur die Einkommens-, sondern auch die Beschäftigungsinteressen umfaßt, davon positiv berührt würde. Man kann diesen Mißstand dadurch beseitigen, daß entweder das Unabdingbarkeitsprinzip so umformuliert wird, daß es sich allein auf die Gesamtinteressen der Arbeitnehmer bezieht oder daß in den Tarifverträgen Öffnungsklauseln vorgesehen sind, die es ex pressis verbis erlauben, daß Verhandlungen auf Betriebsebene zwischen dem Arbeitgeber und der Belegschaft geführt werden, die von einzelnen Bestimmungen des Tarifvertrages abweichen. Nun ist die Bereitschaft der Gewerkschaften, solchen Öffnungsklauseln zuzustimmen, gering, da sie auf diese Weise eine Verminderung ihrer Machtposition befürchten. Da jedoch die innerbetrieblichen Vereinbarungen zu den ganz wenigen effizienten Maßnahmen zählen, die eine Reduzierung der Arbeitslosigkeit versprechen, wäre zu überlegen, ob nicht eine solche Öffnung der Tarifverträge allgemein vorgesehen werden könnte.

Rein formal gesehen würde der Staat auf diese Weise zwar in die Tarifautonomie eingreifen und damit das Prinzip der Marktkonformität verletzen, in materieller Hinsicht jedoch würde diese staatlich verordnete Öffnungsklausel lediglich das Unabdingbarkeitsprinzip korrigieren, das seinerseits einen Eingriff in die Vertragsfreiheit bedeutet, da entsprechend dem Subsidiaritätsprinzip ein Vertrag auf der höheren Ebene stets durch einen Vertrag auf einer unteren Ebene korrigierbar sein sollte.

Literaturverzeichnis

Berthold, N./ Hank, R. (1999)
Bündnis für Arbeit: Korporatismus statt Wettbewerb, Tübingen: Mohr (Paul Siebeck).

Eucken, W. (1948)
Die soziale Frage, in: Salin, E. (Hrsg.): *Synopsis 1948*, Festgabe für Alfred Weber, Heidelberg: Schneider, S. 111 – 131.

Eucken, W. (1990)
Grundsätze der Wirtschaftspolitik, 6. Auflage, Tübingen: Mohr (Paul Siebeck).

Friedman, M. (1968)
The role of monetary policy, in: *American Economic Review*, Bd. 58, S. 1 – 17.

Kaldor, N. (1955/56)
Alternative Theories of Distribution, in: *The Review of Economic Studie*s, Bd. 23, S. 83 – 100.

Külp, B. (1975)
Umverteilung zugunsten der nicht ganz Armen und zu Lasten der nicht ganz Reichen?, in: Dürr, E. u. a. (Hrsg.): *Beiträge zur Wirtschafts- und Gesellschaftspolitik*, Festschrift für Theodor Pütz, Berlin: Duncker & Humblot, S. 227 – 241.

Külp, B. (1994)
Verteilung: Theorie und Politik, 3. Auflage, Stuttgart u. a.: Fischer.

Külp, B. (1999)
Erfolgsbeteiligung, Öffnung der Tarifverträge und Beschäftigung, in: Maußner, A., Binder, K.-G. (Hrsg.): *Ökonomie und Ökologie*, Festschrift für Joachim Klaus, Berlin: Duncker & Humblot, S. 247 – 271.

Soziale Marktwirtschaft – Zwischen Sozialvertragsgebot und ‚Rent-Seeking'-Verdacht

Ulrich Witt

1 Einleitung

In der Öffentlichkeit wird der wirtschaftliche Wiederaufstieg West-Deutschlands nach dem II. Weltkrieg eng mit wirtschaftspolitischen Konzepten in Verbindung gebracht, die unter dem Schlagwort *soziale Marktwirtschaft* von Ludwig Erhard, dem großen Wirtschaftspolitiker der ersten Stunde, popularisiert und politisch umgesetzt wurden. Dabei handelt es sich bekanntlich um eine Mischung von Gedankengut aus zwei ganz verschiedenartigen Quellen. Auf der einen Seite steht die „Freiburger Schule" – vor allem Walter Eucken und Franz Böhm – mit ihrem liberalen Primat der Ordnungspolitik. Es ist von Eucken (1952) im akademischen Rahmen seiner Wirtschaftslehre differenziert dargestellt worden. Auf der anderen Seite stehen – politisch nicht weniger einflussreich – die von der katholischen Soziallehre beeinflussten, „sozial" orientierten, gesellschaftspolitischen Ideen von Müller-Armacks „Irenik"[1]. Die Interaktionen zwischen diesen beiden Gedankenwelten sind eher beschränkt.[2]

In Anbetracht der enormen Vielfalt an ideologischen Strömungen, die in den Umbruchzeiten der ersten Jahrhunderthälfte Einfluss gewonnen hatten und gewohnt waren, ist es vielleicht nicht überraschend, dass unterschiedliche geistige Strömungen im Neuanfang nach dem Kriege zusammenwirken konnten, ohne dass dabei viel nach inneren Widersprüchen gefragt wurde. Schon die Gründer des Vereins für Socialpolitik hatten ein wirtschaftsliberales Selbstverständnis mit ihrem Eintreten für „soziales" staatliches Engagement in Einklang zu bringen gewusst.[3] Solange die jeweiligen Klientele in der jungen Demokratie dadurch aneinander ge-

[1] Müller-Armack (1950, 1956).
[2] Vgl. Eucken (1948); Müller-Armack (1960).
[3] Vgl. Watrin (1979).

bunden werden konnten, war es den liberalen Anhängern der *sozialen Marktwirtschaft* daher kaum zu verdenken, dass sie in einer von sozialistischen Ideen dominierten Epoche auf die politische Attraktivität der „sozialen" Komponente setzten, um eine liberale Wirtschaftsordnung mehrheitsfähig zu halten.[4]

Aus der Perspektive eines halben Jahrhunderts danach ist eher verwunderlich, dass der politische Erfolg der *sozialen Marktwirtschaft* sich auch später offenbar umgekehrt zum akademischen Interesse daran verhielt, aus ihren unterschiedlichen Wurzeln ein kohärentes theoretisches Fundament zu schaffen. So ist bis heute zweifelhaft, ob die Bedeutung von „sozial" im Sinne einer liberalen Wirtschaftsordnung – die ja gerade detaillierten staatlichen Gestaltungswillen ablehnt[5] – mit der staatsgläubigen Deutung von „sozialer" Politik bei Müller-Armack vereinbar ist.[6] So finden sich im ordnungspolitischen Bezug kaum Anhaltspunkte, wie staatlich zu formulierende soziale Schutz-Standards oder -Garantien – also Sozialpolitik im engeren Sinne – zu bewerten, geschweige denn systematisch zu begründen seien.

Bei Eucken (1952) ist im 16. Kapitel (das von K.P. Hensel editiert wurde) zwar von „Sozialpolitik" die Rede. Doch wenn man genau nachliest, wird dort nichts anderes vermittelt, als der liberale Gedanke, dass Konkurrenzwirtschaft im Rahmen der staatlich gesicherten Wettbewerbsverfassung an sich schon eine soziale Wirtschaft hervorbringt (einschließlich einer „sozial gerechten" Einkommensverteilung). Hier – wie in anderen großen Entwürfen einer liberalen Wirtschaftsordnung[7] – hat das „soziale" Element nicht nur einen anderen Stellenwert, sondern eine ganz andere Bedeutung als bei Müller-Armack oder den naturrechtlich begründeten Vorstellungen der katholischen Soziallehre,[8] gar nicht zu sprechen von den oft offen „interventionistisch"[9] orientierten Vorstellungen „sozialer" Tagespolitik.

---

4 Siehe Klump (1997).
5 Vgl. Eucken (1948).
6 Vgl. Lange-v. Kulessa/Renner (1998); Blümle/Goldschmidt (1999).
7 Z. B. bei Hayek (1960), Kap. 19.
8 Vgl. Briefs (1992).
9 Hoppmann (1973).

Vielleicht ist die erfolgreiche politische Karriere der *sozialen Marktwirtschaft* im Nachkriegsdeutschland so gerade darin begründet, dass alle Seiten mit dem Term „sozial“ das verbinden konnten, was der jeweiligen weltanschaulichen Ausrichtung am besten passte. Unter solchen Bedingungen liegt freilich der von der „rent-seeking“-Theorie[10] genährte Verdacht nicht fern, dass das „soziale“ Attribut auch bestens dazu geeignet ist, Interessengruppen bei ihrem Streben nach Wettbewerbsvorteilen oder Vorteilen aus Einkommensumverteilung ein ideologisches Mäntelchen zu verschaffen und entsprechend instrumentalisiert wird. Tatsächlich sind plumpe und dennoch oft genug erfolgreiche Versuche, Partikularinteressen mit dem Appell an „soziale Unausgewogenheit“ oder einem behaupteten Mangel an „sozialer Gerechtigkeit“ zu vernebeln, um sie im demokratischen Abstimmungsprozess erfolgreich durchzusetzen, in der Tagespolitik allgegenwärtig. Sie haben zur Diskreditierung des sich entwickelnden „Wohlfahrtsstaates“[11] geführt. Dennoch dürfte zumindest den geistigen Vätern der wirtschaftspolitischen Leitidee der Nachkriegsjahre – Eucken ebenso wie Müller-Armack, die *beide* von einem sozialstaatlichen Ethos getragen waren – der Verdacht, lediglich Partikularinteressen zu bemänteln, Unrecht tun.

Um eine klare Trennungslinie ziehen zu können zwischen dem, was bei allem sozialstaatlichen Ethos theoretisch begründbar ist, und dem, was zur reinen Interessenvertretung artikuliert wird, scheint es deshalb geboten, genauer zu bestimmen, was es mit dem „sozialen“ Element der *sozialen Marktwirtschaft* auf sich hat. Ein Versuch in diese Richtung wird im zweiten Abschnitt des vorliegenden Beitrags unternommen, der sich mit dem sozialpolitisch motivierten Einnahmen- und Ausgabengebaren staatlicher Instanzen beschäftigt, die die Ergebnisse des marktlichen Wettbewerbsprozesses modifizieren. Neben dieser, durch staatlichen Zwang begründeten Form, das „soziale“ Element der *sozialen Marktwirtschaft* zu sichern, besteht im Prinzip auch eine Möglichkeit, ohne den Staat „soziale“ Korrekturen des Marktprozesses zu erreichen. Entsprechend einem alten korporatistischen Gedanken könnten gesellschaftliche Gruppierungen versuchen, durch Kartellbildung in einzelnen Märkten, vor allen den Arbeitsmärkten, eine Einkommens-Redistribution gegenüber der Wettbewerbslösung durchzusetzen. Diese korporatistische Variante, die in der

---

[10] Vgl. Tollison (1982).

[11] Hayek (1960), Part III.

historischen Praxis der *sozialen Marktwirtschaft* in Deutschland eine beträchtliche Rolle spielt, wird im dritten Abschnitt näher beleuchtet. Wie sich zeigen wird, führen beide Wege, die Ergebnisse einer freien Wettbewerbsordnung „sozial" zu korrigieren, in soziale Dilemmata, die sich freilich zwischen beiden Wegen fundamental unterscheiden. Der vierte Abschnitt des vorliegenden Beitrags bringt eine kurze Zusammenfassung.

2 Sozialpolitik, sozialvertragliche Begründung und das Durchführungsdilemma

Die Vieldeutigkeit des Konzepts der *sozialen Marktwirtschaft*, die bis heute nicht nur als Mangel an theoretischer Konsistenz, sondern auch als Ursache für seine Indienstnahme zur Rechtfertigung unterschiedlichster Partikularinteressen gesehen wird,[12] ist in der Absicht begründet, „...das Prinzip der Freiheit auf dem Markt mit dem des sozialen Ausgleichs zu verbinden."[13] Auf der einen Seite liegt dem die liberale Vorstellung freien Wettbewerbs in allen Märkten – in der ordoliberalen Variante: des freien Wettbewerbs im Rahmen einer staatlich geregelten Wettbewerbsordnung – zugrunde. Auf der anderen Seite kann „sozialer Ausgleich", sofern er sich nicht aus einer spontanen Selbstverpflichtung der Wettbewerbsteilnehmer ergibt, nur außerhalb des marktlichen Wettbewerbs erreicht werden. Wie erwähnt geschieht dies entweder durch staatlichen Zwang, der mit Hilfe von Steuer/Abgaben- und Ausgabenpolitik „korrigierend", also redistributiv, am Ergebnis des Wettbewerbsprozesses ansetzt, oder durch Kartellierung auf einzelnen Märkten, insbesondere dem Arbeitsmarkt. Bei beidseitiger Kartellierung, wie sie in den verbandlich organisierten Tarifverhandlungen in Deutschland angelegt ist, kann dies zu redistributiv wirkenden Verhandlungslösungen im bilateralen Monopol führen.

In diesem Abschnitt wollen wir uns zunächst der durch den Staat zu bewirkenden Variante „sozialen Ausgleichs" zuwenden, die den Kern der theoretischen Konzeption der *sozialen Marktwirtschaft* darstellt. Was kann „sozialer Ausgleich" hier bedeuten? An welche Bedingungen wäre er zu knüpfen, und wie könnte er angestrebt werden? Eine rigorose Form

---

12 Siehe etwa Cassel/Rauhut (1998).

13 Müller-Armack (1956), S. 243.

der Annäherung bietet Sen (1981) mit seiner an den individuellen „entitlement rights“ ansetzenden Analyse der Lebensführungsmöglichkeiten. Entitlement rights an dem, was man durch Eintausch von eigenen Besitztiteln (einschließlich der Verfügung über die eigene Arbeitskraft) oder von Produkten, die mit diesen Besitztiteln selbst hergestellt werden, erlangt, definieren die eigenen Möglichkeiten der Lebensführung. Ergänzt werden diese gegebenenfalls durch einseitige Transfers durch den Staat oder freiwillige Transferleistungen Dritter. Unterschiede in der Anfangsausstattung, der individuellen Initiative, den individuellen Fähigkeiten und dem unterschiedlichen Erfolg in kompetitiven Marktprozessen bewirken aller Erfahrung nach eine ungleiche Verteilung von entitlement rights. In krassen Fällen reichen die entitlement rights nicht aus bzw. verschlechtern sich so dramatisch, dass das zum Lebensunterhalt Erforderliche nicht verfügbar und auch nicht eintauschbar ist – wie Sen zeigt, ein Grundmuster großer Hungerkatastrophen.

In einer so dramatischen entitlement right-Situation wird „sozialer Ausgleich“ in Form von einseitigen Transfers an die Bedürftigen unmittelbar relevant – aber nicht notwendig erst an der Schwelle zum physischen Existenzminimum. Moderne Gesellschaften tendieren dazu, die minimalen Lebensführungsmöglichkeiten an höhere Standards zu knüpfen. Wo immer die Schwelle liegt, an der „sozialer Ausgleich“ relevant wird – wenn sie erreicht wird, kann der Staat in erster Linie durch steuerfinanzierte Transferleistungen entitlement rights „umleiten“ und damit die Unterschiede mildern.[14] Von der wirtschaftspolitischen Systematik her sind dies Maßnahmen der Sozialpolitik.[15] Diese Art der Korrektur des Ergebnisses von marktlichen Wettbewerbsprozessen kann man unterschiedlich begründen. Machiavellistische Argumente, wie man sie hinter den Motiven der Bismarckschen Sozialpolitik sehen kann, kämen hier ebenso in Betracht wie die naturrechtlichen Begründungen über die Menschenwürde in der katholischen Soziallehre. Solchen Begründungen wäre allerdings gemeinsam, dass sie mit der (ordo-)liberalen Vorstellung nicht ohne weiteres vereinbar wären und deshalb als Grundlegung für das „so-

---

14 Eine Nivellierung der entitlement rights über alle Mitglieder der Gesellschaft hatten die Väter der *sozialen Marktwirtschaft* mit dem Gedanken des „sozialen Ausgleichs“ nicht im Sinn.

15 Zu einer detaillierten Darstellung der zur Wahl stehenden Mittel siehe etwa Maydell/Kannengießer (1988) und Lampert (1991), Teil 2.

ziale“ Element der *sozialen Marktwirtschaft* unmittelbar zu Inkonsistenzen führen würden.

Das Problem ist, dass liberale Prinzipien an sich Freiwilligkeit der Transferleistungen für den „sozialen Ausgleich“ voraussetzen müssten – was, von den Transfers innerhalb des Familienverbands abgesehen, historisch stets nur in den bescheidenen (den Vorstellungen der Väter der *sozialen Marktwirtschaft* sicherlich nicht ausreichenden) Maßen mildtätiger und philanthropischer Aktivitäten beobachtbar gewesen ist. Die liberale Sozialphilosophie hat sich jedoch gerade in letzter Zeit mit dem Werk von Rawls (1971) auf den Weg gemacht, bestimmte Formen staatlicher, d. h. zwangsweiser entitlement right-Umverteilungen, die die Ergebnisse des kompetitiven Marktprozesses modifizieren, mit Hilfe hypothetischer Kalküle zu legitimieren. In diesen wird die Freiwilligkeit der Einzelaktion durch das Kriterium einer hypothetischen (freiwilligen) Zustimmung aller Gesellschaftsmitglieder zu einem Sozialvertrag ersetzt. Der Staat wird darin ermächtigt, unter bestimmten, allgemein – d. h. ohne Ansehen der späteren Zahler und Empfänger – formulierten Voraussetzungen, in bestimmter Weise umverteilend tätig zu werden. Welche Voraussetzungen und welche redistributiven Maßnahmen als legitimiert gelten können, ist nach der Vermutung zu entscheiden, welchen Regelungen alle Mitglieder der Gesellschaft hinter dem sprichwörtlich gewordenen, hypothetischen „Schleier der Ungewissheit“ einstimmig zustimmen könnten, wenn sie sich bei dem Gedanken, selbst einmal Betroffene zu sein, von Billigkeitserwägungen leiten ließen.

Der Gedanke liegt nahe, hier eine Verbindung zum Sozialstaat und seiner Rechtfertigung herzustellen (er klingt bereits bei Watrin (1977) an). Tatsächlich sollte man auf der Basis einer solchen kontrakttheoretischen Begründung präziser bestimmen können, welche Maßnahmen „sozialen Ausgleichs“, also der Umverteilung von entitlement rights im Rahmen der Sozialpolitik, mit einem liberalen Programm vereinbar wären. So kann man die These aufstellen, dass es nach Billigkeitserwägungen allgemein zustimmungsfähig ist, wenn der Staat

a) bei objektivierbaren Anspruchssachverhalten, z. B. Krankheit oder Verlust der Erwerbsquelle, einen Transfer von entitlement rights leistet, die die nach gesellschaftlichem Konsens als minimal angesehenen Lebensführungsmöglichkeiten sichern; damit variieren die Transfers in der Höhe mit dem, was üblicherweise „Bedürftigkeit“ genannt wird; man kann sich aber auch zusätzliche Variations-Kriterien wie „Unverschuldetheit" der Anspruchsursache oder die Dauer, seit der Anspruch besteht, vorstellen;

b) zur Finanzierung der Transferzahlungen den Nichtbedürftigen eine Abgabe oder Steuer auferlegt, die deren entitlement rights schmälert. Sofern diese These akzeptiert wird, wäre ein wichtiger Teil umverteilender Sozialpolitik aus einer liberalen Norm heraus legitimiert.

Von der Wirkung her würde ein solches sozialvertragliches Regime einem einstimmig beschlossenen Versicherungsverein aller Gesellschaftsmitglieder gleichkommen, an dem die Teilnahme unkündbar ist. Natürlich ist dies eine rein hypothetische Konstruktion. Realiter wäre ein solcher Versicherungsverein auf freiwilliger Basis nicht realisierbar aus Gründen, die unten noch zur Sprache gebracht werden. Die Eliminierung oder wenigstens Minderung der genannten Lebensrisiken kann nur durch Zwangsteilhabe an einer Quasi-Versicherung erreicht werden.[16] Nicht von ungefähr wird dieser Teil des sozialpolitischen Bedarfs von der staatlich organisierten Sozial*versicherung* abgedeckt, der Rest im wesentlichen von der Sozialhilfe.

Die heute praktizierten Formen von Sozialpolitik gehen freilich über die Sozialversicherung und -hilfe hinaus. Auch dafür wird oft das Konzept der *sozialen Marktwirtschaft* in Anspruch genommen. Ob solche Maßnahmen wie Wohnungs-, Vermögens-, Bildungs-, Agrarpolitik[17] dabei jedoch in gleicher Weise kontrakttheoretisch als „sozialer Ausgleich" legitimierbar sind, ist durchaus fraglich. Zum einen ist nicht ohne weiteres einzusehen, wie die Ergebnisse dieser redistributiven Politiken mit einer konsensfähigen Vorstellung minimaler Lebensführungsmöglichkeiten zusammenhängen sollen. Zum anderen scheint es wenig plausibel, dass eine einfache Billigkeitserwägung (immer hinter dem hypothetischen „Schleier der Ungewissheit") zu allgemeiner Zustimmung führen würde. Je weniger dies jedoch plausibel ist, umso weniger wäre dieser Teil der praktischen Sozialpolitik innerhalb einer an liberalen Normen orientierten Wirtschaftsordnung zu rechtfertigen.

Im Gegenteil würde man von dieser Warte aus eher auf eine Politik der Umverteilung von entitlement rights schließen, die an der Verfolgung von

---

16 Vgl. Watrin (1980); Sinn (1986).

17 Siehe etwa Lampert (1991), Teil 2.

Partikularinteressen (rent-seeking) orientiert ist, und die deshalb in einer konsistenten (ordo-)liberalen Konzeption von *sozialer Marktwirtschaft* keinen Platz hat.[18] Eine solche Unterscheidung zwischen Formen von „sozialem Ausgleich“, die kontrakttheoretisch begründbar sind, und solchen Maßnahmen der Sozialpolitik, die es nicht sind (und die daher dem rent-seeking Verdacht ausgesetzt sind), wird in der praktischen Politik – vielleicht aus naheliegenden Gründen – wenig Anklang finden. Das zugrundegelegte liberale Kriterium der hypothetischen Zustimmung würde jedoch nicht nur das Problem der inneren Widersprüche lösen, sondern auch dem liberalen Geist und dem sozialstaatlichen Ethos der Väter der *sozialen Marktwirtschaft* überzeugender gerecht werden und diese vor der ideologischen Indienstnahme durch Partikularinteressen besser schützen.

Selbst wenn man sich auf die kontrakttheoretisch legitimierbaren Teile beschränkt und damit logische Inkonsistenzen vermeidet, bleibt noch ein weiteres Problem, das für die kontrakttheoretische Einschätzung der Konzeption der *sozialen Marktwirtschaft* zu berücksichtigen ist: die Frage der Realisierbarkeit. Bei der praktischen Umsetzung könnten ja Lösungen unvermeidlich werden, die mit der Konzeption an sich unvereinbar sind. Schlimmstenfalls könnte sich der intendierte „soziale Ausgleich“ als praktisch nicht erreichbar erweisen. Zu fragen ist deshalb, ob die Anspruchsvoraussetzungen für eine Transferleistung erstens auch tatsächlich entsprechend den legitimierten Kriterien objektiv feststellbar sind und zweitens, ob sie der Manipulation durch die potentiell Begünstigten entzogen sind. Die oben erwähnten Kriterien der „Bedürftigkeit“, „Unverschuldetheit“ oder „Dauer“ bieten in beider Hinsicht Anlass zu Zweifeln. Sollten potentiell Begünstigte Einfluss darauf nehmen können, wann und in welchem Maß die Voraussetzungen eintreten, wären fehlleitende Anreize (moral hazard) nicht auszuschließen. Allein die Möglichkeit hierzu könnte die (hypothetische) allgemeine Zustimmung zu der konkreten Form des „sozialen Ausgleichs“ ebenso in Frage stellen wie ein praktischer Mangel an Überprüfbarkeit des Vorliegens der Kriterien.

---

18 In Teilbereichen der Sozialpolitik sind allerdings auch andere als kontrakttheoretische Begründungen mit einer liberalen Wettbewerbsordnung zu vereinbaren. Dazu zählen etwa solche, die auf die Vermeidung bzw. Internalisierung von Externalitäten abheben, die sich z. B. für den Arbeitnehmer-, Mutter- und Jugendschutz oder das Kindergeld geltend machen lassen.

Das Ausmaß potentiellen moral hazards und die praktischen Probleme bei der Feststellung der Anspruchsvoraussetzungen sind in der Tat genau die Gründe, warum die genannten Lebensrisiken auch heute noch nur in begrenztem Umfang privatwirtschaftlich und auf freiwilliger Vertragsbasis etwa im Rahmen von Lebens-, Kranken-, Renten- und Berufsunfähigkeitsversicherungen versicherbar sind. Im Übrigen werden sie als Objekte der Sozialpolitik angesehen (einige, wie die Kranken- und Rentenversicherung, aus historischen und anderen Gründen sogar, obwohl sie privatwirtschaftlich versicherbar sind). Um die kontrakttheoretisch relevanten Durchführungsprobleme, in die die Sozialpolitik damit läuft, in Perspektive zu setzen, ist es interessant zu sehen, wie mit allen solchen Lebensrisiken gesellschaftlich umgegangenen wurde, bevor Sozialpolitik und der Versicherungsgedanke erfunden worden sind.

In jener Zeit konnte solchen Risiken nur durch die individuelle Akkumulation von entitlement rights – der Ausnahmefall – und/oder solidarische Transferleistungen im Familienverband – der Regelfall – Rechnung getragen werden (in Grenzen auch durch Solidarverhalten in nachbarschaftlichen, kommunalen und religiösen Gemeinschaften). Im Unterschied zum Vertragsprinzip der Versicherung war der Anspruch auf solidarische Transferleistungen nicht durchsetzbar. Seine Erfüllung beruhte neben mildtätigen und philanthropischen Motiven auf Sitte und Gewohnheit. Diese erlaubten im Einzelfall jedoch auch eine Verweigerung oder Einschränkung der Transferleistung, wenn die zur Solidarität Verpflichteten mit ihrer im Allgemeinen recht intimen Kenntnis der persönlichen Umstände berechtigte Zweifel an der tatsächlichen Bedürftigkeit, Unverschuldetheit, angemessenen Dauer usw. hegten. Dies war ein wirksames institutionelles Arrangement, um in Gesellschaften mit wesentlich geringerem Pro-Kopf-Einkommen die individuelle Belastung der Solidarität durch moral hazard und Fehleinschätzung der Leistungsvoraussetzungen gering zu halten, allerdings auch eines, das den oder die in Not Geratenen zu Bittstellern und Almosenempfängern machte.

Wenn staatlich organisierte Sozialversicherung und Sozialhilfe heute die diskutierten Lebensrisiken ganz im Sinne des „sozialen Ausgleichs" der *sozialen Marktwirtschaft* auf der Grundlage von sozialstaatlichen Rechtsansprüchen seitens der in Bedrängnis geratenen Gesellschaftsmitglieder abzudecken sucht, dann ist dies im Hinblick auf die Überwindung von Bittstellerei und Almosenempfang sicherlich eine Errungenschaft. Aber den Sozialstaat trifft zugleich das moral hazard-Problem und der Mangel an Überprüfbarkeit der Kriterien im Einzelfall in aller Härte. Mit der historischen Substitution der Großfamilie durch den Staat als Solidargemeinschaft sind die persönlichen Informations- und Einschätzungsmöglichkeiten, von denen die Transferleistung abhängig gemacht und mit deren Hilfe moral hazard zurückgedrängt werden konnte, verloren gegangen. An ihre Stelle ist die Anonymität der Verwaltungsbeziehung im Sozialstaat getreten. Weder sind ihr die intimen Kenntnise der persönlichen Umstände verfügbar, noch sind die standardisierten, bürokratischen Beurteilungsprozeduren völlig frei von Willkür und in der Lage, jedem Einzelfall gerecht zu werden.

Die Folge sind Ineffizienzen, die u. U. massive Formen annehmen und selbst bei den höheren Pro-Kopf-Einkommen der modernen Sozialstaaten eine deutliche individuelle Belastung der Nichtbedürftigen zur Folge haben. Die oben skizzierte, kontrakttheoretische Legitimierung des „sozialen Ausgleichs" könnte dadurch nachhaltig in Frage gestellt werden. Wohl ließen sich die praktischen Durchführungsschwierigkeiten mindern (wenn auch wegen der Grenzen der bürokratischen Bearbeitungsverfahren nicht beseitigen), wenn der Sozialbürokratie ein umfassendes Informationsrecht über alle persönlichen Umstände von Antragstellern zugestanden würde. Dies würde jedoch bedeuten, dem Staat Informationsrechte über die Privatsphäre seiner Bürger in einem Ausmaß einzuräumen, das mit liberalen Prinzipien schwer in Einklang zu bringen wäre. Überspitzt könnte man daher von einem Durchführungsdilemma sprechen, in das der Übergang von Bittstellerei und Almosenempfang zu sozialstaatlichem Rechtsanspruch geführt hat: sozialstaatlich organisierter „sozialer Ausgleich" ist entweder nicht effizient machbar oder nicht mit liberalen Vorstellungen über die Privatsphäre der Gesellschaftsmitglieder vereinbar.

Dieses Durchführungsdilemma scheint in verschiedenen Gesellschaften unterschiedlich gewichtet zu werden, wenn es darum geht, Konsens über einen Sozialvertrag zu erzielen, der den Staat zu „sozialem Ausgleich" verpflichtet. In Deutschland und vielen anderen europäischen Ländern könnte man sich die (hypothetische) allgemeine Zustimmung dazu, dass ein gewisses sozialpolitisches, redistributives Engagement des Staates trotz des Durchführungsdilemmas wünschenswert ist, plausibel vorstellen. In Nordamerika scheint das Durchführungsdilemma dagegen ein Hinderungsgrund für einen solchen, allgemeinen Konsens. *Soziale*

Marktwirtschaft war und ist eine Konzeption, die nicht umsonst aus der deutschsprachigen ökonomischen Tradition hervorgegangen ist.

3 „Sozialpartnerschaft“, Arbeitslosigkeit und das kollektive Anreizdilemma

Unter dem Eindruck der Massenarbeitslosigkeit in der großen Depression der Zwischenkriegszeit war eines der stärksten Motive für die Berücksichtigung von sozialen Aspekten auch aus liberaler Sicht die soziale Not, die mit dem Verlust der Erwerbsmöglichkeit einhergeht.[19] „Unser soziales Gewissen verbietet uns, Massenarbeitslosigkeit zu dulden“[20], schreibt Eucken und schließt ein Plädoyer nicht bloß gegen eine keynesianische Beschäftigungspolitik an, die er wegen ihrer Nebenwirkungen für ungeeignet hält, sondern auch gegen eine korporative Ordnung in der Lohnfindung auf den Arbeitsmärkten. Statt Arbeitslosigkeit zu vermeiden, könnten durch eine solche Ordnung unnötiger Antagonismus und monopolistische Machtstrukturen entstehen. Doch die Sonderregelung, die in der Bundesrepublik Deutschland nach dem Kriege im Grundgesetz für die Arbeitsmärkte geschaffen wurde, indem Koalitionsfreiheit und Tarifautonomie der Verbände rechtlich sanktioniert wurden, lief faktisch auf die Etablierung einer korporativen Ordnung in diesen Märkten hinaus. Sie ist bis heute erhalten geblieben und wird in der Öffentlichkeit – euphemistisch als „Sozialpartnerschaft“ tituliert – zumeist als Bestandteil der Praxis der *sozialen Marktwirtschaft* aufgefasst.

Tatsächlich scheint diese Sonderordnung wesentlich mit dazu beigetragen zu haben, dass die anfänglich von sozialistischen Positionen aus gegen die Konzeption der *sozialen Marktwirtschaft* opponierenden Gewerkschaftsverbände in den letzten zwei Jahrzehnten ihren Frieden mit der Realität der *sozialen Marktwirtschaft* – so wie sie diese mit ihrer eigenen Rolle darin interpretierten – gemacht haben.[21] Das Wiederaufkommen von massiver Arbeitslosigkeit zu verhindern – ein zentrales Anliegen der Konzeption der *sozialen Marktwirtschaft* – ist jedoch mit der institutionellen Parallelität von freier Wettbewerbsordnung in den Produktmärkten, sozial-

19 Vgl. Röpke (1944); Eucken (1948).
20 Eucken (1952), Kap. IX.
21 Vgl. Delhaes-Guenther (1998).

staatlicher Abdeckung der daraus resultierenden Lebensrisiken *und* korporativer Organisation der Arbeitsmärkte nicht gelungen. Bestimmte Kombinationen von Institutionen in einer Wirtschaft bergen Konfliktstoff. Auch wenn sie nicht zwangsläufig gesellschaftliche Dilemmata heraufbeschwören, schaffen sie Anreizstrukturen, die die Gesellschaft in ein Dilemma hineinziehen können. Dies scheint hier der Fall zu sein. „Sozialpartnerschaft" und *soziale Marktwirtschaft* bilden entgegen der in der Öffentlichkeit oft gehegten Vorstellung keineswegs eine organische Einheit. Sie können vielmehr geradewegs in ein kollektives Dilemma führen.

Die Machtposition, vor der Eucken warnte,[22] die sich aus dem bilateralen Verhandlungsmonopol der Tarifvertragsverbände ergeben kann, ist den Gewerkschaften gerade ein Desideratum. Sie bietet ihnen die Möglichkeit, sich ihren Mitgliedern gegenüber dadurch zu legitimieren, dass sie ihnen Einkommensbestandteile oder -zuwächse sichert und Arbeitsvertragskonditionen aushandelt, die ohne Verhandlungsmonopol nicht oder nur eingeschränkt möglich wären. In der gewerkschaftlichen Rhetorik ist dies die Macht, „Sozialabbau" und „Benachteiligung der Arbeitnehmer im wirtschaftlichen Fortschritt" zu verhindern. Die Verhandlungsspielräume können dabei durchaus im Sinne „sozialer" Motive genutzt werden, die in den Rahmentarifvereinbarungen auch eine wichtige Rolle spielen. Bei den Verhandlungen zur Tariflohnfindung hat sich die Strategie der Gewerkschaftsverbände auf die Erreichung von Verteilungszielen orientiert: sowohl die Erhöhung der Lohneinkommen insgesamt als auch die Veränderung ihrer Struktur zugunsten einer überproportionalen Verbesserung der Niedriglohn-Einkommen. (Auch dafür lassen sich natürlich „soziale" Motive anführen.)

Das bekannte Problem in den bilateralen Verhandlungen der Tarifvertragsparteien ist, dass zwar jeder Abschluss auf wechselseitiger Zustimmung beruht (Tarifautonomie), diese aber jeweils von Verbänden, nicht den Arbeitsvertragsparteien selbst, gegeben wird. Für die Arbeitgeberverbände dürfte sich die Beurteilung der Zustimmungsfähigkeit an internen Mehrheitsmeinungen ausrichten. Aller Erfahrung nach orientiert sich diese an dem sich ergebenden „Kostenpreis" verschiedener Qualitäten von Arbeit, also Löhne/Gehälter, Lohnnebenkosten und sonstige kostenwirksame Tarifvereinbarungen: kann dieser „Kostenpreis" a) bei der für die Zukunft erwarteten Absatzentwicklung und b) der in Zukunft be-

22 Vgl. Eucken (1952), Kap. IX.

triebsnotwendigen Belegschaftsstärke ohne Verlust der Rentabilität „verdient" werden? Ob die Mehrheitsmeinung in dieser Frage insbesondere unter Streikdruck die Streuung der Ertragslage aller Mitgliedsfirmen ausreichend berücksichtigt, ist fraglich. Da ein Unterschreiten des Tarifstandards im allgemeinen nicht zulässig ist, kann gerade bei den in Deutschland üblichen Flächentarifverträgen die Folge eintreten, dass Mitgliedsfirmen der Arbeitgeberverbände, die mit ihrer Absatzlage und Profitabilität im unteren Bereich der Streuung liegen, bei Steigerung des „Kostenpreises" Beschäftigung reduzieren oder sogar stilllegen müssen. (Da der Tarifvertrag nur den „Kostenpreis" fixiert, bleibt den Unternehmen grundsätzlich die Möglichkeit, sich über die eingesetzten Arbeitsmengen anzupassen.) Dies kann selbst dann der Fall sein, wenn die ihrerseits in der Meinungsbildung ihres Verbandes unzulänglich repräsentierte Belegschaft solcher Firmen freiwillig bereit wäre, zu schlechteren als den Tarifkonditionen zu arbeiten.

Angenommen, in einer Volkswirtschaft sind profitable Sektoren und Unternehmungen in solchem Umfang vorhanden, dass die Beschäftigung dort hinreichend wächst, oder es treten ausreichend neue Firmen mit profitablen Produkten und/oder Technologien in die Märkte ein und fragen neu Arbeit nach. Bei solchen Verhältnissen kann eine „aggressive Lohnpolitik" der Gewerkschaftsverbände, die mit hohen Einkommenssteigerungen bewusst den Beschäftigungsrückgang in den weniger rentablen Sektoren und Unternehmungen in Kauf nimmt, zu einem schnelleren wirtschaftlichen Strukturwandel beitragen. Durch entsprechend harte Tarifverhandlungen im bilateralen Monopol können die Gewerkschaften dann zugleich eine Lohn- und Gehaltsentwicklung durchsetzen, die sich an den Produktivitätsfortschritten in den profitabelsten Branchen und Unternehmen der Volkswirtschaft ausrichtet und in nachhaltigen Realeinkommenssteigerungen bei den Beschäftigten resultiert. Der Beifall der Gewerkschaftsmitglieder wird den Funktionären dafür sicher sein, vor allem dann, wenn die in den weniger rentablen Sektoren und Unternehmen freigesetzten Arbeitnehmer hinreichend mobil und qualifiziert sind, um die im profitablen Sektor neu entstehenden Arbeitsplätze ohne große Verzögerung zu besetzen.

Das mit dem beschleunigten Strukturwandel verbundene Risiko, den Arbeitsplatz zu verlieren und einen neuen, nicht weniger attraktiven zu finden, tragen freilich die betroffenen Arbeitnehmer individuell. Auch das

Risiko, das mit einer gewerkschaftlichen Fehleinschätzung des tatsächlichen Tempos des Strukturwandels und der Spielräume aggressiver Lohnpolitik verbunden ist, würde von denen individuell zu tragen sein, die ihre Beschäftigung verlieren und dann längerfristig arbeitslos bleiben. Gewerkschaftsverbände haben selten einen Zusammenhang zwischen Lohn- und Gehaltssteigerungen oder kostentreibenden Manteltarifvertrags-Verbesserungen (z. B. bei der Wochen-, Jahres- oder Lebensarbeitszeit), die in Tarifverträgen ausgehandelt wurden, und späteren Arbeitsplatzverlusten in den Unternehmen im Tarifgebiet anerkannt, geschweige denn dafür eine Verantwortung übernommen. Das individuelle Arbeitslosigkeitsrisiko decken in der *sozialen Marktwirtschaft* – und hier kommt die Parallelität der Ordnungen wieder ins Spiel – die staatlich organisierte Sozialversicherung und -hilfe ab. Die Kosten dafür tragen die Solidargemeinschaft und der Steuerzahler.

Es wäre sicherlich eine gewagte These, die anhaltende Zunahme der Arbeitslosigkeit in der Bundesrepublik über die vergangenen 25 Jahre den Folgen einer auf Fehleinschätzungen beruhenden aggressiven Lohnpolitik der Gewerkschaften zuschreiben zu wollen. Auch die Behauptung, dass die sozialstaatliche Absicherung des Beschäftigungsrisikos die Gewerkschaftsverbände dazu verleitet hätte, überhöhte Lohnabschlüsse ohne Rücksicht auf die Beschäftigungswirkungen auszuhandeln, dürfte nicht leicht zu belegen sein. Nicht zu bestreiten ist aber folgende Überlegung. Gewerkschaften müssen sich, wie alle Verbände, ihren Mitgliedern gegenüber dadurch legitimieren, dass sie diesen individuelle Vorteile aus der Verbandsmitgliedschaft verschaffen. Dies könnte geschehen, indem sie ihre unbestrittene Machtstellung im bilateralen Verhandlungsmonopol dazu nutzen, hohe Tarifabschlüsse zu erzielen. Die Anreize für vikarisch für ihre Mitglieder tätig werdende Verbandsfunktionäre, hohe Tarifabschlüsse auch dann durchzusetzen, wenn daraus ein Beschäftigungsrückgang folgen könnte, hängen objektiv mit der Existenz sozialstaatlicher Leistungen zusammen. Sie sind größer, wenn die Gewerkschaftsmitglieder (die potentiell zukünftig Opfer von Arbeitslosigkeit sein können) infolge der Sozialversicherung bzw. -hilfe die negativen Folgen hoher Tarifabschlüsse als weniger bedrohend empfinden. Natürlich reduzieren sich die Nettolohn- und Gehaltssteigerungen bei zunehmender Arbeitslosigkeit durch Abgaben- und Steuererhöhungen infolge der Umlagefinanzierung der Transferleistungen. Aber daran müssen sich auch Nichtgewerkschaftsmitglieder beteiligen, und dieser Effekt tritt zumeist zeitverzögert ein und kann sogar zum Anlass werden, nach neuen Steigerungen bei den nächsten Tarifabschlüssen zu verlangen.

Die Parallelität von sozialstaatlichen Institutionen und der Sonderordnung der Arbeitsmärkte lässt so „falsche Anreize" für die Tarifvertragsparteien zu, die in ein soziales Dilemma münden. Im vorangegangenen Abschnitt standen falsche Anreize im Mittelpunkt, die zu einer *individuellen* Ausbeutung sozialstaatlicher Regelungen in Form des moral hazard Phänomens verleiten. Hier sind es nun falsche Anreize, die in Richtung einer mittelbaren, *kollektiven* Ausbeutung gehen. Die Gewerkschaftsverbände sind durch sie versucht, ihre Machtstellung dazu zu nutzen, für sie vorteilhafte Abschlüsse selbst dann durchzusetzen, wenn sie hohe soziale Folgekosten in Form von Arbeitslosigkeit und Arbeitsbeschaffungsmaßnahmen haben. Wegen der sozialstaatlichen Garantien brauchen die Gewerkschaften in ihren Verbandsentscheidungen diese Folgen nicht zu internalisieren. Wo sich die „falschen Anreize" tatsächlich durchsetzen, wäre als Konsequenz einerseits ein anhaltendes Wachstum der Tariflöhne/-gehälter und Arbeitsnebenkosten zu erwarten bei gleichzeitiger anhaltender Zunahme der Arbeitslosigkeit und der Arbeitsmarktsubventionen andererseits. Das Dilemma läge dann darin, dass die Existenz sozialstaatlicher Solidarhilfe – nunmehr in Kombination mit der korporativen Ordnung der Arbeitsmärkte – gerade das hervorruft, was gelindert werden sollte: Arbeitslosigkeit.

4 Zusammenfassung

Wenn man – wie im vorliegenden Beitrag – versucht, genauer zu bestimmen, was es mit dem „sozialen" Element der *sozialen Marktwirtschaft* auf sich hat, stößt man auf ein vielschichtiges Problemfeld. Die Komplexität gesellschaftlicher Wünsche und gesellschaftlichen Tuns spiegelt sich hier mit vielen ihrer Widersprüchlichkeiten. In der Absicht, zwischen theoretisch begründbaren normativen Desiderata und reinen Interessenargumenten unterscheiden zu können, war im zweiten Abschnitt zunächst die Legitimierbarkeit von Sozialpolitik aus dem Blickwinkel der modernen, liberalen Sozialphilosophie diskutiert worden. Daraus konnten einige konkrete Schlussfolgerungen bezüglich einer konsistenten Konzeption *sozialer Marktwirtschaft* gezogen werden. Die weitergehende Frage, ob und wie eine solche Konzeption realisierbar ist, lässt sich allerdings erst einschätzen, wenn man auch den institutionellen Rahmen mit einbezieht, innerhalb dessen sich die *Praxis* des Sozialstaates entwickelt. Wie die Diskussion dieser Frage zeigte, fügt sie dem Problem der inneren Widersprüche eine weitere Dimension hinzu. Obgleich nämlich dem „sozialen" Element in gewissen Formen eine logisch widerspruchsfreie Begründung gegeben werden kann, machen die historischen Umstände, unter denen moderne Sozialpolitik stattfindet, ein – mit dem individuellen „moral hazard" Phänomen verknüpftes – *praktisches* Dilemma unvermeidlich.

Neben der Möglichkeit, dass der Staat Zwang ausübt und durch seine Steuer- und Ausgabenpolitik die Ergebnisse des marktlichen Wettbewerbsprozesses modifiziert, um das „soziale" Element der *sozialen Marktwirtschaft* zu sichern, besteht im Prinzip noch eine weitere Möglichkeit. Entsprechend einer alten korporatistischen Idee könnte die „soziale" Korrektur des Marktprozesses auch ohne den Staat durch gesellschaftliche Gruppierungen versucht werden, indem diese durch Kartellbildung in einzelnen Märkten, vor allen den Arbeitsmärkten, eine Einkommens-Redistribution gegenüber der Wettbewerbslösung durchsetzen. Während in der ersten Variante das „soziale" Element unmittelbar durch eine sozialpolitisch motivierte Ausgabenpolitik des Staates (aber nicht notwendig allein einer redistributiven Steuerpolitik) hergestellt werden kann, ist in der zweiten Variante, die vor allem durch korporatistisches Gedankengut inspiriert ist, unbestimmt, ob es tatsächlich zu sozialen Ausgleichswirkungen kommt.

Die korporatistische Variante, die durch die historische Koexistenz von freier Wettbewerbsordnung auf den Produktmärkten, sozialstaatlicher Fürsorgegarantie und einer korporativen Sonderordnung für die Arbeitsmärkte – etwas euphemistisch in der Öffentlichkeit als Koexistenz von „Sozialpartnerschaft" und *sozialer Marktwirtschaft* wahrgenommen – in der Bundesrepublik Deutschland eine wichtige Rolle spielt, wurde im dritten Abschnitt analysiert. Auch hier, so wurde argumentiert, droht ein soziales Dilemma, das allerdings davon abhängt, welche Strategien die an den Tarifverhandlungen beteiligten Verbände wählen. Bei diesem geht es um die nicht nur individuelle, sondern auch kollektive Ausbeutbarkeit sozialstaatlicher Institutionen, deren Begleiterscheinung sich ausgerechnet in dem manifestiert, was durch das „soziale" Element der *sozialen Marktwirtschaft* vermieden werden sollte: in hartnäckig anhaltender Arbeitslosigkeit.

Literaturverzeichnis

Blümle, G./ Goldschmidt N. (1999) *Die Konsequenzen der Verrechtlichung für die ethischen Grundlagen wirtschaftlicher Ordnung*, Diskussionsbeiträge des Instituts für Allgemeine Wirtschaftsforschung, Abt. Mathematische Ökonomie, Nr. 18, Universität Freiburg, Mai 1999.

Briefs, G. (1992) *Theologische Konzeptionen und ökonomische Realität - Neuere Überlegungen zur katholischen Soziallehre*, Stuttgart: Fischer.

Cassel, D./ Rauhut, S. (1998) Soziale Marktwirtschaft: eine wirtschaftspolitische Konzeption auf dem Prüfstand, in: Cassel, D. (Hrsg.): *50 Jahre Soziale Marktwirtschaft*, Stuttgart: Lucius & Lucius, S. 4 – 31.

Delhaes-Guenther, D. v. (1998) Gesellschaftliche Akzeptanz der Sozialen Marktwirtschaft: Zur Position der Parteien, Verbände und Kirchen, in: Cassel, D. (Hrsg.): *50 Jahre Soziale Marktwirtschaft*, Stuttgart: Lucius & Lucius, S. 134 – 151.

Eucken, W. (1948) Die soziale Frage, in: Salin, E. (Hrsg.): *Synopsis*, Festgabe für Alfred Weber, Basel u. Heidelberg: Schneider, S. 111 – 131.

Eucken, W. (1952) *Grundsätze der Wirtschaftspolitik*, Tübingen: Mohr (Paul Siebeck).

Hayek, F.A. v. (1960) *The Constitution of Liberty*, London: Routledge and Kegan Paul.

Hoppmann, E.	(1973) Soziale Marktwirtschaft oder Konstruktivistischer Interventionismus?, in: Tuchtfeld, E. (Hrsg.): *Soziale Marktwirtschaft im Wandel*, Freiburg: Rombach, S. 27 – 68.
Klump, R.	(1997) Wege zur Sozialen Marktwirtschaft - Die Entwicklung ordnungspolitischer Konzeptionen in Deutschland vor der Währungsreform, in: Streissler, E. (Hrsg.): *Studien zur Entwicklung der ökonomischen Theorie XVI*, Berlin: Duncker & Humblot, S. 129 – 160.
Lampert, H.	(1991) *Lehrbuch der Sozialpolitik*, 2. Auflage, Berlin u. a.: Springer.
Lange-v. Kulessa, J./ Renner, A.	(1998) Die Soziale Marktwirtschaft Alfred Müller-Armacks und der Ordoliberalismus der Freiburger Schule - Zur Unvereinbarkeit zweier Staatsauffassungen, in: *Ordo*, Bd. 49, S. 79 – 104.
Maydell, B. v./ Kannengießer, W.	(1988) *Handbuch Sozialpolitik*, Pfullingen: Neske.
Müller-Armack, A.	(1950) Soziale Irenik, in: *Weltwirtschaftliches Archiv*, Bd. 64, S.181 – 203.
Müller-Armack, A.	(1956) Artikel „Soziale Marktwirtschaft“, in: *Handwörterbuch der Sozialwissenschaften*, Bd. 9, Stuttgart: Fischer, S. 243 – 249.
Müller-Armack, A.	(1960) Die zweite Phase der Sozialen Marktwirtschaft, in: ders. (1966): *Wirtschaftsordnung und Wirtschaftspolitik*, Freiburg i. Br.: Rombach, S. 267 – 291.

Rawls, J. (1971)
A Theory of Justice, Cambridge, Mass.: Harvard University Press.

Röpke, W. (1944)
Civitas humana – Grundfragen der Gesellschafts- und Wirtschaftsreform, Erlenbach-Zürich: Rentsch.

Sen, A. (1981)
Poverty and Famines - An Essay on Entitlements and Deprivation, Oxford: Clarendon Press.

Sinn, H.-W. (1986)
Risiko als Produktionsfaktor, in: *Jahrbücher für Nationalökonomie und Statistik*, Bd. 201, S. 557 – 571.

Tollison, R.D. (1982)
Rent Seeking: A Survey, in: *Kyklos*, Bd. 35, S. 575 – 602.

Watrin, C. (1977)
Ordnungspolitische Aspekte des Sozialstaates, in: Külp, B., Haas, H.-D. (Hrsg.): *Soziale Probleme der modernen Industriegesellschaft*, Berlin: Duncker & Humblot, S. 963 – 985.

Watrin, C. (1979)
The Principles of Social Market Economy - its Origins and Early History, in: *Zeitschrift für die gesamte Staatswissenschaft*, Bd. 135, S. 405 – 425.

Watrin, C. (1980)
Zur sozialen Dimension marktwirtschaftlicher Ordnungen, in: Streissler, E., Watrin, C. (Hrsg.): *Zur Theorie marktwirtschaftlicher Ordnungen*, Tübingen: Mohr (Paul Siebeck), S. 476 – 501.

Walter Eucken und die Frage nach der Arbeitsmarktordnung

Volker Rieble

1 Der Arbeitsmarkt zwischen Wettbewerb und Kartellierung

Walter Eucken hat die entscheidende Frage früh gestellt: „Die Frage ist nicht: Arbeitsmärkte oder keine Arbeitsmärkte, sondern: Welches ist ihre richtige Form?"[1] Löst man sich von der überholten statischen Marktformenlehre, lautet die Frage modernisiert: Welches ist die richtige Ordnung für den Arbeitsmarkt – Marktordnung gemeint als rechtlichen Handlungsrahmen für die Arbeitsmarktbetätigung, namentlich für den Wettbewerb auf dem Arbeitsmarkt.

Mit Eucken ist der zentrale Ausgangspunkt darin zu sehen, daß die menschliche Arbeit, wie jede andere (Dienst-)Leistung auch, eine tauschbare Leistung ist: „Der Arbeiter verkauft sich nicht als Person, er verkauft seine Leistung."[2] Ungeachtet der ökonomischen Besonderheiten des Tausches abhängiger Arbeit[3] ist also das „Ob" des marktlichen Tausches von Arbeit nicht zu bestreiten, sondern um das „Wie" der richtigen Ordnung zu ringen.

Worum geht es? Der Arbeitsmarkt ist weithin kartelliert: Gewerkschaften und Arbeitgeberverbände bündeln Arbeitsangebots- und Arbeitsnachfragefunktionen ihrer Mitglieder und schränken als Kartelle so – jeweils bezogen auf ihr Branchensegment – den Individualwettbewerb auf den Arbeitsmärkten ein.

---

1 Eucken (1990), S. 322.

2 Eucken (1990), S. 322.

3 Vgl. Fels (1988), S. 216ff.; Berthold (1987), S. 61ff., 143ff.; Franz (1994), S. 257ff.; Külp (1977); Monopolkommission (1994), Nr. 924ff.

Diese Kartellierung des Arbeitsmarktes ist freilich nicht so umfassend, daß man – wiederum in den überholten Kategorien der Marktformenlehre – von einem bilateralen Monopol sprechen dürfte: Zum einen konkurrieren Gewerkschaften und Arbeitgeberverbände untereinander um Mitglieder; vor allem aber ist der Organisationsgrad niedrig: Gewerkschaften organisieren kaum mehr als 33 % der Arbeitnehmer[4], für die Arbeitgeberverbände fehlt es an zuverlässigen Zahlen.[5] Der sogenannte „Außenseiter" ist mithin auf Arbeitnehmerseite der Normalfall; die kollektive Bindung ist die Ausnahme.[6] Von Gewerkschaften als „monopolartigen Organisationen"[7] darf man also nicht sprechen. Auch die Reichweite des angegriffenen (Flächen-)Tarifvertrages nimmt ab. Unternehmensnahe Dienstleister erwirtschaften nur 38 % ihres Umsatzes in tarifgebundenen Unternehmen; 30 % der Unternehmen (wiederum gemessen am Umsatz) geben an, für ihre Branche gebe es keinen Tarifvertrag.[8]

Diese Wettbewerbsbeschränkung kann man als Widerspruch zur Marktordnung des Gesetzes gegen Wettbewerbsbeschränkungen (GWB) sehen, das Kartelle ihrer schädlichen Wirkungen wegen verbietet. Vor allem die seit geraumer Zeit anhaltende Arbeitslosigkeit wird den Gewerkschaften als Tarifvertragspartei angelastet. Die Löhne seien zu hoch, der Arbeitsmarkt zu vermachtet. Die Antwort auf Euckens Frage fällt heute gelegentlich scharf aus: Die systemwidrigen Kartelle müßten „eigentlich" beseitigt werden. Wie auf dem Markt für Güter und Dienstleistungen solle der Individualwettbewerb für die „richtigen" Arbeitsbedingungen, vor allem aber für markträumende Preise sorgen.[9]

Eucken urteilte seinerzeit zurückhaltender: Den Gewerkschaften kämen „große Verdienste" zu. Ihre Rechtfertigung sah er nicht im Verhältnis zu

---

4 Siehe Statistisches Jahrbuch (1998), S. 733.

5 Frühere Schätzungen nehmen an, daß 80 % aller Arbeitnehmer bei Arbeitgebern beschäftigt, die in den in der BDA zusammengeschlossenen Verbänden organisiert sind; vgl. Knapp (1980), S. 408f.

6 Siehe auch Brandt (1996), S. 43ff., 51.

7 Eucken (1990), S. 322

8 Siehe ZEW-Branchenreport (1999), S. 1.

9 Aus der kaum übersehbaren kritischen Literatur: Vgl. Möschel (1995), S. 704; Reuter (1995), S. 1ff.; Monopolkommission (1994), Nr. 880, S. 933ff.; Deregulierungskommission (1991), S. 133ff.; siehe auch den Sammelband des Vereins für Socialpolitik, Zohlnhöfer (1996), sowie Berthold/Hank (1999).

den Arbeitgebern schlechthin, sondern vor allem gegenüber monopolistischen Arbeitgebern, die ihre ökonomische Macht auch auf dem Arbeitsmarkt ausübten: Insoweit trete „die wirtschaftliche Macht nicht in Widerspruch zur Wettbewerbsordnung". Die Dekartellierung habe aber für mehr Nachfragewettbewerb auf dem Arbeitsmarkt gesorgt, ohne daß die Arbeitsmarktordnung hierauf reagiert hätte. Dementsprechend betonte Eucken die Gefahr, daß Gewerkschaften zu Machtkörpern werden, die die Wettbewerbsordnung gefährden.[10] Eucken sieht die Gewerkschaften in einem ordnungspolitischen Spagat: Sie hätten zwar die Aufgabe, die Übermacht der Arbeitsnachfrage der Arbeitgeber auszugleichen und trügen so zur „Realisierung der Wettbewerbsordnung" bei; sobald sie aber ihrerseits „mit Mitteln der Macht eine Erhöhung der Löhne über die Wettbewerbslöhne hinaus erzwingen, so führt das zur Arbeitslosigkeit"[11]. Wie diesem Spagat zu entgehen sei, sagt Eucken nicht. Aus heutiger Sicht müßte er die zunehmende Vermachtung der aus Fusionen hervorgehenden multinationalen Unternehmen als Rechtfertigung für gewerkschaftliches Gegenhalten akzeptieren.

Interessanterweise bestand in dieser Frage ein gewisser Dissens zu Franz Böhm – Euckens juristischem Mitstreiter in der Freiburger Schule.[12] Böhm nämlich hat diese Besonderheit der Arbeitsmarktordnung als allgemein sachgerecht akzeptiert: „Im Rahmen der den Arbeitsmarkt beherrschenden Rechtsordnung gilt also nicht das Recht der individuellen wirtschaftlichen Bewegungs- und Dispositionsfreiheit, die Freiheit des privaten Ertragsstrebens unter Auflage der Leistungskonkurrenz, sondern es gilt die kollektive Koalitionsfreiheit als Grundlage der machtgleichen Aussprache über den Preis und die Bedingungen der Arbeit … Die Koalitionsfreiheit ist ein Korrelat der wirtschaftlichen Unselbständigkeit, während der wirtschaftlichen Selbständigkeit des Unternehmers auf dem gewerblichen Markte die Konkurrenzfreiheit angemessen und zugehörig ist."[13] Diese juristische Sicht der Arbeitsmarktordnung, die von dem Spagat nur das eine Bein sehen will, ist vom *Bundesverfassungsgericht* in langjähriger Rechtsprechung bestätigt und auf die Formel gebracht wor-

---

[10] Vgl. Eucken (1990), S. 43ff., 322f.

[11] Eucken (1990), S. 323.

[12] Siehe zur Verbindung beider den Nachruf Böhms auf Eucken; vgl. Böhm (1950), S. XVff.

[13] Böhm (1933), S. 29. Zu Böhm auch Söllner (1998), S. 21ff., 23ff.

den: „Tarifautonomie ist darauf angelegt, die strukturelle Unterlegenheit der einzelnen Arbeitnehmer beim Abschluß von Arbeitsverträgen durch kollektives Handeln auszugleichen und damit ein annähernd gleichgewichtiges Aushandeln der Löhne und Arbeitsbedingungen zu ermöglichen.“[14]

Damit ist rechtlich schon jeder Versuch zum Scheitern verurteilt, das GWB gegen die Arbeitsmarktkartelle „in Stellung zu bringen“: Als verfassungsrechtliche Kartellerlaubnis für den Arbeitsmarkt schiebt Art. 9 Abs. 3 GG jedes einfache Gesetz zur Seite. Selbst wenn also das Kartellrecht Geltung für den Arbeitsmarkt beanspruchte, wäre es durch die Verfassung hieran gehindert.[15] Es gibt aus rechtlicher Sicht kein absolutes Wettbewerbsprinzip, daß für alle Märkte die Kartellierung verböte. Vor allem aber: Die Ordnungsdiskussion, die in das Kartellverbot mündete, ist stets nur für die Güter- und Dienstleistungsmärkte geführt worden. Für den Arbeitsmarkt bestand bislang stets Einigkeit darüber, daß das Kartellrecht insofern überhaupt keine Geltung beansprucht – eben weil, um es mit Böhm zu sagen, die Koalitionsfreiheit das „Korrelat der wirtschaftlichen Unselbständigkeit“ ist. Der Gesetzgeber hat dies mit der Formulierung des § 1 GWB „Verkehr mit Waren oder gewerblichen Leistungen“ klargestellt.[16] Daß die Neufassung des GWB diese Worte nicht mehr enthält, ändert hieran nichts. Der Versuch, das Kartellverbot des Europäischen Rechts (Art. 81 EGV [Amsterdamer Vertrag], früher Art. 85 EGV) gegen den Tarifvertrag zu richten[17], scheitert bereits daran, daß die Europäische Union keine umfassende Kompetenz für die Arbeitsmarktordnung hat: Sie ist Währungs- und Wirtschaftsunion, nicht aber Sozialunion.

---

[14] BVerfG vom 26.6.1991 – 1 BvR 779/85 – BVerfGE 84, 212, 229 = EzA Art. 9 GG Arbeitskampf Nr 97 = AP Nr 117 zu Art. 9 GG Arbeitskampf unter C I 3 b aa.

[15] Allgemeine Meinung: Richardi (1968), S. 179ff.; Rittner (1995), § 14 Rn. 3; Säcker (1974), S. 455, 463ff.; Däubler (1973), S. 310ff.; Söllner (1998). S. 25f.

[16] Begründung des Regierungsentwurfs bei Müller-Henneberg/Schwartz (1958), S. 1075.

[17] Etwa Wallwitz (1997), S. 73ff. mit Nachweisen.

2 Grundsätzliche Marktkonformität der Arbeitsmarktkartelle

Die „modernen" Forderungen nach mehr Wettbewerb auf dem Arbeitsmarkt zeichnen sich vor allem durch eine bemerkenswerte Geschichtslosigkeit aus. Wer die Geltung des Wettbewerbsprinzips für den Arbeitsmarkt behauptet, muß das belegen. Insbesondere bleibt gänzlich unberücksichtigt, daß dem modernen Kartellrecht und seinem Prinzip des Individualwettbewerbs eine intensive Ordnungsdiskussion vorangegangen ist, die sich mit dem Arbeitsmarkt nicht auseinandergesetzt hat. Der Streit um das Gesetz gegen Wettbewerbsbeschränkungen (GWB) hatte mit der Koalitionsfreiheit nur am Rande zu tun, nämlich insoweit, als die Kartellfreiheit des Art. 9 Abs. 3 GG mit Blick auf die dort erwähnten „Wirtschaftsbedingungen" als Kartellfreiheit auch für Unternehmen auf dem Güter- und Dienstleistungsmarkt behauptet worden ist.[18]

Wer sich ernsthaft rechtsgeschichtlich mit der Entwicklung der Gewerkschaften beschäftigt, kommt an dem zentralen Befund nicht vorbei: Koalitionen und Tarifautonomie haben sich als autonome Selbsthilfe der Arbeitnehmer entwickelt. Nachdem die Gewerbeordnung dem unfreiheitlichen ständisch-korporativen Zunftsystem eine Absage erteilte und die Regelung der Arbeitsbedingungen dem Vertrag – und damit dem Wettbewerb[19] – überantwortet hatte, erwies sich, daß der einzelne Arbeitnehmer nicht in der Lage war, seine Leistung als „freier Unternehmer" in einem „freien Arbeitsvertrag" zu verkaufen.

Die Gewerkschaften sind – wie vor allem Picker beeindruckend herausgearbeitet hat[20] – die systemimmanente liberal-kapitalistische Antwort auf das Machtgefälle gegenüber dem Arbeitgeber. Lujo Brentano hat das so formuliert: „Durch die Koalition bekommt der Arbeiter eine Kontrolle über die Ware auf dem Markte; durch sie wird ihm möglich, seine Ware mit Vorbehalt anzubieten und bei Feststellung ihrer Verkaufsbedingungen mitzusprechen; durch sie also erhält er die Unabhängigkeit anderer Ver-

---

[18] Vgl. Dürig (1955), S. 729ff.; hiergegen bereits Böhm (1933) S. 5ff., 12ff.

[19] Zu dem zu oft übersehenen Zusammenhang vgl. Rittner (1988), S. 101ff.

[20] Vgl. Picker (1997a), S. 113ff.; Picker (1997b), S. 879ff.; Picker (1996), S. 199ff.; ähnlich Konzen (1995), S. 913; Rieble (1996), Rn 1108ff.; Böhm (1933); Briefs (1955), S. 39.

käufer"[21]. Ziel ist also nicht die Vermachtung des Arbeitsmarktes, sondern das Gleichgewicht gegenüber der anderen Marktseite – also anders als Eucken es sah, nicht bloß gegenüber marktmächtigen Arbeitgebern.

Zentrales ökonomisches Instrument ist der Streik als *Verknappung der eigenen Ware*, um den Preis zu steigern[22], also ein marktkonformes Verhalten. Eine individuelle Zurückhaltung der Ware Arbeit macht nur wenig Sinn, in Zeiten der Vollbeschäftigung und für wenige stark nachgefragte Fachkräfte. Erst die Gewerkschaften befähigen den Arbeitnehmer zur effektiven, weil kollektiven Angebotsverknappung.[23]

Die Kartellierung des Arbeitsmarktes ist für die Arbeitnehmer der einzige autonome Weg zur Freiheit. Das übersehen diejenigen, die mit der Wettbewerbswirtschaft vor allem ökonomische Effizienz verfolgen. Effizienz als solche ist aber kein Rechtsprinzip[24] oder ein rechtlicher Wert – anders als die Freiheit[25]. Anders gewendet: Wer den Arbeitnehmern die Koalitionsfreiheit nimmt, um den Arbeitsmarkt dem Individualwettbewerb zu unterwerfen, unterwirft sie vor allem dem Lohndiktat der Arbeitgeber und überantwortet sie der Unfreiheit. Das wiederum wäre keine marktwirtschaftliche Ordnung, weil diese Vertragsfreiheit voraussetzt.[26]

Die Koalitionsfreiheit erweist sich vor allem als *Absage an die Staatsintervention* – an sich im Sinne Walter Euckens[27]: Denn die Unterlegenheit der Arbeitnehmer könnte von der Rechtsgemeinschaft keinesfalls hingenommen werden. Die Alternative zum Tariflohn ist der staatlich festgesetzte Mindestlohn[28] – und keinesfalls ein markträumender Unterbietungswettbewerb der Arbeitnehmer. Das rechtliche Instrumentarium für einen vom Staat festgesetzten Lohn ist vorhanden: Das Gesetz über die Festsetzung von Mindestarbeitsbedingungen aus dem Jahr 1952 ermöglicht das, anerkennt aber in seinem § 1 Abs. 1 den Vorrang des Tarifver-

[21] Brentano (1877), S. 216.
[22] Vgl. Legien (1911), S. 25; Hüber (1931), S. 73.
[23] Vgl. Külp (1969), S. 30f.; Heenen (1988), S. 66ff., 68.
[24] Vgl. Eidenmüller (1995).
[25] Vgl. Hoppmann (1993).
[26] Vgl. Eucken (1990), S. 275ff. insbesondere mit Blick auf die Fabrikarbeiter; siehe auch Böhm (1950), S. XLVIIIf. und Hoppmann (1966), S. 286ff., 289 zur Freiheit des Wettbewerbs.
[27] Vgl. Eucken (1990), S. 336f.; siehe auch Böhm (1950), S. XXIXf.
[28] So in der Tat die Forderung Euckens (1990), S. 304.

trags und beschränkt den Staat in Abs. 2 auf den Fall, daß Gewerkschaften oder Arbeitgeberverbände entweder nicht bestehen oder nur eine Minderheit der Arbeitnehmer oder Arbeitgeber organisieren.

Selbst die Allgemeinverbindlicherklärung (des § 5 TVG) erlaubt dem Staat keine inhaltliche Festsetzung von Löhnen und anderen Arbeitsbedingungen, sondern nur die Erstreckung der von den Tarifparteien autonom ausgehandelten Arbeitsbedingungen auf die Außenseiter. Eben weil die Koalitionsfreiheit eine Absage an die Staatsintervention ist, ist das Arbeitnehmer-Entsendegesetz ordnungspolitisch wie verfassungsrechtlich angreifbar.[29] Daß die Koalitionsfreiheit vor allem eine Absage an die Staatsintervention ist, zeigt sich an den ungeschriebenen Koalitionsvoraussetzungen des Art. 9 Abs. 3 GG: Koalitionen müssen notwendig staatsfrei und staatsunabhängig sein.

3 Machtbegrenzung als zentrale Aufgabe

3.1 Das Paritätsproblem

Läßt sich das ordnungspolitische „Ob" der Arbeitsmarktkartellierung nicht bestreiten, muß sich das Augenmerk mit Eucken auf die Gefahr richten, daß die Gewerkschaften über den Ausgleich des Machtdefizits hinaus ein Machtübergewicht erlangen. Dieses wäre in der Tat von dem Schutzanliegen der Koalitionsfreiheit nicht mehr gedeckt: „Niemand darf mehr oder weniger wirtschaftliche Macht besitzen, als notwendig ist, um eine Wettbewerbsordnung zu verwirklichen."[30]

Wenn die Koalitionsfreiheit auf ein Machtgleichgewicht – also auf Vertragsparität – zielt, so bedürfte es zuerst einer Diagnosemethode, um eine Übermacht der Gewerkschaften feststellen zu können. Sie fehlt.

Aus der Diskussion um Vertragsstörungen wissen wir, daß es keine Meßmethode gibt, die Parität oder Imparität zuverlässig ermitteln kann.

Zöllner sagt mit Recht: „Wer von Ungleichgewichtslage redet, müßte zumindest in intellektuell einigermaßen nachvollziehbarer Weise angeben können, was unter dem Gewicht eines Vertragspartners zu verstehen ist,

---

[29] Dazu näher Löwisch (2000), S. 221ff.

[30] Eucken (1990), S. 376.

wonach es bestimmt oder womit es gemessen werden kann. Daran fehlt es indessen völlig."[31] Weder läßt sich der Machtgehalt einer Verhandlungsposition ermitteln – was bei Gewerkschaften mit dem zusätzlichen Problem belastet wäre, daß nach dem Verhandlungspartner (unterschiedliche Arbeitgeberverbände oder der einzelne Arbeitgeber im Rahmen von Haustarifverhandlungen) differenziert werden müßte – noch läßt sich das Verhandlungsergebnis positiv auf Richtigkeit überprüfen. Wenn eine rechtliche Instanz in der Lage wäre, einen Tarifvertrag oder eine Tarifforderung oder einen Arbeitskampf auf inhaltliche Richtigkeit zu überprüfen, dann bedürfte es keiner vertraglichen Einigung mehr. Der „gerechte Preis" ließe sich durch den Walrasianischen Auktionator festsetzen. Daran ist letztlich auch das Marktstrukturkonzept des GWB gescheitert: Es gibt keine richtige Marktstruktur und keine feststellbare konkrete optimale Wettbewerbsintensität.

3.2 Machtausgleich nach dem Gegenmachtprinzip

Während das Wettbewerbsprinzip mit seinem (überholten) Leitbild vollkommener Konkurrenz auf vollständige Entmachtung durch Wettbewerb zielt, versucht das Gegenmachtprinzip der Koalitionsfreiheit den Machtausgleich.[32] Das ist der tiefere Grund dafür, daß auch die Arbeitgeber zur Kartellierung auf dem Arbeitsmarkt befugt sind: Denn das soziale Schutzanliegen der Koalitionsfreiheit ließe sich bereits dadurch verwirklichen, daß nur den Arbeitnehmern die Bildung von Kartellmacht gestattet wird. Die Koalitionsfreiheit ist aber ein Grundrecht ebenso der Arbeitgeberseite. Die einzelnen Arbeitgeber sollen sich – wenn sie sich durch die Übermacht der Gewerkschaft bedroht fühlen – zur „Gegen-Gegenmacht" verbinden können. Das gegenseitige Vermachtungsstreben soll dann, so das simple Prinzip, zu einem hochgerüsteten Kräftegleichgewicht führen.[33]

---

31 Zöllner (1992), S. 85, 113f.

32 Vgl. allgemein zum Gegenmachtprinzip Bartholomeyczik (1966), S. 30; Galbraith (1956); dazu, daß selbst das Kartellrecht Gegenmachtbildung unterlegener kleiner und mittlerer Unternehmen zuläßt Moog (1980); zu den früheren Abwehrkartellen Callmann (1934), S. 94f.

33 Zu den collective-bargaining-Theorien nur Külp (1977).

Diese „Gegenmacht im bilateralen Monopol“ sei – so Franz Böhm – die gegenüber der vollkommenen Konkurrenz nächst gerechte Marktform[34] – eine Einschätzung, die Ökonomen aufnehmen, wenn sie möglichst zentralistischen oder aber dezentralen Lohnfindungsverhandlungen Effizienz zusprechen.[35]

In der Tat: Wenn Gewerkschaften und Arbeitgeberverbände in etwa gleich stark sind und ihnen der Interessenausgleich im Tarifvertrag gelingt, dann funktioniert das System. Der Tarifvertrag ist mitnichten kritikwürdiges Kartell, wie manche seiner Kritiker meinen[36], weil er anders als dieses nicht auf einseitige Machtdurchsetzung, sondern auf gerechten Ausgleich nach dem Vertragsprinzip ausgerichtet ist.

Daß die Gegenmachtbildung als zweitbeste Lösung sich am Arbeitsmarkt durchgesetzt hat, liegt daran, daß die erstbeste Lösung des Wettbewerbs an der Marktschwäche der Arbeitnehmer scheitert. Sowenig freilich der Wettbewerb als solcher stets zu vernünftigen Marktverhältnissen führt, sowenig kann dem Gegenmachtprinzip vertraut werden. Weder ist sichergestellt, daß sich erforderliche Gegenmacht bildet, noch daß sie nicht in Übermacht umschlägt. Aber diese Gefahren sind der Preis, den die Rechts- und Wirtschaftsordnung dafür bezahlen muß, daß auf dem Arbeitsmarkt die Wettbewerbswirtschaft als erstbeste Lösung ausscheidet.

Entscheidend kommt es deshalb darauf an, wie die Arbeitsmarktordnung mit den Gefahren des Gegenmachtprinzips umgeht.

Bevor jedenfalls die Tarifautonomie als solche in Frage gestellt und damit notwendig nach der Verfassungsänderung gerufen wird, ist es erforderlich, systemkonforme Machtbegrenzungen zu erproben.

3.3 Machtbegrenzung durch den Restwettbewerb auf dem Arbeitsmarkt

Wettbewerbsprinzip wie Gegenmachtprinzip leiden unter einer Sehschwäche: Erstere konzentriert sich horizontal auf die eigene Marktseite

---

34 Vgl. Böhm (1956), S. 173, 185; kritisch insofern Eucken (1990), S. 171.

35 Vgl. Calmfors/Driffill (1988), S. 13; dazu Külp (1996), S. 153; Berthold/Fehn (1996), S. 57ff.; Schmidt (1996), S. 95ff.

36 Symptomatisch Reuter (1995), S. 2: „ganz selbstverständlich ein Kartell“; hiergegen auch Söllner (1998), S. 22ff.

und blendet das Gegenüber aus – letztere betrachtet nur vertikal die nächste Marktstufe und ignoriert den horizontalen Wettbewerb. Wer aber die Vermachtung des Arbeitsmarktes kritisiert, muß zuerst die *entmachtende Funktion des Wettbewerbs* fruchtbar machen. Schon die gelegentliche Formulierung vom bilateralen Monopol blendet den durchaus vorhandenen Wettbewerb aus. Abgesehen von dem internationalen Wettbewerb, der mit den deutschen Unternehmen auch ihre Arbeitnehmer und deren Gewerkschaften unter Konkurrenzdruck stellt, ist auf dem deutschen Arbeitsmarkt Wettbewerb auf drei Ebenen zu verzeichnen:

An erster Stelle steht der selten gesehene *Wettbewerb zwischen den Verbänden*: Keineswegs sind alle Gewerkschaften und Arbeitgeberverbände sauber in ihrem Einzugsbereich voneinander geschieden; sie machen sich vielmehr teils heftige Konkurrenz um Mitglieder. Als evolutorisches Verfahren könnte gerade der Wettbewerb zwischen Tarifvertragsparteien wirken: Nicht diejenige Gewerkschaft wäre in diesem Wettbewerb erfolgreich, die die höchsten Tariflöhne aushandelt, sondern diejenige, die ihren Mitgliedern sichere Arbeitsplätze verschafft.

Die Rechtsordnung sichert diesen Wettbewerb nicht. Wettbewerbsbeschränkende Absprachen zwischen Verbänden sind als solche nicht verboten, noch findet eine Verschmelzungskontrolle statt. Im Gegenteil: Die Rechtsprechung des BAG behindert diesen Koalitions- oder Kollektivwettbewerb[37], indem sie bislang die Geltung unterschiedlicher Tarifverträge in einem Betrieb durch den Grundsatz der Tarifeinheit unterbindet; vor allem aber, indem sie neuerdings den Wettbewerb zwischen DGB-Gewerkschaften mit Hilfe der DGB-Satzung beschränkt.[38]

An zweiter Stelle steht die *Konkurrenz zwischen individueller und kollektiver Marktteilnahme*. Sie wird durch ein effektives Eintritts- und Austrittsrecht[39] gesichert: Die Aufnahme in Gewerkschaften und Arbeitgeberverbände wird durch einen Aufnahmeanspruch gesichert – übrigens in ausdrücklicher Parallele zu den Monopolverbänden – das Austrittsrecht

37 Näher zu ihm Rieble (1996), Rn 1778ff.

38 BAG vom 12.11.1996 – 1 ABR 33/96 – EzA § 2 TVG Tarifzuständigkeit Nr 6 = AP Nr 11 zu § 2 TVG Tarifzuständigkeit = NZA 1997, 609; hierzu kritisch Rieble (1996), Rn 1832ff.

39 Zu diesem Erfordernis vgl. Mestmäcker (1992), S. 19ff.; Olson (1992), S. 35ff.; Vanberg (1982), S. 123ff., 161ff.

ist durch eine Verkürzung der gesetzlichen Höchstaustrittsfrist von zwei Jahren auf sechs Monate scharf gemacht. Damit ist die Kartellflucht möglich; zumindest der potentielle Wettbewerb ist gesichert. Daß mit dem Austritt nicht sofort die Tarifbindung erlischt, diese vielmehr nach § 3 Abs. 3 TVG für die Laufzeit des Tarifvertrages erhalten bleibt, ist nur Ausdruck der Vertragstreuepflicht, die jedem marktwirtschaftlichen System eignet. Die Vorschrift koppelt die Tariferfüllungspflicht von dem Fortbestand der Mitgliedschaft ab und erlaubt gerade hierdurch den schnellen Austritt. Fehlte sie, so müßten Mindestaustrittsfristen normiert werden, weil jeder Tarifvertrag dann durch Beendigung der Mitgliedschaft unterlaufen werden könnte. Der Tarifvertrag büßte seine Bindungskraft weithin ein. Eine andere Frage ist es, wie lange diese Vertragsbindung ohne Mitgliedschaft dauern muß. In der Literatur wird eine Begrenzung auf ein Jahr gefordert[40], was nicht bloß die Kartellflucht und damit die Flucht vor künftigen Tarifverträgen, sondern gerade die Flucht aus dem aktuell geltenden Tarifvertrag effektiver machte und diesen so einer entmachtenden Akzeptanzkontrolle unterwürfe.

Dieser zumindest potentielle „Außenseiter"-Wettbewerb wird vom Staat – bislang nur vereinzelt – durch die Allgemeinverbindlicherklärung vereitelt. Wie das Arbeitnehmer-Entsendegesetz zeigt, streben die Gewerkschaften, teils aber auch die Arbeitgeberverbände, verstärkt nach dieser Form der Staatshilfe im Wettbewerb gegenüber Außenseitern, moralisch scheinlegitimiert durch den Vorwurf des Lohn- und Sozialdumping.[41] Dabei ist dieser Wettbewerb im System der Koalitionsfreiheit gerade angelegt: Derjenige Arbeitgeber, der dem tarifschließenden Arbeitgeberverband fernbleibt und auch keinen Haustarifvertrag mit der Gewerkschaft abschließt, ist frei darin, mit seinen Arbeitnehmern Arbeitsbedingungen unterhalb des Tarifniveaus abzuschließen. Freilich scheint dieser Wettbewerb nur wenig entmachtende Kraft auszuüben: Es ist unerklärlich, weshalb nicht eine nennenswerte Anzahl kleinerer Unternehmen gering qualifizierte Arbeitnehmer zu Löhnen von 20 – 30 % unter Tarif beschäftigt. Offenbar scheint es bequemer, solche Arbeiten ins Ausland zu verlagern – oder im Wege der Leiharbeit zu vergeben.

Jedenfalls im Entgeltbereich sollte künftig von der Allgemeinverbindlicherklärung abgesehen werden. Die Rechtsprechung garantiert inzwischen

---

40 Siehe Rieble (1996), Rn 1557; Konzen (1995), S. 913, 920.

41 Siehe Gerken u. a. (1995), S. 2370.

über das Lohnwucherverbot ein Mindestentgelt, das sich zwischen 50 und 70 % des üblichen Lohnniveaus bewegt.[42] Die Allgemeinverbindlicherklärung wird insofern überflüssig; ein abgesenktes Mindestlohnniveau gestattet den Unterbietungswettbewerb.

Drittens begrenzt das sogenannte *Günstigkeitsprinzip* die wettbewerbsbeschränkende Wirkung des Tarifvertrages: Dem Tarifvertrag sind – entsprechend seinem Schutzzweck – nur Mindestarbeitsbedingungen, nicht aber Höchstarbeitsbedingungen gestattet. Das Günstigkeitsprinzip kann zwar nicht dazu genutzt werden, durch Zusage einer Arbeitsplatzsicherung jedwede Tarifunterschreitung zu rechtfertigen. Das „Ob" des Arbeitsplatzes kann mit dem „Wie" der Arbeitsbedingungen nicht verglichen werden.[43] Immerhin kann das Günstigkeitsprinzip zu einer moderaten Flexibilisierung der Tarifbedingungen, insbesondere in Arbeitszeitfragen genutzt werden.[44]

3.4 Machtbegrenzung durch staatliche Mißbrauchskontrolle

Wo (wirtschaftliche) Macht nicht zu verhindern ist, muß sie einer Mißbrauchskontrolle unterworfen werden. Diese dem Kartellrecht (vgl. § 20 GWB) geläufige Erkenntnis[45] läßt sich unschwer auf die Kartelle des Arbeitsmarktes übertragen: Namentlich Mestmäcker verlangt, daß der Staat dort eingreift, „wo die Gefahr besteht, daß Tarifverträge die wirtschaftliche Bewegungsfreiheit der Beteiligten in unbilliger Weise einschränken oder eine durch die Tarifautonomie begründete Stellung auf dem Arbeitsmarkt mißbraucht wird. Dies sind Kriterien, die der Aufsicht über erlaubte Kartelle nachgebildet sind."[46] Insbesondere seitdem sich beim Bundesarbeitsgericht die Erkenntnis durchsetzt, daß die Tarifauto-

---

[42] BGH vom 22.4.1997 – 1 StR 701/96 – BGHSt 43, 53 = EzA § 302a StGB Nr. 1 = AP Nr 52 zu § 138 BGB = NZA 1997, 1167; LAG Berlin vom 6.2.1998 – 6 Sa 145/97 – NZA-RR 1998, 392.

[43] BAG vom 20.4.1999 – 1 ABR 72/98 – NZA 1999, 887 = DB 1999, 1555 unter III 1 b insbesondere gegen Adomeit (1984), S. 26.

[44] Näher Rieble (1996), Rn 1592ff. mit Nachweisen.

[45] Siehe bereits Eucken (1990), S. 171ff. zur Kartellverordnung 1923.

[46] Mestmäcker (1992), S. 37ff., 42, 44; ähnlich Reuter (1995), S. 1ff., 36ff.; weitergehend Sölter (1985), S. 161ff., insbesondere S. 185ff. mit der Forderung nach einem Arbeitskartellamt.

nomie kollektive Privatautonomie bedeutet[47] und die Grundrechte deshalb zum Schutz der von der Tarifmacht Bedrohten mittelbar anzuwenden sind, ist der Weg zu einer Mißbrauchskontrolle dieser privaten Macht erleichtert. Freilich darf nicht verschwiegen werden, daß die Wertung eines Mißbrauchs erheblichen Schwierigkeiten ausgesetzt ist. Denn die Gerichte müßten einen hypothetischen, nicht-mißbräuchlichen Tarifvertrag simulieren, um vor seinem Hintergrund den Mißbrauch zu erkennen. Diese „Als-Ob-Betrachtung" funktioniert schon im Kartellrecht nicht, weil sich hypothetische Wettbewerbsverhältnisse nicht simulieren lassen.[48] Für den Tarifvertrag läuft das auf eine verfassungswidrige Anmaßung von Tarifautonomie durch staatliche Stellen hinaus, auf eine „Tarifzensur".[49]

Was möglich bleibt, zeigt die neue Lohnabstands-Entscheidung des BVerfG auf: Das Bundesverfassungsgericht hat es gebilligt, daß der Staat Lohnsubventionen an die Vereinbarung von untertariflichen Entgelten knüpft und damit in die Tarifautonomie eingreift. Das sei aber durch das Gemeinwohlinteresse an der Schaffung zusätzlicher Arbeitsplätze in Zeiten hoher Arbeitslosigkeit gerechtfertigt[50]. Zugleich hat das BVerfG aber (meines Erachtens zu Unrecht) betont, daß die Arbeitslosigkeit als solche keine allgemeinen staatlichen Tariföffnungsklauseln, etwa als abgesenkte Einsteigertarife für Langzeitarbeitslose rechtfertigen könne.

4 Fazit

Die Möglichkeiten zur Verordnung einer Wettbewerbswirtschaft auf dem Arbeitsmarkt sind begrenzt. Das von Walter Eucken wenigstens im Prinzip gebilligte Gegenmachtprinzip hat – mit gutem Grund – Verfassungsrang und kann nur durch eine Verfassungsänderung beseitigt werden. Rechtlich möglich ist nur die Sicherung des Restwettbewerbes auf dem

47 BAG vom 11.3.1998 – 7 AZR 700/96 – EzA § 620 BGB Altersgrenze Nr 8 = AP Nr 12 zu § 1 TVG Tarifverträge: Luftfahrt = NZA 1998, 716; dazu Dieterich (1998), S. 117ff. mit Nachweisen.

48 Siehe BGH vom 21.2.1995 – KVR 4/94 [Weiterverteiler] – NJW 1995, 1894 = WuW/E BGH 2967 = JZ 1995, 962 mit Anmerkung Mestmäcker.

49 Insofern zutreffend Söllner (1998), S. 27.

50 BVerfG vom 27.4.1999 – 1 BvR 2203/93 und 897/95 – NJW 1999, 3033 = NZA 1999, 992.

Arbeitsmarkt, vor allem der Verbände untereinander und der tarifunterschreitenden „Außenseiter".

Ansonsten bleibt die Hoffnung, daß auch die Tarifparteien die Folgen ihres Tuns als Bedrohung empfinden: Gerade Gewerkschaften werden von den Folgen der Arbeitslosigkeit getroffen – durch Mitgliederschwund und durch die höheren Beiträge zur Arbeitslosenversicherung, die den Nettolohn schmälern und die Belastbarkeit der Unternehmen mindert. Gerade Gewerkschaften als kapitalismuskonforme Arbeitsmarktkartelle sind darauf angewiesen, „daß die Unternehmungen sich rentieren."[51] Der Umstand, daß sich in Deutschland Arbeitsmarktsegmente etablieren, in denen der Tarifvertrag keine ordnende Funktion erfüllt, weil nur eine Minderheit von Unternehmen und Beschäftigten tarifgebunden ist,[52] sollte einen mäßigenden Anreiz auf die Tarifparteien ausüben.

---

51 Briefs (1955), S. 39.
52 Siehe ZEW-Branchenreport (1999).

Literaturverzeichnis

Adomeit, K. (1984)
Das Günstigkeitsprinzip – neu verstanden, in: *Neue juristische Wochenschrift*, 37. Jg., S. 26 – 27.

Bartholomeyczik, H. (1966)
Äquivalenz, Waffengleichheit und Gegengewichtsprinzip, in: *Archiv für civilistische Praxis*, Bd. 166, S. 30 – 75.

Berthold, N. (1987)
Lohnstarrheit und Arbeitslosigkeit, Schriftenreihe des Instituts für Allgemeine Wirtschaftsforschung der Albert-Ludwigs-Universität Freiburg, Bd. 25, Freiburg: Haufe.

Berthold, N./ Fehn, R. (1996)
Evolution von Lohnverhandlungssystemen – Macht oder ökonomisches Gesetz?, in: Zohlnhöfer, W. (Hrsg.): *Die Tarifautonomie auf dem Prüfstand*, Berlin: Duncker & Humblot, S. 57 – 94.

Berthold, N./ Hank, R. (1999)
Bündnis für Arbeit: Korporatismus statt Wettbewerb, Beiträge zur Ordnungstheorie und Ordnungspolitik, Bd. 159, Tübingen: Mohr (Paul Siebeck).

Böhm, F. (1933)
Kartelle und Koalitionsfreiheit, Berlin: Heymann.

Böhm, F. (1950)
Die Idee des ORDO im Denken Walter Euckens, in: *Ordo*, Bd. 3, S. XV – LXIV.

Böhm, F. (1956)
Verstößt ein gesetzliches Kartellverbot gegen das Grundgesetz?, in: *Wirtschaft und Wettbewerb*, Bd. 6, S. 173 – 187.

Brandt, K. (1996)
Wettbewerb und Macht auf dem Arbeitsmarkt. Lehren aus der Dogmengeschichte, in: Külp, B. (Hrsg.): *Arbeitsmarkt und Arbeitslosigkeit*, Schriftenreihe des Instituts für Allgemeine Wirtschaftsforschung der Albert-Ludwigs-Universität Freiburg, Bd. 56, Freiburg: Haufe, S. 43 – 64.

Brentano, L. (1877)
Das Arbeitsverhältnis gemäß dem heutigen Recht, Leipzig: Duncker & Humblot.

Briefs, G. (1955)
Das Gewerkschaftsproblem gestern und heute, Frankfurt a. M.: Knapp.

Callmann, R. (1934)
Das Deutsche Kartellrecht, Berlin: Philo.

Calmfors, L./Driffill, J. (1988)
Bargaining Structure, Corporatism and Macroeconomic Performance, in: *Economic Policy*, Bd. 3, S. 13 – 61.

Däubler, W. (1973)
Das Grundrecht auf Mitbestimmung und seine Realisierung durch tarifvertragliche Begründung von Beteiligungsrechten, Frankfurt a. M.: Europäische Verlagsanstalt.

Deregulierungskommission (1991)
Marktöffnung und Wettbewerb, Stuttgart: Poeschel.

Dieterich, T. (1998)
Die Grundrechtsbindung von Tarifverträgen, in: Schlachter, M. (Hrsg.): *Tarifautonomie für ein neues Jahrhundert*, Festschrift für Günter Schaub zum 65. Geburtstag, München: Beck, S. 117 – 134.

Dürig, G. (1955)
Art. 9 Grundgesetz in der Kartellproblematik, in: *Neue juristische Wochenschrift*, 8. Jg., S. 729 – 733.

Eidenmüller, H. (1995)
Effizienz als Rechtsprinzip: Möglichkeiten und Grenzen der ökonomischen Analyse des Rechts, Tübingen: Mohr (Paul Siebeck).

Eucken, W. (1990)
Grundsätze der Wirtschaftspolitik, 6. Auflage, Tübingen: Mohr (Paul Siebeck).

Fels, G. (1988)
Tarifautonomie und Arbeitsmarkt, in: Streit, M.E. (Hrsg.): *Wirtschaftspolitik zwischen ökonomischer und politischer Rationalität*, Festschrift für Herbert Giersch, Wiesbaden: Gabler, S. 211 – 222.

Franz, W. (1994)
Arbeitsmarktökonomik, 2. Auflage, Berlin u. a.: Springer.

Galbraith, J.K. (1956)
American Capitalism. The Concept of Countervailing Power, 2. Auflage, Boston: Houghton Mifflin.

Gerken, L./ Löwisch, M./ Rieble, V. (1995)
Der Entwurf eines Arbeitnehmerentsendegesetzes (AentG) in ökonomischer und rechtlicher Sicht, in: *Betriebs-Berater*, 50. Jg., S. 2370 – 2375.

Heenen, N. (1988)
Kampfparität und bilaterales Monopol, Heidelberg: Decker u. Müller.

Hoppmann, E. (1966)
Das Konzept der optimalen Wettbewerbsintensität, in: *Jahrbücher für Nationalökonomie und Statistik*, Bd. 179, S. 286 – 323.

Hoppmann, E. (1993)
Prinzipien freiheitlicher Wirtschaftspolitik, Vorträge und Aufsätze/Walter Eucken Institut, Bd. 139, Tübingen: Mohr (Paul Siebeck).

Hüber, R. (1931)
Der Kartellcharakter von Gewerkschaft und Arbeitgeberverband, Berlin: Hobbing.

Knapp, H. (1980)
Symposium zum zehnjährigen Bestehen der Zeitschrift für Arbeitsrecht, Diskussion, in: *Zeitschrift für Arbeitsrecht*, 11. Jg., S. 401 – 416.

Konzen, H. (1995)
Tarifautonomie zwischen Akzeptanz und Kritik, in: *Neue Zeitschrift für Arbeitsrecht*, 12. Jg., S. 913 – 920.

Külp, B. (1969)
Streik und Streikdrohung: ihre Rolle in der Volkswirtschaft und im Sozialprozeß, Berlin: Berlin-Verlag.

Külp, B. (1977)
Der Lohnfindungsprozeß der Tarifpartner: Bestimmungsgründe, Auswirkungen, Reformvorschläge, Darmstadt: Wissenschaftliche Buchgesellschaft.

Külp, B. (1996)
Die Bedeutung des Zentralisierungsgrades der Tarifverhandlungen für den Beschäftigungsgrad, in: Külp, B. (Hrsg.): *Arbeitsmarkt und Arbeitslosigkeit*, Schriftenreihe des Instituts für Allgemeine Wirtschaftsforschung der Albert-Ludwigs-Universität Freiburg, Bd. 56, Freiburg: Haufe, S. 153 – 172.

Legien, C. (1911)
Die deutsche Gewerkschaftsbewegung, 2. Auflage, Berlin: Verlag der sozialistischen Monatshefte.

Löwisch, M. (2000)
Das Arbeitnehmer-Entsendegesetz – ein ordnungspolitischer und rechtlicher Irrweg, in: Külp, B., Vanberg, V. (Hrsg.): *Freiheit und wettbewerbliche Ordnung*: Gedenkband zur Erinnerung an Walter Eucken, Freiburg: Haufe, S. 221 – 246.

Mestmäcker, E.-J. (1992)
Organisationen in spontanen Ordnungen, Freiburg: Haufe.

Monopolkommission (1994)
10. Hauptgutachten 1992/1993: *Mehr Wettbewerb auf allen Märkten*, Baden-Baden: Nomos.

Moog, R. (1980)
Die Bildung gegengewichtiger Marktmacht nach dem GWB, Berlin: Duncker & Humblot.

Möschel, W. (1995)
Tarifautonomie – ein überholtes Ordnungsmodell? in: *Wirtschaft und Wettbewerb*, Bd. 45, S. 704 – 713.

Olson, M. (1992)
Die Logik des kollektiven Handelns, 3. Auflage, Tübingen: Mohr (Paul Siebeck).

Picker, E. (1986)
Die Regelung der „Arbeits- und Wirtschaftsbedingungen" – Vertragsprinzip oder Kampfprinzip, in: *Zeitschrift für Arbeitsrecht*, 17. Jg., S. 199 – 339.

Picker, E. (1997a)
Die Tarifautonomie in der deutschen Arbeitsverfassung, in: Walter-Raymond-Stiftung (Hrsg.): *Tarifautonomie – Informationsgesellschaft – globale Wirtschaft*, Köln: Bachem, S. 113 – 162.

Picker, E. (1997b)
Ursprungsidee und Wandlungstendenzen des Tarifvertragswesens. Ein Lehrstück zur Privatautonomie am Beispiel Otto v. Gierkes, in: Schön, W. (Hrsg.): *Gedächtnisschrift für Brigitte Knobbe-Keuk*, Köln: Schmidt, S. 879 – 953.

Reuter, D. (1995)
Möglichkeiten und Grenzen einer Auflockerung des Tarifkartells, in: *Zeitschrift für Arbeitsrecht*, 26. Jg., S. 1 – 94.

Richardi, R. (1968)
Kollektivgewalt und Individualwille bei der Gestaltung des Arbeitsverhältnisses, München: Beck.

Rieble, V. (1996)
Arbeitsmarkt und Wettbewerb, Berlin u. a.: Springer.

Rittner, F. (1995)
Wirtschaftsrecht, 5. Auflage, Heidelberg: Müller.

Rittner, F. (1988)
Über das Verhältnis von Vertrag und Wettbewerb, in: *Archiv für civilistische Praxis*, Bd. 188, S. 101 – 139.

Säcker, F.J. (1974)
Streikhilfeabkommen und Kartellrecht, in: *Zeitschrift für das gesamte Handelsrecht und Wirtschaftsrecht*, Bd. 137, S. 455 – 481.

Schmidt, P.-G. (1996)
Strukturmerkmale des Arbeitsmarktes und gesamtwirtschaftliche Stabilität, in: Zohlnhöfer, W. (Hrsg.): *Die Tarifautonomie auf dem Prüfstand*, Berlin: Duncker & Humblot, S. 95 – 148.

Söllner, A. (1998)
Der Flächentarifvertrag – ein Kartell?, in: *Jahrbuch für das gesamte Arbeitsrecht*, Bd. 35, S. 21 – 32.

Sölter, A. (1985)
Arbeitslosigkeit und Tarifautonomie, Stuttgart: Schäffer.

Statistisches Bundesamt (1998)
Statistisches Jahrbuch 1998 für die Bundesrepublik Deutschland, Stuttgart: Metzler-Poeschel.

Vanberg, V. (1982)
Markt und Organisation, Tübingen: Mohr (Paul Siebeck).

Wallwitz, S. v. (1997)
Tarifverträge und die Wettbewerbsordnung des EG-Vertrages, Frankfurt a. M.: Lang.

Zentrum für Europäische Wirtschaftsforschung GmbH (ZEW) (1999)
ZEW-Branchenreport: Dienstleistungen, Nr. 2, Mannheim: ZEW.

Zöllner, W. (1992)
Inhaltsfreiheit bei Gesellschaftsverträgen, in: Lutter, M., Ulmer, P., Zöllner, W. (Hrsg.): *Festschrift 100 Jahre GmbH-Gesetz*, Köln: Schmidt, S. 85 – 125.

Das Arbeitnehmer-Entsendegesetz – ein ordnungspolitischer und rechtlicher Irrweg

Manfred Löwisch

1 Einleitung

Euckens Grundsätze der Wirtschaftspolitik[1] sind vor dem Hintergrund einer nationalen Volkswirtschaft formuliert. Sie beanspruchen aber in gleicher Weise Geltung für eine die nationalen Grenzen überschreitende Wirtschaft, wie wir sie in Gestalt der Europäischen Wirtschaftsgemeinschaft und darüber hinaus in der immer mehr miteinander verwachsenden Weltwirtschaft vor uns haben. Sie haben sogar, wie Mestmäcker in seinem Vorwort zur Neuausgabe 1990 betont hat, einen wesentlichen Beitrag dazu geleistet, daß die Europäische Gemeinschaft auf der Grundlage einer marktwirtschaftlichen Wirtschaftsverfassung zum Modell für ein zukünftiges gesamteuropäisches Wirtschaftssystem geworden ist.[2]

Auf der anderen Seite muß sich die marktwirtschaftliche Wirtschaftsverfassung auch in ihrem gesamteuropäischen Kontext immer wieder behaupten. Dirigistische Versuchungen, vor allem in Form der von Eucken so treffend kritisierten „Mittelwege“[3], müssen abgewehrt werden. Der ordnungspolitische Rahmen muß dem europaweiten Charakter des Systems entsprechend neu justiert werden – und zwar ohne schädliche Rückwirkungen auf die nationalen Wirtschaftsordnungen.

All das gilt auch für die Sozialpolitik, der Eucken einen Abschnitt des 4. Buches seiner Grundsätze der Wirtschaftspolitik gewidmet hat.[4] Auch deren Strukturen und Zusammenhänge mit Wirtschaftsordnung und Wirtschaftspolitik im übrigen sind unter europäischen Gesichtspunkten neu zu durchdenken. Dazu will die nachfolgende Untersuchung einen kleinen

---

1 Vgl. Eucken (1952), Neuausgabe 1990.

2 Vgl. Eucken (1990), S. XVI.

3 Eucken (1990), S. 140ff.

4 Vgl. Eucken (1990), S. 312ff.

Beitrag leisten. Ihr Gegenstand ist das Arbeitnehmer-Entsendegesetz oder, wie es im vollen Wortlaut heißt, das „Gesetz über zwingende Arbeitsbedingungen bei grenzüberschreitenden Dienstleistungen“. Nach einem Überblick über den Inhalt des Gesetzes (2) soll zunächst die ordnungspolitische Problematik der Regelungen erörtert (3) und sodann ihre weitgehende Unvereinbarkeit mit dem Europarecht, insbesondere seinen Grundfreiheiten (4), aber auch mit dem deutschen Verfassungsrecht dargelegt werden (5).

2 Inhalt des Arbeitnehmer-Entsendegesetzes

2.1 Vorbemerkung: Gang der Gesetzgebung

Nachdem schon in der 12. Legislaturperiode im Zusammenhang mit dem damaligen Vorschlag des Rates der Europäischen Gemeinschaften für eine Entsende-Richtlinie[5], dem Entwurf des Bundesrates für ein Gesetz zur Bekämpfung von Lohndumping[6] und einem Antrag der SPD-Bundestagsfraktion „Mißbrauch ausländischer Werkvertrags- und Saisonarbeitnehmer, Lohn- und Arbeitsrechtsdumping und verstärkte Verfolgung illegaler Beschäftigungsverhältnisse durch die Bundesanstalt für Arbeit und die Hauptzollämter“[7] die Angleichung der Arbeitsbedingungen in Deutschland arbeitender ausländischer Arbeitnehmer an diejenigen deutscher Arbeitnehmer heftig diskutiert worden war, ist es in der 13. Legislaturperiode zum Erlaß eines Gesetzes „über zwingende Arbeitsbedingungen bei grenzüberschreitenden Dienstleistungen“, dem Arbeitnehmer-Entsendegesetz, gekommen.[8] Es bestimmte in seiner ursprünglichen Fassung:

> – Die Rechtsnormen eines für allgemeinverbindlich erklärten Tarifvertrags des Baugewerbes sind auch auf ein Arbeitsverhältnis zwischen einem Arbeitgeber mit Sitz im Ausland und seinen im Inland beschäftigten Arbeitnehmern zwingend anzuwenden, wenn und soweit der Tarifvertrag ein für alle unter seinen Geltungsbereich fallenden Arbeitnehmer einheitliches Mindestentgelt enthält und auch inländische Arbeitgeber,

---

5 Vgl. Ratsdokument 7322/91.

6 Vgl. BT-Drucksache 12/1060.

7 Vgl. BT-Drucksache 12/3299.

8 Vgl. Gesetz vom 26.02.1996, BGBl. I S. 227.

die ihren Sitz außerhalb des räumlichen Geltungsbereichs dieses Tarifvertrags haben, ihren im räumlichen Geltungsbereich des Tarifvertrages beschäftigten Arbeitnehmern mindestens diese am Arbeitsort geltende tarifvertragliche Arbeitsbedingung gewähren müssen.

– Das gleiche gilt für Rechtsnormen eines für allgemeinverbindlich erklärten Tarifvertrages, die die Dauer des Erholungsurlaubs, das Urlaubsentgelt oder ein zusätzliches Urlaubsgeld zum Gegenstand haben. Sind im Zusammenhang mit der Gewährung dieser Urlaubsansprüche die Einziehung von Beiträgen und die Gewährung von Leistungen durch allgemeinverbindliche Tarifverträge einer Gemeinsamen Einrichtung der Tarifvertragsparteien übertragen, finden die Rechtsnormen solcher Tarifverträge auch auf einen ausländischen Arbeitgeber und seinen im Inland beschäftigten Arbeitnehmer zwingend Anwendung, wenn sichergestellt ist, daß der ausländische Arbeitgeber nicht gleichzeitig zu Beiträgen in einer vergleichbaren Einrichtung im Staat seines Sitzes herangezogen wird und wenn die Gemeinsame Einrichtung die Anrechnung derjenigen Leistungen vorsieht, die der ausländische Arbeitgeber zur Erfüllung der Urlaubsansprüche bereits erbracht hat.

Nach seinem § 8 hatte das Gesetz eine beschränkte Geltungsdauer. Es ist am 1. März 1996 in Kraft getreten und sollte am 1. September 1999 außer Kraft treten.

Gleich zu Beginn der 14. Legislaturperiode ist das Arbeitnehmer-Entsendegesetz durch das sogenannte Korrekturgesetz[9] mit Wirkung vom 1. Januar 1999 an novelliert worden. Vier Änderungen des nunmehr unbefristet geltenden Gesetzes sind wesentlich:

– Die zwingende Anwendung auf Arbeitsverhältnisse zwischen einem Arbeitgeber mit Sitz im Ausland und seinen im Inland beschäftigten Arbeitnehmern ist auf allgemeinverbindliche Tarifnormen über „die Mindestentgeltsätze einschließlich der Überstundensätze" ausgedehnt worden.

– Grundlage der zwingenden Anwendung ist nicht mehr nur ein für allgemeinverbindlich erklärter Tarifvertrag, sondern nach einem neuen Abs. 3a des § 1 auch eine Rechtsverordnung: Ist ein Antrag auf Allgemeinverbindlicherklärung eines Tarifvertrages gestellt, kann nach der Bestimmung das Bundesministerium für Arbeit und Sozialordnung durch Rechtsverordnung ohne Zustimmung des Bundesrates bestimmen,

---

[9] Vgl. Gesetz zu Korrekturen in der Sozialversicherung und zur Sicherung der Arbeitnehmerrechte vom 19.12.1998, BGBl. I 1998, S. 3843.

daß die Rechtsnormen dieses Tarifvertrages auf alle unter den Geltungsbereich dieses Tarifvertrags fallenden und nicht tarifgebundenen Arbeitgeber und Arbeitnehmer Anwendung finden. Voraussetzung einer solchen Rechtsverordnung ist nur der Antrag einer der Tarifvertragsparteien und daß das Bundesministerium den in den Geltungsbereich der Rechtsverordnung fallenden Arbeitgebern und Arbeitnehmern sowie den Parteien des Tarifvertrages Gelegenheit zur schriftlichen Stellungnahme gegeben hat.

– Des weiteren haftet nunmehr ein Unternehmer, der einen anderen Unternehmer mit der Erbringung von Bauleistungen beauftragt hat, für die Verpflichtungen dieses Unternehmers, eines Nachunternehmers oder eines von dem Unternehmer oder einem Nachunternehmer beauftragten Verleihers zur Zahlung des Mindestentgelts an einen Arbeitnehmer oder zur Zahlung von Beiträgen an eine Gemeinsame Einrichtung der Tarifvertragsparteien wie ein Bürge, der auf die Einrede der Vorausklage verzichtet hat (§ 1a des Gesetzes).

– Schließlich ist in § 7 des Gesetzes bestimmt, daß die in Rechts- oder Verwaltungsvorschriften enthaltenen Regelungen über die Höchstarbeitszeiten und Mindestruhezeiten, den bezahlten Mindestjahresurlaub, die Mindestentgeltsätze einschließlich der Überstundensätze, die Bedingungen für die Überlassung von Arbeitskräften, insbesondere durch Leiharbeitsunternehmen, die Sicherheit, den Gesundheitsschutz und die Hygiene am Arbeitsplatz, die Schutzmaßnahmen im Zusammenhang mit den Arbeits- und Beschäftigungsbedingungen von Schwangeren und Wöchnerinnen, Kindern und Jugendlichen und die Gleichbehandlung von Männern und Frauen sowie andere Nichtdiskriminierungsbestimmungen auch auf ein Arbeitsverhältnis zwischen einem im Ausland ansässigen Arbeitgeber und seinen im Inland beschäftigten Arbeitnehmern zwingende Anwendung finden.

Letzteres steht im Zusammenhang damit, daß Europäisches Parlament und Rat inzwischen die Entsenderichtlinie erlassen haben, die bis Dezember 1999 umzusetzen war.[10] Die Richtlinie bestimmt in ihrem Artikel 3, daß die Mitgliedsstaaten dafür zu sorgen haben, daß, unabhängig von dem auf das jeweilige Arbeitsverhältnis anwendbaren Recht, entsendende Unternehmen ihren entsandten Arbeitnehmern die durch Rechts- oder Verwaltungsvorschriften festgelegten Höchstarbeitszeiten und Mindestruhezeiten, bezahlten Mindestjahresurlaub, Mindestlohnsät-

[10] Vgl. Richtlinie 96/71/EG des Europäischen Parlaments und des Rates vom 16.12.1996 über die Entsendung von Arbeitnehmern im Rahmen der Erbringung von Dienstleistungen (ABL.EG Nr. L 18 S.1 vom 21.01.1997).

ze einschließlich der Überstundensätze mit Ausnahme zusätzlicher betrieblicher Altersversorgungssysteme, Bedingungen für die Überlassung von Arbeitskräften, insbesondere durch Leiharbeitsunternehmen, Sicherheit, Gesundheitsschutz und Hygiene am Arbeitsplatz, Schutzmaßnahmen im Zusammenhang mit den Arbeits- und Beschäftigungsbedingungen von Schwangeren und Wöchnerinnen, Kindern und Jugendlichen, Gleichbehandlung von Männern und Frauen sowie andere Nichtdiskriminierungsbestimmungen zu garantieren haben. Dabei erstreckt sich die Garantiepflicht der entsendenden Unternehmen auf die genannten Arbeitsbedingungen, auch soweit sie durch für allgemeinverbindlich erklärte Tarifverträge oder Schiedssprüche festgelegt sind, sofern sie (die in einem Anhang eigens aufgeführten) Tätigkeiten der Bauindustrie betreffen.

2.2 Angleichung der Löhne in der Bauwirtschaft auf deutsches Niveau

Das Arbeitnehmer-Entsendegesetz verfolgt den Zweck, die Löhne in Deutschland arbeitender Bauarbeiter ausländischer Unternehmen auf das deutsche Niveau anzuheben. Erreicht werden soll damit der Schutz der Unternehmen des Baugewerbes und seiner Arbeitnehmer vor den Auswirkungen des „massiven Einsatzes von ausländischen Arbeitnehmern aus Ländern mit deutlich niedrigerem Lohnniveau“[11] und „unfairen Wettbewerbsbedingungen durch europäische Billiglohnkonkurrenz“[12]. Zu diesem Zweck wird den ausländischen Bauarbeitern ein zwingender Anspruch auf das allgemeinverbindliche tarifliche Mindestentgelt an ihrem inländischen Arbeitsort eingeräumt.

Ging es dabei nach dem ursprünglichen Gesetz nur um ein für alle Bauarbeitnehmer gleichermaßen geltendes „einheitliches Mindestentgelt“, erstreckt sich die Regelung nach der Novelle nunmehr allgemein auf „die Mindestentgeltsätze einschließlich der Überstundensätze“ und ermöglicht damit die Erstreckung auch der Entgeltsätze der unterschiedlichen Lohngruppen auf die ausländischen Arbeitnehmer, die die entsprechenden Tätigkeitsbeschreibungen erfüllen.[13] Damit soll erreicht werden, daß für

---

[11] Vgl. die Begründung des Gesetzentwurfs aus der 13. Legislaturperiode (BT-Drucksache 13/2414) unter A I.

[12] So die Pressemitteilung des BMA 20/95 unter 2.

[13] Vgl. dazu die Begründung, BT-Drucksache 14/45, S. 58.

inländische und ausländische Bauarbeitnehmer *insgesamt ein einheitliches Lohnniveau* gilt.

Hinzu kommt nach der Novelle eine scharfe Absicherung der Einhaltung dieses Lohnniveaus. Das Gesetz beschränkt sich nicht mehr auf Prüfung und Kontrolle durch die Bundesanstalt für Arbeit und die Hauptzollämter und die Wertung von Verstößen als Ordnungswidrigkeiten. Vielmehr werden Bauunternehmen für ihre Subunternehmer in zivilrechtliche Haftung genommen, indem die ausländischen Arbeitnehmer nicht nur von ihrem Arbeitgeber, sondern auch von dessen Auftraggeber die Zahlung des Mindestentgelts verlangen können.

Aufgegeben hat die Novelle auch die zeitliche Beschränkung der Geltung des Arbeitnehmer-Entsendegesetzes. Die ursprüngliche Vorstellung, die Baubranche könne durch einen zeitweiligen Schutz an die internationale Wettbewerbsfähigkeit herangeführt werden, so daß später das Schutzbedürfnis entfalle[14], ist ersichtlich aufgegeben worden. Ausländische Bauarbeitgeber und Bauarbeitnehmer sollen *auf Dauer* auf das deutsche Entgeltniveau verpflichtet werden.

2.3 Zwangsanschluß an das deutsche bauwirtschaftliche Urlaubskassensystem

Das Arbeitnehmer-Entsendegesetz bezieht in die zwingende Anwendung der inländischen Tarifverträge auf ausländische Bauarbeitnehmer Urlaub, Urlaubsentgelt und zusätzliches Urlaubsgeld ein. Es beschränkt sich dabei aber nicht auf die Anordnung der materiellen Gleichstellung der ausländischen Bauarbeitnehmer, sondern unterstellt sie und ihre Arbeitgeber auch dem über eine Gemeinsame Einrichtung der Tarifvertragsparteien abgewickelten bauwirtschaftlichen Urlaubskassensystem. Die ausländischen Arbeitgeber können ihren Arbeitnehmern nicht einfach Urlaub, Urlaubsentgelt und zusätzliches Urlaubsgeld in gleicher Höhe gewähren, wie es inländische Bauarbeitnehmer erhalten. Vielmehr müssen sie die entsprechenden Beiträge an die Urlaubskasse der Bauindustrie zahlen, die dann ihrerseits die Geldleistungen an die Bauarbeitnehmer erbringt. Praktisch finanzieren sie Verwaltung und Organisation der Urlaubskasse ebenso mit wie deutsche Bauarbeitgeber, die zwar nicht Mitglieder der Arbeit-

---

14 Vgl. Begründung des ursprünglichen Gesetzes, BT-Drucksache 13/2414 unter A I Abs. 8 (S. 7).

geberverbände der Bauindustrie sind, den Tarifverträgen aber durch Allgemeinverbindlicherklärung unterstellt werden.

2.4 Lohnkartellierungskompetenz für den Staat

Schon der mit der ursprünglichen Fassung des Arbeitnehmer-Entsendegesetzes eingeschlagene Weg der zwingenden Anwendung allgemeinverbindlicher Tarifverträge über Mindestentgelte und Urlaub hatte mittelbare Auswirkungen auch auf nicht tarifgebundene inländische Bauarbeitgeber und -arbeitnehmer. Um nämlich für die zwangsweise Erstrekkung taugliche allgemeinverbindliche Tarifverträge zu erhalten, mußten diese so gestaltet sein, daß sie das Arbeitsortentgeltprinzip auch für inländische Arbeitgeber gelten ließen, die ihren Sitz außerhalb des Geltungsbereichs des für den Arbeitsort geltenden Tarifvertrags hatten. Dementsprechend ist der seinerzeitige Tarifvertrag über das Mindestentgelt auch ausgestaltet worden.[15] Immerhin setzte das aber voraus, daß eine Allgemeinverbindlicherklärung stattfinden konnte und stattfand. Insbesondere mußten deren materielle und formelle Voraussetzungen eingehalten werden. Materiell war notwendig, daß 50 % der unter den Geltungsbereich des Tarifvertrags fallenden inländischen Arbeitnehmer bei originär tarifgebundenen Arbeitgebern beschäftigt waren (§ 5 Abs. 1 Nr. 1 TVG) und die Allgemeinverbindlicherklärung im öffentlichen Interesse geboten erschien (§ 5 Abs. 1 Nr. 2 TVG). Formell war die Zustimmung des aus je drei Vertretern der Spitzenorganisation der Arbeitgeber und der Arbeitnehmer bestehenden Ausschusses notwendig.

Nach der Novelle kommt es darauf nicht mehr an. Vielmehr kann das Bundesarbeitsministerium, wenn nur eine Tarifvertragspartei, praktisch in der Regel die Gewerkschaft, die Allgemeinverbindlicherklärung beantragt hat, ohne Rücksicht darauf, ob deren Voraussetzungen gegeben sind, durch Rechtsverordnung bestimmen, daß die Rechtsnormen des betreffenden Tarifvertrages auf *alle* unter den Geltungsbereich dieses Tarifvertrags fallenden und nicht tarifgebundenen Arbeitgeber und Arbeitnehmer Anwendung finden. Es wird ohne weiteres möglich, auch einen für die Bauwirtschaft nicht mehr repräsentativen Entgelttarifvertrag mit sämtlichen Entgeltgruppen auf alle Arbeitsverhältnisse der Bauindustrie zu

---

[15] Vgl. BAG vom 10.11.1993 – 4 AZR 316/93, EzA § 4 TVG Bauindustrie Nr. 70 = AP Nr. 169 zu § 1 TVG Tarifverträge: Bau.

erstrecken und damit den Lohn in diesem Wirtschaftszweig staatlich zu kartellieren.

2.5 Arbeitsortbezogene Gewährleistung eines Mindeststandards von Arbeitnehmerschutzrechten

Indem § 7 des novellierten Arbeitnehmer-Entsendegesetzes in Rechts- und Verwaltungsvorschriften enthaltene Regelungen über die dort genannten Arbeitnehmerrechte auf im Inland beschäftigte ausländische Arbeitnehmer erstreckt, sichert er – der Philosophie der Entsende-Richtlinie entsprechend – einen Mindeststandard von Arbeitnehmerschutzrechten am Arbeitsort. Zugleich wird so ein Anreiz geschaffen, die Mindeststandards in den einzelnen Ländern der Europäischen Gemeinschaft anzugleichen. Denn daß ein ausländischer Arbeitnehmer im Inland den hiesigen Mindeststandard gesichert erhält, bleibt nicht ohne Auswirkung auf den Mindeststandard in seinem Heimatland: Er wird kaum damit einverstanden sein, bei einer Rückkehr in das Heimatland einem dortigen niedrigeren Standard ausgesetzt zu sein.

3 Ordnungspolitische Kritik

3.1 Gewährleistung sozialer Mindeststandards

Daß der Arbeitsmarkt nicht einfach denselben ordnungspolitischen Regeln folgen kann wie der allgemeine Gütermarkt, sondern besonderer Ordnungselemente bedarf, entspricht allgemeiner Überzeugung und ist auch von Eucken so gesehen worden. Er betont an der schon erwähnten Stelle zwar zunächst im Sinne seines integrativen Verständnisses von Wirtschaftsordnung und Sozialordnung[16] die Bedeutung, die der allgemeinen Wettbewerbspolitik für die Sozialpolitik deshalb zukommt, weil die Erfüllung der sozialen Bedürfnisse von einem möglichst hohen ökonomischen Wirkungsgrad der Wirtschaftsordnung abhängt. Aber er sieht durchaus die Notwendigkeit einer von ihm so genannten „speziellen Sozialpolitik", welche den Besonderheiten des Arbeitsmarktes gerecht wird. Dieser müsse menschenwürdig gestaltet und dabei die folgenden Grundsätze berücksichtigt werden:

---

[16] Hierzu neuerdings Blümle/Goldschmidt (1999), S. 5ff.

> „Der Arbeiter verkauft sich nicht als Person, er verkauft seine Leistung. Um Ausbeutung zu verhindern, ist der Vermachtung entgegenzuwirken. Zwischen den Partnern sollte Gleichgewicht herrschen.
> Vorsorge für Sicherheit und ausgleichende Gerechtigkeit ist nicht dem mehr oder weniger guten Willen der Einzelnen, also praktisch dem Zufall zu überlassen, sondern ist Sache der Ordnungspolitik."[17]

Aus diesem Grund seien Arbeiterschutzmaßnahmen notwendig. Zahlreiche Maßnahmen zum Schutz der Arbeiter hätten bereits Mißstände früherer Zeit weitgehend beseitigt. Manche dieser Maßnahmen hätten über ihren eigentlichen Zweck hinaus auch auf die Daten des Arbeitsmarktes zurückgewirkt. Sie hätten das Angebot an Arbeit verringert und dessen Elastizität erhöht. Damit seien auch gewisse strukturelle Nachteile, wie fehlende untere Kostengrenze des Lohnes und anomale Reaktion des Angebots von Arbeit, beseitigt oder doch wenigstens abgeschwächt worden.

Diese Überlegungen legitimieren auch die Sozialpolitik in der Europäischen Union, wie sie in den verschiedenen Richtlinien zum Arbeitsschutz, zur sozialen Sicherheit und zur Sicherung von Mindestrechten der Arbeitnehmer niedergelegt sind. Für Sicherheit und ausgleichende Gerechtigkeit und damit letzten Endes für Menschenwürde zu sorgen, ist für den europäischen Arbeitsmarkt nicht anders geboten wie für den nationalen. Man wird aber auch nicht bestreiten können, daß im Falle grenzüberschreitender Arbeitstätigkeit eine Verpflichtung auf die *sozialen Mindeststandards des Arbeitsorts* erfolgt, wie das Art. 3 der Entsende-Richtlinie und § 7 des Arbeitnehmer-Entsendegesetzes in seiner neuen Fassung vorsehen. Daß ein Mitgliedsstaat seine sozialen Mindeststandards für alle auf seinem Boden tätigen Arbeitnehmer durchsetzt, entspricht seinem Selbstverständnis von der Menschenwürde. Und es ist auch legitim, daß er die ihm angehörenden Arbeitnehmer und Arbeitgeber insoweit gegen ausländische Konkurrenz schützt. Denn jene sind an diese Mindeststandards gebunden, können also im Wettbewerb nicht mit ihrer Unterschreitung reagieren. Auch würde eine solche Reaktion die an der Menschenwürde orientierte ordnungspolitische Vorgabe ihres Staates praktisch außer Kraft setzen.

Ich meine auch, daß Art. 3 der Entsende-Richtlinie und § 7 des Arbeitnehmer-Entsendegesetzes nur solche Arbeitsbedingungen der zwingenden

[17] Eucken (1990), S. 322.

Geltung des Arbeitsortsrechts unterstellen, die wirklich soziale Mindeststandards darstellen. Das leuchtet für den eigentlichen Arbeitsschutz (Arbeitssicherheit, Gesundheitsschutz, Mutterschutz, Jugendarbeitsschutz, Arbeitszeitschutz) ohne weiteres ein. Es gilt nach heutigem Verständnis des Arbeitslebens aber auch für einen gesetzlichen bezahlten Mindestjahresurlaub, den Schutz gegen die besondere Gefährdung der Arbeitnehmer, die mit der Leiharbeit verbunden ist, und die Nichtdiskriminierungsbestimmungen. Selbst für die Mindestentgeltsätze läßt sich die Berechtigung insoweit nicht bestreiten, als es bei diesen um die Sicherung des Entgelts geht, *unterhalb dessen die Ausbeutung beginnt*. In der Tat gewährleisten ja die in einer Reihe von Ländern der Europäischen Union geltenden Bestimmungen über Mindestentgelte in der Regel lediglich das Existenzminimum,[18] eine Gewährleistung, die sich in Deutschland in allgemeiner Form aus dem Verbot des Lohnwuchers (§ 292 StGB) ergibt.

3.2 Ausschluß von Wettbewerbslöhnen

Die ordnungspolitische Rechtfertigung der Gewährleistung sozialer Mindeststandards trägt nur soweit, wie es um die menschenwürdige Ausgestaltung der Arbeitsbedingungen geht. Werden Mindeststandards genutzt, um jenseits dieser Grenze Wettbewerbslöhne auszuschließen, stören sie die Wirtschaftsordnung und beeinträchtigen deren gerade für die Erfüllung der sozialen Bedürfnisse notwendige Wirkung. Das gilt für die europäische Wirtschaft nicht weniger als für die nationale: In der Europäischen Union sollen offene Märkte für eine ressourcensparende und kostengünstige Produktion sorgen. In der mit den offenen Märkten verbundenen Arbeitsteilung muß jedes Unternehmen seine spezifischen Wettbewerbsvorteile ausschöpfen können, Unternehmen aus Hochlohnländern ihre bessere Realkapitalausstattung und ihr technisches Wissen einschließlich der Fähigkeiten ihrer Arbeitnehmer, Unternehmen aus Niedriglohnländern ihre geringeren Lohnkosten. Daß die letzteren das auch bei der Erbringung grenzüberschreitender Dienstleistungen tun, stellt kein „Lohn- oder Sozialdumping" dar, solange die Leistung nicht unter dem Wert angeboten wird, der den Kosten im Heimatland entspricht.[19]

18 Vgl. Löwisch (1994), S. 91, 98.

19 Vgl. hierzu ausführlich schon Gerken u. a. (1995), S. 2370ff.

An dieser Einschätzung ändert auch der Umstand nichts, daß Entgelte von Gewerkschaften und Arbeitgeberverbänden ausgehandelt werden. Ihre Aufgabe ist in den Worten von Eucken „die nachfragemonopolistische Situation auszugleichen und Löhne durchzusetzen, die den Wettbewerbslöhnen entsprechen“ [20]. Nur soweit sie das tun, tragen sie zur Realisierung der Wettbewerbsordnung bei. Treiben sie die Löhne darüber hinaus oder beeinträchtigen sie die Beweglichkeit der Arbeitnehmer, gefährden auch sie die Wettbewerbsordnung.

Entsende-Richtlinie und Arbeitnehmer-Entsendegesetz erweisen sich also insoweit als ordnungspolitisch verfehlt, als sie es ermöglichen, über den sozialen Mindeststandard hinausgehende inländische Entgelte auf ausländische Arbeitnehmer ausländischer Unternehmen zu erstrecken. Dies galt schon für die ursprüngliche Fassung des Arbeitnehmer-Entsendegesetzes, weil der danach mögliche allgemeine Mindestlohn für die Bauwirtschaft ohne Rücksicht auf die Sicherung des Existenzminimums festgelegt werden konnte und festgelegt worden ist. Es gilt erst recht für die neue Fassung, welche die Erstreckung der Mindestentgeltsätze der unterschiedlichen Lohngruppen in der Bauwirtschaft ermöglicht und sich damit gänzlich von der Existenzsicherung löst. Ebenso ordnungspolitisch verfehlt ist die Möglichkeit der Erstreckung der Verpflichtung zur Zahlung zusätzlicher Urlaubsgelder auf ausländische Arbeitnehmer. Zusätzliche Urlaubsgelder haben mit dem Existenzminimum nichts zu tun.

3.3 Zwangsanschluß an Gemeinsame Einrichtungen

Indem § 1 Abs. 3 Arbeitnehmer-Entsendegesetz die zwingende Anwendung inländischer Arbeitsbedingungen auch auf die Einziehung von Beiträgen und die Gewährung von Leistungen durch eine Gemeinsame Einrichtung der Tarifvertragsparteien erstreckt, schreibt sie den ausländischen Arbeitgebern und Arbeitnehmern auch die Form vor, in der diese Urlaubsansprüche abzuwickeln haben. Zugleich wird so die Basis der Gemeinsamen Einrichtung der inländischen Tarifvertragsparteien verbreitert und diese davor bewahrt, einen Rückgang der Zahl der inländischen Bauarbeitsverhältnisse durch eine Anpassung der Gemeinsamen Einrichtung, insbesondere ihrer Verwaltung, Rechnung zu tragen.

---

[20] Eucken (1990), S. 323.

Ordnungspolitisch ist das verfehlt. Die gemeinsame Urlaubskasse der Bauindustrie hat den Zweck, den typischerweise häufigen Wechsel der Arbeitsverhältnisse in der Bauindustrie aufzufangen und zu gewährleisten, daß die Arbeitnehmer zusammenhängenden Urlaub erhalten und andererseits die Arbeitgeber nicht je nach dem Wechsel der Arbeitsverhältnisse ungleich mit der Urlaubsgewährung belastet werden. Darum geht es im Verhältnis zu den ausländischen Arbeitnehmern und Arbeitgebern nicht. Diese Arbeitnehmer werden, worauf das Arbeitsgericht Wiesbaden zutreffend hinweist,[21] typischerweise von ihren ausländischen Arbeitgebern für ein einzelnes Projekt nach Deutschland entsandt und kehren nach Beendigung des Projekts in ihr Heimatland zurück, ohne den Arbeitgeber gewechselt zu haben. Deshalb ist eine Zusammenfassung aller im Baugewerbe erzielten Urlaubsansprüche durch eine Erstreckung der tariflichen Urlaubs- und Sozialkassenverfahrensnormen weder nötig noch erreichbar. In Wahrheit geht es also um die Schaffung eines Privilegs insbesondere für die Baugewerkschaft. Insoweit aber gilt Euckens erster staatspolitischer Grundsatz der Wirtschaftspolitik, nämlich die Funktionen wirtschaftlicher Machtgruppen und damit auch der Gewerkschaften in ihren Funktionen zu begrenzen und ihnen keine staatlichen Privilegien zu verleihen, weil diese nur dazu benutzt werden, erneut weitere Privilegien zu erkämpfen.[22]

3.4 Lohnkartellierung durch den Staat

Auch die mit der Verordnungsermächtigung des § 1 Abs. 3a Arbeitnehmer-Entsendegesetz verbundene Lohnkartellierungskompetenz des Staates verstößt gegen den ersten staatspolitischen Grundsatz der Wirtschaftspolitik von Eucken, denn sie verschafft der Gewerkschaft der Bauindustrie ein Privileg: Diese muß die von ihr angestrebten, den einzelnen Entgeltgruppen zuzuordnenden, Mindestentgeltsätze nicht mehr im Wettbewerb durchsetzen, sondern gelangt mit einem Antrag auf Erlaß der Allgemeinverbindlichkeitsverordnung bei einem ihr geneigten Bundesarbeitsminister ans Ziel. Der Systemwettbewerb zwischen kollektivvertraglicher und individualvertraglicher Regelung der Arbeitsbedingungen[23]

---

[21] Beschluß vom 10.2.1998 – 1 Ca 1672/97, AP Nr. 1 zu § 1 AEntG = DB 1998, 888, anhängig beim EuGH, AZ C-49/98.

[22] Vgl. Eucken (1990), S. 334ff.

[23] Zu ihm Rieble (1996), insbesondere Rn 1532ff.

wird ausgeschaltet. Arbeitgebern und Arbeitnehmern kann eine Tarifvertragsregelung übergestülpt werden, die für ihre Branche gar nicht mehr repräsentativ ist.

Daß die Verordnungsermächtigung nach dem Arbeitnehmer-Entsendegesetz auf die Bauindustrie beschränkt ist, kann dabei nicht beruhigen. Mitgliederprobleme haben inzwischen alle Gewerkschaften und Arbeitgeberverbände. Da wird der Rettungsanker der verordneten Allgemeinverbindlichkeit auch für andere Bereiche attraktiv. Daß dem ersten Schritt im Arbeitnehmer-Entsendegesetz der zweite einer allgemeinen Verordnungsermächtigung im Tarifvertragsgesetz folgt, kann man sich deshalb leicht vorstellen.

Ebenso gravierend ist der Verstoß gegen den zweiten Euckenschen Grundsatz der Wirtschaftspolitik, daß sich nämlich die wirtschaftspolitische Tätigkeit des Staates auf die Gestaltung der Ordnungsformen der Wirtschaft richten soll, nicht aber auf die Lenkung des Wirtschaftsprozesses selbst. Indem das Bundesarbeitsministerium über die Erstreckung der Mindestentgelte der einzelnen Entgeltgruppen per Verordnung entscheidet, betreibt es für den betroffenen Wirtschaftszweig staatliche Lohnpolitik. Nimmt es die Erstreckung eines für die Branche gar nicht mehr repräsentativen Tariflohns vor, erklärt es diesen allgemein für den richtigen Lohn, obwohl die Wettbewerbslöhne überwiegend andere sind. Es gibt den Interessen der Minderheit der tarifgebundenen Arbeitgeber und Arbeitnehmer den Vorzug vor den Interessen der übrigen Wettbewerber. Lehnt es den Erlaß der beantragten Verordnung ab, gibt es den Interessen der letzteren den Vorzug vor denen der ersteren. Es geschieht genau das, wovor Eucken im Zusammenhang mit seinem zweiten staatspolitischen Grundsatz der Wirtschaftspolitik warnt, daß nämlich der Staat durch die Festlegung von Löhnen „in den Kampf von Interessenten hineingezogen wird“, was ihn nicht stärkt, sondern in seiner Willensbildung schwächt.[24]

Das Argument, die Verordnungsermächtigung verschaffe dem Staat die Möglichkeit, sogenanntem Sozialdumping zu begegnen, rechtfertigt die Lohnkartellierungskompetenz nicht. Natürlich muß es möglich sein, existenzsichernde Mindestarbeitsbedingungen festzusetzen, wenn es zu einer tariflichen Regelung mit genügendem Wirkungsgrad nicht kommt. Aber für diesen Fall hat der Gesetzgeber mit dem Gesetz über die Festsetzung

---

24 Vgl. Eucken (1990), S. 337; sowie schon Eucken (1932), S. 297, 319f.

von Mindestarbeitsbedingungen längst vorgesorgt. Die Mindestbedingungen werden nach diesem Gesetz freilich nicht vom Bundesarbeitsminister verordnet, sondern von Fachausschüssen festgelegt, deren Beisitzer aufgrund von Vorschlägen der Gewerkschaften und der Vereinigungen von Arbeitgebern zu berufen sind und deren Vorsitzender nicht der Bundesarbeitsminister selbst, sondern eine von diesem zu berufende neutrale Person ist. 1952 hat man noch beherzigt, was heute beiseitegeschoben wird, daß nämlich, wie es der frühere Ministerialdirektor im Bundesarbeitsministerium, Karl Fitting, formuliert hat, demjenigen Verfahren der Vorzug gebührt, „das innerhalb des Übergangs vom freien Tarifvertrag zur staatlichen Regelung der Arbeitsbedingungen dem Tarifvertrag am nächsten steht und demnach noch verhältnismäßig am engsten mit dem System des freien kollektiven Arbeitsrechts zu vereinbaren ist“[25].

4 Verstöße gegen Europarecht

Daß die Europäische Gemeinschaft eine marktwirtschaftliche Wirtschaftsverfassung zur Basis hat, findet in den vier Grundfreiheiten: Freizügigkeit der Arbeitnehmer, Niederlassungsfreiheit, Dienstleistungsfreiheit und Freiheit des Kapital- und Zahlungsverkehrs seinen Ausdruck. Beschränkungen des Wettbewerbs, wie sie durch die Entsende-Richtlinie und das Arbeitnehmer-Entsendegesetz erfolgen, müssen sich gegenüber diesen Grundfreiheiten rechtfertigen. Davon wird sogleich die Rede sein. Zuvor aber soll die Frage erörtert werden, inwieweit sich das deutsche Arbeitnehmer-Entsendegesetz mit dem EG-Vertrag nachgeordnetem europäischen Recht, insbesondere der Entsende-Richtlinie selbst, vereinbaren läßt.

4.1 Überschreiten der Entsende-Richtlinie

Wie unter 2.1 ausgeführt, erstreckt sich das Recht der Mitgliedsstaaten, entsandte Arbeitnehmer den Arbeits- und Beschäftigungsbedingungen des Arbeitsortes zu unterstellen, nach Art. 3 Abs. 1 Entsende-Richtlinie unter anderem auf „Mindestlohnsätze einschließlich der Überstundensätze“.

25 Fitting (1952), S. 5, 9; Fitting (1949), S. 291ff.

Unter Mindestlohnsätzen versteht die Richtlinie entsprechend dem allgemeinen, insbesondere durch Art. 1 des Übereinkommens Nr. 26 der Internationalen Arbeitsorganisation vom 16. Juni 1928 geprägten, in Deutschland in § 4 Abs. 4 des Gesetzes über die Festsetzung von Mindestarbeitsbedingungen vom 11. Januar 1952 übernommenen Sprachgebrauch lediglich Mindestlöhne für bestimmte Gewerbe oder Beschäftigungsarten, nicht aber für Berufsgruppen innerhalb bestimmter Gewerbe oder Beschäftigungsarten. Daran ändert auch Art. 3 Abs. 1 Satz 2 Entsende-Richtlinie nichts, nach dem der Begriff der Mindestlohnsätze durch die Rechtsvorschriften und/oder Praktiken des Mitgliedsstaats bestimmt wird, in dessen Hoheitsgebiet der Arbeitnehmer entsandt wird. Denn damit ist nur die nähere Konkretisierung des Begriffs der Mindestlohnsätze im genannten Sinne gemeint, nicht aber die Ausweitung des Begriffs auf Lohnsätze überhaupt.

An diese Vorgaben der Entsende-Richtlinie hätte sich der deutsche Gesetzgeber halten müssen. Dies ergibt einmal der Umkehrschluß aus Art. 3 Abs. 10 der Richtlinie, nach der lediglich das Recht der Mitgliedsstaaten nicht berührt wird, Arbeits- und Beschäftigungsbedingungen für andere als in Art. 3 Abs. 1 aufgeführte Aspekte vorzuschreiben, „soweit es sich um Vorschriften im Bereich der öffentlichen Ordnung handelt“: Bei Entgelten für höhere Lohngruppen handelt es sich eindeutig nicht um eine Frage der öffentlichen Ordnung.

Das Überschreiten der Vorgaben der Entsende-Richtlinie verstößt aber auch gegen die Verpflichtungen, die sich für die Bundesrepublik Deutschland aus Art. 6 und 7 des EG-Übereinkommens über das auf vertragliche Schuldverhältnisse anzuwendende Recht (EVÜ) vom 19. Juni 1980 ergeben. Nach diesen Vorschriften kann, soweit nicht Fragen des zwingenden öffentlichen Rechts in Rede stehen, für entsandte Arbeitnehmer die Anwendung des Rechts des Heimatstaates vereinbart werden. Wie die Entsende-Richtlinie in den Absätzen 7 bis 11 ihrer einleitenden Erwägungen selbst konstatiert, durchbricht sie dieses Prinzip. Aber das legitimiert die Mitgliedsstaaten nur soweit, wie ihr Inhalt reicht. Im übrigen muß sich der nationale Gesetzgeber an das Übereinkommen halten.

Der Rahmen der Entsende-Richtlinie wird auch dadurch überschritten, daß alte wie neue Fassung von § 1 Abs. 1 Arbeitnehmer-Entsendegesetz „zusätzliches Urlaubsgeld“ der Erstreckungsmöglichkeit unterstellen. Art. 3 Abs. 1 lit.b der Richtlinie spricht nur von „bezahltem Minderjahresurlaub." Mit diesem ist aber ersichtlich lediglich die Gewährung von Erholungsurlaub unter Fortzahlung des Arbeitsentgelts gemeint, wie er in Deutschland der Regelung des Bundesurlaubsgesetzes zugrundeliegt. Der Begriff erfaßt nicht zusätzlich zum fortgezahlten Arbeitsentgelt gewährtes Urlaubsgeld. Dieses gehört zu den Sonderleistungen, auf die sich die Bestimmungen der Richtlinie gerade nicht erstrecken.

Schließlich läßt sich auch der Zwangsanschluß ausländischer Arbeitgeber und Arbeitnehmer an die gemeinsame Urlaubskasse der Tarifvertragsparteien der Bauindustrie kaum auf die Entsende-Richtlinie stützen. Denn der Garantie des „bezahlten Mindesturlaubs" läßt sich nicht entnehmen, daß damit auch eine Einbeziehung der entsendenden Unternehmen in ein solches nationales Sozialkassenverfahren gemeint ist, zumal es für vorübergehend entsandte ausländische Arbeitnehmer den Schutzzweck, der ihm für deutsche Arbeitnehmer zukommt, gar nicht entfalten kann.[26]

4.2 Verletzung von Dienstleistungsfreiheit und Freizügigkeit

4.2.1 Dienstleistungsfreiheit

Die aus Entsende-Richtlinie und Arbeitnehmer-Entsendegesetz folgende Bindung ausländischer Unternehmen und Arbeitnehmer an am Arbeitsort geltendes gesetzliches und tarifliches Arbeitsrecht, greift in die Dienstleistungsfreiheit der ausländischen Unternehmen ein, weil sie deren Handlungsalternativen beschränkt und mit Kostensteigerungen verbunden ist. Die Frage ist nur, ob dieser Eingriff nach dem Recht des EG-Vertrages gerechtfertigt ist.

Der Europäische Gerichtshof geht insoweit davon aus, daß die Mitgliedsstaaten die Dienstleistungsfreiheit im Allgemeininteresse beschränken können und daß zum Allgemeininteresse auch soziale Belange und Schutzbedürfnisse gehören. Deswegen sei es gerechtfertigt, vorübergehend in einen Mitgliedsstaat entsandte Arbeitnehmer den dortigen Arbeit-

---

[26] Zutreffend ArbG Wiesbaden, Beschluß vom 10.2.1998 – 1 Ca 1672/97, AP Nr. 1 zu § 1 AEntG = DB 1998, 888, anhängig beim EuGH, AZ C-49/98.

nehmerschutzbestimmungen zu unterstellen.[27] Hierzu zähle insbesondere auch das Interesse am sozialen Schutz der Arbeitnehmer des Bausektors infolge der besonderen Bedingungen dieses Wirtschaftszweiges.[28]

Gebilligt ist damit aber nur die allgemeine sozialpolitische Kompetenz der Mitgliedsstaaten und deren Folgewirkungen für den Dienstleistungsverkehr. Die Mitgliedsstaaten sollen das Recht haben, im Sinne des oben (3.1) Gesagten ihre sozialen Mindeststandards allgemein durchzusetzen. Diese Befugnis wird überschritten, wenn gar nicht mehr ein existenzsichernder Mindestlohn, sondern allgemein Entgeltsätze auf die Arbeitsverhältnisse ausländischer Arbeitgeber und Arbeitnehmer erstreckt und diese einer für die ausländischen Arbeitnehmer nicht relevanten Sozialeinrichtung unterstellt werden.[29] Vor allem aber deckt diese Befugnis nicht den gezielten Einsatz der sozialpolitischen Kompetenz durch die Mitgliedsstaaten, um den freien Dienstleistungsverkehr zum Nachteil ausländischer Unternehmen und zum Vorteil der deutschen Unternehmen zu beschränken.[30] Eine so weit verstandene Befugnis würde die Dienstleistungsfreiheit aushöhlen, weil die ausländischen Unternehmen ihren charakteristischen Wettbewerbsvorteil, nämlich ein niedrigeres Entgeltniveau, nicht zur Geltung bringen könnten, hingegen den typischen Vorteil deutscher Unternehmen, nämlich eine bessere Kapitalausstattung und ein besseres Know-how hinnehmen müßten. Das würde die freiheitliche Basis der Wirtschaftsverfassung der Europäischen Gemeinschaft verlassen.

---

27 EuGH vom 3.2.1982 – Rs. 62 und 63/81 *„Seco"*, EuGHE 1982, 223 = NJW 1982, 1935; EuGH vom 27.3.1990 – C-113/89 *„Rush Portuguesa"*, EuGHE I 1990, 1417 = EuZW 1990, 256 = NZA 1990, 653; EuGH vom 9.8.1994 – C-43/93 *„Vander Elst"*, EuGHE I 1994, 3803, 3827 = AP Nr. 1 zu Art. 59 EWG-Vertrag = EuZW 1994, 600.

28 EuGH vom 28.3.1996 – C-272/94 *„Guiot"*, EuGHE I 1996, 1905 = AP Nr. 2 zu Art. 59 EWG-Vertrag; EuGH vom 23.11.1999 – C-369/96 und C-376/96 – für die tarifliche Mindestvergütung im Baugewerbe in Belgien.

29 Zu letzterem zutreffend ArbG Wiesbaden, Beschluß vom 10.2.1998 – 1 Ca 1672/97, AP Nr. 1 zu § 1 AEntG = DB 1998, 888, anhängig beim EuGH, AZ C-49/98 und – für das belgische Schlechtwetter- und Treuemarkensystem – EuGH vom 23.11.1999 – C-369/96 und C-376/96.

30 Vgl. Koenigs (1995), S. 1710, 1711; Gerken u. a. (1995), S. 2373.

4.2.2 Freizügigkeit

Wenn Art. 48 EGV den Arbeitnehmern Freizügigkeit innerhalb der Gemeinschaft garantiert, so umfaßt das auch das Recht von Arbeitnehmern aus Mitgliedsstaaten der EU, mit ihrem Arbeitgeber „mitzugehen", um im Bestimmungsland zu den im Heimatland autonom von ihnen oder von ihren Gewerkschaften ausgehandelten Bedingungen zu arbeiten.[31] Auch die Freizügigkeit ist zwar im Interesse des sozialen Arbeitnehmerschutzes einschränkbar, aber wiederum nur soweit es darum geht, den ausländischen Arbeitnehmern den sozialen Mindeststandard zu garantieren und damit zugleich zu verhindern, daß seine Unterschreitung zum Mittel des Wettbewerbs zwischen den Arbeitnehmern wird. Von diesem Zweck nicht mehr gedeckt ist die Abschottung des inländischen Arbeitsmarktes gegen Konkurrenz, die sich unter Wahrung des sozialen Mindeststandards mit niedrigeren Entgelten begnügt, weil diese die niedrigeren Lebenshaltungskosten in ihrer Heimat ausreichend decken. Auch die Verwirklichung der Freizügigkeit folgt der ordnungspolitischen Distinktion zwischen dem Schutz vor Ausbeutung, der Aufgabe einer speziellen staatlichen Sozialpolitik ist, und der Respektierung der Wettbewerbsordnung für die Entgeltfindung im übrigen.

4.2.3 Ergebnis

Insgesamt erweist sich also, daß Entsende-Richtlinie und Arbeitnehmer-Entsendegesetz mit Dienstleistungsfreiheit und Freizügigkeit insoweit vereinbar sind, als sie, wie das Art. 3 Abs. 1 der Richtlinie und § 7 Arbeitnehmer-Entsendegesetz in der neuen Fassung entspricht, gesetzliche Mindeststandards des Arbeitnehmerschutzes des Arbeitsorts verbindlich machen. Unvereinbar mit Dienstleistungsfreiheit und Freizügigkeit ist aber die durch Art. 3 Abs. 1 lit.c Entsende-Richtlinie und durch § 1 Arbeitnehmer-Entsendegesetz ermöglichte Bindung an die Entgelte des Arbeitsorts über den existenzsichernden Mindestlohn hinaus. Ebenso unzulässig ist die Bindung an tarifliche Urlaubsansprüche, die über den gesetzlichen Mindesturlaub hinausgehen, sowie die Zwangsanbindung an Sozialkasseneinrichtungen des Arbeitsortes. Diese Maßnahmen sprengen

---

[31] ArbG Wiesbaden, Beschluß vom 10.2.1998 – 1 Ca 1672/97, AP Nr. 1 zu § 1 AEntG = DB 1998, 888, anhängig beim EuGH, AZ C-49/98.; Gerken u. a. (1995), S. 2372f.; Koenigs (1997), S. 225, 230; a. M. Däubler (1997), S. 613, 614; Selmayr (1996), S. 615ff., 632ff.

den Rahmen legitimen Arbeitnehmerschutzes und behindern zum Nachteil von Dienstleistungsfreiheit und Freizügigkeit ausländischer Unternehmen und Arbeitnehmer den Wettbewerb.

5 Verletzung deutschen Verfassungsrechts

5.1 Tarifautonomie ausländischer Arbeitgeber und Arbeitnehmer

Die Erstreckung inländischer Tarifverträge über Arbeitsentgelte auf die Arbeitsverhältnisse nach Deutschland entsandter ausländischer Arbeitnehmer greift in die Tarifautonomie der Koalitionen der entsandten Arbeitnehmer und der sie entsendenden Arbeitgeber insofern ein, als sie diese hindert, abweichende tarifliche Entgelte für die zwischen ihnen bestehenden Arbeitsverhältnisse festzusetzen. Dieser Eingriff muß sich vor Art. 9 Abs. 3 Grundgesetz rechtfertigen, denn die dort garantierte Koalitionsfreiheit, welche die Tarifautonomie umfaßt, schützt als Jedermann-Grundrecht auch ausländische Arbeitnehmer und Arbeitgeber, wenn sie ihre Arbeits- und Wirtschaftsbedingungen kollektiv regeln.

Man kann nun schon begründete Zweifel daran hegen, ob es überhaupt mit Art. 9 Abs. 3 GG vereinbar ist, autonome ausländische Tarifverträge durch für allgemeinverbindlich erklärte oder gar durch Rechtsverordnung erstreckte inländische Tarifverträge verdrängen zu lassen.[32] Jedenfalls geht es nicht an, den ausländischen Tarifvertragsparteien nicht nur Mindestentgelte, sondern, wie das die Neufassung des Arbeitnehmer-Entsendegesetzes will, *das ganze Lohngruppengefüge* einer bestimmten Branche vorzuschreiben:

Wie das Bundesverfassungsgericht mehrfach, zuletzt etwa sehr deutlich in seiner Entscheidung zu den Befristungsbestimmungen des Hochschulrahmengesetzes vom 24. April 1996[33] ausgeführt hat, ist der Gesetzgeber bei einem Eingriff in die Tarifautonomie an den Grundsatz der Verhältnismäßigkeit gebunden, wobei „vor allem für die Festsetzung der Löhne“ die Gründe, die einen Eingriff rechtfertigen sollen, besonders schwerwie-

[32] Vgl. dazu ausführlich Gerken u. a. (1995), S. 2374.

[33] 1 BvR 712/86, BVerfGE 94, 268, 284ff. = AP Nr. 2 zu § 57a HRG = EzA Art. 9 GG Nr. 61 = NJW 1997, 513 = NZA 1996, 1157 = BB 1996, 1835.

gend sein müssen, weil in diesem Bereich die Tarifvertragsparteien nach der dem Art. 9 Abs. 3 GG zugrundeliegenden Vorstellung des Verfassungsgebers die gegenseitigen Interessen angemessener zum Ausgleich bringen können als der Staat.

Nun läßt es sich zwar als verhältnismäßig bezeichnen, in bezug auf das Arbeitsentgelt, wie es Abs. 13 der Eingangserwägungen der Entsende-Richtlinie formuliert, „ein Mindestmaß an Schutz" festzulegen. Unverhältnismäßig, weil zur Gewährleistung eines solchen Mindestschutzes nicht mehr erforderlich, ist es aber, ausländischen Tarifvertragsparteien auch die deutsche Entgeltstruktur überzustülpen, etwa ihnen vorzuschreiben, im Bereich der Baubranche der sich aus § 5 Nr. 2 Bundesrahmentarifvertrag ergebenden Einteilung in 14 Berufsgruppen mit teilweise bis zu vier Untergruppen zu folgen.

In diesem Zusammenhang sei daran erinnert, daß die Frage, ob die staatliche Festsetzung von Mindestarbeitsbedingungen allgemein und damit auch für höhere Lohngruppen möglich sein oder sich auf die jeweils unterste Entgeltgruppe in einem Wirtschaftszweig oder einer Beschäftigungsart beschränken soll, vor Erlaß des Gesetzes über die Festsetzung von Mindestarbeitsbedingungen vom 11. Januar 1952 ausführlich erörtert und dann im letzteren Sinne entschieden worden ist. Die Erwägungen, die zu dieser Entscheidung geführt haben, hat der an der Ausarbeitung des Gesetzes beteiligte Karl Fitting in dem schon erwähnten Aufsatz, in dem er das Gesetz vorgestellt hat, wie folgt formuliert:

> „Die Mindestarbeitsbedingungen sollen jedoch schon mit Rücksicht auf die Wahrung des Systems des freien kollektiven Arbeitsrechts nur im beschränkten Rahmen zur *Sicherung* eines untersten Mindeststandards erlassen werden. Ein differenziertes Tarifwerk dient ja schon nicht mehr ausschließlich der Behebung des Notstandes, sondern fördert einzelne Gruppen von Arbeitnehmern über das Maß der Befriedigung der notwendigen sozialen und wirtschaftlichen Bedürfnisse hinaus und dient der Festsetzung eines der Arbeitsleistung (für den Regelfall) angemessenen Lohnes."[34]

[34] Fitting (1952), S. 9; zuvor schon Fitting (1949), S. 291, 293.

5.2 Vertragsfreiheit ausländischer Arbeitgeber und Arbeitnehmer

Auch soweit die Arbeitsverhältnisse entsandter Arbeitnehmer und Arbeitgeber ausländischen Tarifverträgen nicht unterstehen, stößt die Erstreckung inländischer Tarifverträge auf sie an verfassungsrechtliche Grenzen. Denn auch der mit dieser Erstreckung verbundene Eingriff in die durch Art. 2 Abs. 1 GG ebenfalls geschützte individuelle Vertragsfreiheit bedarf der Rechtfertigung nach dem Prinzip der Verhältnismäßigkeit. Dieser aber kann wiederum nur in der Gewährleistung des sozialen Mindestschutzes gefunden werden. Nicht mehr gedeckt ist die Bindung an ein Entgeltgruppensystem, an die über den gesetzlichen Mindesturlaub hinausgehenden tariflichen Urlaubsansprüche, sowie an das tarifliche Urlaubskassenverfahren, auf das sie nicht angewiesen sind.

5.3 Tarifautonomie und Vertragsfreiheit inländischer Arbeitgeber und Arbeitnehmer

Die nach § 1 Abs. 3a Arbeitnehmer-Entsendegesetz mögliche Rechtsverordnung des Bundesarbeitsministeriums erfaßt, wie unter 2.4 ausgeführt, mit „*allen*" unter den Geltungsbereich des Tarifvertrags fallenden nichttarifgebundenen Arbeitnehmern und Arbeitgebern nicht nur die aus dem Ausland entsandten, sondern auch die inländischen Arbeitgeber und Arbeitnehmer. Ihre autonom geschlossenen Tarifverträge müssen nicht mehr nur – was ohnehin erheblichen Bedenken begegnet[35] – einem für allgemeinverbindlich erklärten Tarifvertrag weichen, sondern sogar einem durch reinen staatlichen Akt, nämlich durch Rechtsverordnung erstreckten. Ebenso müssen die *nichtorganisierten* inländischen Arbeitnehmer und Arbeitgeber hinnehmen, daß ihre vertraglich ausgehandelten Arbeitsbedingungen durch im Verordnungswege erstreckte tariflich ersetzt werden. Das ist verfassungsrechtlich nicht haltbar:

Dem Staat steht *nicht das Recht* zu, für die Erstreckung tariflicher Arbeitsbedingungen auf andersorganisierte und nichtorganisierte Arbeitnehmer *frei zwischen der Allgemeinverbindlicherklärung und der Rechtsverordnung zu wählen.* Wie das Bundesverfassungsgericht in seiner Ent-

[35] Hierzu Löwisch/Rieble (1992), § 4 Anm. 297ff.

scheidung vom 24. Mai 1977[36] ausgeführt hat, steht die Allgemeinverbindlicherklärung von tariflichen Inhaltsnormen in dem von weiter Zurücknahme der staatlichen Regelungszuständigkeit gekennzeichnetem Zusammenhang der Ordnung der Arbeits- und Wirtschaftsbedingungen. Die Rechtsetzungsform der Allgemeinverbindlicherklärung „soll der Garantie des Kernbereichs spezifisch koalitionsgemäßer Betätigung und dem hieraus fließenden Vorrecht der Verbände, die Arbeits- und Wirtschaftsbedingungen durch eigene Normsetzung zu wahren und zu fördern, so weit wie möglich Rechnung tragen". Diese Autonomieprärogative besteht gerade auch im Interesse der andersorganisierten Arbeitnehmer und Arbeitgeber. Wenn sie schon staatlicher Erstreckung tariflicher Arbeitsbedingungen unterworfen werden, soll dies doch wenigstens nur möglich sein, wenn der zu erstreckende Tarifvertrag genügend repräsentativ ist und an der Erstreckung die Koalitionen, welche den zu erstreckenden Tarifvertrag abgeschlossen haben, wie auch die Spitzenorganisationen beider Koalitionsseiten maßgeblich beteiligt sind, weil dadurch eine typischerweise sachnähere und den Interessen beider Seiten ausgewogen Rechnung tragende Regelung erwartet werden kann.

Daß dem noch verhältnismäßig am engsten mit dem System des freien kollektiven Arbeitsrechts zu vereinbarenden Verfahren der Vorrang gegeben wird, ist heute nicht mehr nur eine „logische Folge" der grundsätzlichen Entscheidung des Gesetzgebers, das Schwergewicht der Gestaltung der Arbeitsbedingungen auf die freie Vereinbarung zu legen, wie das Fitting an der oben (3.4) wiedergegebenen Stelle formuliert hat. Der Gesetzgeber ist nach heutigem Verfassungsverständnis in dieser Entscheidung nicht mehr frei. Vielmehr ist er auf Tarifautonomie und die durch Art. 12 Abs. 1 GG gewährleistete Vertragsfreiheit und damit auf die Beachtung dieser „logischen Folge" verpflichtet. Das verbietet den Einsatz der Rechtsverordnung als des schärferen staatlichen Mittels, solange nicht feststeht, daß den notwendigen Bedürfnissen nicht durch ein milderes Mittel Rechnung getragen werden kann.

Milderes Mittel in diesem Sinne ist in aller Regel die Allgemeinverbindlicherklärung unter den formellen und materiellen Voraussetzungen, wie sie das Tarifvertragsgesetz festlegt. Aber auch wo die Allgemeinverbindlicherklärung, etwa am Widerstand einer Seite im Tarifausschuß, schei-

---

36 2 BvL 11/74, BVerfGE 44, 322, 341ff.= AP Nr. 15 zu § 5 TVG = EzA § 5 TVG Nr. 5 = NJW 1977, 2255= DB 1977, 1510.

tert, ist die Rechtsverordnung nicht das verhältnismäßige Mittel. Denn auch dann gibt es in Gestalt des Verfahrens nach dem Gesetz über die Festsetzung von Mindestarbeitsbedingungen immer noch einen Weg, der der Koalitionsfreiheit näher liegt als die staatliche Verordnung. Die Mindestbedingungen werden nach diesem Gesetz nämlich nicht vom Bundesarbeitsministerium festgesetzt, sondern von Fachausschüssen, deren Beisitzer aufgrund von Vorschlägen der Gewerkschaften und der Vereinigungen von Arbeitgebern zu berufen sind und deren Vorsitzender nicht der Bundesarbeitsminister selbst, sondern eine von diesem zu berufende neutrale Person ist. Es ist kein Grund ersichtlich, warum statt diesem, dem Betätigungsrecht der Koalitionen noch durchaus Rechnung tragenden Verfahren in Gestalt der Rechtsverordnung ein solches gewählt werden soll, bei dem die Koalitionen, abgesehen von einer schlichten Anhörung, von der Mitwirkung ausgeschlossen sind.

5.4 Mangelnde Bestimmtheit der Verordnungsermächtigung

Nach Art. 80 Abs. 1 Satz 2 GG müssen Verordnungsermächtigungen nach „Inhalt, Zweck und Ausmaß der erteilten Ermächtigung im Gesetze bestimmt werden." Diesen Anforderungen wird § 1 Abs. 3a Arbeitnehmer-Entsendegesetz nicht gerecht:

Das Bundesverfassungsgericht hat in seiner Entscheidung vom 24. Mai 1977 erwogen, ob die staatliche Allgemeinverbindlicherklärung rechtstheoretisch als Erlaß einer Rechtsverordnung gewertet werden kann. Es hat das mit der Begründung abgelehnt, „§ 5 TVG wäre andernfalls mit Art. 80 und 82 GG kaum zu vereinbaren". So sei etwa die dem Bundesminister erteilte Ermächtigung in § 5 Abs. 1 TVG allenfalls hinsichtlich der Voraussetzungen, unter denen die Tarifbindung auf Außenseiter erstreckt werden kann, nach Inhalt, Zweck und Ausmaß hinreichend bestimmt. Hinsichtlich des Inhalts der zu erstreckenden Normen fehle es hingegen „an jeglicher Steuerung durch ein vom staatlichen Gesetzgeber herrührendes Gesetz, wie sie für die Rechtsverordnung kennzeichnend ist".[37] Eben das trifft auf die Ermächtigung zu, den Inhalt von Tarifverträgen durch Verordnung auf Außenseiter zu erstrecken: Sie enthält keinerlei

---

37 BVerfG vom 24.5.1977, 2 BvL 11/74, BVerfGE 44, 343= AP Nr. 15 zu § 5 TVG = EzA § 5 TVG Nr. 5 = NJW 1977, 2255= DB 1977, 1510.

Vorgaben für die Entscheidung des Bundesarbeitsministeriums über den Erlaß der Verordnung. Er kann vielmehr jeglichen Tarifvertrag, der sich mit der Dauer des Erholungsurlaubs, dem Urlaubsentgelt oder einem zusätzlichen Urlaubsgeld und Mindestentgeltsätzen einschließlich der Überstundensätze beschäftigt, ohne Rücksicht auf den konkreten Inhalt erstrecken. Was die Entgeltsätze anlangt, so soll die Erstreckung nicht einmal auf das jeweilige Mindestentgelt beschränkt sein, sondern auch die höheren Lohngruppen umfassen. Von einer „Steuerung“ der Verordnung durch das Gesetz kann mithin keine Rede sein.

6 Fazit

Die mit dem Arbeitnehmer-Entsendegesetz verbundene staatliche Befugnis, die Löhne in der Bauwirtschaft zu kartellieren und zugleich auf deutsches Niveau anzugleichen, aber auch die Befugnis zum Zwangsanschluß an das deutsche bauwirtschaftliche Urlaubskassensystem, halten den Grundsätzen marktwirtschaftlicher Ordnungspolitik, wie sie von Eucken entwickelt worden sind und heute der Wirtschaftsordnung der Europäischen Gemeinschaften zugrundeliegen, nicht stand. Lediglich die arbeitsortbezogene Gewährleistung arbeitnehmerschützender sozialer Mindeststandards entspricht diesen Grundsätzen.

Das Arbeitnehmer-Entsendegesetz verstößt im gleichen Umfang, in dem es ordnungspolitisch unhaltbar ist, auch gegen die Gewährleistung von Dienstleistungsfreiheit und Freizügigkeit durch den EG-Vertrag und gegen Prinzipien der deutschen Verfassung, wie sie durch Tarifautonomie und Vertragsfreiheit konstituiert werden.

Ordnungspolitik und Wirtschaftsverfassungsrecht befinden sich insoweit im Gleichklang. Die ordnungspolitischen Grundsätze Walter Euckens sind, auch was die Sozialpolitik angeht, inzwischen zur Rechtsüberzeugung geworden, die die staatliche Politik nicht mehr negieren darf.

Literaturverzeichnis

Blümle, G./ Goldschmidt, N. (1999)
Die Konsequenzen der Verrechtlichung für die ethischen Grundlagen wirtschaftlicher Ordnung, Diskussionsbeiträge des Instituts für Allgemeine Wirtschaftsforschung, Abt. für Mathematische Ökonomie, Nr. 18, Universität Freiburg, Mai 1999, veröffentlicht: http://www.vwl.uni-freiburg.de/fakultaet/moe/forschung/verrechtlichung.pdf.

Däubler, W. (1997)
Die Entsende-Richtlinie und ihre Umsetzung in das deutsche Recht, in: *Europäische Zeitschrift für Wirtschaftsrecht*, 8. Jg., S. 613 – 623.

Eucken, W. (1932)
Staatliche Strukturwandlungen und die Krisis des Kapitalismus, in: *Weltwirtschaftliches Archiv*, Bd. 36, S. 297 – 321.

Eucken, W. (1952)
Grundsätze der Wirtschaftspolitik, 6. Auflage 1990, Tübingen: Mohr (Paul Siebeck).

Fitting, K. (1952)
Das Gesetz über die Festsetzung von Mindestarbeitsbedingungen, in: *Recht der Arbeit*, 5. Jg., S. 5 – 9.

Fitting, K. (1949)
Staatliche Mindestregelungen auf dem Gebiet der Arbeitsbedingungen, in: *Arbeitsblatt für die britische Zone*, S. 291 – 294.

Gerken, L./ Löwisch, M./ Rieble, V. (1995)
Der Entwurf eines Arbeitnehmer-Entsendegesetzes in ökonomischer und rechtlicher Sicht, in: *Betriebs-Berater*, 50. Jg., S. 2370 – 2375.

Koenigs, F. (1995)
Lohngleichheit am Bau? – Zu einem Arbeitnehmer-Entsendegesetz, in: *Der Betrieb*, 48. Jg., S. 1710 – 1711.

Koenigs, F. (1997)
Rechtsfragen des Arbeitnehmer-Entsendegesetzes und der EG-Entsenderichtlinie, *Der Betrieb*, 50. Jg., S. 225 – 231.

Löwisch, M. (1994)
Der Entwurf einer Entsende-Richtlinie der EU in rechtlicher Sicht, in: Bettermann, K.A. (Hrsg.): *Festschrift für Albrecht Zeuner zum siebzigsten Geburtstag*, Tübingen: Mohr (Paul Siebeck), S. 91 – 99.

Löwisch, M./ Rieble, V. (1992)
Kommentar zum Tarifvertragsgesetz, München: Vahlen.

Rieble, V. (1996)
Arbeitsmarkt und Wettbewerb, Berlin u. a.: Springer.

Selmayr, M. (1996)
Die gemeinschaftsrechtliche Entsendungsfreiheit und das deutsche Entsendegesetz, in: *Zeitschrift für Arbeitsrecht*, 27. Jg., S. 615 – 658.

Ordnungspolitische Reform des deutschen Gesundheitswesens: Integration in den europäischen Markt

Eckhard Knappe / Hans-Joachim Jobelius

1 Europäischer Wachstumsmarkt „Gesundheit"

In der Vergangenheit (seit 1977) war Gesundheitspolitik in der Regel nationale Ausgabendämpfungspolitik. Die Entwicklung im Gesundheitssektor wurde fast ausschließlich als ein Problem der Kostenentwicklung betrachtet. Dem wurde in den letzten Jahren zu Recht die Wachstumsperspektive gegenübergestellt. Zunehmend wird auch die nationale Sichtweise durch eine europäische Perspektive abgelöst.[1]

1.1 Wachstum des Gesundheitssektors

In der Vergangenheit speiste sich das Wachstum des Gesundheitssektors vor allem aus zwei Quellen: dem medizinisch-technischen Fortschritt (vor allem in Form von „Produkt"innovationen) und der generellen Nachfrageverschiebung hin zu den Dienstleistungen (und hier vor allem zu den Gesundheitsleistungen). Da die Produktivitätssteigerungen im Gesundheitssektor kleiner sind als der volkswirtschaftliche Durchschnitt,[2] kam es vor allem zu einer Verlagerung der Ressourcen (Wachstum als Folge des Strukturwandels). Um einen wachsenden Gesundheitssektor zu finanzieren, müssen Einkommen und Nachfrage aus anderen Sektoren abgezogen werden. Die Zahl der Arbeitsplätze geht dort entsprechend zurück. Der Gesundheitssektor hat – indem er den Ressourceneinsatz ergiebiger (produktiver) machte – nur unterproportional zum Wachstum der Volkswirtschaft beigetragen. Der Gesundheitssektor war zwar ein Wachstums„markt", weniger jedoch ein Wachstums„motor". Insofern ist beim Wachstum des Gesundheitssektors zwischen Strukturwandel u. a. als Fol-

---

1 Vgl. z. B. Albeck (1995).

2 Vgl. Börsch-Supan (1997).

ge einer Nachfrageverlagerung und Wirtschaftswachstum i. e. S. zu unterscheiden.

Intensives Wachstum, das den Wohlstand der Bevölkerung (pro Kopf) erhöht, entsteht vor allem auf vier Wegen:

- durch die Erhöhung der Sach- und Human-Kapitalintensität, d. h. durch Investitionen, die die Arbeitsplätze und die Arbeitnehmer mit mehr Kapital ausstatten.
- durch Prozeßinnovationen, die die Produktion von Gütern und Dienstleistungen kostengünstiger machen.
- durch Produktinnovationen, die neue Versorgungsmöglichkeiten eröffnen oder bestehende Versorgungen qualitativ verbessern.
- durch verbreiterte Arbeitsteilung und Spezialisierung, insbesondere durch internationale Arbeitsteilung.[3]

Eine verbreiterte (internationale) Arbeitsteilung führt allein durch die Nutzung vorhandener komparativer Vorteile zu Wohlstandssteigerungen. Internationale Arbeitsteilung macht es zudem möglich, die Betriebseinheiten zu vergrößern und zu rationelleren Produktionsverfahren überzugehen, und zwar ohne daß durch Konzentration die Wettbewerbsintensität sinkt. Durch eine Öffnung gegenüber dem europäischen bzw. dem Weltmarkt können Betriebsgrößen steigen und gleichzeitig die Wettbewerbsintensität zunehmen. Im Export erfolgreiche Branchen verbessern die „terms of trade" und damit generell die Importmöglichkeiten.

In diesen Sinne haben im Gesundheitssektor vor allem die Bereiche „Arzneimittel" und „Medizinprodukte" (zukünftig auch die Telematik) ursächlich zu „intensivem" Wachstum der Volkswirtschaft beigetragen. Dort existiert bereits heute europa- und weltweit ein Handel mit „Gesundheits-Hardware", der mit hohen Exportüberschüssen auch positiv zur Außenhandelsbilanz beiträgt. Die übrigen Bereiche des Gesundheitswesen sind sehr viel stärker dadurch gewachsen, daß immer mehr Einkommen in den Gesundheitssektor „umgelenkt" wurde (Strukturwandel). In der Diskussion über den Wachstumsmarkt „Gesundheitswesen" ist dieser Unterschied – ein Sektor wächst, weil der Bedarf an Leistungen infolge externer Ursachen (z. B. demographischer Wandel, allgemeine Wohl-

---

[3] Vgl. Hall/Jones (1999).

standssteigerung) zunimmt oder er wächst, weil er selbst zum Wachstumsmotor wird – nicht hinreichend berücksichtigt worden.[4]

Soll das Wachstum des Gesundheitssektors nicht „bedrohliche Ausgabenexplosion“ sondern „ursächlicher Beitrag zum Wirtschaftswachstum“ sein, dann sind die bisher schon innovativen Bereiche des Gesundheitssektors in ihrer Innovationstätigkeit und in ihrer internationalen Wettbewerbsfähigkeit nicht zu behindern, sondern zu stärken und die übrigen Bereiche in einen Wettbewerbsprozeß und eine internationale (zumindest europäische) Arbeitsteilung einzubinden, damit das dort weitgehend brachliegende innovative Wachstumspotential ebenfalls genutzt wird. Der Gesundheitssektor ist in weit größerem Maße als heute fähig, dazu beizutragen, das Einkommen, das er zur Finanzierung der eigenen Leistungen bindet, durch eigene Innovationen und Produktivitätssteigerung auch selbst zu schaffen.

1.2 Der nationale Bezug steht in der Gesundheitspolitik im Vordergrund

Die Europäische Wirtschafts- und Währungsunion (EWWU) schafft einen einheitlichen Währungsraum für den Europäischen Binnenmarkt. Der Binnenmarkt selbst schafft Wachstum und materielle wie immaterielle Wohlfahrtsgewinne für die Bevölkerung. Diese Vorteile sind grundsätzlich auch im Gesundheitswesen realisierbar. Zur Zeit wird ihre Nutzung durch die spezifischen Bestimmungen der nationalen Sozialpolitik erschwert. In den Kernbereichen der Gesundheitsversorgung (Krankenkassen und vor allem der stationären und ambulanten Versorgung) wird eine kleinräumige Versorgung gefördert und eine internationale Arbeitsteilung weitgehend verhindert. Es soll durchaus nicht verkannt werden, daß zur Befriedigung der Dienstleistungsnachfrage (wegen des Uno-actu-Prinzips und der damit verbundenen hohen Transaktionskosten) ein kleinräumiges Angebot häufig durchaus optimal ist. Das gilt jedoch nicht für alle Leistungen des Gesundheitssektors. Ein großer Teil möglicher Effizienzsteigerungen wird durch spezielle Regulierungen (Betriebsgrößenverordnung für Arztpraxen, nationale Sachleistungen etc.) verhindert. Daher ist zu erwarten, daß das zu erschließende Wachstums- und Wohlfahrtspotential

---

4 Vgl. Sachverständigenrat für die Konzertierte Aktion im Gesundheitswesen (1996, 1997).

bei einer Integration des Gesundheitssektors in den Gemeinsamen Markt besonders groß sein wird.

Die Diskussion über die Weiterentwicklung des deutschen Gesundheitswesens wird weitgehend aus einer nationalen Perspektive geführt. Das ist verständlich, da das Gesundheitswesen als ein nationales Solidar- und Versorgungssystem konzipiert ist. Diese Perspektive verstellt jedoch das eigentliche Problem: Es geht nicht darum, für Solidaritätsziele Wachstumspotentiale aufzugeben, es geht um eine möglichst konfliktminimierende Verbindung beider Zielebenen.[5]

1.3 Die Europäische Gesundheitspolitik beruft sich auf das Subsidiaritätsprinzip und löst damit Konflikte mit anderen Regelungen aus

Auf europäischer Ebene greifen für die Gesundheitspolitik die Regelungen des Amsterdamer Vertrages (insbesondere Artikel 152). Die Maßnahmen der Gemeinschaft zielen vor allem auf die Sicherung eines hohen Gesundheitsniveaus, die Prävention sowie die Koordination und Kooperation zwischen den Mitgliedstaaten. Die Tätigkeit der Gemeinschaft ergänzt die Politik der Mitgliedstaaten. Der Amsterdamer Vertrag sieht in isolierten Ausführungen zum Gesundheitswesen eine uneingeschränkte Kompetenz der Mitgliedstaaten bei der Organisation des Gesundheitswesens vor. Das Prinzip der Subsidiarität ist auf den ersten Blick gesichert.

Das Gesundheitswesen als Produktions- und Verteilungsinstitution ist jedoch auf vielfältige Weise mit anderen Sektoren verknüpft. Bereits ein Blick auf die Befassung der verschiedenen Generaldirektionen der Europäischen Kommission mit der Gesundheitspolitik verdeutlicht, daß die ausschließliche Betrachtung der das Gesundheitswesen direkt betreffenden Artikel des Amsterdamer Vertrages zu kurz greift. So befaßt sich beispielsweise die DG XV mit Binnenmarktfragen, z. B. mit der Freizügigkeit in Hinblick auf berufliche Abschlüsse. Die DG XIII greift über die Telematik u. U. direkt in die Umgestaltung von Versorgungsprozessen ein. Gesundheits- und Arbeitsschutz sind ein Thema der DG V. Im Arzneimittelbereich ist die DG III für die europäische Zulassungsbehörde, die EMEA (European Medicines Evaluation Agency), zuständig. Dort wird

---

5 Vgl. Zimmermann (1996); Pitlik (1999); Knorr (1997).

auch der freie Warenverkehr behandelt, der z. B. bei Arzneimitteln zu Konflikten mit Regelungen nationaler Gesundheitssysteme führt. Die Aufteilung sachlich zusammengehöriger Aufgaben auf verschiedene Gremien birgt die Gefahr unkoordinierter Entscheidungen.

Sofern europäische Bezüge in der gesundheitspolitischen Diskussion angesprochen werden, geht es zumeist um das Primat des Subsidiaritätsprinzips einerseits und das durch übergeordnete europäische Grundprinzipien, wie z. B. das Freihandels- und Freizügigkeitsgebot, ausgelöste Spannungsverhältnis zwischen nationalen und europäischen Regelungen andererseits.[6] Im Hinblick auf die Organisation des Gesundheitswesens werden insbesondere Gefährdungen der nationalen Sozialordnung, in die vor allem die Gesetzliche Krankenversicherung eingebettet ist, gesehen. Aus diesem Blickwinkel liegt es nahe, mit defensiven Abwehrstrategien zu reagieren.[7] Weniger gesehen werden vom europäischen Einigungsprozeß ausgehende Reformanstöße, die aufgrund der zukünftigen Herausforderungen ohnehin notwendige Veränderungen in Gang setzen und beschleunigen. Weniger gesehen werden auch die Chancen für Wachstum und Beschäftigung, die von möglichen organisatorischen Veränderungen ausgehen.

1.4 Indirekte Einflüsse dominieren bei der Einführung der gemeinsamen Währung

Im Vertrag von Maastricht sind Stabilitätskriterien festgelegt, die eine relativ strenge Haushaltsdisziplin der Teilnehmerländer der Europäischen Wirtschafts- und Währungsunion (EWWU) erfordern. Auf Gesundheitssysteme, die überwiegend über Steuern finanziert werden, hat das unmittelbaren Einfluß.[8] Der Zwang zur Haushaltsdisziplin wirkt direkt auf die für das steuerfinanzierte Gesundheitssystem zur Verfügung stehenden Ressourcen.

Der direkte Einfluß der Europäischen Währungsunion auf das deutsche, beitragsfinanzierte Gesundheitssystem ist demgegenüber gering. Es ergeben sich vor allem indirekte Wirkungen. Der verschärfte Wettbewerb auf

---

6 Vgl. Burger (1999).

7 Vgl. z. B. o. V. (1998a); auch o. V. (1999); vgl. dagegen für eine offensive Einstellung z. B. Möllhoff (1998).

8 Vgl. Terwey/Danner (1998); Terwey (1998).

den Güter-, Kapital- und Arbeitsmärkten setzt vor allem diejenigen beitragsfinanzierten Systeme unter Anpassungsdruck, die einen hohen Arbeitgeberanteil beinhalten (z. B. GKV) und dadurch zu hohen Personalnebenkosten führen. Der Anpassungsdruck ist dort besonders hoch, wo Beiträge vor allem Zwangsbeiträge sind und wo die kumulierten Beiträge aller Sozialversicherungen ein hohes Gesamtniveau erreichen. In Deutschland liegen die Sozialversicherungsbeiträge bei mehr als 40 % des Bruttolohneinkommens.[9] „Indirekter Einfluß" bedeutet allerdings nicht, daß die zu erwartenden – und sich heute bereits abzeichnenden – Wirkungen gering und zu vernachlässigen wären. Das Gegenteil ist der Fall: Da man sich gegen die indirekten Auswirkungen nur schwer „wehren" kann, sind sie in ihrem Ergebnis um so gravierender.

1.5 Die europäische Wettbewerbspolitik greift in die Gesundheitspolitik ein

Dem oben genannten Anpassungsdruck, der sich aus einer verschlechterten Wirtschaftsposition bei wachsenden Lohnnebenkosten ergibt, sind alle sozialen Sicherungssysteme (Renten-, Arbeitslosen-, Kranken- und Pflegeversicherung) ausgesetzt. Im Gesundheitssektor wirkt sich jedoch ein weiterer Anpassungsdruck aus, der z. B. in der Rentenversicherung weitgehend zu vernachlässigen ist. Während die gesetzliche Rentenversicherung fast ausschließlich finanzielle Mittel umverteilt, ohne damit Produktionsprozesse direkt zu lenken und zu organisieren, verteilen die Krankenkassen zwar ebenfalls finanzielle Mittel um. Diese Umverteilung bestimmt aber gleichzeitig die Produktionsprozesse und die Organisation eines großen Produktions- und Dienstleistungssektors, da die Leistungserbringung über das Sachleistungsprinzip ebenfalls nach sozialpolitischen und nicht nach allokationspolitischen Kriterien organisiert ist.

Zumindest die Leistungserbringung im Gesundheitswesen ist als „unternehmerische Tätigkeit" aufzufassen. Auch die gesetzlichen Krankenversicherungen kommen Wettbewerbsunternehmen zumindest nahe.[10] Unternehmerische Tätigkeit unterliegt europäischen kartellrechtlichen Vorschriften. Nationale Sonderbedingungen, die dem Kartellverbot und dem Freihandels- und Freizügigkeitsgebot zuwiderlaufen, müssen daher über-

---

9 Vgl. Knappe (1998), S. 184ff.

10 Vgl. Neumann (1998).

prüft werden. Es stellt sich damit die Frage, inwieweit die nationale Sozial- und Gesundheitspolitik den europäischen Grundsätzen des freien Waren- und Dienstleistungsverkehrs über- oder unterzuordnen ist.[11]

Ökonomisch gesehen ist von Bedeutung, daß die Chancen, die sich aus einer Integration der Gesundheitsmärkte in Europa auch für die Bundesrepublik Deutschland ergeben, nicht genutzt werden.

Diesem „Sog“ von außen entspricht ein steigender Druck im Inneren: Medizinischer Fortschritt macht die Behandlung von weiteren Gesundheitsstörungen möglich und steigert dadurch die Nachfrage. Im demographischen Wandel wird sich der Anteil der Älteren (60 Jahre und älter) an den potentiellen Erwerbstätigen (den 20-60jährigen) erhöhen, d. h. bis 2040 mehr als verdoppeln. Diejenigen, die – altersbedingt – erhöhten Gesundheitsbedarf haben, nehmen an Zahl zu. Diejenigen, die mit ihrer Erwerbstätigkeit das erforderliche Einkommen erwirtschaften, nehmen an Zahl ab. Damit steigt die Beitragsbelastung eines Arbeitnehmers in einem lohnbezogenen Finanzierungssystem von beiden Seiten: durch steigenden Bedarf und gleichzeitig schrumpfendes erwerbswirtschaftliches Potential. Diese Entwicklung wird auch nicht durch Zuwanderung und steigende (Frauen-)Erwerbsbeteiligung neutralisiert.

In einem lohnbezogenem Finanzierungssystem bricht im demographischen Wandel die Finanzbasis weg, weil im Alter zwar der Bedarf an Gesundheitsleistungen wächst, die Beiträge sich aber mit dem Eintritt in die Rentenphase etwa halbieren. So finanziert ein Durchschnittsrentner mit seinen Beiträgen heute nur noch ca. 40 % seines eigenen Bedarfs an Gesundheitsleistungen. Entsprechend muß ein Arbeitnehmer Beiträge entrichten, die über 50 % höher sind als sein eigener Gesundheitsleistungsbedarf. Jahr für Jahr öffnet sich diese Schere weiter, denn der medizinische Fortschritt führt zu wachsenden Gesundheitsausgaben, wobei die Wachstumsrate für Ältere etwa doppelt so hoch ist wie für Jüngere. Das verstärkt die Ausgabenwirkung des demographischen Wandels (auch ohne überproportionale Ausgabensteigerung müßten die Beitragssätze erhöht werden) und verstärkt gleichzeitig den Umverteilungsprozeß von Jung zu Alt. Wäre die Gesetzliche Krankenversicherung zweigeteilt, in eine Rentner-Krankenversicherung und eine Krankenversicherung der Arbeitnehmer, dann wären die Beitragssätze der Arbeitnehmer seit Jahr-

---

[11] Vgl. Schulte (1999), S. 40ff.

zehnten bei etwa 8 % konstant geblieben. Die Gesetzlich Krankenversicherung entwickelt sich daher immer stärker zu einer Quasi-Rentenversicherung.[12]

Dieser interne Schub für die Beitragssätze zwingt die über Jahre praktizierte Ausgabendämpfungspolitik zu einer immer härteren Gangart. Die Ausgabendämpfungspolitik gerät zudem in einen Teufelskreis aus steigenden Beitragssätzen, zunehmender Arbeitslosigkeit und wiederum steigenden Beitragssätzen. Beitragssätze von 13,5 % wurden 1995 noch für das Jahr 2005 prognostiziert,[13] werden aber bereits 1999 erreicht. Ein lohnbezogenes Beitragssystem ist auf Dauer unter diesen Umständen nicht zu verteidigen. Es ist in dieser Form auch nicht verteidigenswert, da es die angestrebten Solidarziele nicht erreicht und Chancen für Wachstum und Beschäftigung nicht nutzen kann.

Der Druck des demographischen Wandels und des medizinischen Fortschritts verstrickt die nationale Ausgabendämpfungspolitik immer tiefer in die Verteilungskämpfe der um Bestandsschutz kämpfenden Interessengruppen.

1.6 Für die Bevölkerung ist die Kombination einer solidarischen Absicherung von Gesundheitsrisiken mit marktwirtschaftlicher Leistungserstellung optimal

Ein Solidarsystem, das die gesamte deutsche Bevölkerung mit Versicherungsschutz versorgen soll, ist nicht zwangsläufig ein Hindernis dafür, daß die mit Mitteln der Versicherung finanzierten Güter- und Dienstleistungen nach marktwirtschaftlichen Grundsätzen produziert werden. Im Gegenteil, das Kriterium der wirtschaftlichen Leistungserbringung wird um so wichtiger, je dringlicher der solidarisch zu finanzierende Bedarf selbst ist. Unwirtschaftlichkeiten und Verschwendung sind dann nicht nur ein Problem von Wohlfahrtsverlusten, sondern führen außerdem zu Ungerechtigkeiten und Solidaritätsverlusten.

Es gibt kein anderes System, daß die Wirtschaftlichkeit der Leistungserbringung auch nur annähernd so gut sicherstellt und Wachstumspotenti-

---

12 Vgl. Enquete-Kommission (1998), Kapitel „Gesundheit und Pflege".

13 Vgl. Prognos AG (1995), S. 130.

ale so intensiv erschließt, wie ein funktionsfähiger, marktwirtschaftlicher, internationaler Wettbewerb. Dies gilt auch für das Gesundheitswesen mit seinen Besonderheiten. Für die Versorgung der Bevölkerung ist daher die Kombination aus einer solidarischen Absicherung von Gesundheitsrisiken mit einer marktwirtschaftlichen Leistungserbringung optimal. In Deutschland sind hingegen die größten Sektoren des Gesundheitswesens (ambulante und stationäre Versorgung) Teil eines national abgeschotteten, vorwiegend staatlich bzw. über die Selbstverwaltung von Krankenkassen und Leistungserbringern gesteuerten Leistungsbereiches. Die Folge ist eine suboptimale, unwirtschaftliche Leistungserstellung zu überhöhten Kosten und verfehlten Präferenzen. Ein Beispiel hierfür sind die mit der Abschottung der einzelnen Sektoren verbundenen offensichtlich ungenutzten Wirtschaftlichkeitspotentiale.[14]

Unwirtschaftlichkeiten und Expansionsdynamik (und der damit verbundene Anstieg der Beitragssätze) waren die wichtigsten Gründe für eine lange Kette gesetzgeberischer Maßnahmen zur Ausgabendämpfung. Mit dem Gesundheitsstrukturgesetz (GSG) wurden 1993 eine erste Abkehr von der Ausgabendämpfungspolitik alten Stils vorgenommen und erste marktwirtschaftliche Anreize (im nationalen Rahmen) durch die Einführung der Kassenwahlfreiheit für ca. 80 % der Versicherten implementiert. Damit ist zum ersten Mal ein „Motor der Wettbewerbsdynamik" auch im Gesundheitswesen „gezündet" worden, der das Verhalten aller Beteiligten im Gesundheitswesen unter neuen Anpassungsdruck setzt und dem Verhalten der Akteure eine neue Orientierung gibt.[15]

Diese Entwicklung gilt es national fortzusetzen und erste Schritte zu einem europäischen Wettbewerb vorzunehmen. Die europäische Wettbewerbspolitik fördert bereits den internationalen Wettbewerb und ergreift Initiativen gegen Wettbewerbsbeschränkungen und -verzerrungen, die von der national orientierten Gesundheitspolitik der Mitgliedsländer ausgehen (z. B. Öffnung der Versicherungsmärkte einschließlich privater Krankenversicherungen[16]) oder baut Wettbewerbshindernisse dort ab, wo internationaler Handel mit Gesundheitsleistungen bisher schon möglich

---

14 Vgl. Arnold u. a. (1997); Neuffer (1997). Dieser Ansatz einer Vernetzung der Leistungserbringung wird auch im Rahmen der GKV-Gesundheitsreform 2000 verfolgt.

15 Vgl. Müller/Schneider (1998).

16 Vgl. Leidl/Rhodes (1997).

war (Vereinheitlichung der Marktzulassungsbedingungen für Arzneimittel und Medizinprodukte[17]). Wie sehr die Gesundheitsversorgung aber immer noch aus rein nationaler Perspektive gesehen wird, zeigen bereits ein Begriff wie „Cross-border Health Care“ statt „European Health Care“ und das insgesamt geringe Ausmaß grenzüberschreitender Versorgung.

Derzeit nehmen nur 3 – 4 % der EU-Bürger eine Auslandsversorgung in Anspruch (z. B. Pendler in Grenzregionen, deutsche Arbeitnehmer im EU-Ausland, Touristen im Notfall u. a.).[18] Es wäre aus ökonomischer Sicht naheliegend, den Patienten europaweit die freie Wahl der Leistungserbringer zuzugestehen. Angesichts erheblicher Unterschiede in den Preisen, den Bezugs- und Wartekosten sowie Qualitätsdifferenzen der Versorgung wird jedoch eine Aushöhlung der Versorgungsqualität und eine finanzielle Überforderung der nationalen Krankenversicherungssysteme befürchtet. Dies zeigt umgekehrt, welches Hindernis die nationalen Krankenversicherungen für den europäischen Handel mit Gesundheitsleistungen darstellen, denn gerade solche komparativen Kosten- und Qualitätsunterschiede sind die wichtigste Triebfeder für internationalen Austausch, sofern dieser ungehindert möglich wäre.[19]

Fazit: Die Europäische Integration und die Globalisierung verstärken den Reformdruck von außen, demographischer Wandel und medizinischer Fortschritt verstärken den Reformdruck von innen.

2 Auf dem Weg zu einem europäischen Gesundheitswesen

2.1 Die wettbewerbliche Weiterentwicklung erfordert mehr Handlungsfreiheit

Mit dem Gesundheitsstrukturgesetz (GSG) wurde 1993 – wie gesagt – ein erster Schritt zur wettbewerblichen Weiterentwicklung der GKV vorge-

---

[17] Vgl. Sachverständigenrat für die Konzertierte Aktion im Gesundheitswesen (1997), S. 231f.

[18] Vgl. VO (EWG) regulation 1408/71, Artikel 19; Sachverständigenrat für die Konzertierte Aktion im Gesundheitswesen (1992), S. 144f.; vgl. auch Hermans/Berman (1997).

[19] Vgl. Hermesse u. a. (1997).

nommen. Die Einführung der Kassenwahlfreiheit für einen Großteil der Versicherten hat dazu geführt, daß die Krankenkassen im Wettbewerb zueinander um Versicherte stehen. Wettbewerb erfordert auch entsprechende Wettbewerbsinstrumente. Andernfalls besteht die Gefahr, daß er sich in den bestehenden Fesseln „nicht bewährt“ und das Versagen dem Wettbewerbskonzept und nicht den Beschränkungen zur Last gelegt wird. Die Instrumente können zum einen die Leistungsseite (Ausweitung der Gestaltungsleistungen, verschiedene Formen der Direktbeteiligung etc.) und zum anderen die Beziehungen zu den Leistungserbringern betreffen.

Der mit dem GSG eingeführte „solidarische“ Wettbewerb kombiniert Kassenwahlfreiheit mit einem umfangreichen Risikostrukturausgleich. Der Risikostrukturausgleich ist der „politische Preis“, ohne den Wahlfreiheit in der GKV bei lohnbezogenen Beiträgen nicht hätte eingeführt werden können. Der Risikostrukturausgleich stellt aber gleichzeitig ein Wettbewerbshindernis dar,[20] insbesondere läßt dieses System es nicht zu, daß Krankenversicherungsabschlüsse international handelbar werden. Grundsätzlich läßt diese Konstruktion aber zu, daß der nationale Kassenwettbewerb funktionsfähiger gestaltet werden kann.[21] In diesem Zusammenhang sind die Vertragsbeziehungen zwischen Krankenkassen und Leistungserbringern von besonderer Bedeutung. Die Einführung des Kassenwettbewerbs sollte dazu führen, daß sich Krankenkassen im Wettbewerb um Versicherte um in Qualität und Kosten günstige Vertragsabschlüsse bemühen. Auf diese Weise sollte der Kassenwettbewerb um Versicherte auch zu einem patientenorientierten Leistungswettbewerb der Anbieter um bessere Versorgungsqualität und/oder geringere Kosten werden. Ein solcher Leistungswettbewerb ist nur dann möglich, wenn den Kassen weitergehende Vertragsmöglichkeiten (selektive Verträge) eingeräumt werden. Ein Wettbewerb um „Patienten als Kunden“ ist auch nicht ohne Patienteninformation und die sachkundige Unterstützung der Patienten durch die Kassen möglich. Diese müssen sich den notwendigen medizinischen Sachverstand verschaffen und zu Sachwaltern des Patienteninteresses werden. Leistungserbringer müssen dann stärker als bisher ihre Leistungen mit dem Erfolg vor ihren „Kunden“ (den Patienten) und ihren Vertragspartnern (den Krankenkassen) rechtfertigen.

---

[20] Vgl. Külp/Thalmann (1999).

[21] Vgl. Cassel u. a. (1997); Monopolkommission (1996/1997), bes. Kap. VI: Marktkonforme Ausrichtung des deutschen Gesundheitswesens.

Damit die Leistungserbringer nicht einem übermächtigen Kassenmonopol gegenüberstehen, müssen die Kassen auch auf der Vertragsebene Wettbewerber sein und dürfen nicht als Kartell „gemeinsam und einheitlich" handeln. Auf der anderen Seite werden die Leistungserbringer sich ebenfalls – zu konkurrierenden und nicht monopolistischen Einheiten – in unterschiedlichen vertragsfähigen Verbänden und Gruppierungen zusammenschließen, so daß sich ein Wettbewerb und ein Machtausgleich zwischen beiden Seiten ergibt. Der häufig benutzte Begriff der „Einkaufspolitik" trifft diesen Sachverhalt nicht, da er eher eine Überlegenheit der Kassenseite symbolisiert. Diese ist jedoch nicht gegeben, wenn die Kassen im Wettbewerb zueinander agieren und auch die Anbieterseite sich in unterschiedlichen Gruppierungen organisiert.[22]

2.2 Die europäische Gesetzgebung schafft die Voraussetzung für mehr Handlungsfreiheit

Die Erweiterung der Handlungsfreiheiten würde marktwirtschaftliche Wettbewerbselemente im nationalen Rahmen des Gesundheitswesens verstärken. Sie sind auf dem Weg zu einem Gesundheitssystem, das stärker auch die europäischen Chancen nutzt, ein erster Schritt. Der Europäische Gerichtshof hat in früheren Entscheidungen wiederholt festgestellt, daß Monopole im Bereich der Sozialversicherung (z. B. das „gemeinsame und einheitliche" Vorgehen der Krankenkassen und die Gesamtvertretung der niedergelassenen Ärzte durch die Kassenärztlichen Vereinigungen) nur solange zulässig sind, als sie sich auf die generelle Absicherung z. B. von Gesundheitsrisiken beschränken und sie u. a. nicht gewinnstrebend agieren. Sofern die Krankenversicherung unternehmerisch tätig wird, unterliegt sie demnach dem europäischen Wirtschafts- und Wettbewerbsrecht. „Unternehmerische Tätigkeit" bedeutet dabei nicht (nur) das Streben nach Gewinn, sie liegt vor, sofern die Leistungserstellung auch durch Privatanbieter möglich oder gar realisiert ist. Mit den Regelungen des GSG und den Neuordnungsgesetzen (1. und 2. NOG) werden die Kriterien, die eine wettbewerbsrechtliche Sonderbehandlung der GKV erlauben, zusehends ausgehebelt.[23] Vor allem die Besonderheit lohnbezogener Beiträge bietet den gesetzlichen Krankenkassen in Deutschland heute noch einen Schutz vor der Anwendung des Kartellrechtes. Das lohnbezo-

---

[22] Vgl. GVG (1997), S. 44.

[23] Vgl. Schulz-Weidner (1997), S. 453ff.

gene Finanzierungssystem gerät jedoch – wie gesagt – immer stärker unter Druck.

Die Leistungserbringer üben ebenfalls eine unternehmerische Tätigkeit aus, für die Kartellverbot und Dienstleistungsfreiheit in Europa gelten. Zwei Entscheidungen des EuGH vom 4.4.1998 (Rechtssachen Molenaar, Fath-Molenaar bzw. Decker und Kohll[24]) beschäftigen sich mit der Möglichkeit, Leistungen der Pflegeversicherung und medizinische Leistungen im Ausland in Anspruch zu nehmen. Demnach hat ein kranker Gemeinschaftsbürger das Recht, sich ins Ausland zu begeben, um dort medizinische Erzeugnisse zu kaufen und sich außerhalb der Krankenhäuser ärztlich behandeln zu lassen. Gleichzeitig hat er Anspruch auf Kostenerstattung nach den Regelungen seines Wohnstaates. Eine weitere Entscheidung des EuGH wird für Frühjahr 2000 erwartet und auch der Bundesfinanzhof hat bestätigt, daß Wettbewerber gegen diskriminierende Steuerbefreiungen für Non-Profit-Organisationen klagen können. Vor allem durch die Urteile des EuGH kann ein intensiverer grenzüberschreitender Handel mit Gesundheitsleistungen, zumindest im ambulanten Bereich sowie bei Arznei-, Heil- und Hilfsmitteln – der stationäre Sektor bleibt von den „EuGH-initiierten" Veränderungen vorerst noch ausgenommen – möglich werden.

Damit Leistungen von Patienten auch im Ausland bezogen werden, müßten diese einen Anreiz haben, nicht nur nach Qualität (und Bequemlichkeit etc.), sondern nach Qualität und Kosten auszuwählen. Das setzt voraus, daß diese in die Kostenverantwortung einbezogen sind, sei es durch Direktbeteiligungen, sei es, daß die Kassen generell für die Behandlung eines ihrer Versicherten eine Pauschalsumme „mit befreiender Wirkung" zahlen (Indemnitätstarif). Das den Versicherten eingeräumte aber inzwischen wieder eingeschränkte Wahlrecht zwischen Sachleistung und Kostenerstattung hat hier prinzipiell entsprechenden Handlungsspielraum geschaffen.

2.3 Grenzüberschreitende Gesundheitsversorgung gibt es bereits

Untersuchungen über das Nachfrageverhalten spezieller Gruppen von Arbeitnehmern, die bereits heute die Wahl zwischen der Gesundheitsver-

[24] Pressemitteilung Nr. 50/97 des EuGH.

sorgung in zwei nationalen Gesundheitssystemen haben (frontier workers; Pendler) zeigen, daß durchaus in nennenswertem Umfang (um die 25 %) auf ausländische Leistungen zurückgegriffen wird, insbesondere auf Arzneimittel, Behandlung durch Spezialisten und Krankenhäuser. Fallstudien zur grenzüberschreitenden Krankenhausversorgung in Grenzregionen decken die Möglichkeiten, aber auch die Hindernisse für grenzüberschreitenden Leistungsbezug auf: Neben Sprachbarrieren und Entfernungen sind es unterschiedliche Zuzahlungsregelungen, Spezialisierungen der Krankenhäuser, unterschiedliche Wartelisten und sonstige nationale Regulierungen. Während Zuzahlungsdifferenzen als Anreiz eher auf „Sozialtourismus“ hindeuten, sind unterschiedliche Spezialisierungen eher ein Hinweis auf komparative Vorteile, deren Nutzung Wohlfahrtsgewinne mit sich bringen. Generell ist der Unterschied zwischen „schädlichem Sozialtourismus“ und „wohlfahrtssteigernder Freizügigkeit“ relativ einfach zu definieren: Überall dort, wo sich Patienten vorteilhafte Gesundheitsleistungen verschaffen, die nur deswegen vorteilhaft erscheinen, weil andere für sie mitbezahlen, handelt es sich um (für andere) schädliche Wahlfreiheit, durch die das Solidarprinzip (sofern es die ausländischen Konsumenten nicht ausdrücklich einschließt) ausgehöhlt wird. Hier zeigt sich, wie die spezielle Form, in der das (national bezogene) Solidarprinzip in der GKV organisiert ist, zu einem Hindernis für freien Handel mit Gesundheitsleistungen wird. Dort, wo ein vollständiger Kosten-Nutzen-Vergleich Vorteile für eine Gesundheitsversorgung ausweist, ist (nationale wie internationale) Wahlfreiheit nicht nur unschädlich, sondern wohlfahrtssteigernd und wettbewerbsförderlich.

2.4 Auch Gesundheitsleistungen sind (international) handelbar

In Hinblick auf ein „europäisches“ Gesundheitswesen stellt sich grundsätzlich die Frage der Handelbarkeit von Gesundheitsleistungen. Ganz offensichtlich ist die (internationale) Handelbarkeit bei „Gesundheits-Hardware“ d. h. bei Arzneimitteln und Medizinprodukten, wenngleich dieser Handel (vor allem wegen administrierter Preise) keineswegs friktionsfrei und unverzerrt abläuft. Deutschland ist mit ca. 26 Mrd. DM Export (Exportüberschuß 10,7 Mrd. DM) in 1998 der mit Abstand größte Arzneimittelexporteur der Welt. Auch die deutsche Medizingeräteindustrie ist überdurchschnittlich exportorientiert und hält den drittgrößten

Weltmarktanteil nach den USA und Japan. Beide Bereich sind zudem ungewöhnlich innovationsorientiert und wachstumsstark.[25]

Der internationalen Handelbarkeit von Dienstleistungen niedergelassener Ärzte und Krankenhäuser stehen jedoch größere Hindernisse entgegen. So erfordern z. B. viele Dienstleistungen eine räumliche Nähe zwischen Anbieter und Nachfrager (Uno-actu-Prinzip; hohe Transaktionskosten). Ein weiteres „natürliches" Handelshindernis ergibt sich durch die schwierige Abgrenzung und Beschreibung des Leistungsinhaltes (Umfang und Qualität) im Falle von Dienstleistungen. Das macht es „Lieferanten und Käufern" schwer, sich auf einen gemeinsamen Leistungsvertrag zu einigen. Insofern ist der Handel mit Dienstleistungen anfälliger für Marktversagen, wie es sich z. B. aus asymmetrischer Informationsverteilung zwischen Anbietern und Nachfragern ergibt (Erfahrungs- oder Vertrauensgüter). Die Erfahrung zeigt jedoch, daß sich in der Regel Standardisierungen und Beurteilungskriterien herausbilden, die einen Handel sehr wohl möglich machen. Hypothekarkredite, KfZ-Inspektionen und TÜV-Prüfungen, aber auch Architekten-, Steuerberater-, Erziehungs- und Ausbildungsleistungen sind Beispiele dafür, wie im Markt Handelshemmnisse von Dienstleistungen erfolgreich überwunden werden.

Andererseits sind die Vorteile, die sich aus einem internationalen Handel mit Gesundheitsleistungen und aus der internationalen Arbeitsteilung ergeben können, auch besonders groß. Die komparativen Kosten-, Preis- und Qualitätsunterschiede, die den sog. Heckscher-Ohlin-Samuelson-Handel (HOS-Handel) bestimmen, und die nicht genutzten economies of scale sind aufgrund der heute weitgehend abgeschotteten Gesundheitsmärkte besonders ausgeprägt.[26] Besonders „Nicht-Verfügbarkeiten" infolge innovativer Know-how Vorsprünge machen internationalen Handel außerordentlich vorteilhaft und gewinnträchtig. Wäre der europäische Gesundheitsleistungshandel unbehindert, könnte Deutschland Exportvorteile vor allem aus kapital-, humankapital- und Know-how-intensiven Leistungen ziehen, vom Aufbau ganzer Versorgungseinheiten bis hin zu

---

[25] Vgl. z. B. Verband Forschender Arzneimittelhersteller (Hrsg.) (1999); Sachverständigenrat für die Konzertierte Aktion im Gesundheitswesen (1997), S. 196ff.; Cassel/Boroch (1998).

[26] In Bezug auf vergleichbare Gesundheitsleistungen betragen die Preisunterschiede in Europa nicht selten mehr als 100 %. Vgl. z. B. Henke u. a. (1995); o. V. (1998b); vgl. auch Buchter/Bank (1999).

Einzelleistungen der Mikro-Medizin. Unter den heutigen Regulierungen werden zwar häufig neue Verfahren in Deutschland entwickelt (z. B. Endoskopie, Katheterisierung), die Technik für ihre Anwendung muß aber zuweilen aus dem Ausland (Japan) reimportiert werden.[27]

Weniger Bedeutung für den internationalen Handel mit Gesundheitsleistungen dürften die Ursachen besitzen, die den sog. intra-industriellen Handel bestimmen (Geschmacksunterschiede, Leistungsdiversifikation).[28] Einer dritten Art von Handelsbeziehungen dürfte dagegen im Gesundheitssektor eine besondere Bedeutung zukommen. Gemeint sind Exporte, die nicht durch Importe gedeckt sind, sondern durch Kredite, Spenden und einseitige private (z. B. der Gastarbeiter in ihre Heimatländer) oder staatliche (z. B. in Form von Entwicklungshilfe) Transfers. Zu erklären sind diese Transfers durch interpersonell verbundene Nutzenfunktionen, die Gebern wie Empfängern Vorteile bringen. Einleuchtend ist das bei freiwilligen, privaten Spenden und Transfers (z. B. in Notstandsgebiete und Heimatländer der Gastarbeiter), mit denen sich Empfänger der Transfers notwendige Güter und Leistungen (z. B. ärztliche Versorgung und Medikamente) verschaffen können (und im Sinne der Geber auch verschaffen sollen), die sie sich sonst nicht leisten könnten. Auch vom Staat organisierte Transferleistungen (z. B. humanitäre Hilfe, Entwicklungshilfe) können für alle (Geber wie Empfänger) von Vorteil sein, selbst dann wenn sie über Zwangsabgaben (Steuern) finanziert werden. Das ist dann der Fall, wenn Geber wie Empfänger derartige Transfers wünschen, die Realisierung ohne staatlichen Zwang aber an der Free-Rider-Problematik (Kollektivgut „internationale Hilfe“) scheitert. Internationale Spenden und Transfers sind zwar heute bereits weitgehend ohne gravierende Behinderungen möglich, doch der daraus finanzierte Export von Gesundheitsdienstleistungen würde zusätzlich gefördert, wenn internationaler Austausch von Gesundheitsleistungen den Normalfall darstellen würde.

Es gibt u. E. keine objektiven Gründe dafür, daß das Potential handelbarer Leistungen im Gesundheitssektor kleiner sein sollte als in anderen Dienstleistungssektoren. Selbst in dem sehr spezifisch auf nationale Besonderheiten ausgerichteten Ausbildungswesen erbringen andere Länder (USA; GB) hohe Exportleistungen. Es sind vor allem Regulierungen, die

---

27 Vgl. o. V. (1998c).

28 Vgl. für eine theoretische Erklärung dieses internationalen Dienstleistungshandel und erste empirische Hinweise Zweifel/Heller (1992), Kap. 10.

Barrieren für die Entwicklung des Gesundheits-Dienstleistungshandels aufbauen. Es sind auch diese Regulierungen, die die Befürchtung rechtfertigen, internationaler Handel mit Gesundheitsleistungen führe zu „Sozialtourismus“, der Wohlfahrtsverluste mit sich bringt und das Solidarprinzip aushöhlt. Um diese „künstlichen“ Handelsbarrieren abzubauen, ist das Welthandelsabkommen (GATT) explizit um ein Dienstleistungs-Handelsabkommen (GATS – General Agreement on Trade in Services) ergänzt worden.[29]

Der Niederlassungsfreiheit für ausländische medizinische Dienstleister in Europa stehen bereits heute keine formalen Hindernisse mehr entgegen. Der Abbau rechtlicher Beschränkungen durch die gegenseitige Anerkennung von Diplomen und beruflichen Qualifikationszeugnissen und Befähigungsnachweisen ist weitgehend vollzogen. In Deutschland arbeiten z. Zt. 8500 ausländische Ärzte, davon ca. 3700 aus Ländern der EU.[30] Die faktischen Hindernisse, die in dieser Hinsicht einer internationalen Arbeitsteilung entgegenstehen, sind jedoch erheblich. Teilweise bestehen die Restriktionen in „natürlichen“ Hindernissen wie Sprach- und Kulturbarrieren, teilweise in Folgewirkungen von „künstlichen“ Regulierungen (Zulassungsbeschränkungen).

2.5 Eine weitere Handelsstufe: Krankenversicherungsleistungen im gemeinsamen Markt

Ein wirklich funktionsfähiger nationaler wie internationaler Wettbewerb im Gesundheitswesen ergibt sich erst dann, wenn auch die Leistungen der Krankenversicherungen in den gemeinsamen Markt integriert werden. Hierfür sind risikoäquivalente Prämien Voraussetzung, die sich allerdings in ihrer Gestalt und ihren Auswirkungen von den in Deutschland in der PKV bekannten unterscheiden. Nur ein versicherungsimmanenter Solidarausgleich zwischen Gesunden und Kranken sowie Jungen und Alten kann dabei Bestandteil von Krankenversicherungen bleiben, wenn diese im internationalen Markt tätig sein wollen. Weitergehende Solidarziele wie eine interpersonelle (Lohn-) Einkommensumverteilung und ein Familienlastenausgleich wären als „versicherungsfremde“ Leistungen anzusehen und müßten außerhalb der (Pflicht-) Krankenversicherung über

[29] Vgl. Fredebeul-Krein (1998).
[30] Vgl. GVG (1997), S. 48; Bundesministerium für Gesundheit (1997), S. 212.

Steuern und Transfers realisiert werden.[31] Das wäre nicht nur Voraussetzung für einen europäischen Krankenversicherungsmarkt, sondern wäre auch kein Verlust sondern eher ein Gewinn an Solidarität, denn die vielfältigen, sich widersprechenden, (fast) nur auf Lohneinkommen abstellenden Umverteilungskriterien, von denen zudem hohe (Nicht-Lohn-) Einkommen ausgenommen sind und denen zudem noch gut verdienende Haushalte (oberhalb der Versicherungspflichtgrenze) nach Gutdünken ausweichen können, schaffen eher ein Verteilungswirrwarr als mehr „Gerechtigkeit".[32] Mehr Wettbewerb verbunden mit klarer Umverteilung würde auch dem Prinzip der Sozialen Marktwirtschaft besser entsprechen.[33] Die heutige GKV und die gegenwärtige Gesundheitspolitik sind dagegen eher der ganz anderen Idee der „Sozialverträglichkeit" nachempfunden.[34]

3 Fazit: Ein Modell der europäischen Zukunft

Im europäischen Einigungsprozeß war die Beschäftigung mit der Gesundheitspolitik bisher vom Prinzip der Subsidiarität geprägt. Der Charakter des Gesundheitswesens als Verteilungs- und Produktionssektor führt zusehends dazu, daß dieses Prinzip in Frage gestellt wird. Gleichzeitig spielen für die nationalen Volkswirtschaften, auch für die deutsche, die Wachstums- und Beschäftigungspotentiale im Wachstumsmarkt „Gesundheitswesen" eine größere Rolle. Zur Nutzung der Chancen des deutschen Gesundheitswesens gilt es daher mittel- und langfristig vor allem

- den Wettbewerb zwischen den Krankenkassen durch Grundsicherung und Gestaltungsleistungen funktionsfähiger zu machen,
- die Vertragsgestaltung zwischen Krankenkassen und Leistungserbringern zu flexibilisieren,
- flexiblere Vergütungssysteme für (in- und ausländische) Anbieter zuzulassen,

---

31 Vgl. Sachverständigenrat für die Konzertierte Aktion im Gesundheitswesen (1994); Breyer (1997).

32 Vgl. Kortendieck/Külp (1994).

33 Vgl. Cassel (1999); Rauscher (1999).

34 Daß die derzeitige Organisation der Sozialen Sicherung in Deutschland nicht der Grundidee der „Sozialen Marktwirtschaft" entspricht, sondern einem völlig anderen Modell der „Sozialverträglichkeit", zeigt Weizsäcker (1998).

- das „Organisationskorsett“ der Leistungserbringer zugunsten integrierter Organisationsformen, die sich auf die Gesamtleistung für Patienten und Versicherte ausrichten, zu lockern,
- wettbewerbsverzerrende Elemente des Solidarausgleichs auszuschalten, d. h. versicherungsfremde Aufgaben (Familienlastenausgleich, Armutsvermeidung) aus der GKV (wie auch aus der Rentenversicherung) auszugliedern und z. B. in einer „Familien- und Ausgleichskasse“ zusammenzufassen,
- den versicherungsimmanenten Sozialausgleich (zwischen Gesunden/Jungen und Kranken/Alten) dagegen in der gesetzlichen Krankenversicherung zu stärken und abzusichern.

Im europäischen Rahmen wird – trotz der genannten EuGH-Entscheidungen – heute noch an der Fiktion festgehalten, daß für das „Wirtschaftliche“ die Regeln des Gemeinsamen Marktes gelten (und damit die Zuständigkeit des Rates, der Kommission und des Europäischen Parlaments), während getrennt davon das „Soziale“ in die nationale Zuständigkeit fällt. Dahinter steht der auch in Deutschland verbreitete Irrtum, marktwirtschaftlicher Wettbewerb wäre eine Gefährdung des „Sozialen“.

Diese Trennungsfiktion zwischen Wirtschaftlichem und Sozialem wird sich in der EU vor allem im Gesundheitssektor langsam auflösen, da der Gesundheitssektor viel zu groß ist und ein viel zu großen ungenutztes Wachstumspotential birgt, als daß er auf Dauer einen Fremdkörper im Gemeinsamen Markt darstellen könnte.

Literaturverzeichnis

Albeck, H. (1995)
Europäische Sozialpolitik: subsidiär, solidarisch, solide!, in: Kleinhenz, G. (Hrsg.): *Soziale Ausgestaltung der Marktwirtschaft*, Berlin: Duncker & Humblot, S. 391 – 408.

Arnold, M./ Lauterbach, K.W./ Preuß, K.-J. (Hrsg.) (1997)
Managed Care, Stuttgart u. New York: Schattauer.

Börsch-Supan, A. (1997)
Die niedrige Produktivität des deutschen Gesundheitswesens und ihre Gründe, in: *Gesundheitsökonomisches Qualitätsmanagement*, H. 2, S. 133 – 139.

Breyer, F. (1997)
„Beitragsfreie Mitversicherung" und „Familienlastenausgleich" in der GKV: ein populärer Irrtum, in: *Konjunkturpolitik*, Bd. 43, S. 213 – 223.

Buchter, H./ Bank, B. (1999)
Discount-Medizin, Preiswert im Ausland, in: *Capital*, H. 2, S. 125 – 130.

Bundesministerium für Gesundheit (1997)
Daten des Gesundheitswesens, Baden-Baden: Nomos.

Burger, St. (1999)
Europäische Gesundheitspolitik – Zwischen Subsidiaritätsprinzip und Anpassungsdruck, in: *Die Betriebskrankenkasse*, H. 1, S. 5 – 7.

Cassel, D. (1999)
Gesundheitspolitische Eckpunkte: Gut gemeint, aber (noch) nicht gut gemacht, in: *Gesellschaftspolitische Kommentare*, H. 5, S. 44 – 48.

Cassel, D./ Boroch, W.	(1998) Pharmazeutische und medizintechnische Industrie, in: Statistisches Bundesamt (Hrsg.): *Gesundheitsbericht für Deutschland*, Stuttgart: Metzler-Poeschel, S. 346 – 351.
Cassel D./ Knappe E./ Oberender P.	(1997) Für Marktsteuerung, gegen Dirigismus im Gesundheitswesen, in: *Wirtschaftsdienst*, Bd. 77, S. 29 – 36.
Enquete-Komission	(1998) *Demographischer Wandel*, 2. Zwischenbericht, Bonn: Deutscher Bundestag, Referat Öffentlichkeitsarbeit.
Europäischer Gerichtshof	(1997) Pressemitteilung Nr. 50/97 des EuGH.
Fredebeul-Krein, M.	(1998) Zur Notwendigkeit der Weiterentwicklung des GATS aus ordnungspolitischer Perspektive, in: Smekal, Ch., Starbatty, J. (Hrsg.): *Der Aufbruch ist möglich*, Veröffentlichungen der Hanns-Martin-Schleyer-Stiftung, Bd. 52, Köln: Hanns-Martin-Schleyer-Stiftung, S. 179 – 185.
Gesellschaft für Versicherungswissenschaft und -gestaltung e.V. (GVG)	(1997) *Auswirkungen der Politik der Europäischen Union auf das Gesundheitswesen und die Gesundheitspolitik in der Bundesrepublik Deutschland*, Vorstudie, Köln.
Hall, R.E./ Jones, Ch.I.	(1999) Why do some Countries Produce so much more Output per Worker than Others, in: *Quaterly Journal of Economics*, Bd. 114, S. 83 – 116.
Henke, N./ Paffrath, D./ Wettke, J.	(1995) Benchmarking im Krankenhausmarkt, in: Arnold, M., Paffrath, D. (Hrsg.): *Krankenhaus-Report ´95*, Stuttgart u. Jena: Schattauer, S. 191 – 210.

Hermans, H.E.G.M./ Berman, P.C. (1997)
Access to Health Care and Health Services in the European Union: Regulation 1408/71 and the E 111 Process, in: Leidl, R. (Hrsg.): *Health Care and its Financing in the Single European Market*, Amsterdam u. a.: IOS, S. 324 – 343.

Hermesse, J./ Lewalle, H./ Palm, W. (1997)
Patient mobility within the European Union, in: *European Journal of Public Health*, Bd. 7 (3. Supplement), S. 4 – 10.

Knappe, E. (1998)
Einige Irrtümer in der Arbeitsmarktdebatte, in: Knappe, E., Berthold, N. (Hrsg.): *Ökonomische Theorie der Sozialpolitik*, Festschrift für Bernhard Külp zum 65. Geburtstag, Heidelberg: Physica, S. 168 – 193.

Knorr, A. (1997)
Die Internationalisierung der Güter- und Faktormärkte - ein (neues) Problem für die deutsche Wirtschaftspolitik?, in: *List Forum für Wirtschafts- und Finanzpolitik*, Bd. 23, S. 316 – 334.

Kortendieck, G./ Külp, B. (1994)
Umverteilungsprobleme in der Krankenversicherung, in: *Das Wirtschaftsstudium*, Bd. 23, S. 68 – 73.

Külp, B./ Thalmann, E. (1999)
Der Risikostrukturausgleich in der GKV – ein Relikt aus vorwettbewerblichen Zeiten, in: *Wirtschaftspolitische Standpunkte des Instituts für Allgemeine Wirtschaftsforschung der Universität Freiburg*, Mai 1999.

Leidl, R. (Hrsg.) (1997)
Health Care and its Financing in the Single European Market, Amsterdam u. a.: IOS.

Leidl, R./ Rhodes, G. (1997)
Cross-border health Care in the European Union, in: *European Journal of Public Health*, Bd. 7 (3. Supplement), S. 1 – 3.

Möllhoff, Ch. (1998)
Kliniken entdecken den Medizintouristen; Deutsche Krankenhäuser wollen ausländische Patienten werben - und an ihnen verdienen, in: *Hannoversche Allgemeine Zeitung* vom 18.05.1998, Hannover, S. 1.

Monopolkommission (1996/1997)
Marktöffnung umfassend verwirklichen, 12. Hauptgutachten, bes. Kap. VI: Marktkonforme Ausrichtung des deutschen Gesundheitswesens, Baden-Baden: Nomos.

Müller, J./ Schneider, W. (1998)
Entwicklung der Mitgliederzahlen, Beitragssätze, Versichertenstrukturen und RSA-Transfers in Zeiten des Kassenwettbewerbs, in: *Arbeit und Sozialpolitik*, Bd. 52, H. 3 – 4, S. 10 – 32.

Neuffer, A.B. (1997)
Managed Care, Bayreuth: PCO.

Neumann, D. (1998)
Kartellrechtliche Sanktionierung von Wettbewerbsbeschränkungen der Krankenkassen und Krankenkassenverbände, in: Smekal, Ch., Starbatty, J. (Hrsg.): *Der Aufbruch ist möglich*, Veröffentlichungen der Hanns-Martin-Schleyer-Stiftung, Bd. 52, Köln: Hanns-Martin-Schleyer-Stiftung, S. 244 – 251.

o. V. (1998a)
Seehofer warnt vor „Amerikanisierung“, in: *Süddeutsche Zeitung* vom 18.05.1998, München, S. 1

o. V. (1998b)
Gesund ohne Grenzen, in: *Focus*, H. 19, S. 262.

o. V. (1998c)
Das Gesundheitswesen ist mehr als ein Kostenfaktor, in: *Die Ersatzkasse im Saarland*, H. 2, S. 1 – 4

o. V. (1999)
„Frau Fischers Netz", in: *Zahnärztliche Mitteilungen*, 89. Jg., H. 1, S. 16.

Pitlik, H. (1999)
Internationaler Ordnungswettbewerb und nationaler Verteilungskampf, in: *List Forum für Wirtschafts- und Finanzpolitik*, Bd. 25, S. 12 – 22.

Prognos AG (1995)
Perspektiven der gesetzlichen Rentenversicherung für Gesamtdeutschland vor dem Hintergrund veränderter politischer und ökonomischer Rahmenbedingungen, DRV-Schriften, Bd. 4, Frankfurt a. M.: WDV Wirtschaftsdienst.

Rauscher, A. (1999)
Anspruchsinflation eindämmen, in: *Gesellschaftspolitische Kommentare*, H. 5, S. 43.

Sachverständigenrat für die Konzertierte Aktion im Gesundheitswesen (1992)
Ausbau in Deutschland und Aufbruch nach Europa, Jahresgutachten, Baden-Baden: Nomos.

Sachverständigenrat für die Konzertierte Aktion im Gesundheitswesen (1994)
Gesundheitsversorgung und Krankenversicherung 2000, Baden-Baden: Nomos.

Sachverständigenrat für die Konzertierte Aktion im Gesundheitswesen (1996)
Gesundheitswesen in Deutschland, Kostenfaktor und Zukunftsbranche, Bd. I: Demographie, Morbidität, Wirtschaftlichkeitsreserven und Beschäftigung, Sondergutachten, Baden-Baden: Nomos.

Sachverständigenrat für die Konzertierte Aktion im Gesundheitswesen (1997)
Gesundheitswesen in Deutschland, Kostenfaktor und Zukunftsbranche, Band II: Fortschritt und Wachstumsmärkte, Finanzierung und Vergütung, Sondergutachten, Baden-Baden: Nomos.

Schulte, B. (1999)
EG-rechtliche Rahmenbedingungen für nationale Sozialpolitik, Beitrag zur Tagung des Sozialpolitischen Ausschusses des Vereins für Socialpolitik, 10.-12.09.1999, Wien.

Schulz-Weidner, W. (1997)
Die Konsequenzen des europäischen Binnenmarktes für die deutsche Rentenversicherung, in: *Deutsche Rentenversicherung*, H. 8, S. 449 – 473.

Terwey, F. (1998)
Europas Gesundheitsmärkte wachsen zusammen, in: *Handelsblatt* vom 24.11.1998, Düsseldorf u. Frankfurt a. M., S. 51.

Terwey F./ Danner G. (1998)
Euro: Auswirkungen auf das deutsche Sozialschutzsystem, in: *Die Betriebskrankenkasse*, H. 4, S. 202 – 208.

Verband Forschender Arzneimittelhersteller (Hrsg.) (1999)
Statistics `99, Bonn.

Weizsäcker, C.C. v. (1998)
Das Gerechtigkeitsproblem in der Sozialen Marktwirtschaft, in: *Zeitschrift für Wirtschaftswissenschaften*, Bd. 47, S. 257 – 288.

Zimmermann, H. (1996)
Wohlfahrtsstaat zwischen Wachstum und Verteilung. Zu einem grundlegenden Konflikt in Hocheinkommensländern, München: Vahlen.

Zweifel, P./ Heller, R. H. (1992)
Internationaler Handel, Theorie und Empirie, 2. Auflage, Heidelberg: Physica.

Das Ende rentenpolitischer Illusionen – was nun?

Norbert Berthold

Es ist offenkundig, die Gesetzliche Rentenversicherung befindet sich vor einer tiefen Krise. Die finanziellen Schwierigkeiten nehmen zu, die Halbwertzeiten der Reformen werden immer kürzer. Die politischen Entscheidungsträger versichern zwar, daß die Rentenversprechen sicher seien, die Bevölkerung hat aber inzwischen berechtigte Zweifel. Die Rente der alten Generation ist noch relativ sicher, die erwerbstätige Generation in der zweiten Hälfte des Erwerbslebens ahnt, daß dies für sie nur noch mit Abstrichen gilt, und die junge Generation weiß, daß sie draufzahlt. Wenn man einen Konflikt zwischen den Generationen vermeiden will, ist eine grundlegende Reform des gegenwärtigen Systems der Alterssicherung nicht nur unvermeidbar, sondern möglichst umgehend in die Tat umzusetzen. Die neue Regierung scheint das inzwischen auch so zu sehen. Die ersten zögerlichen Schritte, die die alte Regierung unternommen hat, um die Rentenversicherung zu reformieren, wurden zwar von der neuen Regierung erst einmal für zwei Jahre ausgesetzt. Allerdings: Ihre rentenpolitischen Blütenträume sind geplatzt. Nun fährt sie einen Schlingerkurs: Einerseits will sie das Rentenniveau relativ schnell senken, indem sie die Renten in den nächsten zwei Jahren nur mit der Inflationsrate anpaßt; andererseits scheint sie dem gewerkschaftlichen Druck nicht widerstehen zu können, der Rentenversicherung neue Lasten aufzubürden, um über eine vorzeitige Verrentung die Arbeitsmärkte zu entlasten. Dieser Weg ist ein Irrweg, er wird dazu beitragen, die Probleme nicht nur im Alterssicherungssystem, sondern auch auf den Arbeitsmärkten erheblich zu verschärfen.

1 Die Gesetzliche Rentenversicherung: ein stabiler Vertrag zwischen Generationen?

Das Umlageverfahren ist das gegenwärtig dominante Finanzierungsprinzip in der deutschen Sozialversicherung. Es werden finanzielle Mittel von

„jung zu alt“ von „gesund zu krank“ und von „erwerbstätig zu pflegebedürftig“ transferiert. Die Vorsorge für das Alter, für Krankheit und Pflegebedürftigkeit wird nicht über die Bildung von Ersparnissen getroffen. Man lebt vielmehr von der Hand in den Mund. Es verwundert deshalb nicht, wenn der Generationenvertrag bisweilen auch als unsolide angesehen wird und von Kettenbrief, Schneeballsystem oder Ponzi-Spiel gesprochen wird. Charles Ponzi war ein Gangster im Chicago der 20er Jahre, der die fälligen Zinsen mit immer neuen Krediten bezahlte. Das Bild des Generationenvertrages ist schief, da nicht alle betroffenen Generationen bei Vertragsabschluß dabei waren. Die Einführung des Umlageverfahrens ist ein Vertrag der lebenden Generationen zu Lasten Dritter, also nachfolgender Generationen. Von den nachfolgenden Generationen wird ein finanzieller Transfer erwartet. Das macht es allerdings notwendig, daß die nachfolgenden Generationen auch zahlungskräftig und zahlreich genug sind, um die Rentenansprüche der jeweils alten Generation zu erfüllen. Kündigt eine erwerbstätige Generation den Generationenvertrag, dann erhält die Generation davor keine Rente, obwohl sie Beiträge eingezahlt hat. Der Grund ist darin zu sehen, daß keine solide Vorsorge getroffen wurde, indem man für das Alter angespart hat.

Ein sich selbst tragendes umlagefinanziertes Alterssicherungssystem ist finanziell im Gleichgewicht, wenn die Summe der Beiträge der Summe der Leistungen entspricht.[1] Die Höhe des gleichgewichtigen Beitragssatzes hängt vom Rentenniveau und vom Rentnerquotienten ab. Das Rentenniveau gibt an, wie hoch die durchschnittliche Rente gemessen am durchschnittlichen versicherungspflichtigen Erwerbseinkommen ausfällt; der Rentnerquotient gibt Auskunft über das Verhältnis der Zahl der Rentner zur Zahl der Erwerbstätigen. Mit finanziellen Problemen ist immer dann zu rechnen, wenn sich der Rentnerquotient und/oder das Rentenniveau erhöht. Ein finanzielles Gleichgewicht ist nur noch möglich, wenn auch der Beitragssatz steigt. Da allerdings steigende Beiträge die Steuer- und Abgabenschere weiter öffnen und die Arbeitslosigkeit erhöhen, sind diesem Ausweg aus der finanziellen Krise enge Grenzen gesetzt. Der Ausweg, den politische Entscheidungsträger immer wieder einschlagen, indem sie die finanziellen Ungleichgewichte über steigende Bundeszuschüsse versuchen zu decken, kann das grundsätzliche Dilemma nicht wirklich lösen. Höhere Zuschüsse des Bundes müssen über höhere Steu-

1 Vgl. Berthold/Külp (1984).

ern finanziert werden. Damit öffnet sich die Steuer- und Abgabenschere nicht minder stark. Die negativen Konsequenzen für den Arbeitsmarkt liegen auf der Hand.

1.1 Weshalb tendieren umlagefinanzierte Alterssicherungssysteme dazu, sich selbst zu zerstören?

Das gegenwärtige System der Alterssicherung wird vor allem von zwei Entwicklungen bedroht: Zum einen sind umlagefinanzierte Systeme der Alterssicherung inhärent instabil, sie lösen selbstzerstörerische Tendenzen aus; zum anderen sind solche Alterssicherungssysteme sehr anfällig gegen exogene Schocks. Die umlagefinanzierte Alterssicherung ist inhärent instabil, weil sie nicht nur Opfer der Tarifpartner, der politischen Entscheidungsträger und der eigenen Mitglieder, sondern auch der gewählten Finanzierungsstruktur wird. Die Tarifpartner wälzen beschäftigungspolitische Lasten, die sie eigentlich über niedrigere Löhne tragen müßten, auf die Rentenversicherung ab. Dies zeigt sich zum einen daran, wie intensiv die flexible Altersgrenze in Anspruch genommen wird. Das wäre solange kein Problem, wie die Abschläge für einen vorzeitigen Übergang in die Rente versicherungsadäquat ausgestaltet wären. Das ist allerdings trotz einer gewissen Verschärfung in den letzten Jahren noch lange nicht der Fall.[2] Der Vorschlag der neuen Regierung, allen Erwerbstätigen die Möglichkeit zu eröffnen, mit 60 Jahren ohne Abschläge dank eines Tariffonds in Ruhestand zu gehen, ist geradezu eine Einladung an die Tarifpartner, weitere beschäftigungspolitische Lasten auf die Alterssicherung abzuwälzen. Zum anderen wurde die Rentenversicherung auch deshalb zum Opfer der Tarifpartner, weil arbeitsmarktbedingt die Zahl der Berufs- und Erwerbsunfähigkeitsrenten stark zugenommen hat. Schließlich werden weitere Lasten überwälzt, weil bei Arbeitslosigkeit die Arbeitslosenversicherung nur 80 % der bisherigen Beiträge an die Gesetzliche Rentenversicherung zahlt.

Die Gesetzliche Rentenversicherung ist auch ein Opfer der politischen Entscheidungsträger. Diese können im politischen Wettbewerb der Versuchung kaum widerstehen, sich über vielfältige umverteilungspolitische Wohltaten auch in der Rentenversicherung die Gunst der Wähler zu sichern. Die umverteilungspolitischen Aktivitäten finden auf drei Ebenen

---

2 Vgl. Börsch-Supan/Schnabel (1997).

statt: Zum einen entfalten die politischen Entscheidungsträger eine recht umfangreiche interpersonelle Umverteilung in der Rentenversicherung. Die Berücksichtigungs-, Anrechnungs- und Zurechnungszeiten gehören ebenso in diese Kategorie wie die Rente nach Mindesteinkommen, für die bis 1992 noch Ansprüche erworben werden konnten. Die Bundeszuschüsse decken allerdings gegenwärtig diese umverteilungspolitischen Aktivitäten weitgehend ab. Das war nicht immer so, verringert allerdings die allokativen Bedenken nicht. Zum anderen wird die Rentenversicherung auch als Instrument der interregionalen Umverteilung benutzt.[3] Das gilt nicht nur zwischen den alten Bundesländern, es trifft vor allem auf das Verhältnis von neuen zu alten Ländern zu. Die rentenpolitischen Lasten der Wiedervereinigung mußten vor allem von den Beitragszahlern in der Rentenversicherung aufgebracht werden, obwohl dies eine gesamtgesellschaftliche Aufgabe war und ist. Damit wäre aber eine Steuerfinanzierung eher angemessen gewesen, ohne daß sich allokative Verzerrungen hätten vermeiden lassen. Schließlich findet in der umlagefinanzierten Alterssicherung eine erhebliche intergenerative Umverteilung statt. Die Einführung und Erweiterung eines solchen Systems beschert der zu diesem Zeitpunkt alten Generation einen Einführungsgewinn.[4] Diese Last, die wir seit der Rentenreform 1957 vor uns herschieben, trägt mit dazu bei, daß die Rendite in der Gesetzlichen Rentenversicherung unter der auf privaten Versicherungsmärkten liegt.[5]

Die umlagefinanzierten Systeme der Alterssicherung, die unabhängig von der Kinderzahl Ansprüche gewähren und ihre Mitglieder gegen eine verminderte Erwerbsfähigkeit versichern, werden Opfer ihrer eigenen Mitglieder. Die Versicherten ändern ihr Verhalten, sobald sie einen Versicherungsvertrag abgeschlossen haben. Das gilt für freiwillige private Versicherungen ebenso wie für zwangsweise staatliche. Ein gravierender Unterschied zwischen den beiden besteht allerdings: Bei privaten Lösungen muß wegen des Wettbewerbs auf den Versicherungsmärkten das versicherungstechnische Äquivalenzprinzip eingehalten werden, bei zwangsweise staatlichen demgegenüber nicht. Es verwundert deshalb auch nicht, daß bei solchen staatlichen Lösungen, wo der Wettbewerb weitgehend ausgeschaltet ist, die Versicherten viel stärker dazu neigen, sich als Tritt-

---

3 Vgl. Berthold (1998), S. 351.

4 Vgl. Homburg (1997), S. 61 - 85.

5 Vgl. Geanakoplos u. a. (1998).

brettfahrer zu verhalten. Es dominiert also ein „moral hazard"-Verhalten der Mitglieder[6]: Sie tun somit nur das, was man von ihnen befürchtet. Dieses Phänomen tritt auch in der Gesetzlichen Rentenversicherung auf. Es äußert sich darin, daß die Versicherten öfter berufs- und erwerbsunfähig werden. Dieses Verhalten wird begünstigt, weil das Äquivalenzprinzip nicht eingehalten wird, also umverteilungspolitische Elemente dominieren. So wird die flexible Altersgrenze intensiv genutzt, um vor der Regelaltersgrenze von 65 Jahren in Ruhestand zu gehen.

Eine spezifische Form von Trittbrettfahrerverhalten existiert in umlagefinanzierten Systemen der Alterssicherung mit dem demographischen „moral hazard"[7]. Alle Alterssicherungssysteme, umlagefinanzierte wie kapitalfundierte, verstärken die bereits vorhandenen Anreize der erwerbstätigen Generation, weniger Kinder als bei einer Absicherung für das Alter in der Familie in die Welt zu setzen. Aber nur bei den umlagefinanzierten Systemen wirken diese Anreize in starkem Maße systemdestabilisierend. Die Höhe der späteren individuellen Rente ist unabhängig von der Zahl der Kinder, die ein Versicherter aufgezogen hat. Die Höhe der Renten aller Versicherten hängt aber in starkem Maße davon ab, wieviele Kinder eine Gesellschaft großzieht und inwieweit sie in das Humankapital ihrer Nachkommen investiert. Dieses demographische Trittbrettfahrerverhalten der erwerbstätigen Generation verringert die Finanzkraft der Gesetzlichen Rentenversicherung und damit auch die Wahrscheinlichkeit, im Alter eine „angemessene" Rente zu erhalten.

Die umlagefinanzierte Alterssicherung wird schließlich auch Opfer ihrer eigenen Finanzierungsstruktur. Sie zerstört sich selbst, weil sie mit dazu beiträgt, ihre ökonomischen Wurzeln auf den Arbeitsmärkten abzuschneiden. Umlagefinanzierte Systeme der Sozialen Sicherung finanzieren sich vor allem über den Produktionsfaktor Arbeit. Die Ausgaben der Gesetzlichen Rentenversicherung, die auch steigen, weil die Tarifpartner beschäftigungspolitische Lasten auf sie abladen, die politischen Entscheidungsträger sie für umverteilungspolitische Wohltaten mißbrauchen und die eigenen Mitglieder sie mehr oder weniger stark ausbeuten, schlagen

---

6 Vgl. Berthold (1997), S. 16 - 19.

7 Es wäre allerdings korrekter, von demographischen negativen externen Effekten zu sprechen, die die Versicherungsmitglieder in umlagefinanzierten Alterssicherungssystemen produzieren, die weniger als die bestandserhaltende Zahl von Kindern in die Welt setzen.

sich über kurz oder lang in steigenden Beiträgen nieder. Damit erhöhen sich die Lohnnebenkosten, die realen Lohnkosten für die Arbeitgeber nehmen zu. Die höheren Beiträge verringern aber auch die realen Nettoeinkommen der Arbeitnehmer, höhere Lohnforderungen der Gewerkschaften sind die fast zwangsläufige Folge. Die realen Lohnkosten der Arbeitgeber steigen weiter. Die unausweichliche Folge ist ein Rückgang der Nachfrage der Unternehmungen nach Arbeitskräften, die Arbeitslosigkeit steigt an. Damit fallen aber auch die Beitragseinnahmen der Rentenversicherung niedriger aus. Die umlagefinanzierte Alterssicherung erodiert somit ihre eigene ökonomische Grundlage auf den Arbeitsmärkten, weil sie den Produktionsfaktor Arbeit teurer macht. Damit aber nicht genug: Diese negative Entwicklung wird durch einen Teufelskreis von steigenden Beiträgen, steigender Arbeitslosigkeit, geringeren Beitragseinnahmen, weiter steigenden Beiträgen, noch höhere Arbeitslosigkeit und so weiter teuflisch beschleunigt.

1.2 Warum sind umlagefinanzierte Systeme der Alterssicherung so anfällig gegen exogene Schocks?

Die Probleme, mit denen sich die Rentenversicherung herumschlagen muß, werden verstärkt, weil umlagefinanzierte Systeme der Alterssicherung gegen Störungen von außen besonders anfällig sind. Es sind vor allem zwei Entwicklungen, die mit dazu beitragen, die instabile Entwicklung der Alterssicherung zu verstärken: Demographische Veränderungen und offenere Güter- und Faktormärkte. Der zweifellos härteste Schock, den umlagefinanzierte Alterssicherungssysteme verarbeiten müssen, sind die demographischen Veränderungen. Die Altersstruktur wird sich in den nächsten 40 Jahren entscheidend verändern. Das hat nicht nur damit zu tun, daß die Geburtenrate schon seit Mitte der 60er Jahre erheblich zurückgegangen ist, was teilweise auf die umlagefinanzierte Alterssicherung selbst zurückzuführen ist. Die Nettoreproduktionsrate liegt seit einiger Zeit auf dem alles andere als bestandserhaltenden Niveau von 0,6. Ein weiterer, ebenfalls wichtiger demographischer Faktor, mit dem die Rentenversicherung zu kämpfen hat, ist die gestiegene Lebenserwartung. Sie hat sich für die Männer auf 73, für die Frauen auf fast 80 Jahre erhöht.

Die demographische Attacke auf die Systeme der Alterssicherung wird allerdings erst ab dem Jahre 2020 voll einsetzen. Auch eine zweifellos noch steigende Erwerbsquote der Frauen und eine verstärkte Einwanderung nach Deutschland können diese Attacke langfristig nicht abwehren. Der Rentnerquotient wird von 35 % im Jahre 1998 auf über 75 % im Jahre 2040 ansteigen. Die Wirkungen der veränderten Altersstruktur lassen sich zum einen über steigende Beiträge und/oder ein sinkendes Rentenniveau und zum anderen über immer höhere Bundeszuschüsse und damit höhere Steuern so auffangen, daß die Rentenversicherung finanziell im Gleichgewicht bleibt. Wäre die Rentenreform 1999 in die Tat umgesetzt worden, in der beschlossen wurde, das Rentenniveau allmählich auf 64 % abzusenken, wäre der Beitragssatz im Jahre 2040 dennoch auf über 30 % gestiegen.[8] Wenn die neue Regierung die Rentner an diesen Lasten weniger stark beteiligen will, dann müssen die Erwerbstätigen relativ stärker belastet werden. Einen anderen Ausweg gibt es nicht.

Es gibt keinen Weg, dieser demographischen Altlast zu entkommen, diese Last ist nicht wegreformierbar. Damit kommt aber die Gesetzliche Rentenversicherung in eine Klemme, aus der sie sich nicht schmerzlos befreien kann. Es muß ein Weg gefunden werden, die demographischen Lasten aufzuteilen. Dieser Versuch ist allerdings eine Sisyphusarbeit, sie stößt an unüberwindbare Grenzen. Die eine Grenze ist die ökonomische, die andere die politische Akzeptanz. Der Versuch, die Rentnergeneration weniger stark zu belasten, trägt unweigerlich dazu bei, daß die Beiträge zur Rentenversicherung steigen müssen. Höhere Beiträge erhöhen aber die Lohnkosten der Unternehmungen auf indirektem und direktem Weg: Sie steigen indirekt, weil die Lohnnebenkosten zunehmen; sie erhöhen sich direkt, weil höhere Beiträge die Nettoeinkommen der Arbeitnehmer verringern und unweigerlich höhere Lohnforderungen der Gewerkschaften hervorrufen. Die unvermeidbare Folge bei fehlender Produktivitätssteigerung ist ein Anstieg der Arbeitslosigkeit. Damit sägt aber die Rentenversicherung den Ast ab, auf dem sie ökonomisch sitzt. Der scheinbare Ausweg, diesem Dilemma dadurch zu entkommen, daß man die Lohnnebenkosten senkt und die Ausgaben der Rentenversicherung stärker über Steuern finanziert, ist ein Irrweg. Die Steuer- und Abgabenschere verändert sich dadurch ebensowenig wie die Arbeitslosigkeit. Die ökonomische Akzeptanz setzt der Belastung der erwerbstätigen Generation enge Grenzen.

---

8 Vgl. Wissenschaftlicher Beirat des Bundesministeriums für Wirtschaft (1998), S. 9.

Wenn man deshalb versucht, die Generation der Rentner stärker zu belasten, indem man das Rentenniveau verringert, läuft man in die Falle der politischen Akzeptanz. Ein niedrigeres Rentenniveau verringert die Rendite, die diese zwangsweise Versicherten in diesem System der Alterssicherung erzielen. Noch mehr heute erwerbstätige Arbeitnehmer werden aus der Gesetzlichen Rentenversicherung flüchten. Ein Anstieg der Schwarzarbeit, der Selbständigkeit und Scheinselbständigkeit ist die Folge. Der Widerstand vor allem der älteren Generation um 2030 wird sich verstärken, wenn man berücksichtigt, daß jeder Schritt hin zu einem niedrigeren Rentenniveau die Rentenempfänger der Höhe der Sozialhilfe näher bringt. Vor allem die gering qualifizierten Arbeitnehmer mit einem geringen Erwerbseinkommen und Frauen mit unterbrochenem Erwerbsverlauf, die damit auch niedrige Renten zu erwarten haben, werden relativ schnell in die Nähe des Sozialhilfeniveaus kommen. Das Gewicht der älteren Generation der Erwerbstätigen und der Rentnergeneration im politischen Entscheidungsprozeß erhöht sich aufgrund der schieren Zahl von Wählerstimmen dieser Gruppen. Der politische Widerstand gegen eine stärkere Belastung der Generation der Rentner nimmt zu, die politische Akzeptanz einer solchen Lösung wird schwinden.

Die Herausforderungen, mit denen umlagefinanzierte Alterssicherungssysteme konfrontiert werden, sind nicht nur demographische, sie entstehen auch durch die Globalisierung. Offenere Güter- und Faktormärkte bewirken zweierlei: Sie verändern die Struktur der Nachfrage nach Arbeit und decken die strukturellen Schwächen umlagefinanzierter Systeme der Alterssicherung schonungslos auf. Die hochentwickelten Volkswirtschaften haben eines gemein: Die Nachfrage nach einfacher Arbeit geht zurück. Das ist zum einen darauf zurückzuführen, daß offenere Gütermärkte den internationalen Handel ausgedehnt haben. Der intensivere Wettbewerb mit Ländern, die ihre komparativen Vorteile bei arbeitsintensiven Gütern haben, trägt mit dazu bei, daß inländische Unternehmungen, die arbeitsintensiv produzieren, also relativ viel einfache Arbeit verwenden, immer weniger wettbewerbsfähig sind. Wenn sie schließlich aufgeben müssen, verlieren vor allem wenig qualifizierte Arbeitnehmer ihren Arbeitsplatz. Um möglichst lange wettbewerbsfähig zu bleiben, versuchen diese Unternehmungen, die zu teuer gewordene einfache Arbeit zunehmend durch relativ billigeres Real- und Humankapital zu ersetzen. Die relativ zu Kapital teurere Arbeit lenkt daneben den technischen Fortschritt in eine arbeitssparende Richtung.

Die Geschwindigkeit, mit der sich diese Art des technischen Fortschritts entfaltet, hängt auch von der Wettbewerbsintensität auf den Gütermärkten ab. Offenere Gütermärkte stärken somit nicht nur den internationalen Handel, sie beschleunigen auch den arbeitssparenden technischen Fortschritt. Die Nachfrage nach einfacher Arbeit geht zurück. Die finanziellen Schwierigkeiten umlagefinanzierter Alterssicherungssysteme nehmen unmittelbar zu. Der Grund liegt auf der Hand: Die Einkommen der niedrig qualifizierten Arbeitnehmer gehen zurück. Wählt man die europäische Lösung zu hoher Löhne für diese Gruppe von Arbeitnehmern, dann sinkt deren Einkommen, weil sie arbeitslos werden. Entscheidet man sich für die amerikanische Lösung produktivitätsorientierter Löhne, vermeidet man zwar weitgehend Arbeitslosigkeit bei den wenig qualifizierten Arbeitnehmern, sie verlieren aber dennoch, weil deren Reallöhne sinken. Damit erodiert aber die ökonomische Basis der umlagefinanzierten Systeme der Alterssicherung weiter. Die Rendite sinkt.

Die Globalisierung deckt daneben die strukturellen Schwächen umlagefinanzierter Alterssicherungssysteme, die trotz weltweit offener Güter- und Faktormärkte vor allem hausgemacht sind, schonungslos auf. Zwangsweise staatliche umlagefinanzierte Systeme der Alterssicherung sind privaten, kapitalfundierten hoffnungslos unterlegen. Ein Vergleich der Renditen der beiden Finanzierungsarten zeigt, daß über alle Generationen hinweg kapitalfundierte Lösungen umlagefinanzierten eindeutig überlegen sind. Die Überlegenheit ist dabei um so größer, je jünger die Arbeitnehmer sind. Die Rendite in der Gesetzlichen Rentenversicherung ist spätestens für die Versicherten, die ab dem Jahre 1980 in das Erwerbsleben eingetreten sind, eindeutig negativ.[9] Es verwundert deshalb nicht, wenn vor allem die junge, erwerbstätige Generation alles versucht, den Generationenvertrag zu modifizieren oder gar zu kündigen. Die Varianten reichen von Schwarzarbeit, Selbständigkeit bis hin zu Scheinselbständigkeit, um dem Gefängnis der Gesetzlichen Rentenversicherung zu entkommen.

Diese Entwicklung wird beschleunigt, wenn man versucht, den international mobilen Produktionsfaktor Kapital über eine höhere steuerliche Belastung stärker an den Lasten zu beteiligen. Das hat nur zur Folge, daß Kapital abwandert, die Arbeitslosigkeit steigt, die ökonomische Basis weiter erodiert und die Rendite noch schneller verfällt. Der Prozeß der Aufkündigung des Generationenvertrages wird in dem Maße beschleu-

---

9 Vgl. Schnabel (1998), S. 15 - 35.

nigt, wie der Produktionsfaktor Arbeit über Ländergrenzen hinweg mobiler wird. Die unterschiedlich ausgeprägte Altersstruktur in den Ländern der Europäischen Union trägt mit dazu bei, daß die Renditen in den nationalen, umlagefinanzierten Alterssicherungssystemen unterschiedlich hoch ausfallen. Der Anreiz, institutionelle Arbitrage zwischen den unterschiedlich rentablen Systemen zu betreiben, nimmt zu. Die finanziellen Schwierigkeiten verstärken sich vor allem in den Ländern mit einer relativ niedrigen Rendite ihrer Alterssicherungssysteme. Dazu zählt vor allem Deutschland. Diese Entwicklung läßt sich allerdings eine Zeit lang mit staatlichem Zwang aufhalten, indem man den Bürgern eines Landes nicht gestattet, Mitglied in einem Alterssicherungssystem eines anderen Landes zu werden.

Die Globalisierung trägt auch mit dazu bei, daß umverteilungspolitische Aktivitäten in der Rentenversicherung abgebaut und anders als bisher finanziert werden. Es ist bei offenen Güter- und Faktormärkten immer schwerer möglich, umverteilungspolitische Aktivitäten zu entfalten, die nicht durch entsprechende Produktivitätsfortschritte gedeckt sind. Der Löwenanteil der Umverteilungspolitik findet nicht zugunsten der wirklich Bedürftigen, sondern in der Mittelklasse von den „nicht ganz Reichen zu den nicht ganz Armen“ statt. So wird etwa von den Ledigen zu den Verheirateten, von Männern zu Frauen und von langjährig Versicherten zu jenen mit kürzerer Beitragsdauer umverteilt.[10] Es ist offensichtlich, daß diese Art der Umverteilung nicht durch entsprechende Fortschritte in der Produktivität gedeckt sind. Die internationale Wettbewerbsfähigkeit wird durch solche umverteilungspolitischen Aktivitäten beeinträchtigt. Es fällt immer schwerer, diese Umverteilungspolitik weiter zu betreiben.

Die Entwicklung wird dahin gehen, daß die nicht zieladäquate und wohlstandsmindernde Umverteilung in der Mittelklasse abgebaut wird. Die umverteilungspolitischen Aktivitäten werden sich viel stärker als bisher auf die wirklich Bedürftigen konzentrieren. Die Globalisierung verweist allerdings die Umverteilungspolitik nicht nur wieder auf ihr eigentliches Betätigungsfeld, sie trägt auch mit dazu bei, daß die umverteilungspolitischen Aktivitäten anders als bisher finanziert werden. Es führt letztlich kein Weg daran vorbei, daß vor allem der international noch relativ wenig mobile Produktionsfaktor Arbeit mehr von den finanziellen Lasten der Umverteilung tragen muß. Eine stärkere Belastung des

---

10 Vgl. Glismann/Horn (1997).

Produktionsfaktors Kapital ist keine Hilfe, da er wegen der hohen Mobilität abwandern kann. Der Schaden einer solchen Finanzierung ist größer als ihr Nutzen. Die gewünschte Politik der Umverteilung zugunsten der wirklich Bedürftigen muß deshalb in Zukunft wohl vor allem von den wohlhabenderen Arbeitnehmern finanziert werden.

2 Reform des gegenwärtigen Systems der Alterssicherung: Verwaltung des Mangels oder mehr?

Es führt kein Weg an einer grundlegenden Reform vorbei. Ein schrittweiser Übergang zu einem kapitalfundierten, privat organisierten System der Alterssicherung ist ökonomisch geboten und sozial notwendig. Es ist eine Sache zu wissen, was ökonomisch sinnvoll ist, allerdings eine ganz andere, dieses Wissen politisch auch in die Tat umzusetzen. Die Widerstände gegen solche Reformschritte sind erheblich: Die älteren Arbeitnehmer, die noch vom gegenwärtigen System der Alterssicherung profitieren, setzen sich vehement für den Erhalt des umlagefinanzierten Systems ein. Der Einfluß dieser Gruppe von Wählern nimmt im politischen Prozeß nicht ab, sondern mit der sich verändernden Altersstruktur noch zu. Die unvermeidlichen Probleme, die ein Übergang, auch ein schrittweiser, zu einem stärker kapitalfundierten System der Alterssicherung mit sich bringt, erleichtern eine grundlegende Reform nicht gerade. Der Widerstand kommt auch von Teilen der Erwerbstätigen, die eine doppelte Belastung fürchten, weil sie die Ansprüche der alten Generation aus dem gegenwärtigen System bedienen, daneben aber auch eigene Ansprüche in einem kapitalfundierten System aufbauen müssen. Die Gefahr ist nicht ganz von der Hand zu weisen, daß sich das umlagefinanzierte System der Alterssicherung als ein Gefängnis erweist, aus dem es unter normalen Umständen nicht möglich ist, auszubrechen.

2.1 Wie versucht die Politik, den aufgetretenen Mangel im System der Alterssicherung zu verwalten?

Die Parameter, an denen gedreht werden kann, um die finanziellen Ungleichgewichte im bestehenden System der Alterssicherung zu begrenzen, liegen auf der Hand. Es ist denkbar, die Regeln zu verändern, nach denen die Einnahmen und Ausgaben der Rentenversicherung gesteuert werden.

Der häufigste Weg, der gegangen wird, um die finanziellen Schwierigkeiten zu mildern, ist, die Beitragseinnahmen zu erhöhen. Dies schien lange am einfachsten möglich, indem man die Beitragssätze erhöhte. Dieser Weg ist zunehmend versperrt. Die deshalb steigende Arbeitslosigkeit verringert eher über kurz als lang die Beitragseinnahmen über die Mengenkomponente. Die Einnahmen auf der Beitragsseite lassen sich dann nur noch erhöhen, indem man den Kreis der Versicherten weiter ausdehnt. Die Zahl der noch nicht in der Rentenversicherung inhaftierten Bevölkerungsgruppen ist allerdings wegen der ständigen Ausdehnung des Versichertenkreises sehr klein geworden. Die Selbständigen und Beamten sind die letzten möglichen Opfer staatlichen Versicherungszwangs, nachdem nun auch die 630-Mark-Jobs der Versicherungspflicht unterliegen. Dieser Weg, den Kreis der Versicherten auszudehnen, ist ein Irrweg. Er führt nicht dazu, daß die Gesetzliche Rentenversicherung wirklich gesundet. Wenn es gut läuft, die Beschäftigung dieser Gruppen nicht sinkt, obwohl die Belastungen der Arbeitgeber mit Beiträgen zunimmt, dann stehen den heute höheren Beitragseinnahmen spätestens morgen auch höhere Rentenzahlungen gegenüber.

Der Weg, die Gesetzliche Rentenversicherung finanziell über steigende Beiträge und einen breiteren Kreis von Versicherten gesunden zu lassen, führt schon kurzfristig in die Irre, weil er dazu beiträgt, daß die Arbeitslosigkeit weiter ansteigt. Er ist langfristig versperrt, weil er wegen der steigenden Ansprüche an die Rentenversicherung keine wirkliche finanzielle Entlastung bringt. Die Anfangsgewinne, die entstehen, wenn man den Versichertenkreis heute ausdehnt, verschärfen ab 2030 das demographische Problem. Eine längere Lebensarbeitszeit erscheint wegen der steigenden Lebenserwartung vernünftig. Über längere Beitragsjahre setzt sie an der Einnahmenseite an, über eine kürzere Rentenbezugsdauer an der Ausgabenseite. Ein Anstieg der Altersgrenze ist unabdingbar, um die finanziellen Ungleichgewichte der Rentenversicherung zu verringern. Die Pläne der neuen Regierung, den von der alten Regierung beschlossenen Anstieg der Altersgrenze nicht nur zurückzunehmen, sondern in die andere Richtung zu marschieren, die Altersgrenze zu verringern, um den Arbeitsmarkt zu entlasten, sind eindeutig kontraproduktiv, sowohl für den Arbeitsmarkt als auch für die finanzielle Situation der Rentenversicherung. Damit wird wieder ein Weg eingeschlagen, der sich schon in der Vergangenheit als Holzweg erwiesen hat. Ein Rentner mehr bedeutet nicht automatisch einen zusätzlichen Arbeitsplatz für einen arbeitslosen

Jugendlichen. Die Arbeitslosigkeit wird nicht sinken, weil den Tarifpartnern neuerlich die Möglichkeit eröffnet wird, beschäftigungspolitische Lasten auf die Rentenversicherung abzuwälzen. Das fördert eine beschäftigungsfeindliche Lohn- und Tarifpolitik, erhöht die Arbeitslosigkeit eher und trägt direkt und indirekt dazu bei, die finanziellen Ungleichgewichte in der Rentenversicherung zu verschärfen.

Da den politischen Entscheidungsträgern die Hände auf der Einnahmenseite weitgehend gebunden sind, läßt sich die finanzielle Schieflage der Rentenversicherung nur in den Griff bekommen, wenn man auf der Ausgabenseite ansetzt. Die Schwierigkeiten in der Alterssicherung entstehen gegenwärtig durch die Lage auf den Arbeitsmärkten, in den nächsten Jahrzehnten vor allem durch die demographische Entwicklung. Es scheint deshalb auf den ersten Blick verständlich, wenn gefordert wird, die Entwicklung der Renten an demographische Faktoren und die Höhe der Arbeitslosigkeit zu koppeln. Das gilt allerdings nur für die demographische Entwicklung. Bei nach unten flexiblen Löhnen würden nicht nur die Arbeitsmärkte adäquat auf die veränderten wirtschaftlichen Bedingungen reagieren, auch die Rentenversicherung würde über geringere Zuwächse bei den Renten die richtige Antwort geben, um die finanzielle Schieflage zu verringern. Die Höhe der Renten wäre von der Lage am Arbeitsmarkt nicht unabhängig. Ein funktionsfähiger Arbeitsmarkt ist eine unabdingbare Voraussetzung für ein umlagefinanziertes Alterssicherungssystem, das nicht von einer finanziellen Notlage in die andere stolpern will.

Der eigentliche Konstruktionsfehler der dynamischen Rente war allerdings von Anfang an, daß eine automatische Anpassung an eine sich verändernde Altersstruktur nicht vorgesehen war. Die alte Regierung wollte diesen Fehler beseitigen, indem sie plante, einen demographischen Faktor in die Rentenformel einzubauen.[11] Mit einem solchen Faktor werden allerdings nicht nur automatisch die Ausgaben an die Einnahmen in der Rentenversicherung angepaßt. Je nachdem wie man den demographischen Faktor ausgestaltet, wird auch darüber entschieden, wie man die demographischen Lasten zwischen der alten und der erwerbstätigen Generation aufzuteilen gedenkt.[12] Wenn die neue Regierung nicht bereit ist, diese demographische Komponente zu installieren und sich ebenfalls weigert, die Lebensarbeitszeit zu verlängern, gleichzeitig aber die Lage

---

[11] Vgl. Verband deutscher Rentenversicherungsträger (1997).
[12] Vgl. Berthold/Külp (1984).

auf den Arbeitsmärkten verhindert, daß die Belastungen der Unternehmungen mit Beiträgen weiter steigen, dann sind die finanziellen Schwierigkeiten der umlagefinanzierten Rentenversicherung nicht mehr im bestehenden System der grundsätzlich beitragsfinanzierten Alterssicherung zu lösen.

Es verwundert deshalb nicht, daß die Tendenz schon seit einiger Zeit dahin geht, die umlagefinanzierte Alterssicherung dadurch finanziell über Wasser zu halten, daß man sie immer stärker an den steuerpolitischen Tropf des Staates hängt. Eine Lösung der finanziellen Schwierigkeiten soll nicht nur über einen höheren Bundeszuschuß, sondern auch über eine stärkere Steuerfinanzierung versicherungsfremder Leistungen in der Gesetzlichen Rentenversicherung kommen. Es ist sicher richtig, die vielfältigen umverteilungspolitischen Maßnahmen in der Rentenversicherung sind nicht aus Beiträgen, sondern aus Steuern zu finanzieren, wenn es sich um allgemeine, verteilungspolitische Aufgaben des Staates handelt. Auch wenn es in gewissem Umfang davon abhängt, wie man versicherungsfremde Leistungen abgrenzt, die Bundeszuschüsse von über 90 Mrd. DM im Jahre 1999 decken die versicherungsfremden Leistungen in der Rentenversicherung weitgehend ab. Weitere finanzielle Zuschüsse des Bundes sind damit nicht angezeigt. Der entscheidende Aspekt ist allerdings ein anderer: Die ökonomische Basis der umlagefinanzierten Alterssicherung läßt sich durch eine Umfinanzierung versicherungsfremder Leistungen nicht stärken. Es ist zwar richtig, daß sich durch dieses finanzielle Manöver die Belastungen mit Beiträgen verringern. Damit werden nicht nur die Unternehmungen finanziell entlastet, auch die Arbeitnehmer behalten zunächst mehr von ihrem Arbeitseinkommen netto in der Tasche.

Die Hoffnung der Strategen, die auf eine verstärkte Umfinanzierung setzen, besteht darin, daß die Unternehmungen mehr Arbeit nachfragen und die Gewerkschaften diese Entwicklung von der lohn- und tarifpolitischen Seite nicht stören. Diese erhofften positiven Wirkungen auf den Arbeitsmarkt sind allerdings kaum mehr als eine Fata Morgana. Der geringeren Belastung mit Beiträgen steht eine höhere Belastung mit Steuern gegenüber. Da sich die für die Beschäftigung relevante Steuer- und Abgabenbelastung nicht verändert hat, ist bei rationalem Verhalten der Arbeitnehmer nicht damit zu rechnen, daß von einer solchen Umfinanzierung große positive Rückwirkungen auf die Lage auf den Arbeitsmärkten ausgehen.[13] Wenn man die steuerliche Gegenfinanzierung besonders dumm ausgestaltet, indem man stärker auf eine Wertschöpfungssteuer setzt, fallen die Beschäftigungswirkungen einer solchen Umfinanzierung sogar negativ aus. Eine wirkliche Besserung auf den Arbeitsmärkten läßt sich nur erreichen, wenn es gelingt, die umverteilungspolitischen Aktivitäten zu verringern. Die Remedur kann nur von der Ausgabenseite kommen.

Die neue Regierung will allerdings auf dem Weg der Umfinanzierung noch schneller voranschreiten als die alte es vorhatte. Das neue Zaubermittel, das nicht nur die finanziellen Probleme der Rentenversicherung lindern und die Lage auf den Arbeitsmärkten verbessern, sondern auch umweltpolitischen Zielen gerecht werden soll, ist eine Umfinanzierung über eine Ökosteuer. Ein Teil der Ausgaben der Rentenversicherung soll nicht mehr über Beiträge, sondern über eine solche Steuer finanziert werden. Grundsätzlich gilt: Da die für die Beschäftigung relevante Steuer- und Abgabenschere genauso weit offen bleibt wie zuvor, ist es schwer, sich vorzustellen, wie es zu einer Verbesserung der Lage auf den Arbeitsmärkten kommen soll. Die Arbeitnehmer werden relativ schnell merken, daß ihr reales Nettoeinkommen kaum positiv beeinflußt wird: Was sie durch geringere Beiträge zur Rentenversicherung erhalten, wird ihnen zu einem großen Teil wieder über höhere Steuern auf Energie genommen. Die Lohn- und Tarifpolitik der Gewerkschaften wird sich somit kaum verändern.

Die Belastungen der Arbeitnehmer werden in dem Maße steigen, wie energieintensiv produzierende Unternehmungen von der Steuer ausgenommen werden. Die Belastungen der Unternehmungen mit Beiträgen und Steuern werden zwar nicht steigen, sie werden sich aber verändern, allerdings nicht für alle Unternehmungen gleich, sondern in Abhängigkeit davon, wie energie- bzw. arbeitsintensiv sie produzieren. Die energieintensiv produzierenden Unternehmungen werden zusätzlich belastet, hier werden Arbeitsplätze abgebaut; die arbeitsintensiven werden entlastet, hier werden neue Arbeitsplätze geschaffen. Der Nettoeffekt dürfte zwar eher positiv, allerdings nicht sehr hoch sein. Er verringert sich in dem Maße weiter, wie die Ökosteuer tatsächlich den Energieverbrauch verringert, die Steuereinnahmen reduziert und damit die Möglichkeiten einschränkt, die Lohnnebenkosten zu senken. Spätestens dann kommt die

---

[13] Vgl. Berthold/Thode (1996), S. 350 - 358.

Stunde der Wahrheit: Ohne einen Abbau der Ausgaben läßt sich die Rentenversicherung finanziell nicht im Gleichgewicht halten.

2.2 Was ist notwendig, um vorhandene Mängel in der Alterssicherung zu verringern?

Die Reformen, die das System der umlagefinanzierten, zwangsweisen Alterssicherung erhalten wollen, laufen darauf hinaus, den Mangel zu verwalten. Das Ziel all dieser besitzstandwahrenden Reformen besteht allein darin, ein finanzielles Gleichgewicht zu garantieren, Einnahmen und Ausgaben sollen wieder übereinstimmen. Das ist viel zu wenig. Ein langfristiges Idealsystem, das den Individuen eine Alterssicherung weitgehend nach ihren Präferenzen erlauben würde, müßte vier Elemente enthalten:

1. Eine Versicherungspflicht in Höhe einer Mindestsicherung ist unabdingbar. Es kann nämlich nicht ausgeschlossen werden, daß die Versicherten ihre zukünftigen Bedürfnisse zu gering einschätzen oder durch die Existenz der Sozialhilfe zu wenig Vorsorge für das Alter treiben und somit dem Staat im Alter finanziell zur Last fallen.

2. Es gibt keine staatlich organisierte Pflichtversicherung. Bei Renteneintritt versichern sich die Individuen mindestens in Höhe der Sozialhilfe. Auf die restlichen Ersparnisse haben sie Zugriff wie auf ihr Sparkonto. Die Erwerbstätigen sparen und versichern sich am Ende des Erwerbslebens bei privaten Anbietern ihrer Wahl.

3. Auch auf den Kapital- und Versicherungsmärkten ist Wettbewerb unabdingbar, um zu effizienten Ergebnissen zu gelangen. Es ist deshalb notwendig, dafür zu sorgen, daß die angesparten Vermögensteile *und Anwartschaften der Versicherung* zwischen den Rentenfonds frei transferierbar sind.

4. In einem solchen wettbewerblichen System der Alterssicherung herrscht das Prinzip der Äquivalenz. Es ist deshalb notwendig, versicherungsfremde, umverteilungspolitische Aktivitäten in ein eigenständiges Steuer-Transfer-System auszulagern. Die umverteilungspolitischen Aktivitäten können in einem solchen System treffsicherer entfaltet werden. Ein Abbau ist damit eher möglich.

Es ist eine Sache, ein solches privat organisiertes, kapitalfundiertes Alterssicherungssystem ohne Altlasten neu zu installieren, allerdings eine ganz andere, ein zwangsweise staatlich organisiertes, umlagefinanziertes System abzulösen. Die eigentliche Schwierigkeit ist der Übergang von einem System zu einem anderen. Dabei ist zweierlei zu beachten: Zum einen darf die alte Generation nicht um die erworbenen Ansprüche gebracht werden; zum anderen sollte die erwerbstätige Generation nicht übermäßig belastet werden, wenn man die ökonomische Basis nicht zerstören will. Damit sinken die „kurzfristigen" Realisierungschancen des beschriebenen, rein kapitalfundierten Systems der Alterssicherung. Das kleine Einmaleins der Alterssicherung besagt, daß jede Generation im Alter nur dann eine Rente beziehen kann, wenn sie während der Zeit ihrer Erwerbstätigkeit entweder in Human- oder aber in Realkapital investiert hat. Von nichts kommt nun einmal nichts. In Deutschland wurden in den letzten Jahrzehnten zu wenig Kinder geboren, um die Rentenversicherung zu erhalten. Dieses Versäumnis läßt sich bis zum Höhepunkt der demographischen Krise in den 30er Jahren dieses Jahrhunderts nicht mehr nachholen. Es gibt keinen Weg, dieser demographischen Altlast irgendwie zu entkommen. Diese Lasten sind nicht wegreformierbar, sie müssen schlicht und einfach getragen werden.

Es existieren grundsätzlich drei Möglichkeiten, diese demographischen Lasten auf die Generationen aufzuteilen:

1. Es ist grundsätzlich denkbar, die unvermeidlichen demographischen Lasten auf zukünftige Generationen zu verlagern. Diesen Weg einzuschlagen hieße, die steigenden finanziellen Ungleichgewichte, die wegen einer zusehends verschlechternden Altersstruktur nach und nach entstehen, über eine stetig steigende staatliche Kreditaufnahme zu decken. Es spricht allerdings nichts dafür, diesen Weg, Lasten zu verschieben, auch zu gehen. Die Lasten hätten damit vor allem die Generationen zu tragen, die für die absehbaren demographischen Belastungen nicht verantwortlich sind. Eine steigende Verschuldung des Staates verzerrt die Allokation der Ressourcen, führt zu Verlusten beim wirtschaftlichen Wachstum und verstärkt letztlich die Gefahr, daß die Arbeitslosigkeit weiter zunimmt. Wenn man diesen Weg einschlägt, zukünftige Generationen zu belasten, hat man sich für ein anhaltendes wirtschaftliches Siechtum entschieden. Das kann keine Lösung sein. Es ist dennoch nicht auszuschließen, daß dieser Weg gegangen wird,

sind doch die Generationen, die die Lasten tragen müssen, noch gar nicht geboren. Damit stellen sie im politischen Prozeß auch eine weniger relevante Größe dar.

2. Es ist auch denkbar, nichts zu tun, die Dinge laufen zu lassen und auf die demographische Krise in den 30er Jahren dieses Jahrhunderts zu warten. In diesem Fall hat die Gesellschaft nur die Wahl zwischen zwei Übeln: Sie wird entweder von der unentrinnbaren demographischen Last erdrückt, weil die Belastungen mit Steuern und Abgaben steigen und sich die internationale Wettbewerbsfähigkeit drastisch verringert. Oder die ältere Generation bzw. Teile davon geraten, wenn sie keine entsprechende Eigenvorsorge getroffen haben, durch die Absenkung des Rentenniveaus in die Nähe der Sozialhilfe oder sogar darunter. Wenn die ältere Generation diese Entwicklung mit ihrer parlamentarischen Mehrheit verhindert, kündigt die junge Generation den „Generationenvertrag" auf. Die Gefahr ist nicht von der Hand zu weisen, daß „letzten Endes ... nicht die Moral, sondern die Tatsache, daß die Jungen die Polizei und das Militär stellen, den Verteilungskampf zwischen den Generationen entscheidet"[14]. Dies muß nicht so kommen. Es steht vielmehr zu befürchten, daß man sich „friedlich" und damit zu Lasten Dritter, über eine steigende staatliche Verschuldung, einigen wird. So oder so: Unsere Gesellschaft wird politisch und ökonomisch auf alle Fälle beträchtlichen Schaden nehmen.

3. Der dritte Weg besteht darin, die Volkswirtschaft schon heute so zu kräftigen, daß sie in den 30er Jahren dieses Jahrhunderts nicht von den demographischen Lasten erdrückt wird. Es muß alles getan werden, um einen Teil der Lasten nicht morgen und übermorgen, sondern schon heute zu schultern und die Volkswirtschaft zu kräftigen, daß sie morgen die Lasten tragen kann. Gelingt dies, dann werden in zwanzig oder mehr Jahren weder die Rentner noch die erwerbstätige Generation die wirklichen Verlierer der Reform sein. Die zukünftigen durchschnittlichen Lohneinkommen sind nicht fix vorgegeben. Die niedrigen Geburtenraten der letzten Jahrzehnte sind ein Faktum. Doch bis der Rentnerquotient drastisch ansteigt, bleiben noch gut zwanzig Jahre, um in die Ausbildung der Kinder und Jugend zu investieren und Ersparnisse zu bilden. Für diesen Weg sprechen vor allem zwei Argumente: Durch ein höheres durchschnittliches Lohneinkommen kön-

---

[14] Vgl. Hayek (1971), S. 377.

nen die Erwerbstätigen die demographischen Lasten leichter tragen. Rentner, die stärker auf gebildete Ersparnisse zurückgreifen können, sind nicht mehr auf das heutige umlagefinanzierte Rentenniveau angewiesen. Von der zunehmenden kapitalfundierten Alterssicherung profitieren die Alten und Erwerbstätigen in der „demographisch harten Zeit". Eine Teilkapitalfundierung ist sowohl erstrebenswert als auch erreichbar.[15]

Dazu ist zweierlei notwendig: Zum einen muß das ab den 20er Jahren dieses Jahrhunderts fehlende bzw. nicht genutzte Humankapital trotz der fehlenden Zahl von Kindern möglichst klein gehalten werden. Das macht es notwendig, die Arbeitsmärkte wesentlich funktionsfähiger zu gestalten und das Bildungssystem grundlegend zu reformieren. Zum anderen sollte versucht werden, das fehlende Humankapital durch zusätzliches Realkapital zu ersetzen. Es muß schon heute temporär auf Konsum verzichtet, also mehr gespart werden. Die finanziellen Mittel, die gegenwärtig in der Volkswirtschaft wegen einer geringeren Zahl von Kindern eingespart werden, können zum Aufbau eines Kapitalstocks verwandt werden. Alles in allem: Ein schrittweiser Übergang zu einem kapitalfundierten System der Alterssicherung hilft, die Volkswirtschaft zu kräftigen und die nicht wegreformierbare Altenlast besser über die Zeit hinweg zu verteilen. Damit läßt sich der Sozialaufwand im Höhepunkt der demographischen Krise leichter tragen.

Es stellt sich die Frage, welche konkreten Schritte notwendig sind, um den schrittweisen Übergang zu einem teilkapitalfundierten System der Alterssicherung zu verwirklichen. Drei Elemente sind erforderlich[16]:

1. Es muß dafür Sorge getragen werden, daß die in der Gesetzlichen Rentenversicherung bis zum Zeitpunkt der Umstellung erworbenen Ansprüche nach Maßgabe der Rentenreform 1999, die allerdings von der neuen Regierung ausgesetzt wurde, garantiert werden. Diese Ansprüche sollten nach der Umstellung nicht über eine erhöhte staatliche Verschuldung, sondern über Beiträge der erwerbstätigen Generation finanziert werden. Das ist alles andere als unproblematisch, weil der

[15] Vgl. Sachverständigenrat zur Begutachtung der gesamtwirtschaftlichen Entwicklung (1996/1997), S. 329 - 356.

[16] Vgl. Wissenschaftlicher Beirat des Bundesministeriums für Wirtschaft (1998).

hohe implizite Steuersatz dieser Beitragszahlungen, denen keine Leistungen entsprechen, zu allokativen Verzerrungen führen kann.

2. Wenn man mit der Rentenversicherung eine Lebensstandardabsicherung anstrebt, ist es notwendig, neben der Beitrags- auch eine Sparpflicht einzuführen, um einen Kapitalstock aufzubauen, mit dem die zukünftigen Renten finanziert werden können. Die umlagefinanzierten und kapitalfundierten Rentenansprüche sollen zusammen den Ansprüchen nach der Rentenreform 1999 entsprechen. Da der umlagefinanzierte Rentenanteil im Laufe der Zeit sinkt, verringern sich auch die negativen allokativen Wirkungen und damit auch die negativen Auswirkungen auf Wachstum und Beschäftigung.

3. Die Ersparnisbildung soll unter individueller und staatlicher Kontrolle bei privaten Fonds vorgenommen werden. Es ist auch aus ordnungspolitischen Gründen nicht sinnvoll, eine kollektive Kapitalbildung vorzunehmen. Wie schon Joseph A. Schumpeter bemerkte, sind die politischen Begehrlichkeiten eines staatlich verwalteten Kapitalstocks zu groß: „Ein Politiker ist ebensowenig in der Lage finanzielle Überschüsse zu erwirtschaften, wie ein Hund einen Wurstvorrat anlegen kann".

Eine Schwierigkeit bleibt, wenn man ein Hybridsystem installiert und das umlagefinanzierte System der Alterssicherung nicht durch ein vollständig kapitalfundiertes ersetzt: Familien mit Kindern leisten dann drei Beiträge zur Vorsorge für das Alter, Familien ohne Kinder entrichten nur zwei. Die erste Gruppe zahlt nicht nur Beiträge für den umlagefinanzierten Teil der Rentenversicherung, sie trägt auch die finanziellen Aufwendungen für ihre Kinder und wird verpflichtet, einen Sparbeitrag zum kapitalfundierten Teil der Alterssicherung zu leisten. Die Vorsorgeleistungen der zweiten Gruppe erstreckt sich demgegenüber nur auf die Beiträge zum umlage- und die zum kapitalfundierten Teil der Alterssicherung. Hier muß eine Lösung gefunden werden. Es sind grundsätzlich zwei Wege denkbar: Der eine besteht darin, die Rente oder die Beiträge zur umlagefinanzierten Alterssicherung nach der Zahl der Kinder zu differenzieren. Mit einer solchen Maßnahme trägt man auch gleichzeitig mit dazu bei, die demographischen negativen externen Effekte der umlagefinanzierten Alterssicherung zumindest teilweise zu internalisieren. Der andere Weg zeichnet sich dadurch aus, daß man die finanziellen Belastungen der Familien mit Kindern über einen großzügigeren Familienlastenausgleich zwar nicht vollständig, aber zumindest teilweise abgilt. Geht man diesen Weg, verbannt man sinnvollerweise nicht nur umverteilungspolitische Aktivitäten aus der Alterssicherung, man trägt mit finanziellen Transfers ebenfalls dazu bei, negative demographische externe Effekte zu internalisieren.

3 Schlußbemerkungen

Ein schrittweiser Übergang zu einer stärker kapitalfundierten Alterssicherung ist ebenso unabdingbar wie schwierig. Die zusätzlichen Belastungen durch demographische Versäumnisse der Vergangenheit und veränderte weltwirtschaftliche Gegebenheiten der Gegenwart sind unvermeidbar. Durch verstärkte Investitionen in Human- und Realkapital heute, lassen sich die demographischen Lasten leichter über die Zeit hinweg verteilen und tragen. Das ist nicht nur von Vorteil, weil der allgemeine Wohlstand steigt, es ist auch ein Gebot der fairen Behandlung zukünftiger Generationen und hilft so, den Generationenkonflikt zu vermeiden. Über ein kapitalfundiertes Alterssicherungssystem werden die Arbeitnehmer an der Entwicklung des Produktivvermögens beteiligt. Der Druck auf die Erträge des Faktors Arbeit, unter dem vor allem gering qualifizierte Arbeitnehmer zunehmend zu leiden haben, wird durch steigende Erträge aus Realkapital zumindest teilweise kompensiert. Entgegen aller Polemik, die in der öffentlichen Diskussion gegen eine kapitalfundierte Alterssicherung dominiert, ist dieser Prozeß schon längst in Gang. Die Individuen versuchen, ihr Einkommen im Alter über zusätzliche Ersparnisse zu erhöhen. Die Bürger scheinen den politischen Entscheidungsträgern wieder einmal voraus zu sein. Das ist gut so.

Literaturverzeichnis

Berthold, N. (1997)
Der Sozialstaat im Zeitalter der Globalisierung, Tübingen: Mohr (Paul Siebeck).

Berthold, N. (1998)
Der Föderalismus und die Arbeitslosigkeit: eine vernachlässigte Beziehung, in: *List Forum für Wirtschafts- und Finanzpolitik*, Bd. 24, S. 345 – 366.

Berthold, N./ Külp, B. (1984)
Regelgebundene Rentenanpassung als Mittel zur langfristigen Sanierung der Gesetzlichen Rentenversicherung, Berlin: Duncker & Humblot.

Berthold, N./ Thode, E. (1996)
Auslagerung versicherungsfremder Leistungen – Ausweg oder Kreisverkehr?, in: *Wirtschaftsdienst*, Bd. 76, S. 350 – 358.

Börsch-Supan, A./ Schnabel, R. (1997)
Social Security and Retirement in Germany, NBER Working Paper, No. 6153, Cambridge, MA.

Geanakoplos, J./ Mitchell, O.S./ Zeldes, St.P. (1998)
Would a Privatized Social Security System Really Pay a Higher Rate of Return?, in: Arnold, R.D., Graetz, M.J., Munnell, A.H. (Hrsg.): *Framing the Social Security Debate: Values, Politics, and Economics*, Washington, D.C.: National Academy of Social Insurance.

Glismann, H.H./ Horn, E.-J. (1997)
Aufwand und Ertrag in der deutschen gesetzlichen Alterssicherung (GRV), Kieler Arbeitspapiere, Nr. 840, Kiel: Institut für Weltwirtschaft.

Hayek, F.A. v. (1971)
Die Verfassung der Freiheit, Tübingen: Mohr (Paul Siebeck).

Homburg, S. (1997)
Kapitaldeckung als praktikable Leitidee, in: Frankfurter Institut (Hrsg.): *Rentenkrise. Und wie wir sie meistern können*, Bad Homburg: Frankfurter Institut – Stiftung Marktwirtschaft und Politik, S. 61 – 85.

Sachverständigenrat zur Begutachtung der gesamtwirtschaftlichen Entwicklung (1997)
Reformen voranbringen, Jahresgutachten 1996/1997, Stuttgart: Metzler-Poeschel.

Schnabel, R. (1998)
Interne Renditen in der gesetzlichen Rentenversicherung, in: Schnabel, R., Raffelhüschen, B., Miegel, M. (Hrsg.): *Renditen der gesetzlichen Rentenversicherung im Vergleich zu alternativen Anlageformen: Effizienzvergleich*, Frankfurt a. M.: Deutsches Institut für Altersvorsorge, S. 15 – 35.

Verband deutscher Rentenversicherungsträger (1997)
Die Rentenreform 1999, Frankfurt a. M.: VDR.

Wissenschaftlicher Beirat des Bundesministeriums für Wirtschaft (1998)
Grundlegende Reform der gesetzlichen Rentenversicherung, BMWi Studienreihe, Nr. 99, Bonn.

III.

Wettbewerb und die Rolle des Staates

Über private wirtschaftliche Macht

Hans Otto Lenel

1 Euckens Äußerungen, Arten wirtschaftlicher Macht, Extremfälle

Walter Eucken hat meinem Thema in der 6. Auflage seiner „Grundlagen der Nationalökonomie" mit kleinerem Druck fast neun, in früheren Auflagen mehr als 13 Seiten gewidmet. Weniges davon will ich einleitend übernehmen. Bald nach dem Anfang des einschlägigen Abschnitts V des vierten Kapitels schreibt er, wirtschaftliche „Machtballungen" seien „keine Besonderheit der Neuzeit oder des `Kapitalismus´. Sie gab es vielmehr im Mittelalter und auch sonst in aller Geschichte. Verstehen wirtschaftlicher Wirklichkeit in aller Vergangenheit und in der Gegenwart und wahrscheinlich in aller Zukunft" erfordere „daher Verstehen wirtschaftlicher Macht ..."[1]. Aber noch heute fehle „es vielen Nationalökonomen an Blick und Verständnis dafür, wie sehr das wirtschaftliche Geschehen von brutalen Machtkämpfen erfüllt ist. Wer aber nicht die Fähigkeit oder nicht die Kraft besitzt, dies zu sehen ..., versteht die Wirtschaft nicht."[2]

Wie aber kann man diese Fähigkeit erlangen? Zweierlei ist nach Euckens Meinung erforderlich. Erstens „muß der Nationalökonom in seiner Tätigkeit selbst wirtschaftliche Macht kennengelernt haben." Vielen Nationalökonomen fehlt aber „die einfache Kenntnis der alltäglichen Wirtschaft mit ihren Kämpfen, die mit List und Verschleierung und Brutalität geführt werden". Nur diese Kenntnis „ermöglicht auch richtiges Verstehen von Machtkämpfen in vergangenen Zeiten."[3]

Zweitens ist „die Anwendung des Apparats von morphologischen und theoretischen Sätzen auf die konkrete geschichtliche Situation" erforder-

---

1 Eucken (1950), S. 196f.
2 Eucken (1950), S. 197.
3 Eucken (1950), S. 197f.

lich. „Eine grundsätzliche Unvereinbarkeit von ökonomischer Theorie und dem Phänomen der wirtschaftlichen Macht besteht nicht."[4]

Eucken bemerkt dann, daß „sich in der *totalzentralgeleiteten Wirtschaft* die größte Zusammenballung wirtschaftlicher Macht vollzieht, die überhaupt möglich ist"[5], daß sich in einer *Marktwirtschaft* wirtschaftliche Macht zwar „in anderer Form geltend" macht, daß sich aber auch hier „sehr starke wirtschaftliche Machtpositionen bilden" können, „die nicht selten von der öffentlichen Gewalt gestützt werden und die ihrerseits wieder politische Macht ausüben."[6]

Diese Ausführungen treffen auch heute noch zu. Ich will weiter unten versuchen, sie noch etwas zu ergänzen. Es wurden und werden aber auch ganz andere Auffassungen vertreten. Das eine Extrem ist die Äußerung von Volkmar Muthesius, private wirtschaftliche Macht sei ein Scheinproblem. Es gebe sie nicht; sie sei ein Gespenst[7]. Auf der anderen Seite versuchen manche – vor allem Jünger von Karl Marx – nicht nur das wirtschaftliche, sondern auch das politische Geschehen im „Kapitalismus" allein oder doch vorwiegend mit privater wirtschaftlicher Macht zu erklären.

Bedeutende wirtschaftliche Macht wird bisweilen auch mit relativ großem Vermögen erklärt. Eucken verneint die damit zusammenhängende Frage, ob „die Macht des Einzelbetriebs in der Verkehrswirtschaft nicht allein auf seiner Marktstellung, sondern auch auf seiner Größe beruht."[8] Es ist „in der Verkehrswirtschaft eben doch die *Markt*stellung, die über die *Macht*stellung entscheidet."[9] Hier kann ich ihm nicht uneingeschränkt folgen, sondern eher Helmut Arndt. Nach dessen Meinung können Machtunterschiede auch dadurch entstehen, daß größere Vermögen längeres Warten erlauben. Der vermögenslose Arbeiter konnte nicht warten, solange Arbeitslose nicht unterstützt wurden. Das vermögende Großunternehmen kann Verluste länger tragen und hat deshalb den Lieferanten und Abnehmern gegenüber eine stärkere Stellung.[10] Macht kann ferner die

4 Eucken (1950), S. 198.
5 Eucken (1950), S. 198 (Hervorhebung im Original).
6 Eucken (1950), S. 199.
7 Nach Marbach (1965), S. 21f.
8 Eucken (1950), S. 202.
9 Eucken (1950), S. 202 (Hervorhebungen im Original).
10 Vgl. Arndt (1966), S. 181; Beispiele von mir.

Vereinigung mehrerer wichtiger Funktionen in einer Hand schaffen. Arndt erklärt so die Macht der Banken.[11] Mir scheint, daß dafür zusätzlich eine bedeutende Größe der Bank nötig ist, nicht aber Marktbeherrschung.

Ernst Heuß hat die Ursache der Veränderung einer Machtstellung einfach und doch klar umrissen: „die Macht des einzelnen oder einer Unternehmung nimmt in dem Umfange zu, wie die Alternativen demjenigen genommen werden, dem gegenüber Macht ausgeübt wird.“[12] In Euckens Grundlagen sind noch weitere Anhaltspunkte für die Analyse zu finden: Die Stärke einer Machtstellung hängt auch von der Wichtigkeit des Marktes ab. Bei Schließung einer Seite eines Marktes bilden sich Machtpositionen leichter. Der Einzelmonopolist hat ceteris paribus eine stärkere Stellung als der Kollektivmonopolist.[13]

Ich will versuchen, Entstehen und Wachsen wirtschaftlicher Macht an zwei Grenzfällen weiter zu verdeutlichen. Der eine ist dadurch gekennzeichnet, daß niemand die Befugnis hat, über wirtschaftliche Handlungen anderer durch Anordnung zu entscheiden, und auch niemand über die Möglichkeit verfügt, diese Handlungen auf andere Weise auch gegen Widerstreben der Handelnden zu beeinflussen. Jeder wirtschaftet für sich allein. Arbeitsteilung durch Berufsbildung und Spezialisierung ist nichtsdestoweniger möglich. Sie wird aber ausschließlich über den Markt und ohne spürbare Einflußmöglichkeiten Einzelner auf andere koordiniert. Die wirtschaftliche Macht jedes Einzelnen ist in diesem Fall minimal, die wirtschaftliche Unabhängigkeit maximal.

Im anderen Grenzfall entscheidet ein Individuum oder eine Gruppe von Individuen über alle wirtschaftlichen Handlungen aller Übrigen. Das ist Euckens Fall der totalen Zentralverwaltungswirtschaft. Die zur Entscheidung Befugten brauchen jedoch nicht Angehörige einer behördlichen Stelle zu sein. Auch die Spitze eines rechtlich privaten Universalkonzerns könnte die entsprechenden Befugnisse haben. Deren wirtschaftliche Macht könnte unbeschränkt und die wirtschaftliche Unabhängigkeit der Übrigen auf ein Minimum reduziert sein.

Beide Grenzfälle sind heute in der Wirklichkeit nicht zu finden. Der zuletzt genannte Fall war ungefähr vielleicht im Reich der Inkas verwirk-

---

11 Vgl. Arndt (1974), S. 47.

12 Heuß (1972), S. 187.

13 Vgl. Eucken (1950), S. 199.

licht. Er würde heute in westlichen Demokratien wohl kaum zugelassen werden. Der zuerst erwähnte Fall läßt sich unter den heutigen Umständen nicht verwirklichen. Die aktuelle Problematik liegt zwischen den beiden Fällen.

2 Wirtschaftliche Macht ohne Monopol

Für die Analyse unseres Problemkreises wichtig und interessant sind auch die Äußerungen derjenigen, welche die Möglichkeit privater wirtschaftlicher Macht nicht grundsätzlich bestreiten, aber versuchen, deren Bedeutung herunterzuspielen. Dafür werden zwei Wege beschritten. Die einen sagen, private wirtschaftliche Macht entstehe nur durch Entscheidungen staatlicher Instanzen. Es gelte also nur, auf diese Einfluß zu nehmen. Die anderen behaupten, wirtschaftliche Macht gebe es nur in Monopolen. Deren Rolle sei jedoch durch die wirtschaftliche Entwicklung, insbesondere im Verkehr und im Informationswesen, allgemeiner, durch die Entwicklung der Technik unbedeutend geworden.

Beides halte ich für falsch. Wirtschaftliche Macht gibt es nicht nur durch ein Monopol. Marktmacht ist zwar eine wichtige Erscheinungsform, aber nicht die einzige. Helmut Arndt hat in einer wohl nicht veröffentlichten Stellungnahme mit Recht betont, daß wirtschaftliche Macht in verschiedenen Formen auftritt und verschiedene Ursachen hat. An anderer Stelle,[14] gibt er ein Beispiel: Auch die Beherrschung einer Tochtergesellschaft beruht auf der wirtschaftlichen Macht der Muttergesellschaft. Nicht nur Arbeiter, Lieferanten und Abnehmer können mit Hilfe einer Machtstellung ausgebeutet werden, sondern auch Minderheitsgesellschafter. Angliederungen können auch dieses Ausbeutungsziel haben. Die Gewinne der Minderheiten können durch überteuerte Lieferungen und Leistungen der neuen Mutter oder durch Preisdruck auf die Lieferungen und Leistungen der Töchter beschnitten werden. Es kann dem Mächtigen auch darum gehen, einen lästigen Konkurrenten loszuwerden oder sich seiner Innovationen zu bemächtigen. Die Verhinderung solcher Ausbeutung ist Sache des Gesellschaftsrechts. Die deutschen Aktienrechtsnovellen, zuletzt die von 1965, haben unter anderem diesem Ziel gedient. Arndt bestreitet wohl mit Recht, daß die Verbesserungen genügen.

---

[14] Vgl. Arndt (1978), S. 33.

Der Preis- oder Marktführer übt Macht gegenüber seinen Konkurrenten aus und kann so eine ähnliche Stellung auf einem Markt erringen wie ein Monopolist im Sinne der klassischen Preistheorie. Marktmacht eines Unternehmens kann deshalb nicht zuverlässig mit seinem Marktanteil gemessen werden.

Helmut Arndt macht noch auf eine andere Form der Macht aufmerksam, die er Partnermacht nennt. Obwohl dieses Phänomen bisweilen bestritten wird, meine ich, daß er recht hat. Nach einer nicht veröffentlichten Mitteilung des Bundeskartellamts an die Mitglieder und Gäste des Arbeitskreises Kartellrecht umfaßt nach Arndt „Partnermacht alle Fälle, in denen ein Wirtschafter einem anderen Wirtschafter Anweisungen geben kann...“[15]. Arndt nennt auch die Bedingungen einer Partnermacht ohne Marktmacht. Diese ist gegeben, „wenn der Schaden, den ein Anbieter oder Nachfrager durch Verlust seines“ über Partnermacht verfügenden „Geschäftspartners erleiden würde, größer ist als der Schaden ... durch Befolgung einer nachteiligen Anweisung“. Weitere Voraussetzung ist, daß der die Weisung Erteilende auf das Fortbestehen der Geschäftsbeziehung „ohne Schwierigkeiten verzichten könnte“, der sie Empfangende aber nicht.[16] Ein heute wichtiger Fall ist die Anweisung eines großen Einzelhändlers an einen Fabrikanten, ihm Rabatte oder sonstige Vergünstigungen einzuräumen. Die Durchsetzung solcher Weisungen setzt nicht voraus, daß zwischen den Nachfragenden (hier den Einzelhändlern) kein Wettbewerb besteht.[17]

In diesem Zusammenhang betont Arndt in seinen Schriften mehrfach die Rolle des *Zwangs zu Umwertungen*. Er schreibt: „Wer einen anderen in eine Abhängigkeitsposition zu bringen trachtet, um ihn auszubeuten, vertraut darauf, den anderen zu *Umwertungen* zwingen zu können.“ Das erläutert er unter anderem mit folgendem Beispiel: „Rockefeller weiß, daß Carnegie seine Stahlwerke und seine Erzgruben nicht oder wenigstens nur zu einem hohen Preis verkauft, solange alles wie bisher ungestört abläuft. Er weiß aber auch, daß sich dies ändert, sobald er seinen Gegner durch einen geschickten Schachzug mattzusetzen vermag.“ Wenn es gelänge, die Erzzufuhren zu den Stahlwerken abzuschneiden, würde

---

15 Arndt (1981), S. 2.

16 Arndt (1978), S. 33.

17 Weitere Beispiele bei Arndt (1977), S. 87 - 94.

Carnegie den Wert seiner Stahlwerke „weit niedriger als vorher einschätzen“.[18] So entsteht eine Umwertung.

Wirtschaftliche Macht, insbesondere auch Partnermacht, kann auch gegeben sein, obwohl der Zugang zu anderen Märkten für den Abhängigen, auch den abhängigen Arbeitnehmer, nicht schlechthin geschlossen ist. Er muß nur mehr oder weniger schwer oder zeitraubend sein, und je schwerer und/oder zeitraubender er ist, desto größer ist ceteris paribus die Abhängigkeit von dem Mächtigen. Es gilt also auch, das Zeitproblem zu beachten. Je länger es dauert, bis der Zugang zu anderen Märkten möglich wird, desto größer sind ceteris paribus die Macht auf der einen, die Abhängigkeit auf der anderen Seite.

Die Frage nach der Zeitdauer der Macht ist auch für deren Beurteilung von größter Bedeutung. Wer ein neues Gut kreiert oder wem eine wesentliche Verbesserung eines Produktionsverfahrens gelingt, gewinnt dadurch Macht. Nur wenn diese dauerhaft wird, wird sie problematisch. „The characteristic of competition is not the absence of economic power but its temporary nature“.[19]

Vermutlich ist die Situation von Siemens ein gutes Beispiel für einen Teil des bisher Vorgetragenen. Ich kenne keinen Markt, auf dem Siemens heutzutage noch über ein Monopol verfügt. Enge Oligopole dürften allerdings häufig zu verzeichnen sein. Abhängige Zulieferer gibt es vermutlich in größerer Zahl. Aber schon die große Zahl der Beschäftigten dürfte Siemens politische Macht verschaffen. So und nicht allein durch seine tüchtigen Lobbyisten dürften unter anderem die Milliardenbeträge für die Subventionierung der Forschung zu erklären sein, die Siemens trotz seiner großen finanziellen Ressourcen heranziehen konnte. Es wäre übrigens interessant festzustellen, welche Ergebnisse diese subventionierte Forschung hatte. Meine Kenntnisse darüber sind beschränkt, aber soweit sie reichen, scheint mir, daß bei vielen Projekten nicht viel mehr herausgekommen ist als etwas, was einer nochmaligen Erfindung des Rades ähnelt.

Man mag darüber streiten, ob die Beschäftigung von tüchtigen Lobbys hinreichend ist, einem Unternehmen die Macht zu verschaffen, Entscheidungen des Staats und anderer öffentlicher Körperschaften zu beeinflus-

[18] Arndt (1968), S. 17 (Hervorhebung im Original).

[19] Arndt (1976), S. 51.

sen. Aber je größer ein Unternehmen und je bedeutender ein Verband ist, desto wahrscheinlicher ist die Schaffung solcher Macht.

3 Ist private wirtschaftliche Macht ein Geschöpf des Staates?

Mit dem Hinweis auf die Subventionen von Siemens sind wir bei der *politischen Wirkung* der wirtschaftlichen Macht und zugleich bei dem Argument, private wirtschaftliche Macht sei allein ein Geschöpf staatlicher Entscheidungen.[20] Friedrich A. von Hayek meinte, solche staatlichen Entscheidungen verhindere man am wirksamsten, indem man „den wirtschaftspolitischen Behörden die Macht" nimmt, „nach Zweckmäßigkeitsüberlegungen zu handeln."[21] Soweit diese Empfehlung zum gewünschten Erfolg führt, halte ich sie für gut. Ich zweifle aber am Umfang der Möglichkeiten, sie zu befolgen und auch durchzusetzen. Auf Ermessensentscheidungen kann man hier nach meiner Meinung häufig nicht verzichten.[22]

Diejenigen, welche das Argument vortragen, private Macht stamme vom Staat, verkennen oder verschweigen, daß staatliche Entscheidungen zugunsten von Inhabern privater wirtschaftlicher Macht häufig auf schon zuvor vorhandene private Macht zurückzuführen ist, die auf die staatlichen Entscheidungen wirkte. Ein gutes Beispiel, zugleich auch für die Machtwirkungen über Verbände, ist die Geschichte der deutschen Wettbewerbspolitik in dem Jahrzehnt ab 1948. Hier war der wichtigste Akteur nicht ein Unternehmen, sondern ein Verband, nämlich der Bundesverband der deutschen Industrie unter dem Präsidenten Berg, nach meiner Kenntnis ein zum Mittelstand zu rechnender Unternehmer. Private wirtschaftliche Macht wird eben auch über Verbände ausgeübt. Jene Geschichte ist zugleich ein Ansatzpunkt gegen die These, der Staat schaffe ja auch den gesetzlichen Rahmen, und wenn sich innerhalb dieses Rahmens die Möglichkeit für ein Unternehmen ergebe, wirtschaftliche Macht zu erwerben, z. B. durch erlaubtes externes Wachstum, so sei eben diese Macht auch ein Geschöpf des Staates. Eine solche Argumentation setzt jedenfalls

---

20 Vgl. die genauere Darstellung dieser Argumentation bei Adams (1976), S. 12.

21 Hayek (1954), S. 13.

22 Vgl. Kapitel 4, S. 310ff.

voraus, daß die staatliche Rahmensetzung insoweit unbeeinflußt von Unternehmen und ihren Lobbys vor sich ging. Bevor man derart urteilt, sollte man jeweils versuchen, die Geschichte zurückzuverfolgen. Hatten Unternehmen und/oder ihre Verbände schon zuvor Macht, wie wurde sie gegebenenfalls eingesetzt, um die Rahmensetzung des Staates zu beeinflussen, z. B. durch Verhinderung oder Schwächung der sog. Fusionskontrolle?

4 Zur Problematik wirtschaftspolitischer Maßnahmen

Nun soll noch weiteres über mögliche *wirtschaftspolitische Maßnahmen* gegen private wirtschaftliche Macht folgen. Außer in krassen Fällen sind solche Maßnahmen ein schwieriges Unterfangen. Ich will versuchen, das mit Hilfe meines ersten Extremfalls zu verdeutlichen. Einen mehr oder weniger großen Teil der Entfernung von ihm muß man in Kauf nehmen, wenn man die Mittel nutzen will, die uns das heutige technische Wissen zur Verfügung stellt. Die dafür nötige Ausstattung mit Maschinen und Werkzeugen zweckmäßiger Größe läßt sich nur verwirklichen, wenn eine mehr oder weniger große Zahl von Individuen zusammenarbeitet. Eine solche Zusammenarbeit bedarf der Leitung, wenn sie befriedigend funktionieren soll. Deshalb können die Befugnisse nicht gleichmäßig auf alle Beteiligten verteilt werden. Unterschiedliche wirtschaftliche Macht und unterschiedliche Abhängigkeit sind die Folge. Auch zwischen den Unternehmen müssen Unterschiede schon deshalb entstehen, weil die Optima der Betriebs- und Unternehmensgrößen in den verschiedenen Zweigen nicht gleich groß sind. Ist eine zusätzliche Entfernung vom ersten Extremfall nötig, weil in manchen Zweigen Zusammenfassungen verschiedener Produktionen wegen der sog. Synergien am Platze sind, wie immer wieder behauptet wird? In manchen Fällen mag das richtig sein. Aber die bisherigen Erfahrungen sprechen für Skepsis. Soweit die jeweils genannten Einsparungsbeträge auf Personalentlassungen beruhen, ist zu fragen, wie das auf die Wahlmöglichkeiten der Marktpartner und auf den Wettbewerb wirkt. Bei der jüngst angestandenen Fusion von Karstadt und Quelle wurde überdies ganz offen berichtet, ein erheblicher Teil der „Synergien“ beruhe auf erhöhter Einkaufsmacht, wofür jenes Wort eigentlich gar nicht paßt.

Skepsis dürfte auch angebracht sein, wenn ohne Erläuterungen Größenvorteile (economies of scale) zur Erklärung der sog. Großfusionen herangezogen werden. Ein Kommentar zur „Übernahmeofferte“ der Total Fina für Elf Aquitaine in der Neue Zürcher Zeitung wurde zwar mit „Französische Erdöl-Synergien“ überschrieben, aber außer dem Arbeitsplatzabbau und einem Hinweis auf die Erdöl- und Gasreserven der Elf findet man in diesem Aufsatz nichts Einschlägiges. Wohl aber wird vermerkt, daß „diese Schulterschlüsse in einer Branche stattfinden, in der ´Economies of Scale` nach wie vor ein wichtiger Marktfaktor sind“. Wenig später heißt es, „daß es sich bei allen fossilen Heiz- und Treibstoffen ..... letztlich um Massenprodukte handelt, bei welchen die Durchlaufmenge allein deshalb schon ausschlaggebend ist, weil die *Gewinnmargen* .... unter starkem Konkurrenzdruck stehen“.[23] Waren also die Kapazitäten der einzelnen Anlage, zum Beispiel für die Destillation des Rohöls, bei den beiden Unternehmen bisher zu gering, obwohl Total Fina nach der Akquisition der Fina schon zuvor weltweit der Sechsgrößte und Elf Aquitaine der Siebtgrößte war? Und wie könnte man gegebenenfalls durch diese Übernahme (statt durch den Bau neuer, größerer Anlagen) economies of scale bei der Produktion nunmehr erreichen? Führt denn überhaupt eine Vergrößerung der „Durchlaufmenge“ unbegrenzt zu Kostensenkungen? Die doch wohl naheliegende Frage, ob es dem Akquirierenden nicht in erster Linie um die Gewinnung von noch mehr Macht (unter anderem auf den Einkaufsmärkten), um persönliche Motive (der leitenden Personen) oder um eine Reaktion auf den Machtzuwachs von Konkurrenten geht, wird nicht einmal gestellt.

Für eine Abweichung von meinem ersten Grenzfall spricht jedenfalls auch, daß die Märkte bei seiner Verwirklichung durch die Unzahl der nötigen Tauschhandlungen überlastet und deshalb die Koordination nicht immer befriedigend funktionieren würden.

Die genannten Ursachen – Ausnutzen von Größenvorteilen, bessere Anwendung des gegebenen technischen Wissens, u. U. auch Verwertung möglicher Synergien und Unterlassung einer Überlastung des Koordinators Markt – führen dazu, daß zunächst Produktivitätsfortschritte zu beobachten sind, wenn man sich von dem ersten Grenzfall entfernt. Möglich ist auch eine stärkere Bereicherung des technischen Wissens, wenn man der optimalen Größe der jeweils nötigen Forschungs- und Entwicklungs-

23 o. V. (1999a), S. 9 (Hervorhebung im Original).

einrichtungen näherkommt. Solche Fortschritte dürften auch die ersten Schritte auf dem Weg von diesem Grenzfall schon deshalb zureichend rechtfertigen, weil die damit verbundenen Einbußen an Unabhängigkeit Anderer zunächst erträglich bleiben dürften. Die wirtschaftliche Macht wird durch weiterhin bereitstehende Alternativen in Schranken gehalten. Arbeiter und Angestellte können auf andere Arbeitsplätze ausweichen. Weiterverarbeiter und Konsumenten können unbefriedigenden Preisen und Qualitäten der Produkte entgehen, indem sie zur Konkurrenz abwandern.

Aber auch hier gibt es – entgegen der landläufigen Argumentation – Grenzen. Je mehr wir uns dem anderen Grenzfall nähern, desto mehr nehmen die Wahlmöglichkeiten ab und desto drückender kann die wirtschaftliche Macht werden. Andererseits wird der Versuch der Rechtfertigung solcher Macht jedenfalls für den Nachdenklichen immer weniger überzeugend. Immer weniger Produktivitätsfortschritte können nachgewiesen werden, und andererseits wächst die Gefahr von Produktivitätsverlusten durch das Vordringen der Bürokratie und ein Erlahmen der Initiative. Obwohl immer wieder von Fehlschlägen von Großfusionen berichtet wird, ist deren Zahl und Bedeutung in der letzten Zeit in erschreckender Weise gewachsen. Gleichzeitig wird jedoch berichtet, daß eine deutsche Brauerei-Großfusion zu der Firma Brau & Brunnen vor mehreren Jahren, die u. a. die größte Berliner und die größte Dortmunder Brauerei umfaßte und mit Vorschußlorbeeren bedacht wurde, für 1998 wieder mit Verlust abgeschlossen hat und deshalb schon zum vierten Mal die Dividende ausfallen ließ.[24]

Es wird berichtet, 50 % der Fusionen in der Vergangenheit seien Fehlschläge gewesen. Ich konnte nicht feststellen, wie dieser Prozentsatz errechnet wurde. Außer klaren Fehlschlägen, die mit Konkurs, freiwilliger Entflechtung oder Liquidation enden, gibt es mehrere mögliche Zwischenergebnisse. Eines ist der Fall von Brau & Brunnen mit jahrelangen Verlusten, ein anderes sind die Fälle von General Motors und US Steel, über die Adams und Brock berichtet haben. Auch die deutschen Zusammenschlüsse zur IG Farbenindustrie und zu den Vereinigten Stahlwerken in den 20er Jahren sind wohl kaum als Erfolge zu bezeichnen. Was ist davon in den obigen 50 % enthalten?

---

[24] Vgl. o. V. (1999b).

Wer jenes „Fusionsfieber" für harmlos oder gar begrüßenswert hält, sollte die Ausführungen von Böhm (1961) lesen. Böhm schreibt dort unter anderem, daß Machtstellungen zur Bedrohung der bürgerlichen Freiheit führen können.[25] Die Mächtigen „brauchen nicht einmal tatsächlich auf den Kriegspfad zu gehen; ihre bloße Existenz schüchtert den Wettbewerb auf allen Märkten ein, auf denen sie tätig sind."[26] Die Skepsis gegenüber dem externen Wachstum zu sehr großen Unternehmen dürfte auch am Platze sein, wenn jenes Wachstum mit den hohen Kosten für den technischen Fortschritt begründet wird. Dem widersprechen die Erfolge der Innovationen wesentlich kleinerer Unternehmen und die Strategie der Großen, erfolgreiche kleinere Innovatoren aufzukaufen. Ein neues Beispiel ist der Erwerb der kalifornischen Genentech durch Roche, eines der beiden nach Zusammenschlüssen verbliebenen schweizerischen Großunternehmen der Pharmaindustrie. Genentech wurde erst 1976 gegründet, zählt aber schon zu den erfolgreichsten kalifornischen Biotechunternehmen. Roche bemüht sich, die Selbständigkeit des erworbenen Unternehmens zu bewahren, um damit seine kreativen Kräfte zu erhalten.[27] Damit werden zwei Gründe gegen die These von der Bedeutung ganz großer Unternehmen für den technischen Fortschritt belegt: die Zweifel sowohl an der Notwendigkeit sehr großer finanzieller Ressourcen für die Forschung als auch an der Fortdauer der Kreativität im Rahmen der Bürokratie solcher Unternehmen.

Ob diese Akquisition für Roche *einzelwirtschaftlich* zweckmäßig war, ist eine ganz andere Frage. Bisher hat der Außenstehende darüber wohl nur eines erfahren: Roche konnte durch den Weiterverkauf eines Teils der Genentech-Anteile einen erheblichen Gewinn erzielen.[28] Häufig wird ein wichtiges Kennzeichen vieler Konzentrationsvorgänge und des Zuwachses wirtschaftlicher Macht übersehen: Einzelwirtschaftlich sind sie vorteilhaft, volkswirtschaftlich aber nicht. Der klarste aber keineswegs einzige Fall ist das Erringen einer Monopolstellung.

Wann jeweils die zu Beginn des drittletzten Absatzes genannten Grenzen überschritten werden, läßt sich häufig ohne die von Hayek grundsätzlich

---

25 Vgl. Böhm (1961), S. 8.
26 Böhm (1961), S. 21.
27 Vgl. Hofmann (1999a).
28 Vgl. Hofmann (1999b), S. 27.

mit Recht negativ bewerteten Ermessensentscheidungen[29] nicht feststellen. Man mag einwenden, daß die Gefahren einer Überschreitung der Grenzen gering sind, weil sich Produktivitätsverluste in Mindergewinnen oder gar Verlusten niederschlagen, die man auch aus einzelwirtschaftlicher Sicht vermeiden will. Das ist jedoch nur bedingt richtig, weil Gewinne nicht nur durch Leistungen zu erreichen sind, wenn man mächtig genug ist, und weil sich der Ehrgeiz und andere persönliche Motive der leitenden Persönlichkeiten unter Umständen nicht rechtzeitig bremsen lassen. Um Verluste durch Produktivitätsabnahme auszugleichen, genügt bisweilen die Herrschaft über einen – regional, sachlich oder durch andere Unvollkommenheiten begrenzten – Teilmarkt, auf den Konkurrenten nicht leicht und/oder rasch eindringen können, oder politische Macht. Mächtige Unternehmen weisen unter Umständen auch deshalb nur geringe Gewinne aus, weil ihre Machtstellung ihnen erlaubt, auf ihre Kosten nicht zu achten. Man zieht ein behagliches Leben vor. Solche Unternehmen sind keineswegs günstiger zu beurteilen als effizient geführte und deshalb rentable.

Folge solcher Machtstellungen ist nicht nur die mit ihnen einhergehende Minderung des Freiheitsbereichs anderer, sondern auch eine Verzerrung des Wettbewerbs. Wenn es z. B. großen Einzelhändlern durch Machtausübung gelingt, günstigere Einkaufspreise durchzusetzen, können sie ebenso leistungsfähige oder sogar leistungsfähigere Konkurrenten wie auch durch Preisdruck geschädigte Lieferanten vom Markt verdrängen.

5 Was sollte man gegen wirtschaftliche Macht unternehmen?

Aus dem bisher Vorgetragenen ergibt sich wohl schon, daß eine *Politik des Laissez faire*, das Vertrauen auf das selbsttätige Wirken des wohlverstandenen Eigeninteresses, nicht die Hoffnung erlaubt, wirtschaftliche Macht einerseits, wirtschaftliche Abhängigkeit andererseits werde so auf das Maß beschränkt werden, das für die erwünschten Produktivitätsfortschritte und für die Sicherung der Freiheit nötig ist. Es bedarf einer gesetzten Ordnung. Es ist aber ein Irrtum anzunehmen, durch die Rechtsordnung könne allgemeingültig bestimmt werden, welches Maß jeweils

---

[29] Vgl. Kapitel 3, S. 309f.

angemessen ist. Das wohl wichtigste Mittel zur Beschränkung der wirtschaftlichen Macht ist der Wettbewerb. Die Rechtsordnung kann über eine Begünstigung des Wettbewerbs wirken. Franz Böhm hat den Wettbewerb als das großartigste und genialste Entmachtungsinstrument bezeichnet.[30] Auch deshalb ist es aber wichtig zu berücksichtigen, daß die Zunahme der wirtschaftlichen Macht häufig mit Minderungen des Wettbewerbs verbunden ist. Sie sollte auch deshalb begrenzt werden. Ordoliberalen wird immer wieder unterstellt, sie erstrebten als Maß und Ziel die allgemeine Machtlosigkeit der vollständigen Konkurrenz. Friedrich A. Lutz hat dieses Streben schon vor langer Zeit[31] abgelehnt und die Unterstellung ist schon seit langem unrichtig. Es ist auch nicht möglich, „präzis“ zu sagen, wo man ganz allgemein „die Grenze für den Grad der noch wirksamen und zugleich noch erträglichen Macht ziehen möchte“ oder sollte, wozu Fritz Marbach auffordert.[32] Seine Grenze ist von Wirtschaftszweig zu Wirtschaftszweig und – wegen der Veränderung der Daten – auch von Zeit zu Zeit verschieden.

Auch durch internes Wachstum der Unternehmen kann jene Grenze überschritten werden. Die Wahrscheinlichkeit dafür nimmt aber ganz erheblich bei externem Wachstum und der Möglichkeit zu, Kartellverträge abzuschließen. Deshalb sollten sich wirtschaftspolitische Maßnahmen in erster Linie dagegen richten, zumal Produktivitätsfortschritte auf diesen Wegen sehr viel weniger wahrscheinlich sind. In Deutschland haben wir ein Kartellverbot, aber leider immer noch mit wichtigen Ausnahmen. Wir haben auch eine sog. Fusionskontrolle gegen externes Wachstum. Aber ich bezweifle, daß sie streng genug ist. Vor allem sollte man überlegen, ob eine nachweisbare Wettbewerbsbeschränkung das einzige Kriterium für das Verbot eines externen Wachstums sein sollte. Das gegenwärtige „Fusionsfieber“ zeigt, daß dieses Kriterium nicht ausreicht, um die Bildung großer Machtkomplexe zu verhindern. Übermäßige Größe als solche sollte behindert werden. Aber ich übersehe nicht, daß die Ausarbeitung der nötigen Kriterien dafür schwierig und vor allem die politische Durchsetzung wenig wahrscheinlich ist. Über die Problematik der Großfusionen ist in dem Arbeitskreis Kartellrecht beim Bundeskartellamt schon 1987 diskutiert worden. Viele, vielleicht sogar die meisten teilnehmenden Ju-

---

30 Vgl. Böhm (1961), S. 22.

31 Vgl. Lutz (1953), S. 238.

32 Marbach (1964), S. 55.

risten und Nationalökonomen plädierten dafür, dagegen etwas zu unternehmen. Aber geschehen ist bis heute nichts. Gegenüber einigen der heutigen Großfusionen waren die damaligen Zwerge.

Gegen eine Verschärfung der sog. Fusionskontrolle wird vorgetragen, daß damit die Macht staatlicher Instanzen zunehmen würde, und daß auch diese problematisch ist. Das ist richtig, aber kein hinreichender Grund, nichts zu unternehmen, sondern nur ein Grund für ein sorgfältiges Abwägen. Ein zweites Argument ist, Machtlosigkeit sei gar nicht zu erreichen. Also sei die Bekämpfung der Macht als solche sinnlos. Das Erste ist richtig, der Schluß daraus aber wieder nicht hinreichend begründet. Wer will denn heute noch Machtlosigkeit erreichen? Und welcher Zusammenhang besteht zwischen diesem Extrem und einem anderen, etwa in Gestalt der Macht eines Mammutunternehmens? Sollte man, wenn man einen Extremfall wie die allgemeine Machtlosigkeit nicht erreichen kann oder auch nicht erreichen will, auf jede Lösung aller Fälle verzichten, denen man begegnet, wenn man sich von jenem Extrem entfernt? Es kann doch auch hier nur um ein Abwägen gehen. Schon der Praktikabilität wegen sollte man sich darauf beschränken, bedeutende Machtstellungen zu vermeiden oder aufzulösen.

Ein drittes Argument ist, daß sich im Wettbewerb die Machtstruktur ändert. Auch das ist richtig, aber kein hinreichender Grund, sich einerseits auf die Machtminderung durch den Wettbewerb zu verlassen und andererseits im Wettbewerb neu erwachsende Macht, auch wenn sie sehr dauerhaft ist, uneingeschränkt hinzunehmen. Für beides ist die Zeit wichtig, die ablaufen muß, bis sich die bisherige Machtstruktur verändert und andererseits neu erwachsene Macht wieder abgebaut wird. Die Länge dieses Zeitraums wird von den natürlichen und künstlichen Hemmnissen des Zugangs zum Markt bestimmt. Ex ante läßt sie sich häufig nicht klar übersehen.

Ein letztes hier zu behandelndes Argument stützt sich darauf, daß es viele – nicht nur schlechte, sondern auch gute – Möglichkeiten der Nutzung von Macht gibt. Schon deshalb könne man nicht gegen die Macht als solche vorgehen, sondern nur gegen ihren Mißbrauch. Der vorletzte Satz ist richtig, aber auch dieser ist keine hinreichende Begründung für die Folgerung im letzten. Der vorletzte Satz ist auch ein Argument gegen Jacob Burckhardts These, Macht sei an sich böse. Ich würde diese Feststellung einschränken und sagen, Macht könne zum Bösen verführen. Ich hätte auch nichts gegen eine Beschränkung auf die Verfolgung des Mißbrauchs der Macht, wenn der Mißbrauch relativ leicht festzustellen und zu verhindern wäre. Beides ist nicht der Fall.

Zunächst kann die zuständige Stelle Mißbrauch nur verfolgen, wenn sie davon erfährt. Von entsprechenden Anzeigen sehen aber diejenigen, die vom Mißbrauch betroffen werden oder auf andere Weise davon erfahren, häufig, wenn nicht in der Regel, ab, weil sie die Vergeltung des Mächtigen oder die Kosten des Verfahrens fürchten. Erfährt die zuständige Stelle aber von einem Mißbrauch, so ist die nächste Schwierigkeit, ihn hinreichend klar festzustellen. Verhältnismäßig einfach ist das in Fällen des sog. Behinderungswettbewerbs und der Koppelgeschäfte. Sehr viel schwieriger ist die Feststellung überhöhter Verkaufs- wie auch übermäßig gedrückter Einkaufspreise. Ähnliches gilt auch für eine Preispolitik, welche die Verdrängung von Konkurrenten zum Ziel hat. Im ersten (überhöhte Verkaufspreise) wie auch im zweiten Fall stellt sich die Frage, nach welchem Maßstab man Überhöhungen bzw. Druck messen soll. Im dritten Fall ist der Nachweis der Verdrängungsabsicht zu erbringen, da Preissenkungen zulässige Wettbewerbsmaßnahmen sein können. Wegen der hier kurz vorgeführten Schwächen der Mißbrauchsaufsicht sind grundsätzlich die vorbeugenden Maßnahmen gegen das externe Wachstum vorzuziehen (das sog. Fusionsverbot und die Entflechtung). Dafür spricht auch die Wirkung der Macht auf den Wettbewerb allein durch ihre Existenz.[33]

---

[33] Vgl. dazu die in Kapitel 4, S. 313, wiedergegebene Äußerung von Franz Böhm.

Literaturverzeichnis

Adams, W. (1976)
Antitrust, Laissez-faire and Economic Power, in: Neumark, F., Thalheim, K.C., Hölzler, H. (Hrsg.): *Wettbewerb, Konzentration und wirtschaftliche Macht*, Festschrift für Helmut Arndt, Berlin: Duncker & Humblot, S. 11 – 17.

Adams, W./ Brock, J.W. (1991)
Antitrust Economics on Trial, Princeton: Princeton University Press.

Arndt, H. (1966)
Mikroökonomische Theorie, Bd. 2, Tübingen: Mohr (Paul Siebeck).

Arndt, H. (1968)
Recht, Macht und Wirtschaft, Berlin: Duncker & Humblot.

Arndt, H. (1971)
Ökonomische Theorie der Macht, in: ders. (Hrsg.): *Die Konzentration in der Wirtschaft*, Bd. 1, 2. Auflage, Berlin: Duncker & Humblot, S. 99 – 136.

Arndt, H. (1974)
Macht, Konkurrenz und Demokratie, in: Grosser, D. (Hrsg.): *Konzentration ohne Kontrolle*, 3. Auflage, Opladen: Westdeutscher Verlag, S. 25 – 95.

Arndt, H. (1976)
Power and Competition, in: Jacquemin, A.P., de Jong, H.W. (Hrsg.): *Markets, Corporate Behaviour and the State*, The Hague: Nijhoff, S. 33 – 52.

Arndt, H. (1977)
Wirtschaftliche Macht, 2. Auflage, München: Beck.

Arndt, H. (1978)
Die mißverstandene Nachfragemacht, in: *Wirtschaftsdienst*, Bd. 58, S. 33 – 35.

Arndt, H. (1981)
Nicht veröffentlichte Mitteilung des Bundeskartellamts an die Mitglieder und Gäste des Arbeitskreises Kartellrecht vom 25.08.1981.

Böhm, F. (1960)
Das Problem der wirtschaftlichen Macht, in: ders.: *Reden und Schriften*, Karlsruhe: Müller, S. 25 – 45.

Böhm, F. (1961)
Demokratie und ökonomische Macht, in: Institut für ausländisches und internationales Wirtschaftsrecht an der Johann Wolfgang Goethe-Universität Frankfurt a. M. (Hrsg.): *Kartelle und Monopole im modernen Recht*, Bd. 1, Karlsruhe: Müller, S. 3 – 24.

Eucken, W. (1950)
Die Grundlagen der Nationalökonomie, 6. Auflage, Berlin u. a.: Springer.

Grosser, D. (1973)
Bedeutet wirtschaftliche stets politische Macht?, in: *Der Bürger im Staat*, Bd. 23, S. 231 – 235.

Hayek, F.A. v. (1954)
Marktwirtschaft und Wirtschaftspolitik, in: *Ordo*, Bd. 6, S. 3 – 17.

Heuß, E. (1972)
Macht oder ökonomisches Gesetz, in: *Zeitschrift für die gesamte Staatswissenschaft*, Bd. 128, S. 185 – 195.

Hofmann, D. (1999a)
Roche übernimmt Genentech zu 100 Prozent, in: *Neue Zürcher Zeitung*, internationale Ausgabe vom 04.06.1999, Zürich.

Hofmann, D. (1999b)
Genentech-Aktie für 97 Dollar an den Markt, in: *Neue Zürcher Zeitung*, Schweizer Ausgabe vom 29.07.1999, Zürich, S. 27.

Lutz, F.A. (1953)
Einwände gegen die Wettbewerbsordnung, in: *Ordo*, Bd. 5, S. 245 – 266.

Marbach, F. (1964)
Die Wirtschaftskonzentration, Düsseldorf u. a.: Econ.

Marbach, F. (1965)
Zur Frage der wirtschaftlichen Macht, in: *Vom Sinn der Konzentration.* Volkmar Muthesius zum 65. Geburtstag, Frankfurt a. M.: Knapp, S. 19 – 29.

o. V. (1999a)
Französische Erdöl-Synergien, in: *Neue Zürcher Zeitung*, internationale Ausgabe vom 06.07.1999, Zürich, S. 9.

o. V. (1999b)
Brau und Brunnen erneut ohne Dividende, in: *Neue Zürcher Zeitung*, internationale Ausgabe vom 19./20.06.1999, Zürich.

Sohmen, E. (1972)
Machttheorie oder Preistheorie?, in: *Frankfurter Allgemeine Zeitung* vom 08.09.1972, Frankfurt a. M., S. 28.

Staatsaufgaben: Die Sicht Walter Euckens und Friedrich A. von Hayeks

Christian Watrin

Es mag auf den ersten Blick Verwunderung auslösen, wenn in einer Gedenkschrift für Walter Eucken gleichzeitig auf F. A. von Hayek Bezug genommen wird, trennt doch nach dem frühen Tod Euckens (1950) eine Zeitspanne von zwölf Jahren das Wirken der beiden an der Freiburger Universität. Gleichwohl gibt es weniger bekannte persönliche und sachliche Berührungspunkte zwischen beiden, die hier zum Anlaß genommen werden sollen, ihre teils harmonierenden, teils aber auch konfligierenden Ansichten am Beispiel eines Teilaspektes, der Rolle des Staates in einer freiheitlichen Gesellschaft, zu erörtern. Ausgangspunkt sei die Diagnose der unmittelbaren Nachkriegszeit durch die beiden Autoren und ihre sich nur über vier Jahre erstreckende Zusammenarbeit in der Mont Pelerin Society. Daran anschließend werden die unterschiedlichen Ansichten skizziert, die beide im Hinblick auf die Staatsaufgaben in ihren Schriften entwickeln.

1 Zur Diagnose der Nachkriegssituation und zur Gründung der Mont Pelerin Society

Obwohl der zweite Weltkrieg seitens der Westmächte mit Argumenten der freiheitlichen Demokratie gefochten wurde, stimmten Eucken und Hayek darin überein, daß sich nach dem Kriegsende auch in der westlichen Welt eine tiefgreifende Krise der freiheitlichen Ideale abzeichnete. Argumente dafür gab es genug: das Vorrücken der Stalinschen Armeen bis in die Mitte Deutschlands und Österreichs, die Etablierung von Volksdemokratien in Mittel- und Osteuropa, den Aufstieg kommunistischer Parteien in westeuropäischen Ländern und ein öffentliches Klima, das sozialistische Vorstellungen verschiedenster Provenienz präferierte. Der Liberalismus[1] schien eine Vorstellung des vorangegangenen Jahrhunderts und eine für die Bewältigung der aktuellen Nöte gänzlich unbrauchbare Lehre zu sein.

In ihrem Bemühen, um die Reformulierung der Prinzipien einer freien Gesellschaft ging es beiden Autoren nicht nur, und nicht einmal vorwiegend, um den so genannten Wirtschaftsliberalismus, sondern um die viel weiterreichenden Fragen einer freiheitlichen Gesellschaft, also jene Regeln des politischen Zusammenlebens, die die Freiheit der Meinungsäußerung, der Religion, der Wissenschaft, der Kunst, der Assoziation und die Rechte des Einzelnen gegenüber der Gesellschaft betreffen. Hayek hatte seinen Sorgen in seinem weltbekannten Buch „The Road to Serfdom" (1944)[2] Ausdruck verliehen. Eucken, dem ähnliche Publikationsmöglichkeiten im Hitlerregime, aber auch kurz nach dem Zweiten Weltkrieg nicht zur Verfügung standen, hatte sich gleichwohl noch 1942 in einem mutigen und für ihn persönlich riskanten Beitrag im Rahmen der Arbeitsgemeinschaft „Preispolitik" der Akademie für Deutsches Recht wie folgt geäußert:

> „Haben wir mit einem Weiterbestehen der heutigen Wirtschaftsordnung auch in der Nachkriegszeit zu rechnen? – Diese Frage ist zu verneinen. Eine völlige Umgestaltung wird eintreten müssen".

Eine schärfere Absage an die damals herrschende nationalsozialistische Wirtschaftslenkung, die keineswegs nur ein Kind der Kriegswirtschaft war, sondern schon in der Vorkriegszeit (1936) initiiert wurde, war angesichts der nationalsozialistischen Propaganda für den „totalen Staat" kaum denkbar.

Nach dem Ende des Krieges waren aber nicht nur Deutschland, sondern auch große Teile des übrigen Europas weitgehend zerstört. In der öffentlichen Diskussion ging es nicht allein um Fragen des Wiederaufbaus, sondern um die gesamte gesellschaftliche und politische Ordnung. In Westeuropa herrschten sozialistische Vorstellungen vor, die sich allerdings nicht an der sowjetischen Konzeption der zentralen Produktionskontrolle

---

1 Der Begriff „Liberalismus" wird heute in vielen Verwendungen gebraucht. Hier wird er im Anschluß an Hayek in seiner klassischen Version verwendet.

2 Deutsch unter dem Titel „Der Weg zur Knechtschaft" (1945). Die Lektüre und Verbreitung dieses Werkes wurde eine zeitlang in den westlichen Besatzungszonen von der damaligen Militärregierung verboten.

mit mengenmäßiger Warenzuteilung bei Vergesellschaftung der Produktionsmittel orientierten, sondern wohlfahrtsstaatlich-sozialdemokratischen Vorstellungen entsprangen, in denen der Staat eine dominierende Rolle sowohl auf wirtschaftlichem als auch auf sozialpolitischem Gebiet einnimmt.

In dieser Lage entstanden vor allem in Freiburg jene freiheitlichen Ideen, die später als „Ordoliberalismus" bezeichnet wurden. Zu dessen führenden Köpfen gehörte, neben dem Juristen Franz Böhm, vor allem Walter Eucken.[3] Parallel hierzu und von einander unabhängig entstanden in der gleichen Zeit auf Initiative Röpkes und Hayeks Überlegungen zur Gründung einer internationalen Vereinigung liberaler Ökonomen, Juristen, Sozialphilosophen und Historiker. Eine erste Zusammenkunft der hierzu Eingeladenen fand vom 1. bis 10. April 1947 in der Schweiz in der Ortschaft „Mont Pelerin" nahe dem Genfer See statt. Eucken wurde zusammen mit dem exilierten A. Rüstow (damals Istanbul) und dem Historiker Franz Schnabel eingeladen[4] – ein außerordentlicher Vertrauensbeweis in einer internationalen politischen Situation, in der die westliche Welt dazu neigte, alles Deutsche mit den Verbrechen des Hitlerregimes gleichzusetzen. Allein Eucken gelang es sowohl die erforderliche Reisegenehmigung der Besatzungsmächte zu erhalten, als auch an der Tagung teilzunehmen.

Zu den 39 Gründungsmitgliedern der nach ihrem ersten Tagungsort benannten „Mont Pelerin Society" gehörten bekannte Gelehrte, darunter die Österreicher Ludwig von Mises und Karl R. Popper, die Franzosen Maurice Allais, Bertrand de Jouvenel und Jacques Rueff, die Britten Lionel Robbins, John Jewkes und Michael Polanyi, die Amerikaner Milton Friedman, Frank H. Knight und George J. Stigler und mehrere Teilnehmer aus kleineren westeuropäischen Ländern. Hayek wurde zum Vorsitzenden der neuen Gesellschaft gewählt und Eucken erhielt neben Jewkes, Knight, Rappard und Rueff das Amt eines „vice-president". Gleichzeitig war er im Verlauf des zehntägigen Programms als Referent und als bestellter Diskutant tätig. Er gehörte zu einer Gruppe, die einen ersten Ent-

3 Vgl. Hartwell (1995), S. 19f. führt neben Eucken und Böhm folgende Namen in Verbindung mit dem deutschsprachigen Ordo-Kreis auf: Wilhelm Röpke, Adolf Weber, Ludwig Erhard, A. Kruse, Alfons Schmitt, Erich Carell, Bernhard Pfister, Friedrich A. Lutz, Fritz W. Meyer, Karl Friedrich Maier, Alfred Müller-Armack, Alexander Rüstow und Günter Schmölders.

4 Vgl. Hartwell (1995), S. 32.

wurf der Ziele der Gesellschaft ausarbeitete. Dieser wurde im Laufe der Verhandlungen in gekürzter Form angenommen.[5]

Euckens besondere Rolle wäre sicher nicht möglich gewesen, wenn er nicht das Vertrauen und auch die Unterstützung Hayeks gehabt hätte. Beide hatten sich in Briefen über die Zukunft Deutschlands ausgetauscht[6] und beide kannten dic Schriften des jeweils anderen.[7] Es war daher keine Frage der Courtoisie, daß Hayek beim Antritt seiner Lehrtätigkeit in Freiburg (1962), zwölf Jahre nach Euckens Tod, nicht nur seiner besonderen Freude über seine Berufung gerade an diesen Ort Ausdruck verlieh, sondern auch seine persönlichen Beziehungen zu den Freiburger Kollegen des Ordo-Kreises hervorhob. Besonders betonte er seine langjährige Freundschaft und Zusammenarbeit mit Walter Eucken und er bezeichnete es als eine seiner vornehmsten Aufgaben im neuen Amt, „die Überlieferung aufzunehmen und fortzuführen, die Eucken und sein Kreis in Deutschland geschaffen" hätten.[8] Hayeks anschließende Mitarbeit im Vorstand des Walter Eucken Instituts war deswegen keine eher zufällige Begleiterscheinung seiner Berufung nach Freiburg sondern die Fortsetzung einer langen geistigen Beziehung.

In seiner siebenjährigen (ersten) Freiburger Periode war Hayek äußerst produktiv. Trotz seines vorgeschrittenen Alters veröffentlichte er in dieser Zeit zwei Bücher, fünf Broschüren und dreißig Aufsätze[9], darunter auch eine Reihe von Arbeiten unter dem Namen des Walter Eucken Instituts. Gleichzeitig prägte er diese Forschungsstätte und seine Freiburger Studenten sowie die ordnungspolitische Diskussion Deutschlands bis in die Gegenwart hinein. Nach einer Gastprofessur in Salzburg kehrte Hayek 1977 wieder nach Freiburg zurück. Dort stellte er seine Trilogie „Law, Legislation, and Liberty" (1973/1976/1979) und sein letztes Buch „The Fatal Conceit. The Errors of Socialism" (1989) fertig.[10]

---

5 Zu den Einzelheiten siehe Hartwell (1995), S. 45ff.

6 Vgl. Hartwell (1995), S. 214.

7 So z. B. Hayek (1960/71), S. VI; Eucken (1952), S. 100, 128, 153, 261, 273, 334.

8 Siehe herzu auch den Aufsatz von Woll (1989), S. 87 - 97 im Gedenkband des Ordo-Jahrbuches zum fünfzigsten Jahrestag des Erscheinens von Walter Eukkens Buch „ Die Grundlagen der Nationalökonomie".

9 Vgl. Leube (1984), S. XXV.

10 Zu Einzelheiten siehe Leube (1989), S. XXV.

2 Politische Gestaltung oder spontanes Wachstum wirtschaftlicher Ordnungen

Euckens Werdegang ist durch die jüngere historische Schule gekennzeichnet. Diese hatte sich zum Ziel gesetzt, induktivistisch zu theoretischen Aussagen zu gelangen – ein Programm, das im Ergebnis nicht erfolgreich war und von dem sich Eucken erst im Laufe seines Lebens schrittweise abwandte. Nicht mehr das unendliche Meer der Tatsachen, sondern theoretische Überlegungen sollten am Anfang des Erkenntnisprozesses stehen. Gleichwohl wollte er nicht Theorien im luftleeren Raum konstruieren, sondern ihre Rückbindung an historische Erfahrungen beibehalten. Von hier aus erklärt sich nicht nur die Materialfülle der Euckenschen Arbeiten sondern auch sein methodisches Vorgehen, der „pointierend hervorhebenden“, „isolierenden“ Abstraktion, mit deren Hilfe Einzelheiten der individuellen Erscheinungen herauszuarbeiten waren, um so im Sinne der Max Weberschen Idealtypen, „reine Formen“, zu gewinnen.[11] Unabhängig von der Frage, ob es sich hier um ein fruchtbares Vorgehen handelt, bestand Euckens große theoretische Leistung darin, daß er die Pläne der Wirtschaftssubjekte in den Vordergrund seiner Überlegungen rückte und sich die Frage vorlegte, wie diese in der Praxis koordiniert werden. Von hier aus entwickelte er seine Theorie der „Zentralverwaltungswirtschaft“ und der „Verkehrswirtschaft“[12] – um seinem Sprachgebrauch zu folgen. Das hier skizzierte Koordinationsproblem ist auch im Hayekschen Schrifttum ein zentraler Aspekt, wobei – anders als bei Eukken, der in Grundzügen eine institutionelle Analyse vorlegt – beim jüngeren Hayek vor allem die Frage der Wirtschaftsrechnung im Vordergrund steht. Seit den 40er Jahren weitet sich jedoch seine Perspektive in Richtung einer Einbeziehung sowohl der Sozialphilosophie als auch der Rechts- und Staatsphilosophie.

Trotz der Übereinstimmung beider Autoren darüber, daß die Befassung mit den Prinzipien der Koordination wirtschaftlicher Handlungen ein oder sogar der Ausgangspunkt der nationalökonomischen Theoriebildung

---

[11] Vgl. Eucken (1959), S. 70. Siehe hierzu auch die Darstellungen von Lenel (1989), S. 8 und Meyer (1989), S. 36.

[12] Der Begriff „Verkehrswirtschaft“ hat sich im Sprachgebrauch nicht als Synonym für „Marktwirtschaft“ oder – in marxistischer Terminologie – „Kapitalismus“ durchgesetzt.

seien, divergieren die daraus von ihnen abgeleiteten Folgerungen für die Rolle des Staates in einer freien Gesellschaft erheblich. In Euckens „Grundsätzen der Wirtschaftspolitik“ ist staatliches Handeln und damit die politische Gestaltung der Wirtschaftspolitik nach einem „umfassenden Ordnungsplan“[13] für das Zustandekommen und das Aufrechterhalten einer freien Gesellschaft unerläßlich, während bei Hayek das spontane Wachstum von Ordnungen betont und in vielfältiger Weise beschrieben sowie in der Tradition Wilhelm von Humboldts auf die Grenzen des Staates verwiesen wird. Es wäre allerdings irreführend, daraus den Schluß zu ziehen, daß Eucken ein „Konstruktivist“ oder „Sozialingenieur“ und Hayek ein „Evolutionist“ oder schrankenloser Befürworter eines laissez-faire Standpunktes sei. Die von beiden Autoren vertretenen Positionen sind subtiler und begegnen sich streckenweise. Hayek, der Schöpfer des Konstruktivismusvorwurfes[14], benutzt die Unterscheidung zwischen politischer Gestaltung und spontanem Wachstum sozialer und kultureller Institutionen oder – in einer anderen Sprache – zwischen „gesetzten“ und „gewachsenen“ Ordnungen bzw. „natürlichen“ und „künstlichen“ Bildungen, gerade nicht im Sinne einer ausschließlichen Alternative, wie immer wieder behauptet wird, sondern als Beschreibung jener Institutionen, die er im Rückgriff auf Ferguson als „Ergebnisse menschlichen Handelns, aber nicht menschlichen Entwurfs“ bezeichnet[15]. Eucken kannte diese erst vom späten Hayek genauer entwickelten Überlegungen nicht. In seiner

---

13 Eucken (1959), S. 52.

14 Hayeks Konstruktivismusvorwurf richtet sich gegen jene Vorstellungen in der Wirtschafts- und Gesellschaftspolitik, die davon ausgehen, daß die uns umgebenden Institutionen reine Zweckkonstruktionen seien, die bewußt z. B. von Politikern geschaffen worden sind oder geschaffen werden sollten. Gegen diese bei „Sozialingenieuren“, „großen Führern“ und vielen Intellektuellen vertretene Ansicht richtet er den Einwand, daß die Komplexität sozialer Ordnungen jenseits der kleinen Gruppe, also in der „Großen Gesellschaft“ – sie wirtschaftet heute im globalen Maßstab – so groß sei, daß diese weder von einem Einzelnen noch von einer Behörde oder Zentrale überschaubar und noch nach bestimmten vorgegebenen Zielen steuerbar ist. Wirtschaftspolitisches Handeln kann auch nicht von einer tabula rasa ausgehen, auf der das menschliche Zusammenleben von Grund auf neu geordnet wird, sondern nur von einer bereits bestehenden und nur unvollkommen bekannten Welt, in der allenfalls einzelne Element veränderbar sind. Die Folgen politischen Handelns sind deswegen bestenfalls nur teilweise vorhersehbar.

15 Hayek (1969), S. 97; Hayek (1970), S. 8.

Unterscheidung zwischen „gesetzten" und „gewachsenen" Ordnungen[16] greift er jedoch einen wichtigen und für sein sowie Hayeks Denken konstitutiven Aspekt auf.

3 Euckens Begründung der Ordnungspolitik

Für Eucken ist die von ihm propagierte Wettbewerbsordnung zwar eine „gesetzte" Ordnung, also das Produkt menschlichen Entwurfs, nicht hingegen das ungeplante Ergebnis menschlicher Handlungen. Dies wird deutlich, wenn Eucken von „wirtschaftspolitischen Gesamtentscheidungen" spricht, also kollektiven Akten, die die Wahl der Wirtschaftsverfassung betreffen. Allerdings soll es sich bei der Wahl der Wirtschaftsordnung nicht um eine oktroyierte Ordnung handeln, denn – und hier ist Eucken ganz der historischen Schule verhaftet – „die Planung der Ordnungen geschieht ... nicht im Gegensatz zum geschichtlichen Werden"[17]. Vielmehr folgt ihre Setzung „aus den geschichtlichen Tendenzen, die da sind [und aus denen, d. Verf.], Ordnungsprinzipien gewonnen werden"[18]. Aber welche Tendenzen sieht Eucken am Werk? Es sind die „starken Tendenzen ..., die auch in der industriellen Wirtschaft zur vollständigen Konkurrenz drängen". Und weiter heißt es: „Indem die Wirtschaftspolitik diese Tendenzen als Ordnungsformen wirksam macht, tut sie das, was der Natur der Sache und des Menschen entspricht"[19].

Eucken erkennt die sich hier abzeichnende Gefahr, auf das Gleis marxistischer Geschichtsphilosophie und ihrer ehernen Entwicklungsgesetze der menschlichen Gesellschaft zu geraten. Er bezeichnet die aus diesem Denken resultierenden Ordnungen zentralverwaltungswirtschaftlichen Typs ausdrücklich als „gesetzte" Ordnungen[20], aber er reklamiert gleichzeitig für die von ihm präferierte Wettbewerbsordnung, daß sie als Ordnung dem Wesen des Menschen und der Sache entspricht. Sie stelle sich auch nicht der geschichtlichen Entwicklung entgegen.

---

16 Vgl. Eucken (1952), S. 373f.
17 Eucken (1952), S. 374.
18 Eucken (1952), S. 374.
19 Eucken (1952), S. 373.
20 Eucken (1952), S. 374.

> „Indem sie Ordnungsformen systematisch realisiert, die in der Wirklichkeit vorgefunden werden und die gleichsam zu weiterer Verwirklichung drängen, nähert sich diese Ordnung den gewachsenen Ordnungen an.“[21]

Nach Eucken nehmen somit Wettbewerbsordnungen zwischen den Extremen der gewachsenen Ordnungen, die ohne Bauplan entstanden sind und gesetzten Ordnungen, wie den Zentralverwaltungswirtschaften, eine Mittelstellung ein. Denn

> „wir erfinden die Wettbewerbsordnung nicht; sondern wir finden ihre Elemente in der konkreten Wirklichkeit vor. Wir erzwingen nichts, sondern wir bringen zur Entfaltung, was – neben anderen Formen – in der Wirklichkeit da ist. Die ungemein starken Tendenzen zur vollständigen Konkurrenz, die wir in den Dingen selbst vorfinden, suchen wir zu entfalten.“[22] ... „Die Planung der Ordnungen geschieht also nicht im Gegensatz zum geschichtlichen Werden, sondern die Setzung der Ordnung geschieht, indem aus den geschichtlichen Tendenzen, die da sind, Ordnungsprinzipien gewonnen werden.“[23]

Wie aber begründet Eucken seine Auffassung, daß freiheitliche Wirtschaftspolitik der Entfaltung historischer Tendenzen dient? Seine Argumentation beruht auf dem, was Alexander Rüstow als das Versagen des Wirtschaftsliberalismus oder Wilhelm Röpke in ähnlicher Weise als das Scheitern des „historischen Liberalismus“ bezeichnen. Danach hätten die zum Anfang des 19. Jahrhunderts eingeleiteten Wirtschaftsreformen zwar der individuellen Freiheit zum Durchbruch verholfen. Die Überwindung der Schranken der alten ständisch-bürokratisch verfaßten Gesellschaft habe jedoch keineswegs auf breiter Front eine Wirtschaftsordnung entstehen lassen, in der die wirtschaftliche Freiheit gesichert war, sondern die Freiheitsrechte, und besonders die Vertragsfreiheit, sei von einigen zu Lasten anderer dazu genutzt worden, um – was Eucken besonders betont – den Wettbewerb auf den Güter und Faktormärkten durch Kartellierungen oder andere Formen von Wettbewerbsbeschränkung zu unterbinden oder nachhaltig zu schwächen.[24]

---

21 Eucken (1952), S. 373f.

22 Eucken (1952), S. 374.

23 Eucken (1952), S. 374.

24 Vgl. Eucken (1959), S. 356ff.

Tritt dieser Fall ein, dann ist nach Eucken das von Smith entwickelte invisible hand Theorem, nach dem im freien Wettbewerb und bei offenen Märkten Einzel- und Gesamtinteresse zur Übereinstimmung gebracht werden, nicht erfüllt. In der monopolistisch vermachteten Wirtschaft entfalten sich dann nicht mehr zureichend jene wirtschaftlichen Kräfte, die den allgemeinen Wohlstand erhöhen, sondern es werden die Einkommen der Monopolisten zu Lasten aller übrigen verbessert. In Euckens Worten: „Die ‚unsichtbare' Hand schafft nicht ohne weiteres Formen, in denen Einzelinteresse und Gesamtinteresse aufeinander abgestimmt werden."[25] Wenn aber die Liberalisierung der Märkte, so wie sie sich zu Beginn des 19. Jahrhunderts vollzog, nicht ausreicht, um den Wettbewerb in der Marktwirtschaft auf Dauer zu gewährleisten, dann wird die Wettbewerbssicherung zur öffentlichen Aufgabe, zu einem Gut, das staatlicherseits zur Verfügung zu stellen ist.[26] Unter Rückgriff auf Kants Rechts- und Staatslehre argumentiert Eucken:

> „Die absolute Freiheit des Naturzustandes soll durch Gesetze eingeschränkt werden, durch die der einzelne gegen die Willkür anderer geschützt wird. Aber andererseits soll doch die freie Betätigung der vielen einzelnen im Wettkampf miteinander die Gesellschaft fördern."[27]

Für Eucken läßt sich das Ordnungsversagen des Liberalismus historisch hinreichend anhand der jüngeren Wirtschaftsgeschichte demonstrieren. Es geht einher mit dem Mißbrauch der Vereinigungsfreiheit zum Zweck der Marktschließung und Wettbewerbsbeschränkung und dem Streben marktmächtiger Unternehmen im Wege von Kartellen, Trust und Fusionen Märkte zu besetzen. Hinzu kommt das von Franz Böhm so nachhaltig kritisierte Urteil des Reichsgerichts von 1897, in dem Kartellverträge der Schutz des Gesetzes zugesprochen wurde mit der Folge, daß Deutschland sich in ein Land der Kartelle verwandelte. Die daraus erwachsende Erstarrung des marktwirtschaftlichen Regelsystems, der sich aufbauende Widerstand der Interessenverbände gegen die notwendigen Strukturanpassungen auf den Märkten, das Versagen der seitens der Weimarer Republik betriebenen interventionistischen Wirtschaftspolitik und die nicht mehr zu lösenden Verteilungskonflikte zerstörten schließlich nicht nur die über-

---

25 Eucken (1959), S. 360.

26 Zur Interpretation der Euckenschen Position siehe auch Lenel (1989), S. 6f. und Heuß (1989), S. 26.

27 Eucken (1959), S. 360.

kommene marktwirtschaftliche Ordnung sondern auch das demokratisch-politische System[28], mit der bekannten Folge des Übergangs zur Hitlerschen Diktatur und Wirtschaftslenkung ohne Sanierung der Wirtschaft.

Auf diese Problematik wollte Eucken eine Antwort geben. Seine „Grundsätze der Wirtschaftspolitik“ sind als der Entwurf eines langfristig angelegten Programms zu verstehen, das nicht primär den Wiederaufbau der deutschen Wirtschaft bewerkstelligen wollte, sondern vor allem die Wirtschaft nach den Regeln der Marktwirtschaft auf einen neuen ordnungspolitischen Pfad zu führen versuchte. Von hier aus sind seine konstituierenden Prinzipien (Herstellung eines funktionsfähigen Preissystems vollständiger Konkurrenz, Stabilität des Geldwertes, offene Märkte, Sicherung eines breiten Privateigentums, Vertragsfreiheit, individuelle Haftung und Konstanz der Wirtschaftspolitik) als das institutionelle Minimum einer marktwirtschaftlichen Ordnung anzusehen. Sie werden ergänzt durch regulierende Prinzipien, die auf Überlegungen zu einzelnen Teilgebieten, besonders zur Sozialpolitik, beruhen.[29]

Vor dem Hintergrund heutiger Analysen wirft Euckens Analyse die Frage auf, ob es sich bei den hier skizzierten Prozessen der Monopolisierung und Sklerotisierung der deutschen Wirtschaft eher um einen als „Marktversagen“ zu klassifizierenden Prozeß handelt oder ob „Staatsversagen“ vorliegt. Euckens Überlegungen zur Wettbewerbsordnung orientieren sich an der „vollständigen Konkurrenz“ und sind vor dem Hintergrund der allgemeinen Gleichgewichtstheorie, so wie sie zu seiner Zeit in Deutschland vertreten wurde, zu sehen.

Prinzipiell läßt sich die Gleichgewichtstheorie als ein institutionenloses Konstrukt interpretieren, denn mit ihrer Hilfe können sowohl die Idealbedingungen einer Marktwirtschaft als auch einer Zentralverwaltungswirtschaft formuliert werden. Eine wirklichkeitsnähere Interpretation besteht darin, daß das allgemeine Gleichgewichtsmodell als eine Erklärung der Prinzipien einer Marktwirtschaft, nicht aber als deren Beschreibung im Detail, wie es numerische Modelle in jüngerer Zeit versuchen, aufgefaßt

28 Siehe hierzu besonders James (1988), S. 398ff. Er analysiert auf der Grundlage Olsonscher Überlegungen über Aufstieg und Niedergang von Nationen den Verfall der Weimarer Republik und die Machtergreifung Hitlers, dem es allerdings ebenfalls nicht gelang, Wohlstand und Wachstum zu schaffen.

29 Vgl. Eucken (1952), S. 254ff., 291ff., 312ff.

werden kann. Welche Interpretation auch gewählt wird, daß Wettbewerb infolge der Neigung jedes Wettbewerbers zur Monopolisierung seines Marktes zur Aufhebung des Wettbewerbs führt, ist zwar eine zutreffende und für die Ordnungspolitik zentrale Fragestellung, paßt jedoch nicht in das übliche Verständnis von „Marktversagen", das dann diagnostiziert wird, wenn die Idealbedingungen der vollständigen Konkurrenz (im einfachsten Modell: die Gleichheit von Grenzkosten und Preis) nicht verwirklicht sind.

Nicht geringer sind die Schwierigkeiten bei der Diagnostizierung von „Staatsversagen". Dieses liegt dann vor, wenn durch Zölle, Kontingente, Marktzutrittsbeschränkungen, Steuern (mit Ausnahme einer Kopfsteuer) zwischen Anbieter- und Nachfragerpreis die bekannten und unvermeidbaren Divergenzen auftreten, die zu Marktverzerrungen führen. Da aber die reale Welt stets eine Welt des Markt- und Staatsversagens ist, wie Eucken[30] im Verlaufe seiner Überlegungen zum Ausdruck bringt, ist die Orientierung der Wirtschaftspolitik an der vollständigen Konkurrenz kein befriedigendes Kriterium zur Beurteilung einer konkreten wirtschaftspolitischen Maßnahme. Auf ihr kann folglich auch nicht, wie Eucken offenbar meint[31], ein „umfassender Ordnungsplan" errichtet werden, wenn man diesen so versteht, daß es gelte, auf allen Märkten die institutionellen Bedingungen so zu gestalten, daß die Bedingungen der vollständigen Konkurrenz erfüllt werden. Aber hat Euckens Nachfolger in Freiburg dieses Problem gelöst? Und ist das Ordnungssystem, dessen sich eine Gesellschaft bedienen muß, wenn sie in Freiheit leben will, wirklich davon abhängig, daß sich die Wirtschaftsbeziehungen am Modellfall der vollständigen Konkurrenz orientieren? Euckens Betonung der Interdependenz der Ordnungen, besonders der Interdependenz von Rechts- und Wirtschaftsordnung, weist schon daraufhin, daß der enge Rahmen des wohlfahrtsökonomischen Leitbildes der vollständigen Konkurrenz nicht ausreicht, um die Wettbewerbsordnung einer Gesellschaft freier Menschen zu skizzieren.

---

30 Z. B. Eucken (1952), S. 303f.

31 Vgl. Eucken (1952), S. 52.

4 Hayeks Sicht der Ordnungsproblematik

Hayek ist das Mitglied der österreichischen Schule der Nationalökonomie, das wie kein anderes im zwanzigsten Jahrhundert zum Ausbau und zur Verbreitung ihrer Ideen beigetragen hat. Als Schüler von Carl Menger und seines unmittelbaren Lehrers Ludwig von Mises hat er sich vor allem um den Entwurf einer sozialökonomischen Theorie verdient gemacht, die in Konkurrenz zur allgemeinen Gleichgewichtstheorie eine evolutorische Interpretation aller Kultur- und Geistesphänomene unter der Prämisse der Begrenztheit menschlicher Verstandeskräfte vornimmt.[32]

Sein Ausgangspunkt ist – wie bei Eucken – die Idee der persönlichen Freiheit unter dem Gesetz. Insoweit unterscheidet er sich in nichts von Euckens Forderung, daß individuelle Freiheit der Begrenzung durch eine Ordnung bedürfe[33], also solche Regeln nutzen muß, die den einzelnen gegen Willkür und vor allem gegen den „willkürlichen Zwang“ anderer schützen[34]. Das impliziert, daß es einen als privat gesicherten Bereich gibt, in dem der Einzelne nach seinem Willen handeln kann[35], und daß Dritten nicht erlaubt ist, ihn dort in seinem Handeln zu behindern. So ist die Freiheit des Denkens, des Glaubens und der Meinungsäußerung, um nur weniges zu nennen, davon abhängig, daß es geschützte Räume gibt, in denen der Einzelne seinen Zwecken nachgehen kann. Gesellschaften aber, in denen das herrschende Regelsystem ein hohes Maß an individueller Freiheit verbürgen, zeichnen sich – im Vergleich zu straff reglementierten und hierarchischen organisierten – dadurch aus, daß sich in ihnen zahlreiche Initiativen entfalten, die wirtschaftlichen Wohlstand ebenso hervorrufen wie Fortschritte des Wissens, der Kultur und der Zivilisation.

Hayek sieht in der wettbewerblichen Marktwirtschaft nicht eine Institution, die im Zuge staatlicher Ordnungsplanung entstanden ist, sondern ein Gebilde, das eine spontane Ordnung darstellt. In ihr befolgen Menschen Regeln, über deren Sinn und Zweck sie sich oft nicht im klaren sind und deren gesellschaftliche Bedeutung (im theoretischen Sinn) erst im Nachhinein entdeckt wird. Das klassische Beispiel ist die Entdeckung der Vorteile, die dann entstehen, wenn sich die menschliche Arbeitsteilung

[32] Vgl. Hayek (1969), S. 109.
[33] Vgl. Woll (1989), S. 92.
[34] Vgl. Hayek (1971), S. 15.
[35] Vgl. Hayek (1971), S. 17.

über die kleine Gruppe, den Clan oder Stamm hinaus auf andere soziale Verbände erstreckt und schließlich im umfassenden Sinne weltweit wird. Eine solche Entwicklung erlaubt unter den Bedingungen friedlicher Zusammenarbeit sowohl die Ausnutzung von Spezialisierungsvorteilen als auch die Verbesserung der Wohlstandspositionen aller Beteiligten. Das Motiv der Vorteilssuche aller Akteure ist dabei kein Hindernis auf dem Wege zu wechselseitig erfolgreicher Kooperation, da diese bei offenen Märkten und Wettbewerb die unbeabsichtigte Folge hat, die Knappheit wirtschaftlicher Ressourcen durch starke Anreize zum sparsamen Umgang mit ihnen zu mindern. Dabei spielen unbeabsichtigte und daher sowohl unvorhergesehene als auch unvorhersehbare Wirkungen menschlichen Handelns auf zahlreichen Gebieten eine oft überraschende Rolle. So hatte, um nur ein Hayeksches Beispiel herauszugreifen, die im 18. Jahrhundert in England aus purem Mißtrauen gegen das Herrscherhaus durchgesetzte größere Freiheit der Bürger die unerwartete Folge, eine vorher nicht da gewesene materielle Blüte hervorzubringen[36], die zur Grundlage der folgenden Industrialisierung wurde. Erfolgreiche Experimente aber werden kopiert. Das letzte große Beispiel in der Geschichte des zwanzigsten Jahrhunderts ist der Übergang der ehemals sozialistischen Länder Eurasiens zur Marktwirtschaft, der – wie jeder Wechsel einer Ordnung – allerdings nicht mit einer eingebauten Erfolgsgarantie versehen ist.

Wenn aber die gesellschaftliche Interaktion durch wirtschaftlichen Wettbewerb gekennzeichnet ist und dieser wiederum, nicht unähnlich dem Vorgehen in den empirischen Wissenschaften, durch Versuch, Irrtumsaufdeckung und Auslese[37] erfolgreicher Lösungen bestimmt ist[38], dann ergibt sich für die Wirtschafts- und besonders für die Wettbewerbspolitik eine andere Art des Vorgehens. Maßgeblich ist nicht mehr ein wettbewerbspolitisches Leitbild oder ein umfassender Ordnungsplan, der mit Mitteln hoheitlicher Gewalt durchzusetzen ist, sondern es ist über Maßnahmen nachzudenken, die z. B. schon im Vorfeld Wettbewerbsbeschränkungen nicht zustande kommen lassen oder die, wo das nicht möglich ist, Monopole und Marktabsprachen durch Wettbewerber angreifbar machen.

---

36 Vgl. Hayek (1969), S. 109.
37 Vgl. Popper (1992).
38 Vgl. Hayek (1969), S. 251.

Hierzu entwickelt Hayek (1969) zwei Vorschläge[39], nämlich erstens alle Arten von Absprachen über Wettbewerbsbeschränkungen für rechtlich unwirksam und nicht einklagbar zu machen und zweitens alle diskriminierenden Maßnahmen gegen Wettbewerber, einschließlich gezielter Wettbewerbsbeschränkungen, mit hohen Schadenersatzansprüchen zu belegen. Er glaubt, daß daraus ein weit wirksameres Wettbewerbsrecht auf Dauer hervorgehe als aus direkten Kartellverboten mit Strafandrohung.

Hayek lebte vor seiner Freiburger Zeit dreißig Jahre im angelsächsischen Kulturkreis. Dadurch war er, anders als Eucken, der durch die nationalsozialistischen Kontrollen über lange Jahre von der internationalen Entwicklung seines Faches abgeschnitten war, voll in die wirtschafts- und gesellschaftspolitische Diskussion integriert. Das verschaffte ihm die Möglichkeit, Entwicklungen aufzugreifen, die so bei Eucken nicht erörtert werden. Eine wichtige Unterscheidung ist dabei – in heutiger Terminologie – die Unterscheidung zwischen Ordnungs- (oder Rechtsschutz-) staat und Leistungsstaat.[40] Ersterer hat die Aufgabe, die allgemeine Ordnung einer freien Gesellschaft durchzusetzen, also Rechtsverletzungen zu ahnden, während letzterer damit betraut ist, jene, von Adam Smith[41] genannten Güter bereitzustellen, die zwar von großem gesellschaftlichen Nutzen sind, die aber vor allem aus Kostengründen nicht von den spontanen Kräften des Marktes hervorgebracht werden.

Gerade im Hinblick auf den Leistungsstaat ist Hayek in der öffentlichen Wahrnehmung zu Unrecht als orthodoxer Anti-Interventionist dargestellt worden. Im Gegensatz dazu betont er, daß der Bereich und die Vielfalt der staatlichen Tätigkeit, die zumindest im Prinzip mit einem freien System vereinbar sei, „ganz beträchtlich" wäre[42]. Allerdings sind Bedingungen für staatliches Tätigwerden zu erfüllen. Es muß erstens von der Herrschaft des Gesetzes geleitet sein, darf also nicht freiem Ermessen oder der Willkür der Staatsorgane entspringen, und es muß überall dort, wo der Staat wirtschaftlich tätig wird, unter den gleichen Bedingungen erfolgen, die auch für Private gelten, d. h. es dürfen im Bereich des Leistungsstaates keine Monopole für das staatliche Angebot geschaffen werden, und die Märkte müssen offen bleiben für potentielle Anbieter.

---

39 Vgl. Hayek (1969), S. 124.

40 Siehe hierzu besonders die Arbeit von Buchanan (1975/1984).

41 Vgl. Smith (1776/1999), S. 672.

42 Hayek (1971), S. 296.

Die Art und Weise, nicht das Ausmaß der Staatstätigkeit ist für Hayek maßgebend.[43] Denn

> „eine funktionierende Marktwirtschaft setzt gewisse Tätigkeiten des Staates voraus; andere Tätigkeiten werden ihr Funktionieren unterstützen; und die Marktwirtschaft kann noch viele andere Maßnahmen dulden, vorausgesetzt, sie sind mit ihrem Regelsystem kompatibel."[44]

Die im einzelnen von Hayek genannten Tätigkeiten der Regierung betreffen die Einführung eines „verläßlichen und funktionsfähigen Geldsystems"[45]; die Norminierung von Gewichten und Maßen; die Bereitstellung allgemein nützlicher Informationen wie Grundbücher, Landvermessungen und Statistiken; sanitäre Maßnahmen; Gesundheitsdienste; der Bau und die Erhaltung der meisten Straßen; die Förderung des Fortschrittes des Wissens[46]; die Mindestexistenzsicherung[47]; die Gewährleistung einer Mindestschulausbildung[48]; die Absicherung gegen negative Externalitäten der Umwelt und des Verkehrs; die Bekämpfung von Epidemien; die Lizensierung von Gewerben, die mit gefährlichen Substanzen (Giftstoffe, Explosivmittel) umgehen, aber auch von medizinische Diensten und schließlich auch die Bereitstellung von Annehmlichkeiten wie Parks sowie die Erhaltung von Baudenkmälern und Reservaten[49]. Hayek äußert lebhafte Zweifel, ob alle diese Aufgabe durch Bürokratien bewältigt werden können, er betont, daß die rule of law und das Diskriminierungsverbot eingehalten werden müssen. Und Hayek, der Evolutionstheoretiker, unterstreicht gleichzeitig, daß es innerhalb des Gesetzeswerkes einer offenen Gesellschaft genügend Spielraum gäbe, Neues auszuprobieren und aus Fehlern zu lernen.[50]

---

43 Hayek (1971), S. 287.

44 Hayek (1971), S. 287; Hayek (1978), S. 14.

45 In diesem Punkt hat Hayek nach dem Erscheinen seiner „Verfassung der Freiheit" seine Meinung dahingehend geändert, daß er das früher unterstellte staatliche Geldemissionsmonopol durch privates Geld ersetzen will. Zur Diskussion siehe auch Terres (1999).

46 Vgl. Hayek (1971), S. 288f.

47 Vgl. Hayek (1971), S. 363.

48 Vgl. Hayek (1971), S. 466.

49 Vgl. Hayek (1979), S. 55, 59, 62f.

50 Vgl. Hayek (1971), S. 297.

Die vom Ordnungs- und vom Leistungsstaat bereitzustellenden Dienste sind, wie alle Güter, nicht umsonst zu haben. Sie werfen mithin ein Finanzierungsproblem auf, das wegen der allfälligen Freifahrerproblematik kaum auf der Basis freiwilliger Zuwendungen zu lösen sein dürfte. Hayek bemerkt hierzu: „Government may render ... many services which involve no coercion except for the raising of the means of taxation“[51]. Steuererhebung aber bedeutet Zwangsanwendung. Inwieweit kann diese in einer freien Gesellschaft gerechtfertigt werden?

Hayeks Rechtfertigungsversuch enthält Elemente, die im Steuer- und Abgabenstaat heutigen Zuschnitts nicht ohne weiteres auf allgemeine Zustimmung treffen dürften. Zwar ist einzuräumen, daß es Fälle gibt, in denen es plausibel ist, einen allgemeinen oder doch weitreichenden Konsens der Bürger eines Landes ohne weitere Prüfung zu unterstellen, so bei den von Hayek genannten Fällen der Kriminalitäts- und Seuchenbekämpfung[52]. Das gilt aber nicht ohne weiteres dort, wo das Majoritätsprinzip zur vollen Anwendung kommt und große Teile der Bevölkerung anderer Meinung als die Befürworter der betreffenden Maßnahme sind. Denn hier sind Verlagerungen der erforderlichen Konsumopfer auf die nichtzustimmende Minorität möglich und in der politischen Praxis an der Tagesordnung. Hayek versucht den hier sich abzeichnenden Schwierigkeiten in der Theorie einer freien Gesellschaft dadurch zu begegnen, daß er eine „Art von Tausch“[53] – in Buchanans Terminologie: ein N-Personenvertrag – unterstellt wird, der stipuliert, daß die Bürger sich quasi aus freien Stücken verpflichten, in eine gemeinsame Kasse einzuzahlen, aus der dann die öffentlichen Leistungen finanziert werden. Solange dann der Einzelne, die Kollektivgüter höher einschätzt als seine Aufwendungen „it will be in his interest to submit to the coercion“[54]. Das heißt, das Zwangsproblem wäre im dialektischen Sinne „aufgehoben“. Der politische Prozeß operiert jedoch in der Praxis nicht so, sondern er führt häufig zu Gewinner- und Verliererkoalitionen.

Zusammenfassend läßt sich sagen: Weder Eucken noch Hayek sind Minimalstaatsverfechter in dem Sinne, daß nur die beiden ersten Staatsaufgaben Smith's, der Schutz gegen innere und gegen äußere Feinde, zum

---

51 Hayek (1978), S. 14.
52 Vgl. Hayek (1978), S. 144f.
53 Hayek (1978), S. 45.
54 Hayek (1979), S. 45.

Pflichtenheft des Staates gehören. Beider Sicht der Staatsaufgaben geht weit darüber hinaus. Beide sind Verfechter einer freien Gesellschaft und beide wollen in ihren Darstellungen der Probleme einer offenen Gesellschaft inmitten einer verwirrenden und komplexen Welt[55] Orientierungspunkte erarbeiten, die die Rolle eines Kompaß übernehmen sollen. Beide entwickeln eine nicht-utopische Konzeption dafür, wie in einer Welt mit verschiedensten Wertorientierungen und unterschiedlichen Präferenzen eine friedliche und freiheitliche Kooperation zum Zwecke des Abbaus von Konflikten, die aus der Ressourcenknappheit resultieren, zustande kommen kann. Aus Hayekscher Sicht übersteigt ein „umfassender Ordnungsplan" die Möglichkeiten, die uns offen stehen. Es ist allenfalls im Sinne der Popperschen Stückwerkstechnologie (1992) durch das Verfahren von „trial and error" möglich, das Ziel allgemeiner Verbesserung des menschlichen Zusammenlebens und des Wohlstands zu verfolgen. Aus Euckenscher Sicht hingegen läuft das Vertrauen Hayeks in spontane Ordnungen Gefahr, die institutionellen Absicherungen, deren eine freie Gesellschaft bedarf, zu unterschätzen.

---

[55] Vgl. de Jasay (1991), S. 123.

Literaturverzeichnis

Böhm, F. (1948)
Das Reichsgericht und die Kartelle, in: *Ordo*, Bd. 1, S. 197 – 213.

Buchanan, J.M. (1975/1984)
Die Grenzen der Freiheit. Zwischen Anarchie und Leviathan. Englisches Original: The Limits of Liberty. Between Anarchy and Leviathan, Tübingen: Mohr (Paul Siebeck).

Eucken, W. (1942)
Der Wettbewerb als Mittel der volkswirtschaftlichen Leistungssteigerung, Schriften der Akademie für Deutsches Recht. Hrsg. von G. Schmölders, Berlin: Duncker & Humblot.

Eucken, W. (1952)
Grundsätze der Wirtschaftspolitik. Hrsg. von Edith Eucken und K. Paul Hensel, 1. Auflage, Bern u. Tübingen: Francke u. Mohr (Paul Siebeck).

Eucken, W. (1959)
Die Grundlagen der Nationalökonomie, 7. Auflage, Berlin u. a.: Springer.

Hartwell, R.M. (1995)
A History of the Mont Pelerin Society, Indianapolis: Liberty Fund.

Hayek, F.A. v. (1945)
Der Weg zur Knechtschaft. Englisches Original: The Road to Serfdom, Erlenbach-Zürich: Rentsch.

Hayek, F.A. v. (1969)
Die Ergebnisse menschlichen Handelns, aber nicht menschlichen Entwurfs, in: ders.: *Freiburger Studien*, Tübingen: Mohr (Paul Siebeck), S. 97 – 107.

Hayek, F.A. v. (1969)
Freiburger Studien, Tübingen: Mohr (Paul Siebeck).

Hayek, F. A. v. (1970)
Die Irrtümer des Konstruktivismus und die Grundlagen legitimer Kritik gesellschaftlicher Gebilde, München u. a.: Fink.

Hayek, F.A. v. (1971)
Die Verfassung der Freiheit. Englisches Original: The Constitution of Liberty, Tübingen: Mohr (Paul Siebeck).

Hayek, F.A. v. (1978)
New Studies in Philosophy, Politics and Economics and the History of Ideas, London: Routledge & Kegan Paul.

Hayek, F.A. v. (1973/1976/1979)
Law, Legislation and Liberty. A new statement of the liberal principles of justice and political economy, London: Routledge & Kegan Paul.

Hayek, F.A. v. (1996)
Die verhängnisvolle Anmaßung: Die Irrtümer des Sozialismus. Englisch unter dem Titel: The Fatal Conceit. The Errors of Socialism, Tübingen: Mohr (Paul Siebeck).

Heuß, E. (1989)
„Die Grundlagen der Nationalökonomie" vor 50 Jahren und heute, in: *Ordo*, Bd. 40, S. 21 – 30.

Humboldt, W. v. (1851)
Ideen zu einem Versuch, die Grenzen der Wirksamkeit des Staates zu bestimmen, Breslau: Trewendt.

James, H. (1988)
Deutschland in der Weltwirtschaftskrise 1924 – 1936, Stuttgart: Deutsche Verlags-Anstalt.

Jasay, A. de (1991)
Choice, Contract, Consent: A Restatement of Liberalism, London: Institute of Economic Affairs.

Lenel, H.O. (1989)
Walter Euckens „Grundlagen der Nationalökonomie“, in: *Ordo*, Bd. 40, S. 3 – 20.

Leube, K.R. (1984)
Friedrich August von Hayek – a Biographical Introduction, in: Nishiyama, C., Leube, K.R.: *The Essence of Hayek*, Stanford: Stanford University Press, S. XVII – XXXVI.

Leube, K.R. (1989)
Friedrich A. von Hayek zum 90. Geburtstag, in: *Ordo*, Bd. 40, S. XXI – XXVI.

Meyer, W. (1989)
Geschichte und Nationalökonomie: Historische Einbettung und allgemeine Theorien, in: *Ordo*, Bd. 40, S. 31 – 54.

Ordo-Jahrbuch für die Ordnung von Wirtschaft und Gesellschaft (1989)
Band 40. Zugleich Gedenkband anläßlich des fünfzigjährigen Erscheinens von Walter Euckens „Die Grundlagen der Nationalökonomie“.

Popper, K.R. (1992)
Die offene Gesellschaft und ihre Feinde, Bd. 2, Tübingen: Mohr (Paul Siebeck).

Röpke, W. (1979)
Die Gesellschaftskrisis der Gegenwart, 6. Auflage, Bern u. a.: Haupt.

Rüstow, A. (1950)
Das Versagen des Wirtschaftsliberalismus als religionsgeschichtliches Problem, Düsseldorf: Küpper.

Smith, A. (1776/1999)
Untersuchungen über Wesen und Ursachen des Reichtums der Völker, Bd. II (Übersetzung Monika Streissler). Englisches Original: An Inquiry into the Nature and Causes of the Wealth of Nations, Düsseldorf: Verlag Wirtschaft und Finanzen.

Terres, P. (1999)
Die Logik einer wettbewerblichen Geldordnung, Untersuchungen zur Ordnungstheorie und Ordnungspolitik. Walter Eucken Institut, Bd. 37, Tübingen: Mohr (Paul Siebeck).

Woll, A. (1989)
Freiheit durch Ordnung: Die gesellschaftspolitische Leitidee im Denken von Walter Eucken und Friedrich A. von Hayek, in: *Ordo*, Bd. 40, S. 87 – 97.

Eucken und die wirtschaftliche Lenkungsfunktion freier Finanzmärkte

Erich W. Streissler

1 Einführender Überblick

„Bei einem Buch [komme es] weniger auf die Formulierungen an ... als auf das 'Wollen, das dahinter steht'"[1], zitiert Edith Eucken ihren Mann im Vorwort zu dessen von ihr posthum herausgegebenen *Grundsätzen der Wirtschaftspolitik*. Und sie fügt hinzu: „Hinter diesem Buch steht ein starkes Wollen". Damit hat sie einen der Wesenszüge der Arbeit ihres Mannes umrissen: Eucken erfaßte ökonomische Probleme viel eher intuitiv als in gängig analytischer Weise.

Das wird vielleicht nirgendwo so deutlich wie bei seinen vielen, weit mehr impliziten und den Kernpunkt umschweigenden Behauptungen zu den Allokationsfunktionen von Kredit- und Wertpapiermärkten (Abschnitt 2). Weder nach der orthodoxen Theorie seiner Zeit noch nach heutigem Erkenntnisstand sind sie haltbar (Abschnitt 3). Aber das Erstaunliche ist: Als tendenzielle langfristige Prozeßaussage und als Gegensatz zu allen Versuchen einer wirtschaftspolitischen Regulierung, gerade also im Hinblick auf diejenigen Aspekte, auf die es Walter Eucken ankam, *behielt er*, entgegen der herumkrittelnden statischen Standardtheorie, wie zu zeigen sein wird (Abschnitt 4), letztlich doch *Recht*. Wertpapier- und Kreditmärkte mögen viele inhärente und unvermeidliche Mängel aufweisen. Aber sie sind noch immer besser als staatliche Kreditwirtschaft. Wie schon der alte Roscher zu den modischen derivativen Finanzinstrumenten sagte: „Leider zeigt die Erfahrung [...], daß es unmöglich ist, den Scheinhandel zu verhindern, ohne zugleich den wahren Handel zu knebeln. Das beste Mittel, jenen unschädlich zu machen, ist volle Ausbildung des Börsenverkehrs"[2]. Und was für Geschäfte mit derivativen

[1] Eucken (1952), S. VI.
[2] Roscher (1859/1873), S. 506.

Finanzinstrumenten gilt, gilt auch für die Problematik privatwirtschaftlicher Kreditrationierung durch Kreditinstitute.

2 Euckens Aussagen

Eucken betont in seinen *Grundsätzen der Wirtschaftspolitik*: Es kommt darauf an, „Investitionen so zu lenken, daß die Investitionspläne aller Art in den richtigen Proportionen zueinander ausgewählt werden“[3]. Wie wahr! Entscheidend ist weniger das Gesamtausmaß der investierten Mittel als vielmehr die *richtige Mittelverwendung*, oder, für diejenigen Ökonomen ausgedrückt, die der deutschen Sprache nicht mehr mächtig sind: Zu sichern ist die *optimale Allokation der Ressourcen*. So sollen etwa nach manchen, vielleicht problematischen Schätzungen die stärker marktwirtschaftlich orientierten USA die doppelte Kapitalproduktivität der mehr regulierten durchschnittlichen europäischen Wirtschaften aufweisen. Eucken suggeriert immer wieder, die „Verkehrswirtschaft“ würde mit diesem Problem der bestmöglichen Verwendung investierbarer Mittel weit besser zu Rande kommen als die Planwirtschaft. Man glaubt ihm, wohl aufgrund historischer Erfahrung. Wie aber bewerkstelligt sie diese Aufgabe? Gibt es neben Staatsversagen nicht auch Marktversagen?

„'Nicht lähmende Zinserhöhungen, sondern mäßige Zinsen bei anerkannten Verwendungszwecken' fordert ein Gutachten, das 1949 zur deutschen Kapitalbildung erstattet wurde. – Was sind 'anerkannte Verwendungszwecke'? Daß sie ohne weiteres festzustellen seien, nimmt das Gutachten als selbstverständlich an“[4]. Eucken sieht hier mit Recht ein Problem zentraler Planung; er impliziert freilich auch, daß sich andrerseits in marktwirtschaftlichem Wettbewerb die richtige Verwendung von Mitteln herausbildet. Aber wie weiß ein kreditvergebendes Bankinstitut, ob der „Verwendungszweck“ seines Kredites vom Markt anerkannt werden wird? Ja,

[3] Eucken (1952), S. 142.
[4] Eucken (1952), S. 156.

wofür dieser überhaupt verwendet werden wird?[5] Eucken bietet uns keinerlei begründete Theorie des Handelns von Politikern und Beamten. Und der Erklärung des Handelns von privaten Unternehmern ist es eher abträglich, wenn er von anonymen Kollektiven wie „*Verkehrswirtschaft*" oder gar „*dem* Markt" (?!) ausgeht.

Eucken versucht uns zu beruhigen „Der Einfluß (der Konsumenten) erstreckt sich nicht nur auf die Produktion von Konsumgütern, sondern auch auf die Investitionen, und zwar ebenfalls nach Umfang und Art. Denn da die Konsumenten über die Bildung von Sparkapital frei entscheiden und das Sparkapital ihr Eigentum wird, unterliegt es ihrem Einfluß weiter"[6]. Diese Passage ist a priori keineswegs einleuchtend: Wie sichert der Sparkapital bei einer Bank anlegende Konsument die Art der Verwendung seiner Mittel? Sind nicht Finanz*intermediäre* gerade deswegen entstanden, weil der durchschnittliche „Konsument" die bestmögliche Steuerung seiner Sparmittel gerade *nicht* vornehmen kann? Ist nicht der Standardkreditvertrag rechtlich gerade so beschaffen, daß der Gläubiger, außer im Extremfall, *keinen* Durchgriff auf die Entscheidung des Schuldners hat? Und gilt dasselbe nicht nochmals für den Finanzintermediär, die Bank? Am ehesten wird die Kontrolle der Mittelverwendung noch durch die potentielle Drohung erreicht, *keinen weiteren* Kredit zu gewähren, nicht aber durch den Kreditvertrag selbst. „Die Wettbewerbsordnung ist imstande, die Investitionen auf die Dauer richtig aufeinander abzustimmen. Denn sie besitzt mit ihrem Preismechanismus das Instrument, um Disproportionalitäten festzustellen und um sie schließlich zu korrigieren.

---

5 Insbesondere bei jedem wirklich großen Unternehmen ist dies immer unklar. Letztlich kann sich aber auch ein kleiner Unternehmer mit der erhaltenen Kreditsumme auf eine Karibikinsel absetzen und dort die Sonne genießen. Das illustriert schön eine wahre Geschichte, die zwar von Staatshandeln erzählt, aber ebensogut privatwirtschaftlich wiederholbar wäre. Anfang der 50er Jahre suchte der österreichische Staat um einen Kredit für den Wiederaufbau der Wiener Oper bei der US-amerikanischen Marshall-Plan-Verwaltung an. Denn dieser erschien den Österreichern in besonderer Weise eine „anerkannte Verwendung". Nicht so den Amerikanern. Der Kredit wurde abgelehnt. Ganz Österreich lachte, als dieselbe Kreditsumme dann für den Bau des großen Wasserkraft-Speicherwerkes Kaprun beantragt wurde – und für diese „produktive Investition" natürlich sofort gewährt wurde.

6 Eucken (1952), S. 163.

Darin ist sie anderen Ordnungen überlegen"[7]. Die Botschaft hör´ ich wohl, allein – was tut Eucken, um meinen Glauben rational zu begründen? Wie soll „die Wettbewerbsordnung" – was immer das genau ist – „Disproportionalitäten feststellen" können, die hier gar nicht definiert werden. Einem modernen Ökonomen fehlen bei Eucken nicht selten schlüssige Begründungen. Ihm selbst scheint die Intuition genügt zu haben.

3 Zweifel der Kredit- und Finanzmarkttheorie

Bei seiner Theorie der besten Mittelverwendung durch den Kreditmarkt der „Verkehrswirtschaft" denkt Eucken als Kontinentaleuropäer wohl vorzüglich an die Kreditvergabe durch privatwirtschaftlich organisierte Banken. Gerade diese aber sind besonders stark dem sogenannten „*Marktversagen*" ausgesetzt. Hier tritt – vor allem zu bestimmten Zeiten, zumal in der Rezession – typischerweise *Kreditrationierung* auf, wobei der Ausdruck natürlich nicht eine staatliche Mengenbeschränkung meint, sondern ein privatwirtschaftlich optimales Verhalten: Bei gleichem Preis und bei gleicher Qualität wird die Menge der ausgetauschten Ware vom Anbieter – oder, in anderen Fällen vom Nachfrager – beschränkt. Der klassische moderne Artikel zur Kreditrationierung ist Stiglitz/Weiss (1981). Um Mengenbeschränkung bei einem wirklich homogenen Gut sauber zu modellieren, nahmen diese Autoren in ihrer bahnbrechenden sog. „Gleichgewichtsrationierungs"-Theorie eher wirklichkeitsfremd an, daß manche Individuen einen Kredit im vollen Ausmaß ihres Wunsches erhalten, andere, zufällig ausgewählte, jedoch von der Bank unbefriedigt weggeschickt werden. Wirklichkeitsnäher wäre es hingegen, bei leichtem Verstoß gegen die Homogenität des ausgetauschten Gutes, als Kreditrationierung die alltägliche Tatsache zu bezeichnen, daß jedem bedienten Kreditwerber Kredit nur bis zu einer *bestimmten Höhe* gewährt wird, auch wenn dieser behauptet, einen größeren Betrag höchst wirtschaftlich verwenden zu können; und daß manche *Kategorien* von Personen, die in den Augen der Bank nicht „kreditwürdig" sind, überhaupt von der Kreditgewährung ausgeschlossen werden. Beides gilt insbesondere in Rezessionen, beziehungsweise in Finanzkrisen: gerade dann also, wenn Kredite am dringendsten benötigt würden.

---

7 Eucken (1952), S. 285.

Die Kreditrationierung ist ein Fall unvollkommener und asymmetrischer Information. Eher untypisch ist hier der *Anbieter* schlechter informiert: Die Bank weiß nicht wirklich, wie ihr potentieller Kreditkunde seinen Kredit verwenden wird. Es gibt viele Einzelgründe hierfür: Bei allen steigt das Konkursrisiko mit dem Zinssatz. Bei steigenden, von der Bank geforderten Zinsen kann irgendwo der Punkt kommen, bei dem die erhöhten Zinserträge der ordnungsgemäß zurückgezahlten Kredite die steigende Wahrscheinlichkeit des Ausfalls bei den in Konkurs gehenden Unternehmen nicht mehr überwiegen. Ab diesem Zinssatz hört die Bank auf, weitere Kredite zu gewähren. Relativ zur Kreditwürdigkeit des Kunden große, aber dann möglicherweise sehr lohnende Investitionen, solche, die nur ab einem bestimmten Niveau rentabel sind, können nicht vorgenommen werden. Das ist insbesondere bei Forschungsaufwendungen für die Erzeugung eines neuen Gutes oder die Entwicklung eines neuen Prozesses, welche ja bis zur Marktreife des Produktes gar keine Erträge erbringen, ein schweres Hindernis. Weiters: kein Unternehmer mit einer noch so vielversprechenden Idee kann sich in einer schweren Rezession aus dem allgemeinen Sumpfe ziehen, weil die Konkurse oder zumindest die großen Schwierigkeiten der anderen die allgemeine Risikoeinschätzung der Banken viel pessimistischer ausfallen lassen.

Gerhard Clemenz (1986) hat in einem besonders gut zusammenfassenden Buch vier verschiedene Fälle unterschieden:

Erstens, der von Stiglitz/Weiss (1981) untersuchte Fall: Wenn, was empirisch erwiesen ist, der erwartete Durchschnittsertrag mit dem Risiko einer Veranlagung, gemessen durch die Varianz ihrer erwarteten Erträge, zunimmt, muß der Investor bei höherem Zinssatz notwendigerweise ein riskanteres, aber deswegen ertragreicheres Investitionsprojekt unter den vielen möglichen auswählen. Das aber führt mit steigendem Zinssatz schließlich zur Kreditrationierung. Denn der Kreditvertrag ähnelt einer „societas leonina“: Am erhöhten Gewinn ist die Bank nicht beteiligt; er geht zur Gänze an den unternehmerischen Kreditnehmer. Der Konkursverlust hingegen geht voll zu Lasten der Bank; und dem Kreditnehmer ist es ganz gleichgültig, ob er nur wenig oder hingegen sehr kräftig in Konkurs geht.

Ein zweiter Fall: Je höher der Zinssatz, desto eher zieht er Kreditbetrüger an. Wer schon das Flugticket für den Daueraufenthalt auf einer Karibikinsel in der Tasche hat und nie mehr zurückzuzahlen beabsichtigt, kann naturgemäß jeden beliebig hohen Zinssatz bieten.

Drittens ziehen hohe Zinssätze auch Unternehmer mit immer schlechteren Unternehmereigenschaften an, z. B. solche, die ihre eigenen Fähigkeiten und die Erfolgschance ihrer Investitionsprojekte habituell überschätzen, oder solche, die schon anderen Kreditgebern kaum mehr kreditwürdig erscheinen.

Viertens schließlich ist es denkbar, daß hohe Kreditzinsen, weil bei ihnen kaum mehr etwas zu gewinnen ist, lähmend auf die Unternehmerleistung einwirken, also die Unternehmer, mangels Anreiz, alles treiben lassen und so weit eher in Konkurs gehen werden.

Allen diesen nur angedeuteten Modellüberlegungen ist gemeinsam, daß der Kreditzins keineswegs auch nur dem durchschnittlich im vorhinein zu erwartenden Investitionsertrag entspricht, geschweige denn den im nachhinein realisierten. Ja, noch mehr: Der mythische, selbstlose, optimale Planer, der wohl nur an hohem Durchschnittsertrag interessiert ist, würde im Schnitt weit riskantere Investitionsprojekte auswählen als die notwendig risikoscheue Bank. (Das würde freilich auch der private Eigenkapitalbereitsteller, z. B. der Aktionär, tun). Banken in der Wettbewerbsordnung *reduzieren* somit die durchschnittlichen Erträge der Investitionen: Sie leiten Kapital fehl. Und all das ergibt sich aus der Natur des Standardkreditvertrages, dessen Ertrag eben nicht auch nur proportional zum im vorhinein erwarteten Kapitalertrag ist. Ja, die Finanzwissenschaft fügt diesen peinlichen Argumenten auch noch den Spott hinzu: Gerade die Einkommensteuer auf unternehmerische Einkommen, insbesondere eine proportionale, erhöhe in gesellschaftlich optimaler Weise das Risikoniveau der eingegangenen Investitionen, weil der Staat sich durch Steuer und Verlustausgleich bzw. Verlustvortrag gerade auch am unternehmerischen Risikofall beteilige, die Investitionserträge nach Steuer in ihrer Schwankungsbreite verringere, somit die Investitionen weniger riskant mache.

Walter Eucken war bekanntlich ein besonderer Feind der Unternehmenskonzentration. Wie steht es hier mit der verkehrswirtschaftlichen Kreditlenkung? Reduziert oder fördert sie die Konzentration? Natürlich erhöht sie sie! Denn die Fixkosten der Kreditvergabe zeigen eine starke Kostendegression. Die Bank wird bei jeder Kreditvergabe eine Kreditwürdigkeitsprüfung vornehmen. Diejenige für einen Kredit von 10 Millionen

Euro ist aber sicherlich nicht hundertmal so kostspielig wie die für einen Kredit von 100.000. Und auch die laufende Verwaltung eines einhundertmal größeren Kredits ist nicht einhundertmal so teuer. Jede Bank zieht daher aus purer wirtschaftlicher Rationalität den Großkredit vor und trägt damit zur Wirtschaftskonzentration bei. Und natürlich: Niemand finanziert sich so billig, wie der Staat; und große Staaten billiger als kleine.[8]

Wenn die Banken bei der Kreditvergabe etwas beachten, so sind es finanzielle Sicherheiten einerseits und vergangene Gewinne andererseits. Aber Sicherstellungen fehlen bekanntlich gerade dem unternehmerischen „Neuerer"; und vergangene Gewinne sagen wenig über die eigentlich relevante Zukunft aus: Schwanken sie rein zufällig und hat ein Unternehmen gerade besonders hohe Gewinne realisiert, so sind in der Zukunft vielmehr unterdurchschnittliche eher wahrscheinlich, oder zumindestens nur mehr durchschnittliche.

Wie sehr gerade auch die großen Banken Kapital fehlleiten können, kann man an der Geschichte von Long Term Capital Management erkennen[9]: Auf reine Spekulationskontrakte von über 2000 bei einem Eigenkapital von nur 5 liehen die Banken 125; nur waren das noch dazu alles Milliarden US-Dollar! Am Ende konnten die größten Banken der Welt ihre Kredite weitgehend in den Rauchfang schreiben.

Eine weitere Kapitalfehlleitung entsteht bei Selbstfinanzierung und hohen Zinsspannen der Banken: Unternehmen, die zufällig in der Vergangenheit Gewinne gemacht haben, die noch zur Finanzierung zur Verfügung stehen, finanzieren sich zu den niedrigen Habenzinsen, nicht, wie andere, zu den höheren Sollzinsen.

Besser bestellt ist es um die marktwirtschaftliche Kapitallenkungsfunktion bei Finanzmittelzuteilung durch kapitalmarktgängige Wertpapiere, also über die Börse. Das ist der anglo-amerikanische Regelfall, von welchem das übliche Argument der „optimalen Allokation" der Finanzierungsmittel herstammt. Aber diese Finanzmärkte unterliegen bekanntlich massenpsychotischen Bewegungen, die nicht nur oft zeitlich fehlsteuern, sondern auch bestimmte Branchen in ihrem Entwicklungspotential besonders weit überschätzen. Wieder fördern sie die Konzentration.

---

8 Vgl. Streissler (1998).
9 Vgl. Edwards (1999).

Bei Besteuerung der entnommenen Dividende, aber nicht der Zinsen auf aufgenommene Kredite, kann man zeigen, daß Aktienemission, außer bei der Unternehmensgründung, sogar ein schlechtes Signal für den Investor ist: Emittieren werden Unternehmen, welche ihre Aktien für im Kurs weit überhöht halten, oder die, welche, wie es so schön heißt, bereits „aus dem letzten Loch pfeifen", also keine Kredite mehr erhalten, oder die besonders riskante Investitionen, die nicht kreditfähig sind, vornehmen wollen. Und das ist nicht graue Theorie, sondern Wirklichkeit, wie man als Börsenaufsichtsorgan rasch lernt: Dem ersten Börsengang folgt nicht unwahrscheinlich der Großkonkurs. Ja, noch mehr, und das müssen wir gerade im Sinne Euckens betonen, der, wie jeder Jünger Adam Smiths, immer vom Konsumenteninteresse her argumentierte – denn, wie Smith sagte, „consumption is the sole end and purpose of all production"[10]: „Gut" nennen Börsianer eine Börsenkonjunktur gerade immer dann, wenn sie für die Finanz*anleger* schlecht ist, nämlich nur geringe Erträge verspricht. Gut ist sie dann nur für die mittelaufnehmenden Unternehmen!

Die Behauptung, der Kapitalmarkt würde in der „Verkehrswirtschaft" eine bestmögliche Steuerung der Mittel vornehmen, ist theoretisch schwer zu begründen. Keine Entschuldigung für Euckens unterlassenen Begründungsversuch wäre es zu sagen, all diese Überlegungen seien erst moderne Erkenntnisse, die Walter Eucken noch nicht kennen konnte. Nein, ganz im Gegenteil: Eucken schrieb *Kapitaltheoretische Untersuchungen*[11], die durch Wicksell mit inspiriert waren. Und etwa gleichzeitig brachte Friedrich August von Hayek[12] seine Überlegungen zur monetären Konjunkturtheorie heraus. Der Angelpunkt der beiden ist der *Unterschied von Marktzins* (vor allem als Kreditzins der Banken zu verstehen) und *natürlichem* Zins, dem wahren realen Ertrag der Investitionen. Nach beiden steuert der „verkehrswirtschaftliche" Kapitalmarkt gerade fehl und löst so Konjunkturschwankungen aus. Da diese Theorie vor allem auf den Nobelpreisträger und Apostel des klassischen Liberalismus, Hayek, zurückgeht, kann man solche Erkenntnisse auch nicht als dem Liberalismus widerstreitend abtun. Und Hayek betonte ausdrücklich[13], seine Theorie nehme Kreditrationierung durch die Banken an.

---

10 Smith (1776/1976), IV. viii. 49, S. 660.

11 Vgl. Eucken (1934).

12 Vgl. Hayek (1929, 1931).

13 Vgl. Hayek (1969).

4 Eucken erwies sich als treffsicher

Und doch! Eucken hatte doch recht! Gerade die Erfahrungen der letzten zwei Jahrzehnte haben gezeigt: Freie Konkurrenz der Finanzmärkte führt zu der bestmöglichen Verwendung von Kapital. Sie funktionieren vielleicht nicht „gut“, gemessen am irrealen Standard vollkommener Information, aber sie bewirken die *bestmögliche* Mittelzufuhr. Gerade die internationale Öffnung der Kapitalmärkte, die Kapitalkonvertibilität, also eine Öffnung der Märkte, die Eucken stets so wichtig war, hat dazu geführt. Staatliche Regulierungsversuche der internationalen Kapitalmärkte sind meist unwirksam oder, wenn sie wirken, erhöhen sie die Kapitalkosten und führen erst recht zu Fehlallokationen. Sinnvoll, ja geboten ist nur der Rechtsrahmen einer Risikokontrolle und die Konstituierung von Offenlegungs- und Versicherungspflichten. Das sind *wettbewerbserhöhende* öffentliche Maßnahmen, die ein gut funktionierender Markt oft auch von selbst hervorbringen würde: Denn vernünftige Wirtschaftssubjekte verlangen von ihren „Mitspielern“ die für sie relevanten Informationen und erkundigen sich, ob jene versichert sind; und auch eine private Versicherung würde bei ihren Versicherungsnehmern Risikokontrollen vornehmen.

Das Problem der theoretischen Modelle der Volkswirtschaftslehre ist, daß sie zwar stringente und absolut schlüssige Aussagen liefern oder, besser, liefern können, daß sie jedoch notwendigerweise unter den im Modell geschilderten Bedingungen nur eine einzige Tendenz herausarbeiten. Aus dem Modell selbst läßt sich *nicht ableiten, erstens wie wahrscheinlich das Auftreten gerade dieser Tendenz sein wird und zweitens welche anderen, gegenläufigen Tendenzen vorliegen werden.* Und weiters: Hat man „*Marktversagen*“ – definiert als Abweichung von der vollkommenen Konkurrenz bei vollständiger Information und ohne externe Effekte auf unbeteiligte Dritte – dargetan, dann ist zwar die grundsätzliche Möglichkeit einer sinnvollen staatlichen Regulierung gezeigt, aber noch nicht bewiesen, daß das „*Staatsversagen*“ nicht weit größer wäre. Freilich: Über höchst komplexe Zusammenhänge lassen sich dann auch nur ungefähre und auch lediglich häufig richtige Aussagen treffen; und ob „Marktversagen“ oder „Staatsversagen“ gravierender wäre, dafür fehlen dem Ökonomen die exakten Maßstäbe. Eine solche ungefähr zutreffende Erfahrungstatsache, eine bloße historische Verallgemeinerung, aber eine gute, ist Euckens Aussage zur bestmöglichen Kapitalzuleitung durch privatwirtschaftlich organisierte Finanzmärkte, die in binnenwirtschaftlichem wie internationalem Wettbewerb stehen. Aber die Tatsache läßt sich durchaus im einzelnen begründen, eine Begründung, die uns Eucken in seiner Darstellung des anscheinend Selbstverständlichen schuldig geblieben ist.

Zuerst einmal bemerke man, daß bei der Kreditrationierung das Argument lautet: Der Kreditgeber beschränkt die Kreditmenge, weil er nicht weiß, was mit der Kreditsumme wirklich unternommen wird. Aber dieses Argument gilt ebenso von einem privaten wie von einem staatlichen Kreditgeber: „Marktversagen" kann *nicht* durch staatliches Handeln beseitigt werden. Ja, noch mehr: Der Beamte und erst recht der Politiker ist viel weniger persönlich interessiert, sich bestmöglich über die Bonität des Schuldners zu informieren: Denn ihn trifft das Risiko des Konkurses weit schwächer, als die den finanziellen Ausfall tragende Bank. Womöglich erhält der Beamte oder der Politiker auch noch politische Vergünstigungen – von Bestechungen sei gar nicht gesprochen –, die ihn an der Kreditvergabe interessieren, während die Rückzahlungswahrscheinlichkeiten ihn nur wenig berühren. Daher kann man schlüssig begründen: Das „Versagen" der Mittelzuleitung in Form von Krediten durch öffentliche Hände wäre im Erwartungswert des langfristigen Schnittes sicherlich größer als bei privatwirtschaftlicher Kreditvergabe.

Das Argument, die Kostendegression der Kreditvergabekosten interessiere den Kreditgeber ungebührlich an Großkrediten, wodurch der private Kapitalmarkt mit zur Unternehmenskonzentration beitrage, gilt genauso, ja noch weit mehr für staatliche Kreditvergaben. Auch der vergebende Beamte liebt die geringere Mühe der Vergabe eines einzigen Großkredits im Vergleich zu der weit größeren Mühe der Vergabe von hundert kleinen, im Ausmaß von einem Hundertstel des großen: Wer zieht nicht einen, vielleicht etwas dickeren Akt der Anlage von hundert Akten vor? Obendrein ist der eine Großkredit auch noch medienwirksam und gewährt politisches Prestige. Die ganz Welt erkennt, man habe „ein positives Zeichen gesetzt", wie mir eine prominente Politikerin, ihres Zeichens graduierte Volkswirtin, auf meine Vorhaltungen wegen Verschwendung öffentlicher Mittel erst kürzlich schrieb. Weiters erfolgt die Vergabe öffentlicher Kredite zwecks wirtschaftspolitischer Feinsteuerung und rechtlicher Absicherung meist nur nach komplizierten und schwer durchschaubaren Rechtsnormen und Regeln. Nur die großen Unternehmen werden sich unter ihren Mitarbeitern einen eigenen „Förderungs-Richtlinien-Experten" halten können und daher weit eher wissen, wie man an günstige öffentliche Kredite herankommt. Gerade die öffentliche Kreditvergabe ist daher besonders konzentrationsfördernd.

Die Blütezeit des Keynesianismus von etwa 1950 bis 1970 – in Deutschland nur gedämpft und verspätet angekommen – war eine Zeit der strikten Bankenregulierung und der staatlichen Zinsreduktion. Wir können das heute empirisch feststellen: Die Realzinsen waren damals in vielen Ländern im Schnitt geringer als die wirtschaftliche Wachstumsrate, während sie diese heute – freilich mit abnehmender Tendenz – übertreffen. Die Zinsreduktion war insbesondere zur Erleichterung der Staatsschuldenfinanzierung gedacht. Sie begünstigte die Konsumenten (als Steuerzahler) freilich nur wenig, weil sich die meisten Wirtschaften nach dem zweiten Weltkrieg durch Inflation rasch entschuldet hatten. Aber sie benachteiligte die Konsumenten weit mehr in ihrer Eigenschaft als Sparer: Die Einlagezinsen bei den Banken wurden niedrig gehalten. Das begünstigte aber keineswegs die unternehmerische Investition. Denn die Sollzinsen der Bankkredite lagen weit über den Habenzinsen der Einlagen. Was entstand, war nur, wie bei jedem regulierten Markt, das zu Erwartende: ein geschützter Monopolsektor von Kreditinstituten. Nicht, daß die Bankgewinne besonders hoch gewesen wären: Wie Machlup immer wieder betonte, schlagen sich Monopolgewinne typischerweise eher in überdimensionierten und vielleicht gerade deswegen ineffizienten Mitarbeiterstäben nieder: Es war die ideale Zeit des behäbigen „Bankbeamten". Um an Kredite dieses Monopolwirtschaftssektors heranzukommen, war vor allem „Vitamin B" nötig, B wie Beziehungen. Im Vergleich dazu hat sich die Mittelverwendung für wirtschaftlich rentable Investitionen im wettbewerblichen und für den Kreditnehmer auch international beliebig zugänglichem Kreditmarkt deutlich verbessert. Die größten Fehlinvestitionen entstanden hingegen typischerweise dort, wo der Staat auf die Kreditvergabe der von ihm durch Schutz vor Wettbewerb privilegierten Banken gezielten Einfluß nahm; insbesondere bei der Kreditvergabe an in Wahrheit schon konkursreife Staatsunternehmen.

Die Deregulierung der Banken schuf neue Voraussetzungen, die in vielen Ländern von den noch in überkommenen Vorstellungen denkenden und auf die Staatshilfe im Ernstfall hoffenden Banken nicht gemeistert wurden: Es kam vielerorts zu Bank-, ja zu Finanzkrisen. Es ist anzunehmen, daß diese läuternde Erfahrungen für die Banken waren. Freilich, Krisen in gewissen Ausmaße gibt es immer und auf jedem Anlagemarkt; aber wohl nicht mehr so scharfe wie am Anfang der Deregulierung, es sei denn, die Krisen sind durch falsche staatliche Politik gefördert. Der bleibende Effekt der Bankenderegulierung ist jedoch der, daß die Sparer relativ höhere Realzinsen *und* gleichzeitig die Unternehmer billigere Investitionskredite erhalten: Was durch die Öffnung für den Wettbewerb sich vor allem reduzierte, war die *Zinsspanne* der Banken.

Damit kommen wir zu dem zentralen dynamischen Effekt: Höhere Realzinsen für die Konsumenten und deren durch die Wunder der freien Unternehmerwirtschaft gesteigerten Einkommen führten in den jüngsten Jahren zu einem so reichlichen Kreditangebot, daß die Banken gezwungen sind, auch kleine Kredite zu vergeben. Bei der geringen Zinsspanne sind sie gezwungen, die persönlichen Eigenschaften des Kreditnehmers bestmöglich zu sichern. Und die beste Gewähr für sinnvolle Mittelverwendung durch den Kreditnehmer ist dessen Hoffnung auf *weitere* Kredite, die in der Kreditrationierungstheorie vernachlässigt wird.

Selbst junge Unternehmer, d. h. neu beginnende Wirtschaftstreibende, erhalten heute geradezu erstaunlich leicht Kredite: Die Bank hofft auf einen neuen Dauerkunden. (Bürokratische Hürden sind hier meist weit hemmender als die Kreditrationierung.) Soweit die zeitliche Expansion des Kreditvolumens von den Kreditgebern überhaupt gehemmt wird, hat das im Schnitt wohl eher positive Wirkungen, dadurch nämlich, daß es von zu rascher Unternehmensexpansion abhält. Und für besonders riskante Gründungen, insbesondere im Forschungsbereich, entwickelt sich überall, auch in Europa, eine spezielle „Venture Capital" Finanzierung.

Schließlich ist es vor allem ein breiter Wertpapiermarkt in Aktien und Industrieschuldverschreibungen, welcher die bestmögliche Verwendung investierbarer Mittel sichert; und zwar[14] weltweit. Internationale Finanzmärkte werden, trotz aller Mängel, immer effizienter. Einer solchen dominierenden Finanzierungsstruktur über den Kapitalmarkt strebt auch Kontinentaleuropa immer mehr zu.

Es ist wichtig, auch unvermeidliche Mängel einer Verkehrswirtschaft, gemessen am Modell vollkommener Konkurrenz bei perfekter Informati-

14 Vgl. Corbo (1999).

on, herauszuarbeiten; denn manchmal lassen sich, insbesondere durch Verbesserung des Rechtsrahmens, solche Mängel abschwächen oder gar beheben. Als Kritik an der Wettbewerbsordnung krallt sich an solchen marktkritischen Rationalmodellen der Ökonomie hingegen nur der instinktive Planwirtschaftler fest. Er dient damit vor allem einem für ihn wichtigen Ziel: Er schadet zwar vielleicht der Effizienz der Wirtschaft, die er zu kurieren vorgibt, aber er schafft sicherlich wohldotierte Posten für Seinesgleichen als Beauftragte staatlicher Regulierung. Eucken hatte hier den richtigen Durchblick und vertraute mehr den großen Zügen historischer Erfahrung als der Stringenz der Modelle. In seiner Vision der Vorteilhaftigkeit freier, wettbewerblicher Finanzmärkte war er prophetisch und schilderte weit mehr die Zeiten, die schließlich nach der Mitte der 80er Jahre anbrachen, als die eigene, noch monopoldurchtränkte Zeit.

Literaturverzeichnis

Clemenz, G. (1986)
Credit Markets with Asymmetric Information, Berlin u. a.: Springer.

Corbo, V. (1999)
Macroeconomic Policy Issues Raised by Capital Inflows, in: Gács, J., Holzmann, R., Wyzan, M.L. (Hrsg.): *The Mixed Blessing of Financial Inflows. Transition Countries in Comparative Perspective*, Cheltenham: Edward Elgar, S. 12 – 27.

Edwards, F.R. (1999)
Hedge Funds and the Collapse of Long-Term Capital Management, in: *Journal of Economic Perspectives*, Bd. 13, S. 189 – 210.

Eucken, W. (1934)
Kapitaltheoretische Untersuchungen, Jena: Fischer.

Eucken, W. (1952)
Grundsätze der Wirtschaftspolitik, Tübingen: Mohr (Paul Siebeck).

Hayek, F.A. v. (1929)
Geldtheorie und Konjunkturtheorie, Wien u. Leipzig: Hölder-Pichler-Tempsky.

Hayek, F.A. v. (1931)
Prices and Production, London: Routledge.

Hayek, F.A. v. (1969)
Three Elucidations of the Ricardo Effect, in: *Journal of Political Economy*, Bd. 77, S. 274 – 285.

Roscher, W. (1859/1873)
Nationalökonomik des Ackerbaus und der verwandten Urproductionen, 7. Auflage, Stuttgart: Cotta.

Smith, A. (1776/1976)
An Inquiry into the Nature and Causes of the Wealth of Nations (Glasgow Edition), Oxford: Oxford University Press.

Stiglitz, J.E./ Weiss, A. (1981)
Credit Rationing in Marktes with Imperfect Information, in: *American Economic Review*, Vol. 71, Nr. 3, S. 393 – 410.

Streissler, E.W. (1998)
Neue finanzmarktpolitische Aufgaben des Staates, in: *Conturen*, Nr. 9, II/98, S. 7 – 23.

Kontrollen oder Selbstkontrollen gegen Währungskrisen?

Hans Willgerodt

1 Das Problem

Die jüngsten Währungs- und Finanzkrisen einiger Länder haben das Mißtrauen gegenüber freien Märkten und wirtschaftlicher Entscheidungsfreiheit der Privaten stark belebt. Es handelt sich dabei um akute Krisen, die sich in einer sprunghaften Kapitalflucht, einer ebenso dramatischen Abnahme der Währungsreserven im vorerst noch verteidigten Festkurssystem, anschließend starker Abwertung und abrupt steigenden Inlandszinsen bemerkbar machen, wobei dies alles von einer wirtschaftlichen Depression im Land des Kapitalabflusses begleitet wird, die sich international ausbreiten kann. Dabei wird eine von dauerhaft rentablen Investitionen nicht mehr abgedeckte Verschuldung offenkundig und durch die Währungskrise unter Opfern für die Schuldner und Gläubiger bereinigt.

Über die Frage, welche Abhilfen hierbei zweckmäßig sind, gibt es eine inzwischen kaum noch überschaubare Diskussion.[1] Dabei ist die Bekämpfung einer akuten Krise von der Krisenvorbeugung zu unterscheiden. Für beides werden neue Kontrollen vorgeschlagen, die sich vor allem gegen die Freiheit der internationalen Kapitalbewegungen richten.

Die meisten Erörterungen gehen davon aus, daß Währungskrisen von der Privatwirtschaft verursacht werden. Dem steht die Tatsache entgegen, daß die Privatwirtschaft über einen Sanktionsmechanismus verfügt, der im staatlichen Bereich fehlt. Die bürgerliche Selbstkontrolle im privaten internationalen Kreditverkehr besteht darin, daß der Schuldner durch die Gefahr von Verlusten und Konkurs zu einer wirtschaftlich rationalen Verwendung geliehener Mittel gedrängt wird, der Gläubiger aber durch die Gefahr ausbleibender Verzinsung und Rückzahlung, so daß er gut daran

---

[1] Vgl. Eichengreen (1998); Eichengreen (1999); Corsetti u. a. (1998); Giannini (1998); Kotios (1999) und die in diesen Schriften angegebene Literatur.

tut, das allgemeine Kreditrisiko und die Kreditwürdigkeit privater Schuldner sorgfältig einzuschätzen.

Öffentliche Schuldner werden noch immer für verläßlicher gehalten, weil sie nicht im üblichen Sinne konkursfähig sind und auf den Steuerzahler zurückgreifen können. Aber das erlaubt nicht den Schluß, die internationale Verschuldung von Staaten sei weniger geeignet, Währungskrisen hervorzurufen.

Es sind folgende Fragen zu klären:

1. Warum reicht die privatwirtschaftliche Selbstkontrolle nicht aus, um die Entstehung solcher Währungskrisen soweit wie irgend möglich zu verhindern und dann, wenn sie entstanden sind, zu regulieren?
2. Wenn es zu einer Währungskrise gekommen ist, welche staatlichen Maßnahmen sind im Augenblick der Krise angebracht und welche untauglich?
3. Inwiefern ist der Staat in Gläubiger- und Schuldnerländern durch seine Wirtschafts- und Ordnungspolitik für Währungskrisen verantwortlich?
4. Was sollte zur Vorbeugung gegen die Entstehung von Währungskrisen geschehen?

2 Die Reichweite privatwirtschaftlicher Selbstkontrollen

Währungskrisen sind Vertrauenskrisen, deren Symptom Kapitalabflüsse sein können. Private Kapitalgeber des Auslandes, aber auch des Inlandes trauen ihren bisherigen inländischen Schuldnern nicht mehr zu, daß sie die Schulden bedienen werden. Dafür muß es strukturelle Gründe geben, also eine erhebliche Krisenempfindlichkeit, und einen Anstoß, der die Krise zum Ausbruch bringt. Die Krisenempfindlichkeit kann mit einer Lawinengefahr verglichen werden, der Krisenauslöser mit einem unvorsichtigen Skiwanderer, der eine Lawine in Bewegung setzt.

Die Krisenempfindlichkeit kann auch durch privatwirtschaftliche Mängel des Schuldners und fehlende Kenntnis oder Beachtung dieser Mängel durch den Gläubiger hervorgerufen sein. In einigen asiatischen Krisenländern hat es an betriebswirtschaftlicher Solidität, einer ausreichenden Bankenaufsicht und anderen Regeln für die Kreditmärkte gefehlt, ohne daß die Gläubiger sich entsprechend zurückgehalten hätten. Die Kredite wurden nicht vollständig zu dauerhaft rentablen Erweiterungen der Produktionskapazität verwendet, sondern führten zum Beispiel in erheblichem Umfang zu bloßen Nominalwertsteigerungen von Immobilien. Die Bonität der letzten Schuldner wurde nicht ausreichend geprüft oder an falschen Maßstäben gemessen. Zudem bestand eine Wechselkursbindung an den US-Dollar, die sich bei steigendem Dollarkurs nachteilig auf die internationale Wettbewerbsfähigkeit dieser Länder auswirken mußte. Den internationalen Finanzmärkten konnte die damit verbundene Labilität der Schuldnerwährungen auf die Dauer nicht verborgen bleiben. Ausländische Gläubiger engagierten sich immer kurzfristiger, um ihr Kapital rechtzeitig abziehen zu können, bevor eine immer mehr erwartete Währungskrise eintrat. Als schließlich Fehlinvestitionen und Erscheinungen zutage traten, die in der älteren Konjunkturtheorie als Überinvestitionen bezeichnet worden sind[2], kam es zum Abfluß vor allem des kurzfristig angelegten Kapitals. Die Dollarbindung mußte aufgegeben werden, Abwertungen ließen die auf Fremdwährung lautende Schuld in Inlandswährung gerechnet stark ansteigen. Inländische Depressionen und Bankenzusammenbrüche waren die Folge.

Zwangsläufig war dies nicht. Die Dollaraufwertung mag ein Krisenauslöser gewesen sein. Ob es aber bei dieser oder einer anderen nachteiligen Datenänderung zu einer Währungskrise kommt, hängt zunächst einmal von der Widerstandsfähigkeit der Einzelwirtschaften ab, d. h. davon, ob sie sich hinreichend an die neue Lage anpassen können oder wollen, aber auch davon, ob die Gläubiger ihnen nur nach richtiger Einschätzung dieser Bereitschaft Kredit gewährt haben oder darüber hinausgegangen sind. Sind sie darüber hinausgegangen, dann waren sie entweder schlecht informiert oder risikobereit.

Gelegentlich wird behauptet, Währungskrisen könnten auch dann entstehen, wenn eine Volkswirtschaft in ihren mikro- und makroökonomischen Fundamentalfaktoren gesund sei[3], aber bei Festkursen Opfer von privatwirtschaftlichen Zweifeln an ihrer internationalen Zahlungsfähigkeit werde. Solche aus heiterem Himmel kommenden oder von bösen Speku-

---

2 Vgl. Haberler (1955), S. 38 - 106.

3 Vgl. den Überblicksartikel von Heinemann (1999); Kotios (1999), S. 218f.

lanten inszenierten Zweifel könnten sich in panikartigen Kapitalabflüssen niederschlagen.

Diese Panik- oder Verschwörungstheorien haben Defizite. Das Risiko eines einzelnen Spekulanten ist viel zu groß, wenn er versuchen wollte, eine solide Währung zu Fall zu bringen. Er müßte sich zunächst die Währung, die er angreifen will, in einer makroökonomisch spürbaren Größenordnung beschaffen. Damit tritt er in Wettbewerb zu anderen Nachfragern nach dieser Währung und verteuert sie oder ihren Inlandszins. Versucht er nun bei Festkursen, einen großen Betrag in Fremdwährung umzutauschen, so kann die Notenbank nicht nur ihre Währungsreserven einsetzen, sondern auch mit weiterer Steigerung des Inlandszinses eine Kapitaleinfuhr hervorrufen, die den Angriff durchkreuzt.

Risikolos wird dagegen eine Wechselkursspekulation, wenn der Inflationsgrad dauerhaft höher ist als im Ausland und deswegen bei Festkursen die Währungsreserven dahinschmelzen. Dann ist abzusehen, wann der Kurs nicht mehr verteidigt werden kann. Hierbei kann es zu einer Panik kommen, bei der in- und ausländisches Kapital den Umtausch in Fremdwährung verlangt und dadurch eine Abwertung oder Devisenrationierung erzwingt. Bedeutet diese Kapitalflucht ein Marktversagen, das durch Kapitalexportkontrollen und damit verbundene Devisenzwangswirtschaft bekämpft werden muß? Oder wird nicht vielmehr die Regierung zur Aufgabe ihrer Inflationspolitik gezwungen, wenn sie nicht den ständigen Offenbarungseid für ihr Verhalten durch Währungsabwertung oder Devisenzwangswirtschaft hinnehmen will?

Bei den jüngsten Währungskrisen haben private ausländische Gläubiger erhebliche Verluste hinnehmen müssen. Waren sie gegenüber der Krisenempfindlichkeit der Schuldnerländer blind? Verbreitet ist die Lehre, daß sie blind sein mußten, jedenfalls was den in den Schuldnerländern erzielbaren Zins als Informations- und Lenkungsmittel angeht. Er enthalte als Zuschlag zum Knappheitspreis der Kapitalnutzung nur das durchschnittliche Risiko, das für solide Schuldner zu hoch und für weniger solide Schuldner zu niedrig angesetzt sei. Deshalb erhielten die guten Schuldner zu wenig und die schlechten Schuldner zuviel Kredit, das marktwirtschaftliche System enthalte damit Kräfte einer asymmetrischen Selektion und vergrößere die Krisengefahr.[4] Allgemein gültig kann diese Lehre

4 Vgl. Eichengreen (1998), S. 12f.

schon allein deswegen nicht sein, weil normale Banken so weit wie möglich die Kreditwürdigkeit jedes einzelnen Schuldners prüfen und dabei auch andere Informationen einbeziehen, als sie der Schuldner hat oder präsentiert.[5]

Viele Kredite wurden jedoch von ausländischen Gläubigern nicht an die letzten Schuldner in den Empfängerländern gewährt, sondern an für solide gehaltene Banken, die bei dem eigentlichen letzten Schuldner in der Kreditkette die Kontrolle hätten ausüben müssen. Dabei mögen sie[6] relativ besser über diese Schuldner informiert gewesen sein, als es eine Auslandsbank oder ein ausländischer Anleihezeichner hätte sein können. Es ist auch nichts dagegen einzuwenden, wenn ein ausländischer Kreditgroßhändler nicht nach den Detailrisiken jedes einzelnen letzten Nichtbankenschuldners im Empfangsland fragt, sondern nur nach dem Durchschnittsrisiko der Bank des Empfängerlandes, die sich als Einzelhändler für Kredite betätigt und dabei auch Ausfälle hinnehmen muß, die beim besten Willen aller Beteiligten und sorgfältigster Prüfung nicht vorauszusehen gewesen sind. In diesem Sinne sind Banken (wie übrigens auch andere Unternehmen mit Außenständen) versicherungsähnliche Einrichtungen, bei denen Verluste teilweise sozialisiert werden. Aber dieser Normalfall war offenbar nicht gegeben. Die Empfängerbanken entsprachen nicht allgemein den Anforderungen an ein modernes, in Rechnungswesen und Kontrolle geregeltes und beaufsichtigtes Finanzsystem. Zu große Abhängigkeit der Banken von einzelnen Schuldnern, institutionelle Mängel (etwa bei der Bankenaufsicht) sowie Korruption bis in höchste Staatskreise haben es verhindert, daß die lokalen Banken von ihrem Informationsvorsprung, den sie im Vergleich zu ausländischen Kreditgebern hätten haben müssen, ausreichend Gebrauch gemacht haben.

Waren aber die ausländischen Gläubiger mindestens diesen Erscheinungen gegenüber blind? Einiges spricht dafür, daß Kreditsachbearbeiter und Disponenten über große liquide Mittel mit falschen Anreizen versehen waren, so daß sie sich über die Bonitäten der ihnen gegenüberstehenden Banken der Empfängerländer und über das dortige gesamtwirtschaftliche Umfeld nicht ausreichend informiert haben. Es wurde auf bloße Augenblickserträge geachtet und die Bequemlichkeit von Großkrediten unter

---

5 Vgl. Knight (1999).

6 So Mishkin (1998), S. 15.

Banken der Mühseligkeit von Prüfungen bei kleineren Krediten vorgezogen. Gesamtwirtschaftliche Informationen, soweit sie sich auf ordnungspolitische Verhältnisse der Empfängerländer bezogen haben, scheinen kaum herangezogen worden zu sein. In einer Art von Mengenideologie wurden Marktanteile auf den Finanzmärkten der Empfängerländer höher bewertet als Risiken. Die unvermeidliche Jagd nach kreditsuchenden Schuldnern war nicht hinreichend von Vorsichtserwägungen gemildert. Direkte oder für den Fall der Not vermutete öffentliche Kreditgarantien können ferner den Anreiz zur sorgfältigen Information verringert haben, zumal wenn die Kreditgewährung von der Regierung des Gläubigerlandes als politisch erwünscht erklärt worden war, etwa im Rahmen der Exportförderung.

Bei großen oder sehr großen Kreditgebern mag mitwirken, daß Millionen- oder sogar Milliardenverluste oder Risiken, die zu solchen Verlusten führen können, weniger Aufmerksamkeit hervorrufen oder bewußt eingegangen werden. Das geschilderte und selbst bei gründlichster Prüfung unvermeidliche Verlustrisiko muß hingenommen werden und durch Gewinne aus anderen Quellen abgedeckt werden. Das Vertrauen auf die Möglichkeit einer solchen internen Verrechnung von Verlusten kann aber teilweise straflos überdehnt werden, wenn die internen betriebswirtschaftlichen Kontrollen lässiger gehandhabt werden. Bei Großunternehmen ist dies zu beobachten. Man kann im übrigen steuerlich begünstigt, von den Bilanzierungsvorschriften erzwungen oder von den Anteilseignern unbemerkt stille Reserven legen und später zur Deckung von Fehlentscheidungen auflösen.

Diese Erfahrungen sind aber gegen folgenden Zusammenhang abzuwägen: Kapitalexport bedeutet immer, daß bei dem Vordringen in neue Gebiete und Länder Risiken in Kauf genommen werden müssen. Nur die stationäre Wirtschaft wäre verlustfrei. Das Nirwana einer totalen Information und damit totaler Kreditsicherheit ist niemals zu erreichen. „Capitalism without bankruptcy is like Catholicism without sin.“[7]

Wie geht die Privatwirtschaft mit den genannten Unvollkommenheiten um? Wenn ein Schuldner die Gefahr voraussieht, daß er nicht mehr rentabel oder zum richtigen Zeitpunkt zahlungsfähig werden kann, wird er die Liquidation des Unternehmens oder Sanierungen und Rationalisierungen

---

7 Eichengreen (1999), S. 15.

einleiten, einen Vergleich mit den Gläubigern suchen und im äußersten Fall den Konkurs anmelden. Für die Gläubiger entstehen wahrscheinlich Verluste. Das sind normale Vorgänge, die nicht zu einer Währungskrise führen müssen, auch wenn die Gläubiger Ausländer sind: Sie verlieren im Konkurs eines Inlandsschuldners Vermögen. Nur die ihnen noch verbleibenden liquidierbaren Inlandswerte können sie in das Ausland transferieren. Ihr Verlust mindert den möglichen Druck auf den Wechselkurs.

Von Bankrotten und Verlusten gehen aber externe Effekte aus, indem Zulieferer und Abnehmer sich umstellen müssen. Das ist vor allem bei engen und unvollkommenen Märkten kostspielig. Arbeitnehmer werden entlassen. Wenn die Gläubiger Banken sind, kann der Ausfall erheblicher Forderungen auch bei ihnen zu Einschränkungen führen. Sie müssen das Aktivgeschäft der Kreditgewährung verringern, um liquide zu bleiben. Sind ihre Ausfälle sehr groß, müssen auch sie Konkurs anmelden. Das kann deflatorische Geldvernichtung bedeuten und zu einer gesamtwirtschaftlichen Krise führen, wenn es keine Kompensationen gibt. Diese Kompensationen können darin bestehen, daß gleichzeitig im Strukturwandel andere Unternehmungen und Banken bei guten Gewinnen expandieren und damit die nachteiligen externen Effekte der Verlustbereiche ausgleichen. Kreditgeber müssen dann nicht mit panikartigen Kapitalabflüssen aus dem Schuldnerland reagieren, zu einer Währungskrise muß es nicht kommen.

Fehlen aber solche Kompensationen, dann ist eine Währungskrise auch dann nicht auszuschließen, wenn die Verluste, die von den Ausländern zu tragen sind, die in das Ausland transferierbaren Beträge herabgesetzt haben. Ein vorübergehender Pessimismus der Kreditgeber kann sie dazu bringen, ihre Mittel einstweilen nicht mehr im Krisenland anzulegen. Auch das bedeutet noch nicht ein Versagen der Privatwirtschaft: In Krisenländern können umfangreiche strukturelle Bereinigungen als unvermeidbare primäre Krise notwendig geworden sein. Nicht mehr haltbare Bewertungen vieler wirtschaftlicher Größen müssen nach unten korrigiert werden. Sinnlos wäre es, Strukturen, die auch nach einer Konjunkturberuhigung nicht mehr haltbar sind, durch staatliche Subventionen vor Wettbewerb zu schützen und damit zukunftsträchtige Vorhaben zurückzudrängen. Wenn die Krise nicht sehr wesentlich über solche Bereinigungen hinausgeht, sorgt die Privatwirtschaft im eigenen Interesse für die notwendigen Veränderungen, so daß in- und ausländische Kreditgeber wieder Vertrauen gewinnen.

Singapur und Taiwan scheinen eine solche Bereinigung überwiegend der privaten Selbstkontrolle überlassen zu haben. Singapur ließ eine Abwertung seiner Währung zu, Taiwan gab seinen festen Wechselkurs auf. Die Wertverluste beider Währungen waren wesentlich geringer als diejenigen anderer Währungen im asiatischen Krisengebiet.[8] Eine Freigabe von Wechselkursen bedeutet sogar, daß der Staat sich zurückzieht und auch die Beseitigung außenwirtschaftlicher Ungleichgewichte den Entscheidungs- und Kontrollbefugnissen der Privatwirtschaft überläßt. Beide Länder hatten offenbar makroökonomische Bedingungen und mikroökonomisch-ordnungspolitische Strukturen, die für eine stärkere Immunität gegenüber Ansteckungen durch die Währungskrisen der umliegenden Länder gesorgt haben. In beiden Ländern ging zwar das Wachstum des realen BIP im Jahre 1998 zurück, blieb aber im Gegensatz zu den Werten für Korea, Indonesien, Malaysia, die Philippinen und Thailand positiv.[9]

In diesen zuletzt genannten Ländern kam es zu einem teilweise dramatischen Rückgang des BIP mit einer Tendenz zu panikartigen Übertreibungen, die sich selbst in einer „sekundären Krise“[10] hätten beschleunigen können, wenn keine Abwehrmaßnahmen der Konjunkturstabilisierung und der Wechselkursstabilisierung durch internationale Kredite getroffen worden wären.

3 Die Bekämpfung von akuten Währungskrisen

Ist eine Währungskrise einmal ausgebrochen, indem vor allem kurzfristiges Kapital abströmt, dann steht die Geldpolitik der Zentralbank vor einem Dilemma: Verteidigt sie den Wechselkurs durch Verkauf ihrer Devisen, dann nimmt sie dabei eigenes Zentralbankgeld aus dem Verkehr. Bei normaler Konjunktur wirkt diese monetäre Restriktion, die mit Zinssteigerungen einhergeht, stabilisierend in dem Sinne, daß Kapitalexport und Abwertungstendenzen eingedämmt werden. Bei beweglichen Preisen und Löhnen und anpassungsbereiter Wirtschaft halten steigende Zinsen das

---

8 Vgl. Corsetti u. a. (1998), S. 43.

9 Vgl. Bank für Internationalen Zahlungsausgleich (1999), S. 45.

10 Röpke (1933).

Kapital eher im Lande, als daß sie die reale Produktion einschränken. In der Krise verschärft jedoch die Verminderung der Geldmenge und nominellen Nachfrage die Abwärtsbewegung. Kapitalgeber fassen die Zinssteigerung eher als Alarmsignal auf. Damit ist der Notenbank die Waffe der Zinserhöhung zur Eindämmung von Kapitalflucht und Abwertungstendenzen aus der Hand geschlagen.[11] Kompensiert jedoch die Notenbank den deflatorischen Effekt ihrer Devisenverkäufe, dann wird die Leistungsbilanz nicht genügend aktiviert, um Abwertungserwartungen auszuschließen. Ein durch monetäre Expansion finanziertes staatliches Budgetdefizit zur Stabilisierung der Inlandsnachfrage ist ebenso zweischneidig: Es mindert die Kapitalflucht, soweit sie auf die schlechte Inlandskonjunktur zurückgeht, erhöht sie aber, soweit die Leistungsbilanz dadurch passiver wird und das Vertrauen sinkt, daß in Zukunft genügend Devisen verdient werden, um Auslandsschulden zu bedienen.

Um diesen nachteiligen Zirkel zu durchbrechen, sind Kredite durch den Internationalen Währungsfonds (IWF) und andere internationale Finanzinstitutionen sinnvoll.[12] Das gesamtwirtschaftliche Risiko negativer externer Effekte privater Verluste muß jedoch abgefangen werden, ohne die persönliche Haftung der Schuldner und Gläubiger herabzusetzen. Das ist leichter gesagt als getan. Währungskredite durch den IWF müssen einen Empfänger haben: Ist es die Notenbank des Schuldnerlandes, so wird sie damit den Wechselkurs stabilisieren wollen. Auch bei großem bürokratischem Aufwand könnte sie kaum „normale" Devisennachfrager von solchen unterscheiden, die die Krise mit verursacht haben. Außerdem sind diese Verursacher schon durch ihre Verluste im Konkurs bestraft. Ob Regierung und Notenbank im Krisenland allerdings die Kraft haben, Hilfe für die Eigentümer und Kreditgeber bankrotter Unternehmen und Banken zu verweigern und die Geldmenge auf andere Weise zu stabilisieren, mag fraglich sein. Auch ausländische Gläubiger und ihre Beauftragten sollten sicher sein, daß sie in der Krise ebenso verlieren wie private Schuldner.

---

[11] Vgl. Lutz (1935/1962), S. 18f., der auch die ordnungspolitischen Bedingungen für dieses Ergebnis eingehend erörtert.

[12] Die deutsche Braunskommission zur Untersuchung der Arbeitslosenfrage von 1931 hat seinerzeit unter maßgebender Mitwirkung von Wilhelm Röpke vorgeschlagen, eine Konjunkturanregung durch eine Auslandsanleihe abzusichern. Beide Maßnahmen sollten die „sekundäre" Krise unterbrechen, vertrauenbildend wirken und das Banksystem wieder funktionsfähig machen. Der Rat wurde ignoriert.

Internationale Notkredite müssen im übrigen von umfangreichen vertrauenbildenden Reformen im Krisenland begleitet sein. Dazu gehören Sanierungen von Unternehmungen, Umstellungen der Produktions-, Bezugs- und Absatzstruktur, ferner praktisch durchsetzbare bessere Vorschriften über Eigenkapital von Banken, Mitteilungspflicht bei Großkrediten, nicht politisierte Bankenaufsicht, Vorschriften über Rechnungslegung und Publizität, insbesondere bei großen Unternehmungen, und vieles andere. Dies alles ist freilich nutzlos, wenn im Krisenland keine politische Stabilität gewahrt werden kann. Durch Währungskredite soll Zeit gewonnen werden, um glaubwürdige Reformen einzuleiten.

Der dornige Weg ordnungspolitischer Reformen ist jedoch unbeliebt. Deshalb wird versucht, in der Krise die marktwirtschaftlichen Reaktionen durch Verbote oder Rationierungen der Kapitalexporte zu unterdrücken. Wird dieses Mittel nicht schlagartig angewandt, sondern vorher öffentlich erörtert, dann entsteht eine krisenverschärfende Panik mit zusätzlicher Kapitalflucht, man schafft, was man bekämpfen will. In jedem Fall wird das Land weniger kreditwürdig, selbst wenn für neue Kredite Transfergarantien gegeben werden. Es kann ein Konflikt mit Investitionsschutzabkommen entstehen, wenn in ihnen der Transfer von Amortisationen, Zinsen und Dividenden garantiert ist. Es gibt außerdem zahlreiche Umgehungsmöglichkeiten, die weitere und schärfere Kontrollen herausfordern, bis schließlich alle Posten der Zahlungsbilanz im Rahmen einer vollständigen Devisenzwangswirtschaft erfaßt sind. Für das Linsengericht kurzfristiger und nicht einmal sicherer Augenblicksentlastungen werden Vorteile der Konvertierbarkeit der Währung und der internationalen Arbeitsteilung über Bord geworfen. Das Argument, man wolle solche Kontrollen wie einen Regenschirm nach Bedarf und nur vorübergehend anwenden, bis der Markt sich wieder beruhigt hat, vernachlässigt die internen und externen Kosten ständiger administrativer Umstellungen und ist allenfalls dann stichhaltig, wenn feststeht, daß unbeirrt glaubwürdige Reformen eingeleitet werden, von denen erwartet werden kann, daß sie den Markt überzeugen und damit solche Kontrollen überflüssig machen. Die Devisenkontrollen neigen jedoch zur Verewigung, weil sie nicht nur einer damit befaßten Bürokratie Vorteile verschaffen, sondern mit der Entstehung von Kontingentsrenten verbunden sind, an denen sich Privilegierte bereichern wollen. Ein sich entwickelndes Land tut gut daran, die Vorteile zu beachten, die es aus freien internationalen Kapitalbewegungen ziehen kann.[13]

4 Der Staat als Verursacher von Währungskrisen

Der Staat kann, wenn er darauf ausgeht, nach einem witzig-übertreibenden Wort von D.H. Robertson (1947) in einer halben Stunde mit Hilfe der Notenpresse und einer starken Gewerkschaftsbewegung eine Währungskrise herbeiführen.[14] Das galt für seine Zeit in einem Festkurssystem, ist aber auch bei beweglichen Wechselkursen möglich. Das heißt: Die währungspolitische Krisenempfindlichkeit nimmt mit einer bestimmten Art von makroökonomischer Entwicklung ebenso zu wie die Lawinengefahr bei anhaltenden Schneefällen: Ständig wachsende Budgetdefizite in Relation zum Bruttoinlandsprodukt (BIP), ständige Zunahme der Finanzierung von langfristigen Investitionen durch auf Auslandswährung lautende kurzfristige Kredite, eine reale Aufwertung durch Auftrieb der Inlandspreise, hervorgerufen durch eine lockere Geldpolitik, dementsprechend Tendenz zu einem Leistungsbilanzdefizit, das von normalen Kapitalimporten nicht gedeckt ist. Bei Festkursen wird dieses Defizit durch den Einsatz von Währungsreserven beglichen. Sie müssen ständig abnehmen, wenn der deflatorische Effekt der Devisenverkäufe von der Notenbank durch monetäre Expansion kompensiert wird. Die Abnahme der Währungsreserven untergräbt aber das Vertrauen in die Fähigkeit, den Wechselkurs weiter zu verteidigen, und begünstigt eine Abwertungsspekulation. Der damit verbundene Kapitalabfluß kann eine Währungskrise hervorrufen.

Wenn im übrigen rechtsstaatliche Sicherungen des Wirtschaftsverkehrs fehlen, der Staat unberechenbar interveniert, Eigentumsrechte unzulänglich gesichert sind und Geldentwertung sich mit Korruption verbindet, wird eine chronische Währungskrise begünstigt. Die Einzelwirtschaften und Entscheidungsträger erhalten nicht die Signale, die nach einer Störung des außenwirtschaftlichen Gleichgewichts zu seiner Wiederherstellung notwendig sind. Der Fall Rußlands scheint hierfür typisch zu sein: Auslandskredite wurden vom Staat konsumtiv verwendet. Zur wirtschaft-

---

13 Vgl. Werner (1976, 1978).

14 Vgl. Robertson (1947), S. 434.

lichen Entwicklung hätten aber Investitionen die höchste Dringlichkeit erhalten müssen. Diejenigen, die über die Kapitalverwendung zu entscheiden haben, finden die Inlandsanlage bei unzulänglichen ordnungspolitischen Rahmenbedingungen nicht attraktiv genug. Verfügbares Kapital wird in Höhe von 10-20 Mrd. $ jährlich (illegal) im Ausland angelegt.[15] Das trägt zur Verschärfung der Währungskrise bei. Sie ist eine Ordnungskrise, die auch nicht durch ständig zunehmende Auslandshilfe und internationale Verschuldung behoben werden kann.

Ein Gegenbeispiel sind die USA mit stabiler wirtschaftlich-politischer Gesamtordnung, die für das international bewegliche Kapital vertrauenswürdig ist. Erhebliche Leistungsbilanzdefizite und damit Auslandsverschuldungen sind damit ebenso vereinbar wie früher große Budgetdefizite. Ob es nicht auch dafür Grenzen gibt, wäre zu prüfen.[16] Jedenfalls sind die USA schon wegen der Wettbewerbs- und Anpassungsfähigkeit ihrer Wirtschaft von einer Währungskrise weit entfernt.

Es ergibt sich also: Heute wirkt der Staat neben seiner altbekannten Inflationsmethode auch durch ordnungspolitische Handlungen und Unterlassungen, vor allem aber durch seine Schuldenpolitik als Verursacher und Mitverursacher von Währungskrisen. Woran liegt das?

Der Staatskredit weist einen strukturellen Defekt auf. Öffentliche Körperschaften sind bei der Aufnahme und Gewährung von Krediten nicht an privatwirtschaftliche Rentabilitätszwänge gebunden.

Die öffentliche Hand wird allenfalls durch Parlamente oder andere Sachwalter des Steuerzahlers in ihren Entscheidungen kontrolliert. Stehen den öffentlichen Schuldnern private Gläubiger gegenüber, so haben diese keine oder nur sehr begrenzte Möglichkeiten zur Verfügung, auf Vermögenswerte des Schuldners zurückzugreifen oder gar wie in einem privaten

---

15 Vgl. Vincentz (1998), S. 17.

16 Vgl. die skeptischen Bemerkungen im 69. Jahresbericht der Bank für Internationalen Zahlungsausgleich (BIZ), S. 123, über das Rekordniveau des US-Leistungsbilanzdefizits im Jahre 1998 von 233 Mrd. $ und den Anstieg der Nettoauslandsverschuldung der USA von 16 % auf rund 19 % des BIP, ferner (S. 163) über die mögliche Überhitzung der amerikanischen Inlandskonjunktur und die Gefahr eines unkontrollierten Anstiegs und anschließenden Einbruchs des Dollarkurses. Die amerikanische Notenbank scheint aber durch vorsichtiges Anziehen der monetären Bremsen vorbeugen zu wollen.

Konkurs dessen Entscheidungsfreiheit einzuschränken. Bei Krediten zwischen verschiedenen Souveränen hängt die Sanktionsmöglichkeit davon ab, ob wirtschaftliche oder politische Repressalien anwendbar sind. Während bei Krediten zwischen Regierungen das Element der privatwirtschaftlichen Selbstkontrolle völlig fehlt, kann es bei privaten Krediten an ausländische Staaten auf der Seite der Gläubiger noch wirksam werden. Sie können abzuschätzen versuchen, ob es der Schuldnerstaat darauf anlegen wird, sich durch Zahlungsverweigerung für einige Zeit kreditunwürdig zu machen. Die einzige Waffe der Gläubiger besteht in der Zurückhaltung gegenüber einem Schuldner, dem gegenüber rechtliche Sanktionen beschränkt sind. Die weltweite Liberalisierung der Finanzmärkte hat allerdings den internationalen Wettbewerb um das knappe Kapital verschärft. Der Markt kann auch die Staatsschuldner durch Verweigerung erziehen. Wie schwierig das ist, zeigt freilich die hemmungslose Staatsverschuldung durch kurzfristig denkende Politiker in Demokratien[17], aber auch in anderen Staatsformen. Immerhin hat aber der globalisierte Kapitalmarkt die privatwirtschaftliche Kontrolle der Gläubiger auch gegenüber staatlichen Schuldnern gehärtet. Die Strafen für Staatsversagen sind Kapitalflucht und Währungskrisen.

Soweit Staaten und internationale Organisationen der öffentlichen Hand wie der Internationale Währungsfonds (IWF) Kredite, die sie an Staaten gewähren, mit wirtschaftspolitischen Auflagen versehen, können die Handlungsspielräume für Staatsschuldner formell eingeschränkt sein. Materiell bleibt als Sanktion jedoch wie bei privaten Gläubigern nur die Blockierung gewährter und die Verweigerung weiterer Kredite. Solche Organisationen wie z. B. die Europäische Union wollen die Staatsschulden regulieren und begrenzen.[18] Dies geschieht auch zur Verhinderung von Währungskrisen und deshalb, weil eine an der Geldwertstabilität orientierte Politik der Europäischen Zentralbank gestört werden kann, z. B. in der Zinspolitik. Die Aufsicht über den Staatskredit dürfte politisch um so schwieriger werden, je mehr das Budget der Europäischen Union erweitert wird und man ihr das Recht zur Kreditaufnahme einräumt. Aber auch gegenüber untergeordneten Gebietskörperschaften ist die Kreditaufsicht so lange unzulänglich, wie es einen Finanzausgleich gibt, auf den man sich bei der Kreditaufnahme verläßt.

---

17 Vgl. von Weizsäcker (1999), S. 25ff.

18 Z. B. nach Art. 104 c des Vertrages über die Europäische Gemeinschaft.

5 Krisenvorbeugung

Die Bereinigung einer akuten Währungskrise kann nur gelingen, wenn das verlorene Vertrauen in Wirtschaft und Währung des betroffenen Landes wiederhergestellt und für die Zukunft besser gefestigt wird. So muß die Bekämpfung einer akuten Krise in eine Krisenvorbeugung übergehen. Bei stabilem Geld, gefestigtem Rechtsstaat mit eindeutigen Haftungen und Erfüllung anderer Bedingungen, die Walter Eucken (1952/1990) für das Funktionieren einer Wettbewerbsordnung genannt hat, sind die Einzelwirtschaften besser trainiert, sich an neue Daten durch gesamtwirtschaftlich sinnvolle Umstellungen anzupassen, als in einer durch Protektionismus, Monopolismus und konservierende Regulierungen erstarrten Wirtschaft.

Allerdings wirken an sich richtige staatliche Ordnungsmaßnahmen nicht immer krisenmindernd, wenn dadurch das Risiko für Kreditgeber und Kreditnehmer herabgesetzt wird. Das gilt zum Beispiel in einem Schuldnerland für bessere Bankenaufsicht, neue Depositenversicherungen, bessere und besser durchgesetzte Bilanzierungsvorschriften, rechtsstaatliches Schuld- und Konkursrecht, bessere Publizitätsvorschriften, insbesondere für Großunternehmen, und vieles andere. Durch bessere Informationen sinkt das Risiko für die an einem Kreditgeschäft Beteiligten. Wäre ihre Risikoneigung unverändert, dann könnten sie leichter und auch leichtsinniger internationale Kredite gewähren. Das gilt vor allem, wenn nicht nur die nationalen Notenbanken als „lender of last resort“ dienen, sondern auch der IWF[19] und außerdem ausdrückliche oder stillschweigende Kreditgarantien des Staates im Gläubiger- oder Schuldnerland hinzukommen. Das Problem des „moral hazard“ ist damit also nicht automatisch gelöst. Die Verschuldung eines Landes nimmt mit besserer Ordnungspolitik wegen größerer Kreditwürdigkeit zu. Bei wirtschaftlich rationaler Kreditverwendung ist das zwar noch nicht ausreichend, um eine höhere Krisenempfindlichkeit anzunehmen. Aber es können nicht nur mehr, sondern auch solche Kredite gewährt werden, die unter schlechteren ordnungspolitischen Bedingungen als zu riskant angesehen worden wären. Die staatliche Ordnungspolitik muß also die privatwirtschaftliche Selbstkontrolle in dem Sinne härten, daß nicht nur Irrtümer über einzel- und gesamtwirtschaftliche Risiken durch bessere Information gemindert werden, sondern

[19] Vgl. Giannini (1998).

auch die Abwälzung von Verlusten auf andere erschwert wird, also auf Steuerzahler, andere Banken und deren Kunden, beim IWF auf die Gemeinschaft der Bürger der Mitgliedsländer und insgesamt der solideren Schuldner.

Es gibt jedoch auch viel radikalere Vorschläge zur Vorbeugung gegen Währungskrisen:

Ein besonders radikaler Vorschlag wäre es, Währungskrisen einfach dadurch abzuschaffen, daß es nur noch ein einziges Weltgeld gibt. Auch der Vorschlag, weitere Währungsunionen zu gründen[20], geht in diese Richtung. Werden Währungskrisen als Probleme zwischen verschiedenen Währungen definiert, dann verschwinden sie, wenn es keine verschiedenen Währungen mehr gibt, also auch keine nominalen Wechselkurse und Wechselkursspekulationen. Die Gründe, die für den Ausbruch einer Währungskrise verantwortlich sind, können aber sehr wohl auch zwischen Ländern wirken, die in einem gemeinsamen Währungsgebiet vereint sind.

Nach Kaldor (1970, 1975) gibt es innerhalb eines Staates einen automatischen Finanzausgleich, der interregionale Zahlungskrisen mildert. Das Währungsgebiet kann aber größer sein als das Staatsgebiet. In der Europäischen Währungsunion sind wechselseitige Haftungen für Verbindlichkeiten der Mitgliedstaaten untereinander ausgeschlossen.[21] Insoweit vergrößert sich die Ähnlichkeit der Gebiete der Mitgliedstaaten mit selbständigen Währungsräumen. Ob es nicht auch innerhalb eines Währungsraumes spekulative Bewegungen kurzfristigen Kapitals und örtliche Liquiditätskrisen mit depressiven Folgen gibt, wäre mindestens noch genauer zu prüfen. Fehlende Statistiken sind kein Beweis für das Fehlen einer Erscheinung, und es ist wenig damit gewonnen, wenn eine Aufgabe der Währungspolitik lediglich in eine solche der Regionalpolitik umgewandelt wird. Das Problem ist aktuell, da z. B. Argentinien seine Währung an den US-Dollar gebunden hat und erwägt, ihn als Währung zu übernehmen, obwohl es im Gegensatz zu den USA unter einer Rezession leidet.[22]

Wenn innerhalb eines Währungsraumes tatsächlich interregionale Finanzkrisen weniger häufig vorkommen, so sind dafür wahrscheinlich an-

---

[20] Vgl. Bofinger (1999).

[21] Art. 104 b des EU-Vertrages.

[22] Zu den reformpolitischen Vorteilen dieser Anbindung an den Dollar: Vgl. Freytag (1998).

dere Gründe maßgebend als eine gemeinsame Währung, nämlich eine gemeinsame Wirtschafts- und Rechtsordnung. Nur soweit die gemeinsame Währung von dieser in Wahrheit entscheidenden ordnungspolitischen Gemeinsamkeit begleitet wird, beugt sie interregionalen Finanzkrisen vor. Bei einer solchen Gemeinsamkeit funktioniert aber auch ein System mit formal getrennten Währungen, wie die Goldwährung gezeigt hat.

Eine andere radikale Möglichkeit bestünde darin, das Geld durch eine umfassende und dauerhafte Devisenzwangswirtschaft wieder zu nationalisieren, um ungestört von Zahlungsbilanzproblemen eine autonome Geld- und Finanzpolitik betreiben zu können. Die Nachteile dieses heute utopisch gewordenen Systems überwiegen vorübergehende Vorteile.[23]

Erörtert wird aber eine Wiederbelebung des Systems von Bretton Woods mit Einführung neuer internationaler Kapitalverkehrskontrollen.[24] Freier Kapitalverkehr begünstige oder verursache Währungskrisen. Eine Analogie zum Freihandel und den dafür sprechenden Vorteilen bestehe nicht oder nur mit großen Einschränkungen.[25] Die Gegenposition ist jedoch kaum zu widerlegen.[26] Paradox ist es im übrigen, wenn gleichzeitig der freie Kapitalverkehr innerhalb eines Währungsraumes nicht in Frage gestellt wird, obwohl doch dann auch für ihn die Analogie zum Freihandel unzutreffend sein müßte

Selbst Liberale meinen jedoch, bei Schwellen- und Entwicklungsländern vor einer schnellen Liberalisierung des internationalen Kapitalverkehrs warnen zu sollen. Erst müßten dafür die institutionellen Voraussetzungen, z. B. bessere Bankenaufsicht und Bilanzierungsregeln, geschaffen werden. Man denkt hier wohl an unbegrenzte Kapitalzuflüsse ohne ausreichende Bonitätsprüfung bei den Schuldnern. Verantwortlich hierfür sind aber unvorsichtige Gläubiger und ihre mangelhafte Wahrnehmung von Risiken und institutionellen Mängeln in den Schuldnerländern. Wer ohne Not Bürgerkriegsländern oder Ländern mit völlig unsolider Wirtschaftspolitik Kredite gewährt, sollte nicht mit der Deckung seiner Verluste von anderer Seite rechnen können. Es gäbe dann mehr Zurückhaltung bei den Kreditgebern.

---

[23] Vgl. Meyer/Willgerodt (1980).
[24] Vgl. Willgerodt (1998).
[25] Vgl. Kenen (1998).
[26] Vgl. Werner (1978); Schuknecht (1999).

Im übrigen aber wäre eine Maxime, wonach Armen schlechthin keine freie Verwendung eigenen und fremden Kapitals zugestanden werden darf, weil das für sie zu gefährlich sei, höchst fragwürdig. Private Einzelwirtschaften gehen, wenn sie arm sind, in der Regel mit dem wenigen Kapital, das sie haben, sehr sorgfältig um.[27] Allenfalls Oberschichten und die Regierung in armen Ländern können von einer Liberalisierung des Kapitalexports durch Anlage von Mitteln in Hartwährungsländern Gebrauch machen.[28] Da sie aber die Hebel der Kapitalverkehrskontrollen bedienen, können sie sich auch vor der Liberalisierung des Kapitalverkehrs die gewünschten Devisenbeträge zuteilen, und zwar zu einem günstigeren Kurs, als er ohne Kontrollen bestehen würde. Sollten die Regierungen und Oberschichten sich im Ausland verschulden wollen, so werden sie sich daran durch die eigenen Kapitalverkehrskontrollen nicht hindern lassen. Verfügt ein Land aber über einen weniger bestechlichen Regierungsapparat, der Kapitalverkehrskontrollen nach festen Regeln korrekt handhabt, dann müßte dieser Apparat auch in der Lage sein, die institutionellen Voraussetzungen für ein funktionsfähiges Finanzsystem im Inland zu schaffen, so daß man ohne Kontrollen auskommen kann.

Selbst wenn die Liberalisierung des Kapitalverkehrs zeitlich vorangeht und wegen ordnungspolitischer Blindheit ausländischer Gläubiger nicht erkannt wird, wie labil die Institutionen für die Finanzmärkte eines Entwicklungslandes noch sind: Eine Währungskrise kann die nötigen Reformen bei den Schuldnern und geänderte Verhaltensweisen der Gläubiger erzwingen und deswegen sogar heilsam sein.

Auch in Ländern, die grundsätzlich für die Freiheit des internationalen Kapitalverkehrs eintreten, gibt es Bedenken gegen eine beliebige Einfuhr ausländischen Kapitals, weil es wieder abgezogen werden und dabei eine Währungskrise hervorrufen könnte. Das gilt vor allem für kurzfristige Kapitalzuflüsse. Wenn ein hinreichender Anlaß für einen krisenhaften Abfluß von Auslandskapital besteht, dann müßte er jedoch auch für das inländische Kapital ein Signal zur Kapitalflucht sein. Aber vorher muß es ja Anlässe für den kurzfristigen Kapitalzufluß gegeben haben. Eigentlich

27 Welcher Bauer verkauft seinen Pflug, um mit dem Erlös zu spekulieren?

28 Heinrich Langerbein (1999), früherer Chefstatistiker im deutschen Bundesministerium für wirtschaftliche Zusammenarbeit und Entwicklung, berichtet über extreme Verschiebungen von Geldern aus Entwicklungshilfe aus afrikanischen Ländern in das Ausland.

müßten die Banken im eigenen Interesse riskante Zuflüsse ausländischer Laufkundschaft entsprechend behandeln, das heißt zufließende Mittel dieser Art mindestens nicht längerfristig im Inland anlegen, sondern sogar die Verzinsung ablehnen, Provisionen für die Einlagen verlangen oder überhaupt die Einlage verweigern. Aber dies widerspricht der für den normalen Zahlungsverkehr notwendigen Übung, jede Überweisung zunächst einmal anzunehmen, zumal deren Qualität im Augenblick des Zuflusses kaum zu erkennen ist. Außerdem widerspricht es dem Gewinninteresse, solange noch eine höher verzinsliche Anlage unter Wahrnehmung der Fristigkeitsverlängerungsfunktion des Banksystems gefunden werden kann. Hier kann der Bankeneinsicht durch staatliche Aufsicht nachgeholfen werden, indem zum Beispiel ein unverzinsliches Bardepot bei der Zentralbank verlangt wird oder auch bürokratische Gentlemen´s Agreements wie in der Schweiz abgeschlossen werden.[29] Die große Gefahr solcher Verfahren liegt darin, daß die Regulierer falsch informiert sein können und daß ein falscher Wechselkurs verteidigt wird, um eine Aufwertung zu vermeiden, obwohl Preisniveaurelationen und Leistungsbilanz danach drängen.[30]

Während in Ausnahmefällen die Abwehr von kurzfristigen Kapitalzuflüssen bei fortbestehender Freiheit anderer Kapitalbewegungen zu rechtfertigen ist, sind Vorschläge für allgemeine Behinderungen des internationalen Kapitalverkehrs abwegig. Hierzu zählt auch der verwaltungstechnisch und politisch kaum zu handhabende Vorschlag einer allgemeinen Steuer für internationale Kapitalbewegungen (Tobin-Steuer), der sein fragwürdiges Ziel, vor allem die kurzfristige Wechselkursspekulation zu treffen, nur bei extremen Steuersätzen erreichen könnte, durch die auch notwendige Kurssicherungsgeschäfte empfindlich getroffen würden.[31]

Vergessen wird bei allen diesen Behinderungsvorschlägen die Stabilisierungsfunktion eines großen internationalen Kapital- und Finanzmarktes. Man glaubt, im abgeschotteten Währungsraum mit stabilen Zinssätzen und geringen Finanzrisiken rechnen zu können. Nur der freie Weltmarkt gilt als gefährlich, obwohl er auf Störungen makroökonomischer Größen einzelner kleinerer Volkswirtschaften behäbig reagiert. Vergessen wird auch, daß ein freier Weltkapitalmarkt eine Diversifizierung von Kapital-

---

29 Vgl. Tuchtfeldt (1968).
30 Zu abschreckenden Beispielen: Vgl. Hasse u. a. (1975).
31 Vgl. Davidson (1997).

anlagen erlaubt, so daß in einem einzelnen Portfolio die Vermögensanlagen international gestreut werden können und damit das einzelwirtschaftliche Gesamtrisiko herabgesetzt wird. Das bedeutet aber auch geringere Empfindlichkeit von Finanzinstitutionen gegenüber regional begrenzten Krisen.

6 Überschuldung und Währungskrisen

Für 32 (ursprünglich 41) arme Länder ist ein allgemeiner Schuldenerlaß verlangt worden.[32] Es wird der Eindruck erweckt, man solle nach biblischem Vorbild in regelmäßigen Abständen überhaupt allen ärmeren Ländern oder Personen die Schulden erlassen. Auch bei Währungskrisen könnten die fälschlich schlechthin als reich angesehenen Gläubiger die Krise durch Schuldenerlaß beseitigen. Nun kommt es allerdings bei jedem Konkurs in der Privatwirtschaft zum Schuldenerlaß, wenn auch mit Auflagen und Beschränkungen für den Schuldner, ohne daß es dazu kirchlicher Appelle bedarf. Die Schulden der armen Länder sind jedoch heute zum größten Teil Staatsschulden, meist gegenüber anderen Staaten und internationalen staatlichen Einrichtungen wie dem IWF. Die staatlichen Empfänger der Kredite haben sie offenbar nicht produktiv verwendet. Man spricht von Überschuldung auch dann, wenn ein Land zwar noch liquide ist, der Schuldendienst aber für unzumutbar gehalten wird. Nun soll ihnen dieser Schuldendienst erlassen werden. Das wäre einleuchtender, wenn sie ihre Unwirtschaftlichkeit aufgeben würden und wenn nicht Erträge aus abgezweigten und in Hartwährungsländern angelegten Mitteln privat kassiert würden.

Neue Staatskredite können hier nicht helfen, wenn mit ihnen nur der Schuldendienst vorübergehend fortgeführt wird, also Schulden mit Schulden bezahlt werden. Moratorien und Umschuldungen ohne Kürzung der Schuldsumme setzen den Willen und die Möglichkeit des Schuldners voraus, nach Wiederherstellung seiner Zahlungsfähigkeit den Schuldendienst wieder aufzunehmen. Anderenfalls werden die Zahlungen eingestellt, es kommt zum formellen oder informellen Staatsbankrott[33], mindestens gegenüber dem Ausland. Die partielle oder völlige Zahlungsunfä-

---

[32] Vgl. Tietmeyer (1999); Bund Katholischer Unternehmer (1999).
[33] Vgl. Krüger (1996).

higkeit bedeutet automatisch einen vom Schuldner erzwungenen Schuldenerlaß. Bedeutet es aber auch eine Währungskrise für das Schuldnerland? Das ist ebensowenig zwingend, wie der Bankrott einer Einzelfirma des Schuldnerlandes dessen Wechselkursstabilität gefährden muß. Bei einem hohen Staatsanteil am marktfähigen Sozialprodukt liegt aber der Schluß nahe, daß auch private Schuldner eines solchen Landes weniger zahlungsfähig geworden sind, weil sie der Staat stärker belastet hat, auch um seine Zahlungseinstellung so lange wie möglich hinauszuschieben. Unter solchen Bedingungen ist der Staatsbankrott ein Signal für in- und ausländisches Kapital, das Land zu verlassen, solange das noch erlaubt und möglich ist. Die Schuldenkrise wird zur Währungskrise.

Mehrfach vorgeschlagen wurden für solche Fälle ein internationales Konkursgericht oder Verfahren, wie sie bei der Londoner Schuldenkonferenz in der Nachkriegszeit gegenüber Deutschland angewandt worden sind. Solche Konferenzen, bei denen die Gläubiger eines Staates mit dem Schuldnerstaat verhandeln, gibt es bereits. Es kann sinnvoll sein, alle Gläubiger eines Bankrottstaates, also auch die privaten, in einer Gläubigerversammlung zusammenzufassen und gleich zu behandeln. Dagegen spricht, daß staatliche Gläubiger auf wirtschaftliche Kreditverwendung besonders wenig geachtet haben können und ein Schuldnerland Wert darauf legt, später mit Vorrang bei privaten Gläubigern wieder kreditwürdig zu werden. Abwegig ist es, auch Gläubiger von privaten Kreditnehmern, die in dem Bankrottstaat ansässig sind, im Staatsbankrott heranzuziehen. Wer einem Schuldner Kredit gewährt, tritt damit einem potentiellen Gläubigerkollektiv bei, das im Konkursfall nur diesem besonderen Schuldner gegenüber handlungsfähig sein soll. Der Gläubiger eines privaten Schuldners wollte nicht zugleich dem Staat des Landes etwas leihen, in dem der Schuldner wohnt, und er wollte keinesfalls zusammen mit den Staatsgläubigern zu einem unfreiwilligen Haftungskollektiv zusammengefaßt werden, möglicherweise mit doppelter Haftung sowohl für Ausfälle bei seinem privaten Schuldner als auch zusätzlich noch bei Schulden des Staates, dem dieser Schuldner angehört. Die Staatsgläubiger werden dadurch unrechtmäßig entlastet, sollten aber auch umgekehrt nicht in einer Art von Gläubigerkollektivismus für Ausfälle bei Privatschulden herangezogen werden. Nur bei Trennung beider Kreditbereiche werden die jeweiligen Risiken durch Gläubiger und Schuldner richtig eingeschätzt.

Nicht nur für Währungskrisen, sondern auch für Überschuldungen ganzer Länder wird die Globalisierung der Finanzmärkte und die Freiheit der internationalen Kapitalbewegungen verantwortlich gemacht. Diese Überschuldungen sind jedoch in erster Linie ein Geschöpf der Politik. Den „Primat der Politik“ gegenüber der Globalisierung dieser Art wiederherzustellen wäre deshalb töricht. Staatliche Kreditgarantien aller Art und andere politische Kredite erhöhen die Risikobereitschaft der Empfänger und damit die Wahrscheinlichkeit von Währungskrisen. Es muß umgekehrt die privatwirtschaftliche Selbstkontrolle von Gläubigern und Schuldnern gestärkt werden. Dabei ist der Staat nützlich, indem er die rechtlich-institutionellen Rahmenbedingungen für Kreditverhältnisse verbessert. Je geringer die Staatsverschuldung ist, desto unparteiischer und sachgerechter, also als „unpolitischer“ Politiker, wird er dabei vorgehen, weil sein Interesse als Schuldner zurücktritt.

Wer armen Ländern helfen will, sollte sie nicht dazu anregen, Kredite aufzunehmen, die ohne Produktionsförderung verwirtschaftet werden. Nothilfe muß unentgeltlich gewährt werden, sollte aber durch wirtschaftlich rationale Verwendung sich selbst überflüssig machen. Das Überschuldungsproblem wird auch dann zum Moralproblem, wenn man die Erkenntnis verweigert, daß es sich um ein Wirtschaftlichkeitsproblem handelt.

Literaturverzeichnis

Bank für Internationalen Zahlungsausgleich (1999)
69. Jahresbericht, Basel.

Bofinger, P. (1999)
Argentinien erwägt eine Währungsunion mit den Vereinigten Staaten, in: *Handelsblatt, Wirtschafts- und Finanzzeitung* vom 04.02.1999, Düsseldorf u. Frankfurt a. M., S. 2.

Bund Katholischer Unternehmer (1999)
Faire Entschuldung? Ein „Erlaßjahr" 2000? Die internationale Schuldenkrise, Diskussionsbeiträge, Nr. 23, Trier: Paulinus.

Corsetti, G./ Pesenti, P./ Roubini, N. (1998)
What Caused the Asian Currency and Financial Crisis?, Temi di discussione del Servicio Studi, Nr. 343, Rom: Banca d´Italia.

Davidson, P. (1997)
Are Grains of Sand in the Wheels of International Finance Sufficient to do the Job when Boulders are often Required?, in: *The Economic Journal*, Bd. 107, S. 671 – 686.

Eichengreen, B. (1999)
Toward a New International Financial Architecture. A Practical Post-Asia Agenda, Washington DC: Institute for International Economics.

Eichengreen, B./ Mussa, M. u. a. (1998)
Capital Account Liberalization. Theoretical and Practical Aspects, Washington DC: International Monetary Fund.

Eucken, W. (1952/1990)
Grundsätze der Wirtschaftspolitik, 6. Auflage, Tübingen: Mohr (Paul Siebeck).

Freytag, A. (1998)
Geldpolitische Regelbindung als Teil der wirtschaftlichen Gesamtordnung: Der argentinische Currency Board, in: *Ordo-Jahrbuch*, Bd. 49, S. 379 – 399.

Giannini, C. (1998)
„Enemy of None but a Common Friend of All?" An International Perspective on the Lender-of-Last Resort Function, Temi di discussione del Servicio Studi, Nr. 341, Rom: Banca d'Italia.

Haberler, G. v. (1955)
Prosperität und Depression, 2. Auflage, Tübingen: Mohr (Paul Siebeck).

Hasse, R./ Werner, H./ Willgerodt, H. (1975)
Außenwirtschaftliche Absicherung zwischen Markt und Interventionismus, Frankfurt a. M.: Knapp.

Heinemann, F. (1999)
Panikmodelle erklären Währungskrisen, in: *Frankfurter Allgemeine Zeitung* vom 25.03.1999, Frankfurt a. M., S. 32.

Kaldor, N. (1970)
The Case for Regional Policies, in: *Scottish Journal of Political Economy*, Bd. 17, S. 337 – 348.

Kaldor, N. (1975)
Why are Regional Policies Necessary?, in: *Beihefte der Konjunkturpolitik*, Nr. 22, S. 9 – 21.

Kenen, P.B. (Hrsg.) (1996)
From Halifax to Lyons: What has been done about Crisis Management?, Essays in International Finance, Nr. 200, Princeton: International Finance Section, Princeton University.

Kenen, P.B. (Hrsg.) (1998) *Should the IMF Pursue Capital Account Convertibility?*, Essays in International Finance, Nr. 207, Princeton: International Finance Section, Princeton University.

Knight, M. (1999) Developing and Transition Countries Confront Globalization, in: *Finance and Development*, Bd. 36, Juni 1999, S. 32 – 35.

Kotios, A. (1999) Währungskrisen in globalisierten Finanzmärkten und internationale Währungspolitik, in: Duijm, B. (Hrsg.): *Aktuelle Probleme der Weltwirtschaftsordnung*. Festgabe für Josef Molsberger zum 65. Geburtstag, Hamburg: Kovac, S. 215 – 239.

Krüger, M. (1996) Staatsbankrotte: Es gab sie und es wird sie geben, in: Ludwig-Erhard-Stiftung (Hrsg.): *Orientierungen der Wirtschafts- und Gesellschaftspolitik*, Nr. 68, S. 8 – 13.

Langerbein, H. (1999) Bei näherem Hinsehen auf die Schulden armer Länder, Leserzuschrift an die *Frankfurter Allgemeine Zeitung* vom 23.06.1999, Frankfurt a. M., S. 14.

Lutz, F.A. (1935) Goldwährung und Wirtschaftsordnung, in: *Weltwirtschaftliches Archiv*, Bd. 41, 1935 I, S. 224 – 251 (wiederabgedruckt in: ders. (1962): Geld und Währung, Tübingen: Mohr (Paul Siebeck), S. 1 – 27).

Meyer, F.W./ Willgerodt, H. (1980) Devisenbewirtschaftung, in: *Handwörterbuch der Wirtschaftswissenschaft*, Bd. 2, Stuttgart u. New York: Fischer, S. 159 – 169.

Mishkin, F.S. (1997)
International Capital Movements, Financial Volatility and Financial Instability, in: Duwendag, D. (Hrsg.): *Finanzmärkte im Spannungsfeld von Globalisierung, Regulierung und Geldpolitik*, Schriften des Vereins für Socialpolitik, Bd. 261, Berlin: Duncker & Humblot, S. 11 – 40.

Robertson, D.H. (1947)
The Economic Outlook, in: *The Economic Journal*, Bd. 57, S. 421 – 437.

Röpke, W. (1933)
Die sekundäre Krise und ihre Überwindung, in: *Economic Essays in Honour of Gustav Cassel*, London: Allen & Unwin, S. 553 – 568.

Schuknecht, L. (1999)
A Trade Policy Perspective on Capital Controls, in: *Finance and Development*, Bd. 36, März 1999, S. 38 – 41.

Tietmeyer, H. (1999)
Ein genereller Schuldenerlaß für die ärmsten Entwicklungsländer?, in: Deutsche Bundesbank: *Auszüge aus Presseartikeln*, Nr. 7, vom 01.02.1999, S. 1 – 6.

Tuchtfeldt, E. (1968)
Die Abwehr von Auslandsgeldern mittels Gentlemen´s Agreements in der Schweiz, in: *Kredit und Kapital*, Bd. 1, S. 439 – 471.

Vincentz, V. (1998)
Währungskrisen und Verschuldung Osteuropas, Arbeiten aus dem Osteuropa-Institut München, Bd. 215, München: Osteuropa-Institut.

Werner, H. (1976)
Die Kontrolle internationaler Kapitalbewegungen, Köln: Institut für Wirtschaftspolitik.

Werner, H. (1978)
Ordnungsprobleme internationaler Kapitalmärkte, in: Gröner, H., Schüller, A. (Hrsg.): *Internationale Wirtschaftsordnung*, Stuttgart u. New York: Fischer, S. 193 – 213.

Weizsäcker, C.C. v. (1999)
Logik der Globalisierung, Göttingen: Vandenhoeck & Ruprecht.

Willgerodt, H. (1998)
Neue Kontrollen für den internationalen Kapitalverkehr?, in: Donges, J.B., Freytag, A. (Hrsg.): *Die Rolle des Staates in einer globalisierten Wirtschaft*, Stuttgart: Lucius & Lucius, S. 119 – 171.

Korruption als Ordnungs- und als Organisationsproblem

Bernd Schauenberg

1 Einführung

Schon 1977 hat die damalige amerikanische Regierung ihren Unternehmen mit dem *Foreign Corrupt Practice Act* das Zahlen von Bestechungsgeldern an ausländische Unternehmen verboten und mit strengen Strafen belegt.[1] Über die OECD haben dann mehrere amerikanische Regierungen lange Zeit versucht, andere Regierungen zu einem ähnlichen Verhalten zu bewegen. Diese Versuche waren nicht sonderlich erfolgreich. 1988 mußte das Gesetz sogar entschärft werden. Amerikanische Unternehmen konnten ihrem Gesetzgeber gegenüber glaubhaft belegen, daß sie wegen der amerikanischen Gesetzgebung einem Wettbewerbsnachteil ausgesetzt waren. Erst in den letzten Jahren hat sich die Situation geändert. 1997 wurde eine OECD-Konvention[2] vereinbart. Dieser Konvention ist auch die Bundesrepublik Deutschland Anfang 1999 beigetreten. Im Zuge ihrer Implementation wurde mit dem Steuerentlastungsgesetz vom 24.3.1999 auch die steuerliche Absetzbarkeit von Bestechungsgeldern als ‚nützliche Aufwendungen' aufgehoben. In internationaler Sicht ist damit eine lange Phase stets fehlgeschlagener Versuche zu Ende, den länderübergreifenden Kampf gegen die Korruption zu koordinieren und auf gemeinsame Grundsätze festzulegen. National gesehen ist vor allem das Ende einer mühseligen, oft mit unklaren Argumenten und nicht selten auch ethnozentristisch geführten Diskussion um die steuerliche Behandlung von Bestechungsgeldern zu Ende.[3] Über mögliche reale Konsequenzen der OECD-Konvention kann man aus zeitlichen Gründen, aber auch aus systematischen Gründen, die später aufgezeigt werden, noch nichts sagen.

---

1 Vgl. Eigen (1995), S. 159 - 160 mit einigen anschaulichen Beispielen.
2 Vgl. OECD (1997).
3 Vgl. dazu bspw. Roth (1995), S. 62 - 68.

Die Geschichte der OECD-Konvention deutet an, daß mit der Korruption erhebliche Probleme verbunden sein müssen. Die Regierungen der wirtschaftlich hoch entwickelten Staaten waren über einen sehr langen Zeitraum ganz offensichtlich nicht dazu in der Lage, ein gemeinsames Verständnis von der Notwendigkeit zu entwickeln, Korruption zu bekämpfen. Dagegen wird man annehmen dürfen, daß die weit überwiegende Mehrheit der Bürger dieser Staaten (zumindest bestimmte Formen der) Korruption als unmoralisch und verwerflich einstuft. In keiner bekannten Kultur scheint zudem die Bestechung von Amtsträgern erlaubt zu sein. Angesichts dieses frappanten Widerspruchs könnte man nun in diesem Zusammenhang – wie auch in vielen ähnlichen Zusammenhängen – Politikversagen diagnostizieren und entsprechende Therapien vorschlagen.[4] Man könnte aber auch ein wenig vorsichtiger, etwas weniger selbstsicher reagieren und fragen, ob die Dinge wirklich so eindeutig und damit auch so einfach sind.[5] Denkbar wäre es nämlich, daß die beobachtbaren Schwierigkeiten im Umgang mit der Korruption in der Natur der Sache liegen. Ein Beispiel mag das verdeutlichen: Wenn Eltern ihr Kind in einem Unrechtsstaat nur dadurch vor dem Tod retten können, daß sie einen Amtsträger dieses Staates bestechen, dann ist Bestechung in dieser Situation nicht nur erlaubt, sondern möglicherweise sogar geboten. Korruption entzieht sich also einer einfachen und eindeutigen Bewertung. So kann und darf es nicht überraschen, daß es in der Literatur, wie wir sehen werden, auch ernsthafte Argumente für das Tolerieren und sogar für die Effizienz von Korruption gibt. Ein Plädoyer für eine strenge Anti-Korruptionspolitik ist also schwierig und, wie wir ebenfalls sehen werden, nicht ohne weiteres möglich.

Der Gang der Untersuchung ist wie folgt: Nach einigen Bemerkungen zu Walter Eucken, zu seinem Verhältnis zum Korruptionsproblem und zu seinen Thesen zum Verhältnis von Volks- und Betriebswirtschaftslehre werden die schon angesprochenen Probleme bei der Diskussion von Korruption erläutert. Dann wird ein (sehr) knapper Überblick über Ergebnisse der ökonomischen Theorie gegeben. Neben den unterschiedlichen Fragestellungen werden vor allem mögliche Lösungsansätze grob dargestellt. Ordnungspolitische und unternehmenspolitische Konsequenzen werden

---

4 Vgl. zu einer solchen Position etwa Shleifer (1986) und Shleifer/Vishny (1993, 1994).

5 Vgl. zu einer ähnlichen Überlegung Banerjee (1997).

danach vorgetragen. Zum Schluß wird nochmals auf die methodischen Besonderheiten einer ökonomischen Analyse der Korruption eingegangen.

2 Walter Eucken und das Korruptionsproblem

Walter Eucken hat sich in seinen Schriften, soweit ich sehe, nie explizit mit dem Problem der Korruption auseinandergesetzt.[6] Implizit aber wird man das Thema immer bei ihm finden: Korruption führt, wie man sich leicht klar machen kann, zu einer Störung des Preissystems und behindert damit die Wettbewerbsordnung. Ordnungspolitik zum Schutz der Wettbewerbsordnung sollte also auch die Bekämpfung der Korruption beinhalten. Einsichten, wie sie Eucken bei der Bekämpfung wirtschaftlicher Macht gewonnen hat, müßten deshalb für die Bekämpfung der Korruption nutzbar zu machen sein.[7]

Walter Euckens Werk ist aber für diesen Beitrag noch in einem anderen Sinn wichtig und wesentlich. Er hielt bekanntlich die Trennung von Volks- und Betriebswirtschaftslehre für falsch und problematisch:

> „Die Probleme der Nationalökonomie und der Betriebswirtschaftslehre gehören zusammen."[8]

Sie seien stets miteinander verbunden. Vor allem gelte:

> „Aufbau und Führung der Betriebe und Haushaltungen können nur im Rahmen der Wirtschaftsordnung und des gesamten Wirtschaftsablaufes verstanden werden."[9]

Daraus folgt zunächst einmal, daß jeder ordnungspolitische Versuch, Korruption zu bekämpfen, Folgen für die Unternehmenspolitik hat. Andererseits gilt dann auch, daß ein solcher Versuch nicht ohne eine Analyse des Verhaltens von Unternehmen erfolgreich sein kann. Die wichtigste

---

6 Vgl. Eucken (1947, 1952).

7 Insofern ist es nur konsequent, wenn in unserem Land der Tatbestand der Angestelltenbestechung in § 12 des Gesetzes gegen den unlauteren Wettbewerb (UWG) geregelt wird.

8 Eucken (1947), S. 369.

9 Eucken (1947), S. 369.

Folge ist, daß die Bekämpfung der Korruption dann auch als eine Aufgabe der Unternehmenspolitik zu betrachten ist. Angesichts der Tatsache, daß Unternehmen bei korrupten Handlungen stets beteiligt sein müssen, klingt dies trivial und wenig gehaltvoll. Wenn man aber die ordnungspolitischen Probleme konsequent mit den unternehmenspolitischen Fragen verbindet, werden die Konsequenzen, wie wir sehen werden, nicht mehr trivial erscheinen.

3 Korruption: Begriff und Komplikationen

In fast jedem Beitrag zum Korruptionsproblem wird darauf hingewiesen, daß Korruption schwer zu definieren sei.[10] Das muß, wie sich leicht zeigen läßt, aber so sein. Man betrachte dazu eine Ökonomie mit mindestens einer öffentlichen und mindestens zwei privaten Organisationen. In allen Organisationen sollen mehrere Akteure tätig sein. Deren Rechte und Pflichten seien eindeutig bestimmt. Sie seien normiert. Mehrere Formen von (norm-)abweichendem Verhalten können nun unterschieden werden.

Von Kollusion spricht man im allgemeinen dann, wenn Akteure aus unterschiedlichen Organisationen ihre Handlungen zum beiderseitigen Vorteil abstimmen. Preisabsprachen von zwei Unternehmen auf einem Markt sind ein prominentes Beispiel. Von Korruption spricht man dann, wenn Akteure aus unterschiedlichen Organisationen die Zahlung von Bestechungsgeldern gegen die Gewährung eines bestimmten Vorteils vereinbaren.[11] Dieser Fall soll etwas genauer betrachtet werden.[12] Mitglied a der Organisation A muß eine Entscheidung treffen. Bei dieser Entscheidung habe er einen gewissen Entscheidungsspielraum. Für Mitglied b von Organisation B und damit auch für Organisation B sei eine bestimmte Entscheidung von Akteur a mit positiven Gewinnen verbunden. Korrupte Handlungen können nun von Akteur a oder Akteur b ausgelöst werden.

---

10 Vgl. dazu u. a. Rose-Ackerman (1978), Klitgaard (1988), Andvig (1991), S. 60 - 61 und Mény (1996), aber auch die beeindruckende Arbeit von Noonan (1984) zur historischen Entwicklung im interkulturellen Vergleich.

11 Dieser Sprachregelung folgt die Literatur natürlich nicht. Hinzuweisen ist vor allem darauf, daß Tirole in einem der wichtigsten Beiträge zur Theorie der Korruption von Kollusion spricht. Vgl. dazu Tirole (1986) und zum Stand der Diskussion Tirole (1992).

12 Vgl. dazu auch Andvig (1991).

Im ersten Fall versucht a den b dazu zu bewegen, ihm einen Geldbetrag zu zahlen oder einen geldwerten Vorteil zu verschaffen. Als Gegenleistung bietet er ihm die für b genehme Nutzung seines Entscheidungsrechts an. Im zweiten Fall geht die Initiative von b aus. Er bietet a Geld an, um ihn zu einer für ihn genehmen Entscheidung zu bewegen. Statt Geld können, wie etwa bei einer Erpressung, auch andere Mittel eingesetzt werden. Das aber ändert kaum etwas an den relevanten Merkmalen der Situation. Es führt uns allerdings zu einer wichtigen Feststellung: Es gibt sehr viele Möglichkeiten für abweichendes Verhalten. Oft ist es so, daß es nur eine Möglichkeit der normgerechten, aber unendlich viele Möglichkeiten der normabweichenden Aufgabenerfüllung gibt.[13] Wenn das allerdings so ist, dann wird man auch keine exakten Definitionen von Kollusion und Korruption erwarten dürfen. Mehr als die oben vorgetragenen Charakterisierungen ist nicht möglich und oft auch nicht nötig.

Zwei weitere Unterscheidungen sind für eine umfassende Diskussion des Korruptionsproblems unverzichtbar. Zunächst einmal muß man bedenken, daß das übliche Verständnis von Korruption als einem Prozeß zwischen einem Akteur aus einem privaten und einem Akteur aus einem öffentlichen Unternehmen zu kurz greift. Wie viele Skandale aus den letzten Jahren deutlich machen, hat man auch den Fall, daß beide Akteure aus privaten Unternehmen kommen, zu bedenken. Erleichtert wird die Analyse dieses Falles nur dadurch, daß den Akteuren bei solchen Prozessen kaum neue Handlungsweisen einfallen.[14] Außerdem sollte man bedenken, daß auch das übliche Verständnis von Korruption als einem externen Prozeß über die Grenzen von Unternehmen hinweg zu kurz greift. Korruption kann es auch in vielen Varianten in einer Organisation geben.[15]

Einige Ergänzungen und Erweiterungen sind zudem notwendig. Zunächst einmal muß darauf hingewiesen werden, daß Kollusion und Korruption nur im Hinblick auf Normen definiert werden können. Sie stellen stets abweichendes Verhalten dar. Hier ist zudem der Unterschied zwischen Kollusion und Korruption allein über die Zahlung eines Bestechungsgel-

---

13 Formal entspricht das etwa der Situation, daß man nur auf eine Art und Weise vollkommen, aber in unendlich vielen Varianten unvollkommen informiert sein kann.

14 Vgl. dazu die Befunde von Einert (1996).

15 Vgl. etwa zu verdeckten Spielen die Arbeit von Kräkel (1995).

des bestimmt worden. Ob das ausreicht, um die beiden Formen von abweichendem Verhalten immer sinnvoll zu unterscheiden, kann ebenfalls nicht allgemein entschieden werden. In vielen Zusammenhängen macht diese Unterscheidung keinen Sinn.[16]

Fundamentaler als das Definitions- und das Unterscheidungsproblem erscheint der Tatbestand, daß man nicht immer erklären kann, wie Korruption zustande kommt. Das gilt vor allem dann, wenn man konsequent eine vertragstheoretische Perspektive wählt.[17] Wenn die Akteure a und b eine korrupte Handlung begehen wollen, dann müssen sie eine Verabredung treffen und durchsetzen. Unklar ist, wie das geschehen kann. Man betrachte dazu das folgende Beispiel: Ein Autofahrer b wird von einem Polizisten a bei einer Geschwindigkeitsübertretung erwischt. Er bietet dem Polizisten einen Geldbetrag, um die Strafe zu vermeiden. Zwei Fragen bleiben dabei offen. Wie kann der Autofahrer sicher sein, daß ihn der Polizist nicht auch noch wegen eines Bestechungsversuchs anklagt? Und wie kann der Polizist sicher sein, daß es sich bei dem Autofahrer nicht um eine Testperson handelt? Sicher scheint, daß beide Akteure in einer solchen Situation kaum Durchsetzungsmöglichkeiten haben. Interne Durchsetzungsmöglichkeiten scheiden hier aus: Die Akteure kennen sich noch nicht einmal. Externe Durchsetzungsmöglichkeiten scheiden erst recht aus: Korrupte Verabredungen können nicht vor Gericht durchgesetzt werden. Man beachte, daß der in solchen Zusammenhängen üblich gewordene Hinweis auf Reputation hier nicht greifen kann. Reputation könnte, wenn überhaupt, dauerhafte Prozesse der Korruption erklären. Korruption in kurzfristigen Interaktionen kann damit nicht erklärt werden.

Eine weitere Komplikation ergibt sich aus dem Tatbestand, daß man Korruption kaum messen kann.[18] Viele wichtige Fragen kann man stellen: Hat die Korruption in einem Land zugenommen? Hat sie in einem Land oder in einer Region schneller zugenommen als anderswo? Ist die Korruption in der Folge von Entwicklungshilfe gestiegen? Waren die in den letzten Jahren stets kritisierten afrikanischen Staaten schon immer korrupt oder sind sie es erst in den letzten Jahrzehnten geworden? Diese und andere Fragen wird man aus naheliegenden Gründen nicht beantworten können:

---

16 Das würde dann auch wieder für die Terminologie von Tirole (1986, 1992) sprechen.

17 Vgl. Tirole (1992), S. 154 - 156.

18 Vgl. wiederum Mény (1996).

Neben der bei solchen Versuchen relevanten Dunkelziffer wird man vor allem bei internationalen Vergleichen auf unterschiedliche Normen hinweisen müssen. Theorien über die Korruption wird man also mit den üblichen Verfahren und Methoden nicht testen können.[19] Auch die Indizes, die von Transparency International regelmäßig erhoben und publiziert werden[20], können dieses Problem nicht lösen. Die Indizes sind sehr interessant. Sie werden zudem mit großer Sorgfalt erhoben. Man wird sie aber kaum als theoretisch fundiert bezeichnen können.

Korruption ist, wie oben schon angedeutet, nicht einfach zu bewerten.[21] Zweifellos kann es Situationen geben, in denen Korruption geboten ist.[22] Wenn Staats- oder Politikversagen vorliegt, kann eine positive Wohlfahrtswirkung von Korruption nicht ausgeschlossen werden. Man stelle sich folgende Situation in einem fernen Land vor: Ein schlecht bezahlter Bürokrat hat eine Genehmigung auszustellen. Bestechungsgelder können in einer solchen Situation dazu führen, daß der Bürokrat seinen Arbeitseinsatz erhöht, daß die Wartezeiten der Antragsteller vermindert werden, usw. In einer solchen Welt können erstaunliche Effekte auftreten. Beck/Maher (1986) vergleichen die Ergebnisse eines Prozesses mit Bestechungen mit den Ergebnissen einer Auktion. Sie zeigen, daß beide Mechanismen zur gleichen Allokation führen können.[23] Auktionen, die üblicherweise zu den wettbewerbsintensivsten Koordinationsmechanismen zählen, sind also im Ergebnis nicht von einem Bestechungsprozeß zu unterscheiden. Allerdings dürfte die Verteilungssituation unterschiedlich sein: Bei dem Bestechungsprozeß landet ein Teil des Geldes bei den korrupten Bürokraten, bei der Auktion aber beim Staat. Zu bedenken ist bei solchen Überlegungen allerdings, daß diese Aussagen in einem statischen Kontext formuliert worden sind. Die möglichen Folgewirkungen von Korruption, auch die Wirkungen auf unbeteiligte Dritte[24], werden dabei nicht bedacht.

---

19 Man wird mutmaßlich sogar fragen können, ob eine „Theorie der Korruption" überhaupt möglich ist.

20 Vgl. Transparency International, Deutsches Chapter (1999).

21 Vgl. Andvig (1991), S. 81 - 88.

22 Die Position von Homann (1997), S. 192 - 196 erscheint mir deshalb nicht nachvollziehbar.

23 Vgl. dazu auch Lien (1986, 1990).

24 Vgl. Andvig (1991), S. 82.

Ein letztes allgemeines Problem soll noch erwähnt werden. Man betrachte einen Staat, in dem es ein positives Korruptionsniveau gibt. In diesem Staat werde erwogen, eine Maßnahme zur Bekämpfung der Korruption durchzuführen. Wenn man die Maßnahme durchführt, dann erhöhe sich die Entdeckungswahrscheinlichkeit für korrupte Handlungen. Dies wird zwei Auswirkungen haben. Einerseits werden einige Akteure, die korrupte Handlungen erwogen haben, diese nicht mehr durchführen. Andererseits werden die Einnahmen des Staates steigen, wenn die nun zusätzlich entdeckten Täter zu Geldstrafen verurteilt werden. Die Maßnahme sei mit positiven Kosten verbunden. Man sieht dann sofort, daß das optimale Korruptionsniveau einer solchen Gesellschaft positiv sein muß. Auch diese Überlegung führt also zu dem Ergebnis, daß Korruption, zumindest in einem gewissen Maß, zu akzeptieren ist. Einer konsequenten Anti-Korruptionspolitik scheinen also Grenzen gesetzt zu sein.

4 Theoretische Analysen

Die theoretischen Analysen sind, wie schon mehrfach angedeutet, weder einfach möglich, noch homogen. Man kann aus meiner Sicht fünf Schwerpunkte sehen: Korruption kann zunächst einmal entscheidungstheoretisch analysiert werden. Ein zweiter Ansatz verwendet Effizienzlöhne. Dann gibt es drittens mehrere Prinzipal-Agenten-Modelle. Zusätzlich lassen sich Netzwerk- und Trägheitseffekte analysieren.

Korruption kann man als ein Entscheidungsproblem eines Akteurs bei Unsicherheit modellieren. Wenn sich der Akteur nicht bestechen läßt, verdiene er einen Lohn in Höhe von w. Wenn er das Bestechungsgeld b akzeptiert, wird er mit einer Wahrscheinlichkeit p entdeckt und zu einer Strafe s verurteilt. Mit der Gegenwahrscheinlichkeit (1-p) wird er nicht entdeckt. Ein risikoneutraler Akteur wird einem Bestechungsversuch widerstehen, wenn $p * s > b$ gilt. Aus diesem sehr einfachen Ansatz folgt, daß man im Prinzip drei Möglichkeiten der Korruptionsbekämpfung hat. Man kann die Entdeckungswahrscheinlichkeit p oder die Strafe s erhöhen. Wenn man dies nicht tun kann oder will, dann muß man den Versuch unternehmen, die Höhe der Bestechungsgelder b zu mindern, was vermutlich nicht einfach möglich ist. Eine weitere durchaus denkbare Maßnahme könnte darin bestehen, daß man den Versuch unternimmt, moralische Kosten bei den möglichen oder tatsächlichen Tätern zu induzieren.

Dies käme formal einer Verminderung des Vorteils aus der Bestechung gleich.

Ein zweiter Ansatz geht auf den klassischen Artikel von Becker/Stigler (1974) zurück. Mit diesem Artikel beginnt die Effizienzlohntheorie. Effizienzlöhne werden von Becker und Stigler, was inzwischen gelegentlich in Vergessenheit geraten ist, als Instrument zur Korruptionsbekämpfung vorgeschlagen. Die Kernidee ihres Vorschlags ist einfach. Der Prinzipal zahlt dem Agenten einen Lohn, der sich aus zwei Komponenten zusammensetzt – aus dem Reservationslohn und aus einem Zuschlag. Damit ist der Agent einem Risiko ausgesetzt: Wenn er eine Bestechung akzeptieren und entdeckt werden würde, dann würde er nicht nur in einer Periode, sondern über mehrere Perioden hinweg den Zuschlag verlieren. Ist die Entdeckungswahrscheinlichkeit groß, kann der Zuschlag klein bemessen werden. Der Zuschlag muß (schwach) mit dem Zinssatz steigen. Um einen Endspieleffekt zu vermeiden, muß der Zuschlag der letzten Periode über dem der anderen Perioden liegen. Diese Lösung kann auch über ein Eintrittspfand, das der Agent zu Beginn seiner Beschäftigung hinterlegen muß, realisiert werden. Dann muß sichergestellt werden, daß der Prinzipal das Pfand nicht einstreichen kann.

Effizienzlohnmodelle gibt es auch in der Korruptionsdiskussion in vielen Varianten. Auf nur zwei dieser Varianten soll hier hingewiesen werden. Besley/McLaren (1993) untersuchen ein etwas allgemeineres Entlohnungsmodell. Bei ihnen kann der Prinzipal zwischen drei Varianten wählen. In einer ersten Variante zahlt er genau den Reservationslohn, in einer zweiten einen Effizienzlohn. In der dritten Variante zahlt er einen Kapitulationslohn. Dieser Lohnsatz liegt unter dem Reservationslohn. Bestechungsgelder werden dabei als ein Teil des zu erwarteten Einkommens betrachtet. Bemerkenswerterweise kann in dem Modell von Besley und McLaren jedes Lohnregime optimal sein. Effizienzlöhne sind etwa nur dann optimal, wenn es viele unehrliche Agenten gibt und wenn ein hohes Kontrollniveau gewählt wird. Acemoglu/Verdier (1998) gehen in ihrem Beitrag auf die Diskussion um das Problem der Talentallokation ein.[25] Bei dieser Diskussion geht man in der Folge von Baumol (1990) davon aus, daß Lohnunterschiede einen Einfluß auf die Berufswahl haben. Wenn der Staat seinen Beamten Effizienzlöhne zahlt, um die Korruption zu bekämpfen, dann hat das eine interessante Konsequenz. Arbeitnehmer von

25 Vgl. u. a. Baumol (1990), Murphy u. a. (1991) und Acemoglu (1995).

guter Qualität werden sich um solche Positionen bemühen und deshalb für andere Positionen, auf denen sie ebenfalls produktiver als andere Arbeitnehmer wären, nicht zur Verfügung stehen. Diese mittelbaren Kosten der Korruptionsbekämpfung dürfen nicht vergessen werden.[26]

In der Tradition der Prinzipal-Agenten-Modelle wird das Korruptionsproblem in der Folge eines weiteren klassischen Artikels, dem von Tirole (1986), als mehrstufiges Problem untersucht. Ein Prinzipal stellt einen Überwacher ein, um einen Agenten kontrollieren zu lassen. In dieser Situation wird der Prinzipal eine Koalition zwischen dem Agenten und dem Überwacher zu seinen Lasten verhindern müssen. Das aber heißt, er muß Anreize gegen das Zahlen eines Bestechungsgeldes durch den Agenten an den Überwacher setzen. Auch in dieser Situation wird der Prinzipal überlegen, ob er dem Überwacher Effizienzlöhne zahlt. Das Modell von Tirole hat sich in den letzten Jahren als außerordentlich ausbaufähig erwiesen. Es ist in vielen Varianten[27] zum Studium von Kollusion und Korruption in und zwischen Organisationen eingesetzt worden. Auf zwei Beiträge sei hier nur kurz hingewiesen. Kofman/Lawarrée (1993) gehen in ihrem Modell davon aus, daß es einen internen Überwacher gibt, der korruptionsanfällig ist. Der Prinzipal kann zusätzlich einen externen Überwacher einsetzen, der nicht korruptionsanfällig ist. Wenn er den externen Überwacher einsetzt, steigen die Löhne. Andererseits kann der Prinzipal den Lügner bestrafen, wenn sich die Berichte der beiden Überwacher unterscheiden.[28] Mookherjee/Png (1995) haben ein noch allgemeineres Modell vorgelegt. Ihr Agent entscheidet über eine kontinuierliche Variable, ihr Überwacher über seine Anstrengungen und über seine Ehrlichkeit. Der Überwacher ist dabei stets dazu gezwungen, sein sicheres Einkommen ohne Korruption mit dem unsicheren Einkommen bei Korruption zu vergleichen. In diesem Modell ist es dann auch möglich, sehr überraschende Ergebnisse zu belegen. Dazu nur ein Beispiel: Wenn sich Bestechung lohnt, dann kann eine kleine Erhöhung des Lohnsatzes für den Überwacher zu einem Anstieg der Bestechungssumme führen.[29]

---

26 Zu weiteren Überlegungen zum Einfluß der Lohnhöhe vgl. Klitgaard (1989), Bardhan (1997), S. 1339 und van Rijckeghem/Weder (1997).

27 Zu einem Überblick vgl. Tirole (1992).

28 Vgl. dazu auch Kofman/Lawarrée (1996a, 1996b).

29 Vgl. Mookherjee/Png (1995), S. 151.

Schon seit geraumer Zeit vermutet man, daß Korruption auch Korruption begünstigen kann:

> „Die Bestechlichkeit ist gewissermaßen eine seuchenhafte Erkrankung.“[30]

In den letzen Jahren wird diese Idee in Modellen untersucht, die Netzwerkexternalitäten zulassen. Cadot (1987) hat eines der ersten dieser Modelle vorgelegt. Bei ihm gibt es ehrliche und unehrliche Überwacher. Die Agenten sind von unterschiedlicher Qualität. Weil nicht alle Agenten ein Interesse an Korruption haben, müssen diejenigen, die korrupte Handlungen begehen wollen, damit rechnen, daß sie entdeckt werden. In diesem Modell sind mehrere Gleichgewichte möglich – Gleichgewichte mit hohem und Gleichgewichte mit geringem Korruptionsniveau. Diese unterschiedlichen Gleichgewichte sind erreichbar, weil die Ansteckungsgefahr in diesem Modell groß ist: Korruption begünstigt Korruption. Ein Modell mit ähnlichen Ergebnissen ist von Andvig/Moene (1990) vorgelegt worden. Auch in diesem Modell sind unterschiedliche Gleichgewichte möglich. Das korrupte Gleichgewicht wird dann erreicht, wenn die Anzahl korrupter Bürokraten steigt, wenn die Bestechungsgelder steigen, wenn die Löhne gesenkt werden, wenn die Entdeckungswahrscheinlichkeiten fallen und wenn die Diskontraten steigen. Diese Ergebnisse sind unter anwendungsorientierten Gesichtspunkten von größter Bedeutung. Nur sie machen deutlich, warum es problematisch ist, wenn man Korruption toleriert. Wenn die Ansteckungsgefahr groß ist, dann ist jedes positive Korruptionsniveau gefährlich, weil es eine Ausbreitung der Korruption begünstigen kann. Eine konsequente Anti-Korruptionspolitik läßt sich, wie man leicht sehen kann, eher im Lichte dieser Modellergebnisse als im Lichte der anderen Ergebnisse begründen.

Mit dem Beitrag von Tirole (1996) liegt ein völlig neuer und außerordentlich interessanter Modelltyp vor. Er untersucht den Fall einer Gruppenreputation, die sich aus individuellen Reputationen zusammensetzt. Individuen gehören dabei bestimmten Gruppen an. Ihre früheren Handlungen sind unvollständig dokumentiert. Die Mitgliedschaft in einer Gruppe kann über deren Reputation informativ sein. Auch in diesem Modell sind mehrere Gleichgewichte möglich. Ergebnisse hängen in diesem Modell stets vom historischen Prozeßverlauf ab. Die Vergangen-

---

[30] Menne (1948/49), S. 42.

heit einer Gruppe ist damit für einen einzelnen Akteur von entscheidender Bedeutung. Zum Beispiel kann folgender Effekt auftreten: Ein Akteur wird zu einem bestimmten Zeitpunkt Mitglied einer Gruppe mit einer sehr schlechten Reputation. Der Prinzipal kennt die schlechte Reputation der Gruppe und geht deshalb davon aus, daß die Gruppenmitglieder auch in der nächsten Periode korrupt sein werden. Das hat für den neuen Akteur Konsequenzen: Der Prinzipal wird auch ihm gegenüber mißtrauisch sein. Das kann dann dazu führen, daß der neue Akteur, auch wenn er gar nicht will, korrupte Handlungen ergreifen wird. Reputation sorgt in diesem Modell also für gewisse Trägheitseffekte, die nur mühsam überwunden werden können. Auch diese Einsicht scheint unter anwendungsorientierten Gesichtspunkten von großer Bedeutung.

Die theoretischen Ansätze behandeln, wie man gesehen hat, ganz unterschiedliche Aspekte von korrupten Handlungen und Prozessen. Das muß, angesichts der konzeptionellen Probleme, mit denen eine Analyse der Korruption verbunden ist, kein Nachteil sein. Die verschiedenen Ansätze ermöglichen unterschiedliche Perspektiven und ergänzen sich ganz offensichtlich. Eine Einsicht ist vergleichsweise konventionell und seit Becker (1968) bekannt: Die Bekämpfung der Korruption hat sich einerseits an den Entdeckungswahrscheinlichkeiten und andererseits an den Strafen zu orientieren.[31] Denkbar sind zudem Versuche, die Höhe der Bestechungsgelder oder zumindest ihre Bewertung zu beeinflussen. Von entscheidender Bedeutung ist die Lohnpolitik. Gerade in ihrem klassischen Anwendungsbereich, also bei der Korruptionsbekämpfung, ist die Effizienzlohntheorie von großer Überzeugungskraft. Bemerkenswert ist, daß insbesondere Theoretiker mit großer praktischer Erfahrung auf diesen Punkt hinweisen.[32] Techniken zur Analyse und zur Bekämpfung von interner Korruption erscheinen dringlich nötig.[33] Wegen möglicher Trägheitseffekte müssen sie, wie jede andere Form der Korruptionsbekämpfung, auf Dauer angelegt sein. Letztlich wird man auf die bedeutenden Ergebnisse zu Netzwerkeffekten hinweisen müssen. Sie geben mehr als jedes andere

---

31 Dabei wird man sich allerdings wohl nicht an den Ergebnissen von Becker, der für möglichst hohe Strafen bei möglichst geringen Entdeckungswahrscheinlichkeiten plädierte, orientieren können. Vgl. dazu Dickens u. a. (1989).

32 Vgl. Klitgaard (1988, 1989) und Rose-Ackerman (1999).

33 Vgl. dazu nochmals Kräkel (1995).

Ergebnis auch eine Begründung für eine konsequente Anti-Korruptionspolitik her.

5 Ordnungspolitische Konsequenzen

Die Bekämpfung der Korruption muß zu den zentralen Aufgaben der Ordnungspolitik gezählt werden. Sie sollte als ein Teil der Wettbewerbspolitik verstanden werden. Eine Begründung für diese Forderung ist einfach zu geben: Korruption führt zu einer Störung des Preissystems und gefährdet damit die wesentlichen Funktionsbedingungen einer wettbewerbsorientierten Marktordnung. Insofern ist es, wie schon einmal gesagt, nur folgerichtig, wenn der Tatbestand der Angestelltenbestechung in § 12 des Gesetzes gegen den unlauteren Wettbewerb (UWG) geregelt wird. Unklar allerdings ist, ob in den letzten Jahren genug getan wurde. Drei Indikatoren sprechen für die Vermutung, daß das Niveau der Korruptionsbekämpfung durchaus noch erhöht werden kann. Da ist zunächst einmal die eingangs erwähnte zögerliche Bereitschaft verschiedener Bundesregierungen, der sicherlich nicht sonderlich weit reichenden OECD-Konvention zur Bekämpfung der Korruption beizutreten. Zum zweiten sei auf das Urteil von erfahrenen Staatsanwälten verwiesen.[34] Ganz offensichtlich ist es so, daß mit dem Einrichten von Sonderdezernaten und Schwerpunktstaatsanwaltschaften zur Korruptionsbekämpfung keine abnehmenden, sondern eher wohl noch zunehmende Erträge verbunden sind. Zuletzt sei auf eine bemerkenswerte Studie des Bundeskriminalamtes verwiesen.[35] Zumindest für den Bereich der öffentlichen Unternehmen ist dieser Studie ein dringender Handlungsbedarf zu entnehmen. Für den Bereich der privaten Unternehmen können der BKA-Studie kaum Informationen entnommen werden. Das liegt an dem eigentlich skandalösen Tatbestand, daß sich nur neun deutsche Unternehmen bereit erklärt haben, an dieser Studie teilzunehmen.

Im nächsten Schritt ist dann zu prüfen, welche Maßnahmen man zur Korruptionsbekämpfung einsetzen kann. Diese Frage kann an dieser Stelle nur skizzenhaft beantwortet werden.[36] Im wesentlichen kann man drei

---

[34] Vgl. Schaupensteiner/Bommarius (1995).

[35] Vgl. Vahrenkamp/Knauß (1995).

[36] Vgl. u. a. Klitgaard (1988), Kaufman (1997) und Rose-Ackerman (1999).

Richtungen bei der Korruptionsbekämpfung einschlagen: Man kann gefährdete Aufgaben vermeiden, Anreize mindern und Kosten erhöhen. Vermeidung von gefährdeten Aufgaben heißt, daß der Staat möglichst wenige von den Aufgaben übernehmen soll, die sich als besonders korruptionsanfällig erwiesen haben. Wenn solche Aufgaben, wie z. B. das Erteilen von Baugenehmigungen, trotz ihrer Anfälligkeit doch staatlich organisiert werden müssen, dann sind sie in besonderer Weise zu sichern. Solche Sicherungsstrategien können auch dazu dienen, Anreize aus korrupten Handlungen zu mindern. Man betrachte dazu nur das schon seit geraumer Zeit als korruptionsanfällig bekannte Problem der öffentlichen Auftragsvergabe. Die Verfahren der Auftragsvergabe können mit vergleichsweise geringem Aufwand – etwa durch die Nutzung von Erkenntnissen der ökonomischen Auktionstheorie – verbessert werden. Die Erfahrungen bei der Auktion von deutschen Telefonfrequenzen aus dem Herbst 1999 belegen, daß solche Auktionen vergleichsweise einfach zu gestalten sind, daß Unternehmen die Regeln von Auktionen schnell verstehen und daß der Staat zu beträchtlichen Einnahmen kommt.[37] Mit diesen Reformansätzen wird der Wettbewerbsdruck auf die Teilnehmer erhöht und gleichzeitig die Korruptionsgefahr gemindert. Die letzte Strategie des Staates, die der Erhöhung der Kosten, läßt sich zunächst einmal über Maßnahmen zur Erhöhung der Entdeckungswahrscheinlichkeiten realisieren. Der Ausbau von Sonderdezernaten und Schwerpunktstaatsanwaltschaften ist dazu ein geeigneter Weg. Angesichts der Summen, um die es bei vielen korrupten Handlungen geht, sollte aber auch ein Nachdenken über das Erhöhen von Strafen nicht ausgeschlossen werden.

Die angesprochenen Maßnahmen sollen nur verdeutlichen, in welche Richtungen ein Nachdenken über Lösungsansätze gehen kann. Die Aufzählung ist bei weitem nicht vollständig. Wichtige Maßnahmen, wie etwa das Ausweiten der Aufgaben der Rechnungshöfe, die Einführung von Leistungskontrollen, die Schaffung und Nutzung von Informationssystemen für Preisvergleiche, neue Rekrutierungs- und Ausbildungsstrategien, die Verkleinerung von Entscheidungsspielräumen oder auch das Einführen von Job Rotation, sind noch nicht einmal angesprochen worden. Eine

[37] Vgl. Stüwe (1999).

detaillierte Diskussion von diesen und anderen Maßnahmen[38] soll und kann an dieser Stelle nicht erfolgen. Hier soll nur noch auf einen weiteren Punkt hingewiesen werden. Der Staat ist bei der Korruptionsbekämpfung nicht nur für den wirtschaftlichen Bereich verantwortlich, den er selbst organisiert. Er ist darüber hinaus auch für die Ausgestaltung des Wirtschaftsrechts verantwortlich. In diesem Zusammenhang muß er auch darüber nachdenken, ob er genügend Druck auf private Unternehmen ausübt, sich um die Vermeidung oder Minderung von externen und internen Korruptionsprozessen zu kümmern.

6 Unternehmenspolitische Konsequenzen

Private Unternehmen geraten im Zusammenhang mit korrupten Handlungen selten in das Kreuzfeuer öffentlicher Kritik. In der wissenschaftlichen Diskussion werden sie ebenfalls oft sträflich vernachlässigt.[39] Das ist aus mehreren Gründen nicht nachvollziehbar. Zunächst einmal sind private Unternehmen immer beteiligt, wenn es um die Bestechung öffentlicher Funktionsträger geht. Private Unternehmen sind aber notwendigerweise auch aktiv, wenn es zu korrupten Handlungen in und zwischen privaten Unternehmen kommt. Sie sind mit anderen Worten immer beteiligt. Zudem wird man den Versuch machen müssen, ihre Handlungen zu antizipieren, wenn man Korruption erfolgreich bekämpfen will. Unternehmen sollten also nicht am Rande, sondern im Zentrum der Korruptionsdiskussion stehen.

Wenn man Korruption auf der Mikroebene analysiert, also konkrete Handlungen von Gebern und Nehmern zu rekonstruieren versucht, kann man, wie oben schon gezeigt, in erhebliche Schwierigkeiten geraten. Dort haben wir deutlich gemacht, daß man die Frage nach der Durchsetzbarkeit korrupter Handlungen nicht ohne weiteres beantworten kann. Noch dramatischer werden die Grenzen ökonomischer Analysen deutlich, wenn

38 Man betrachte dazu den Beitrag von Krähe (1968) und die bemerkenswert detaillierten Listen von Vorkehrungen im Bereich der öffentlichen Verwaltung, die in der BKA-Studie von Vahrenkamp/Knauß (1995) enthalten sind.

39 Zu einer seltenen Ausnahme vgl. Rose-Ackerman (1978), S. 189 - 209.

man die Details korrupter Prozesse direkt betrachtet. Der Bestechungsskandal des Jahres 1999 mag dazu als Beispiel dienen:[40]

> Das Königreich Saudi-Arabien wollte im Jahr 1990 von Thyssen Industrie 36 Spürpanzer kaufen. Für dieses Gerät hätte die Bundeswehr ca. 75 Mio. DM bezahlen müssen. Mutmaßlich hätten die Saudis auch nicht bzw. kaum mehr als diesen Preis zahlen müssen, wenn sie versucht hätten, die Panzer direkt zu beziehen. Sie haben aber insgesamt 440 Mio. DM bezahlt. Die Differenz dürfte zum weit überwiegenden Teil für Agenten, Vermittler, Freunde, Amigos, nützliche Aufwendungen, also kurz für Bestechungsgelder, verwendet worden sein. Sie entspricht einem Aufschlag von 487 %.

Angesichts dieser Zahlen wird man die Gültigkeit der methodischen Grundlagen ökonomischer Theorie stark bezweifeln müssen. Von rationalem Entscheidungsverhalten kann hier – wie in fast jedem der spektakulären Korruptionsfälle – sicher nicht mehr die Rede sein. Eher von bodenloser Dummheit. Trotz dieser möglichen Einwände gehe ich im folgenden von der Möglichkeit und von der Fruchtbarkeit einer ökonomischen Analyse aus.

Unter Rückgriff auf die Ergebnisse des letzten Abschnitts ist zunächst einmal zu fragen, in welchen Regulierungskontext die Unternehmen eingebunden sind.[41] Die Unternehmen müssen bei der gegebenen Rechtsordnung beachten, daß Angestelltenbestechung wie auch die Bestechung von öffentlichen Funktionsträgern strafbar ist. Außerdem haben sie zu bedenken, daß verschiedene Verstöße gegen das Wettbewerbsrecht, wie etwa Preisabsprachen, mit Strafen belegt sind. Diese Regeln sind also, wie Homann (1997) richtig betont, stets am Strafrecht orientiert.[42] Das aber impliziert, wie wir gleich zeigen werden, eine organisationsökonomisch höchst unbefriedigende Situation.

Man betrachte einen beliebigen Bestechungsfall. Geber sei ein Mitarbeiter eines privaten Unternehmens, Nehmer ein Mitarbeiter eines öffentlichen Unternehmens. In der Perspektive des Strafrechts braucht man konkrete Täter. Diese Täter sind hier mit dem Geber und dem Nehmer leicht zu finden. Die Logik der Regulierungsstrategie geht davon aus, daß Korrup-

40 Vgl. dazu Fahrenholz (1999) und vor allem Leyendecker (1999).
41 Vgl. Homann (1997), S. 196 - 206.
42 Vgl. Homann (1997), S. 197.

tion auf einem individuellen Fehlverhalten beruht. Dieser Logik ist Genüge getan, wenn die Täter gefunden und die strafrechtlichen Konsequenzen eingeleitet und durchgeführt werden. Unter organisationsökonomischen Gesichtspunkten ist das höchst unbefriedigend. Die Tatsache, daß die Täter Mitglieder von Organisationen waren, kann bei einer ökonomischen Analyse nicht ausgeklammert werden. Zu fragen wäre u. a., ob die Täter in einem besonders gefährdeten Bereich tätig waren, ob organisatorische Vorkehrungen zur Korruptionsbekämpfung getroffen wurden, ob die Täter entsprechend ausgebildet und ob sie kontrolliert wurden. Wenn all diese und sonstige Vorkehrungen nicht getroffen wurden, dann muß man von einem Organisationsfehler[43] reden. Ein (nicht ganz) frei erfundenes Beispiel mag das verdeutlichen:[44]

> Der Vorstand eines bedeutenden Unternehmens hält sein Beschaffungswesen für ineffizient. Die wahrgenommene Ineffizienz sei erheblich. Man muß zu drastischen Maßnahmen greifen. Diese bestehen darin, daß man einen erfolgreichen Topmanager von einem Wettbewerber abwirbt. Ihm und einer ihm eng verbundenen Gruppe von Managern wird der gesamte Beschaffungsbereich unterstellt. Da der Topmanager als bedeutend gilt, ist ihm nicht zuzumuten, von einer konventionellen Controlling-Einheit kontrolliert zu werden. Der Vorstand unterbindet deshalb den Zugriff des Controlling auf das neue Beschaffungswesen. Die Tatsache, daß der Topmanager und die ihm verbundene Gruppe von weiteren Managern nach vergleichsweise kurzer Zeit wegen Korruption angeklagt und verurteilt werden, wird vom Vorstand und der Öffentlichkeit auf individuelles Fehlverhalten zurückgeführt.

Nehmen wir einmal an, ein solcher Fall hätte sich wirklich so oder so ähnlich zugetragen. In diesem Fall wird man als Organisationsökonom zwingend von einem Fehlverhalten des Vorstands reden müssen. Das Beschaffungswesen einer Unternehmung gehört seit je her zu den gefährdeten Bereichen.[45] Wenn man in diesem Bereich auf Kontrollmaßnahmen verzichtet, begünstigt man nachgerade korruptes Verhalten. Zwei Dinge wären demnach in dieser Situation geboten. Einmal wären die Täter strafrechtlich zu verfolgen. Zum anderen wäre der Vorstand des Unterneh-

---

43 Zu diesem Begriff vgl. Schauenberg (1998).

44 Ich verzichte an dieser Stelle ausnahmsweise auf einen Beleg. Mir kommt es auf den Problemzusammenhang und nicht auf konkrete Unternehmen oder Personen an.

45 Vgl. dazu Vahrenkamp/Knauß (1995), S. 38 - 44.

mens wegen eines Organisationsfehlers anzuklagen. Das ist in unserer Rechtssituation nicht möglich. Die Bedrohung der Unternehmung als juristischer Person mit einer Sanktion[46] ist nicht möglich. Die Organ- oder auch die Organisationshaftung sind in unserem Rechtssystem (noch) nicht vorgesehen. Sie wären aber dringend notwendig. Dabei kommt es natürlich nicht auf die Tatsache an, daß eine Strafe gegen einen konkreten Täter verhängt wird. Wesentlich an der vorgeschlagenen Änderung der Regulierungsstrategie ist allein die Tatsache, daß die Unternehmen nach einer solchen Reform einen eigenständigen und einen starken Anreiz haben, sich um die Korruptionsbekämpfung zu bemühen. Dies ist vor allem aus informationsökonomischen Gründen wichtig: Unternehmen dürften weit mehr Informationen über Korruptionsgefährdung und -bekämpfung als jede Regulierungs- und Kontrollbehörde haben. Für den unwahrscheinlichen Fall, daß sie über diese Informationen nicht verfügen, dürften sie die notwendigen Kenntnisse schnell erwerben können. Gegenüber Staatsanwälten und Gerichten sind sie in einer wesentlich besseren Position bei der Entwicklung von Anti-Korruptionsstrategien. Sie müssen nur einen Anreiz haben, diese Strategien zu entwickeln.[47] Wenn diese Strategien entwickelt worden sind, dann werden die Unternehmen sie notfalls auch vor Gericht dokumentieren können, um den Einwand des möglichen Organisationsfehlers zu widerlegen.

7 Schlußbemerkungen

Korruption ist kein einfaches Thema für eine ökonomische Analyse. Korrupte Handlungen kann man nämlich häufig nur dann rekonstruieren, wenn man Marktunvollkommenheiten bzw. Marktversagen, problematische staatliche Regulierungen und unvollkommene organisatorische Vorkehrungen von Unternehmen gleichsam bedenkt. Zudem ist bei Korruption auch stets mit Rationalitätsdefiziten bei den handelnden Akteuren zu rechnen. Für eine ökonomische Analyse sind dann die Grenzen notwendigerweise recht eng gesteckt. Das mag auch dazu beigetragen haben, daß es, gemessen an der Bedeutung des Themas, vergleichsweise wenig Beiträge zur wissenschaftlichen Diskussion um die Korruption gibt.

---

46 So etwa Homann (1997), S. 203.

47 Zu einem Überblick über denkbare Maßnahmen vgl. Vahrenkamp/Knauß (1995), S. 52 - 59.

Für eine ökonomische Analyse der Korruption empfiehlt es sich, zwei Ebenen zu trennen – die des Staates sowie die von privaten und öffentlichen Unternehmen. Staatliches Handeln ist in zweifacher Weise relevant. Der Staat muß zunächst einmal die Bedingungen für sein eigenes Handeln unter dem Gesichtspunkt der Korruptionsbekämpfung ändern. So ist z. B. die Anfälligkeit der Auftragsvergabe bei öffentlichen Aufträgen nicht zwingend. Sie ist (auch) eine Folge von schlechter Regulierung. Der Staat muß aber auch die Regeln zum Schutz der Wettbewerbsordnung unter dem Gesichtspunkt der Korruptionsbekämpfung verschärfen. Vor allem muß er, wie zuletzt gezeigt, die Anreize für Unternehmen, Korruption konsequent zu bekämpfen, verbessern. Unternehmenspolitisches Handeln ist bei der Korruptionsbekämpfung nicht von staatlichem Handeln zu trennen. Bei gegebener Rechtsordnung verzichtet man nicht nur in unserem Land darauf, die Anreize ausreichend zu setzen. Homann (1997) muß zugestimmt werden, wenn er formuliert:

> „Korruptionsbekämpfung kann nur dann erfolgreich sein, wenn die Unternehmen mit ins Boot geholt werden."[48]

Die Erfahrung mit der Korruptionsbekämpfung in vielen Ländern, in ganz unterschiedlichen Kulturen und zu unterschiedlichen Zeiten haben deutlich gemacht, daß Korruptionsbekämpfung nicht sonderlich schwer ist. Auch die deutschen Erfahrungen bestätigen das.[49] Man muß Korruption nur bekämpfen wollen. Die Zeit dazu ist mehr als reif.

---

48 Homann (1997), S. 203.

49 Vgl. dazu wiederum die Ergebnisse der BKA-Studie, also Vahrenkamp/Knauß (1995).

Literaturverzeichnis

Acemoglu, D. (1995)
Reward structures and the allocation of talent, in: *European Economic Review*, Bd. 39, S. 17 – 33.

Acemoglu, D./ Verdier, T. (1998)
Property rights, corruption and the allocation of talent: A general equilibrium approach, in: *Economic Journal*, Bd. 108, S. 1381 – 1403.

Andvig, J.C. (1991)
The economics of corruption: A Survey, in: *Studi economici*, Bd. 43, S. 57 – 94.

Andvig, J.C./ Moene, K.O. (1990)
How corruption may corrupt, in: *Journal of Economic Behavior and Organization*, Bd. 13, S. 63 – 76.

Banerjee, A.V. (1997)
A theory of misgovernance, in: *Quarterly Journal of Economics*, Bd. 112, S. 1289 – 1332.

Bardhan, P. (1997)
Corruption and development: A review of issues, in: *Journal of Economic Literature*, Bd. 35, S. 1320 – 1346.

Baumol, W.J. (1990)
Entrepreneurship: Creative, unproductive and destructive, in: *Journal of Political Economy*, Bd. 98, S. 893 – 921.

Beck, P.J./ Maher, M.W. (1986)
A comparison of bribery and bidding in thin markets, in: *Economics Letters*, Bd. 20, S. 1 – 5.

Becker, G.S. (1968)
Crime and punishment: An economic approach, in: *Journal of Political Economy*, Bd. 76, S. 169 – 217.

Becker, G.S./ Stigler, G.J. (1974)
Law enforcement, malfeasance, and compensation of enforcers, in: *Journal of Legal Studies*, Bd. 3, S. 1 – 18.

Besley, T./ McLaren, J. (1993)
Taxes and bribery: The role of wage incentives, in: *Economic Journal*, Bd. 103, S. 119 – 141.

Cadot, O. (1987)
Corruption as a gamble, in: *Journal of Public Economics*, Bd. 33, S. 223 – 244.

Dickens, W.T./ Katz, L.F./ Lang, K./ Summers, L.H. (1989)
Employee crime and the monitoring puzzle, in: *Journal of Labor Economics*, Bd. 7, S. 331 – 347.

Eigen, P. (1995)
Das Nord-Süd-Gefälle der Korruption, in: *Kursbuch*, Bd. 120, S. 155 – 168.

Einert, S. (1996)
Externe und interne Handlungen von Unternehmen, unveröffentlichte Diplomarbeit, Universität Würzburg.

Eucken, W. (1947)
Die Grundlagen der Nationalökonomie, 5. Auflage, Godesberg: Küpper.

Eucken, W. (1952)
Grundsätze der Wirtschaftspolitik, Bern u. Tübingen: Francke u. Mohr (Paul Siebeck).

Fahrenholz, P. (1999)
Die finanziellen Nebengeräusche der Niveaköpfe, in: *Frankfurter Rundschau* vom 24.09.1999, Frankfurt a. M., S. 3.

Homann, K. (1997)
Unternehmensethik und Korruption, in: *Zeitschrift für betriebswirtschaftliche Forschung*, Bd. 49, S. 187 – 209.

Kaufman, D. (1997)
Corruption: The facts, in: *Foreign Policy*, Bd. 107, S. 114 – 131.

Klitgaard, R. (1988)
Controlling corruption, Berkeley u. a.: University of California Press.

Klitgaard, R. (1989)
Incentive myopia, in: *World Development*, Bd. 17, S. 447 – 459.

Kofman, F./ Lawarrée, J. (1993)
Collusion in hierarchical agency, in: *Econometrica*, Bd. 61, S. 629 – 656.

Kofman, F./ Lawarrée, J. (1996a)
A prisoner's dilemma model of collusion deterrence, in: *Journal of Public Economics*, Bd. 59, S. 117 – 136.

Kofman, F./ Lawarrée, J. (1996b)
On the optimality of allowing collusion, in: *Journal of Public Economics*, Bd. 61, S. 383 – 407.

Krähe, W. (1968)
Aktive und passive Bestechung in betriebswirtschaftlicher Sicht, in: *Zeitschrift für betriebswirtschaftliche Forschung*, Bd. 20, S. 202 – 213.

Kräkel, M. (1995)
Beförderungsentscheidungen und verdeckte Spiele in Hierarchien, in: *Zeitschrift für betriebswirtschaftliche Forschung*, Bd. 47, S. 25 – 42.

Leyendecker, H. (1999)
Spürpanzer mit Steuervorteil, in: *Süddeutsche Zeitung* vom 22.09.1999, München, S. 2.

Lien, D.-H.D. (1986)
A note on competitive bidding games, in: *Economics Letters*, Bd. 22, S. 337 – 341.

Lien, D.-H.D. (1990)
Corruption and allocation efficiency, in: *Journal of Development Economics*, Bd. 33, S. 153 – 164.

Menne, L. (1948/49)
Korruption, in: *Kölner Zeitschrift für Soziologie*, Bd. 1, S. 144 – 188.

Mény, Y. (1996)
'Fin de siècle' corruption: Change, crisis and shifting values, in: *International Social Science Journal*, Bd. 149, S. 309 – 320.

Mookherjee, D./ Png, I.P.L. (1995)
Corruptible law enforcers: How should they be compensated?, in: *Economic Journal*, Bd. 105, S. 145 – 159.

Murphy, K.M./ Shleifer, S./ Vishny, R.W. (1991)
The allocation of talent: Implications for growth, in: *Quarterly Journal of Economics*, Bd. 106, S. 503 – 530.

Noonan, J.T. (1984)
Bribes, New York u. London: Macmillan.

OECD (1997)
Übereinkommen über die Bekämpfung der Bestechung ausländischer Amtsträger im internationalen Geschäftsverkehr, o. O., http.//www.transparency.de/organisation/chapters/germany/Oecd-edt.htm vom 4.8.1999.

Rose-Ackerman, S. (1978)
Corruption. A study in political economy, New York: Academic Press.

Rose-Ackerman, S. (1999)
Corruption and development: Causes, consequences, and reform, Cambridge: Cambridge University Press.

Roth, J. (1995)
Der Sumpf: Korruption in Deutschland, Zürich: Piper.

Schauenberg, B. (1998)
Die Sensibilisierung der Unternehmung für die Umweltverantwortung: Personen, Strukturen, Prozesse, in: Steinmann, H., Wagner, G.R. (Hrsg.): *Umwelt und Wirtschaftsethik*, Stuttgart: Schäffer-Poeschel, S. 146 – 171.

Schaupensteiner, W./ Bommarius, C. (1995)
Filz und Speck: Ein Gespräch, in: *Kursbuch*, Bd. 120, S. 36 – 44.

Shleifer, A. (1986)
Origins of bad politics: Control, corruption and confusion, in: *Rivista di Politica Economica*, Bd. 86, H. 6, S. 103 – 123.

Shleifer, A./ Vishny, R.W. (1993)
Corruption, in: *Quarterly Journal of Economics*, Bd. 108, S. 599 – 617.

Shleifer, A./ Vishny, R.W. (1994)
Politicians and firms, in: *Quarterly Journal of Economics*, Bd. 109, S. 995 – 1025.

Stüwe, H. (1999)
Auktion von Telefonfrequenzen: Spannung bis zur letzten Minute, in: *Frankfurter Allgemeine Zeitung* vom 29.10.1999, Frankfurt a. M., S. 13.

Tirole, J. (1986)
Hierarchies and bureaucracies: On the role of collusion in organizations, in: *Journal of Law Economics and Organization*, Bd. 2, S. 181 – 214.

Tirole, J. (1992)
Collusion and the theory of organizations, in: Laffont, J.-J. (Hrsg.): *Advances in economic theory – Sixth world congress*, Bd. 2, Cambridge, S. 151 – 206.

Tirole, J. (1996)
A theory of collective reputations (with applications to the persistence of corruption and to firm quality), in: *Review of Economic Studies*, Bd. 63, S. 1 – 22.

Transparency International, Deutsches Chapter (1999)
Neuer Korruptionsindex: Auslandskorruption durch führende Exportländer erschreckend hoch, Pressemitteilung vom 26.10.1999, http./www.ti-deutschland.de/html/04presse/index99.html vom 28.10.1999.

Vahlenkamp, W./ Knauß, I. (1995)
Korruption - hinnehmen oder handeln?, Wiesbaden: BKA.

Van Rijckeghem, C./ Weder, B. (1997)
Corruption and the rate of temptation: Do low wages in the civil sector cause corruption?, IMF Working Paper WP/97/73.

Wettbewerb in Netzen

Günter Knieps

1 Öffnung der Netze

Netzsektoren (Telekommunikation, Eisenbahn, Energie etc.) erfreuen sich derzeit eines außerordentlichen wirtschaftspolitischen Interesses. Ursache hierfür ist der umfassende Abbau der gesetzlichen Marktzutrittsschranken, der sich in jüngster Zeit in verschiedenen Gesetzgebungsverfahren niedergeschlagen hat. Zu erwähnen sind hier vor allem:

- Telekommunikationsgesetz (TKG) vom 25. Juli 1996: 4. Teil: offener Netzzugang und Zusammenschaltungen (§§ 33 ff. TKG);
- Verordnung über besondere Netzzugänge (Netzzugangsverordnung – NZV) vom 23. Oktober 1996: § 2 Entbündelungsgebot;
- Allgemeines Eisenbahngesetz (AEG) vom 27. Dezember 1993: § 14 Zugang zur Eisenbahninfrastruktur;
- Eisenbahninfrastruktur-Benutzungsverordnung vom 17. Dezember 1997: § 3 Diskriminierungsfreie Benutzung;
- Gesetz zur Neuregelung des Energiewirtschaftsrechts vom 24. April 1998.

Seitdem die 6. Novelle des Gesetzes gegen Wettbewerbsbeschränkungen (GWB) am 1. Januar 1999 in Kraft getreten ist, stellen Netzsektoren auch keine wettbewerblichen Ausnahmebereiche mehr dar, sondern unterliegen grundsätzlich dem allgemeinen Wettbewerbsrecht.

Die Analyse dieses Problemkreises erfordert eine sektorübergreifende theoretische Fundierung, die alle Netzsektoren gleichermaßen einbezieht. Im folgenden soll ein solcher, theoretisch fundierter Rahmen skizziert werden: der *disaggregierte Regulierungsansatz*.[1] Dieses Konzept zielt auf die Disziplinierung der netzspezifischen Marktmacht ab. Technische Regulierung wie z. B. die Zuordnung von Funkfrequenzen oder Num-

---

[1] Vgl. hierzu auch Blankart/Knieps (1996a); Knieps (1996a); Knieps (1997a).

mernplänen, die Entwicklung von Standards etc. werden hier nicht analysiert. Gleichermaßen wird auf die wettbewerbliche Bereitstellung von Universaldiensten nicht eingegangen.[2]

Im folgenden Abschnitt 2 wird aufgezeigt, daß auch in Zukunft ein Restregulierungsbedarf in Netzsektoren besteht. Gegenstand der Regulierung darf allerdings nur die in Bottleneck-Bereichen liegende Marktmacht sein, die typischerweise durch Bündelungsvorteile in Kombination mit irreversiblen Kosten gekennzeichnet ist (z. B. Flughäfen, Schienenwege).[3] Demgegenüber sind in allen anderen Netzbereichen Regulierungseingriffe überflüssig oder sogar schädlich. Hier führen Verhandlungen zwischen den einzelnen Marktparteien zu effizienteren Lösungen (Abschnitt 3). In Abschnitt 4 wird auf die Regulierungsprobleme beim Zugang zu monopolistischen Bottleneck-Einrichtungen eingegangen. Von besonderer Bedeutung ist hier die Anwendung des Konzepts der wesentlichen Einrichtung (essential facility). Mit der Anwendung der Essential Facilities-Doktrin wird ein traditionelles Instrument des Wettbewerbs-/Antitrustrechts als Regulierungsinstrument eingesetzt. Abschließend wird der Frage nach geeigneten Preisregulierungen zur Disziplinierung der verbleibenden Marktmacht in diesen Engpaßbereichen nachgegangen.

2 Lokalisierung von monopolistischen Engpaßbereichen

In einer ersten Grobunterteilung kann man zwischen Netzinfrastrukturen einerseits und Netzdienstleistungen andererseits unterscheiden. Unter Netzdienstleistungen verstehen wir solche Märkte wie Eisenbahnverkehr, Luftverkehr, Telekommunikationsdienstleistungen und die Bereitstellung von Energie. Beispiele für Netzinfrastrukturen sind Schienenwege, Bahnhöfe, Flughäfen, Kabelnetze, Mikrowellensysteme, Flugverkehrskontrollsysteme, Transportnetze und Verteilnetze im Energiesektor etc.

---

[2] Vgl. hierzu Knieps (1987) und Blankart/Knieps (1996b).

[3] Potentiale des „Phasing out" von monopolistischen Engpaßeinrichtungen, z. B. durch technischen Fortschritt in Telekommunikationsortsnetzen können den Regulierungsbedarf in Zukunft erheblich reduzieren; vgl. Knieps (1997b).

2.1 Angreifbare Märkte für Netzdienstleistungen

Im folgenden ist es von Bedeutung hervorzuheben, daß die Charakteristika von Netzstrukturen per se noch keine Marktmacht implizieren. Selbst wenn Bündelungsvorteile und damit einhergehende Größenvorteile dazu führen, daß ein einziger Netzanbieter eine bestimmte Region kostengünstiger bedienen kann als eine Mehrzahl von Anbietern (d. h. im Falle eines natürlichen Monopols), liegt nicht automatisch ein Regulierungsbedarf vor.

Die theoretischen Grundlagen für eine disaggregierte Marktmachtregulierung von Netzen wurden im Rahmen der Theorie der angreifbaren („contestable") Märkte gelegt.[4] Dabei wird der umfassende Abbau sämtlicher gesetzlicher Marktzutrittsschranken vorausgesetzt. Dieses Referenzmodell zeigt die notwendigen Bedingungen auf, unter denen potentielle Konkurrenz den fehlenden Wettbewerb zwischen aktiven Marktteilnehmern im Falle eines natürlichen Monopols zu ersetzen vermag. Hierzu zählen insbesondere:

1. freier Markteintritt;
   es besteht eine große Anzahl potentieller Wettbewerber, die ohne Zeitverlust Zugang zu der gleichen kostengünstigsten Technologie haben;

2. Abwesenheit von irreversiblen Kosten;
   die für einen Markteintritt notwendigen Investitionen lassen sich beim Marktaustritt wieder verwenden. Marktaustritt ist ohne (signifikante) Kosten und Zeitverlust möglich;

3. Bertrand-Nash-Verhalten;
   die potentiellen Wettbewerber berechnen ihre Marktchancen, in dem sie den aktuellen Preis des eingesessenen Unternehmens als gegeben annehmen und diesen unterbieten. Vollständige Information seitens der Marktteilnehmer wird vorausgesetzt, d. h. es gibt keine signifikanten Suchkosten, so daß schon kleine Änderungen der Preise eine Wanderung der Nachfrage zur Folge haben.

Sind diese Bedingungen erfüllt, so liegt keine netzspezifische Marktmacht vor, selbst wenn wegen der Bündelungsvorteile nur ein aktiver Anbieter auf dem Markt auftritt. Die Disziplinierungswirkung des potentiellen

---

[4] Vgl. Baumol u. a. (1982).

Wettbewerbs in angreifbaren, natürlichen Monopolen bewirkt, daß keine über die Kapitalverzinsung risikoäquivalenter Anlagen hinausgehenden Gewinnchancen entstehen. Jeder positive Gewinn würde bedeuten, daß ein Marktneuling – gegebenenfalls nur vorübergehend – unter Deckung seiner Kosten in den Markt eintreten kann, indem er das Angebot des Gewinn erzielenden Unternehmens zu den gleichen Kosten produziert und dessen Preis unterbietet.

Falls z. B. nur ein einziger Autobus zwischen mehreren Dörfern verkehrt, impliziert dieser Bündelungsvorteil noch nicht Monopolmacht, da Gewinne des aktiven Busunternehmers einen Konkurrenten auf den Plan riefen, der diese Strecken zu einem günstigeren Tarif bedienen könnte. Der bisher aktive Busunternehmer müßte dann seinen Bus auf anderen Strecken einsetzen. Er besitzt kein Drohpotential, potentielle Wettbewerber am Marktzutritt zu hindern. Gleichermaßen stellen der Betrieb von Flugstrecken oder die Bereitstellung von Eisenbahnverkehr in dünnbesiedelten Gebieten solche angreifbare natürliche Monopole dar. Die vollständige Wirksamkeit des potentiellen Wettbewerbs macht allerdings eine symmetrische Ausgestaltung der Zugangsbedingungen zu den komplementären Wegeinfrastrukturen (z. B. Flughäfen, Bahnhöfen, Schienenwegen) erforderlich, so daß sämtliche aktiven und potentiellen Anbieter von Transportleistungen gleich behandelt werden.

Es wird manchmal die kritische Frage gestellt, inwieweit die Grundbedingungen der angreifbaren Märkte in der realen Welt überhaupt zutreffen. Es ist geradezu ein wesentliches Merkmal der Funktionsfähigkeit des Wettbewerbs auf den offenen Märkten für Netzdienstleistungen, daß Unternehmensstrategien wie Produktdifferenzierung, Preisdifferenzierung, Aufbau von Goodwill, Aufbau eines leistungsfähigen Vertriebsnetzes etc. auch strategisch genutzt werden. Zudem können auch Informationsprobleme (Suchkosten, asymmetrische Information etc.) eine Rolle spielen.[5]

---

5 Die Bertrand-Nash-Annahme der Theorie der angreifbaren Märkte hat daher auch nicht den Zweck, die mehr oder weniger bedeutenden Informationsprobleme von realen Märkten zu leugnen. Zum einen läßt sich aus Informationsproblemen keine ex ante stabile Marktmacht ableiten, da Märkte erfinderisch in der (endogenen) Entwicklung von Institutionen zur Überwindung von Informationsproblemen sind. Zum anderen existiert in natürlichen Monopolen mit irreversiblen Kosten stabile Marktmacht, selbst wenn sämtliche Marktteilnehmer perfekt informiert sind; vgl. Knieps/Vogelsang (1982).

Die Tatsache, daß die „einfache“ Modellwelt der Theorie der angreifbaren Märkte diese komplexe Welt nicht umfassend charakterisiert, darf jedoch nicht zu dem Umkehrschluß verleiten, daß der Wettbewerb daher wieder abzuschaffen sei. Das Ziel der Theorie der angreifbaren Märkte besteht „lediglich“ darin, den spezifischen Restregulierungsbedarf der ex ante stabil ableitbaren Marktmacht in natürlichen Monopolen mit irreversiblen Kosten (monopolistischen Engpaßbereichen) aufzudecken, da ansonsten der Wettbewerb auf den komplementären Märkten für Netzdienstleistungen systematisch behindert oder sogar ganz ausgeschaltet werden kann. Demgegenüber kann der Disziplinierungswirkung des potentiellen Wettbewerbs auf geöffneten Märkten für Netzdienstleistungen grundsätzlich vertraut werden, vorausgesetzt der symmetrische Zugang zu den monopolistischen Engpaßbereichen ist gewährleistet. Wie auf allen anderen wettbewerblich organisierten Märkten liegt aber die Beweislast, ob Marktmacht vorliegt und zudem mißbräuchlich ausgenutzt wird (vgl. etwa § 19 GWB), bei den Wettbewerbsbehörden. Im Gegensatz zu einer generellen ex ante Regulierung sollten solche Eingriffe in den Wettbewerbsprozeß immer nur fallweise und ex post vorgenommen werden.[6]

2.2 Monopolistische Bottlenecks

Marktmacht ist, wie schon angedeutet, in solchen Netzinfrastrukturen zu erwarten, die nicht nur durch Bündelungsvorteile, sondern gleichzeitig auch durch irreversible Kosten gekennzeichnet sind (monopolistische Bottlenecks). Irreversible Kosten sind für den eingesessenen Anbieter dieser Einrichtungen nicht mehr entscheidungsrelevant, wohl dagegen für die potentiellen Wettbewerber, da diese vor der Entscheidung stehen, ob sie diese unwiederbringlichen Kosten in einem Markt einsetzen sollen oder nicht. Das eingesessene Unternehmen hat somit niedrigere entscheidungsrelevante Kosten als die potentiellen Wettbewerber. Hieraus ergibt

[6] Die Wettbewerbsbehörden müssen dabei zwischen zwei möglichen Fehlerquellen abwägen. Ein Fehler 1. Ordnung („false positive“) tritt auf, wenn die Wettbewerbsbehörde in den Wettbewerbsprozeß eingreift, obwohl der Wettbewerb funktionsfähig ist und überhaupt kein wettbewerbspolitischer Handlungsbedarf vorliegt. Ein Fehler 2. Ordnung („false negative“) tritt auf, wenn die Wettbewerbsbehörde nicht aktiv wird, obwohl ein wettbewerbspolitischer Handlungsbedarf vorliegt. Da die Märkte für Netzdienstleistungen in der Vergangenheit überreglementiert waren, gilt es in der Zukunft vor allem den Fehler 1. Ordnung zu vermeiden; vgl. Knieps (1997c), S. 41.

sich ein Spielraum für strategisches Verhalten, so daß ineffiziente Produktion oder Gewinne nicht mehr zwangsläufig den Marktzutritt von Konkurrenten zur Folge haben.

Solche Bündelungsvorteile mit irreversiblen Kosten treten typischerweise bei erdgebundenen Netzen und Netzteilen auf, z. B. bei Wegeinfrastrukturen (Schienenwegen, Bahnhöfen, Flughäfen etc.), aber auch bei Ortsnetzen von Gas, Wasser, Abwasser, Elektrizität, Kabelfernsehen und Telefon. Die Regulierung der Marktmacht dieser monopolistischen Bottlenecks bleibt auch nach einer umfassenden Marktöffnung eine wichtige Aufgabe. Insbesondere muß vermieden werden, daß Marktmacht in diesen Bereichen mißbraucht wird, um den aktiven und potentiellen Wettbewerb in kompletteren Netzteilen zu verzerren.

2.3 Fazit: der disaggregierte Regulierungsansatz

Der disaggregierte Regulierungsansatz nach der wettbewerblichen Öffnung der Netzsektoren führt zu den folgenden grundlegenden Aussagen:[7]

- Die Öffnung der Märkte für Netzleistungen und der Abbau gesetzlicher Marktzutrittsschranken schaffen grundsätzlich in allen Netzsektoren erhebliche Wettbewerbspotentiale, die es zu nutzen gilt.
- In allen Netzsektoren bestehen derzeit noch monopolistische Bottlenecks (bei den Infrastrukturen), die eine spezifische Restregulierung zur Disziplinierung der verbleibenden Marktmacht erfordern. Der Umfang dieser monopolistischen Engpaßbereiche variiert allerdings beträchtlich zwischen den einzelnen Netzsektoren.
- Ein symmetrischer Zugang zu den monopolistischen Engpaßbereichen muß für sämtliche aktiven und potentiellen Anbieter von Netzleistungen gewährleistet werden, damit der (aktive und potentielle) Wettbewerb umfassend zum Zuge kommen kann.
- Grundsätzlich darf dem Wettbewerbspotential auf den deregulierten Märkten für Netzleistungen vertraut werden, solange die Voraussetzungen für funktionsfähigen Wettbewerb durch symmetrischen Zugang zu den monopolistischen Engpaßeinrichtungen (Infrastrukturen) gewährleistet sind.

---

7 Vertiefende Analysen findet der Leser in Knieps (1996a).

3 Unregulierte Zusammenschaltung von angreifbaren Netzen

Als Konsequenz der Netzöffnung gewinnen Fragen der Organisation der Netzzusammenschaltung zunehmende Bedeutung. Vertikale Zusammenschaltungsprobleme tauchen auf, wenn beispielsweise Anbieter von Netzdienstleistungen Zugang zu komplementären Netzinfrastrukturen benötigen. Horizontale Zusammenschaltungsprobleme entstehen, wenn beispielsweise die Koordination und Kooperation zwischen unterschiedlichen Netzinfrastrukturen angestrebt wird. Die Differenzierung zwischen horizontaler und vertikaler Zusammenschaltung mag aus der Perspektive phänotypischer Betrachtungen von Netzen durchaus nützlich sein. Um jedoch die Rolle der erforderlichen Regulierungseingriffe für die Zusammenschaltung und die Ausgestaltung der Netzzugangsbedingungen zu analysieren, ist es hinreichend sich auf solche Teile von Netzen zu konzentrieren, wo Marktmacht lokalisiert werden kann. Die Regulierung der offenen Netzzugangsbedingungen muß auf solche Netzzusammenschaltungsprobleme beschränkt werden, wo zumindest auf einer Seite netzspezifische Marktmacht aufgrund von monopolistischen Bottleneck-Einrichtungen involviert ist, unabhängig ob es sich um horizontale oder vertikale Zusammenschaltung handelt.

3.1 Effiziente Verhandlungslösungen

Betrachten wir den Fall, wo Zusammenschaltung und Zugang zwischen angreifbaren Netzen benötigt wird. Man denke beispielsweise an lokale Mobilfunknetze, die sich mit einem Mikrowellenfernnetz zusammenschalten möchten, oder an die Zusammenschaltung zweier spezialisierter Satellitennetze. Weitere Beispiele sind die horizontale Zusammenschaltung von unterschiedlichen, spezialisierten Mehrwertdienstnetzen oder die (vertikale) Zusammenschaltung eines Mehrwertdienstnetzes in ein Mikrowellenfernnetz.

Aufgrund der Angreifbarkeit dieser Netze besitzen die Netzbetreiber keine Marktmacht. Potentielle Wettbewerber erfüllen die Funktion der Marktmachtdisziplinierung. Es kann erwartet werden, daß private Verhandlungen von Zusammenschaltungs- und Zugangsbedingungen zwischen den verschiedenen Netzeigentümern zu ökonomisch effizienten Lösungen führen. Strategisches Verhalten kann ausgeschlossen werden, da jeder Verhandlungspartner leicht durch einen alternativen (potentiellen) Netzbetreiber (aufgrund der angenommenen Angreifbarkeit der Netze) substituiert werden kann.

Private Verhandlungslösungen über Bedingungen der Zusammenschaltung zwischen Betreibern angreifbarer Netze sind nicht nur vorteilhaft für die Netzgesellschaften, sondern verbessern insbesondere auch die Marktperformance der Netzleistungen, die den Kunden bereitgestellt werden. Beispielsweise müßten unabhängig von der Höhe des Marktanteils des involvierten Netzbetreibers ineffiziente Anbieter nicht marktgerechter Zusammenschaltungs-Leistungen (Netzzugangsbedingungen etc.) aufgrund des Wettbewerbsdrucks durch nicht kabelgebundene (potentielle) Netzanbieter rasch erhebliche Marktanteilsverluste hinnehmen. Ein besonders illustratives und viel diskutiertes Beispiel stellt gegenwärtig die Telekommunikation innerhalb der europäischen Länder dar. Im angreifbaren natürlichen Monopol besitzt der aktive Netzbetreiber aufgrund des (potentiellen) Wettbewerbs alternativer Netzanbieter keine Marktmacht. Überhöhte Zugangstarife oder unzureichende Netzqualitäten haben eine Abwanderung zu alternativen Netzanbietern zur Folge, die aufgrund des kostenlosen Marktzutritts unmittelbar auf den Plan treten. Ein Regulierungsbedarf zur Disziplinierung von Marktmacht der aktiven Netzbetreiber liegt in diesem Fall nicht vor.

Andererseits stellt sich die Frage, ob im wettbewerblichen Verhandlungsprozeß sich ergebende Zusammenschaltungs- und Zugangstarife die Überlebensfähigkeit des Anbieters von Netzkapazitäten sichern, solange dieser sich effizient verhält. Da auch im angreifbaren natürlichen Monopol Fixkosten und damit einhergehende Größenvorteile eine erhebliche Bedeutung einnehmen, sind die im Wettbewerb ansonsten üblichen Grenzkostenpreise nicht realisierbar, da sie eine Kostendeckung nicht ermöglichen. Selbst die Erhebung langfristiger Zusatzkosten, die die fixen Kosten der Kapazitätsanpassung mit berücksichtigen, decken typischerweise die Gesamtkosten der Netzbereitstellung nicht. Eine regulatorische Auflage, Netzzugangsgebühren entsprechend den langfristigen Zusatzkosten zu erheben, würde folglich eine Diskriminierung des Netzeigentümers zur Folge haben. Denn niemand würde freiwillig zu solchen Bedingungen Netzzugangskapazitäten bereitstellen. Es kann davon ausgegangen werden, daß die Anlagen nie gebaut worden wären, falls solche Regulierungsauflagen bereits ex ante in Erwägung gezogen worden wären.

Es verbleibt folglich die Aufgabe, auch die Differenz zwischen Gesamtkosten und Zusatzkosten (d. h. die nicht zurechenbaren Kosten) zu dekken.[8]

3.2 Wettbewerbsschädliche Regulierungsregeln

Das Problem der Kostendeckung hat in der Regulierungsökonomie zu unterschiedlichen Lösungsansätzen geführt, die jedoch alle mehr oder weniger als wettbewerbsbehindernd eingestuft werden müssen. Der zentrale Fehler besteht in der administrativen Vorgabe der zulässigen Aufteilungsschlüssel der nicht direkt zurechenbaren Kosten (bzw. Overhead-Kosten) durch die Regulierungsbehörden. In jüngster Zeit wird in diesem Zusammenhang die sogenannte „competition on equal terms"-Regel[9] diskutiert. Diese Regulierungsregel sieht vor, die nicht direkt zurechenbaren Kosten (Overhead-Kosten) proportional den Zusatzkosten unterschiedlicher Leistungen zuzuordnen, so daß der relative Aufschlag überall identisch ist. Auch wenn mit dieser Aufteilungsregel eine symmetrische Behandlung sämtlicher Marktteilnehmer verfolgt wird, ist sie dennoch wettbewerbsbehindernd. Insbesondere können durch eine symmetrische Aufteilung der Overhead-Kosten Anreize für ineffizienten Bypass von Netzbereichen gesetzt werden. Falls etwa die Stand-alone-Kosten eines spezialisierten Marktneulings niedriger sind als die Zusatzkosten der Leistungserstellung plus den symmetrisch zugeteilten Overhead-Kosten, müßte sich im Rahmen einer Verhandlungslösung ein niedrigerer Aufschlag ergeben, der dennoch einen positiven Deckungsbeitrag liefert. Im Gegensatz dazu führt die „competition on equal terms"-Regel zu einer Eigenversorgung des Marktneulings und damit einhergehend zu ineffizienter Kostenduplizierung.

Eine zweite, inzwischen sehr populäre Regel ist die sogenannte „efficient component pricing rule" (ECPR).[10] Sie besagt, daß Netzzugangsgebühren nicht nur die Zusatzkosten des Zugangs, sondern auch die sogenannten „opportunity costs" des Marktzutritts durch entgangene Erlöse des eingesessenen Unternehmens in den komplementären Netzbereichen decken sollte. Auch wenn vor der Marktöffnung lediglich eine strikte Gesamt-

8 Vgl. Albach/Knieps (1997), S. 18ff.

9 Vgl. z. B. Tye (1993), insb. S. 46f.

10 Vgl. Baumol (1983) sowie Baumol/Sidak (1994). Diese Regel ist inzwischen auch als Baumol-Willig Regel bekannt.

kostendeckung (ohne Monopolgewinne) erzielt wurde, kann die ECPR-Regel Anreize für ineffiziente Eigenversorgung (ineffizienter Bypass) setzen. Die Anwendung der ECPR-Regel wäre in diesem Fall wettbewerbsverzerrend. Je niedriger die Stand-alone-Kosten spezialisierten Marktzutritts sind, umso eher ist ein Verzicht auf Netzzugang als Folge dieser Regulierungsvorschrift zu erwarten. In einer Situation mit hohen Verbundvorteilen zwischen den betrachteten Netzteilen und damit einhergehend hohen nicht direkt zurechenbaren Kosten ist Bypass dagegen nicht zu erwarten. Vielmehr werden sich als Resultat der ECPR-Regel Zugangstarife ergeben, die neben den Zusatzkosten die gesamten Overhead-Kosten abdecken. Die Anwendung der Regel würde dann sowohl den Netzeigentümer als auch die Marktneulinge symmetrisch behandeln, da die geforderten Opportunitätskosten der ECPR-Regel mit den echten Opportunitätskosten der Inanspruchnahme des Netzzugangs übereinstimmen, unabhängig davon, ob der Netzzugang durch einen Marktneuling oder das eingesessene Unternehmen in Anspruch genommen wird.[11] Marktzutritt könnte nur stattfinden, wenn ein Marktneuling niedrigere Zusatzkosten im komplementären Netzteil oder niedrigere Gesamtkosten in sämtlichen Netzteilen besitzt. Diese Effizienzeigenschaften der ECPR-Regel lassen auf den ersten Blick die Anwendung von Regulierungsvorschriften in angreifbaren natürlichen Monopolbereichen sinnvoll erscheinen. Die Durchsetzung dieser Regulierungsvorschrift wäre in diesem Fall jedoch überflüssig, da sich dieses Ergebnis aufgrund der Komplementaritätseigenschaft des Netzzugangs automatisch im Wettbewerbsprozeß ergibt.

Zusammenfassend läßt sich also festhalten, daß in angreifbaren Netzen Regulierungsvorschriften bezüglich Zugangs- und Zusammenschaltungstarifen aufgrund der Funktionsfähigkeit des freien Marktes nicht nur überflüssig sind, sondern den Wettbewerbsprozeß geradezu behindern.

---

[11] Im Falle von monopolistischen Bottleneck-Einrichtungen würde die ECPR-Regel sogar zu einer Zementierung von Monopolrenten führen. Vgl. hierzu auch Economides/White (1995).

4 Regulierung des Zugangs zu monopolistischen Bottleneck-Einrichtungen

Zusammenschaltung zwischen angreifbaren Netzen mag in der Zukunft eine wachsende Bedeutung einnehmen. Nichtsdestotrotz verbleibt das Problem des Zugangs zu den monopolistischen Bottleneck-Einrichtungen. Ein illustratives Beispiel stellen Eisenbahnnetze dar. Konkurrierende Anbieter von Transportleistungen brauchen immer auch den Zugang zu den Schienenwegen und Bahnhöfen. Im Gegensatz zu den Transportleistungen müssen Eisenbahnschienen nach wie vor als irreversible Kosten angesehen werden, die an einen bestimmten (geographischen) Markt gebunden sind. Falls ein potentieller Anbieter von Gleisanlagen plant in den Markt einzutreten, kann der eingesessene Schienenbetreiber glaubwürdig androhen, seine Zugangstarife auf die kurzfristigen variablen Netzbetriebskosten zu reduzieren. Sobald Eisenbahnnetze einmal aufgebaut sind, kann man also kaum noch weiteren Marktzutritt mit zusätzlichen Schienen erwarten. Die entscheidungsrelevanten Kosten eines Marktneulings umfassen auch die Kosten der Schieneninvestitionen, die allerdings nicht gedeckt werden könnten mit Tarifen, die auf kurzfristigen variablen Kosten, bzw. Zusatzkosten basieren. Im Gegensatz zum Anbieter von Transportleistungen hat der Schienenwegbetreiber daher ein bestimmtes Marktmachtpotential inne. Eine ähnliche Situation gilt (zumindest beim gegenwärtigen Stand der Technologie) für kabelbasierte lokale Telefonnetze sowie für Flughäfen, lokale Elektrizitäts- und Gasversorgungsnetze.

Im Gegensatz zur Zusammenschaltung zwischen angreifbaren Netzen stört die den nicht angreifbaren Netzen zugrunde liegende Marktmacht fundamental den Verhandlungsprozess zwischen den involvierten Parteien. Eine extreme Form des Marktmachtmißbrauchs könnte sein, Marktzugang auf den komplementären Dienstleistungsmärkten überhaupt nicht zuzulassen (vertical foreclosure). Solch eine „tying"-Strategie kann von einem Monopolisten als eine Methode der Preisdiskriminierung benutzt werden mit dem Ziel, höhere Profite zu erzielen. Eine andere Methode Marktmacht auszuüben besteht darin, den Netzzugang zu unzureichender Qualität bereitzustellen oder zu überhöhten Zusammenschalttarifen anzubieten. Bei der Benutzung der Wegeinfrastruktur stellt sich nämlich nicht nur die Frage nach der grundsätzlichen Zulassung von Marktteilnehmern, sondern auch das Problem der Zuteilung der besten Benutzungszeiten. Gewährt beispielsweise ein Flughafenbetreiber privilegierte Landerechte (sog. Großvaterrechte) an eingesessene Fluglinien, entstehen Wettbewerbsverzerrungen und die Wirksamkeit des potentiellen Wettbewerbs ist behindert.

Bereits an dieser Stelle wird deutlich, daß die Ausgestaltung der Marktmachtregulierung von monopolistischen Bottleneck-Einrichtungen gleichzeitig eine wesentliche Auswirkung auf das Funktionieren des Wettbewerbs auf komplementären Märkten besitzt, die prima facie angreifbar gestaltet werden können.

4.1 Monopolistische Bottlenecks und das Konzept der wesentlichen Einrichtung

Die aktuelle Diskussion um die Anwendungsmöglichkeiten des allgemeinen europäischen Wettbewerbsrechts gegenüber den sektorspezifischen Regulierungsvorschriften spiegelt sich im Telekommunikationssektor eindrücklich in der sogenannten Access Notice wider.[12] Bei der Anwendung der Wettbewerbsregeln zur Disziplinierung netzspezifischer Marktmacht spielt in der Access Notice das Konzept der *wesentlichen Einrichtungen* (essential facilities) eine zentrale Rolle. Wesentlichen Einrichtungen müssen einer sektorspezifischen ex ante Regulierung unterworfen werden, damit der aktive und potentielle Wettbewerb auf den Telekommunikationsmärkten funktionsfähig ist.

Als wesentlich wird dabei eine Einrichtung oder Infrastruktur bezeichnet (vgl. Ziffer 68, Access Notice):

- die unabdingbar ist um Kunden zu erreichen, und/oder Wettbewerbern die Durchführung ihrer Geschäftstätigkeit zu ermöglichen,
- und die mit angemessenen Mitteln nicht neu geschaffen werden kann.

Diese Vorschrift legt den Zusammenhang zu der aus dem amerikanischen Antitrust-Recht stammenden Essential Facilities-Doktrin nahe, die inzwischen auch im europäischen Wettbewerbsrecht verstärkt Anwendung fin-

[12] Notice on the application of the competition rules to access agreements in the telecommunication sector. – Framework, Relevant Markets and Principles (98/ C265/02), Official Journal of the European Communities, 22.8.98, S. 2 - 28.

det. Diese besagt, daß eine Einrichtung nur dann als wesentlich (essential) anzusehen ist, wenn zwei Bedingungen erfüllt sind, nämlich: der Marktzutritt zu dem komplementären Markt ist ohne Zugang zu dieser Einrichtung nicht effektiv möglich, und einem Anbieter auf dem komplementären Markt ist es mit angemessenem Aufwand nicht möglich, diese Einrichtung zu duplizieren; auch Substitute fehlen.[13]

Mit der Anwendung der Essential Facilities-Doktrin soll ein traditionelles Instrument des Wettbewerbs-/Antitrust-Rechts als *Regulierungsinstrument* eingesetzt werden. Das Konzept der wesentlichen Einrichtung stellt ein maßgeschneidertes Instrumentarium zur Lokalisierung und Disziplinierung verbleibender netzspezifischer Marktmacht im Sinne des disaggregierten Regulierungsansatzes bereit. Ausgangspunkt dieses Ansatzes ist die Unterscheidung zwischen denjenigen Netzbereichen, in denen funktionsfähiger (aktiver und potentieller) Wettbewerb gewährleistet ist, und denjenigen Netzbereichen, in denen stabile netzspezifische Marktmacht lokalisierbar ist. Stabile, netzspezifische Marktmacht ist lediglich in monopolistischen Bottlenecks zu erwarten, die durch Bündelungsvorteile in Kombination mit irreversiblen Kosten gekennzeichnet sind:[14]

Eine Einrichtung ist also genau dann als wesentlich anzusehen, wenn diese die Bedingungen für eine monopolistische Bottleneck-Einrichtung erfüllt:

1. Eine Einrichtung ist unabdingbar, um Kunden zu erreichen, wenn es keine zweite oder dritte solche Einrichtung gibt, d. h. kein aktives Substitut verfügbar ist. Dies ist dann der Fall, wenn aufgrund von Bündelungsvorteilen eine natürliche Monopolsituation vorliegt, so daß ein Anbieter diese Einrichtung kostengünstiger bereitstellen kann, als mehrere Anbieter.

---

[13] Zusammenfassend Areeda/Hovenkamp (1988). Gelegentlich wird als drittes Kriterium noch formuliert, daß die Mitbenutzung der Einrichtung wesentlich ist für den Wettbewerb auf dem komplementären Markt, weil sie dort die Preise senkt oder die angebotene Menge erhöht. Dieses dritte Kriterium beschreibt aber nur die Wirkungen des Zugangs.

[14] In Telekommunikationsnetzen ist dies beim heutigen Stand der Technik der sog. „Local Loop", d. h. die kabelgebundene Infrastruktur vom Teilnehmeranschluß bis zur ersten Vermittlungsstelle.

2. Die Einrichtung kann mit angemessenen Mitteln nicht dupliziert werden, um den aktiven Anbieter zu disziplinieren, d. h. es ist kein potentielles Substitut verfügbar. Dies ist dann der Fall, wenn die Kosten der Einrichtung irreversibel sind und folglich auch kein funktionsfähiger Second Hand-Markt für diese Einrichtungen existiert.

Sektorspezifische Regulierung ist ausschließlich auf diese monopolistischen Bottlenecks zu beschränken. In allen übrigen Bereichen ist Regulierung nicht nur überflüssig, sondern auch mit hohen administrativen Kosten verbunden. Noch wesentlich höhere volkswirtschaftliche Schäden entstehen jedoch aufgrund der Störung des Wettbewerbsprozesses und der damit einhergehenden Anreizverzerrungen, z. B. hinsichtlich der Investitionsbereitschaft. In den Netzsektoren muß es darum gehen, sowohl den Dienstleistungswettbewerb als auch den Infrastrukturwettbewerb gleichermaßen zuzulassen, und nicht durch regulatorische Maßnahmen zu verzerren.

Im Rahmen des disaggregierten Regulierungsansatzes wird die Essential Facilities-Doktrin nicht mehr fallweise, sondern auf eine Klasse von Fällen, nämlich auf monopolistische Engpaßeinrichtungen angewandt. Die Ausgestaltung der diskriminierungsfreien Zugangsbedingungen zu den wesentlichen Einrichtungen muß im Rahmen des disaggregierten Regulierungsansatzes präzisiert werden. Es gilt dabei, die Anwendung der Essential Facilities-Doktrin in einem dynamischen Kontext zu sehen. Es muß also auch darum gehen, durch die Ausgestaltung der Zugangsbedingungen den Infrastrukturwettbewerb nicht zu behindern, sondern auch Anreize für Forschung und Entwicklung sowie Innovationen und Investitionen auf der Einrichtungsebene zu schaffen.

4.2 Regulierung der Zusammenschaltungs- und Zugangstarife

Der Effekt einer totalen Verweigerung des Zugangs zu monopolistischen Bottleneck-Einrichtungen kann auch erreicht werden, indem der Zugang lediglich zu untragbar hohen Tarifen bereitgestellt wird. Dies macht bereits deutlich, daß eine effektive Anwendung der Essential-facilities-Doktrin mit einer adäquaten Regulierung der Zusammenschaltungs- und Zugangsbedingungen kombiniert werden muß. Grundlegender Ansatzpunkt einer solchen Regulierungspolitik sollte allerdings sein, die Regulierungsmaßnahmen strikt auf diejenigen Netzbereiche zu beschränken, bei denen Marktmachtpotentiale tatsächlich vorliegen. Eine Preis-/Gewinn-Regulierung in den komplementären angreifbaren Netzbereichen würde gegen das Prinzip der minimalistischen Regulierungseingriffe verstoßen und die Ziele einer umfassenden Marktöffnung nachhaltig behindern. Eine Regulierung der Zugangstarife zu monopolistischen Bottleneck-Bereichen darf folglich nicht gleichzeitig zu einer Regulierung der Tarife in Netzbereichen ohne Marktmachtpotentiale führen.

Analog der Situation bei angreifbaren Netzen müßen die Netzzugangsgebühren nicht nur die langfristigen Zusatzkosten sondern auch die Gesamtkosten der monopolistischen Bottleneck-Einrichtung decken. Overhead-Kosten bei der Bereitstellung von angreifbaren und nicht angreifbaren Netzteilen müßten folglich ebenfalls via Zugangsgebühren erhoben werden, ohne daß ein Marktmachtmißbrauch des Essential-facilities-Eigentümers unterstellt werden kann. Als Ausgangspunkt für die Preisregulierung sollte die Deckung der Gesamtkosten der monopolistischen Bottleneck-Einrichtung dienen, da sonst die dauerhafte Lebensfähigkeit dieser Anlage gefährdet ist.

Die Regulierungsbehörden sollten hierzu nicht auf ganz bestimmte Regulierungsregeln, wie z. B. Ramsey-Zugangstarife oder auf zweistufige Netzzugangstarife verpflichtet werden. Dies würde die unternehmerische Suche nach innovativen Tarifsystemen behindern. Denn es ist nicht auszuschließen, daß in der Zukunft noch bessere Regeln entdeckt werden. Price-cap Regulierung im monopolistischen Engpaßbereich sowie Accounting Separation sind ausreichend um die Marktmacht zu disziplinieren und einen diskriminierungsfreien Zugang zu den monopolistischen Bottleneckbereichen zu gewähren.[15] Detaillierte Inputregulierungen widersprechen dem Geiste einer Price-cap Regulierung. Durch die Beschränkung der Regulierungsvorschrift auf das Niveau der Outputpreise soll gerade das Informationserfordernis der Regulierungsbehörde möglichst gering gehalten werden. Dadurch wird nicht nur der Regulierungsaufwand reduziert; gleichzeitig werden unternehmerische Anreize bei der Suche nach Kosteneinsparungen sowie innovativen Preisstrukturen gesetzt. Ferner wird durch die Price-cap Regulierung das Phasing-out sektorspezifischer Regulierung gefördert. Durch sukzessives Leeren der Körbe kann die Regulierungsbehörde ein Phasing-out der Entgeltregulie-

---

15 Vgl. hierzu im einzelnen Knieps (1999)

rung vornehmen, sobald die monopolistischen Engpaßbereiche durch aktiven und potentiellen Wettbewerb schrumpfen bzw. ganz wegfallen. Einzelpreisgenehmigungen auf der Basis detaillierter Kostenkontrollen sind demgegenüber mit erheblichem administrativem Aufwand verbunden. Sie verschaffen überdies der Regulierungsbehörde ein umfangreiches diskretionäres Eingriffspotential, was dem grundlegenden Ziel des umfassenden Wettbewerbs auf den geöffneten Netzmärkten völlig widerspricht. Anstatt dem Markt mit seiner Disziplinierungswirkung und der unternehmerischen Initiative der involvierten Marktteilnehmer zu vertrauen, wird staatliche Regulierung in den Vordergrund gerückt.

Literaturverzeichnis

Albach, H./ Knieps, G. (1997) *Kosten und Preise in wettbewerblichen Ortsnetzen*, Freiburger Studien zur Netzökonomie, Bd. 2, Baden-Baden: Nomos.

Areeda, P.E./ Hovenkamp H. (1988) Antitrust Law: An Analysis of Antitrust Principles and Their Application, (1988 Supplement), Boston u. Toronto: Little, Brown and Company.

Baumol, W.J. (1983) Some suble issues in railroad regulation, in: *International Journal of Transport Economics*, Bd. 10, Nr. 1 – 2, S. 341 – 355.

Baumol, W.J./ Panzar, J.C./ Willig, R.D. (1982) *Contestable Markets and the Theory of Industry Structure*, New York: Harcourt Brace Jovanovich.

Baumol, W.J./ Sidak, G. (1994) *Toward Competition in Local Telephony*, AEI Studies in Telecommunications Deregulation, Cambridge, Mass.: MIT Press.

Blankart Ch.B./ Knieps, G. (1996a) Regulierung von Netzen?, in: *ifo Studien*, Bd. 42, Nr. 4, S. 483 – 504.

Blankart Ch.B./ Knieps, G. (1996b) Infrastrukturfonds als Instrumente zur Realisierung politischer Ziele, in: *Zeitschrift für öffentliche und gemeinwirtschaftliche Unternehmen*, Beiheft 19, S. 51 – 67.

Economides, N./ White, N.E. (1995) *Access and Interconnection Pricing: How Efficient is the „Efficient Component Pricing Rule"?*, unveröffentlichtes Manuskript, EC-95-04, März.

Knieps, G. (1987)
Zur Problematik der internen Subventionierung in öffentlichen Unternehmen, in: *Finanzarchiv / Neue Folge*, Bd. 45, H. 2, S. 268 – 283.

Knieps, G. (1996a)
Netzökonomie – Ein disaggregierter Ansatz, in: Zippel, W. (Hrsg.): *Transeuropäische Netze*, Baden-Baden: Nomos, S. 11 – 27.

Knieps, G. (1996b)
Wettbewerb in Netzen – Reformpotentiale in den Sektoren Eisenbahn und Luftverkehr, Tübingen: Mohr (Paul Siebeck).

Knieps, G. (1997a)
The Concept of Open Network Provision in Large Technical Systems, in: *EURAS Yearbook of Standardization*, Bd. 1, S. 357 – 369.

Knieps, G. (1997b)
Phasing out sector specific regulation in competitive telecommunications, in: *Kyklos*, Bd. 50, S. 325 – 339.

Knieps, G. (1997c)
Wettbewerbspolitik, in: Börsch-Supan, A., v. Hagen, J., Welfens, P.J.J. (Hrsg.): *Springers Handbuch der Volkswirtschaftslehre, Bd. 2, Wirtschaftspolitik und Weltwirtschaft*, Berlin u. a.: Springer, S. 39 – 79.

Knieps, G. (1999)
Price Cap-Regulierung in Netzindustrien – Chancen und Risiken eines neuen Regulierungsinstruments, Vortrag auf dem 32. Verkehrswissenschaftlichen Seminar vom 6. – 8. Oktober 1999 in Hinterzarten.

Knieps, G./ Vogelsang, I. (1982)
The Sustainability Concept under Alternative Behavioral Assumptions, in: *Bell Journal of Economics*, Bd. 13, Nr. 1, S. 234 – 241.

Tye, W.B. (1993)
Pricing Market Access for Regulated Firms, in: *Logistics and Transportation Review*, Bd. 29, Nr. 1, S. 39 – 67.

Künftige kommunale Stromversorgung in Deutschland – Wettbewerb oder Konservierung von Privilegien?

Helmut Gröner / Gerhard Sauer

1 Wandlungen im Elektrizitätssektor durch gesetzliche Neuregelungen

1.1 Vorbemerkungen

Die öffentliche Stromversorgung in Deutschland hat ihren Ursprung im letzten Drittel des 19. Jahrhunderts. Wegen der Leitungsgebundenheit der Elektrizität startete sie von Berlin ausgehend zunächst im Inselbetrieb. Ein besonderes Interesse von Gebietskörperschaften an dieser neuen Form der Energiedarbietung ist damals nicht auszumachen. Die entscheidenden Impulse kamen vielmehr durch dynamische Unternehmer, an ihrer Spitze Emil Rathenau, der Vater des späteren Reichsaußenministers. Ihre Motivation beruhte durchweg darauf, Absatzmöglichkeiten für ihre elektrotechnischen Produkte zu schaffen, denn mit einer breiten Verfügbarkeit von Elektrizität ließen sich deren Einsatzmöglichkeiten steigern. Die andere Seite der Medaille bestand bereits zu dieser Zeit in dem Bestreben, die neuen Märkte zu monopolisieren. Das Strommonopol diente gleichsam als flankierende Hilfe für den Absatz der Güter, die bei der Elektrizitätsnutzung erforderlich waren.

Abgesehen von wenigen Ausnahmen übten Städte und Gemeinden bei der Entwicklung der Strommärkte bis gegen Ende der 80er Jahre des 19. Jahrhunderts einen eher retardierenden Einfluss aus. Viele von ihnen fürchteten die neue Konkurrenz für ihre damals so genannten Gasanstalten, deren Gewinne eine willkommene Einnahmequelle waren. Sie begnügten sich damit, Konzessionen für private Elektrizitätserzeuger zu vergeben. Als Gegenleistung forderten sie von ihnen ein Entgelt in Form von Beteiligungen am Umsatz oder Gewinn. Diese Quasi-Steuer besteht als Konzessionsabgabe bis in die Gegenwart fort. Sie wird heute als Gegenleistung für die Sondernutzung öffentlicher Straßen und Wege zu rechtfertigen versucht. Die ordnungspolitische Fragwürdigkeit dieser Abgabe und ihre in den letzten zehn Jahren zweimal modifizierte Ausgestaltung soll nicht weiter untersucht werden. Tatsache ist, dass sie mit einem Aufkommen von 6 Mrd. DM im Jahre 1997 für Strom bei steigender Tendenz, einen maßgeblichen Anteil an der Gemeindefinanzierung in Deutschland erbringt.

Ihre abwehrende Haltung gegenüber dem Strom gaben Städte und Gemeinden erst auf, als die privaten Stromerzeuger und -verteiler die Gewinnträchtigkeit des Geschäfts bewiesen hatten. Um die Jahrhundertwende verdrängten sie auf lokaler Ebene zunehmend die Privatinitiative. Diese wich auf eine Betätigung in der regionalen und überregionalen Fläche aus.[1] Die damals einsetzenden Aktivitäten der Kommunen, und zwar in Form von den von ihnen aufgebauten Betriebe und Unternehmen, prägen die Struktur der deutschen Stromversorgung bis heute. Allerdings gibt es inzwischen deutliche Hinweise, dass die anstehenden Liberalisierungen einen tendenziellen Rückzug der Städte und Gemeinden aus dem Stromgeschäft erzwingen werden. Dieser Prozess ist für die nächsten Jahre zu erwarten. Er könnte sich in einem derzeit noch nicht absehbaren Umfang beschleunigen, wenn der im Jahre 1999 unerwartet ungestüm intensivierte Wettbewerb um Stromverbraucher anhält. Eher unwahrscheinlich ist, dass mehr als ein Drittel bis die Hälfte der fast tausend deutschen Elektrizitätsversorgungsunternehmen auf kommunaler, regionaler und überregionaler Ebene seine Selbständigkeit behauptet. Eine deutlich geringere Zahl wäre keine Überraschung. Allerdings scheint die Erwartung einer Konzentration auf eine sehr geringe Zahl solcher Unternehmen ebenfalls unrealistisch. Die längst überfällige Anpassung der bisher nicht wirtschaftlich optimierten, sondern auf historischen Zufälligkeiten der Gebietsabgrenzungen basierenden Marktstrukturen gibt auch kleineren Stromversorgern Zukunftschancen. Sie müssen aber jene Marktnischen besetzen, in denen sie gegenüber den integrierten Großunternehmen Wettbewerbsvorteile besitzen.

Aufgabe der Ordnungspolitik – so wie es Walter Eucken grundlegend herausgearbeitet hat[2] – wird es nun auch im Stromsektor sein, die ihn berührende Sektoralpolitik widerspruchsfrei mit den allgemeinen wirt-

---

1 Vgl. im einzelnen hierzu etwa Gröner (1975), S. 46 - 51.

2 Vgl. Eucken (1949); Eucken (1955), S. 241 - 324; vgl. auch Gröner (1992).

schaftspolitischen Zielen in Übereinstimmung zu bringen. Die Wirtschaftspolitik muss also verhindern, dass die Ziele der auf den Elektrizitätssektor gerichteten Energiepolitik in Konflikt mit den konstituierenden und durchaus auch regulierenden Grundprinzipien einer marktwirtschaftlichen Ordnung geraten. Die aktuellen politischen Vorstellungen, die über Parteigrenzen hinaus bestehen, gebieten hier eine besondere Wachsamkeit.

Trotz des nunmehr gesetzlich vorgegebenen Wettbewerbsgebotes gibt es weiterhin starke Bestrebungen zu Wettbewerbsbeschränkungen, was – wie Eucken aufgezeigt hat[3] – die Wirtschaftspolitik zum Scheitern verurteilt. Derartige Tendenzen stechen derzeit besonders stark im Bereich der kommunalen Stromversorger ins Auge. Dort hat man in der Vergangenheit stärker noch als anderwärts bei der eigenen Kostengestaltung darauf vertraut, aufgrund des Monopolschutzes auf Dauer und in jedem Fall genügend hohe Erlöse erzielen zu können. Man hat sich aber auch aufgrund der naturgemäß engen Bindung an kommunale Entscheidungsträger und deren politische Vorstellungen nicht selten für Handlungen und Investitionen offen gezeigt, denen in einer Wettbewerbswirtschaft die ökonomische Rechtfertigung abginge. Darüber hinaus wird heute ein weiteres Handikap offenbar: Die stets geldhungrigen Gemeinden haben es als Kapitaleigner oder als Betreiber eines in die Kommunalverwaltung integrierten Eigenbetriebs versäumt, für eine hinreichend große Eigenkapitalausstattung zu sorgen. Das führt heute zu Nachteilen im Wettbewerb. Daraus darf aber keinesfalls geschlussfolgert werden, aus diesem Grund sei das Wettbewerbsprinzip bei Strom abzulehnen.

1.2 Zur Binnenmarktrichtlinie Strom der Europäischen Union

Grundsätzliche Vorschläge zur Deregulierung und Liberalisierung des Stromsektors kamen zunächst aus dem akademischen Raum.[4] Parallel dazu forderten deutsche Industrieverbände, die bisherige Stromversorgung aufzulockern durch Beseitigung des Rechts auf Demarkierung von

---

3 Vgl. Eucken (1951).

4 Vgl. beispielhaft Hamm (1961, 1962a, 1962b, 1963, 1964, 1965); Gröner (1965).

Versorgungsgebieten[5] und durch Gewährung eines Anspruchs auf Durchleitung für eigenerzeugten Strom.[6] Beide Ansätze fanden aber nur begrenzte Aufmerksamkeit. Im politischen Raum wurden sie im Vorfeld von Novellen des GWB zwar diskutiert und auch marginal berücksichtigt. Doch kam es hier nicht zu einer nennenswerten Neuorientierung im deutschen Wettbewerbsrecht. Ordnungspolitische Erwägungen standen vor dem Hintergrund starker Partikularinteressen auf verlorenem Posten.

Eine echte Neubesinnung kam in der zweiten Hälfte der 80er Jahre – wohl eher unerwartet – von Seiten der damaligen Kommission der Europäischen Gemeinschaften (seit 1992: Europäische Kommission).[7] Sie war von zwei Seiten her zum Handeln motiviert worden: Zum einen hatte das französische Monopolunternehmen Electricité de France (EdF) sein Unverständnis darüber bekundet, dass es ihm trotz der Öffnung der europäischen Märkte und der bevorstehenden Vollendung des europäischen Binnenmarktes nicht möglich war, seinen Strom in Eigenverantwortung jenseits der französischen Grenzen zu vermarkten.[8]

Der nachhaltigere Anstoß zur Stromliberalisierung ist jedoch auf die Erkenntnis der Kommission zurückzuführen, dass der Stromaußenhandel in der EG nicht mit der Entwicklung des Inter-EG-Handels Schritt gehalten hatte.[9] Immerhin dauerte es trotz intensiver Verhandlungen im EG/EU-Ministerrat sowie im Europäischen Parlament noch bis 1996, bis die Bin-

---

5 Gesetz gegen Wettbewerbsbeschränkungen (GWB) vom 27. Juli 1957, BGBl. I, S. 1081, § 103.

6 Vgl. BDI/VIK (1961); VIK (1969).

7 Vgl. Vertrag über die Europäische Union vom 7. Februar 1992, Bundesgesetzblatt II, S. 1253. Durch diesen Vertrag wurden die „Europäischen Gemeinschaften“ ergänzt um die mit diesem Vertrag eingeführten Politiken und Formen der Zusammenarbeit. Ebenda, Artikel 1, Abs. 3.

8 Die EdF beendete indes sehr bald ihre Initiativen, als sie zur Kenntnis nehmen musste, dass Wettbewerb keine Einbahnstraße ist und sie auch mit Konkurrenz in Frankreich rechnen musste. Vor ihr ging in der Folgezeit hinhaltender Widerstand gegen die Liberalisierung der Strommärkte aus. Ihre enge Verbindung zu den französischen Gewerkschaften dürfte mit für deren Großdemonstrationen in Paris und Brüssel gegen den Reformansatz verantwortlich gewesen sein.

9 Vgl. EU-Kommission (1988), S. 18, Textziffer 55, S. 19f., Textziffer 61 sowie Anhang IV (Elektrizität), S. 66 - 74, besonders S. 70 - 72, Textziffern 13 - 16; siehe auch Rinne (1998).

nenmarktrichtlinie Strom[10] verabschiedet werden konnte. Diese Richtlinie, die kein direkt wirkendes europäisches Recht darstellt, sondern Vorgaben für die Gesetzgebung der EU-Mitgliedstaaten macht, enthält folgende Kernpunkte:

- Verpflichtung für die Betreiber der Übertragungs- und Verteilungsnetze, Stromerzeugern und bestimmten Stromkunden („zugelassenen Kunden") Zugang zu den Netzen zu gewähren gemäß drei unterschiedlichen Systemen (Artikel 17 und 18);
- Pflicht für die EU-Mitgliedstaaten, den Kreis der zum Netzzutritt berechtigten Kunden stufenweise zu erweitern (Artikel 19);
- Recht zur Verweigerung des Direktleitungsbaus unter bestimmten Bedingungen (Artikel 21);
- Entflechtung von Buchführung und Jahresabschluss integrierter Stromversorgungsunternehmen nach den Bereichen Erzeugung, Übertragung und Verteilung von Elektrizität (Artikel 14), sowie verwaltungsmäßige Unabhängigkeit des Betreibers des Übertragungsnetzes „von den übrigen Tätigkeiten ..., die nicht mit dem Übertragungssystem zusammenhängen" (Artikel 7, Abs. 6);
- Verbot der Diskriminierung Dritter bei der Netznutzung, also von Nicht-Konzernmitgliedern des Netzbetreibers (Artikel 7, Abs. 5);
- Recht der Mitgliedstaaten, in bestimmten Fällen und mit der Genehmigung der Kommission für eine begrenzte Zeit eine Einschränkung der Vorschriften über Netznutzung und interner Entflechtung vorzunehmen (Artikel 24).

In den weitaus meisten EU-Mitgliedstaaten ist die Stromrichtlinie inzwischen in nationales Recht umgesetzt, in Deutschland durch die Energierechtsnovelle von 1998[11]. Prominenteste Ausnahme ist Frankreich.

---

[10] Vgl. Richtlinie 96/92/EG des Europäischen Parlamentes und des Rates vom 19.12.1996 betreffend gemeinsame Vorschriften für den Elektrizitätsbinnenmarkt. Amtsblatt der Europäischen Gemeinschaften, 40. Jg., L 27/1997, S. 19 - 29.

[11] Gesetz zur Neuregelung des Energiewirtschaftsrechts vom 24. April 1998. BGBl. I, Nr. 23, S. 730 - 736.

1.3 Novellierung des deutschen Energierechts im Jahr 1998

Nach intensiven parlamentarischen und verfassungsrechtlichen Auseinandersetzungen trat das über ein Artikelgesetz novellierte deutsche Energiewirtschaftsrecht. Ende April 1998 in Kraft. Geändert wurden das Energiewirtschaftsgesetz[12], das GWB[13] und das Stromeinspeisungsgesetz[14]. Ferner wurde ein Artikel des Gerätesicherheitsgesetzes[15] gestrichen. Die zentrale Grundsatzaussage der Novelle findet sich in Artikel 2 mit dem schlichten Satz: „Die §§ 103 und 103a (GWB) sind auf die Versorgung mit Elektrizität ... nicht mehr anzuwenden." Damit sind die Ausnahmen vom allgemeinen Kartellverbot, die das GWB für Strom erlaubt hatte, gefallen. Naturgemäß entspricht dieses Gesetz den Vorgaben der Binnenmarktrichtlinie Strom der EU. Es setzt aber einige Akzente im Blick auf die Situation in Deutschland:

- Auf starkes Drängen der kommunalen deutschen Energieversorgungswirtschaft wurde in Artikel 1 § 7 der Novelle das von der Strom-Richtlinie in Artikel 18 tolerierte Alleinabnehmersystem aufgenommen („Single Buyer"), hier Netzzugangsalternative genannt. Sie ist wirtschaftspolitisch bedeutungslos, erfüllt jedenfalls nicht die hohen Erwartungen, und zwar zugunsten von Wettbewerbsausschlüssen, die die kommunale Seite damit verbunden hatte.
- Im Unterschied zu den anderen EU-Staaten setzt Deutschland mit Artikel 1 § 6 Abs. 1 primär auf die privatrechtliche Ausgestaltung des Netzzutritts. Wohl als Vorsichtsmaßnahme für den Fall des Scheiterns der Verhandlungen deutscher Wirtschaftsverbände bei ihren Bemühungen um Einigung über eine Vereinbarung zur Netznutzung bietet Artikel 6 Abs. 2 eine Brücke zu staatlichen Regulierungen.
- Verdrängungen von Strom aus „fernwärmeorientierten, umwelt- und ressourcenschonenden sowie technisch-wirtschaftlich sinnvollen

---

12 Vgl. Gesetz zur Förderung der Energiewirtschaft (Energiewirtschaftsgesetz) vom 13. Dezember 1935. RGBl. I, S. 1451. – Dieses Gesetz enthielt bis dahin in seiner Präambel die bezeichnende Zielvorgabe: „Um ... volkswirtschaftlich schädliche Auswirkungen des Wettbewerbs zu verhindern ...".

13 GWB vom 27. Juli 1957, BGBl. I, S. 1081, § 103.

14 Stromeinspeisungsgesetz vom 7. Dezember 1990. BGBl. I, S. 1618.

15 Gerätesicherheitsgesetz in der Fassung der Bekanntmachung vom 23. Oktober 1992. BGBl. I, S. 1019.

Kraft-Wärme-Kopplungsanlagen“ können in bestimmten Fällen gemäß Art. 1 § 6 Abs. 3 der Novelle Beschränkungen der Stromdurchleitungen rechtfertigen.

- Ausschließung der allgemeinen „Anschluss- und Benutzungspflicht“ des zuständigen Elektrizitäts-Versorgungsunternehmens nach Artikel 1 § 10 der Novelle in bestimmten Fällen, sofern der hiervon Begünstigte andere Möglichkeiten der Strombereitstellung nutzt.
- Recht auf Durchleitungsuntersagung für Gemeinden nach Artikel 1 § 13, sofern die Zahlung zulässiger Höchstbeiträge der Konzessionsabgabe verweigert wird.
- Ausweitung der Förderung von Strom nach dem Stromeinspeisungsgesetz in Artikel 3 Nr. 2 § 1 der Novelle sowie Festlegung in Artikel 3 Nr. 2 § 2, dass die Mehrkosten für solchen Strom den Netzkosten zugeschlagen werden dürfen. Dabei wird, um unbillige Härten durch Artikel 3 Nr. 2 § 4 für überproportional von derartigen Einspeisungen belastete Stromversorgungsunternehmen zu vermeiden, die Abnahmepflicht für diesen Strom quotenmäßig begrenzt (Lex Preussen-Elektra).
- Zum Schutz der ostdeutschen Braunkohle darf nach Artikel 4 § 3 der Novelle bis zum 31. Dezember 2003, möglicherweise mit einer Verlängerung bis zum 31. Dezember 2005, in den neuen Bundesländern der freie Netzzutritt begrenzt werden. Diese Regelung hat die Europäische Kommission im Sommer 1999 in einer Entscheidung mit definierten Auflagen sanktioniert. Dabei legt sie großen Wert darauf festzustellen, dass sie damit keineswegs eine völlige Unterbindung des Stromwettbewerbs in Ostdeutschland akzeptieren wird.

1.4 Rechtliche Schritte kommunaler Stromversorger gegen die Energierechtsnovelle von 1998

Bei der Energierechtsnovelle 1998 war der Gesetzgeber den kommunalen Stromversorgern in einer Weise entgegen gekommen, die die stromverbrauchende Industrie mit Argusaugen beobachtet hat. Diese verzichtete indes auf propagandistische Gegenmaßnahmen, um den Start von Wettbewerbsprozessen nicht noch weiter zu verzögern. Demgegenüber strengten 242 Abgeordnete der SPD-Bundestagsfraktion sowie die Bundesländer Hamburg, Hessen und Saarland im Frühsommer 1998 eine

Normenkontrollklage an.[16] Sie ergänzten diese Klage mit einem Antrag auf einstweilige Anordnung. Ihnen schlossen sich im Herbst 1998 zehn Städte mit einer Verfassungsbeschwerde an, ebenfalls zusätzlich mit Antrag auf einstweilige Anordnung. Grund der Klagen war eine vermeintliche Verletzung der verfassungsmäßigen Rechte des Bundesrates hinsichtlich seiner Zustimmungspflicht zu dem Gesetz sowie von Gemeinden hinsichtlich ihres in Artikel 28 Abs. 2 GG geregelten Rechts, „alle Angelegenheiten der örtlichen Gemeinschaft im Rahmen der Gesetze in eigener Verantwortung zu regeln". Aus dieser allgemeinen Formulierung leiten sie einen Anspruch auf wirtschaftlichen Schutz ihres Versorgungsmonopols ab.

Ein Spruch des Verfassungsgerichts steht noch aus. Er sollte aber auf jeden Fall Klarheit bringen, ob dem ordnungswidrigen Monopolschutz für die Stromversorgung durch Kommunen wirklich Priorität gegenüber dem Wettbewerbsgebot unserer marktwirtschaftlichen Ordnung zukommt. Zudem wird das Bundesverfassungsgericht auch die retardierende Grundposition der Kommunen und ihrer Vertretungen hinsichtlich ihrer politischen Blockadehaltung gegenüber der Anpassung des geltenden Rechts an die Wettbewerbsregeln des bereits seit dem 1. Januar 1958 gültigen EG-Vertrages[17] wohl würdigen.

Es bleibt zu hoffen, dass das Verfassungsgericht mit einer Grundsatzentscheidung auch zur ordnungspolitischen Klärung eines Sachverhaltes beiträgt, bei dem sich der Gesetzgeber seit Beginn der Diskussion um die Formulierung des GWB Anfang der 50er Jahre widersprüchlich verhalten hat und einer ordnungskonformen Entscheidung angesichts bestehender Probleme mit den Gemeindefinanzen ausgewichen ist. Es wäre wünschenswert, wenn dadurch schon bald im neuen Jahrtausend zum Wohle der gesamten Volkswirtschaft anachronistischer Monopolballast beseitigt würde. Vor allem brächte es durchschlagende ordnungs- und wirtschaftspolitische Nachteile, wenn der Gesetzgeber die erst kürzlich neugeschaffenen Rahmenbedingungen zugunsten der Kommunen wettbewerbsbeschränkend zurückstufen würde.

---

16 Zur Normenkontrollklage vgl. Wieland (1998); siehe hierzu ferner Wieland/Hellermann (1998).

17 Vertrag über die Gründung der Europäischen Gemeinschaften vom 25. März 1957. BGBl. II, S. 766.

1.5 Aktivierung von Marktprozessen im Stromsektor

Nach Verabschiedung der deutschen Energierechtsnovelle schien es zunächst, als behielten eingeschliffene Verhaltensmuster der Stromanbieter die Oberhand. Gleichwohl zeigten sie sich im Verhältnis zu ihren bisherigen Kunden zunehmend gesprächsbereit. In Neuverhandlungen bestehender Strombezugsverträge konnten insbesondere Großabnehmer in wachsendem Umfang günstigere Preise und Konditionen herausschlagen. Aus Abnehmern, die an ein bestimmtes Stromversorgungsunternehmen faktisch gefesselt waren, wurden umworbene Kunden. Die allgemeine Atmosphäre des Umgangs miteinander änderte sich merklich. Allerdings schienen die nun rechtlich nicht mehr statthaften Demarkationen von Versorgungsgebieten fortzubestehen. Innovative Anbieter, neudeutsch Independent Power Producer (IPP) genannt, wurde gezielt auskonkurriert oder mit Hinweis auf ungesicherte Reservevorhaltungen, welche etwa den unvorhersehbaren Ausfall ihrer Lieferquellen ausgleichen müssten, abgedrängt. Angebote für Reservebereitstellungen wurden von den etablierten Versorgern nicht abgegeben.

Diese Situation änderte sich ungefähr zur Jahreswende 1998/99 schlagartig. Zwar waren die Durchleitungsregeln der sogenannten Verbändevereinbarung sehr kompliziert. Die dort konzipierten Kriterien für Netznutzungsentgelte führen zu auf Dauer für die Verbraucher nicht akzeptablen hohen Preisen. Das Übereinkommen wurde daher bis zum 30. September 1999 befristet. Eine Nachfolgeregelung wurde im Dezember 1999 beschlossen, die zunächst bis zum 31. Dezember 2001 gilt.[18] Diese neue Vereinbarung vereinfacht das Durchleitungsverfahren, denn die Nutzer des Stromnetzes zahlen nunmehr eine kostenorientierte jährliche Anschlussgebühr. Der bisherige entfernungsabhängige Zuschlag entfällt, aber zugleich wird der deutsche Strommarkt in zwei Handelszonen aufgeteilt. Ob diese Neuregelung die Preise für die Netznutzung dämpft, bleibt offen.

Trotz dieser Unsicherheit und damit noch vorhandener Erschwernisse bemühen sich große Elektrizitätsversorgungsunternehmen seither zunehmend um Kunden außerhalb ihrer angestammten Versorgungsgebiete. Erste Vertragsabschlüsse kamen zustande. Über Nachfragebündelungen wurden zunehmend Möglichkeiten für Kleinkunden bis hin zu Tarifab-

[18] Vgl. VDEW/BDI/VIK (1998, 1999).

nehmern geschaffen, in den Genuss des Nutzens aus Wettbewerbsprozessen zu kommen. Die Entwicklung befindet sich am Anfang. Es gehört wenig Prophetengabe dazu, für die kommenden Jahre revolutionäre Umwälzungen der Strommärkte vorherzusagen. Die Dynamik des Marktes beweist hier die Funktion des Wettbewerbs als Entdeckungsverfahren.[19]

2 Wirtschaftspolitische Aspekte der kommunalen Elektrizitätsversorgung

Vor diesem Hintergrund sehen sich auch die kommunalen Stromversorger vor neue Herausforderungen gestellt. Ob sie dies bereits umfassend und alle zur Kenntnis genommen haben, scheint unsicher. Der oben angesprochene Weg einiger von ihnen, dem aber nach Bekunden der Antragsteller der Verfassungsklage weitere folgen werden[20], weckt jedenfalls Zweifel in dieser Richtung. Dabei stehen die Ziele, welche die kommunalen Stromversorger für die eigenen Aktivitäten offiziell vorgeben, wenigstens zum Teil nicht im Widerspruch zu einer Wettbewerbsordnung. Ihre Argumentation ist freilich durchsichtig und läuft auf Wettbewerbsbeschränkungen hinaus.

2.1 Versorgungssicherheit

Elektrischer Strom ist ein nur in engen Grenzen und nur bei wenigen Verwendungszwecken substituierbares Gut. Er ist überdies von zentraler Bedeutung für eine moderne Wirtschaft und zudem nicht speicherbar. Aus diesen Tatsachen leiten insbesondere die kommunalen Stromversorger bis heute die Behauptung ab, dieses „lebensnotwendige" Gut müsse von den Gemeinden als Teil der öffentlichen Verwaltung in Erfüllung ihrer sogenannten Daseinsvorsorge bereitgestellt werden.[21] Die Stromversorgung stehe damit eigentlich außerhalb jeder Wettbewerbsordnung. Die für eine solche These allerdings unverzichtbare Beweisführung, dass staatliches oder kommunales Handeln besser als Wettbewerbsprozesse geeignet sind, eine sichere Versorgung zu gewährleisten, konnte bisher nicht belegt werden. Sogar auch nur die wirtschaftliche und politische

19 Vgl. Hayek (1968).

20 Vgl. Becker/Büttner/Held (1998), S. 3.

21 Vgl. etwa Friauf (1997).

Gleichwertigkeit beider Ansätze zur Ordnung der Stromversorgung bleibt unbewiesen. Davon abgesehen ist bereits der Anspruch an den Staat, die Bereitstellung eines lebensnotwendigen Gutes zu sichern, verfehlt: In einer arbeitsteiligen Wirtschaft gibt es kein isoliertes Gut, sei es lebensnotwendig oder nicht. Für jedes Gut sind als Produktionsfaktoren die vielfältigsten Inputs erforderlich. Ihre Einbeziehung in die Betrachtung würde also nahezu jede vom Markt als erforderlich bewiesene Ware oder Leistung als unverzichtbar ausweisen, gegebenenfalls sogar ausnahmslos alle.

Bereits diese kurze Argumentationskette lässt erkennen, dass die „Daseinsvorsorge“ einen Anspruch ohne Erfüllung, eine Worthülse ohne Inhalt darstellt.[22] Darüber hinaus ist nicht auszumachen, worin eine Ausnahmestellung kommunaler Stromanbieter bestehen soll. Die meisten Stadtwerke erzeugen den von ihnen vertriebenen Strom nicht selbst, sondern sie beziehen ihn ganz oder teilweise selbst. Sie bedürfen mithin der Zuarbeit anderer, von denen sie sich gerade durch ihre reklamierte Ausnahmestellung unterscheiden möchten. Das werden in Zukunft vornehmlich Unternehmen sein, die sich – gewollt oder ungewollt – den Gesetzen des Marktes unterstellen. Damit aber gerät die vermeintlich besondere Pflicht zur Stromversorgung außerhalb von Marktprozessen in Abhängigkeit gerade von ihnen. Eine besondere Qualität an Sicherheit lässt sich hieraus nicht ableiten. Im Gegenteil: Alle Erfahrung hat bis heute belegt, wie viel besser ein weit geöffneter Markt geeignet ist, Engpässe zu überwinden, als staatliche Regulierung von Wirtschaftstätigkeiten. Ein besonderer Beitrag von Stadtwerken zur Hebung der Versorgungssicherheit ist nicht zu erkennen.

2.2 Kostengünstige Strombereitstellung

Der Gedanke kostengünstiger Lieferungen lässt sich unschwer auf das zweite Ziel kommunaler Stromversorgung ausweiten. Die Strukturen deutscher Stromversorger haben sich in diesem Jahrhundert nur unwesentlich an geänderte Bedingungen angepasst. Wenn es gleichwohl zu Änderungen kam, dann am wenigsten im Bereich der Kommunen. Hier

---

[22] Zu Inhalt und Widersprüchlichkeit der „Daseinsvorsorge“ und der ihr zugrunde liegenden Frage eines „öffentlichen Zwecks“ vgl. im einzelnen etwa Emmerich (1970); Gröner (1975), S. 112 - 191; Ossenbühl (1997).

wird der Wettbewerb zwar erst allmählich, aber unausweichlich für Änderung sorgen, allerdings in einer Weise, die noch nicht absehbar ist.

Diese sichere Erwartung unterstützt allerdings die Forderung von Gemeinden und ihren Stadtwerken, nach Überwindung der zur Zeit noch engen regionalen Grenzen, welche die Gemeindeordnungen für die wirtschaftliche Betätigung von Kommunen setzen. Dabei kann es indes kein Ausweg sein, wenn Kommunalversorger aus der Not ihrer teilweise im Monopol überbesetzten Nebenbetriebe die Tugend einer Diversifizierung in den Bereich vor allem des lokalen Handwerks machen. Mögen gegebenenfalls bestehende Überkapazitäten es im Augenblick erleichtern, in völlig fremden Märkten Anfangserfolge zu erzielen und dabei als Nebeneffekt mittelständische Existenzen zu gefährden: Auf Dauer ist dort kein gewinnträchtiges Handeln zu gewährleisten.

Mehr Erfolg verspricht die Konzentration auf die Kernkompetenz. Konkret bedeutet dies, im sich wandelnden Energiegeschäft durch überlegene Leistung Marktnischen gegen die in Großstrukturen tätigen Regional- und Verbundunternehmen zu sichern. Dabei wird der Wettbewerb ohnehin günstige Kostensituationen und Preisverhältnisse spürbar erzwingen. Dies fehlte bisher weitgehend, ohne dass der Monopolschutz Marktsanktionen befürchten ließ. Diese Situation muss überwunden werden, wenn die eigene Existenz auf Dauer gesichert werden soll.

Der Weg über die Bewahrung alter Privilegien würde nicht auf Dauer helfen. Die sogenannte Vertikalentschließung[23], welche feststellt, „ein Missbrauch eines Gebietsschutzvertrages ... [liege] dann [vor], wenn ein örtliches Versorgungsunternehmen höhere Strompreise fordert als das Regionalunternehmen, von dem es den weiter verteilten Strom bezieht", erwies sich in der Praxis als stumpfes Schwert. Wettbewerbsprozesse bringen selbst für privilegierte Marktteilnehmer Herausforderungen zur Anpassung, denen sie sich nicht auf Dauer entziehen können.

Ein pikanter Nebeneffekt der Energierechtsnovelle von 1998 ist bereits heute festzustellen: Gerade auch kommunale Stromversorger wendeten sich schon in der Vergangenheit gegen die Liberalisierung. Neben anderen Gesichtspunkten trugen sie das Monopolisten-Argument vor, die Kleinverbraucher müssten durch höhere Preise für die im Großabnehmer-

---

[23] Entschließung der Kartellreferenten vom 17. Juni 1965, in VIK (1990), S. 59.

bereich wettbewerbsbedingt nicht mehr zu deckenden Kosten aufkommen. Wettbewerbsprozesse bewirken derzeit aber Preissenkungen in allen Marktsegmenten. In alter Gewohnheit bemühen sich die sogenannten Stromversorger deshalb heute über die SPD-Bundestagsfraktion um Regelungen, die verhindern, dass sich gerade dieser Kundenkreis neue Bezugsquellen erschließt.[24]

Weitere Versuche, unwillkommene Preisunterbietungen zu verhindern, bestehen darin, zum einen den freien Leitungsbau etwa dann einschränken zu können, „wenn dies zur rationellen Betriebsführung von Netzen ... geboten ist". Zudem soll die Durchleitung dann verweigert werden können, wenn durch sie „eine umweltfreundliche Versorgung, insbesondere den Vorrang erneuerbarer Energien und der Kraft-Wärme-Kopplung, gefährdet oder erschwert würde"[25]. Dass es hier tatsächlich nicht um die vorgegebenen Ziele, sondern um eine Konservierung von Privilegien zur Ausschaltung unbequemer Marktergebnisse geht, bedarf wohl keiner Frage. Denn dieser strompolitische Vorstoß belegt dies eindeutig.

2.3 Optimierung des Energieangebots durch gleichzeitige Bereitstellung von Strom und Wärme

Vorstehend wurde das vermeintliche Anliegen eines Schutzes der Kraft-Wärme-Kopplung (KWK) angesprochen. Zunächst verblüfft die Feststellung, der Wettbewerb gefährde KWK-Anlagen. Schließlich zeichnen

---

24 So wurde in einem allerdings nicht veröffentlichten Papier der Arbeitsgruppe Energie der SPD-Bundestagsfraktion folgende sich selbst denunzierende Forderung erhoben: „Im Interesse einer möglichst kostengünstigen Versorgung für alle muss verhindert werden, dass Vorschriften, die zum Schutz von Tarifabnehmern erlassen worden sind, von einzelnen Anbietern unterlaufen werden. ... Derartige Anbieter müssen ... wie Unternehmen mit Versorgungspflicht behandelt werden." Oder an anderer Stelle: „Die Gemeinden können im Rahmen ihrer Regelungskompetenz für die örtliche Energieversorgung durch Satzung und Verträge festlegen, wie die Lieferung von Elektrizität im Gemeindegebiet erfolgt". Dass auf diese Weise der Wettbewerb um Kleinkunden ausgeschlossen werden soll, bedarf wohl keiner Frage. Vgl. SPD-Bundestagsfraktion, Arbeitsgruppe Energie, Untergruppe Energierecht (1999), S. 4 - 5.

25 SPD-Bundestagsfraktion, Arbeitsgruppe Energie, Untergruppe Energierecht (1999), S. 4 und 6.

sich diese durch eine weit höhere Energieausbeute als andere Stromerzeugungsanlagen aus. Das sollte eigentlich zugleich Kostengünstigkeit bewirken. Der Widerspruch lässt sich erschließen durch einen Rückblick auf die bisherige Monopolordnung bei Strom. Dort gelang bisher unschwer die Preisbildung nach dem Prinzip Kosten plus Gewinnaufschlag. Als Ergebnis kamen Investitionsentscheidungen für KWK-Anlagen bei den Stromversorgungsunternehmen besonders der Kommunen zustande, bei denen Kosten gering geachtet, Prestige und Motivation des Zeitgeistes dagegen hoch gewichtet wurden. Die wirtschaftliche Nutzungsmöglichkeit der Anlage über das Jahr hinweg blieb vielfach unbeachtet.

Wer allerdings solche Anlagen mit einem Produktionseinsatz von unter zweitausend Stunden in der Volllast je Jahr betreibt, hat große Schwierigkeiten, die anfallenden Fixkosten zu decken. Diese verteilen sich dann auf nur wenige Kilowattstunden produzierten Stroms und erzeugter Wärme. Hier liegt heute generell das Kernproblem für solche Anlagen der Stadtwerke. In der Industrie dagegen gab es in den letzten Jahren geradezu einen Boom, solche Energieanlagen auf der Grundlage neuer Technik zu errichten. Allerdings ist es auch dort nötig, sich auf die neuen Marktbedingungen einzustellen, bei denen zudem noch Überkapazitäten einen ausgeprägten Marktdruck geschaffen haben. Wettbewerbsverzerrungen sind die Folge.

In Zukunft wird darum auch in Unternehmen, die bereits bisher im Wettbewerb standen, viel schärfer als bisher zu kalkulieren sein, ob die wirtschaftlichen Rahmenbedingungen und die betrieblichen Produktionsgegebenheiten einen rentablen Betrieb von KWK-Anlagen erlauben. Bestehende Anlagen werden nicht in jedem Fall eine volle Kostendeckung ermöglichen. Bei einem nicht geringen Teil von ihnen wird man sich mit Deckungsbeiträgen zu den Fixkosten von unter 100 % begnügen müssen. Gleichzeitig werden die Unternehmen des Anlagenbaus und die Betreiber von KWK-Kraftwerken vor der Herausforderung stehen, große Anstrengungen zu unternehmen, um die verlorene Rentabilität solcher Anlagen wieder herzustellen.

Hierbei geht es nicht nur um wirtschaftliche Vorteilhaftigkeit, sondern auch um die Reduktion von Schadstoffemissionen und darunter besonders auch von CO_2. Der KWK wird hier im Rahmen des Klimaschutzes von der Politik eine hohe Prioritätsstufe zugemessen. Die Gefahr ist nicht von der Hand zu weisen, dass mit marktwidrigen Interventionen politisch versucht wird, den weiteren Einsatz dieser Technologie unabhängig von ihrer Wirtschaftlichkeit zu sichern. Es bleibt zu hoffen, dass dabei nicht über Vorgaben des Umweltschutzes die Wirtschaftlichkeit der KWK-Nutzung aus dem Blickwinkel verschwindet. Auch wenn die erforderlichen Anpassungsprozesse schmerzhaft verlaufen, sind sie doch auch im Interesse des Umweltschutzes nachhaltig wirksamer als ordnungsinkonforme Regulierungen. Die Behauptung von kommunaler Seite, die wettbewerbliche Öffnung ginge zu Lasten des Umweltschutzes, ist nicht zutreffend.

Eine Bestandsgarantie für technisch-wirtschaftlich überholte Anlagen der kommunalen Energieversorgungswirtschaft durch Wettbewerbsbeschränkungen ist mithin selbst zum Schutz der KWK nicht vertretbar. Auch in dieser Hinsicht ging viel Zeit verloren, weil ihre Betreiber bis zuletzt ihre Kraft hauptsächlich zur politischen Bekämpfung der Wettbewerbsreformen auf den Strommärkten einsetzten, statt sich auf die neuen Herausforderungen einer Konkurrenzwirtschaft einzustellen.

2.4 Kommunaler Querverbund

Der von kommunaler Seite häufig gelobte Querverbund soll eine besondere Stärke gemeindlicher Wirtschaftstätigkeit sein. Man versteht darunter im engeren Sinne die Zusammenfassung von Strom-, Gas- und Wasserversorgung in einem Betrieb oder Unternehmen. Im weiteren Sinne sind noch Verkehr und Häfen einbezogen. Zur Rechtfertigung dieses Querverbunds werden häufig Synergieeffekte behauptet. All das sei nunmehr durch die Liberalisierung bedroht.

Dieses Argument ist unverständlich: Wenn durch das Zusammenwirken dieser Sparten wirklich überall Kostensenkungen zu erreichen wären, dann müssten sich diese auch in jeder einzelnen als Wettbewerbsvorteil herausstellen. Zugleich müsste diese kommunale Struktur Konkurrenznachteile für andere Anbieter verursachen, die diese wirtschaftlich sogar benachteiligen. Wachsende Marktanteile kommunaler Versorger wären die Folge.

Eine eingehendere Untersuchung zeigt indes, dass der kommunale Querverbund diese Vorteile keineswegs aufweist. Er erlaubt vielmehr marktwidrige Quersubventionen zwischen Monopol- und Wettbewerbsbereichen. Ordnungspolitisch fragwürdig ist zudem, dass ein Querverbund

Verzerrungen im Wettbewerb verwandter Leistungen bewirken konnte. Preismanipulationen wie etwa zwischen Strom und Gas setzten Preissignale außer Kraft und konnten vorhandene Substitutionsgegebenheiten mehr oder weniger willkürlich aushebeln. Die daraus erwachsenden Verzerrungen reduzieren sich aber in dem Maße, in dem alle Sparten unter Wettbewerbsdruck geraten. Das wird durch die Liberalisierung jetzt gefördert; denn nun verschwinden die Möglichkeiten, Monopolprämien zu nutzen, um an anderer Stelle Wettbewerbsvorteile zu erzielen.

Eine völlig andere Frage ist es, dass mit Gewinnen der einen Seite Verluste der anderen steuermindernd aufgerechnet werden. Dieses Vorgehen bleibt von der Liberalisierung der Strommärkte unberührt. Insgesamt ist die Einschränkung von Monopol-Willkür im Querverbund jedenfalls kein Schaden. Sie ist ordnungspolitisch zu begrüßen.

2.5 Forcierung des Einsatzes regenerativer Energieträger

Die zuweilen von Stadtwerken geäußerte Befürchtung, die durch das neue Energierecht zu erwartenden Gewinneinbußen ließen künftig keine Förderung regenerativer Energien mehr zu, laufen ins Leere. Die Aktivitäten der Stadtwerke beschränken sich auf diesem Gebiet eher auf Ausnahmen, die allerdings teilweise spektakulär sind. Insofern ist dieses Argument gegen die Liberalisierung reine Propaganda, der es an einer sachlich erwägenswerten Begründung mangelt. Die Energierechtsnovelle 1998 fördert im übrigen den Einsatz regenerativer Energien faktisch im Gegenteil sogar, wenn auch auf fragwürdige Weise: Ihre Finanzierung geschieht seit der Novelle durch Belastung des Netzsektors völlig unabhängig von Wettbewerbsprozessen. Festzuhalten ist, dass überwiegend private Investoren durch das Stromeinspeisungsgesetz gesetzte Daten klug zu nutzen wissen und in diesem Marktsegment erhebliche Wachstumsraten zustande bringen. Dazu tragen Stadtwerke fast nichts bei.

Am Rande kritisch hingewiesen sei auf die Problematik dieses auf Missbrauch des Preismechanismus aufbauenden Gesetzes. Es enthält keinen Anreiz zur Kostensenkung und Effizienzsteigerung und auch keine zeitliche Begrenzung. Jede Änderung wird deshalb die Frage zu lösen haben, wie dem Vertrauensschutz für dort realisierte und begonnene Investitionen entsprochen werden kann. Die Volkswirtschaft hat zudem große

Lasten zu tragen, ohne dem Ziel näher zu kommen, bei diesen Energien die Marktreife zu erreichen. Zusätzliche Preismanipulationen und neue Interventionen sind zu erwarten, wenn hier kein Umdenken stattfindet. Dieser Prozess wird sich freilich in jedem Fall außerhalb des Einflusses kommunaler Stromversorger vollziehen.

2.6 Beiträge der Stadtwerke zur Finanzierung der Gemeinden und zur Beschäftigung

Die Gemeinden bezogen in der Vergangenheit nicht unerhebliche Einnahmen von ihren Stromversorgungsunternehmen in Form von Konzessionsabgaben und von Gewinnausschüttungen. Die Konzessionsabgaben wurden in der Energierechtsnovelle 1998 abgesichert. Die Monopolrente in den Gewinnen wird verschwinden.

Hier ist nicht der Raum, die Prinzipien der Gemeindefinanzierung zu erörtern. Die Stromliberalisierung deckt deren verfehlte Konstruktionsprinzipien auf, ist jedoch nicht als Ursache von Finanzengpässen einzustufen und deshalb wirtschaftspolitisch abzublocken. Zu wünschen wäre, die daraus erwachsenden Schwierigkeiten zum Anlass zu nehmen, um die Grundsätze der Gemeindefinanzverfassungen prinzipiell neu festzulegen.

Immerhin müssen die Gewinne der Stadtwerke nicht im Gleichschritt mit den Preisen fallen. Schließlich gibt es noch sehr viele Rationalisierungschancen, die unter Monopolschutz nicht genutzt wurden. Unternehmerisch ausgerichtete Vorstände zeigen dort bereits heute gangbare Auswege. Dabei wird freilich nicht zu vermeiden sein, dass personelle Überbesetzungen abgebaut und verzichtbare Betriebsbereiche aufgegeben oder ausgegliedert werden. Zudem gibt es neue arbeitsplatzwirksame Aufgaben, etwa in den Bereichen Marketing und Vertrieb. Durchweg aber werden sich Beschäftigungsmöglichkeiten gleichwohl unvermeidbar verringern. Diesen Anpassungserfordernissen gegenüber stehen – weniger spektakulär – umfassende Verbesserungen der Wettbewerbskraft in der Wirtschaft durch die Reduktion der Stromkosten schlechthin. Zusammen mit anderen Kostensenkungen kommen sie der Stärkung hiesiger Wirtschaftsaktivitäten zugute. Dadurch werden insgesamt mehr Arbeitsplätze geschaffen oder zumindest erhalten, als im kommunalen Bereich verschwinden. Bei aller Belastung für die im Strombereich Freigesetzten: Volkswirtschaftlich ist die hier ermöglichte Gesamthebung der Nachfrage nach Arbeit entscheidend. Denn eine stagnierende oder sogar rückläufige Wirtschaftstätigkeit fällt bereits auf mittlere Sicht auf die Absatzmöglichkeiten der Strombranche insgesamt negativ zurück.

3 Zukunftschancen kommunaler Stromversorger

Die Stadtwerke stehen vor gewaltigen Anpassungsnotwendigkeiten. Sie müssen ihre lieb gewordene Monopolträgheit überwinden. Viele von ihnen haben in den letzten Jahren gewachsene große Rückstände gegenüber ihren Konkurrenten auf der Regional- und auf der Verbundstufe aufzuholen. Außerdem müssen sie noch ihren Platz in der Stromlandschaft neu finden, auf dem sie Wettbewerbsvorteile gegenüber anderen Stromanbietern besitzen und spezifische Stärken zur Geltung bringen.

Dazu gehört zunächst eine vorurteilsfreie Bestandsaufnahme, ob ihre Strukturen den Erfordernissen des Marktes entsprechen. Die Betriebsgröße vieler Kommunal-Stromversorger ist suboptimal und lässt sich nur durch rigorose Einschnitte verbessern. Dazu können Fusionen notwendig sein, aber unter Umständen auch Aufspaltungen verschiedener Aktivitäten. So lässt sich daran denken, den bequemen Querverbund aufzugeben, wenn er nicht Effizienzsteigerung, sondern die Überdeckung von Ineffizienzen bewirkt hat. In diesem Fall kann es gelingen, jede der Einzelsparte für sich erfolgreicher zu führen als vorher das gesamte Feld zusammengekoppelter Leistungsbereiche. Die zuweilen immer wieder erwähnte und unterstrichene Gefahr einer Entwicklung hin zu sehr wenigen extrem großen Unternehmen in der Stromwirtschaft ist allerdings wenig wahrscheinlich. Nicht umsonst kann man besonders innerhalb der überregionalen Verbundunternehmen eine zunehmende Tendenz zur Aufspaltung der Aktivitäten in Profit-Center mit eigener Ergebnisverantwortung feststellen. Daraus lässt sich die Vermutung ableiten, dass sich auch kleinere Unternehmenseinheiten durchaus im Wettbewerb behaupten können. Ob Fusionen oder strategische Partnerschaften zusätzlich die Marktposition verbessern können, muss im Einzelfall der unternehmerischen Initiative der potentiell Beteiligten überlassen bleiben. Die Zeiten stillschweigenden Einverständnisses über die Strompreise sind vorbei. Der Marktdruck erlaubt es den Vorlieferanten nicht mehr, in ihrer Endverteilung die Preise zugleich zum Nutzen der eigenen Erlöse in einer Höhe anzusetzen, die den Abnehmer-Stromversorgern Vollkostendeckung erlaubt und zugleich noch eine Gewinnmarge enthält.

Wer diese Politik fortführte, gefährdete seinen Absatz. Konkurrenten würden sofort in diese Flanke mit günstigerem Angebot stoßen. Ein stromerzeugendes Stadtwerk lebt also davon, dass es seine eigenen Erzeugungskosten wettbewerbsgerecht ausrichten kann. Ein reines kommunales Verteilerunternehmen hat künftig nur noch Bestand, wenn es eine Marktfunktion erfüllt. Sie beinhaltet Kostenvorteile oder zumindest die Vermeidung von Kostennachteilen. Kundennähe und die Fähigkeit zur flexiblen Erfüllung von Kundenwünschen mögen dabei Aktivposten sein. Sofern dabei vergleichsweise leistungsfähigere Angebote zustande kommen, wird sich ein solches Unternehmen am Markt behaupten und sich vielleicht sogar voranbringen, selbst wenn es vom Volumen seines Energieverkaufs her bei weitem nicht an seine Mitbewerber heranreicht.

Ob ein unter kommunaler Kontrolle stehendes oder aber erst ein privatisiertes Stadtwerk sich aus eigener Kraft am Markt behauptet, wird weitgehend auch davon abhängen, ob es ihm gelingt, sich von kommunalpolitischen Vorgaben und Auflagen sowohl personeller als auch inhaltlicher Art zu befreien. Die Entwicklung könnte zeigen, dass eine Privatisierung unverzichtbare Voraussetzung für die erforderlichen Effizienzsteigerungen ist. Die Zeiten, in denen Stadtwerke letztlich der verlängerte Arm für die Erfüllung politischer Vorgaben von Stadtrat und Stadtverwaltung waren, sollten jedenfalls endgültig bewältigt worden sein. Denn man muss zweifellos folgende marktwirtschaftliche Sichtweise Walter Euckens unterstreichen:

> „Das Grundprinzip verlangt nicht nur, dass gewisse wirtschaftspolitische Akte vermieden werden: so etwa staatliche Subventionen, Herstellung staatlicher Zwangsmonopole, allgemeiner Preisstopp, Einfuhrverbote usw. ... Vielmehr ist eine positive Wirtschaftsverfassungspolitik notwendig, die darauf abzielt, die Marktform der vollständigen Konkurrenz zur Entwicklung zu bringen und so das Grundprinzip zu erfüllen.“[26]

[26] Eucken (1949), S. 33 - 34.

Literaturverzeichnis

BDI (Bundesverband der Deutschen Industrie)/ VIK (Vereinigung Industrielle Kraftwirtschaft)	(1961)	*Grundsätze für ein neues Gesetz für die Elektrizitäts- und Gasversorgung*, Köln u. Essen.
Becker, P./ Büttner, W./ Held, Ch.	(1998)	*Kommunalverfassungsbeschwerde und Antrag auf Erlass einer einstweiligen Anordnung*, Marburg.
Emmerich, V.	(1970)	*Die kommunalen Versorgungsunternehmen zwischen Wirtschaft und Verwaltung*, Frankfurt a. M.: Athenäum.
Eucken, W.	(1949)	Die Wettbewerbsordnung und ihre Verwirklichung, in: *Ordo*, Bd. 2, S. 1 – 99.
Eucken, W.	(1951)	Deutschland vor und nach der Währungsreform, in: Hunold, A. (Hrsg.): *Vollbeschäftigung, Inflation und Planwirtschaft*, Erlenbach-Zürich: Rentsch, S. 134 – 183.
Eucken, W.	(1955)	*Grundsätze der Wirtschaftspolitik*, 2. Auflage, Tübingen u. Zürich: Mohr (Paul Siebeck) u. Polygraphischer Verlag.
EU-Kommission	(1988)	*Der Binnenmarkt für Energie*, KOM(88) 238endg., Brüssel.

Friauf, K.H. (1997)
Energierechtsreform und kommunale Energieversorgung, in: Baur, J.F., Friauf, K.-H. (Hrsg.): *Energierechtsreform zwischen Europarecht und kommunaler Selbstverwaltung*, Baden-Baden: Nomos, S. 55 – 107.

Gröner, H. (1965)
Ordnungspolitik in der Elektrizitätswirtschaft, in: *Ordo*, Bd. 15/16, S. 333 – 412.

Gröner, H. (1975)
Die Ordnung der deutschen Elektrizitätswirtschaft, Wirtschaftsrecht und Wirtschaftspolitik, Bd. 41, Baden-Baden: Nomos.

Gröner, H. (1992)
Walter Eucken – Wegbereiter der Ordnungspolitik, in: Walter Eucken Institut (Hrsg.): *Ordnung in Freiheit*, Tübingen: Mohr (Paul Siebeck), S. 79 – 88.

Hamm, W. (1961)
Wettbewerb für die Elektrizitäts-Monopole, in: *Frankfurter Allgemeine Zeitung* vom 04.11.1961, Nr. 257, Frankfurt a. M., S. 5.

Hamm, W. (1962a)
Stromversorgung und Wettbewerb, in: *Frankfurter Allgemeine Zeitung* vom 15.01.1962, Nr. 12, Frankfurt a. M.

Hamm, W. (1962b)
Der Strom könnte billiger werden, in: *Frankfurter Allgemeine Zeitung* vom 23.06.1962, Nr. 143, Frankfurt a. M., S. 5.

Hamm, W. (1964)
Mehr Wettbewerb für den Strom, in: *Frankfurter Allgemeine Zeitung* vom 23.05.1964, Nr. 118, Frankfurt a. M., S. 5.

Hayek, F.A. v. (1968)
Der Wettbewerb als Entdeckungsverfahren, Kiel: Institut für Weltwirtschaft.

Ossenbühl, F. (1997)
Energierechtsreform und kommunale Selbstverwaltung, in: *Energiewirtschaftliche Tagesfragen*, Bd. 47, S. 773 – 777.

Rinne, A. (1998)
Die Energiewirtschaft zwischen Wettbewerb und öffentlicher Aufgabe. Zugleich ein Beitrag zu Art. 90 Abs. 2 EGV, Baden-Baden: Nomos.

SPD-Bundestagsfraktion, Arbeitsgruppe Energie, Untergruppe Energierecht (1999)
Eckpunkte einer Novellierung des Energiewirtschaftsgesetzes vom 28. April 1998, Bonn (unveröffentlicht).

VDEW (Vereinigung Deutscher Elektrizitätswerke)/ BDI/ VIK (1998)
Verbändevereinbarung über Kriterien zur Bestimmung von Durchleitungsentgelten vom 22. Mai 1998, Köln u. a.

VDEW/ BDI/ VIK (1999)
Verbändevereinbarung über Kriterien zur Bestimmung von Netznutzungsentgelten für elektrische Energie vom 13. Dezember 1999, Berlin u. a.

VIK (Vereinigung Industrielle Kraftwirtschaft) (1969)
Das Zusammenwirken der Elektrizitätsversorgungsunternehmen mit den privaten Stromerzeugern. Studie über die Durchleitung, in: *VIK-Mitteilungen*, Nr. 5, S. 73 – 78.

VIK (1990)
Energierecht, 6. Auflage, Essen: Verlag Energieberatung.

Wieland, J. (1998)
Normenkontrollklage gegen das Gesetz zur Neuregelung des Energiewirtschaftsrechts vom 24. April 1998. Klage im Auftrag des Senats der Freien und Hansestadt Hamburg, der Hessischen Landesregierung, der Regierung des Saarlandes und von 242 Abgeordneten des Deutschen Bundestages, Bielefeld (unveröffentlicht).

Wieland, J./ Hellermann, J. (1998)
Verfassungsfragen des Gesetzes zur Neuregelung des Energiewirtschaftsrechts. Rechtsgutachten erstattet im Auftrag der SPD-Fraktion des Deutschen Bundestages, Bielefeld (unveröffentlicht).

IV.

Ordnungsökonomik

Walter Eucken und Friedrich A. von Hayek: Initiatoren der Ordnungsökonomik*

Manfred E. Streit / Michael Wohlgemuth

1 Einleitung: Das Forschungsprogramm der Ordnungsökonomik

Die Werke von Walter Eucken und von Friedrich A. von Hayek stehen am Beginn eines nach wie vor aktuellen Forschungsprogramms, das als „Ordnungsökonomik" bezeichnet werden kann. Unter Ordnungsökonomik verstehen wir die Beschäftigung mit gesellschaftlichen Ordnungen im Sinne von Mustern, die als Folge einer Koordination von Handlungen individueller Akteure entstehen.[1] Eine zentrale Vermutung der Ordnungsökonomik ist, daß Ordnungen institutionengestützt sind. Je nach Beschaffenheit der Regeln im Sinne von Beschränkungen menschlichen Verhaltens ergeben sich unterschiedliche Arten der Ordnung arbeitsteiligen Wirtschaftens. Ordnungsökonomik umfaßt sowohl eine rein erklärende Behandlung der zuvor genannten Gegenstände (positive Ordnungsökonomik oder Ordnungstheorie) als auch die Analyse von Möglichkeiten und Grenzen zielorientierter Gestaltung von Ordnungen (normative Ordnungsökonomik oder Ordnungspolitik).

Die Ordnungsökonomik bildet bislang noch nicht ein nach Fragestellungen, Methoden und Grundannahmen abgeschlossenes Forschungsparadigma. Sie steht vielmehr als Sammelbegriff für verschiedene Ansätze. Im Kern gehen alle Ansätze vom methodologischen Individualismus aus und haben die Wechselwirkungen zwischen gesellschaftlicher Interaktion und der Entstehung, Durchsetzung und Wirkung ordnungsrelevanter In-

---

* Dieser Beitrag lehnt sich in wichtigen Teilen an einen Beitrag der Autoren zur Konferenz „*Economic Ethics and the Theory of Capitalism in the German Tradition of Economics: Historism, Ordo-Liberalism, Critical Theory, Solidarism*" des Forschungsinstituts für Philosophie an. Wir danken Anna Mohle von Hoffmannswaldau und Anne Gundel für Recherchen und Korrekturlesen.

[1] Vgl. Streit (1996).

stitutionen zum Gegenstand. Für die Entwicklung der Ordnungsökonomik waren folgende Beiträge wesentlich:

1. Ordnungsökonomische Grunderkenntnisse lassen sich bereits auf die Klassiker der Nationalökonomie zurückführen, so etwa die schottischen Moralphilosophen David Hume, Adam Ferguson und Adam Smith.
2. Von der österreichischen Schule erhielt die Ordnungsökonomik wertvolle Anstöße vor allem durch die Arbeiten von Carl Menger, Ludwig von Mises und später etwa Ludwig Lachmann und Friedrich A. von Hayek.
3. Als deutscher Beitrag zur Ordnungsökonomik war in erster Linie die Freiburger Schule mit ihren herausragenden Vertretern Walter Eucken und Franz Böhm bedeutsam.
4. Schließlich hat sich auch am Rande des neoklassischen „mainstream" die Bedeutung von Institutionen einen festen Platz in den Agenden verschiedener Forschungsprogramme erobert, an deren Beginn etwa die Arbeiten von Ronald Coase, James Buchanan und Gordon Tullock standen. Inzwischen ist hieraus mit der Neuen Institutionenökonomik und der Neuen Politischen Ökonomik ein breites Forschungsfeld entstanden, das die Bedeutung von Institutionen für wirtschaftliches Handeln zum Gegenstand hat.

Im folgenden sollen mit Walter Eucken und Friedrich A. von Hayek zwei bedeutende Initiatoren der Ordnungsökonomik vergleichend diskutiert werden, deren Arbeiten jeweils zu einem guten Teil in Freiburg entstanden sind. Der vorliegende Beitrag ist wie folgt gegliedert: In Teil 2 präsentieren wir die zentralen Elemente in Walter Euckens System der Ordnungstheorie und -politik. Hierbei werden wir vor allem zeigen, wie das Problem privater und politischer Macht mit Euckens zentralem Begriff der „Wettbewerbsordnung" zusammenhängt. In Teil 3 werden wir, einer ähnlichen Struktur folgend, zunächst das für Hayek zentrale Problem gesellschaftlicher Wissensteilung skizzieren und es dann in den ökonomischen und politischen Ordnungszusammenhang der Hayekschen Konzepte der Katallaxie und der Nomokratie stellen. Eine Diskussion wichtiger Parallelen und Unterschiede zwischen beiden ordnungsökonomischen Theoriegebäuden folgt in Teil 4. Die wesentlichen Beiträge von Eucken und Hayek zum sich weiter entwickelnden Forschungsprogramm der

Ordnungsökonomik werden im abschließenden Teil knapp zusammengefaßt.

2 Euckens Ordnungstheorie und -politik

2.1 Das zentrale Problem der Macht

Das wissenschaftliche und politische Programm der Freiburger Schule, für das Eucken als herausragender Vertreter steht, hat Euckens Freund und Kollege, der Jurist Franz Böhm, wie folgt beschrieben:

> „Die Frage, die uns gemeinsam beschäftigte, war ... die Frage nach der privaten Macht in einer freien Gesellschaft. Sie führt notwendig weiter zu der Frage, wie eine Ordnung der freien Wirtschaft beschaffen ist. Von da gelangt man zu der Frage, welche Typen und Möglichkeiten von Wirtschaftsordnung es überhaupt gibt, welche Rolle in ihnen jeweils die Macht spielt, und zwar sowohl die Macht der Regierung als auch die Macht von Privatpersonen und privaten Gruppen, und welche Ordnungsstörungen auftreten, wenn sich innerhalb des Staates und der Gesellschaft eine andere Machtverteilung herausbildet als diejenige, die dem jeweiligen Wirtschaftssystem ordnungskonform ist."[2]

Die Fragen nach „Macht" und „Ordnung" bilden die zentralen Bestandteile des ordoliberalen Forschungsprogramms, das von Walter Eucken nachhaltig geprägt wurde. Das Hauptbestreben Euckens ging dahin, die den vielfältigen gesellschaftlichen Interaktionen und Interdependenzen zugrundeliegenden Ordnungen zu erkennen und eine menschenwürdige Ordnung gestalten zu helfen. Im Konzept der „Wettbewerbsordnung" werden positive und normative Analyse zusammengefaßt und mit dem Problem privater und staatlicher Macht verbunden. Es ist die zentrale Botschaft von Eucken und der Freiburger Schule, daß

1. private Macht die Freiheit der Vielen zugunsten der Beherrschung durch Wenige gefährdet und
2. private Monopole, Kartelle und Verbände auch das politische System durchdringen und diskreditieren.

Wir wenden uns nur dem ersten, und in Euckens Sicht ursprünglichen Aspekt der Frage nach der privaten Macht zu.

---

[2] Böhm (1957/60), S. 162.

2.2 Marktmacht und Wettbewerbsordnung

Die oben zitierte Frage „wie eine Ordnung einer freien Gesellschaft beschaffen ist" wurde von Eucken konsequent als Problem einer angemessenen Rechtsordnung verstanden. Die freie Verkehrswirtschaft verlangt vor allem nach einem System von Rechtsregeln, die einen geschützten Bereich privater Entscheidungskompetenz und -verantwortung definieren (Eigentum und Haftung), die Kooperation unter Gleichen ermöglichen (Vertragsrecht) und Konfliktlösungsmechanismen anbieten (Gerichtsbarkeit). Eine Gesellschaft, die diesen „konstituierenden Prinzipien" einer Wettbewerbsordnung[3] entspricht, kann auch mit Böhm (1966) als „Privatrechtsgesellschaft" bezeichnet werden.

Die Frage nach der Macht von Privatpersonen ist damit aber noch nicht abschließend geklärt. Neben der Gewährleistung der Privatautonomie gilt es, einem Mißbrauch privater Entscheidungsfreiheiten zulasten anderer vorzubeugen. Dem gilt nun vor allem die Sicherung des Wettbewerbs als Mittel der Kontrolle wirtschaftlicher Macht. Dies war für Eucken die wichtigste Lehre des „Zeitalters der Mißerfolge"[4] in der Wirtschafts- und Rechtsgeschichte des deutschen Reichs: Private Versuche der Marktschließung (etwa durch umfassende Kartellbildung) wurden als legitimer Gebrauch der Vertragsfreiheit betrachtet und Boykotte oder Akte kollektiver Diskriminierung von Außenseitern wurden teilweise gerichtlich einklagbare und rechtlich geschützte wirtschaftliche Kampfmittel. In der Folge wurde die Wettbewerbsfreiheit Dritter in einem Maße beschränkt, daß wirtschaftliche Machtansprüche sich nunmehr im Rahmen des Privatrechts Geltung verschaffen konnten. Deshalb wurde es zu Euckens Anliegen, die konstitutiven Prinzipien des Privatrechts durch institutionelle Garantien offener Märkte zu ergänzen, um so zu gewährleisten, daß die Wettbewerbsordnung ihre zentrale Aufgabe als „das genialste Entmachtungsinstrument der Geschichte"[5] erfüllen kann.

Dies ist wohl der bedeutendste und zu seiner Zeit auch originellste Beitrag Euckens zu einer Politökonomie der Marktgesellschaft: Wettbewerb wurde nicht ausschließlich (und nicht einmal vorrangig) als Mittel zur Erbringung „ökonomischer" Anpassungs- und Entwicklungsleistungen

---

3 Vgl. Eucken (1952/90), S. 254ff.

4 Vgl. Eucken (1951).

5 Böhm (1961), S. 22.

oder gar eng gefaßter Effizienzvorstellungen betrachtet und geachtet. Wettbewerb war für Eucken vielmehr in erster Linie als Verfahren gesellschaftlicher Machtkontrolle und damit als wichtigster Legitimationsgrund privatautonomer Handlungsbefugnisse zu untersuchen und zu fordern. Wirtschaftliche Macht wiederum wird nicht allein (wie etwa in der Theorie monopolistischer Konkurrenz) deshalb als problematisch und potentiell zerstörerisch betrachtet, weil sie den Preismechanismus und dessen Allokationsfunktionen stören würde. Sehr viel tiefgründiger argumentiert Eucken[6], daß wirtschaftliche Macht deshalb durch Wettbewerb und allgemeine Regeln zu beschränken ist, weil sie in die Handlungsfreiheit anderer eingreift und mit der allgemeinen Handlungsfreiheit die Vorbedingungen moralischen Handelns bedroht. In Übereinstimmung mit dieser weiten Perspektive wettbewerblicher Aufgaben und Leistungen entwickelte Eucken eine sehr viel „politischere" und „institutionalistischere" Theorie der Bedingungen marktlicher Koordination als die Erbauer der neoklassischen Wettbewerbstheorien seiner Zeit. Während letztere einfache „Regeln" der reinen Entscheidungslogik nutzten, um abstrakte Gleichgewichtslösungen zu erzielen, liegt die Betonung bei Eucken (und erst recht bei Böhm) auf Regeln und Prinzipien des Rechts, die reale Marktprozesse strukturieren.[7]

Den institutionellen Rahmen der Wettbewerbsordnung hat Eucken in seinen berühmten „Grundsätzen" pointiert hervorgehoben.[8] Als zentrales „Grundprinzip" wird die Herstellung eines „funktionsfähigen Preissystems vollständiger Konkurrenz" postuliert. Zu den „konstituierenden Prinzipien", die zur Etablierung eines funktionsfähigen Preissystems unabdingbar sind, zählt Eucken die Stabilisierung der Geldpolitik durch stabilitätsorientierte Regeln der Währungspolitik, offene Märkte, Privateigentum, Vertragsfreiheit, Haftung und die „Konstanz der Wirtschaftspolitik". Die „regulierenden Prinzipien" sind den oben genannten konstitutiven Prinzipien insofern subsidiär nachgeordnet, als sie wirtschaftspolitische Eingriffe in den Marktprozeß begründen sollen, die im Rahmen der Ordnung konstituierender Prinzipien noch als notwendig erachtet

6 Z. B. Eucken (1952/90), S. 175ff.

7 Hinsichtlich der Eigenschaften seines Idealtyps der „vollständigen Konkurrenz" orientierte sich Eucken zumindest terminologisch jedoch noch stark am neoklassischen Paradigma seiner Zeit. Wie wir sehen werden, blieb Eucken die Bedeutung der Hayek-Kritik hieran noch weitgehend verborgen.

8 Vgl. Eucken (1952/90), S. 254ff.

werden.[9] So dürften bei strenger Anwendung des Prinzips offener Märkte nur noch wenige, „natürliche" Monopole regulierungsbedürftig sein. Auf die Grundsätze, nach denen das regulierende Prinzip staatlicher Monopolkontrolle nach Euckens Ansicht verfolgt werden sollte, werden wir zurückkommen. Gleiches gilt für das regulierende Prinzip der Einkommenspolitik als verteilungspolitische Antwort auf die „soziale Frage".

Nicht zuletzt die regulierenden Prinzipen lassen erkennen, daß hier kein „Minimalstaat" gefordert ist. Gerät nun aber der Staat zur wichtigsten „ordnenden Potenz",[10] so entsteht eine zweite Dimension des Machtproblems: politische Macht.

2.3 Wirtschaftsordnung und Staatsverfassung

Wie wir gesehen haben, belegt Eucken den Wettbewerb mit einer Bedeutung, die weit über das engere „Ökonomische" hinaus geht. Wettbewerb verdient Schutz durch das Recht wegen seiner kontrollierenden Wirkung auf private Macht ebenso wie auf die hierauf aufbauende politische Macht. Deshalb wurde Wettbewerbspolitik als vornehmliche Staatsaufgabe betrachtet. Dies bedeutet aber vor allem auch, daß der Staat selbst auf wettbewerbsbeschränkende Maßnahmen verzichtet. Aus Sicht einer funktionsfähigen, auf Wettbewerb basierenden Wirtschaftsordnung ist es somit durchaus konsequent, wenn Eucken einen „starken", aber begrenzten, Staat fordert. Die politischen Akteure müssen „stark" sein, um als neutrale, von Monopolen und Interessengruppen unabhängige Ordnungsinstanz wirken zu können. Gleichzeitig müssen sie in ihren Handlungsbefugnissen wirkungsvoll beschränkt bleiben, um nur ihre genuine ordnungspolitische Aufgabe zu verfolgen und allein freiheits-bewahrende, systemkonforme Instrumente zum Einsatz zu bringen. Dem Staat fiel somit zunächst die Aufgabe zu, die Privatautonomie der Wirtschaftssubjekte gegen Eingriffe durch private Machtblöcke zu verteidigen. In dem Maße, in dem dies gelingt, wird gleichzeitig verhindert, daß private Machtgruppen politische Übermacht gewinnen und somit die Rechtsstaatlichkeit politischer Entscheidungsverfahren korrumpieren. Die Staatsverfassung

---

9 Vgl. Eucken (1952/90), S. 291ff.

10 Vgl. Eucken (1952/90), S. 325ff.

entsprach in ihren elementaren Strukturmerkmalen somit weitgehend den Grundsätzen der Wettbewerbsordnung.[11] Sie hat die doppelte Aufgabe:

1. denen, die legitimiert waren, politische Herrschaft auszuüben, das Maß an Unabhängigkeit zu gewähren, das notwendig ist, um die Prinzipien der Wettbewerbsordnung gegen privilegiensuchende Machtgruppen durchzusetzen („starker Staat") und
2. im inneren der Staatsorganisation mithilfe der rechtsstaatlichen Prinzipien der Gewaltenteilung und des Vorrangs der Verfassung einem willkürlichen Gebrauch politischer Herrschaftsrechte vorzubeugen.[12]

Es dürfte offensichtlich sein, daß diese Rechtsstaats-Konzeption von der Vorstellung eines „wohlwollenden Diktators", wie er weite Teile der Wohlfahrtsökonomik beherrscht, weit entfernt ist. Eucken selbst machte dies unmißverständlich klar:

> „So falsch es ist, im vorhandenen Staat einen allwissenden und allmächtigen Betreuer allen wirtschaftlichen Geschehens zu erblicken, so unrichtig ist es auch, den faktisch vorhandenen, von Machtgruppen zersetzten Staat als Datum hinzunehmen und dann – folgerichtig – an der Möglichkeit der Bewältigung des wirtschaftspolitischen Ordnungsproblems zu verzweifeln."[13]

Eucken war erklärter Gegner jeder Vorstellung unbegrenzter Regierungsmacht (einschließlich unbegrenzter Demokratie); auch erkannte er klar die institutionellen Voraussetzungen und sozialen Folgen dessen, was später als „rent-seeking society"[14] in das Standardrepertoire ökonomischer Analyse aufgenommen wurde. Bestenfalls mag man Eucken vorhalten, keine „ökonomische Theorie der Politik" formuliert zu haben, wie sie erst nach seinem Tod allmählich entstanden ist.

Daß ein starker und begrenzter Staat kein widersprüchliches Ziel einer Staatsverfassung ist, daß vielmehr politische Autorität und verfassungsrechtliche Grenzen des Staatshandelns komplementär aufeinander wirken, war eine der zentralen wirtschaftspolitischen Hypothesen Euckens. Daß

---

11 Vgl. Eucken (1952/90), S. 250.

12 Vgl. für eine eingehendere Analyse und Bewertung von Euckens Vorstellungen zur „Interdependenz der Ordnungen": Streit (1992/95).

13 Eucken (1952/90), S. 338.

14 Siehe Tollison (1982).

ein unbeschränkter Staat durch den Einfluß wirtschaftlicher Machtgruppen geschwächt und korrumpiert wird, war eine der von Eucken immer wieder in der Wirtschaftsgeschichte Deutschlands entdeckten Zusammenhänge. Besonders eindrücklich weist Eucken diese Interdependenzen zwischen politischer Ordnung, Rechts- Wirtschaftsordnung anhand des Zeitalters „experimenteller Wirtschaftspolitiken" (während der Weimarer Republik) nach. Immer wieder bestätigte sich Euckens Beobachtung: die Expansion der Staatstätigkeiten, die „vorwiegend von der Wirtschaft her verlangt und durchgesetzt wurde, bedeutete nicht etwa eine Stärkung, sondern ganz im Gegenteil eine Schwächung des Staates ..."[15]. Die Korrumpierung der politischen Ordnung und die Unzuverlässigkeit der Wirtschaftsordnung fiel mit der Schwäche politischer Mandatsträger und deren Abhängigkeit vom Wohlwollen wirtschaftlicher Machtgruppen zusammen. Euckens Analyse der wirtschaftlich und politisch verhängnisvollen Folgen korporatistischer, wettbewerbsfeindlicher Machtkartelle zwischen Politik und Wirtschaft bieten noch heute anschauliche Begründungen und Illustrationen der Schwächen moderner Wohlfahrtsstaaten, die durch eine sich wechselseitig verstärkende „Verstaatlichung der Gesellschaft" und „Vergesellschaftung des Staates" gekennzeichnet werden können.[16]

3 Hayeks Ordnungstheorie und -politik

3.1 Das zentrale Wissensproblem

Wie Eucken, so entwickelte und schärfte auch Hayek seine analytischen und politischen Vorstellungen des Marktes und der erforderlichen Aufgaben des Staates in Folge der Konfrontation mit praktischen und theoretischen Versuchen sozialistischer Planung während der 30er Jahre. Hayeks Wahrnehmung dieser politischen und analytischen Herausforderungen und seine Reaktionen hierauf unterscheiden sich aber tendenziell von denen Euckens. Eucken betrachtete die deutsche Geschichte wirtschaftspolitischer Experimente vornehmlich unter dem Aspekt der Ursachen und Folgen wirtschaftlicher und politischer Macht. Hayek diskutierte die Grenzen der Möglichkeit sozialistischer Planung und die unnachahmlichen Vorzüge kapitalistischen Wirtschaftens in erster Linie im Hinblick

[15] Eucken (1932), S. 307.
[16] Vgl. Böckenförde (1989).

auf die Möglichkeiten, vom subjektiven, nicht zentralisierbaren Wissen und Fähigkeiten der Individuen in einer Gesellschaft Gebrauch zu machen. Auf diesem Wege entdeckte Hayek das Phänomen der „Wissensteilung", in der er „das zentrale Problem der Volkswirtschaftslehre als einer Sozialwissenschaft"[17] erkannte. Die ungeplante Wissensteilung als Minderung der Folgen konstitutionellen Wissensmangels der Akteure wurde zum Ausgangspunkt nahezu aller originellen Beiträge, die Hayek auf verschiedensten Ebenen der Ordnungsökonomik geleistet hat. Hayek selbst hat dies wiederholt betont:

> „Ausgangspunkt jeder intelligenten Diskussion über die Ordnung allen gesellschaftlichen Lebens sollte die grundsätzliche und unheilbare Unwissenheit sein, die sowohl bei den handelnden Personen als auch bei dem diese Ordnung studierenden Wissenschaftler über die Vielfalt der einzelnen konkreten Tatsachen besteht, die in die Ordnung menschlichen Handelns deshalb eingehen, weil sie *einigen* ihrer Mitglieder bekannt sind."[18]

Diese Sicht dominiert Hayeks Untersuchungen der spontanen Ordnung wirtschaftlichen Handelns – der „Katallaxie" – ebenso wie der freiheitlichen Rechtsordnung – der „Nomokratie".

3.2 Wissen und die spontane Handelnsordnung der „Katallaxie"

Das Problem konstitutionellen Wissensmangels läßt sich durch folgende Fragen illustrieren, auf die jede Wirtschaftsordnung eine Antwort finden muß[19]:

1. Wie werden Individuen dazu veranlaßt und befähigt, Wissen zu erlangen, das sie für ihre eigenen, persönlichen Vorhaben benötigen?
2. Wie wird subjektives Wissen über besondere wirtschaftliche Bedingungen verbreitet, das auch für die Dispositionen anderer von Nutzen sein kann?
3. Wie wird die Nutzung von Wissen kontrolliert, um mögliche Fehleinschätzungen möglichst schnell aufzudecken?

---

17 Hayek (1937/76), S. 71.

18 Hayek (1967/69), S. 206 (eigene Hervorhebung).

19 Vgl. Streit (1998), S. 40.

4. Wie werden Irrtümer behoben und in ihren wirtschaftlichen Folgen begrenzt?

Hayeks (1968/69) Antwort war: Durch Wettbewerb als Entdeckungsverfahren und als Antriebskraft des Systems freiwilliger Markttransaktionen, das er „Katallaxie" nannte.[20] In einer Katallaxie ist jedes Individuum frei, sein eigenes, spezifisches Wissen über besondere Gelegenheiten und Umstände von Ort und Zeit für seine eigenen Zwecke (und auf eigenes Risiko) zu nutzen. Wettbewerbliche Marktprozesse liefern außerdem auch die nötigen Anreize, immer wieder neues Wissen zu erwerben und persönliche Fähigkeiten zu entwickeln und einzusetzen. Preisgesteuerte Marktprozesse signalisieren schließlich auch anderen Marktteilnehmern wichtige Informationen durch Änderungen in der Struktur relativer Preise „in kodierter Form"[21]. Preise helfen beim Abschluß erfolgversprechender, gewinnträchtiger Transaktionen zwischen Akteuren, die bereit sind, Transaktionskosten aufzuwenden und die über das nötige Glück und Geschick bei der Interpretation der Preissignale verfügen. Solche Transaktionen können Irrtümer anderer Marktteilnehmer ausgleichen, die wiederum durch pekuniäre Effekte (Gewinn-Verlust-Rückkopplungen) motiviert werden, sich neuen Umständen des Marktes anzupassen. Auf diese Weise erlaubt das System der Katallaxie verstreutes Wissen und individuelle Fähigkeiten immer wieder neu zu entdecken, zu überprüfen und zu nutzen. Hierbei handelt es sich gerade um solches Wissen und solche Fähigkeiten, die keiner einzelnen Person oder Instanz im ganzen zugänglich wären.[22]

---

20 Z. B. Hayek (1967/69), S. 224ff.

21 Hayek (1976), S. 117.

22 Diese Erkenntnis hat weitreichende Folgen. Es ist nun nicht länger angemessen (noch dazu für ein Ideal „vollkommener Konkurrenz"), gegebene und homogene Güter anzunehmen, denn: „welche Güter knapp oder welche Dinge Güter sind, oder wie knapp oder wertvoll sie sind, ist gerade einer der Umstände, die der Wettbewerb entdecken soll: es sind jeweils die vorläufigen Ergebnisse des Marktprozesses, die den einzelnen sagen, wonach es sich zu suchen lohnt" (Hayek (1968/69), S. 253). Schließlich ist auch der traditionelle Effizienzbegriff zur Bewertung von Marktprozessen kaum mehr anwendbar: „Wo wir aber die Tatsachen, die wir mit Hilfe des Wettbewerbs entdecken wollen, nicht schon vorher kennen, können wir auch nicht feststellen, wie wirksam er zur Entdeckung aller relevanten Umstände führt, die hätten entdeckt werden können" (Hayek (1968/69), S. 250).

Wie das spontane Lenkungssystem relativer Preise, so wirken auch abstrakte Regeln gerechten Verhaltens als „praktisch erfolgreiche Anpassungen an die unausweichlichen Begrenzungen unseres Wissens“[23]. Auch sie erleichtern es den Individuen, sich an Ereignisse und Umstände anzupassen, die niemandem in ihrer Gesamtheit bekannt sein können. Auf Märkten und in anderen komplexen und anonymen Interaktionen wären Individuen und Organisationen, die versuchten, ihre individuellen Pläne und Handlungen aufeinander abzustimmen orientierungslos und hilflos, wenn sie nicht Regelmäßigkeiten im Verhalten anderer beobachten und erwarten könnten. Um als erfolgreiche Instrumente gegenseitiger Erwartungsstabilisierung wirken zu können, müssen Regeln gewisse Eigenschaften aufweisen, insbesondere solche, die mit dem Prinzip der „Universalisierbarkeit“ zusammenhängen. Dieses Prinzip bildet den Kern von Hayeks Rechtsphilosophie, die nun skizziert wird.

3.3 Wissen und die Rechtsordnung der „Nomokratie“

Nach Hayek sollen die Regeln einer spontanen Handelnsordnung

1. den Individuen erlauben, eigene Ziele unter Verwendung eigenen Wissens über besondere Umstände und eigener Fähigkeiten zu verfolgen und
2. die Individuen in die Lage versetzen, verläßliche Erwartungen über das Verhalten anderer zu bilden.
3. Solche Regeln haben einen geschützten Raum privatautonomen und selbstverantwortlichen Handelns zu definieren und damit interpersonale Konflikte zu vermeiden;
4. die Regeln würden gleichzeitig die Handelnsordnung offen halten für die Entdeckung und Durchsetzung von Handlungen (Innovationen), an die bisher noch niemand hat denken können.

Hayek bezeichnet solche Regeln als „Nomos“, bzw. abstrakte „Regeln gerechten Verhaltens“.[24] Sie finden sich nicht nur im kodifizierten Privatrecht, sondern auch in der Form informeller Sitten und Konventionen, die im alltäglichen Wirtschaftsleben zumindest ebenso bedeutsam sein dürften.[25]

---

[23] Hayek (1967/69), S. 207.

[24] Z. B. Hayek (1967/69), S. 211ff.

[25] Vgl. Hayek (1970/96), S. 21f.

Die Regeln des Nomos entsprechen dem Konzept universalisierbarer Regeln in der Tradition von Hume oder Kant. Sie sind

1. allgemein, d. h. „auf eine unbekannte und unbestimmte Anzahl von Personen und Fällen anwendbar“[26],
2. offen, d. h. sie beschreiben nur solche Handlungen, die nicht erlaubt sind – wodurch die Entdeckung und Nutzung neuartiger Handlungsweisen möglich bleibt[27] und
3. sicher, d. h. auf die dauerhafte Geltung der Regeln und ihrer Inhalte kann vertraut werden – so daß die Akteure sichere Erwartungen darüber bilden können, mit welchen Handlungen sie nicht zu rechnen haben.[28]

Diese abstrakten Regeln gerechten Verhaltens bilden nicht nur den Ordnungsrahmen einer Handelnsordnung spontaner Koordination und Kontrolle gesellschaftlicher Interaktionen. Für Hayek sind die meisten dieser Regeln des Nomos selbst wiederum Ergebnisse ungeplanter, spontaner Entwicklung (Evolution). Somit sind viele Regeln gerechten Verhaltens nicht nur zweckunabhängig anwendbar, sondern auch unabhängig von den Zielen einer bewußt gestaltenden Instanz entstanden.[29] Da diese Regeln einer sich laufend verändernden Vielzahl von Zwecken und Umständen gerecht werden, die niemand in ihrer Gesamtheit kennt, können tradierte Rechtsordnungen des „Nomos“ auch nicht im Ganzen die Ergebnisse kalkulierend zweckrationalen Entwurfs politischer Planung sein. Vielmehr wurden in einem anhaltenden Lernprozeß Regeln generiert (entdeckt und verworfen oder beibehalten), die sich als Verhaltensregeln auch in unvorhergesehenen Umständen bewährt haben. Hier argumentiert Hayek deutlich in der Tradition der Schottischen Moralphilosophie, daß diejenigen Zivilisationen, in denen freiheitliche abstrakte Regeln herrschten, prosperieren konnten, da nur sie den „Prozeß der Anpassung und

---

26 Hayek (1973/86), S. 73.

27 Z. B. Hayek (1960/83), S. 183.

28 Vgl. Hayek (1960/83), S.270f.

29 Z. B. Hayek (1967/69), S. 212ff.

des Lernens"[30] begünstigten, der für eine kulturelle Evolution notwendig ist.[31]

Hayeks Konzept der „Rule of Law" ist die unmittelbare Übersetzung des oben skizzierten Begriffs des „Nomos" als politisches, staatsrechtliches Prinzip. Gegen die „Teleokratie", in der die Handlungen der Bürger von einer Führung bewußt auf konkrete politische Zwecke hin gelenkt werden, stellt Hayek sein politisches Ideal der Rechtsstaatlichkeit im Sinne einer „Nomokratie" als „Reich der Gesetze und nicht der Menschen"[32]. Hier gilt, daß „das 'Öffentliche Wohl' oder 'Gemeinwohl' ausschließlich in der Erhaltung jener abstrakten und zweckunabhängigen Ordnung [besteht], die durch die Befolgung abstrakter Regeln gerechten Verhaltens gesichert wird"[33]. Dies bedeutet im Hinblick auf die notwendigen und legitimen Aufgaben staatlichen Handelns, daß es dem Grundprinzip der „Begrenzung der Zwangsgewalt des Staates auf die Durchsetzung allgemeiner Verhaltensregeln"[34] zu genügen hat.

Nach Hayek wurde die klassische Gewaltenteilungslehre dadurch verletzt, daß der Gesetzgebung keine Grenzen gesetzt sind, wie sie noch dem klassischen Gedanken des „government under the law" entsprachen. Vielmehr sei festzustellen, „daß Struktur und Organisation der Vertretungskörperschaften bis ins Innerste durch die Erfordernisse ihrer Regierungsaufgaben bestimmt worden sind, einer weisen Gesetzgebung jedoch im Wege stehen."[35] Unter „weiser" Gesetzgebung versteht Hayek die Feststellung und behutsame Anpassung des „nomos", der allgemeinen Regeln gerechten Verhaltens, die für die Aufrechterhaltung einer spontanen Ordnung unerlässlich sind. In heutigen Parlamenten geht es dagegen auch – und

---

30 Hayek (1960/83), S. 51.

31 Hayeks Theorie kultureller Evolution kann hier nicht im Detail diskutiert werden. Seine Vorstellung, daß Gruppen, die abstrakte Regeln und marktfördernde Praktiken entdeckt haben, die organisatorische Enge der Kleingruppe überwinden konnten und in einer „erweiterten Ordnung" der Katallaxie Wohlstand erreichten, mag eine anschauliche „conjectural history" der sehr langen Frist sein. Die Anwendbarkeit dieser Evolutionshypothese auf den weiteren Wandel moderner Rechtssysteme und Verfassungen ist dagegen eher fragwürdig, vgl. Vanberg (1986).

32 Hayek (1967/69), S. 224.

33 Hayek (1967/69), S. 224.

34 Hayek (1978/96a), S. 229.

35 Hayek (1979/81), S. 43.

überwiegend – um die Durchsetzung interventionsstaatlicher Zwecke mit Mitteln des Gesetzes. Daß beiden Aufgaben durch Akte ein und derselben Organisation, des Parlaments, die gleiche Legitimation zugesprochen wird – dies ist der Umstand, der Hayeks Vorstellung staatlichen Handelns unter dem Recht widerspricht.

Dieser Vorstellung entspräche ein Modell der Gewaltenteilung, in dem diese unterschiedlichen Aufgaben in unterschiedlichen Kammern mit unterschiedlich gewählten Repräsentanten wahrgenommen werden[36] [37]. Einer legislativen Versammlung käme dabei die Aufgabe zu, auf dauerhafte Geltung angelegte universalisierbare Regeln des Privatrechts und allgemeine Prinzipen öffentlichen Rechts (z. B. Steuerprinzipien) festzustellen. Damit gibt sie auch den Rahmen vor, in dem die zweite Kammer als Regierungsversammlung agieren kann. Letzterer bliebe die Aufgabe, die Regierung zu wählen, die Verwaltung zu kontrollieren und den momentanen Willen der Regierungsmehrheit öffentlich-rechtlich umzusetzen – soweit dies nicht mit den in der gesetzgebenden Versammlung festgestellten Regeln gerechten Regierungsverhaltens in Konflikt steht.

4 Euckens und Hayeks Ordnungsökonomik im Vergleich

4.1 Wesentliche Gemeinsamkeiten

Wenn auch Eucken und Hayek, wie gezeigt wurde, unterschiedliche Probleme als Ausgangspunkte ihrer Ordnungsökonomik wählten, so trafen sie sich doch ganz überwiegend in gemeinsamen Ansichten zu den wesentlichen ordnungspolitischen Grundfragen. Was sie insbesondere eint, ist zunächst ihre normative Einstellung zugunsten individueller Handlungsfreiheit als unablässige Voraussetzung moralischen Handelns und sozialen Fortschritts. Hiervon ausgehend galt Euckens wie Hayeks Interesse der wirtschaftlichen und der politischen Ordnung und deren Wechselwirkungen – stets dem Leitmotiv folgend, daß es die jeweils herrschenden Institutionen sind, die es zu analysieren gilt. Bei der Frage,

---

36 Hayek (1979/81), Kap. 17.

37 Das Modell wird hier nur im Ansatz skizziert. Nähere Ausführungen und Bewertungen finden sich in Streit/Wohlgemuth (2000), sowie ausführlich in Nienhaus (1982) und Rupp (1979).

wie und im Hinblick worauf Institutionen vorrangig zu untersuchen sind, zeigen sich aber wieder Unterschiede in der Schwerpunktbildung der Ordnungsökonomik Euckens und Hayeks. Hayek betonte durchweg die Koordinationswirkungen institutioneller Ordnungen vor dem Hintergrund konstitutionellen Wissensmangels der Marktakteure und notwendig unzureichenden Lenkungswissens politischer Autoritäten. Eucken betonte vor allem die Kontrollwirkungen des Wirtschafts- und Staatsrechts vor dem Hintergrund des Problems privater und politischer Macht.

Eucken und Hayek stimmen auch ganz offensichtlich darin überein, daß individuelle Freiheit und gesellschaftliche Ordnung keine Gegensätze sind und daß die Befolgung genereller Verhaltensbeschränkungen Voraussetzung für die Erreichung einer Ordnung freier Menschen ist.[38] Ebenso ist Eucken und Hayek gemein, daß politisches Handeln zunächst der Aufrechterhaltung eines allgemeinen rechtlichen Ordnungsrahmens dienen müsse und schließlich auch mehr (Hayek) oder weniger (Eucken) strikt hierauf beschränkt bleiben sollte. Eucken und Hayek sind sich schließlich auch in der Ablehnung politischer Interventionismen bei der Verfolgung spezifischer Marktergebnisse einig, die sie als willkürlich (und damit freiheitsbedrohend), desorientierend and destabilisierend betrachten. Wichtige Gemeinsamkeiten bestehen aber nicht nur im Bereich

---

[38] Euckens und Hayeks unterschiedliche Betonungen der vordringlichsten Ordnungsprobleme hat etwas unterschiedliche Ordnungsverständnisse zur Folge. Für Eucken hat „Ordnung" zwei mögliche Bedeutungen: einmal die „Gesamtheit der realisierten Formen, in denen in concreto jeweils der alltägliche Wirtschaftsprozeß abläuft" und zum anderen der normative Idealtyp des *Ordo*, d. h. der „Ordnung, die dem Wesen des Menschen und der Sache entspricht ... Ordnung, in der Maß und Gleichgewicht bestehen" (Eucken (1952/90), S. 372). Im Hinblick auf die erste Bedeutung spielen Bedingungen der Entstehung einer solchen Ordnung keine Rolle für die Unterscheidung von Ordnung und Nichtordnung; im Hinblick auf den zweiten Ordnungsbegriff bleiben sie unklar und recht nahe an naturalistischen Fehlschlüssen, vgl. Streit (1992a), S. 681. Hayek dagegen nutzt eine individualistischere Definition von „Ordnung", die direkt am Phänomen der Wissensteilung anknüpft: „Die Zwecke des Menschen können nur deshalb erreicht werden, weil wir die Welt, in der wir leben, als geordnet begreifen. Diese Ordnung manifestiert sich in unseren Fähigkeiten, aus den (räumlichen oder zeitlichen) Ausschnitten der Welt, die uns bekannt sind, Regeln abzuleiten, die uns befähigen, Erwartungen über andere Bereiche zu bilden" (Hayek (1967/69), S. 207).

ordnungspolitischer, sondern auch methodologischer Grundüberzeugungen, von den zwei hier kurz belegt werden sollen:

1. Eucken und Hayek teilten nicht nur ähnliche Grundüberzeugungen, sondern auch ähnliche Ansichten darüber, welche Rolle normative Aussagen in der wissenschaftlichen Arbeit spielen können. Beide lehnten explizit die vorherrschende Interpretation von Max Webers „Werturteilsfreiheitspostulat" ab.[39] Hayek vertrat in seiner Freiburger Antrittsvorlesung die Meinung, die Wertfreiheitsdiskussion habe „leider oft zu einer Angst vor dem Aussprechen von Werturteilen, ja zu einer Vermeidung gerade der wichtigsten Probleme geführt, mit denen sich der Nationalökonom auch am Katheder offen auseinandersetzen sollte."[40] Sein eigenes Werk belegt den Standpunkt, daß es eine unangemessene Abstraktion von Wesentlichem wäre, alles Normative auszublenden, da doch sein Erklärungsobjekt, die spontane Ordnung, selbst das Ergebnis der Befolgung wertbeladener Regeln gerechten Verhaltens ist. Diese formellen und informellen Regeln finden ihren Widerhall und ihre Unterstützung nicht zuletzt in einem Grundwert – nämlich dem der individuellen Freiheit. Eucken geht sogar noch einen Schritt weiter, wenn er fordert, es sei eine Pflicht für Sozialwissenschaftler als „ordnende Potenz" zu wirken, d. h. gerechte Ordnungen vorzuschlagen und einzufordern.[41] Damit ist beiden Initiatoren der Ordnungsökonomik gleichermaßen bewußt, daß Werte und Normen ein wesentlicher Bestandteil der institutionellen Ordnung und damit des Untersuchungsgegenstands sind. Freilich scheuten Eucken und Hayek auch nicht das Fällen von Werturteilen „im Aussagebereich", da sie niemanden über ihre politischen und moralischen Grundüberzeugungen im Unklaren lassen wollten. Damit waren diese „echten" Werturteile zumindest nicht versteckt (und damit „*krypto*-normativ"[42] i. S. v. Kirchgässner), sondern klar identifizierbar. So stimmen Euckens Ordoliberalismus und Hayeks klassischer Liberalismus zumindest auch darin überein, daß sie eine Trennung von Sozialwissenschaft und Moralphilosophie offen ablehnten.

---

39 Siehe auch Albert (1967/72) für ein umfassendes Wiederaufgreifen von Webers Position und einiger Mißverständnisse bei der Rezeption in den Sozialwissenschaften.

40 Hayek (1962/69), S. 3.

41 Vgl. Eucken (1952/90), S. 340ff.

42 Kirchgässner (1988), S. 62ff.

2. Eucken und Hayek teilten auch ein gemeinsames Unbehagen gegenüber der damals herrschenden Art und Weise ökonomischer Theoriebildung. Während dieser Befund in Bezug auf Hayek kaum mehr eigens begründet werden muß, bleibt der Abstand Euckens zur herrschenden neoklassischen Modellwelt, wie wir sehen werden, weniger deutlich. Gleichwohl verdient es vermerkt zu werden, daß Eucken zustimmend folgende Kritik von Lord Robbins zitiert: „in the excitement of perfecting our instruments of analysis, we have tended to neglect a study of the framework which they assume.“[43] Die zentrale Botschaft von Euckens Ordnungstheorie, daß nämlich je nach Beschaffenheit des institutionellen Umfelds wirtschaftliche Prozesse völlig unterschiedliche Bedeutung erlangen und völlig andere Entwicklungen nehmen,[44] wurde erst vor wenigen Jahrzehnten vom amerikanischen „mainstream“ wiederentdeckt. Dies gilt zumindest für die Vertreter der „Neuen Institutionenökonomik“, die u. a. mit Untersuchungen der Wirkungen verschiedener Eigentumsrechtsstrukturen begann[45] und, unter anderem, nun auch im Gebiet der Wirtschaftsgeschichte und Wachstumstheorie zu greifen beginnt[46].[47]

4.2 Wesentliche Unterschiede

Hayeks Beitrag zur Ordnungsökonomik aus der Perspektive des Wissensproblems und Euckens Beitrag aus der Perspektive des Machtproblems führen zu deutlicheren Unterschieden der jeweiligen analytischen und politischen Ansätze auf den Gebieten der Theorie und Politik (1) des Wettbewerbs, (2) des institutionellen Wandels und (3) der „sozialen Frage“.

1. Hayeks Vorstellung des Wettbewerbs als Entdeckungsverfahren führte ihn schon recht bald zu einer weitreichenden Ablehnung konventio-

---

43 Eucken (1948/65), S. 197.

44 Z. B. Eucken (1952/90), S. 24.

45 Z. B. Furubotn/Pejovich (1972).

46 Z. B. North (1990).

47 Siehe Schmidtchen (1984) oder Tietzel (1991) für ausführlichere Darstellungen der Zusammenhänge zwischen Euckens Konzeptionen und Teilen der Neuen Institutionenökonomik.

neller Gleichgewichtslogik,[48] während die ordoliberale Konzeption vom Wettbewerb als „Entmachtungsinstrument" es zunächst noch erlaubte, einem Idealtyp anzuhängen, der durchaus Ähnlichkeiten mit dem wohlfahrtsökonomischen Ideal des machtlosen, aber auch ereignislosen „vollkommenen Wettbewerbs" aufweist. Die Unterschiede analytischer Art lassen sich aus den jeweiligen wettbewerbspolitischen Schlußfolgerungen erkennen.

2. Hayeks Vorstellung von Institutionen als „Anpassungen an unsere Unwissenheit"[49] korrespondierte aufs Natürlichste mit einem evolutorischen Konzept institutionellen Wandels und mit einem tiefen Skeptizismus gegenüber Versuchen, neue institutionelle Ordnungen bewußt zu entwerfen, während Euckens Sicht der Rechtsregeln als Instrumente im Dienste der Machtkontrolle viel Raum für politische Entwürfe und ordnungspolitischen Gestaltungswillen (an)erkennt.

3. Hayeks Vorstellung der Katallaxie läßt keinen Platz, die „soziale Frage" überhaupt einigermaßen sinnvoll stellen zu können, soweit sich diese auf Verteilungsgerechtigkeit bezieht; ebenso schließt sein Konzept der „Nomokratie" es aus, diese Frage mithilfe gezielter Ungleichbehandlungen beantworten zu wollen. Für Eucken hingegen stellt sich die „soziale Frage", sobald wirtschaftliche Macht nicht nur in formalrechtlicher, sonder auch in materieller Sicht definiert wird.

Alle der drei genannten Unterschiede könnten in einer Weise pointiert hervorgehoben werden, daß man sie als unüberbrückbare Unterschiede zwischen Eucken und Hayek interpretiert. Eine etwas vorsichtigere und abwägendere Interpretation historischer und heuristischer Zusammenhänge erlaubt es jedoch, einige der Unterschiede zu erklären, zu relativieren oder auch in einem umfassenden ordnungsökonomischen Forschungsprogramm zu integrieren. Dies soll die nun folgende Analyse der genannten drei ordnungsökonomischen Themenkomplexe zeigen.

---

48 Es ist durchaus fraglich, inwieweit Hayek sich tatsächlich konsequenterweise vom neoklassischen Gleichgewichtsdenken verabschiedet hat. Seine früheren Andeutungen einer „Tendenz zum Gleichgewicht" etwa sind nicht unähnlich denen etwa von Kirzner (1973). Derlei Fragen werden ausführlich diskutiert bei Loy (1988).

49 Hayek (1976), S. 39.

4.2.1 Der Sinn des Wettbewerbs

Euckens jahrzehntelange Auseinandersetzung mit der „großen Antinomie" ließ ihn gelegentlich Kompromisspositionen besetzen, die aus heutiger Sicht ein wenig überholt erscheinen. Dies gilt vor allem für seinen Versuch, sich von der Historischen Schule zu distanzieren, indem er zumindest teilweise Modelle der zeitgenössischen neoklassischen Preistheorie übernahm. Es ist vielfach darauf hingewiesen worden, daß Euckens Idealtyp des „vollständigen Wettbewerbs"[50] Ähnlichkeiten zum statischen Konzept „vollkommenen Wettbewerbs" aufzeigt, das – wie Hayek (1937/76; 1945/76) als einer der ersten zeigte – ungeeignet ist, die entscheidenden Vorzüge von Wettbewerbsprozessen zu berücksichtigen. Wird ein Gleichgewichtszustand aus Annahmen vollständiger Information und Voraussicht abgeleitet und ein solcher Zustand als politische Zielgröße verstanden, so bedeutet dies nicht nur einen konzeptionell fragwürdigen „Nirwana Ansatz".[51] Es bedeutet auch, daß die spontane Marktordnung konstruktivistisch als zweckgerichtete Organisation oder „Teleokratie" behandelt wird – wodurch ihre funktionale Eigenart als sich selbststeuerndes System unerkannt bleibt und unterdrückt wird.[52]

In Euckens Wettbewerbstheorie lassen sich zumindest interpretationsbedürftige Anzeichen sowohl von „Nirwana"-Vorstellungen als auch von konstruktivistischen Fehlinterpretationen wettbewerblicher Prozesse erkennen.[53] Andererseits gilt es, in Erinnerung zu rufen, daß Euckens Idealtyp „vollständiger Konkurrenz" nicht in erster Linie an Effizienzmaßstäben ausgerichtet war. Vielmehr diente sie als Ideal einer Wettbewerbsordnung, die sich an Konsumenteninteressen orientiert und in der das soziale und politische Problem wirtschaftlicher Macht gelöst wird. Den-

---

50 Z. B. Eucken (1952/90), S. 244ff.

51 Vgl. Demsetz (1969).

52 Vgl. Streit (1993), S. 237.

53 Es sind aber auch klare Abweichungen vom Modell vollkommenen Wettbewerbs bei Eucken erkennbar. So lehnte er die Bedingung „homogener Güter" als unrealistisch ab, vgl. Eucken (1952/90), S. 24. Hayek tat dies auch; doch ist sein Einwand etwas substantieller: „weil sich die Art unserer Bedürfnisse und unserer Kenntnisse ständig ändert und weil die menschliche Fertigkeit und Fähigkeit so unendlich vielfältig ist ... kann ein Zustand, der es erforderte, daß eine große Anzahl von Produkten und Dienstleistungen unter einander dieselben sind, nicht der ideale sein" (Hayek (1946/76), S. 137).

noch bleibt Euckens Wettbewerbsvorstellung kaum geeignet, etwa Unternehmertum und Innovation eine wesentliche Rolle einzuräumen und zu einer dynamischen Theorie wettbewerblicher Marktprozesse zu gelangen – und damit Prozesse zu analysieren, die notwendig ungleichgewichtig sind und die Instabilität (nicht aber Abwesenheit) wirtschaftlicher Macht begründen. Hayeks frühe fundamentalen Einwände gegen eine Wettbewerbstheorie, die von gegebenem oder vollständigem Wissen ausgeht, werden von Eucken erstaunlicherweise nicht rezipiert.

Die Folgen davon, ob das Wissensproblem oder das Machtproblem als Ausgangspunkte der Untersuchung von Wettbewerbsordnungen dienen, lassen sich anhand wettbewerbspolitischer Aussagen von Eucken und Hayek verdeutlichen. Am auffälligsten sind hier Unterschiede bei der Diskussion einer Regulierung von (natürlichen) Monopolen. Für Hayek ist jeder Versuch, einen (monopolistischen) Anbieter dazu anzuhalten, so zu handeln, „als ob" Wettbewerb bestünde, schlichtweg absurd, da die Ergebnisse eines Entdeckungsprozesses weder von einer Behörde noch von sonst jemandem antizipiert und folglich diktiert werden können.[54] Zudem würde jede Ermessungsgewalt, die Behörden zu dem Zweck verliehen wird, lediglich Mißbräuche zu verhindern, am Ende doch dazu führen, daß die Behörde das Monopol mit Marktzutrittsschranken schützen würde.[55] In der Konsequenz führen Hayeks Untersuchungen des Wettbewerbsprozesses zum wettbewerbspolitischen Leitbild der „Wettbewerbsfreiheit"[56], das sich auf eine strikte Anwendung der allgemeinen Regeln des „Nomos" beschränkt. Eucken scheint dagegen die Wissensprobleme und die Gefahr des „capturing" der Regulierungsbehörde weniger klar zu erkennen oder zu gewichten, wenn er es explizit als Ziel einer staatlichen Monopolaufsicht formuliert, die „Träger wirtschaftlicher Macht zu einem Verhalten zu veranlassen, als ob vollständige Konkur-

---

54 Z. B. Hayek (1979/81), S. 102f.

55 Vgl. Hayek (1979/81), S. 121.

56 Dieses Konzept wurde vor allem von Erich Hoppmann (1988), Teil II, entwickelt, dem Nachfolger auf Hayeks Freiburger Lehrstuhl. Es ist stark von Hayeks Wettbewerbstheorie geprägt. Euckens wettbewerbspolitische Konzeption ähnelt dagegen eher dem „Struktur-Verhalten-Ergebnis"- Paradigma, das u. a. von der Harvard-Schule vertreten wurde und dem Hoppmann das Konzept der zweckunabhängigen Handlungsfreiheit im Wettbewerb entgegen setzte.

renz bestünde"[57]. Er führt hierzu weiter aus: „Grundsätzlich ist der Preis so zu fixieren, daß Angebot und Nachfrage bei diesem Preis ins Gleichgewicht kommen und er zugleich gerade die Grenzkosten deckt"[58]. Dies ist genau die Vorstellung, die Hayek in einem anderen Zusammenhang ablehnt – nämlich bei seiner Kritik an Oscar Langes Vorschlag einer marktsozialistischen Imitation realer Marktprozesse, die für Hayek einer „übermäßigen Beschäftigung mit den Problemen der reinen Theorie des stationären Gleichgewichts entspringt"[59].

Aufbauend auf Hayeks Sicht vom Wettbewerbs als Entdeckungsverfahren und ergänzt um einige neuere Konzepte der Theorie der Handlungsrechte (property rights) und der Transaktionskostenökonomik, wird Wettbewerb heute in der Ordnungsökonomik als Prozeß wirtschaftlicher Selbstkoordination und Selbstkontrolle zu beschrieben, in dessen Verlauf

1. Wissen über Substitutionsmöglichkeiten (d. h. Opportunitätskosten) entdeckt und verbreitet wird,
2. Kontrolle über die Verwendung von Handlungsrechten ausgeübt wird und
3. Anreize zur Überprüfung der bisherigen Verwendung von Handlungsrechten gegeben werden.[60]

Damit Wettbewerbsprozesse diese Funktionen sinnvoll erfüllen können, ist es notwendig, daß die Individuen Transaktionskosten aufwenden, deren Niveau wiederum entscheidend von der Qualität der institutionellen Ordnung abhängt, in deren Rahmen Marktkoordination und wettbewerbliche Kontrolle im einzelnen ablaufen. In diesem Sinne und entlang dieser Leitgedanken ist es durchaus möglich und sinnvoll, das Hayeksche Wissensproblem und Euckens (sowie Franz Böhms) Betonung der institutionellen Wettbewerbsordnung in einem marktprozeßtheoretischen Wettbewerbskonzept der Ordnungsökonomik zusammenzuführen.[61]

---

[57] Eucken (1952/90), S. 295 oder Eucken (1949), S. 68.

[58] Eucken (1952/90), S. 297; Eucken (1949), S. 69.

[59] Hayek (1940/76), S. 241.

[60] Vgl. Streit (1992b), S. 92.

[61] Die Arbeiten von Wernhard Möschel, Ernst-Joachim Mestmäcker und Erich Hoppmann stehen für eine solche Integration Hayekscher und Ordoliberaler Denktraditionen. Auch jüngere Autoren wie Kerber (1997) oder Wegner (1996) tragen mit neueren Kombinationen zu einer ähnlichen Weiterentwicklung der Wettbewerbstheorie in Deutschland bei.

4.2.2 Institutioneller Wandel

Wie auch das obige Beispiel gezeigt hat, betonte Hayek die Bedrohung des Marktsystems durch staatliche Versuche, eine zweckunabhängige, sich selbst steuernde und komplexe Handelnsordnung nach eigenen Imperativen und unter einer unvermeidlichen „Anmaßung von Wissen“ lenken zu wollen, während Eucken eine stärkere Betonung darauf legt, daß private Machtgruppen das Marktsystem korrumpieren – ein Effekt, der dadurch nur verstärkt wird, daß diese Machtgruppen auf einen „schwachen“ Staat treffen, der es nicht versteht, die Prinzipien der Wettbewerbsordnung zu verteidigen. Diese Unterschiede in den argumentativen Schwerpunkten haben ihr noch etwas deutlicheres Gegenstück in den jeweiligen positiven und normativen Auffassungen unserer Initiatoren der Ordnungsökonomik in Bezug auf die Entstehung und den Wandel institutioneller Ordnungen.

Eucken (mehr als Böhm[62]) kritisierte die Vorstellung, daß die Regeln einer freien Wettbewerbsordnung spontan entstanden seien und erhalten werden könnten. Für ihn gilt: „Die Wettbewerbsordnung verwirklicht sich nicht von selbst ... Es genügt nicht, gewisse Prinzipien des Rechts zu verwirklichen und im übrigen die Entwicklung der Wirtschaftsordnung sich selbst zu überlassen“[63]. Diese These widerspricht der Theorie spontaner Regelentstehung, die vom „späteren“ Hayek vertreten wurde.[64] In der

[62] Böhms Interpretation der Ursprünge der Privatrechtsgesellschaft weist deutliche Parallelen mit Hayeks evolutorischer Rechtsphilosophie auf, vgl. etwa Böhm (1966). Böhm (1953/60), S. 97, schließt sich Hayek auch darin an, daß für ihn zumindest die elementaren Rechtsprinzipien nicht „gemacht“, sondern „gefunden“ wurden.

[63] Eucken (1952/90), S. 373.

[64] In seinem Artikel „'Freie Wirtschaft' und Wettbewerbsordnung“ argumentierte Hayek noch wie Eucken mit einer milden Kritik am klassischen Liberalismus. Es findet sich auch die Forderung nach einer „Politik, die bewußt den Wettbewerb, den Markt und die Preise als sein ordnendes Prinzip anerkennt und die das gesetzliche Rahmenwerk, das vom Staat erzwungen wird, dazu benützt, den Wettbewerb so wirksam und wohltätig wie möglich zu machen – und ihn dort zu ergänzen, wo er nicht anwendbar ist“ (Hayek (1948/76), S. 145). Hayek diskutiert hiernach Arbeitslosenversicherung, Stadtplanung, Patente, Markenzeichen, Kartellverträge, Haftungsbeschränkung und was heute „unvollständige Verträge“ genannt wird. In all diesen Fällen befürwortet er spezielle Rechtsregelungen. Weitere Fundstellen eines stärker „konstruktivistischen“ Hayek präsentiert Vanberg (1986).

Tat scheint es korrekt, auf einem Kontinuum von Theorien zwischen rein „evolutorischen“ und rein „konstruktivistischen“ Auffassungen Hayek deutlich näher an einer evolutorischen Sicht und Eucken näher an einer konstruktivistischen Ordnungsvorstellung zu verorten.

Dies gilt so aber nur für Emergenz und Wandel der institutionellen (Rechts-)Ordnung. In Bezug auf die Handelnsordnung beschreiben Eukken wie Hayek sehr ähnlich die marktliche Koordination als spontane Interaktionen im Rahmen institutioneller Beschränkungen. Entsprechend ähneln sich beide auch in ihrer Kritik an staatlichen Interventionen, mit denen die empfindlichen Signal- und Kontrollwirkungen des Preissystems beeinträchtigt werden. Eucken läßt derlei „evolutorische“ Argumente aber nicht mehr für die Ordnung auf der Regelebene gelten. Ihre Analysen versuchen eine strikte analytische Unterscheidung: Während die alltäglichen wirtschaftlichen Prozesse – das „Spiel“ des Wettbewerbs – keiner zentralen Planung unterliegen dürfen, könne und dürfe die Wirtschaftsverfassung mit ihren „Spielregeln“ keiner ähnlichen Spontanität ausgesetzt werden. Welches die adäquaten Spielregeln einer freien und menschenwürdigen Wettbewerbsordnung sind, gilt als weitgehend offensichtlich, sie müssen nur noch gesetzt und gepflegt werden, wozu es notwendig staatlicher Durchsetzung und Obhut bedürfe. „Laissez-faire“ auf der Ebene der Ordnungsregeln ist nach Euckens Auffassung nicht geeignet, die Regeln der Wettbewerbsordnung zu finden und zu bewahren.[65]

Eucken entwickelt hier eine ordnungsökonomische Sichtweise, die nicht nur dem, was Eucken als „laissez-faire“ apostrophiert, widersprechen soll, sondern ebenso deutlich als Gegenmodell zum historischen Materialismus gedacht ist. Es sei daran erinnert, daß während der 30er und 40er Jahre Varianten des Historizismus ihre Blütezeit erlebten. Nicht nur Marxisten verschiedener Couleur, auch die meisten Vertreter der deutschen historischen Schule und selbst Schumpeter (1942/87) vertraten Varianten der Idee, daß wirtschaftliche Macht letztlich notwendig politische Handlungen determiniere und daß die Monopolisierung der Industrie ebenso unvermeidbar sei wie der hieraus folgende Zusammenbruch des Kapitalismus und die Geburt sozialistischer Ordnungen. Vor dem Hintergrund des intellektuellen Klimas seiner Zeit ist es verständlich, daß Eucken eine seiner Londoner Vorlesungen der „Zwangsläufigkeit wirtschaftspolitischer Entwicklungen“[66] widmet und hiergegen seine These stellt, daß

---

65 Vgl. Eucken (1932).

66 Eucken (1951), Kap. II.

„eine sinnvolle Koordination der gesamten Wirtschafts- und Rechtspolitik" das Problem wirtschaftlicher Macht lösen kann.[67]

Weiterhin muß der historische Moment berücksichtigt werden, in dem sich Nachkriegs-Deutschland befand. Es bestand die Notwendigkeit, eine weitgehend neue politische und wirtschaftliche Ordnung für Deutschland zu schaffen. Dabei waren marktwirtschaftliche Ordnungsvorstellungen zu diesem Zeitpunkt bei den damaligen politischen Parteien noch alles andere als anerkannt. Überwiegend wurden vielmehr verschiedene Formen sozialistischer Mangelverwaltung und Wirtschaftsplanung bevorzugt. Eucken und seine ordoliberalen Mitstreiter konnten jedoch verschiedene historische Gelegenheiten für ihr Anliegen nutzen und damit die Bedeutung dessen belegen, was Eucken den „historischen Moment mit seinen besonderen Machtkonstellationen und Imponderabilien"[68] nannte. Zu den besonderen Konstellationen und Umständen kann sicherlich die Rolle gezählt werden, die Ludwig Erhard als mutiger und überzeugender politischer Unternehmer gespielt hat.[69]

Den Historizismus seiner Zeit verurteilte Hayek[70] ebenso entschieden wie Eucken. Die intellektuelle Strömung, gegen die er seinen evolutorischen Ansatz stellte, war aber nicht so sehr ein historischer Fatalismus, sondern vielmehr das, was er als „rationalistischen Konstruktivismus" brandmarkte. Die Vorstellung, „daß der Mensch seine Kultur und seine Einrichtungen 'geschaffen' hat ..." und sie „... daher auch nach seinen Belieben ändern kann"[71], die insbesondere von Vertretern der Französischen oder kontinentalen Tradition des aufklärerischen Liberalismus vertreten wurde, war für Hayek Ausdruck einer höchst gefährlichen Hybris und eines „Mißbrauchs der Vernunft"[72]. Ganz in der britischen Tradition des

---

67 Vgl. Eucken (1951), S. 29.

68 E. g. Eucken (1952/90), S. 251.

69 Hayek selbst bekennt, daß er schon früh ein Bewunderer von Erhard wurde. Er fügt hinzu: „Allerdings müssen wir auch zugeben, daß Erhard das, was er tat, nie hätte tun können, wenn er entweder von der Bürokratie oder von der Demokratie abhängig gewesen wäre. Es war jener glückliche Moment, wo der richtige Mensch am richtigen Platz die Freiheit hatte, zu tun, was er für richtig hielt, obgleich er niemanden anderen hätte je überzeugen können" (Hayek (1983), S. 20).

70 Z. B. Hayek (1952/79), Ch.7.

71 Hayek (1970/96), S. 17f.

72 Z. B. Hayek (1952/79).

evolutorischen Liberalismus vertrat Hayek dagegen die Auffassung, daß die moderne Zivilisation mit ihren sensibel strukturierten Schichten von Sitten, Konventionen und Rechtsprinzipien nur als das ungeplante Ergebnis menschlichen Handelns und nicht menschlichen Entwurfs oder politischen Planens hat entstanden sein können. Die große Gesellschaft freier Menschen ist nicht im Ganzen willentlich geschaffen worden; sie kann aber durch holistische Versuche der Umgestaltung oder Rekonstruktion sehr wohl (gewollt oder ungewollt) zerstört werden.

Auch wenn sich Hayek unseres Wissens in diesem speziellen Punkt nicht explizit geäußert hat, so halten wir es doch für wahrscheinlich, daß Hayek den ordoliberalen Versuch, Grundprinzipien einer freiheitlichen Wirtschaftsverfassung für den institutionellen Wiederaufbau Deutschlands nach dem Krieg zu liefern, nicht verurteilt haben dürfte.[73] Darüber hinaus jedoch vertragen sich einige Elemente der Euckenschen Weltanschauung mit seinem starken Vertrauen in die menschliche Kenntnis der Funktionsprinzipien und Herstellungsweisen der „richtigen" Ordnung nur schwer mit Hayeks Skeptizismus gegenüber Versuchen, ganze Ordnungen neu zu planen und herbeizuführen.[74]

Die aktuelle Bedeutung der Euckenschen und Hayekschen Ideen zur Ordnungsentstehung zeigt sich auch am Beispiel jüngerer Debatten über die osteuropäischen Transformationsprozesse.[75] In einigen Ländern (etwa der Tschechischen Republik oder Polen), war ein eher „konstruktivistischer" Wechsel der wesentlichen Spielregeln der Wirtschaftsordnung zumindest teilweise möglich; gleichzeitig kam es hier zur vergleichsweise schnellen und erfolgreichen Verbreitung des „Spiels der Katallaxie"[76] mit steigenden Spielgewinnen. Dies scheint nicht zuletzt auch damit zusammenzuhängen, daß in beiden Fällen der Staat zumindest einigermaßen „stark" und handlungsfähig und die Bevölkerung gleichzeitig den Wandel auf breiter Front forderte und auch unter ungünstigen Umständen im Grundsatz stützte. Hinzu kommt, daß Tschechen und Polen an einer längeren Tradition und Erfahrung der vergangenen Privatrechtsgesellschaft haben anknüpfen können. In anderen Gesellschaften, wie insbesondere der

73 Ebenso Vanberg (1989), S. 179.

74 So äußert Eucken (1952/90), S. 176, etwa: „Die Wirtschaftspolitik aber soll die freie natürliche gottgewollte Ordnung verwirklichen".

75 Vgl. Streit (1998), S. 49ff.

76 Hayek (1976), S. 115.

Russlands, waren gerade diese Umstände nicht vorhanden. Damit wäre selbst für den hypothetischen Fall, ein mächtiger russischer Präsident verordne Euckens Grundsätze der Wirtschaftspolitik als Gesetz, nicht zu erwarten, daß Russland einer funktionsfähigen Wettbewerbsordnung de facto näher käme. Unter solch schwierigen Umständen wie den russischen ist möglicherweise nur zu hoffen, daß die Marktwirtschaft „von unten" allmählich wachsen kann – etwa im Zuge der Ausbreitung erfolgreicher marktorientierter Praktiken innerhalb von Teilgruppen der Gesellschaft (Händler) und auf grauen Märkten, die auf eingeübten Konventionen reziproken Handelns aufbauen und nicht auf der Voraussetzung formaler Privatrechtssystems westlichen Zuschnitts.

Dieses Beispiel mag verdeutlichen, daß weder Euckens noch Hayeks Modelle institutionellen Wandels zeit- und kontextunabhängige Geltung beanspruchen können. Für ihre Anwendung in positiv-erklärender wie in normativ-empfehlender Absicht dürften vielmehr je nach historischen, kulturellen und institutionellen Ausgangsbedingungen sowohl Euckensche als auch Hayeksche „Momente" entstehen.

4.2.3 Die „soziale Frage"

Böhm beschrieb das treibende vorwissenschaftliche Interesse der Freiburger Schule als Ausdruck „politischer Sorge": „das wissenschaftliche Dichten und Trachten ... war dem Versuch gewidmet, das Problem der sozialen Frage von dem Dogma des Karl Marx und seiner geschichtsdialektischen Philosophie loszulösen."[77] Hierbei versuchte gerade Eucken, Fragen der sozialen Gerechtigkeit konsequent im Rahmen seines Konzepts der Wettbewerbsordnung zu behandeln. Für Eucken war die „soziale Frage" gerade nicht, wie für Marxisten und viele Anhänger der historischen Schule, Ergebnis exzessiven Wettbewerbs, sondern vielmehr Folge unzureichenden Wettbewerbs. Soziale Ungerechtigkeiten seien auf wirtschaftliche Ungleichbehandlungen und Vermachtungstendenzen zurückzuführen und damit auf das Versagen des Staates, ein faires Regelwerk der Wettbewerbsordnung zu schaffen und zu erhalten. Für dieses Versagen wiederum machte Eucken auch die Ideen des klassischen, oder, wie er es nannte, „laissez-faire-" Liberalismus verantwortlich. Anhänger des „laissez-faire" werden dafür kritisiert, daß sie nicht erkennen (wollen), daß – in monopolistischen Umgebungen – Bürger über andere Bürger Macht

[77] Böhm (1957/60), S. 160.

ausüben und daß – in korporatistischen Umgebungen – der Staat durch wirtschaftliche Machtgruppen „erobert“ werden kann.[78] Eucken proklamierte dagegen: „soziale Sicherheit und soziale Gerechtigkeit sind die großen Anliegen der Zeit“[79]. Für ihn galt als selbstverständlich: „die Abhängigkeit der Einkommenshöhe vom Markt [kann] ... zu Ungerechtigkeiten führen“[80].

Gerade diese Zusammenhänge werden von (dem späteren) Hayek vehement bestritten. Hayek kam in seinen späteren sozialphilosophischen Arbeiten zum Schluß, daß die „soziale Frage“ sich in der üblichen Form überhaupt nicht stellt, da sie keinen verantwortlichen Adressaten hat und daß „soziale Gerechtigkeit“ als solches ein leeres Wort ist, das zumindest dann keine sinnvolle Bedeutung haben kann, wenn es sich auf die Ergebnisse der ungeplanten und zweckfreien „Katallaxie“ bezieht.[81] Hayeks ausschließlicher Bezug auf individuelle Handlungsfreiheit als Begründung von Regeln gerechten Verhaltens in der Großgesellschaft bedeutet freilich nicht, daß er die *analytische Frage* „sozialer Gerechtigkeit“ ignoriert hätte. Gerade in seinem späteren Werk kommt es ihm auch darauf an, die Ursprünge dessen, was er den „Atavismus sozialer Gerechtigkeit“[82] nennt, zu ergründen. Hayek versucht etwa das instinktive Verlangen der Menschen nach sozialer Kohäsion und Wärme zu erklären, das von der abstrakten „erweiterten Ordnung“ moderner Gesellschaften selbst nicht mehr befriedigt werden kann;[83] hieraus folgt wiederum das, was schon Popper als „innere Spannungen der Zivilisation und die Last ihrer Anforderungen“[84] bezeichnete. Die erweiterte Ordnung unterscheidet sich von der einfachen Hauswirtschaft der Oikonomia oder der Stammesgesellschaft ja gerade darin, daß es in ihr zu keiner absichtsvollen, geplanten Einkommensverteilung kommt. Ungleiche Vermögenspositionen sind hier vielmehr jeweils ungeplante und vorübergehende Resultate von persönlichem Glück und Geschick bei der Nutzung individueller Kenntnisse und Fähigkeiten. Solche Resultate können weder als gerecht noch als ungerecht bewertet werden. Allein die Spielregeln können sinnvollerweise für (regel-) „gerecht“ bzw. „fair“ oder „ungerecht“ bzw. „unfair“ be-

78 Vgl. Eucken (1952/90), S. 358f.

79 Eucken (1951), S. 31.

80 Eucken (1951), S. 34.

81 Z. B. Hayek (1976), Kap. 9 - 11.

82 Z. B. Hayek (1978/96b).

83 Z. B. Hayek (1988), Kap. 4.

84 Popper (1945/92), S. 210.

funden werden – und hierfür eignet sich wiederum in erster Linie der „Test der Universalisierbarkeit“[85] und somit die Frage nach prozeduraler Gerechtigkeit und nicht materialer Verteilungsgerechtigkeit.[86] Folglich findet etwa der „Kampf um formale Gleichheit, d. h. gegen alle Diskriminierungen aufgrund sozialer Herkunft, Nationalität, Rasse, Religion, Geschlecht usw.“[87] die volle Unterstützung von Hayek – solange dieser Kampf auf allgemeine, abstrakte Verhaltensregeln zielt (und nicht deren „affirmative“ Manipulierung). Zusätzlich – jedoch mit einem bedauerlich hohen Ausmaß von *ad hoc* Begründungen – hält es Hayek für gerechtfertigt, „outside of and supplementary to the market“ einen Schutz gegen Verelendung in Form eines garantierten Mindesteinkommens für alle zu schaffen.[88]

Letzteres Element der Sozialpolitik wird auch von Eucken eingefordert. Darüber hinaus aber verlangt Eucken auch nach progressiver Besteuerung und anderen Varianten der „Einkommenspolitik“[89], die auf eine staatliche Korrektur der spontanen Einkommensverteilung ausgerichtet sind und „dringende Bedürfnisse“[90] der Bevölkerung befriedigen soll. In den Einzelheiten politischer Schlußfolgerungen unterschieden sich Hayek und Eucken jedoch nicht substantiell. Der grundlegendere Unterschied zwischen beiden Positionen liegt auf der analytischen Ebene. Hayek folgte nicht dem verlockenden ordoliberalen Slogan, wonach eine funktionsfähige, wettbewerbliche Marktordnung selbst bereits der wichtigste „soziale“ Beitrag oder gar die wichtigste Vorbedingung zur Lösung der „sozialen Frage“ sei[91].[92] Hayek würde deshalb zumindest an dem Punkt Eucken nicht folgen, wo Eucken meint, daß „die Verwirklichung der sozialen Gerechtigkeit ... von der Verwirklichung des Grundprinzips der Wettbe-

85 Hayek (1976), S. 27ff.
86 Vgl. Hayek (1976), S. 28f.
87 Hayek (1978/96a), S. 238.
88 Z. B. Hayek (1976), S. 87.
89 Eucken (1952/90), S. 300f.
90 Eucken (1952/90), S. 300f.
91 Vgl. Eucken (1952/90), S. 314.
92 Hayeks Ablehnung des deutschen Konzepts der „Sozialen Marktwirtschaft“ als „camouflage for aspirations that certainly have nothing to do with the common interest“ (Hayek (1957/67), S. 238f.) ist sicherlich eher als Kritik der deutschen Politik denn der ordoliberalen Theorie gedacht. In abgeschwächter Form jedoch sind Hayeks Einwände auch auf Euckens politische Vorstellungen anwendbar.

werbswirtschaft ... abhängig ist“[93], solange hier materiale Verteilungsgerechtigkeit gemeint sein sollte. In diesem Fall ist es Hayeks Auffassung, die Verwirklichung sozialer Gerechtigkeit verlange „eine Gesellschaftsordnung, die völlig verschieden ist von der spontanen Ordnung, die sich selbst bildet, wenn die einzelnen Menschen nur durch allgemeine Verhaltensregeln beschränkt sind“[94].

5 Schluß: Euckens und Hayeks Beiträge zur Ordnungsökonomik

Insgesamt betrachtet bestehen hinsichtlich der liberalen Grundeinstellung und der hiermit verknüpften Vorstellung einer auf allgemeinen Ordnungsregeln beruhenden Gesellschaft freier Menschen weitgehende Übereinstimmungen zwischen Euckens Ordoliberalismus und den klassisch-liberalen Vorstellungen Hayeks. Dennoch gibt es Unterschiede zwischen beiden Beiträgen zur Ordnungsökonomik. Unser Beitrag vertritt die These, daß sich diese zu einem guten Teil auf die Betonung verschiedener, aber vielfach miteinander verknüpfter Probleme gesellschaftlicher Ordnung zurückführen lassen. Die Unterschiede in den erkenntnisleitenden Ausgangsproblemen wurden hier – gewissermaßen pointiert hervorhebend – darin zusammenfaßt, daß Eucken das Machtproblem und seine Lösung in den Vordergrund rückte, während für Hayek das Wissensproblem zum durchgehenden Leitmotiv seiner ordnungsökonomischen Arbeiten wurde.

Wie Eucken stellt auch Hayek den Wettbewerb als das wesentliche Ordnungsprinzip einer freien Wirtschaftsordnung in den Vordergrund ordnungstheoretischer Analyse und ordnungspolitischer Empfehlung. Auch betonen beide gleichermaßen die Rolle allgemeiner Ordnungsregeln als notwendige Spielregeln für die wettbewerbliche Interaktion freier Bürger in der Gesellschaft und als freiheitsschützende Abwehrrechte gegen den Staat. Der Kern der jeweiligen ordnungsökonomischen Begründung ist freilich verschieden: Für Eucken und die Freiburger Schule wird Wettbewerb in erster Linie als „Entmachtungsinstrument“ betrachtet und dient damit als Kontrollverfahren zur Lösung des Problems privater Macht. Für

---

93 Eucken (1952/90), S. 315.
94 Hayek (1978/96a), S. 236.

Hayek und Teile der Österreichischen Marktprozeßtheorie wirkt Wettbewerb in erster Linie als „Entdeckungsverfahren" und dient damit als Koordinationsinstrument angesichts des Problems privaten, dezentralen Wissens. Ähnlich lassen sich Unterschiede positiver und normativer Analysen auf der Ebene der Ordnungsregeln im Kern darauf zurückführen, daß Institutionen aus Euckenscher Sicht überwiegend als Kontrollinstrumente gegen privaten und staatlichen Machtmißbrauch konzipiert sind, während sie in Hayekscher Perspektive in erster Linie im Hinblick auf die Stabilisierung subjektiver Erwartungen in einem Umfeld konstitutionellen Wissensmangels betrachtet werden.

Beide Blickwinkel oder Leitmotive – das Machtproblem und das Wissensproblem – sind aber keinesfalls kontradiktorisch. Vielmehr bilden sie, wie wir an einigen Beispielen zeigen konnten, als gleichermaßen gewichtige und vielfach interdependente Ordnungsprobleme den Hintergrund komplementärer Beiträge zur Ordnungsökonomik. Die moderne Ordnungsökonomik dürfte auch noch nach dem 50. Todestag von Walter Eucken und dem 100. Geburtstag von Friedrich Hayek gerade in der Verknüpfung und Weiterentwicklung beider Traditionen ein reichhaltiges und weiterhin fruchtbares Betätigungsfeld finden.[95]

---

95 Vgl. Wohlgemuth (1999) für eine abwägende Darstellung der heutigen Relevanz der Ordnungsökonomik. Den Ansätzen Hayekscher und „österreichischer" Ordnungsökonomik wird dabei eine größere Chance eingeräumt als Ansätzen Euckenscher Überlieferung, Impulse für eine moderne Ordnungsökonomik zu liefern, die im Verbund mit neueren Arbeiten der Institutionenökonomik zu einem expandierenden Forschungsprogramm werden könnte.

Literaturverzeichnis

Albert, H. (1967/72)
Theorie und Praxis. Max Weber und das Problem der Wertfreiheit und der Rationalität, in: ders.: *Konstruktion und Kritik*, Hamburg: Hoffmann u. Campe, S. 41 – 73.

Böckenförde, E.-W. (1989)
Staat und Gesellschaft, in: Görres-Gesellschaft (Hrsg.): *Staatslexikon*, S. 228 – 234.

Böhm, F. (1953/60)
Der Rechtsstaat und der soziale Wohlfahrtsstaat, in: ders.: *Reden und Schriften*, Karlsruhe: Müller, S. 82 – 156.

Böhm, F. (1957/60)
Die Forschungs- und Lehrgemeinschaft zwischen Juristen und Volkswirten an der Universität Freiburg in den dreißiger und vierziger Jahren des 20. Jahrhunderts, in: ders.: *Reden und Schriften*, Karlsruhe: Müller, S. 158 – 175.

Böhm, F. (1961)
Demokratie und ökonomische Macht, in: Institut für ausländisches und internationales Wirtschaftsrecht (Hrsg.): *Kartelle und Monopole im modernen Recht*, Karlsruhe: Müller, S. 1 – 24.

Böhm, F. (1966)
Privatrechtsgesellschaft und Marktwirtschaft, in: *Ordo*, Bd. 17, S. 75 – 151.

Demsetz, H. (1969)
Information and Efficiency: Another Viewpoint, in: *The Journal of Law and Economics*, Bd. 12, S. 1 – 22.

Eucken, W. (1932)
Staatliche Strukturwandlungen und die Krisis des Kapitalismus, in: *Weltwirtschaftliches Archiv*, Bd. 84, S. 297 – 331.

Eucken, W. (1940/89)
Grundlagen der Nationalökonomie, 9. Auflage, Berlin u. a.: Springer.

Eucken, W. (1948/65)
On the Theory of the Centrally Administered Economy: An Analysis of the German Experiment, in: Bornstein, M. (Hrsg.): *Comparative Economic Systems - Models and Cases*, Homewood, Ill.: Irwin, S. 157 – 197.

Eucken, W. (1949)
Die Wettbewerbsordnung und ihre Verwirklichung, in: *Ordo*, Bd. 2, S. 1 – 99.

Eucken, W. (1951)
Unser Zeitalter der Mißerfolge, Tübingen: Göbel.

Eucken, W. (1952/90)
Grundsätze der Wirtschaftspolitik, 6. Auflage, Tübingen: Mohr (Paul Siebeck).

Furubotn, E./ Pejovich S. (1972)
Property Rights and Economic Theory, in: *Journal of Economic Literature*, Bd. 10, S. 1137 – 1162.

Hayek, F.A. v. (1937/76)
Wirtschaftstheorie und Wissen, in: ders.: *Individualismus und wirtschaftliche Ordnung*, 2. Auflage, Salzburg: Neugebauer, S. 49 – 77.

Hayek, F.A. v. (1940/76)
Sozialistische Wirtschaftsrechnung III: Die Wiedereinführung des Wettbewerbs, in: ders.: *Individualismus und wirtschaftliche Ordnung*, 2. Auflage, Salzburg: Neugebauer, S. 233 – 267.

Hayek, F.A. v. (1945/76)
Die Verwertung des Wissens in der Gesellschaft, in: ders.: *Individualismus und wirtschaftliche Ordnung*, 2. Auflage, Salzburg: Neugebauer, S. 103 – 121.

Hayek, F.A. v. (1946/76)
Der Sinn des Wettbewerbs, in: ders.: *Individualismus und wirtschaftliche Ordnung*, 2. Auflage, Salzburg: Neugebauer, S. 122 – 140.

Hayek, F.A. v. (1948/76)
'Freie Wirtschaft' und Wettbewerbsordnung, in: ders.: *Individualismus und wirtschaftliche Ordnung*, 2. Auflage, Salzburg: Neugebauer, S. 141 – 155.

Hayek, F.A. v. (1952/79)
The Counterrevolution of Science – Studies on the Abuse of Reason, Indianapolis: The Free Press.

Hayek, F.A. v. (1957/67)
What is 'Social' - What Does it Mean?, in: ders.: *Studies in Philosophy, Politics and Economics*, Chicago: University of Chicago Press, S. 237 – 247.

Hayek, F.A. v. (1960/83)
Die Verfassung der Freiheit, 2. Auflage, Tübingen: Mohr (Paul Siebeck).

Hayek, F.A. v. (1962/69)
Wirtschaft, Wissenschaft und Politik, in: ders.: *Freiburger Studien*, Tübingen: Mohr (Paul Siebeck), S. 1 – 17.

Hayek, F.A. v. (1967/69)
Die Sprachverwirrung im politischen Denken, in: ders.: *Freiburger Studien*, Tübingen: Mohr (Paul Siebeck), S. 206 – 231.

Hayek, F.A. v. (1968/69)
Der Wettbewerb als Entdeckungsverfahren in: ders.: *Freiburger Studien*, Tübingen: Mohr (Paul Siebeck), S. 249 – 265.

Hayek, F.A. v. (1970/96)
Die Irrtümer des Konstruktivismus und die Grundlagen legitimer Kritik gesellschaftlicher Gebilde, in: Kerber, W. (Hrsg.): *Die Anmaßung von Wissen. Neue Freiburger Studien*, Tübingen: Mohr (Paul Siebeck), S. 16 – 36.

Hayek, F.A. v. (1973/86)
Recht, Gesetzgebung und Freiheit, Band 1: Regeln und Ordnung, 2. Auflage, Landsberg a. L.: Verlag moderne Industrie.

Hayek, F.A. v. (1976)
Law, Legislation and Liberty, Vol. II: The Mirage of Social Justice, Chicago: The University of Chicago Press.

Hayek, F.A. v. (1978/96a)
Liberalismus, in: Kerber, W. (Hrsg.): *Die Anmaßung von Wissen. Neue Freiburger Studien*, Tübingen: Mohr (Paul Siebeck), S. 216 – 248.

Hayek, F.A. v. (1978/96b)
Der Atavismus „sozialer Gerechtigkeit“, in: Kerber, W. (Hrsg.): *Die Anmaßung von Wissen. Neue Freiburger Studien*, Tübingen: Mohr (Paul Siebeck), S. 181 – 192.

Hayek, F.A. v. (1979/81)
Recht, Gesetzgebung und Freiheit, Band 3: Die Verfassung einer Gesellschaft freier Menschen, Landsberg a. L.: Verlag moderne Industrie.

Hayek, F.A. v. (1983)
Die Wiederentdeckung der Freiheit – Persönliche Erinnerungen, in: Verband Deutscher Maschinen- und Anlagenbau und Institut der deutschen Wirtschaft (Hrsg.): *Produktivität, Eigenverantwortung, Beschäftigung*, Köln: Deutscher Instituts-Verlag, S. 9 – 22.

Hayek, F.A. v. (1988)
The Fatal Conceit – The Errors of Socialism, London: Routledge.

Hoppmann, E. (1988)
Wirtschaftsordnung und Wettbewerb, Baden-Baden: Nomos.

Kerber, W. (1997)
Wettbewerb als Hypothesentest: Eine evolutorische Konzeption wissensschaffenden Wettbewerbs, in: Delhaes, K. v., Fehl, U. (Hrsg.): *Dimensionen des Wettbewerbs*, Stuttgart: Lucius & Lucius, S. 31 – 78.

Kirchgässner, G. (1988)
Wirtschaftspolitik und Politiksystem: Zur Kritik der traditionellen Ordnungstheorie aus der Sicht der Neuen Politischen Ökonomie, in: Cassel, D., Ramb, B.-Th., Thieme, H.J. (Hrsg.): *Ordnungspolitik*, München: Vahlen, S. 53 – 75.

Kirzner, I. M. (1973)
Competition and Entrepreneurship, Chicago: University of Chicago Press.

Loy, C. (1988)
Marktsystem und Gleichgewichtstendenz, Tübingen: Mohr (Paul Siebeck).

Nienhaus, V. (1982)
Persönliche Freiheit und moderne Demokratie - F.A. Hayeks Demokratiekritik und sein Reformvorschlag eines Zweikammersystems, Tübingen: Mohr (Paul Siebeck).

North, D.C. (1990)
Institutions, Institutional Change and Economic Performance, Cambridge: Cambridge University Press.

Popper, K.R. (1945/92)
Die offene Gesellschaft und ihre Feinde, Band I: Der Zauber Platons, 7. Auflage, Tübingen: Mohr (Paul Siebeck).

Rupp, H.H. (1979)
Zweikammersystem und Bundesverfassungsgericht – Bemerkungen zu einem Reformvorschlag F.A. v. Hayeks, in: *Ordo*, Bd. 30, S. 95 – 104.

Schmidtchen, D. (1984)
German 'Ordnungspolitik' as Institutional Choice, in: *Zeitschrift für die gesamte Staatswissenschaft (Journal of Institutional and Theoretical Economics)*, Bd. 140, S. 55 – 70.

Schumpeter, J.A. (1942/87)
Capitalism, Socialism and Democracy, London: Unwin Paperbacks.

Streit, M.E. (1992a)
Economic Order, Private Law, and Public Policy – The Freiburg School of Law and Economics in Perspective, in: *Journal of Institutional and Theoretical Economics (JITE)*, Bd. 148, S. 675 – 704.

Streit, M.E. (1992b)
Das Wettbewerbskonzept der Ordnungstheorie, in: Görgens, E., Tuchtfeldt, E. (Hrsg.): *Die Zukunft der wirtschaftlichen Entwicklung - Perspektiven und Probleme*, Bern u. Stuttgart: Haupt, S. 83 – 108.

Streit, M.E. (1992/95)
Die Interdependenz der Ordnungen – Eine Botschaft und ihre aktuelle Bedeutung, in: ders.: *Freiburger Beiträge zur Ordnungsökonomik*, Tübingen: Mohr (Paul Siebeck), S. 135 – 158.

Streit, M.E. (1993)
Cognition, Competition, and Catallaxy - In Memory of Friedrich August von Hayek, in: *Constitutional Political Economy*, Bd. 4, S. 223 – 262.

Streit, M.E. (1996)
Ordnungsökonomik, in: *Gablers Volkswirtschaftslexikon*, Bd. 2, Wiesbaden: Gabler, S. 814 – 843.

Streit, M.E. (1998)
Constitutional Ignorance, Sponataneous Order and Rule-Orientation: Hayekian Paradigms from a Policy Perspective, in: Frowen, S.F. (Hrsg.): *Hayek: Economist and Social Philosopher - A Critical Retrospect*, London: Macmillan, S. 37 – 58.

Streit, M.E./ Wohlgemuth, M. (2000)
The Market Economy and the State. Hayekian and Ordoliberal Conceptions, erscheint in: Koslowski, P. (Hrsg.): *Economic Ethics and the Theory of Capitalism in the German Tradition of Economics*, Berlin u. a.: Springer.

Tietzel, M. (1991)
Der Neue Institutionalismus auf dem Hintergrund der alten Ordnungsdebatte, in: *Jahrbuch für Neue Politische Ökonomie*, Bd. 10, S. 3 – 37.

Tollison, R.D. (1982)
Rent Seeking: A Survey, in: *Kyklos*, Bd. 35, S. 575 – 602.

Vanberg, V. (1986)
Spontaneous Market Order and Social Rules: A Critical Examination of F.A. Hayek's Theory of Cultural Evolution, in: *Economics and Philosophy*, Bd. 2, S. 75 – 100.

Vanberg, V. (1989)
Hayek as Constitutional Political Economist, in: *Wirtschaftspolitische Blätter*, Bd. 36, S. 170 – 182.

Wegner, G. (1996)
Wirtschaftspolitik zwischen Selbst- und Fremdsteuerung - ein neuer Ansatz, Baden-Baden: Nomos.

Wohlgemuth, M. (1996)
Freiburger Schule, Ordo-Liberalismus, in: *Gablers Volkswirtschaftslexikon*, Bd. 2, Wiesbaden: Gabler, S. 913 – 917.

Wohlgemuth, M. (1999)
The present relevance of „Ordnungstheorie" for the politics and the economics of the social order, in: Labrousse, A., Weisz, J.-D. (Hrsg.): *Wirtschaftsordnungspolitik: Der deutsche Ordoliberalismus und die französische école de la régulation im Vergleich*, Berlin u. a.: Springer.

Organisationales Wissen und Informationstechnik

Franz Schober

1 Problemstellung

Walter Eucken hat in seine wissenschaftliche Arbeit stets betriebswirtschaftliche Fragestellungen mit einbezogen und vor einer Abspaltung der Betriebswirtschaftslehre von der Nationalökonomie gewarnt. Es ist deshalb legitim, auch betriebswirtschaftliche Themen in einem Gedenkband aufzugreifen. Für Eucken stellte „Wissen" oder in seinen Worten „technisches Wissen" – das sich allerdings nicht nur auf Produkt- und Produktionstechnologien im engeren Sinne bezog, sondern das „kaufmännisch-technische Wissen" ausdrücklich mit einschloss – ein für die einzelnen Wirtschaftssubjekte vorgegebenes Datum dar, neben den „Daten" der Konsumentenbedürfnisse, der Arbeit, der Natur, der aktuellen Gütervorräte, der rechtlichen und sozialen Organisation und im Fall der Verkehrswirtschaft den Preisen.[1] Für die Wirtschaftssubjekte ergibt sich allerdings bei einem Teil der Daten das „Problem", wie diese vorgegebenen Daten, zum Beispiel eine gegebene Zahl von Arbeitskräften oder eine gegebene Bodenfläche im Einzelfall effizient zu nutzen sind, welche Tätigkeiten also von einer Arbeitskraft entsprechend ihrer Fähigkeiten ausgeführt oder welche landwirtschaftlichen Produkte auf einem Boden entsprechend seiner natürlichen Gegebenheiten gepflanzt werden sollen. Diese „Leistungen" finden im Wirtschaftsplan einer Unternehmung ihren Niederschlag. Der Unterschied zwischen Daten und Leistungen oder in unserem heutigen Sprachgebrauch zwischen Ressourcen und ihrer effizienten Nutzung wurde von Eucken mehrfach am Beispiel der Arbeit und der Natur thematisiert, weniger jedoch am Beispiel des Wissens. Im letzteren Fall stellt sich die Frage, in welchem Maße einzelne Unternehmungen das Potential der Ressource „Wissen" effizient zu nutzen verstehen, um die Unternehmensziele zu erreichen. In manchen Unternehmungen mag relevantes Wissen brach liegen oder den falschen Personen zugänglich sein,

---

[1] Vgl. Eucken (1989), S. 128f.

in anderen Unternehmungen mag es gelingen, das vorhandene Wissen so zu verteilen, dass diejenigen Entscheidungsträger darauf Zugriff haben, die das Wissen benötigen.

Dieser Frage kommt heute im Zusammenhang mit der empirisch feststellbaren organisatorischen und räumlichen Dezentralisation von Entscheidungen in der Unternehmung eine wachsende Bedeutung zu. Was immer die Gründe für die Dezentralisation sind, deren Untersuchung hier nicht weiter interessieren soll, eine notwendige Voraussetzung ist die Verfügbarkeit von relevantem Wissen bei den dezentralen Entscheidungsträgern, um effiziente Entscheidungen im Sinne der Unternehmensziele treffen zu können. Es ist deshalb reizvoll, die Überlegungen von Eucken auf das Datum „Wissen" zu übertragen und die Nutzung von Wissen zum Gegenstand eines Wirtschaftsplans zu machen. In der aktuellen betriebswirtschaftlichen Terminologie spricht man dabei von „Wissensmanagement".

Wissen wird heute vielfach mit Information, Wissensbereitstellung mit dem Einsatz der Informations- und Kommunikationstechnik (IKT) verbunden. Es ist daher naheliegend, das Potential der IKT zur Schaffung und Verteilung von Wissen in der Unternehmung genauer zu untersuchen. Dies soll im folgenden Beitrag aus der Sicht der Wirtschaftsinformatik geschehen.

Zuvor muss jedoch in Kapitel 2 auf die unterschiedlichen Ziele und Schwerpunkte der Wirtschaftsinformatik und der Organisationslehre eingegangen werden, um eine Quelle von Missverständnissen und Konflikten im Zusammenhang mit dem Thema anzusprechen. In Kapitel 3 wird als allgemeiner Analyserahmen der Wissensschaffung das Modell von Nonaka eingeführt, um dann innerhalb dieses Rahmens in Kapitel 4 das Potential der IKT herauszuarbeiten. Kapitel 5 fasst die Ausführungen zusammen und identifiziert einige offene Fragestellungen.

2 Wirtschaftsinformatik und Organisationslehre

Die Wirtschaftsinformatik befasst sich unter dem Schlagwort „Geschäftsprozessmanagement" in den letzten Jahren schwerpunktmäßig mit der Neustrukturierung der betrieblichen Geschäftsprozesse unter Einsatz der IKT. Der kommerzielle Erfolg integrierter Standardsoftwaresysteme dokumentiert eindrucksvoll das Potential der IKT zur Unterstützung der operativen Geschäftsprozesse. Das langfristige Ziel der Wirtschaftsinformatik wird heute von manchen Fachvertretern in einer „sinnhaften Vollautomation" betrieblicher Aktivitäten und Prozesse gesehen.[2]

Völlig anders stellt sich die organisatorische Entwicklung aus der Sicht der Organisationslehre dar. Die einschlägigen wissenschaftlichen Arbeiten zur Theorie der Unternehmung erwähnen die Rolle der IKT, wenn überhaupt, nur ganz am Rande. Im Mittelpunkt des Interesses der Organisationslehre stehen andere Fragestellungen wie die Identifikation der Organisationsmitglieder mit den Zielen einer Organisation oder die Flexibilität von Organisationen in einem zunehmend dynamischen und kompetitiven Umfeld. Die Lösungsvorschläge der Organisationslehre legen nicht die Automation der betrieblichen Aktivitäten und Prozesse nahe, sondern die Entwicklung geeigneter Koordinationsmechanismen und sonstiger organisationaler Fähigkeiten, um die laufende Anpassung an die Umwelt zu gewährleisten.

Der Widerspruch zwischen den Forschungszielen der Wirtschaftsinformatik und der Organisationslehre lässt sich durch die unterschiedliche Sicht des Phänomens „Organisation" erklären. Während die Wirtschaftsinformatik mit ihrer Fokussierung auf die Geschäftsprozesse von einer stark mechanischen Sicht der Organisation ausgeht, begreift die Organisationslehre die Organisation als ein soziales System interagierender Menschen. Beide Sichten haben im Sinne eines „vorrangigen Forschungszieles" einer Disziplin ihre Berechtigung, beide Sichten lassen sich jedoch auch verknüpfen, um so zu präziseren Aussagen zu gelangen, was man unter einer „sinnhaften Vollautomation" verstehen könnte und wo deren Grenzen liegen.

In der heutigen Organisationslehre spielen zwei Ansätze eine Rolle, die teilweise zu komplementären, teilweise aber auch zu konfliktären Aussagen über die Organisationsgestaltung führen, nämlich der institutionenökonomische Ansatz[3] und der ressourcenorientierte Ansatz[4]. Während beim institutionenökonomischen Ansatz die Verteilung von Verfügungs-

---

[2] Vgl. Mertens (1995); Mertens/Höhl (1999).

[3] Vgl. Coase (1937); Alchian/Demsetz (1972); Williamson (1975); Jensen/Meckling (1976); Grossman/Hart (1986).

[4] Vgl. Penrose (1959); Prahalad/Hamel (1990); Conner (1991); Kogut/Zander (1992); Conner/Prahalad (1996).

rechten über den Einsatz von Ressourcen in der Unternehmung und die damit verbundenen Kontrollkosten in den Mittelpunkt der Analyse gestellt werden (Kontrollstruktur), befasst sich der ressourcenorientierte Ansatz vorwiegend mit der Entstehung, Verteilung und Anwendung von Wissen in einer Organisation (Wissensstruktur). Die Ansätze basieren auf einem unterschiedlichen Menschenbild. Die institutionenökonomische Organisationstheorie unterstellt beschränkte Rationalität und ein daraus abgeleitetes opportunistisches Verhalten der einzelnen Organisationsmitglieder, das es durch geeignete Kontrollmechanismen zu überwachen gilt. Der ressourcenorientierte Ansatz geht bei ebenfalls beschränkter Rationalität von unterschiedlichen Kenntnissen und Fähigkeiten der Organisationsmitglieder aus, die weiter zu entwickeln sind. Opportunismus kann im ressourcenorientierten Ansatz eine Rolle spielen, muss es aber nicht. Die theoretische Argumentation verzichtet jedenfalls auf die Unterstellung des Opportunismusprinzips.

Der vorliegende Beitrag will mit Blick auf die Rolle der IKT eine Brücke zwischen den Paradigmen der Organisationslehre und der Wirtschaftsinformatik schlagen. Das lässt sich anhand beider Organisationsansätze bewerkstelligen, jedoch soll im Folgenden dem ressourcenorientierten Ansatz der Vorzug gegeben werden, da er eng mit der Bedeutung von Wissen, organisationalem Lernen und Wissensmanagement in der Unternehmung verbunden ist.[5]

3 Schaffung von organisationalem Wissen: Das Modell von Nonaka

„Wissen" wird in der organisationstheoretischen Literatur im Allgemeinen durch eine informatorische und eine handelnsorientierte Komponente charakterisiert. Wissen befähigt zum zielgerechten Handeln.[6] In dieser pragmatischen Interpretation ist Wissen mehr als Information. Letztere liefert den Rohstoff, der mit Hilfe von Wissen in zielgerechtes Handeln transformiert wird. Wissen ist der mentale Kompass zu richtigem Handeln. Nonaka (1994) spricht in diesem Zusammenhang von „justified true

---

5 Zu den Zusammenhängen zwischen Organisation und IKT aus der Sicht des institutionenökonomischen Ansatzes, siehe Schober (1998).

6 Vgl. Senge (1990).

beliefs“. Wissen besitzen zunächst nur die einzelnen Mitglieder einer Organisation. Organisationales Wissen als etwas, das mehr als die Summe des individuellen Wissens der einzelnen Organisationsmitglieder ausmacht, ergibt sich erst durch die Interaktion zwischen den Mitgliedern und durch die dabei induzierten gegenseitigen Lernprozesse.[7] Durch Interaktion werden gemeinsam geteilte mentale Modelle und damit ein eigenständiges kollektives Wissen jenseits der Ebene der individuellen Kenntnisse und Fähigkeiten geschaffen.

Nonaka unterscheidet in Anlehnung an Polanyi (1966) zwei Kategorien von Wissen: explizites Wissen (explicit knowledge) und implizites Wissen (tacit knowledge). Explizites Wissen lässt sich mit Hilfe formaler Sprachen und anderer Artefakte kodieren. Bücher, Berichte, Statistiken, Datenbanken, Software, Organisationsanweisungen, aber auch Entwicklungspläne, Produktionseinrichtungen, Prototypen und fertige Produkte sind Beispiele für kodiertes explizites Wissen. Explizites Wissen kann verhältnismäßig leicht zusammengetragen und verteilt und damit als organisationales Wissen den Mitgliedern einer Unternehmung verfügbar gemacht werden. Implizites Wissen dagegen setzt sich zum einen aus den individuellen oder gemeinsam geteilten mentalen Modellen der Realität, zum andern aus individuellen oder gemeinsamen handwerklichen und technischen Fähigkeiten zusammen, die sich einer Kodierung grundsätzlich entziehen. Implizites Wissen ermöglicht Problemlösungen, ohne dass der Akteur seine Beweggründe formal erklären könnte. Beispiele sind die langjährig erworbene Erfahrung einer Führungskraft, die Routine eines Sachbearbeiters oder die Zusammenarbeit eines Montageteams. In der Welt des Sports weisen das Fingerspitzengefühl eines guten Fußballtrainers oder die Leistung einer eingespielten Fußballmannschaft Parallelen auf. Fußballmannschaft und Montageteam verdeutlichen zudem den Aspekt des kollektiven organisationalen Wissens im impliziten Bereich.

Der Vorgang der Wissensschaffung in der Unternehmung setzt sich nach Nonaka aus zwei interagierenden Mechanismen zusammen. Der erste Mechanismus bezieht sich auf die Transformationen zwischen den unterschiedlichen Wissensarten, der zweite auf die durch den ersten Mechanismus induzierte Ausbreitung von Wissen in der Unternehmung.

---

7 Vgl. Nonaka (1994).

Die elementaren Prozesse der Wissenstransformation (erster Mechanismus) sind in Abbildung 1 skizziert.

von \ nach	**implizites Wissen**	**explizites Wissen**
implizites Wissen	**Sozialisation**	**Externalisation**
explizites Wissen	**Internalisation**	**Kombination**

Abb. 1: Prozesse der Wissenstransformation nach Nonaka (1994)

„Sozialisation“ beschreibt den Austausch von implizitem Wissen zwischen Individuen. Der Austausch geschieht durch Vorleben und Nachahmung. Ein Kind bekommt so sein erstes Wissen über die reale Welt von den Eltern übertragen, ein Lehrling übernimmt die Fähigkeiten seines Meisters. Wissen wird im Prozess der Sozialisation nicht kodiert, lässt sich auch nicht kodieren. Wesentliche Elemente der Sozialisation sind die enge soziale Bindung der beteiligten Personen und das Training als eine Lernform mit den Möglichkeiten des „trial and error“.

„Externalisation“ bezieht sich auf Prozesse, die implizites Wissen in explizites Wissen umwandeln. Beispiele sind die Entwicklung einer neuen

Produktkonzeption oder einer neuen Marketingstrategie. Am Anfang des Prozesses stehen lediglich vage Vorstellungen oder Zielsetzungen hinsichtlich der neuen Konzepte, am Ende des Prozesses kodierte Ergebnisse in Form einer technischen Anleitung, eines prototypischen Modells oder einer formalen Strategiebeschreibung. Dabei kann im Idealfall nicht nur das konzeptionelle Wissen als Prozessergebnis, sondern auch das Wissen über den Prozess der Konzeptentwicklung externalisiert werden.[8]

„Kombination" beschreibt die Transformation von explizitem Wissen in andere Formen expliziten Wissens. Der Prozess des wissenschaftlichen Arbeitens folgt weitgehend diesem Muster. Auch entspricht die computerbasierte Informationsverarbeitung hauptsächlich dieser Form von Wissenstransformation.

„Internalisation" umfasst die Wandlung von explizitem Wissen in implizites Wissen. Im Gegensatz zur Sozialisation steht hier das Lernen aus expliziten Quellen, also aus Büchern, Berichten oder computergestützten Lernmedien im Mittelpunkt der Wissenstransformation. Das Ergebnis der Lernprozesse führt im Idealfall über das Rezipieren des Gelernten hinaus zu einem neuen inneren Verständnis der vermittelten Realität und damit zu neuem impliziten Wissen, das sich wiederum einer Kodierung versagt.

Organisationales Wissen wird nach Nonaka durch die laufende Transformation von implizitem und explizitem Wissen und durch die damit einhergehende Interaktion der Mitglieder einer Organisation geschaffen und erweitert. So werden zum Beispiel im Rahmen der Internalisation erfolgreiche Konzepte von anderen Organisationsmitgliedern übernommen und verinnerlicht. Wissen breitet sich durch die Umwandlungsprozesse spiralförmig zunächst innerhalb von Gruppen, dann in der Gesamtorganisation und schließlich auch zwischen verbundenen Organisationen aus.

[8] Das Buch von Nonaka/Takeuchi (1995) enthält hierzu eindrucksvolle Beispiele.

4 Potentiale der IKT zur Schaffung organisationalen Wissens

4.1 Externalisation

Zum besseren Verständnis des Potentials der IKT bei der Wissensschaffung in der Unternehmung ist es hilfreich festzustellen, dass Informationssysteme selbst technische Artefakte sind, die in der Regel durch Transformation von implizitem in explizites Wissen entstanden sind und nach ihrer Einführung Wissen in expliziter Form repräsentieren. Die Softwareentwicklung (Software Engineering) liefert damit ein typisches Beispiel für den Prozess der Externalisation. Dabei liegt am Ende nicht nur Software als explizites Ergebnis vor, vielmehr stellt das Software Engineering auch eine explizite Anleitung für einen komplexen Entwicklungsprozess dar. Im Folgenden werden zunächst drei für die Fragestellung besonders wichtige Bereiche des Software Engineering herausgearbeitet: die Modellierung von Informationssystemen, das Prototyping und der Einsatz wiederverwendbarer Softwarekomponenten.

Die Modellierung von Informationssystemen spielt bei der Spezifikation der Nutzeranforderungen vor Beginn der eigentlichen Softwareimplementierung eine wichtige Rolle. Die Spezifikationsmodelle beschreiben mit Hilfe formaler Sprachen und Konzepte die Systemarchitektur und ihre schrittweise Verfeinerung. Bekannte Beispiele sind das Entity-Relationship-Modell zur Modellierung von Daten und Beziehungen zwischen den Daten[9], die strukturierte Analyse zur Modellierung von Datenflüssen[10], Petri-Modelle zur Modellierung komplexer Prozesse[11], die objektorientierte Modellierung[12] oder die Methoden der Wissensrepräsentation im Bereich der künstlichen Intelligenz in Form von semantischen Netzen, Frames oder Regeln[13]. Ähnliche Modellierungsmethoden finden sich in anderen Systemwissenschaften, zum Beispiel die strukturierte Modellierung im Operations Research[14]. Alle diese Methoden bezwecken, in Zu-

9 Vgl. Chen (1976).
10 Vgl. DeMarco (1979).
11 Vgl. Petri (1961); Oberweis (1996).
12 Vgl. Rumbaugh (1991); Booch (1994).
13 Vgl. Waterman (1985).
14 Vgl. Geoffrion (1987).

sammenarbeit zwischen Systemanalytikern und zukünftigen Nutzern der Systeme die funktionalen Systemeigenschaften zu konzipieren und für die spätere Implementierung zu dokumentieren. Da ex ante die Nutzer in der Regel kein vollständiges Bild der gewünschten Systemeigenschaften haben oder es zumindest nicht explizit zum Ausdruck bringen können, ist die Systemspezifikation des Software Engineering ein Musterbeispiel für die Externalisation von Wissen. Dies gilt vor allem für die Konzeption von Informationssystemen zur Unterstützung schlecht strukturierter Entscheidungsprobleme (Decision Support-Systeme). Die Modellierung von Informationssystemen bedient sich in aller Regel selbst computergestützter Werkzeuge. Dies reicht von der elektronischen Eingabe der Strukturmodelle, der automatischen Konsistenzprüfung der Modelle und ihrer Dokumentation bis hin zur Simulation der modellierten Systemzusammenhänge. Ein in Deutschland besonders bekannt gewordenes computergestütztes Modellierungswerkzeug ist ARIS[15]. Die Spezifikationsmodelle fördern das systemische Denken und lassen sich direkt oder in modifizierter Form auf Externalisationsprozesse in anderen Anwendungsgebieten übertragen. So hat zum Beispiel das Entity-Relationship-Modell einen unmittelbaren Bezug zur strukturierten Modellierung des Operations Research und damit zur Konzeption mathematisch-logischer Modelle im Allgemeinen[16]; so besitzt die objektorientierte Modellierung eine hohe Affinität zum modularen Aufbau vieler technischer Systeme und wird deshalb mit großem Erfolg auch beim Entwurf technischer Konzeptionen angewandt.

Das Prototyping im Software Engineering[17] weist ebenfalls eine hohe Affinität zum technischen Bereich auf. Beim Prototyping werden in Zusammenarbeit mit den späteren Nutzern prototypische Informationssysteme entwickelt, um am Prototyp experimentell die Nutzeranforderungen zu erforschen. Die Prototypen werden laufend modifiziert und den Wünschen der Nutzer immer besser angepasst. Der letzte Prototyp stellt die Systemspezifikation dar und dient als Vorlage für die Entwicklung des endgültigen Systems. Die evolutionäre Systementwicklung beschreibt einen Sonderfall des Prototyping, wobei es hier zu keiner Unterscheidung zwischen Prototyp und endgültigem System mehr kommt, sondern das

---

15 Vgl. Scheer (1998a); Scheer (1998b).

16 Vgl. Müller-Merbach (1983); Schober (1990).

17 Vgl. Sommerville (1996).

System permanent weiterentwickelt wird. Typische Beispiele einer evolutionären Systementwicklung findet man im Bereich der Expertensysteme, einer speziellen Katogorie der künstlichen Intelligenz mit hohem betrieblichen Anwendungspotential. Prototyping und evolutionäre Entwicklung findet man allgemein bei der Entwicklung von Systemen zur Unterstützung schlecht strukturierter Entscheidungen und damit im Bereich der Externalisation impliziten Wissens. Prototyping wird durch diverse Softwaremethoden unterstützt, insbesondere durch spezifische Programmiersprachen und Programmgeneratoren (rapid prototyping). Computergestütztes Prototyping in ähnlicher Form findet man auch bei der Entwicklung vieler komplexer technischer Systeme, zum Beispiel in Form von Computersimulationen des Bewegungsverhaltens von Kraftfahrzeugen und Flugzeugen, der Belastung von Brücken oder des Verhaltens von Steuerungssystemen im Straßenverkehr. Prototyping und Computersimulationen dienen damit ganz allgemein der Externalisation impliziten Wissens. Darüber hinaus haben Prototyping und Computersimulationen durch ihren „trial and error"-Charakter auch einen deutlichen Bezug zum Prozess der Sozialisation, so dass im Grunde Sozialisation und Externalisation überlagert ablaufen.

Dem Einsatz wiederverwendbarer Softwarekomponenten liegt die Vorstellung konzeptioneller Analogien zugrunde. Bereits existierende Konzepte oder Teilkonzepte sollen entweder unmittelbar oder nach Modifikation in neuen Konzepten wiederverwendet werden. Hierzu werden im Software Engineering Datenbanken mit wiederverwendbaren Komponenten bereitgestellt. Allerdings steht der Einsatz wiederverwendbarer Softwarekomponenten auch dem Prozess der Kombination sehr nahe.

Einen im Prinzip ähnlichen Ansatz mit hohem Anwendungspotential im Bereich der Externalisation stellt das „fallbasierte Schließen" dar.[18] Bereits bearbeitete Problemlösungen werden in einer Falldatenbank zusammen mit einer geeigneten Klassifikation gespeichert. Bei der Lösung eines neuen Problems durchsucht man zunächst die Datenbank nach Fällen, die ähnliche Klassifikationsmerkmale wie der neue Fall aufweisen. Werden solche Fälle gefunden, so können diese als Vorlage für die Lösung des neuen Falles dienen. Nach der Implementierung wird der neue Fall nebst Klassifikation der Falldatenbank zugeführt, so dass sich die

---

[18] Vgl. Aamodt/Plaza (1994).

Fallsammlung ständig erweitert und damit zu einer wichtigen Quelle expliziten organisationalen Wissens wird.

Des weiteren ist das Potential von Group Decision Support-Systemen[19] sowohl zur Externalisation von Wissen als auch zur Externalisation von Wissensschaffungsprozessen zu nennen. Group Decision Support-Systeme werden typischerweise zur Unterstützung des Ablaufs von Gruppensitzungen eingesetzt, die zur Lösung schlecht strukturierter Probleme oder zur Entwicklung neuer Konzepte einberufen worden sind. Die Systeme beinhalten computergestützte Werkzeuge zur Erfassung, Strukturierung und Bewertung von Lösungsvorschlägen und sehen in der Regel auch einen Zugriff auf firmeninterne und -externe Datenbanken während einer Sitzung vor. Group Decision Support-Systeme führen unter bestimmten Voraussetzungen nicht nur zu einer schnelleren Problemlösung, sondern auch zu einem qualitativ besseren Lösungsvorschlag.

4.2 Internalisation

Internalisation des Wissens ist mit individuellem Lernen verbunden. In diesem Bereich sind vor allem die Potentiale der computergestützten Lernsysteme zu nennen. Im betrieblichen Kontext sind solche Lernsysteme von besonderer Bedeutung, die einen realen Bezug zur Unternehmung aufweisen. Ein typisches Beispiel sind Unternehmensplanspiele und Simulationen auf der Basis konkreter betrieblicher Informationssysteme. So wurde bei der IBM Europa ein Informationssystem zur Planung strategischer Ziele[20] auch zur Schulung von Führungskräften aus verschiedenen Funktionsbereichen eingesetzt. In Gruppenarbeit mit zugewiesenen Rollen konnte bei den Teilnehmern ein tieferes Verständnis der komplexen betrieblichen Zusammenhänge gefördert werden. Mit Hilfe multimedialer Techniken lässt sich heute eine Vielfalt sogenannter „role play"-Systeme entwickeln und in der betrieblichen Praxis einsetzen. Diese Systeme bilden reale Situationen virtuell im Computer nach und unterstützen damit die Internalisation komplexer Systemzusammenhänge.[21]

---

19 Vgl. Nunamaker u. a. (1991); Krcmar (1992).

20 Schober (1982).

21 Wagner (1997).

4.3 Sozialisation

Bei der Sozialisation spielt explizites Wissen keine Rolle. Insofern sollte hier auch das Potential der Informationssysteme als Träger expliziten Wissens vernachlässigbar sein. Mit der zunehmenden Globalisierung und räumlichen Trennung der Geschäftstätigkeiten gewinnen jedoch elektronische Kommunikationsmedien, insbesondere Electronic Mail, Videokonferenzsysteme und Internet-basierte Kommunikationssysteme, an Bedeutung. Der konkrete Beitrag der elektronischen Kommunikationsmedien zur Sozialisation ist noch wenig erforscht, jedoch ist absehbar, dass diese Medien eine neue Kommunikationskultur schaffen werden, die über die Übertragung kodierten Wissens hinausgeht und ähnlich wie heute das Telefon auch zur Bildung gemeinsamer mentaler Modelle und impliziten Wissens im Allgemeinen beiträgt. Lange Zeit wurde den elektronischen Medien im Rahmen der „Information Richness“-Theorie nur eine geringe Chance zum sozial intensiven Kontakt gegeben, jedoch zeigen neuere theoretische und empirische Studien, dass es nicht nur auf die rein technischen Eigenschaften eines Mediums ankommt, wie sie von der „Information Richness“-Theorie in den Mittelpunkt der Untersuchung gestellt werden. Vielmehr trägt auch der situative Prozess der Anwendung elektronischer Medien in konkreten Situationen und Gruppenformationen (Genres) entscheidend zur Effektivität der Kommunikation bei.[22] Im Zuge der größeren Vertrautheit jüngerer Generationen mit den elektronischen Medien dürfte diese Effektivität im Bereich der Sozialisation weiter zunehmen. Elektronische Medien ermöglichen eine asynchrone, aber dennoch sehr schnelle und damit im Prinzip interaktive Kommunikation. Diese asynchron-interaktive Kommunikationsform hat gegenüber dem Telefon den Vorteil, dass neben der leichteren Erreichbarkeit des Kommunikationspartners eine kleine Pause zur Reflexion und Reaktion bleibt, was zum Beispiel der Verständigung zwischen Menschen unterschiedlicher Sprach- und Kulturräume in global tätigen Unternehmungen zugute kommen sollte. Allerdings gibt es auch Untersuchungen, die eine Reduktion sozialer Kommunikationsbeziehungen durch den Einsatz computergestützter Kommunikationssysteme empirisch festgestellt haben.[23]

---

22 Vgl. Yates/Orlikowski (1992); Markus (1994); Ngwenyama/Lee (1997); Yates u. a. (1999).

23 Vgl. Sarbaugh-Thompson/Feldman (1998).

4.4 Kombination

Das Hauptpotential der IKT liegt zweifelsohne im Bereich der Kombination, das heißt der Schaffung neuen expliziten Wissens aus bereits vorhandenem expliziten Wissen. Man denkt hier vielleicht vorrangig an die Möglichkeiten von Decision Support-Systemen, jedoch beinhalten und transformieren auch die transaktionsorientierten operativen Systeme explizites Wissen, so dass man die computergestützten Informationssysteme schlechthin als Methoden der Wissenskombination bezeichnen kann. Informationssysteme ersetzen mehr und mehr die traditionellen betrieblichen Aufgaben und Prozesse und damit die traditionellen Methoden der Wissenskombination in der Unternehmung. Somit stellt sich die Frage nach dem ökonomisch sinnvollen Diffusionsgrad der Informationstechnik. Ist es die eingangs zitierte „sinnhafte Vollautomation“, die im Kern eine Maximalforderung darstellt, oder kann man ein Optimierungsprinzip zugrunde legen, das sich an den jeweiligen Stärken und Schwächen computergestützter und nicht computergestützter Organisationsmechanismen orientiert? Die Grundidee der Optimierung lässt sich an folgendem Fallbeispiel (mit realem Hintergrund) verdeutlichen:

> Eine Industrieunternehmung fertigt zwei unterschiedliche Produktkategorien: Standardprodukte mit leichten Varianten und Individualprodukte. Für die Fertigung der ersten Produktkategorie würde sich die Umstellung der bisherigen konventionellen Fertigungstechnik auf eine vollautomatische computergestützte Fertigung anbieten, wobei der Datenaustausch zwischen der Konstruktions- und Produktionsabteilung integriert und ohne Zwischenprüfung erfolgen könnte. Bei der zweiten Produktkategorie würde die direkte Datenintegration jedoch aufgrund von immer wieder auftretenden Konstruktionsfehlern, die bislang erst im Zuge der eigentlichen Fertigung entdeckt und repariert werden konnten, zu nicht tolerierbaren Kosten der Nacharbeit am Endprodukt führen, so dass für diese Produktkategorie die bisherige konventionelle Fertigung beibehalten werden müsste, wenn auch bei kleinerer Kapazitätsauslegung. Alternativ könnte man freilich auf das Angebot der Individualprodukte in Zukunft verzichten. Eine weitere Alternative würde sich mit der Entwicklung und dem Einsatz eines Expertensystems anbieten, das im Fall der Individualprodukte die Konstruktionsdaten vor Beginn der eigentlichen Fertigung auf Fehler überprüfen würde. Somit liegen einschließlich des Istzustands vier Alternativen vor. Welche dieser Alternativen zu bevorzugen ist, hängt von einer Bewertung der jeweiligen Kosten und Umsatzverluste (bei Verzicht der Fertigung der Individualprodukte) ab.

Die Einführung computergestützter Informationssysteme zieht in der Regel eine Veränderung der Flexibilität der Organisation gegenüber den Anforderungen der Umwelt nach sich. Dabei kann es entweder zu einer Steigerung oder zu einer Reduktion der Flexibilität kommen. Für den ersten Fall spricht das Beispiel einer besseren und schnelleren Auswertung von Kundeninformationen mit Hilfe von Database Marketing, für den zweiten Fall die Einführung eines Standardsoftwaresystems, das die organisatorischen Erfordernisse nicht voll abzudecken vermag. Aus systemorientierter Sicht sollte die Varietät der internen Organisation mit der Varietät der Umwelt übereinstimmen. Im obigen Beispiel wäre die Übereinstimmung im Fall des Verzichts auf die Fertigung der Individualprodukte nicht mehr gegeben. Welches Flexibilitätsniveau ökonomisch sinnvoll ist, sollte stets die monetäre Bewertung ergeben. Somit lässt sich der Begriff der „sinnhaften Vollautomation" aus organisationstheoretischer Sicht operationalisieren. Ein Schlüssel hierzu liegt in der Ermittlung der Trade-Offs zwischen Flexibilität und monetärer Effektivität alternativer Systemlösungen.[24] Anstelle des monetären Kriteriums können jedoch auch präzis definierte qualitative Kriterien zu einer sinnvollen Operationalisierung beitragen. So verwendet Dürselen (1998) die qualitativen Kriterien „Variablilität" und „Wiederholungshäufigkeit" einzelner Aufgaben und der Beziehungen zwischen den Aufgaben eines Geschäftsprozesses, um das Integrationspotential der IKT in kleinen und mittleren Unternehmungen des deutschen Maschinenbaus zu analysieren. Beispiele zur Flexibilität der IKT im Zusammenhang mit der Einführung von EDI (Electronic Data Interchange) zwischen einer Unternehmung und ihren Zulieferern und eines dabei verwendeten qualitativen Analyserahmens finden sich in Gebauer (1996).

Abbildung 2 fasst die Ausführungen zum Potential der IKT bei der Wissensschaffung zusammen. Die unterschiedliche Grautönung der einzelnen Quadranten soll das relative Potential der IKT symbolisieren, das am höchsten im Bereich der Kombination und am niedrigsten bei der Sozialisation sein dürfte.

---

24 Vgl. Hanssmann (1994), S. 227f.

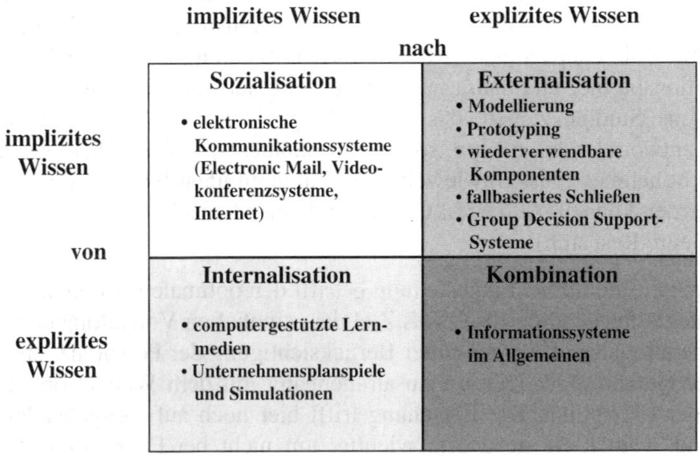

Abb. 2: Potentiale der Informations- und Kommunikationstechnik

5 Zusammenfassung und offene Fragestellungen

Mit Hilfe des Modells von Nonaka konnten Potentiale der IKT zur Schaffung organisationalen Wissens aufgezeigt werden. Dabei spielte die Rolle der IKT als informationsspeicherndes und -verarbeitendes technisches Artefakt vor allem für die Schaffung und Verbreitung von explizitem Wissen eine wichtige Rolle. Implizites Wissen ist nicht kodierbar und deshalb einer Speicherung und Verarbeitung durch Informationssysteme nicht zugänglich. Jedoch ergaben sich auf der Kommunikationsseite auch Perspektiven einer effektiven Anwendung der IKT beim Austausch impliziten Wissens. Diese Perspektiven sollten vor allem bei der zunehmenden Globalisierung und räumlichen Trennung der Kommunikationspartner an Bedeutung gewinnen.

Eine der wesentlichen offenen Fragen setzt gerade an dieser Stelle an: Können die elektronischen Kommunikationsmedien tatsächlich zu einer anhaltenden Unterstützung des Sozialisationsprozesses beitragen oder führen sie eher zu einer Abschottung und Vereinsamung der Kommunikationspartner und damit zur Behinderung der Sozialisation? Erste empirische Studien zeigen, dass diese Frage in voller Allgemeinheit nicht beantwortet werden kann, sondern auf kontextspezifische Faktoren Rücksicht nehmen muss. Inwieweit diese Faktoren identifiziert und beeinflusst werden können, ist derzeit Gegenstand eines lebhaften Forschungsgebiets (Genre Research).

Eine zweite offene Fragestellung betrifft den optimalen Automations- und Integrationsgrad der IKT. Das Ziel der „sinnhaften Vollautomation" muss operationalisiert werden unter Berücksichtigung der Potentiale, aber auch der Gefahren der IKT im Zusammenhang mit dem Wandel organisationaler Flexibilität. Die Forschung trifft hier noch auf weitgehendes Neuland. Jedoch ist sie enorm wichtig, um nicht bei Führungskräften und Mitarbeitern einer Unternehmung und der Gesellschaft als Ganzes falsche Vorstellungen vom tatsächlichen Potential der IKT zu wecken.

Die IKT ist seit vielen Jahren einem rasanten technischen Fortschritt unterworfen und wird es aller Voraussicht nach noch viele Jahre sein. Deshalb lassen sich die Aussagen zum Anwendungspotential der IKT nur aus heutiger Sicht treffen und müssen dem technischen Fortschritt entsprechend angepasst werden. Dies führt zu weiteren interessanten Herausforderungen an die Erforschung des Zusammenspiels von Organisation und IKT.

Literaturverzeichnis

Aamodt, A./ Plaza, E. (1994)
Case-Based Reasoning. Fundamental Issues, Methodological Variations, and Systems Approaches, in: *AI Communications*, Bd. 7, S. 39 – 59.

Alchian, A.A./ Demsetz, H. (1972)
Production, Information Costs, and Economic Organization, in: *American Economic Review*, Bd. 62, S. 777 – 795.

Booch, G. (1994)
Object-Oriented Analysis and Design with Applications, 2. Auflage, Reedwood City u. a.: Benjamin/Cummings.

Chen, P.P.S. (1976)
The Entity-Relationship Model–Toward a Unified View of Data, in: *ACM Transactions on Database Systems*, Bd. 1, S. 9 – 36.

Coase, R.H. (1937)
The Nature of the Firm, in: *Economica*, Bd. 4, S. 386 – 405.

Connor, K.R. (1991)
A Hierarchical Comparison of Resource-based Theory and Five Schools of Thought within Industrial Organization Economics: Do We Have a New Theory of the Firm? in: *Journal of Management*, Bd. 17, S. 121 - 154.

Connor, K.R./ Prahalad, C.K. (1996)
A Resource-based Theory of the Firm, in: *Organization Science*, Bd. 7, S. 477 – 501.

DeMarco, T. (1979)
Structured Analysis and System Specification, Englewood Cliffs: Prentice-Hall.

Dürselen, A. (1998)
Integrationspotentiale in kleinen und mittleren Unternehmen, Lohmar u. Köln: Eul.

Eucken, W. (1989)
Die Grundlagen der Nationalökonomie, 9. Auflage auf der Basis der 6. Auflage von 1949, Berlin u. a.: Springer.

Gebauer, J. (1996)
Informationstechnische Unterstützung von Transaktionen, Wiesbaden: Gabler.

Geoffrion, A.M. (1987)
An Introduction to Structured Modeling, in: *Management Science*, Bd. 33, S. 547 – 588.

Grossman, S.J./ Hart, O.D. (1986)
The Costs and Benefits of Ownership: A Theory of Vertical and Lateral Integration, in: *Journal of Political Economy*, Bd. 94, S. 691 – 719.

Hanssmann, F. (1994)
Einführung in die Systemforschung, 4. Auflage, München u. Wien: Oldenbourg.

Jensen, M.C./ Meckling, W.H. (1976)
Theory of the Firm. Managerial Behavior, Agency Costs and Ownership Structure, in: *Journal of Financial Economics*, Bd. 3, S. 305 – 360.

Kogut, B./ Zander, U. (1992)
Knowledge of the Firm, Combinative Capabilities, and the Replication of Technology, in: *Organization Science*, Bd. 3, S. 383 – 397.

Krcmar, H. (1992)
Computerunterstützung für die Gruppenarbeit – Zum Stand der Computer Supported Cooperative Work Forschung, in: *Wirtschaftsinformatik*, Bd. 4, S. 425 – 437.

Markus, M.L. (1994)
Electronic Mail as the Medium of Managerial Choice, in: *Organization Science*, Bd. 5, S. 502 – 527.

Mertens, P. (1995)
Wirtschaftsinformatik: Von den Moden zum Trend, in: König, W. (Hrsg.): *Wirtschaftsinformatik 95*, Heidelberg: Physica, S. 25 – 64.

Mertens, P./ Höhl, M. (1999)
Wie lernt der Computer den Menschen kennen? Bestandsaufnahme und Experimente zur Nutzermodellierung in der Wirtschaftsinformatik, in: Scheer, A.-W., Nüttgens, M. (Hrsg.): *Electronic Business Engineering*, Heidelberg: Physica, S. 25 – 49.

Müller-Merbach, H. (1983)
Model Design Based on the Systems Approach, in: *Journal of the Operations Research Society*, S. 739 – 751.

Ngwenyama, O.K./ Lee, A.S. (1997)
Communication Richness in Electronic Mail: Critical Social Theory and the Contextuality of Meaning, in: *MIS Quarterly*, Bd. 21, S. 145 – 167.

Nonaka, I. (1994)
A Dynamic Theory of Organizational Knowledge Creation, in: *Organization Science*, Bd. 5, S. 17 – 37.

Nonaka, I./ Takeuchi, H. (1995)
The Knowledge Creation Company, New York: Oxford University Press.

Nunamaker, J.F./ Dennis, A.R./ Valacich, J.S./ Vogel, D.R./ George, J.F. (1991)
Electronic Meeting Systems to Support Group Work, in: *Communications of the ACM*, Bd. 34/7, S. 40 – 61.

Oberweis, A. (1996)
Modellierung und Ausführung von Workflows in Petri-Netzen, Stuttgart u. Leipzig: Teubner.

Penrose, E.T. (1959)
The Theory of the Growth of the Firm, Oxford: Blackwell.

Petri, C.A. (1961)
Kommunikation mit Automaten, Diss. TU Darmstadt.

Polanyi, M. (1966)
The Tacit Dimension, Garden City: Doubleday.

Prahalad, C.K./ Hamel, G. (1990)
The Core Competence of the Corporation, in: *Harvard Business Review*, Bd. 68, Mai – Juni, S. 79 – 91.

Rumbaugh, J. (1991)
Object-oriented Modeling and Design, Englewood Cliffs u. a.: Prentice-Hall.

Sarbaugh-Thompson, M./ Feldman, M. (1998)
Electronic Mail and Organizational Communication: Does Saying „Hi" Really Matter? in: *Organization Science*, Bd. 9, S. 685 – 698.

Scheer, A.-W. (1998a)
ARIS – Vom Geschäftsprozeß zum Anwendungssystem, 3. Auflage, Berlin u. a.: Springer.

Scheer, A.-W. (1998b)
ARIS – Modellierungsmethoden, Metamodelle, Anwendungen, 3. Auflage, Berlin u. a.: Springer.

Schober, F. (1982)
Ein Unternehmensmodell für die strategische Zielplanung, in: Fleischmann, B., Bloech, J., Fandel, G., Seifert, O., Weber, H. (Hrsg.): *Operations Research Proceedings 1981*, Berlin u. a.: Springer.

Schober, F. (1990)
Strukturierte Entwicklung quantitativer Unternehmensmodelle, in: *Zeitschrift für Planung*, Bd. 1, S. 177 – 193.

Schober, F. (1998)
Unternehmensführung im Spannungsfeld von Entscheidungsdelegation und informationstechnischer Integration, in: Bruhn, M., Lusti, M., Müller, W.R., Schierenbeck, H., Studer, T. (Hrsg.): *Wertorientierte Unternehmensführung*, Wiesbaden: Gabler, S. 311 – 327.

Senge, P. (1990)
The Fifth Discipline, New York u. a.: Doubleday.

Sommerville, I. (1996)
Software Engineering, 5. Auflage, Wokingham u. a.: Addison-Wesley.

Yates, J./ Orlikowski, W.J. (1992)
Genres of Organizational Communication: A Structurational Approach to Studying Communication and Media, in: *Academy of Management Review*, Bd. 17, S. 299 – 326.

Yates, J./ Orlikowski, W.J./ Okamura, K. (1999)
Explicit and Implicit Structuring of Genres in Electronic Communication: Reinforcement and Change of Social Interaction, in: *Organization Science*, Bd. 10, S. 83 – 103.

Wagner, C. (1997)
Learning through role play software: a feasible approach to professional education?, in: *Wirtschaftsinformatik*, Bd. 39, S. 547 – 553.

Watermann, D.A. (1985)
A Guide to Expert Systems, Reading u. a.: Addison-Wesley.

Williamson, O.E. (1975)
Markets and Hierarchies: Anaylsis and Antitrust Implications: A Study in the Economics of Internal Organization, New York: The Free Press.

Walter Euckens Ordnungstheorie – eine Vorläuferin der Neuen Institutionenökonomik?

Peter Oberender / Claudius Christl

1 Einführung

Institutionen haben im wirtschaftlichen Prozeß eine herausragende Bedeutung. So üben die institutionellen Rahmenbedingungen der Wirtschaftsordnung einen wesentlichen Einfluß auf das Handeln der Individuen aus. Sie dürfen daher auch nicht aus einer sorgfältigen ökonomischen Analyse ausgeklammert werden.[1] Obwohl dieser Sachverhalt selbst unter Vertretern der strengen neoklassischen Tradition weitgehend unstrittig ist, blieb die *mainstream*-Mikroökonomie doch lange institutionenneutral. Eine stärkere Berücksichtigung institutioneller Arrangements in der Wirtschaftstheorie fand erst in den letzten Jahren statt. Dabei entwickelte sich das Gebiet der *Neuen Institutionenökonomik (NIÖ),* welches sich gegenwärtig durch eine hohe Forschungsdynamik auszeichnet.[2]

Im deutschen Sprachraum wurde den Rahmenbedingungen des Wirtschaftens schon wesentlich früher als im angloamerikanischen Bereich eine herausragende Bedeutung beigemessen. Vor allen anderen ist dabei der Name Walter Euckens zu nennen.[3] Obwohl somit auf den ersten Blick Ähnlichkeiten in den Forschungsprogrammen Euckens und der Neuen Institutionenökonomik bestehen, greift letztere nicht explizit die Ideen des mit diesem Sammelband zu ehrenden auf. Daraus ergibt sich die interessante Fragestellung, ob und falls ja, inwieweit Eucken in seinem Werk schon Elemente der Neuen Institutionenökonomik vorwegnahm.

---

1 Vgl. Marshall (1961), S. 200.

2 Eine instruktive, aktuelle und umfassende Einführung in die verschiedensten Teilbereiche der *Neuen Institutionenökonomik* bietet die Monographie von Richter/Furubotn (1999). Einen knapper gehaltenen Überblick gibt ebenfalls Richter (1990a); vgl. auch Schenk (1992).

3 Vgl. Eucken (1948, 1950, 1989, 1990). Eine Würdigung des ordnungsökonomischen Denkens Euckens bietet Böhm (1950); vgl. auch Christl (1998).

Zu deren Beantwortung wird wie folgt vorgegangen: Es erweist sich zunächst als sinnvoll, im zweiten Abschnitt die Grundlagen, Hauptinhalte und Ergebnisse der Neuen Institutionenökonomik, wie sie sich heute darstellt, knapp nachzuzeichnen. Im dritten Abschnitt erfolgt zunächst ein kurzer Abriß des Euckenschen Forschungsprogramms, bevor dann dessen Ideen über die Ausgestaltung einer Wettbewerbsordnung näher dargestellt werden. Anhand der einzelnen Prinzipien läßt sich schließlich anschaulich zeigen, inwieweit das Euckensche Denken schon Erklärungsmuster der modernen Neuen Institutionenökonomik implizierte und wo es aus heutiger Sicht Defizite aufweist.

2 Das Forschungsprogramm der Neuen Institutionenökonomik

2.1 Überblick

Am Anfang dieser Ausführungen soll ein knapper Überblick über die Hauptinhalte der Neuen Institutionenökonomik stehen.[4] Deren Forschungsgegenstand ist die ökonomische Analyse des institutionellen Umfelds und der verschiedenen institutionellen Arrangements einer Volkswirtschaft. Dabei wird ein besonderes Augenmerk auf die Tatsache gerichtet, daß die Schaffung und Nutzung von Institutionen und Organisationen Kosten in Form von Transaktionskosten verursacht. Deshalb beeinflußt auch die konkrete Ausgestaltung der individuellen Verfügungsrechte das Gesamtergebnis ökonomischer Aktivität.

Als *Institution* wird hier ein System von Normen verstanden, welches das Ziel verfolgt, individuelles Handeln in eine bestimmte Richtung zu beeinflussen. Diese Normen können formal (formgebunden) oder informell (formungebunden) sein. Im ersten Fall ist hierbei insbesondere an Gesetze und Verträge, im zweiten an nicht kodifizierte Sitten, Gebräuche und sonstige soziale Handlungsmuster zu denken. Der Begriff der *Institution* beinhaltet auch die Instrumente, welche die Einhaltung dieser Normen sichern. Eine *Organisation* soll eine Institution einschließlich der diese

4 Für eine ausführlichere Darstellung vgl. exemplarisch Richter/Furubotn (1999), S. 1ff.

benutzenden Individuen darstellen. Auch sie kann wiederum formal oder informell sein.

Im Gegensatz zur traditionellen neoklassischen Wirtschaftstheorie spielen in der Neuen Institutionenökonomik Transaktionskosten eine wichtige Rolle. Während die erstere institutionenindifferent war und von den Eigenschaften hierarchischer und marktlicher Allokationsmechanismen weitgehend abstrahierte, werden mit Hilfe der letzteren gerade die spezifischen ontologischen Eigenschaften marktlicher Systeme der theoretischen Analyse zugänglich. Danach läßt sich eine Volkswirtschaft als System beschreiben, das aus einer Vielzahl an Individuen sowie einer Menge von Regeln und Normen besteht. Diese teilen den Individuen genau definierte Verfügungsrechte zu, welche sich auf Sachen, immaterielle Güter oder Handlungsrechte beziehen können. Ebenso regeln sie die Art und Weise der Transaktion dieser Rechte.

Das Vorhandensein von Transaktionskosten in einer Volkswirtschaft ist in der Regel mit dem Phänomen unvollständiger Informationen bei den handelnden Akteuren verbunden. Es manifestiert sich in zwei Dimensionen. So bestehen für alle Marktteilnehmer Unsicherheiten bezüglich zukünftig eintretender Ereignisse und zugleich herrscht meist *asymmetrische Information*, d. h. ein Vertragspartner weiß mehr als der andere.[5] Aufgrund der Unvorhersehbarkeit der Zukunft bleiben formale Regeln wie Gesetze oder Verträge immer in einem gewissen Maße unvollständig und müssen daher durch informelle Regeln ergänzt werden. Darüber hinaus erwachsen in asymmetrischen Informationssituationen Möglichkeiten opportunistischen Verhaltens. Rational handelnde Individuen werden daher versuchen, möglichem Opportunismus der Interaktionspartner durch die Schaffung zweckentsprechender Anreiz- und Sanktionsmechanismen Einhalt zu gebieten.

Neben den bereits erwähnten Institutionen finden in der Neuen Institutionenökonomik Phänomene wie Reputation, Gefühlshaltungen, ethische Normen und Ideologien Berücksichtigung. Auch Zwangsmaßnahmen

---

5 So dürfte bei einem Kauf gegen Barzahlung der Verkäufer besser über die Eigenschaften des Kaufgegenstandes informiert sein als der Käufer, während der Informationsstand beider über die Qualität des Tauschmittels „Bargeld“ ähnlich sein dürften. In toto hat somit der Verkäufer einen Informationsvorsprung gegenüber dem Käufer.

Privater wie Streik, Aussperrung, Boykott oder staatlicher Organisationen sind Bestandteil des Erkenntnisobjekts.

Diese grundsätzlichen Überlegungen machen deutlich, daß die Neue Institutionenökonomik den im Lakatosschen Sinne harten Kern der neoklassischen Theorie um drei wesentliche Elemente erweitert. Es sind dies Verfügungsrechte (*property rights*), Transaktionskosten und unvollständige Verträge. Auf sie ist nun näher einzugehen.

2.2 Verfügungsrechte

Eines der drei hier näher zu betrachtenden Elemente der Neuen Institutionenökonomik stellt die Theorie der Verfügungsrechte dar.[6] Nach ihr hängen die ökonomischen Ergebnisse individueller Interaktionen im wesentlichen von der Zuordnung von Verfügungsrechten ab. So kann ein Individuum nur dann den Nutzen aus einem Gut ziehen, wenn es die faktische Verfügungsgewalt über dieses Gut besitzt. Diese muß in hochentwickelten Volkswirtschaften durch gesellschaftliche Normen in Form einer rechtlichen Verfügungsgewalt ergänzt werden.[7] Ähnliche Überlegungen gelten auch für Produktionsfaktoren, die erst dadurch ihren Wert gewinnen, daß ein Produzent das Recht besitzt, über ihre Verwendung zu bestimmen. Die weitestgehende Ausgestaltung der Verfügungsrechte über eine Sache umfaßt folgende Elemente:[8]

- Das Recht, die Sache zu nutzen (usus).
- Das Recht, deren Erträge einzubehalten (usus fructus).
- Das Recht, die Sache in Form und Substanz zu verändern (abusus).
- Das Recht, diese und das Bündel der an ihr bestehenden Rechte zu einvernehmlichen Konditionen an andere zu übertragen.

Diese Rechte beziehen sich aus institutionenökonomischer Sicht nicht nur auf Sachen, sondern auch, wie eingangs dargestellt, auf immaterielle

---

6 Ein Überblick über die wichtigsten Veröffentlichungen im Bereich der Theorie der Verfügungsrechte findet sich bei De Alessi (1980). Bahnbrechend waren hier insbesondere die Arbeiten von Alchian und Demsetz. Vgl. exemplarisch Alchian (1961); Demsetz (1967).

7 Auf diesen Sachverhalt machte bereits von Böhm-Bawerk aufmerksam. Vgl. Böhm-Bawerk (1881).

8 Vgl. dazu Richter (1990a), S. 575.

Vermögensgegenstände und andere Ansprüche wie zum Beispiel solche aus Dauerschuldverhältnissen.

Die zentrale Hypothese der Theorie der Verfügungsrechte besteht nun in der Behauptung, daß durch die bewußte Ausgestaltung und Zuordnung der soeben beschriebenen Verfügungsrechte die volkswirtschaftliche Faktorallokation und Güterdistribution auf bestimmte und vorhersehbare Weise zu beeinflussen ist.[9] Da Individuen nicht nur als Konsumenten oder Produzenten, sondern auch als Mitglieder der verschiedensten Organisationen nach einer Verbesserung ihrer eigenen Position streben, hat jede Veränderung der Verfügungsrechtsstruktur, etwa durch staatliche Veränderungen der Wettbewerbsordnung, Einfluß auf Faktorallokation, Einkommensdistribution und Zusammensetzung des Sozialprodukts. Das Handeln der aus Eigeninteresse tätig werdenden Individuen wird dabei mittelbar durch die finanziellen Anreize gesteuert, welche sich aus der Zuordnung der Verfügungsrechte ergeben.

Ein Problem der Verfügungsrechtsliteratur besteht allerdings darin, daß immer noch eine perfekte und kostenlose Sicherung der Einhaltung von Verträgen angenommen wird. Ebenso wird von Vertragsabschlußkosten abstrahiert. Das sind aber allzu heroische Annahmen, da diese in der Realität immer gegeben sind und die Durchsetzung von Leistungspflichten durch Rechtszwang ebenfalls immer mit Kosten verbunden ist. Daher sind auch die Probleme zu diskutieren, die sich aus der Existenz von Transaktionskosten ergeben. Dies soll im folgenden geschehen.

2.3 Transaktionskosten

Zunächst erweist es sich als nötig, den Begriff der Transaktionskosten zu definieren, da er im Zeitablauf einem stärkeren Bedeutungswandel unterlag. Während Coase Transaktionskosten noch als „cost of using the price mechanism“[10] definierte, werden sie heute gemeinhin weiter gefaßt. Danach umfassen sie alle Kosten, die entstehen mit

- der Bereitstellung oder Änderung von Institutionen oder Organisationen und
- der Nutzung von Institutionen.[11]

---

9 Vgl. Furobotn/Pejovitch (1972), S. 1139.

10 Coase (1937), S. 390.

11 Vgl. Richter (1990a), S. 576.

Der erste Typ umfaßt alle Kosten, die aus der Schaffung und Aufrechterhaltung eines staatlichen Gemeinwesens stammen. So verursachen Legislative, Exekutive und Judikative Kosten, die zur Schaffung einer sozioökonomischen Rahmenordnung unumgänglich sind. Deren Existenz ist ihrerseits eine Voraussetzung für das Zustandekommen effizienter ökonomischer Ergebnisse.

Unter den zweiten Typ der Transaktionskosten sind alle diejenigen zu subsumieren, die aus der Nutzung der Institutionen „Markt" und „Unternehmung" erwachsen. Sie sind wiederum aufzugliedern in
- Kosten der Vertragsanbahnung (Such- und Informationskosten)
- Kosten des Vertragsabschlusses (Verhandlungs- und Entscheidungskosten)
- Kosten der Vertragsüberwachung und -durchsetzung.[12]

Die Höhe der Transaktionskosten hängt von der Ausgestaltung und Zuordnung der Verfügungsrechte ab. Dabei ist von folgender Transmissionskette auszugehen: Die qualitativen Eigenschaften des institutionellen Rahmens der Wirtschaftsordnung lassen für die am Markt tätigen Individuen manche Handlungsalternativen vorteilhafter als andere erscheinen. Unter Annahme des Ziels einer Maximierung des Gewinns $G(x)$ und rationalen Verhaltens werden die Individuen diejenige Alternative wählen, welche die Differenz zwischen Erlösen $E(x)$ einerseits sowie der Summe aus Produktionskosten $K_{prod}(x)$ und Transaktionskosten $K_{trans}(x)$ andererseits maximiert.[13] Die Zielfunktion eines Marktakteurs lautet damit:

$$\max \; G(x) = E(x) - K_{prod}(x) - K_{trans}(x) \tag{1}$$

Daraus ergibt sich folgende Gewinnmaximierungsbedingung:

$$\frac{dE(x)}{dx} = \frac{dK_{prod}(x)}{dx} + \frac{dK_{trans}(x)}{dx} \tag{2}$$

---

12 Vgl. Richter (1990b), S. 73f.

13 Vgl. Williamson (1985), S. 61: „(...) the object is (...) to economize in both transaction and neoclassical production cost respects."

Da nun die Höhe der Transaktionskosten auch von den ordnungspolitischen Rahmenbedingungen abhängt, wird aus Gleichung (2) unmittelbar ersichtlich, daß selbige auch das jeweilige Marktergebnis beeinflussen. Aus diesen Überlegungen heraus stellt sich nun die Frage nach den „besten" oder „effizientesten" institutionellen bzw. ordnungspolitischen Rahmenbedingungen. Sie ist allerdings seitens der auf neoklassischem Fundament bauenden Neuen Institutionenökonomik nicht eindeutig zu beantworten, da Wahlhandlungsprobleme wie das oben formal beschriebene immer nur unter gegebenen institutionellen Rahmenbedingungen zu lösen sind. Die Fragen, welche Ergebnisse sich bei alternativen institutionenbedingten Restriktionen einstellen würden und ob diese den ursprünglichen überlegen wären, müssen deshalb offen bleiben.[14]

Die voranstehenden Ausführungen zeigten, daß eine Einbeziehung von Verfügungsrechtsstruktur und Transaktionskosten in die volkswirtschaftliche Analyse von hoher Wichtigkeit ist. Dies beinhaltet auch die Fragen, wie diese Verfügungsrechte entstehen, wie sie gehandelt werden und wie durch unterschiedliche Arten dieses Handels die Transaktionskostenstruktur beeinflußt wird. Damit wird deutlich, daß auch verschiedene Möglichkeiten zur Vertragsgestaltung zwischen Wirtschaftssubjekten aus ökonomischer Perspektive näher betrachtet werden müssen.

2.4 Unvollständige Verträge

In der herkömmlichen neoklassischen Mikroökonomie wird von der Existenz vollständiger und umfassender (klassischer) Verträge ausgegangen. Danach legen die Vertragspartner Leistung und Gegenleistung für alle Eventualitäten *ex ante* bis zum Ende des Vertragszeitraumes fest.[15] Die Realität ist allerdings wesentlich komplexer. Aufgrund der Unsicherheit der Zukunft dürften bei Verträgen immer Lücken bestehen bleiben, welche sich durch Vertragsrecht nicht schließen lassen. Deshalb ist es für die theoretische Analyse notwendig, immer auch das soziale Beziehungssystem zu beachten, in das Verträge eingebettet sind. Zur Analyse dieses Problemkreises entwickelte man die Konzepte relationaler und unvollständiger Verträge. Danach stehen die Vertragsparteien vor dem Problem, unter Unsicherheit über zukünftige Ereignisse und Verhaltensweisen der

---

14 Eine ähnliche Auffassung findet sich bei Furobotn/Richter (1988).

15 Vgl. Richter (1990a), S. 583.

Gegenseite handeln zu müssen. Auch besteht das Problem, daß sich keine Seite sicher sein kann, ob sie nach Tätigung vertragsspezifischer Investitionen und somit dem Vorliegen versunkener Kosten von der Gegenseite ausgebeutet werde.[16]

Eine solche, in der Literatur auch „Raubüberfall" oder „hold up" genannte Verhaltensweise könnte sich dann ergeben, wenn ein Vorleistungsersteller hohe spezifische Investitionen für die Produktion eines Gutes tätigen muß, welches er nur an einen Abnehmer verkaufen kann, für den diese Vorleistung aber leicht substituierbar ist. Der Abnehmer könnte seinem Lieferanten nach dessen Investition damit drohen, die Geschäftsbeziehung abzubrechen, wenn dieser die Vorleistung nicht zu einem Preis verkaufte, der zwar über den kurzfristigen variablen, aber unter den die spezifische Investition berücksichtigenden totalen Durchschnittskosten liegt.

Hier untersucht die Neue Institutionenökonomik verschiedene Vertragsarrangements auf ihre Hinlänglichkeit, diese Probleme zu lösen. Wichtig dabei sind insbesondere Entstehung und Konstruktion der verschiedensten Instrumente zur Glaubwürdigmachung einer Einhaltung eingegangener Verpflichtungen. Es ist hier an die Überlassung von Geiseln, Pfändern, hands tying, unified governance und die Konstruktion selbstdurchsetzender Verträge zu denken.[17]

Ein mit dem Vertragsrecht zusammenhängendes Sachgebiet, das sich später bei der Analyse der Euckenschen Prinzipien noch als wichtig herausstellen wird, ist die ökonomische Theorie des Delikt- und Haftungsrechts.[18] Es erweist sich danach als sinnvoll, Anreize so zu schaffen und den Rechtsrahmen dergestalt abzustecken, daß die erwarteten Kosten von Schadensfällen minimiert werden. Tendenziell ist damit zu rechnen, daß eine solche Kostenminimierung dann eintritt, wenn diejenige Partei für die entstehenden Kosten haftbar gemacht wird, welche den Schaden mit den geringsten Kosten vermeiden könnte (cheapest cost avoider rule).[19]

Am Ende dieser knappen Darstellung des Forschungsgegenstandes der Neuen Institutionenökonomik ist festzuhalten, daß sie dazu beitrug, das

---

16 Vgl. Richter/Furubotn (1999), S. 92f.
17 Vgl. Richter (1990a), S. 586.
18 Vgl. Richter/Furubotn (1999), S. 94.
19 Vgl. ausführlich Calabresi (1970).

Objektsystem der Nationalökonomie wesentlich zu erweitern. Die institutionellen Rahmenbedingungen des Wirtschaftens spielen nun eine herausragende Rolle bei der Analyse marktlicher Phänomene. Darüber hinaus wird auch deren Auftreten erklärt und in normativer Hinsicht finden Vorschläge zur konkreten Ausgestaltung institutioneller Arrangements ihren Raum.

3 Die Euckenschen Prinzipien einer Wettbewerbsordnung im Lichte der Neuen Institutionenökonomik

3.1 Überblick

Während die oben dargestellten institutionellen Rahmenbedingungen des Wirtschaftens erst in den letzten zwanzig Jahren im Schlepptau der Neuen Institutionenökonomik Eingang in den nationalökonomischen *mainstream* fanden, stellte Walter Eucken deren Wichtigkeit mit argumentativer Vehemenz bereits Ende der 30er Jahre, also 40 Jahre früher heraus. Er hat in seinem Werk, das zu einem Großteil in der Zeit des Nationalsozialismus entstanden und von dessen negativen Auswirkungen beeinflußt worden ist, die Idee der *Wettbewerbsordnung* geprägt. Seine Überlegungen zur Adäquanz eines institutionellen Rahmens sozioökonomischen Handelns waren später in normativer Hinsicht Grundlage für die *Soziale Marktwirtschaft* Alfred Müller-Armacks und Ludwig Erhards.[20]

Eucken argumentiert, daß eine Politik abzulehnen sei, welche die Entwicklung der Wettbewerbsordnung den Privaten überläßt. Als Beleg dafür nennt er das Scheitern des Laissez-faire.[21] „Es genügt nicht, gewisse Prinzipien des Rechts zu verwirklichen und im übrigen die Entwicklung der Wirtschaftsordnung sich selbst zu überlassen."[22] Deshalb hat der Staat nach einer geeigneten Wettbewerbsordnung zu suchen und diese dann zu setzen. Eucken findet sie in der Marktform der vollständigen Konkurrenz,[23] einer ordnungsökonomisch angereicherten und nicht formalisierten

---

20 Vgl. Oberender (1989).
21 Vgl. Eucken (1990), S. 241f.
22 Eucken (1990), S. 373.
23 Vgl. Eucken (1990), S. 244ff.

Weiterentwicklung des neoklassischen Konzepts der vollkommenen Konkurrenz. Durch sie werden alle Teile des Wirtschaftsprozesses sinnvoll integriert. Individuelle Freiheit und Auswahlmöglichkeiten im Marktprozeß sind so gesichert. „Aber es besteht nicht die Freiheit, die Spielregeln oder die Formen, in denen sich der Wirtschaftsprozeß abwickelt, die Marktformen und Geldsysteme, nach Willkür zu gestalten."[24]

Hauptanliegen Euckens ist die Gefahr wirtschaftlicher Macht. Er vertritt die Auffassung, daß die Industrialisierung zu einer Gefahr für die Freiheit geführt hat.[25] Freiheit zu wirtschaftlicher Betätigung ohne eine vom Staat gesetzte Wettbewerbsordnung kann eben diese Freiheit zerstören. Dies geschieht durch die Entwicklung von Kollektivgebilden und Machtblöcken wie Kartellen. Mit den Prinzipien der Wettbewerbsordnung, die vom Staate überwacht werden, soll das Problem ungleicher Marktmacht infolge privatwirtschaftlicher Konzentrationsprozesse verhindert werden. Somit bedingen Freiheit und Ordnung einander.[26] Auch erweist es sich als unmöglich, individuelle Freiheiten auf bestimmte Teilbereiche des Lebens zu beschränken.

Die Konzentration wirtschaftlicher Macht in den Händen des Staates wird dadurch verhindert, daß der Staat nur die Wettbewerbsordnung setzen darf und soll, sich aber aus dem Wirtschaftsprozeß herauszuhalten hat. Diese Ordnung soll zwar gesetzt werden, aber sie richtet sich nicht gegen die geschichtliche Entwicklung. Es werden nämlich nur Ordnungsformen eingesetzt, die in der Wirklichkeit wiedergefunden werden können und die dem Wesen des Menschen und der Sache entsprechen.[27] Deshalb oktroyiert der Staat mit der Politik der Wettbewerbsordnung nicht eine Wirtschaftsordnung, sondern er bringt nur das zur Geltung, was sonst aufgrund negativer Einflüsse zurückgedrängt würde.[28]

Zentraler Bestandteil der Wettbewerbsordnung sind deren konstituierende Prinzipien.[29] Sie sollen Gegenstand des nächsten Unterabschnitts sein. Später kann ihre Würdigung aus Sicht der Neuen Institutionenökonomik

---

24 Eucken (1990), S. 246.
25 Vgl. Woll (1989), S. 92.
26 Vgl. Eucken (1990), S. 179.
27 Vgl. Eucken (1990), S. 239.
28 Vgl. Eucken (1990), S. 373ff.
29 Vgl. Eucken (1990), S. 254ff.; vgl. auch Oberender/Christl (1998), S. 232.

dann Aufschluß darüber geben, inwieweit Euckens Denken schon Inhalte und Aussagen dieses modernen Paradigmas antizipierte.

3.2 Euckens konstituierende Prinzipien einer Wettbewerbsordnung

1. Das Grundprinzip: Jede wirtschaftspolitische Maßnahme muß auf die Herstellung eines funktionsfähigen Preissystems vollständiger Konkurrenz zielen. Dieses Prinzip ist nicht nur negativ zu interpretieren, sondern es erweist sich für eine positive Wirtschaftsverfassungspolitik als notwendig, welche das Bestehen einer Marktform der vollständigen Konkurrenz sichert. So sollen etwa Kartelle nicht nur verboten werden; es ist darüber hinaus nötig, ihr Entstehen durch aktive Wettbewerbspolitik zu verhindern und bestehende aufzulösen.

2. Primat der Währungspolitik: Der Geldwert muß stabil gehalten werden, damit der Preismechanismus seine Aufgaben erfüllen kann. Dazu schlägt Eucken vor, eine Waren-Reserve-Währung einzuführen.

3. Offene Märkte: Der Staat hat darauf zu verzichten, Märkte durch Marktschranken zu schließen. Deshalb sind staatliche Privilegien, Zulassungssperren, Einfuhr- und Investitionsverbote abzulehnen.[30] Zugleich müssen auch private Machtgruppen daran gehindert werden, Märkte zu schließen. So sind zum Beispiel Kampfpreise gegen Außenseiter mit dem Ziel der Vernichtung oder Abschreckung zu verbieten. Auch soll Inhabern von Patenten ein Kontrahierungszwang auferlegt werden.

4. Privateigentum: Das Privateigentum muß mit Verfügungsfreiheit und Verfügungsmacht einhergehen. Diese Verfügungsrechte schränkt Eucken allerdings mit der Forderung ein, sie müßten wettbewerbskonform sein. Das bedeutet, daß monopolistische Gebilde in ihrem Handlungsspielraum von einer staatlichen Wettbewerbsbehörde eingeschränkt werden können, wenn durch monopolistische Marktmacht die Einhaltung des Prinzips der vollständigen Konkurrenz gefährdet erscheint.

[30] Vgl. Gröner/Schüller (1989), S. 432.

5. Vertragsfreiheit: Grundsätzlich ist die Vertragsfreiheit eine Voraussetzung für den Wettbewerb, da sonst die marktlichen Interaktionspartner nicht frei ausgewählt werden können. Formale Vertragsfreiheit kann aber wertlos sein, falls die Marktgegenseite eine überragende Machtposition besitzt. Damit muß die Vertragsfreiheit nach Eucken an zwei Stellen eingeschränkt werden. Verträge dürfen nicht geschlossen werden, um die Vertragsfreiheit einzuschränken, und die Vertragsfreiheit darf im Wirtschaftsprozeß nur dort gewährt werden, wo vollständige Konkurrenz vorhanden ist.

6. Haftung: Handlung und Haftung stellen zwei Seiten derselben Medaille dar. So ist die persönliche Haftung zentraler Bestandteil einer marktwirtschaftlichen Ordnung. Deshalb sind jegliche Haftungsbeschränkungen in Handels- und Gesellschaftsrecht kritisch zu betrachten.

7. Konstanz der Wirtschaftspolitik: Wirtschaftspolitische Maßnahmen müssen langfristig angelegt sein, um den Wirtschaftssubjekten Planungssicherheit zu geben.

3.3 Würdigung aus Sicht der Neuen Institutionenökonomik

Im folgenden ist zu untersuchen, inwieweit Euckens soeben beschriebene konstituierende Prinzipien einer Wettbewerbsordnung bereits diejenigen marktlichen Phänomene berücksichtigen, die das Erkenntnisobjekt der Neuen Institutionenökonomik darstellen.

3.3.1 Verfügungsrechte

Eucken wies stets auf die Wichtigkeit einer eindeutigen Zuordnung von Verfügungsrechten für das Funktionieren der marktwirtschaftlichen Ordnung hin. Dies manifestiert sich in den Prinzipien 4 (Privateigentum) und 5 (Vertragsfreiheit). Hier besteht weitgehende Übereinstimmung zwischen Eucken und der zeitlich nach ihm entstandenen Verfügungsrechtsliteratur. Insbesondere arbeitete Eucken wie kein Ökonom vor ihm die Beziehungen zwischen den ordnungspolitischen Rahmenbedingungen, welche faktisch nichts anderes als Regeln zur Verfügungsrechtszuordnung darstellen, und den marktprozessualen Ergebnissen heraus. Insoweit ist Eucken eine Pionierleistung zu bescheinigen.

3.3.2 Transaktionskosten

Kritischer muß allerdings die Tatsache gewürdigt werden, daß er von Transaktionskosten weitgehend abstrahierte. Hierin unterschied er sich nicht von der orthodoxen neoklassischen Theorie. Wichtig wäre vor allem eine Berücksichtigung jener volkswirtschaftlicher Kosten gewesen, die sich aufgrund der Schaffung wettbewerbspolitisch aktiver Organisationen ergeben. So ist die von Eucken empfohlene aktive staatliche Wettbewerbsordnungspolitik nicht kostenlos zu verwirklichen. Es müßte eine Kartellbehörde geschaffen werden, welche ständig überprüft, ob die Preisbildung nach dem Grundprinzip der vollständigen Konkurrenz auf allen Märkten verwirklicht ist. Dazu wären laufende Marktstrukturuntersuchungen durchzuführen, betriebsinterne Kostenverläufe müßten geschätzt und Verhaltensweisen verschiedener Marktteilnehmer miteinander verglichen werden. Nicht zuletzt drohte die Gefahr langfristiger kostenintensiver Rechtsstreitigkeiten zwischen Kartellorganen und den von diesen überwachten Wirtschaftssubjekten.

Vor diesem Hintergrund sollten Maßnahmen, welche das Ziel haben, Euckens Grundprinzip 1 (Herstellung eines funktionsfähigen Preissystems vollständiger Konkurrenz) zu verwirklichen, nur dann durchgeführt werden, wenn die dabei auftretenden Transaktionskosten kleiner sind als die aufgrund der Maßnahme zu erwartenden volkswirtschaftlichen Erträge.

3.3.3 Unvollständige Verträge

Auch die Problematik der Unvollständigkeit von Verträgen wurde von Eucken noch nicht in letzter Konsequenz erkannt. Wie die institutionenökonomischen Überlegungen zeigten, können bestimmte Marktphänomene wie hands tying oder unified governance aus der Tatsache heraus entstehen, daß ohne sie aufgrund faktisch fehlender Überwachungsmöglichkeiten der Vertragseinhaltung ein einfacher Leistungsaustausch nicht zustande käme. Nach Eucken lägen womöglich in den Fällen von hands tying oder unified governance wettbewerbsbeschränkende und deshalb zu untersagende Kartelle vor. Bei einem dann ausgesprochenen und auf den Euckenschen Überlegungen fußenden Kartellverbot würde aber übersehen, daß die beiden Phänomene nur aus dem Marktprozeß heraus evolvierte Instrumente zur Überwindung bestehender Vollzugs- und Durchsetzungsdefizite von privatrechtlichen Verträgen darstellen. Aus institutionenökonomischer Sicht würden so wettbewerbspolitisch eigentlich unbedenkliche Sachverhalte bei Verwirklichung der Euckenschen Prinzipien zu Unrecht geahndet.

Auch der unbedingte Zusammenhang von Handlung und Haftung (Prinzip 6) stellt sich aus institutionenökonomischer Perspektive etwas komplexer dar als von Eucken vermutet. So besteht heute in der Wohlfahrtsökonomie weitgehende Einigkeit darüber, daß wohlfahrtsmaximierende Haftungsregelungen so getroffen werden sollten, daß die Summe aus Verhütungs-, Unfall- und Verwaltungskosten minimiert wird.[31] Dies steht nicht unbedingt im Einklang mit einer vollständigen Kongruenz von Handlung und Haftung, wie sie Eucken forderte. Es sollte nämlich nicht übersehen werden, daß weitestgehende Haftungsregelungen einen dämpfenden Einfluß auf die ökonomische Aktivität ausüben können.

4 Schlußüberlegungen

Am Ende dieser Überlegungen ist zu konstatieren, daß Eucken mit der Hervorhebung institutioneller Rahmenbedingungen marktlicher Prozesse dem Stand der Wirtschaftstheorie weit voraus war. Sowohl im angelsächsischen als auch im deutschsprachigen Raum dominierte zu seiner Zeit die statische, ahistorische und Institutionen vernachlässigende Preistheorie.[32] Insbesondere mit der Hervorhebung einer wichtigen Rolle der Zuordnung von Verfügungsrechten nahm er wesentliche Errungenschaften der Neuen Institutionenökonomik vorweg.

Letzterer war es dafür vorbehalten, die im Zusammenhang mit der Existenz von Transaktionskosten und unvollständigen Verträgen auftretenden epistemologischen Probleme erstmals einer theoretischen Analyse zu unterziehen.

---

31 Vgl. Cooter/Ulen (1988), S. 347.

32 Vgl. Oberender/Christl (1996), S. 369.

Literaturverzeichnis

Alchian, A.A. (1961)
Some Economics of Property, Santa Monica.

Böhm, F. (1950)
Die Idee des ORDO im Denken Walter Euckens, in: *Ordo*, Bd. 3, S. XV – LXIV.

Böhm-Bawerk, E. v. (1881)
Rechte und Verhältnisse vom Standpunkt der volkswirtschaftlichen Güterlehre, Innsbruck: Wagner.

Calabresi, G. (1970)
The Costs of Accidents. A Legal and Economic Analysis, New Haven: Yale University Press.

Christl, C. (1998)
Die Ordnungstheorie Walter Euckens in einer offenen Gesellschaft. Eine konstruktivistische Anmaßung von Wissen?, in: *Ordo*, Bd. 49, S. 127 – 140.

Coase, R.H. (1937)
The Nature of the Firm, in: *Economica*, Bd. 4, S. 386 – 405.

Cooter, R./ Ulen, T. (1988)
Law and Economics, New York: Harper & Collins.

De Alessi, L. (1980)
The Economics of Property Rights. A Review of the Evidence, in: *Research in Law and Economics*, Bd. 2, S. 1 – 47.

Demsetz, H. (1967)
Toward a Theory of Property Rights, in: *American Economic Review. Papers and Proceedings*, Bd. 57, S. 347 – 359.

Eucken, W. (1948)
Das Ordnungspolitische Problem, in: *Ordo*, Bd. 1, S. 56 – 90.

Eucken, W. (1950)
Technik, Konzentration und Ordnung der Wirtschaft, in: *Ordo*, Bd. 3, S. 3 – 17.

Eucken, W. (1989)
Die Grundlagen der Nationalökonomie, 9. Auflage, Berlin u. a.: Springer.

Eucken, W. (1990)
Grundsätze der Wirtschaftspolitik, 6. Auflage, Tübingen: Mohr (Paul Siebeck).

Furobotn, E.G./ Pejovitch, S. (1972)
Property Rights and Economic Theory: A Survey of Recent Literature, in: *Journal of Economic Literature*, Bd. 10, S. 1137 – 1162.

Furobotn, E.G./ Richter, R. (1988)
Editorial Preface to The New Institutional Approach and Economic History, in: *Journal of Institutional and Theoretical Economics*, Bd. 145, S. 1 – 5.

Gröner, H./ Schüller, A. (1989)
Grundlagen der internationalen Ordnung: GATT, IWF und EG im Wandel – Euckens Idee der Wirtschaftsverfassung des Wettbewerbs als Prüfstein, in: *Ordo*, Bd. 40, S. 429 – 463.

Marshall, A. (1961)
Principles of Economics, Bd. 1, London: Macmillan.

Oberender, P. (1989)
Der Einfluß ordnungstheoretischer Prinzipien Walter Euckens auf die deutsche Wirtschaftspolitik nach dem zweiten Weltkrieg, in: *Ordo*, Bd. 40, S. 321 – 350.

Oberender, P./ Christl, C. (1996)
Heinrich von Stackelberg: Nur ein Pionier der Preistheorie?, in: *Jahrbücher für Nationalökonomie und Statistik*, Bd. 215, S. 363 – 376.

Oberender, P./ Christl, C. (1998)
Führt ein Fixkostenanstieg zwangsläufig in den Korporatismus? Die volkswirtschaftlichen Arbeiten Schmalenbachs, in: *Betriebswirtschaftliche Forschung und Praxis*, Bd. 50, S. 222 – 235.

Richter, R. (1990a)
Sichtweise und Fragestellungen der Neuen Institutionenökonomik, in: *Zeitschrift für Wirtschafts- und Sozialwissenschaften*, Bd. 110, S. 571 – 591.

Richter, R. (1990b)
Geldtheorie. Vorlesung auf der Grundlage der allgemeinen Gleichgewichtstheorie und der Institutionenökonomik, Berlin u. a.: Springer.

Richter, R./ Furubotn, E. (1999)
Neue Institutionenökonomik. Eine Einführung und kritische Würdigung, 2. Auflage, Tübingen: Mohr (Paul Siebeck).

Schenk, K.E. (1992)
Die neue Institutionenökonomie – Ein Überblick über wichtige Elemente und Probleme der Weiterentwicklung, in: *Zeitschrift für Wirtschafts- und Sozialwissenschaften*, Bd. 112, S. 337 – 378.

Williamson, O.E. (1985)
The Economic Institutions of Capitalism, New York: Free Press.

Woll, A. (1989)
Freiheit durch Ordnung: Die gesellschaftspolitische Leitidee im Denken von Walter Eucken und Friedrich A. von Hayek, in: *Ordo*, Bd. 40, S. 87 – 97.

Some Economics of 'Competitive' Civil Justice

Alan Peacock

*** Author's Note**

Walter Eucken, to our great sorrow, died just before the last of his lecture series at the LSE in 1950 published posthumously as *Unser Zeitalter der Misserfolge (This Unsuccessful Age).* It was decided not to cancel his final lecture but, as a tribute to interest in the series and to the man himself, to have it read to the audience. As a young lecturer at LSE, who had studied some of the great man's work in the original, I was given this awesome privilege. I subsequently wrote a somewhat critical review of the work in *Weltwirtschaftliches Archiv* (1952) – the reaction perhaps of a young man too anxious to differentiate his product – but I hope that I have sufficiently atoned for any failure to fully appreciate Eucken, his colleagues and followers in my joint volumes edited with Hans Willgerodt.[1] It is therefore a privilege and a pleasure to offer a contribution to a volume in his memory.

1 Introduction

The starting point of this contribution is the strong emphasis placed by Eucken and his colleagues on the interrelationship of all economic activity[2] and the consequential need for clear thinking on its regulation. This called for putting in place a legal system which recognized the virtues of the free market economy as a vital element in the preservation of individual freedom. His general position was elaborated in striking fashion by his colleague Franz Böhm. Tumlir puts Böhm's position very well; "the basic agenda of the state would be to ensure the reality of assumptions taken for granted in private law, above all, those of equality between

1 See Peacock/Willgerodt (1989).
2 See Eucken (1950).

transactors and the voluntary nature of transactions".[3] The clear implication of this position is that the system of civil justice should embody a fair and efficient system for the resolution of disputes between trading partners.

Following the lead given by the *Euckenkreis*, amongst others, there has been increasing attention given to the translation of the principles of operation of a market economy into the appropriate codification of laws and regulations designed to ensure that these principles themselves are supported. This has culminated in the extensive use by economists of principal-agent analysis as the framework for the appraisal of regulatory systems, symbolizing in the very use of the terms 'principal' and 'agent' the close alliance today of economics and law. However, notably less attention has been given in the literature of legal economics to the system of civil justice as an economic entity rather than as a legal instrument. Civil justice is demanded by those who seek redress for alleged wrongs and requires resources in its supply through the courts. The philosophy of the social market economy clearly implies that such a system must not only be equitable but supplied in an efficient manner.

This contribution considers the main general issues associated with the efficient supply of civil justice, which is normally considered to be one of the principal functions of government. Given that assumption, the central question is that of maintaining efficiency under conditions of monopoly of supply. However, just as privatisation and encouragement of freedom of entry have been used as mechanisms for using competition as an instrument for improving efficiency in supply of goods and services traditionally supplied by government, the intriguing question arises as to whether those who are in dispute need resolve them principally through the civil courts and what incentives they have to seek an alternative private source of supply.

2 The Economist's View of Transaction Costs

The success of the market economy as a means for increasing the prosperity and quality of life in Western economies rests on the incentives offered by private ownership of the means of production coupled with the

3 Tumlir (1989).

spur of competition. This presupposes a legal framework in which property rights of individuals can be established as precisely as possible and in which free trade is guaranteed.

Until recently, economists have paid more attention to the second element in the legal framework rather than the first. They have long recognized that companies are in business to make 'super-normal' profits, i. e. profits over and above those that would accrue in a purely competitive environment, so that companies already established in a market are not averse to lobbying governments to promote legislation which discriminates against freedom of entry. Competition is a good thing – for others. Nevertheless, one of the more successful forays by the *Euckenkreis* in the field of public policy has been in providing the intellectual basis for competition law and even in the devising of methods for the law's proper application.

The 'competitive model' is an important paradigm in economics, but it obscures the fact that, in the real world, ensuring the continuity in exchange relationships presupposed by the market assumes that contractual relationships can be well-defined. As economists like to put it, transactions costs would have to be assumed to be zero. It may be useful for didactic purposes to recognize this as the economist's counterpart to 'classical contract law'[4] in which transactions costs are absent. It is being assumed that all relevant future contingencies regarding the supply of a good or service are ascertainable and remedies for non-performance of the contract are predictable and swiftly applied. When such conditions are absent, as is normally the case in the real world, then market exchange relationships will be impeded and have to be supplemented and, in some circumstances, may be better replaced by other methods which attempt to harmonize the interests of the contracting parties.

The so-called 'new institutional economics' no longer treats transaction costs as an awkward complication in the economics of the market but has moved them to the centre of attention. The costs of specifying and enforcing contracts are put alongside other costs incurred by buyers and sellers trying to capture gains from trade. If we interpret buyers and sellers to include not only transactors in the commodity and service markets but also those in the labour and capital markets, and add the complication that a major transactor in such markets is government, it is immediately

4 Macneil (1981).

clear that specification and enforcement of contracts becomes a major element in economic decision-making. Economic historians have fastened on the point that the growth of occupational and territorial specialization produces an exponential increase in the number of exchanges, and gains from specialization and exchange usually associated with increasing productive efficiency are only possible with a concomitant investment in transaction costs, of which contractual arrangements are a major element. For example Wallis and North (1986) reckon that in the first seven decades of the 20th Century the US labour force grew from 29 to 80 millions. Although it is questionable whether the growth in the number of white-collar workers is a reasonable measure of those engaged in transacting, it is certainly interesting that their number grew over the same period from 5 to 38 millions.

Institutional economists are at pains to point out that basic economics propositions are still highly relevant to the study of business and individual behaviour when market relations are complicated by the problems of making contracts 'stick'. Transaction costs, including litigation or arbitration, must be measured against any consequential benefits, to which some rate of discount has to be applied if costs and benefits are likely to be incurred over a period of time. In principle, one should be able to dilineate the circumstances in which one form of transaction costs will be preferred to another, e. g. litigation or arbitration, but, as I shall show, this is rather difficult. There are also interesting policy issues for the economist to investigate, when the costs and benefits incurred between contracting parties in dispute extend to those who are not party to the transaction such as the taxpayer footing the bill for the cost of court actions. 'Externalities' of this kind are also relevant to my later discussion.

3 The Basic Economics of Civil Justice

Before offering an analysis of the circumstances in which parties to disputes consider the alternatives open to them in resolving their differences, it is useful to summarize some of the particular characteristics of the supply of and demand for civil justice.[5] The initial judgment is made that an 'efficient market' in civil justice requires that it must be of good quality

5 For fuller discussion see Main/Peacock (1999).

and supplied at minimum cost to those who demand it. The institutional assumption is made that we are primarily concerned with systems of civil justice which are based on an adversarial system, as found particularly in Anglo-Saxon countries, though this is not to say that there are not features in common with other systems, particularly those that accept the rule of law.

The supply of justice has several important and unusual features:

1. Entry into the provision of the service is carefully regulated with a view to offering guarantees of professional competence and conduct, and, historically, this regulation has been undertaken by the legal profession itself. However, in recent years, notably in the UK with the extension of the Fair Trading Acts to cover the professions, the legal profession has been under scrutiny in order to reduce the incidence of restrictive practices which successive governments have considered are against the public interest. The main thrust of state action has been to encourage some degree of competition, for example by extending rights of audience in the courts to lawyers other than advocates and even other professional bodies, and to formalise complaints systems through Ombudsman services.

2. Legal practitioners are the major source of advice on whether or not an individual or company should go to law and also the main source of supply of legal services. With the growing demand of legal services, this situation has altered somewhat through the provision of independent sources of advice, e. g. through consumer associations, but the lawyer-client relationship inevitable embodies a principal-agent problem. The problem is made even more complicated by the general responsibility on grounds of public policy which falls on lawyers to retain the right to conduct a case without regard to a client's wishes.

3. The supply of justice is monopolised by the state, in the sense that the decisions of the courts are binding. Clients may pursue other methods of dispute resolution but, as we shall see, in important actions these presuppose the existence of a formal court mechanism.

4. Court charges and the allocation of legal costs between the contending parties in the light of courts' decisions are matters for administrative discretion. Fixing of charges and fees according to economic principles which would simulate competitive conditions seems sensible, but

it is more germane to our discussion to consider the question of the technical rather than the allocative efficiency of the system of justice.

Likewise client (consumer) demand for civil justice has characteristics very different from those found in common economic transactions:

5. The corollary to 1. above is that information on whether to go to law at all is difficult to obtain independently of legal advice itself.
6. Unlike regular and repeated purchases in which the individual gains experience and knowledge related to her tastes, going to law is often a once-and-for-all event, such as investing in a personal pension or buying a house. Purchase is a matter of faith or trust.
7. Formal legal action often results in a situation where the client cannot know the costs in advance, far less weigh the probabilities of success in the action itself. Even when scales of charges can be determined and agreed in advance, the final bill may depend on the development of a case, including the behaviour of opponents, as well as on the result of the case itself, which, in the UK will involve *inter-partes* costs.
8. With uncertain costs and outcomes of the litigation process, clients have a strong incentive to seek ways of offloading the costs onto others. For the relatively well-off individual citizen, it may be possible to take out insurance against possible legal action, a notable example being the legal services available to car owners through motoring organizations. For poorer citizens they may have access to legal aid of some kind. For large business concerns, the volume of their transactions with both suppliers and customers may justify the setting up of a legal branch or the negotiation of favourable fee arrangements with specialist legal firms. Even when such devices are not open to the litigant, it may still be possible for her to negotiate a contingency fee with counsel such as a 'no win no fee' arrangement, which is particularly important in countries where the loser of a legal action is obliged to pay the costs of the defence. At the same time, professional associations of lawyers try hedge round such arrangements which promote what they would regard as 'unfair competition', and in the UK at least, it is only recently that the judiciary has extended the range of cases where this may be permitted.

One should not be surprised to find that there has been wide concern expressed in several advanced countries at the inflexibility of the system of civil justice system which hardly promotes adjustments of supply to demand and in an efficient manner.

Much of the emphasis in discussion of reform has been on attempts to remove X-inefficiency and therefore to produce civil justice at the lowest possible price consistent with the preservation of its quality.[6] Two general points may be made about these attempts which are relevant to the question of alternatives to using the courts to resolve disputes. The first is the argument that the costs of civil justice will inevitably rise at a faster rate than costs in general because of the incidence of Baumol's 'disease'. Briefly stated,[7] activities relying on personal services such as the courts limit the possibility of obtaining productivity gains through the substitution of capital for labour while at the same time the alternative opportunities of judges and legal staff make it unlikely that their rates of remuneration will be restricted by the lack of such gains. Even if the demand for litigation were only to rise *pari passu* with national expenditure, its relative cost must increase.[8] However, in the present context, the Baumol effect can be ignored because presumably all methods of delivering civil justice, whether through the courts or through private arbitration and dispute resolution, must be subject to its influence. If cost is to be an element in choosing one method rather than another, we must look elsewhere for an explanation of this choice.

The second point concerns the review of the ways which organizing the business of the courts could be conducted in order to reduce costs, particularly in the length of time taken to settle cases. Briefly, such proposals have the implication that judges should be given more power as court managers, including the reduction of the adversarial component in the judicial process. This approach has incurred professional resistance because of the strongly held view that the adversarial system offers the main protection to clients who wish to have their case properly heard – not to speak of the in-built attempt to reduce the size of the legal fee bill. In what follows, it will be assumed that attempts to reform the courts will proceed, probably more slowly than its advocates would like.

---

6 Cf. Main (1997).

7 For a more detailed analysis, see Peacock (1998).

8 For empirical evidence, see Baumol (1996).

This brings us to the heart of the matter under discussion, namely the extent to which costs of litigation incurred in the official legal system encourages entry into the business of dispute resolution and whether such alternative arrangements, other than offering an incentive to the courts to improve their services, may improve welfare.

4 The Political Economy of Alternative Dispute Resolution

What, then, are the attractions of out-of-court settlement? Legal authorities seem agreed on the following reasons.[9] I shall concentrate on the method known as alternative dispute resolution (ADR);

1. *Choice of arbitrator*. The parties to the dispute have to agree on the choice of arbitrator, whereas in court proceedings they are subject to the uncertainties attached to the decision of judge not of their choosing and, where relevant, to the disposition of juries. The interesting question here is what incentive will the parties in dispute have to agree on this choice, given that they cannot agree on a settlement of their differences. The fact that they do, as Ashenfelter (1998) argues, "underscores the ultimately co-operative nature of arbitration systems". This is an observation that requires much closer consideration, but in the present context, what is interesting is that there is ample evidence that parties to disputes who have recourse to ADR prefer experienced arbitrators chosen from a list supplied by a professional association though there are instances where the official courts themselves may offer such a list. This latter procedure indicates that the 'disputes resolution market' may be highly imperfect because the official courts may wish to encourage arbitration as a way of reducing, at the margin, the growing burden of court cases.
2. *Cost*. Lower costs will offer a strong incentive to choose ADR. These result from such factors as the flexibility in the rules of procedure which expedite settlement through increasing the speed of decision-making, whereas, as we have observed, proceeding through the courts may involve both delay in being heard and uncertain length of the

[9] See Hunter (1987); Mnookin (1998).

formal proceedings themselves. Contracts need not specify in advance the particular country and therefore system of law which apply to disputes, allowing the opportunity to seek out and to compare alternative locations with costs in mind.

3. *Confidentiality*. Parties to a commercial dispute may be adversely affected by the publicity attached to disputes which reach open court. Confidentiality can be assured simply through mutual agreement and this will be an important benefit when this avoids the revelation of commercial secrets.

4. *Informality*. Arbitration proceedings are not bound by the conventions of the civil courts which embody traditional rules and procedures. Such rules and procedures contain an element of mystique which is designed to uphold the 'majesty of the law' and can make the judicial system seem to be designed to emphasise the adversarial nature of disputes instead of encouraging a search for agreement. Witnesses may be inhibited by the prospect or being set 'traps' by clever lawyers. In contrast, it is claimed by proponents of ADR that informal proceedings are more in keeping with the search for agreement and offer a much more approachable alternative.

It is important to remember that ADR is, as the term makes clear, an *alternative* system for resolving disputes and a glance at civil law reports of official proceedings soon makes clear that the traditional system is not in imminent danger of being driven out of business. ADR relies on 'product differentiation' as well as offering the prospects for clients of lower economic costs and its dimensions are determined by the circumstances which favour its use. ADR will be chosen when

1. the issues are well-defined;
2. there is no major disparity in the bargaining power of each side to the dispute;
3. there is a strong incentive for each side to seek agreement, often because they wish to preserve some continuous business association;
4. confidentiality is of mutual interest, e. g. when revelation of business processes and practices might benefit rivals; and
5. businesses have a clear interest in speedy settlement, that is to say 'victory' is not demanded for its own sake.

There are parallel circumstances in other forms of dispute which suggest that arbitration can be used as a way of resolving them and which avoid the necessity of expensive legal proceedings. The growing incidence of 'friendly' divorce proceedings in Western countries has stimulated the growth in mediation services designed to make settlements before they are ratified by some official court proceedings; and there are many other examples. However, there are important areas where the conditions which favour successful arbitration proceedings, in the sense that disputes are satisfactorily resolved and more economically than by recourse to legal action, are not present.

Consider the economic transactions between the consumer and the large variety of consumer goods and services that they buy in the ordinary course of life. In the case of goods sold in supermarkets it is in the interests neither of the producer and retailer and the consumers to make individual contracts for every item of sale. The contract is on a 'take it or leave it' basis, with the conditions of sale, including guarantees of performance of the product, often specified (in small print) on the packet, although this will not limit the rights of consumers to seek redress in law if dissatisfied. If the consumer is not satisfied with a product, then the costs of seeking redress by bargaining with the producer may seem prohibitive. The nature or the dissatisfaction may be difficult to define and may not be shared by other consumers. Fortunately, the accumulation of experience derived from regular purchases of items which are not a large part of the household budget, may lead the consumer to switch to other suppliers without major cost – one of the obvious benefits of competition. The consumer will perceive that her bargaining power is meagre compared with the producer, and may find it in her interests to seek means other than direct correspondence with the producer in seeking redress. In this respect, the consumer has no incentive to preserve confidentiality and, indeed, open complaint may be a useful strategy, and likewise the consumer has no incentive to preserve some continuous relationship, if there are alternative sources of supply.

The contrast with the conditions that favour ADR as a method of resolving differences is even more marked in the case of large and infrequent purchases by individual consumers or households for which there is no 'learning curve' to move down. In the case of purchases of such items as cars, houses, and pension and life assurance, surgery from companies selling to thousands of people, the acceptance of a contract by the individual either entails a considerable investment by the individual in information about the product and how to interpret it or on trusting the seller – what is known in our trade as the 'market for lemons' problem.[10] Again competition will be a vital element in offering an incentive to sellers to produce accurate information on their products and to issue guarantees of performance, in short to specify contracts that are clear and intelligible. Professional associations of suppliers will find it in their interests to promulgate a 'code of good practice' as a way of reassuring consumers, including complaints procedures and offers of compensation when members break the code, but possibly under the threat that unless there is self-regulation, then there could be government intervention. In any case, the reliance of households with growing real incomes on mechanical and computerized items of expenditure, has encouraged their investment in ways of exercising countervailing power against manufacturers and retailers by supporting consumer associations that take over the task of monitoring household products and services, identify 'best buys' and offer advice on legal redress.

The fact that 'the little guys' can exercise countervailing power to large suppliers through subscribing to consumer and citizen organisations which can advise them and represent them in negotiation would appear to solve an important problem in extending ADR beyond the confines of inter-company transactions. Certainly, such negotiation leading to arbitration is commonplace, but there is a built-in tendency for it to be confrontational. Apart from the absence of continuous business relations between the parties and conflicting views about the amount of publicity to be given to a dispute, consumer organizations and interest groups have employed another weapon which 'alters the goalposts' in the playing field of arbitration. This is to enlist the state as a party in contract proceedings by extending the range of regulation of product quality, the argument being that in a world of growing technological complexity, consumer protection becomes paramount. Certainly in the United States, the argument has been won in important areas. An illustration will demonstrate the implications for the use of ADR. A driver of a car admits liability for a crash with an oncoming car (a Honda) whose driver is killed. This would appear to be a simple case where only two parties are involved and

---

10 Akerlof (1970).

which ADR might be used to settle any dispute over compensation claims. However, in the actual case in question, a wrongful death was filed against Honda on the grounds that the car was not fitted with an air bag, although this was not at the time a legal requirement and the owner knew this. The Ohio Supreme Court agreed that the plaintiff had a legal claim against Honda for negligence, effectively arguing that thc owner of the Honda was entitled to something he did not know he was buying![11]

This intervention by the government 'to protect consumers from themselves' clearly introduces a feature in disputes which discriminates against contractual arrangements and favours their resolution by using the law of torts within the ambit of the official judicial system. The economic implications of such a change in the relationship between contractual parties extend far beyond the scope of this article but are worth passing mention. It means that consumers are not expected to choose in trading off risks against cost or quality of service, implicitly assuming that they are not capable of choosing for themselves and/or have no bargaining power. Also in the background must be a growing panoply of regulatory arrangements put in place by government which must raise the costs of the regulated and inhibit entry into regulated businesses, and, if they have monitoring and legal powers, introduce sources of conflict between them and both the judicial and ADR systems. No wonder that academic lawyers of a libertarian stamp are concerned about the wider issues of restricting voluntary means of resolving disputes.[12]

5 The Welfare Effects of Civil Justice Provision

There is a consensus amongst economists that institutions should be appraised with reference to their effects on consumer satisfaction, and, for many, there is the additional prescription that the consumer is sovereign. Alongside these value judgments, it is also widely accepted on technical grounds that dynamic competitive conditions are essential for the maximizing of the satisfaction of sovereign consumers.

In proceeding to an appraisal of the welfare benefits of dispute resolution, it must be observed that the assumption that individuals were capable of

---

11 See the thoughtful article by Krauss (1999).

12 Cf. again Krauss (1999).

looking after their own interests in making contracts with companies or would know how to obtain the advice and information which would enable them to improve their knowledge of the goods and services in order to make sensible decisions is frequently disputed. As we have seen in the preceding section, this is reflected in the growing use of regulation as a method of consumer protection, in extreme cases meaning that the consumer has the 'right' to have the risks of economic transactions minimized. As we have argued, this results, as it were, in a barrier to entry into the business of voluntary dispute resolution when the parties are firms and consumers. The point at issue is that an appraisal of the welfare benefits of ADR and other forms of voluntary dispute resolution has to take account of such restrictions on its use which are not of its making. In what follows, attention will be concentrated on the effect on consumer welfare of ADR in its most prevalent use, that is to say in resolving disputes between companies.

It may be assumed that, despite the widespread regulatory restrictions on business now in place in advanced countries, competition is sufficiently 'dynamic' to induce firms to reduce the costs to consumers of providing and interpreting information about their products because it is in the interests of firms to do so. This is an important if reasonably realistic assumption, because the less competition in operation, the more firms will be tempted to adopt a 'take-it-or-leave-it' attitude towards customers and the less attention they need pay towards making concessions through negotiation and to the use of arbitration. In short, the emphasis placed by Eucken and his followers on the control of economic power has an important bearing on the incentives to reduce transaction costs.

The question of welfare effects, in which we are interested here primarily in the reduction of transaction costs, means investigating any externalities resulting from the operation of both systems. These will take the form of benefits (which may be negative) accruing to those other than litigants actually in court or agreeing to ADR.

Considering the civil courts first, something might be made of the argument that precedents set in the interpretation of the law as it stands today may benefit future litigants, helping them to measure more accurately their chances of success. However, there appears to be little evidence that precedents are sufficiently numerous and substantial to warrant placing much weight on this argument, quite apart from the problems of measuring their effect on costs, i. e. calculating the amount of dispute expenses avoided by some clarification of the law. Much more importance can be attached to the information garnered from open court procedures which bring home to litigants the advantages of seeking *settlement* of dispute without recourse to court action or arbitration. This may not only encourage resolution of grievances recourse to the services of lawyers, but also more care in the drawing up of contracts in the first place.

In the case of ADR, there is no obligation on the part of the parties concerned to make proceedings and decisions public, though professional bodies representing ADR interests may issue statements about general procedures. In fact, confidentiality may be one of the attributes of ADR which particularly appeals to the parties in dispute. However, this attribute is one which makes supporters of open markets rather uneasy because resolution of disputes could result in monopolistic exploitation of third parties or some form of restraint of trade. The growing use of ADR in disputes between international companies working in the global economy, it is held, should be carefully monitored.[13]

6 Concluding Remarks

The idea of 'competitive justice' with ADR as a major player in the resolution of disputes may seem a strange one, particularly as justice is frequently cited as the prize example of a public good which must be publicly provided. At the very least it provides a valuable service in monitoring the efficiency and quality of judicial services, offering a spur to methods of reform which entail more careful and effective management of official practices. ADR cannot displace the courts, and it may fairly be claimed that its acceptance by parties in dispute depends on the availability of appeal to the courts on points of law. Moreover, insofar as the market economy is accepted as the efficient allocator of resources, as the *Euckenkreis* always maintained, then arbitral decisions themselves must be monitored in case they result in resolution of disputes which are in restraint of trade.

---

13 In fact, possible conflict of ADR decisions with competition law has been a matter of concern to EC, as instanced in Article 85(3) of the Rome Treaty.

There is a more fundamental point to be made which should appeal to those of a libertarian disposition amongst the supporters of the market economy, including the author. Traditional legal systems have strong paternalistic origins and the use of ADR and its variants represent a move towards a judicial system more in keeping with the dignity and growing understanding of the individual of its function.[14] A modern economy cannot operate successfully without a bedrock of legal protection of property rights which is protected by a legitimate government, but this does not preclude institutional changes which better satisfy individual citizens that these rights are properly determined.

---

[14] Cf. Benson (1991).

Bibliography

Akerlof, G.A. (1970)
The Market for 'Lemons': Qualitative Uncertainty and the Market Mechanism, in: *Quarterly Journal of Economics*, Vol. 84, p. 488 – 500.

Ashenfelter, O. (1998)
Arbitration, in: Newman, P. (Ed.): *The New Palgrave Dictionary of Economics and the Law*, London: Macmillan Reference Ltd., p. 88 – 93.

Baumol, W.J. (1996)
Children of performing arts : the economic dilemma, in: *Journal of Cultural Economics*, Vol. 20, p. 183 – 206.

Benson, B. (1991)
Law and Order without State Coercion, in: Veljanovski, C. (Ed.): *Regulators and the Market*, London: Institute of Economic Affairs, p. 159 – 179.

Eucken, W. (1950)
Die Grundlagen der Nationalökonomie. 6. Auflage, Berlin: Springer.

Eucken, W. (1951)
Unser Zeitalter der Misserfolge : 5 Vorträge zur Wirtschaftspolitik, Tübingen: Mohr (Paul Siebeck).

Hunter, R.L.C. (1987)
The Law of Arbitration in Scotland, Edinburgh: Clark.

Krauss, M.I. (1999)
Restoring the Boundary : Tort Law and the Right to Contract, Policy Analysis, No. 347, Washington: Cato Institute.

Macneil, I.R. (1981)
The Economic Analysis of Contractual Relations, in: Burrows P., Veljanovski, C. (Eds.): *The Economic Approach to Law*, London: Butterworths, p. 61 – 92.

Main, B.G.M. (1997)
An Economic Perspective on the Costs of Justice, in: David Hume Institute: *The reform of civil justice*, Hume Papers on Public Policy, Vol. 5, No. 4, Edinburgh: Edinburgh University Press for The David Hume Institute, p. 1 – 28.

Main, B.G.M./ Peacock, A. (1999)
What Price Civil Justice?, Institute of Economic Affairs Occasional Papers, London (forthcoming).

Mnookin, R.H. (1998)
Alternative Dispute Resolution, in: Newman, P. (Ed.): *The New Palgrave Dictionary of Economics and the Law*, London: Macmillan Reference Ltd., p. 56 – 60.

Peacock, A. (1998)
The Cost of Judicial Services, in: Newman, P. (Ed.): *The New Palgrave Dictionary of Economics and the Law*, London: Macmillan Reference Ltd., p. 530 – 534.

Peacock, A./ Willgerodt, H. (Eds.) (1989)
Germany's Social Market Economy : Origins and Evolution, London: Macmillan for Trade Policy Research Centre.

Tumlir, J. (1989)
Franz Böhm and the Development of Economic-Constitutional Analysis, in: Peacock, A., Willgerodt, H. (Eds.): *German Neo-Liberals and the Social Market Economy*, London: Macmillan for Trade Policy Research Centre, p. 125 – 141.

Wallis, J./ North, D.C. (1986)
Measuring the Transactions Sector in the American Economy, 1870-1979, in: Engerman, S.L., Gallman, R.E. (Eds.): *Long-Term Factors in Economic Growth*, Chicago: Chicago University Press, p. 95 – 164.

Zur Politischen Ökonomie des Technischen Fortschritts*

Thomas P. Gehrig

1 Fortschrittsfeindlichkeit als gesellschaftliches Grundproblem

Eines der großen ungelösten Probleme der Wirtschaftswissenschaften ist das Phänomen der regelmäßigen Abfolge von Wachstumsphasen mit Phasen des relativen wirtschaftlichen Niedergangs ganzer Länder und gar ganzer Kulturbereiche. Welche Gesetzmäßigkeit bestimmt die Abfolge von Wachstum und Niedergang? Warum können besonders erfolgreiche Nationen ihren wirtschaftlichen Vorsprung nicht erhalten oder gar ausbauen? Woher stammen die bremsenden Kräfte, die mit steter Regelmäßigkeit den relativen wirtschaftlichen Niedergang ehemals erfolgreicher Regionen einleiten und den Erfolg ehemals weniger erfolgreicher Regionen erlauben?

Die Frage nach den Gründen des wirtschaftlichen Niedergangs relativ zu anderen Regionen oder Wirtschaftsräumen ist gegenwärtig, insbesondere auch in Europa, ein aktuelles Thema, das sich unter dem Schlagwort der Globalisierung manifestiert. Häufig wird hierzulande mit diesem Terminus das Schreckgespenst eines zunehmend globalen Wettbewerbs mit den schädlichen Folgen für den einst blühenden Wirtschaftsraum Europa dargestellt. Genauso häufig wird hierzulande vergessen, daß andernorts gerade diese Globalisierung zur Reduktion von Armut, zu Beschäftigung und Wirtschaftswachstum führt und deshalb als ökonomische Chance betrachtet wird. Wie kommt es aber dazu, daß ausgerechnet in wirtschaftlich starken Nationen die Angst vor dem Wettbewerb mit den wirtschaftlich schwächeren Regionen geschürt wird? Wie kommt es dazu, daß sich

---

* Der Beitrag basiert auf dem Skript der Antrittsvorlesung an der Albert-Ludwigs-Universität vom 5. November 1998.

führende Wirtschaftsnationen die ökonomische Führungsrolle von einstmals wirtschaftlich schwächeren Regionen entreißen lassen?

Eine Antwort liefert uns die Neue Wirtschaftsgeschichte. Sie benennt die Phänomene der ökonomischen und gesellschaftliche Verkrustung wirtschaftlich erfolgreicher Nationen als Hauptgrund für Stagnation. So argumentiert beispielsweise Mancur Olson (1982), daß gerade die einst erfolgreichen gesellschaftlichen Gruppen in ökonomisch erfolgreichen Ländern die Erfolge der Vergangenheit nutzen, um die politische Macht an sich zu reißen und ihre gesellschaftliche Position zu zementieren. Ein Instrument des Machterhalts ist die Blockade neuer erfolgreicher Gruppen, auch wenn der Einsatz dieses Instruments langfristig das Wachstum einer Volkswirtschaft reduziert oder gar blockiert. Auch Joel Mokyr brandmarkt den schädlichen Einfluß dynastischen Denkens einst erfolgreicher Dynastien als Ursache ihres späteren Verfalls. Vetternwirtschaft und Korruption sind die wohl bekanntesten und am meisten verbreiteten Manifestationen solchen dynastischen Gebarens in unserer heutigen Zeit. Gelingt es einer Gesellschaft nicht, rechtzeitig diesen Erstarrungsphänomenen entgegenzutreten, so müssen die Kosten der Erstarrung gemeinschaftlich von der gesamten Gesellschaft getragen werden. Eine ähnliche Antwort liefert die Politische Ökonomie. So sehen Politökonomen wie Roland Vaubel in den Auswucherungen der unterschiedlichsten Ausprägungen des Wohlfahrtsstaates die Grundlage gesellschaftlicher Erstarrungen und somit die Ursache für den relativen Niedergang geschichtlicher Kulturen.

Obgleich diese kurz angesprochenen Literaturzweige wichtige Erkenntnisse bringen, bleiben sie letztlich auf der Stufe sehr allgemeiner Aussagen stehen. Es gelingt ihnen nicht, oder zumindest nur sehr rudimentär, spezifische Reformvorschläge für ökonomische und politische Institutionen zu begründen.

In diesem Beitrag möchte ich mich mit einer möglichen Erklärung beschäftigen, die noch eine Stufe elementarer als die eben genannten ist. Ich möchte die These aufstellen und verfechten, daß in jeder Gesellschaft eine grundlegende und immanente Tendenz zur Fortschrittsfeindlichkeit angelegt ist. Diese Fortschrittsfeindlichkeit beruht auf den Interessen starker gesellschaftlicher Gruppierungen, die um den Verlust ihres politischen und ökonomischen Einflusses fürchten und daher Innovationen erschweren oder gar unmöglich machen. Lediglich in Zeiten, in denen der politische Einfluß dieser konservativen bzw. fortschrittsfeindlichen Interessengruppierungen gering ist, kann eine Gesellschaft relativ hohe Wachstums- und Innovationserfolge leisten. Dies sind beispielsweise Perioden, in denen Wirtschaftssysteme einem besonderen Wettbewerbsdruck unterliegen. Wie die Thesen der Neuen Wirtschaftsgeschichte und der Politischen Ökonomie zielt auch dieses Argument auf die in einer Gesellschaft inhärent angelegten Interessenkonflikte und somit letztlich auf die Politische Ökonomie des Technischen Fortschritts.

Beispiele einer permanenten Fortschrittsfeindlichkeit finden sich in der Geschichte zuhauf. Da sind beispielsweise die schlesischen Weber zu nennen, die die mechanischen Webstühle zerstörten, weil sie um ihre Einkommen fürchteten. Da gab es die norwegischen Fischer, die mit Ruderbooten die ersten Dampfschiffe umzingelten und dann kaperten, um die schädliche Konkurrenz auszuschalten. Da ist die Praxis der mittelalterlichen Zünfte zu nennen, die gesellschaftlich gewünschte Produktionstechniken zur Qualitätssicherung der Produktion verbindlich festgelegt und somit regelmäßig innovative Verfahren mit dem Hinweis auf die Sicherung von tradierten Arbeitsplätzen untersagt haben.[1] Auch die häufig geführten Grundsatzdiskussionen über die Risiken neuer Technologien sind deutlicher Ausdruck starker gesellschaftlicher Kräfte, die sich der Implementierung neuer Produktionstechniken entgegenstellen. So wurde beispielsweise im letzten Jahrhundert vor der Jungfernfahrt der ersten Eisenbahn in Leserbriefen ernsthaft diskutiert, ob man eine Zugfahrt gesundheitlich überleben könne, weil sich doch bei den hohen Geschwindigkeiten der Züge die Sauerstoffmoleküle im hinteren Teil der Waggons versammeln würden. Aber auch die Haltung der Betriebsräte und Gewerkschaften in den Unternehmen bezüglich der Einführung neuartiger Technologien, und hier meine ich insbesondere die Einstellung gegenüber dem Einsatz von Computern, zeigt uns, wo sich Fortschrittsfeindlichkeit auch gegenwärtig manifestiert.

---

[1] Hierzu findet sich im Kulturhistorischen Museum in der Barfüßerkirche in Basel die interessante Bemerkung, daß die Basler Buchdrucker u. a. deswegen so erfolgreich waren, weil sie innerhalb der Stadtmauern keinen Platz mehr fanden und daher ihre Produktionsstätten vor den Toren der Stadt etablieren mußten, was sie vom Zunftzwang befreit hat und ihnen die Nutzung modernster Technologien erlaubt hat.

All diese Beispiele sind nicht nur amüsante historische Anekdoten. Sie weisen auf eine grundlegende Gemeinsamkeit, die das Thema dieses Beitrags darstellt: es gibt zu allen Zeiten und in allen Ländern starke und bisweilen unüberwindliche gesellschaftliche Widerstände gegen moderne und innovative Produktionsverfahren.

Wie wir sehen werden, können Interessenvertreter zur Erlangung kurzfristiger Vorteile ihrer Klientele innerhalb der jeweiligen Spielregeln einer Gesellschaft Gesetze und Institutionen schaffen, die tatsächlich langfristig die Innovationsbereitschaft und die Wachstumsrate einer Volkswirtschaft nachhaltig reduzieren.

2 Exkurs: Die Rolle der Wirtschaftstheorie

Bevor ich meine Argumente im Detail ausführen werde, möchte ich kurz auf das Wesen der theoretischen Analyse eingehen. Ist es denn möglich, Fragen von so grundsätzlicher Bedeutung und politischer Tragweite allein mit abstrakten Überlegungen zu beantworten? Sollte man nicht die vielen historischen Beispiele in größerem Detail studieren, um ein besseres Verständnis eines jeden einzelnen Falles zu erwerben?

Ein exakteres Studium der vielen genannten Beispiele wird sicherlich ergeben, daß alle Fälle doch sehr unterschiedlich gelagert und daher schwer vergleichbar sind. Die konkrete Ausgestaltung der Interessenkonflikte und die historisch gewählten Formen der Überwindung sind von Fall zu Fall verschieden. Dennoch haben all die genannten Beispiele eines gemeinsam, nämlich eine starke gesellschaftliche Opposition gegenüber neuen Produktionsmethoden. Das abstrakte Studium der Interessenkonflikte kann uns helfen, die idiosynkratischen Aspekte der Beispiele zu überwinden und die allen Beispielen gemeinsamen wirtschaftlichen Grundmechanismen zu identifizieren.

Es ist interessant, daß gerade der wohl bekannteste Vorgänger auf meinem Lehrstuhl, nämlich Walter Eucken, die Rolle der theoretischen Analyse beschrieben hat. In seinen Grundlagen zur Nationalökonomie formuliert er wie folgt:

> „Der Nationalökonom, der durch theoretisches Denken die Zusammenhänge der Wirtschaft finden will, muß die Beobachtung der konkreten Wirklichkeit auf die Spitze treiben.“[2]

Gemäß Eucken, und da stimme ich ihm völlig zu, kann Wirtschaftstheorie Erkenntnis nur durch „Zuspitzung“ – also durch Abstraktion – gewinnen.

Weiterhin formuliert Eucken trefflich:

> „Menschen von rein empirischer Geisteshaltung pflegen gegen theoretische Arbeiten von vornherein einen Widerwillen zu empfinden und sind weder bereit noch fähig, sie zur Kenntnis zu nehmen. Sie sollten sich darüber klar sein, daß sie damit aus dem Kreise derer ausscheiden, welche die wirtschaftliche Wirklichkeit zu erkennen vermögen.“[3]

Dies ist sicherlich eine harte und insbesondere in der heutigen Zeit unpopuläre Aussage, aber sie macht Sinn im Wissenschaftsverständnis Walter Euckens und ist Eckpfeiler seiner wirtschaftspolitischen Argumentation. Eines der wichtigen Anliegen Euckens ist die Identifikation der Partikularinteressen der unterschiedlichen wirtschaftlichen Gruppierungen. Die zentralen ökonomischen Probleme liegen im Widerstreit der divergierenden Interessen, und nahezu jeder gesellschaftlich gepriesene Konsens geht zu Lasten von scheinbar unbeteiligten Dritten.

Euckens Skepsis gegenüber den unterschiedlichen Ideologien als Ausdruck von Partikularinteressen ist abgrundtief. Zurecht weißt er auf die Raffinesse der interessierten Ideologien hin, die nicht davor zurückscheuen, die Wissenschaft für ihre Zwecke zu vereinnahmen:

> „Die gesamte Geistesgeschichte der Menschheit ist von Versuchen erfüllt, Machtansprüche ideologisch zu sichern oder im Angriff zu unterstützen. ... Wie oft waren und sind zum Beispiel Theologen der verschiedensten Religionen bemüht, die gewaltige geschichtliche Grundkraft der Religion den Zwecken der herrschenden Schicht dienstbar zu machen. Auch die Historiker dienen sehr oft – bewußt oder unbewußt – den Interessen herrschender oder um die Herrschaft kämpfender Gruppen. Wieviel juristischer Scharfsinn ist im Laufe der Geschichte aufgeboten worden, um nachzuweisen, daß Ansprüche von Machtgruppen in Übereinstimmung mit dem geltenden Recht oder Rechtsempfinden ste-

---

2 Eucken (1940), S. 256.

3 Eucken (1940), S. 257.

> hen ... Stets läuft die Beweisführung darauf hinaus, die Übereinstimmung von Gruppeninteresse und Gemeinwohl nachzuweisen. Fast immer ist die Wirkung solcher Ideologien – besonders auf die Rechtsprechung und auf die Verwaltungspraxis – bedeutend."[4]

Somit kommt im Weltbild Euckens der Wirtschaftstheorie die zentrale Aufgabe zu, wertneutral Interessenkonflikte offenzulegen und Partikularinteressen von gesellschaftlichen Interessen klar und sauber zu trennen. Dieses Verständnis ist essentiell für eine wertneutrale Politikberatung und die Gestaltung sozial wünschenswerter Institutionen und Gesetze. Dieses Selbstverständnis der Wirtschaftstheorie ist sehr modern, und ich möchte im folgenden die eingangs gestellten Fragen auf der Grundlage genau dieses Theorieverständnisses diskutieren.

Im folgenden zähle ich also auf Ihr Verständnis dafür, daß ich zuspitzen und die empirischen Beobachtungen verfälschen werde.

3 Ein Modell der Technologieadoption

Wenn wir also die Interessenkonflikte der schlesischen Weber oder die der norwegischen Fischer betrachten, so haben wir ex-post zwar ein wenig Verständnis für die Widerstände der damals Erwerbstätigen, doch sind wir ex-post auch der Überzeugung, daß durch die Überwindung der damaligen Probleme gesellschaftliche Fortschritte und verbesserte Arbeitsbedingungen geschaffen worden sind. Die Nachfolgegenerationen der manuell arbeitenden Weber und der Fischer in den Ruderbooten sind somit Nutznießer der technologischen Verbesserungen geworden. Lediglich in den Übergangsgenerationen hat sich vehementer Widerstand gebildet. Jedes überzeugende Modell der Technologieadoption sollte also diesen grundlegenden Konflikt zwischen den Generationen abbilden.

3.1 Basismodell

Betrachten wir ein stark vereinfachtes Modell einer intertemporalen Ökonomie mit mehreren überlappenden Generationen. Bedienen wir uns einer Erweiterung des auf den Nobelpreisträger Paul Samuelson zurückgehenden Generationenmodells. Jede Generation lebt $n+1$ Perioden. In der er-

[4] Eucken (1940), S. 15f.

sten Periode wird sie ausgebildet und anschließend kann sie n Perioden lang arbeiten. Zu jedem Zeitpunkt sind somit n Erwerbsgenerationen und genau eine Ausbildungsgeneration aktiv. Zur Vereinfachung gehen wir von einer stationären Bevölkerungsentwicklung mit Wachstumsrate 0 aus.[5]

Um die Analyse möglichst scharf zuspitzen zu können, betrachte ich 3 Güter: Arbeit, ein Produktionsgut (Wein) x und ein unvermehrbares Gut y, das wir Boden nennen wollen und welches mit einem Gesamtbestand von $\overline{y}$ zur Verfügung steht. In jeder Generation gebe es einen über die Zeit konstanten Anteil an Arbeitern und an Grundbesitzern. Die Anzahl der Grundbesitzer pro Periode sei m.

Arbeiter bieten Arbeit unelastisch mit maximal L Arbeitsstunden an. Grundbesitzer vermieten ihre Grundstücke.[6] Die Erwerbs- bzw. Pachteinkommen werden zum Konsum der beiden Güter verwandt. Die Präferenzen für das Produktionsgut und die Grundstücksnutzung seien durch eine identische Cobb-Douglas Nutzenfunktion für den Periodennutzen beschrieben. Insgesamt seien die Präferenzen separabel über die Zeit mit einem Diskontfaktor δ. Die Präferenzen eines typischen Konsumenten der Periode t können wie folgt dargestellt werden:

$$U^t((x_0, y_0),(x_1, y_1),...,(x_n, y_n)) = \sum_{\tau=0}^{n} \delta^\tau x_\tau^\alpha y_\tau^{1-\alpha} \quad .$$

Das Produktionsgut wird durch Arbeitseinsatz mit Hilfe einer linearen Technologie $x = f(l) = al$ hergestellt. Je mehr Arbeitseinsatz in die Produktion von Wein eingeht, desto mehr Wein kann für eine gegebene Technologie produziert werden. Der Parameter a kennzeichnet die (konstante) Arbeitsproduktivität.

---

5 Diese Vereinfachung ist für die Argumentation nicht erheblich und kann leicht aufgehoben werden. Bei wachsender Bevölkerung werden sich tendenziell die fortschrittshemmenden Kräfte abschwächen und bei abnehmender Bevölkerung verstärken. Siehe auch die Diskussion in Abschnitt 4.

6 Die Analyse wird durch diese funktionale Trennung von Arbeitern und Grundbesitzern sehr einfach und klar. Sie kann leicht auf den realistischeren Fall mit Doppelfunktionen erweitert werden. Wegen der potentiellen Bedeutung der Doppelfunktion siehe auch Abschnitt 4.

Die Wirtschaftsordnung sei marktwirtschaftlich orientiert. Daher berechnen sich die Löhne der Erwerbstätigen gemäß ihrer Arbeitsproduktivität, i. e. $w=a$. Der Preis des Konsumgutes Wein sei auf 1 normiert und mit p sei die Pacht von Grund und Boden bezeichnet.

Für diese einfache Ökonomie können wir nun ein sogenanntes stationäres oder langfristiges Marktgleichgewicht errechnen. Dieses ist durch ein System von Preisen und Löhnen, sowie von Konsum- und Produktionsplänen der Haushalte und der Firmen gekennzeichnet, wobei wir davon ausgehen, daß alle Akteure die Preise als exogene Daten für ihr Planungskalkül betrachten und somit keinerlei Marktmacht ausüben.

Wir können für das langfristige Marktgleichgewicht nun auch die realisierten Nutzen der verschiedenen Akteure ausrechnen. Der indirekte Periodennutzen der Erwerbstätigen ist $U_i = \alpha(aL)^{\alpha}(\frac{\overline{y}}{n})^{1-\alpha}$, $i=1,...,n$ und der der Grundbesitzer ist $V_i = (1-\alpha)(\frac{n}{m}aL)^{\alpha}(\frac{\overline{y}}{n})^{1-\alpha}$, $i=1,...,m$.[7]

Die Nutzenberechnung ist v. a. deswegen sinnvoll, weil sie uns erlaubt abzuschätzen, wie Veränderungen der exogenen Daten unseres Modells die Eigenschaften des Marktgleichgewichts und somit das Wohlbefinden der verschiedenen Akteure beeinflussen. Wir sehen beispielsweise, daß eine Erhöhung der Arbeitsproduktivität eine Lohnerhöhung der Arbeiter bewirkt, welche zu einer erhöhten Nachfrage nach Grundstücken führt. Durch die zusätzlichen Mieteinnahmen kommen in der Modellökonomie auch die Grundbesitzer in den Genuß eines erhöhten Wohlstands. Insgesamt bedeutet somit die verbesserte Güterversorgung grundsätzlich einen Nutzengewinn für alle Akteure der Gesellschaft.

Eine Erhöhung der Arbeitsproduktivität können wir in unserem Modell als Manifestation des technischen Fortschritts verstehen. Insofern stellt sich die Frage, wie im betrachteten Rahmen denn eigentlich Technologiefeindlichkeit überhaupt entstehen kann. Im langfristigen Gleichgewicht bedeutet ja eine erhöhte Arbeitsproduktivität zwangsläufig eine bessere Güterversorgung und somit einen allgemein höheren Wohlstand.

7 Wegen der technischen Details der Analyse in den Abschnitten 3 und 4 siehe Gehrig (1999).

3.2 Technologieadoption

Betrachten wir den Fall eine zufälligen und völlig unerwarteten wissenschaftlichen Entdeckung, welche die Arbeitsproduktivität in der Produktion des Weins deutlich erhöht. Für die Gesellschaft stellt sich nun die Frage, ob die junge Generation bereits in der neuen Technologie ausgebildet werden soll oder inwieweit sie noch die Technologie der Vorfahren anwenden soll. Als alternative Beispiele kommen beispielsweise die Verwendung des Computers bei öffentlichen Unternehmen und der öffentlichen Verwaltung in Betracht oder das Electronic Banking im Bankensektor.

Betrachten wir zunächst den einfachen Fall mit genau zwei Generationen in jeder Periode, i. e. $n=2$. In diesem Fall ist jeweils eine Generation in der Ausbildung und die andere in der Produktion. Es bestehen keine gesellschaftlichen Hindernisse, die junge Generation gleich in der neuen Technologie ausbilden zu lassen. Sobald die junge Generation ausgebildet ist, wird die neue Technologie bis zur nächsten technologischen Innovation eingesetzt werden.

Aber schon im Fall von $n=3$ Generationen entstehen die ersten gesellschaftlichen Konflikte. Nehmen wir an, daß die Innovation zum Zeitpunkt t stattfindet und unterstellen wir, daß die junge Generation bereits in der neuen Technologie ausgebildet wird. Zu diesem Zeitpunkt sind zwei Arbeitsgenerationen aktiv, von denen eine in Periode $t+1$ aus dem Produktionsprozeß ausscheiden wird. Die jüngere Arbeitsgeneration des Zeitpunkts t wird in Periode $t+1$ die ältere Generation sein und zu diesem Zeitpunkt mit einer geringeren Produktivität produzieren, als die junge Generation, die nun die neue Technologie anwenden kann. Aufgrund der höheren Arbeitsproduktivität verdienen die jungen Arbeiter einen höheren Lohn als ihre älteren Kollegen, die nach wie vor gemäß ihrer Produktivität entlohnt werden. Aufgrund der höheren Einkommen fragen aber die jüngeren Arbeitnehmer vermehrt Grundstücke nach und somit steigt der Mietpreise. Dadurch werden die älteren Arbeitnehmer schlechter gestellt, denn nun reduziert sich die Kaufkraft ihrer Erwerbseinkommen. Der Periodennutzen der älteren Arbeitnehmer sinkt also von Periode t auf Periode $t+1$ und in allen zukünftigen Perioden.

Die Grundeigentümer profitieren von der technologischen Entwicklung in jedem Falle. Würde nun in Periode 1 demokratisch über gesetzliche Vorschriften im Weinbau befunden werden, so würde das Ergebnis vermutlich die Interessenkonstellation in der Bevölkerung repräsentieren. Die Nutznießer der neuen Technologie sind die junge Generation und die Grundbesitzer, während die mittlere Generation die neue Technologie ablehnt. Die älteste Generation ist indifferent, da sie zum Zeitpunkt der Implementation der neuen Technologie nicht mehr im Arbeitsprozeß aktiv ist. An dieser Stelle manifestiert sich nun erstmalig der fundamentale Konflikt zwischen jüngeren und älteren Arbeitern. Diese Beobachtung ist insbesondere deswegen interessant, da mit der Innovation keinerlei andere gesellschaftlichen Risiken oder negative Effekte verbunden sind. Der Grund des Widerstandes ist ein ganz elementares Verteilungsproblem zwischen den Generationen.

Das Verteilungsproblem tritt zwar nur in der Übergangsphase zwischen den Generationen auf, die gleichzeitig mit unterschiedlichen Technologien arbeiten. Doch kann dieser Verteilungskonflikt dazu führen, daß die überlegene Technologie dauerhaft verbannt wird. Diese Möglichkeit ergibt sich beispielsweise schon im Falle von $n=4$ Generationen. In diesem Fall würden bei mäßigem Produktivitätsfortschritt nur die junge Generation und die Grundbesitzer ein striktes Interesse an der neuen Technologie äußern, wohingegen 2 Arbeitsgenerationen strikte Gegner der neuen Technologie sind und 1 Arbeitsgeneration indifferent ist. Bei dieser Interessenkonstellation kann man sich nun mannigfaltige Möglichkeiten politischer Interventionen vorstellen, die beispielsweise von Strafsteuern, sog. Lenkungssteuern bis hin zum gesetzlichen Verbot der neuen Produktionsmethoden reichen können. Auch Ausbildungsregelungen können die erfolgreiche Implementation der neuen Technologie verhindern, wenn nämlich die junge Generation erst langwierig die veralteten Produktionsmethoden erlernen muß. Solche politischen Maßnahmen können tatsächlich eine langfristige und nachhaltige Verhinderung der neuen Technologie bewirken.

Fassen wir zusammen: Die jüngeren Generationen, sowie alle noch nicht geborenen Nachfolgegenerationen haben ein Interesse an der neuen Technologie. Die mittleren und älteren Generationen innerhalb der betrachteten Industrie entwickeln starke Widerstände, weil durch die Innovation letztlich ihre eigenes Humankapital entwertet wird. Die nur indirekt betroffenen Grundbesitzer wiederum haben ein grundsätzliches Interesse an der Einführung der neuen Technologie, weil sie an steigenden Mieteinnahmen interessiert sind.

Wäre es möglich, im Rahmen eines demokratischen Prozesses alle potentiell interessierten Gruppierungen an der Entscheidung zu beteiligen, so würde man eine überwältigende Mehrheit für die Einführung der neuen Technologie gewinnen. Da aber die meisten Nutznießer in Form der noch nicht geborenen Generationen in aller Regel nicht mitstimmen können, kann in tatsächlichen Ökonomien das Problem auftreten, daß sich eine Mehrheit gegen die Einführung der neuen Technologie findet. Diese Mehrheit kann dann im Rahmen der Spielregeln eines demokratischen Prozesses Gesetze und Bestimmungen erlassen, die die Technologieadoption effektiv und nachhaltig verhindern.

Das grundlegende gesellschaftliche Problem liegt also in der Unvollständigkeit des gesellschaftlichen Abstimmungsprozesses. Die meisten Nutznießer der Innovation sind nämlich zum Zeitpunkt einer Entscheidung noch gar nicht geboren und können ihre Präferenzen demnach gar nicht kundtun. Außerdem haben die Generationen, die in der Jugend noch die neue Technologie befürwortet haben die Tendenz, im Laufe des Erwerbslebens ihre Präferenzen zu ändern, weil sie mit fortschreitendem Alter in zunehmend geringerem Maße an den Produktivitätsfortschritten partizipieren können und den Wettbewerb mit den Jüngeren scheuen.

4 Erweiterung des Modells

Erweitern wir nun den Modellrahmen und lassen wir zu, daß junge Generationen die Möglichkeit zur Umschulung besitzen. Die Umschulung erfordert allerdings den Einsatz von einer Periode an Zeit und bedeutet somit zusätzlichen Konsumausfall und (kurzfristigen) Nutzenverlust. Dennoch kann die Umschulung lohnen, wenn der Produktivitätsfortschritt genügend groß ist, und der Generation genügend Erwerbsperioden verbleiben. Sie kann also als Investition in Humankapital interpretiert werden. Wie werden nun die Anreize zur Umschulung von den Daten unseres Modells beeinflußt? Wie verändern sich die politischen Mehrheiten bei Einführung von Umschulungsmaßnahmen?

Betrachten wir zunächst im Rahmen unseres Modells die Institutionen und Daten, die grundsätzlich fortschrittsfeindlich wirken und der Implementation der besseren Technologie entgegenwirken und später diejenigen welche eher fortschrittfördernd wirken.

Fortschrittshemmnisse

- *Lange Ausbildungszeiten* erhöhen den Charakter der versunkenen Kosten einer jungen Generation und reduzieren die Rendite von Umschulungsmaßnahmen. Sie wirken daher grundsätzlich fortschrittsfeindlich. Da die Regulierung der Ausbildungszeiten und der Ausbildungsinhalte selbst schon ein Instrument fortschrittsfeindlicher Gruppierungen darstellt, ist es wichtig, diese Regulierungen regelmäßig auf ihren volkswirtschaftlichen Sinn hin zu überprüfen. Ein glaubwürdiges politisches Bekenntnis zur Innovation muß also auch ein Bekenntnis zur Liberalisierung der Ausbildung sein, auch wenn es den sicheren Konflikt mit eingesessenen Partikularinteressen bedeutet.

- Ein weiteres Fortschrittshemmnis ist die *Arbeitszeitregulierung*. In unserem Modell haben wir den maximalen Arbeitseinsatz mit L begrenzt. Diese Annahme kann als Ausdruck der gesellschaftlichen Beschränkung der Arbeitszeit interpretiert werden. Betrachten wir die Nutzen der verschiedenen Akteure im langfristigen Gleichgewicht, so erkennen wir, daß der Konsumnutzen mit zunehmender Arbeitszeit steigt. Höhere Einkommen verschaffen höhere Kaufkraft und somit höheren Wohlstand. Dies gilt zunächst für alle Generationen. Andererseits wird durch die Reduktion der Arbeitszeit der Anreiz für Umschulungsmaßnahmen reduziert. Insofern hat insbesondere die ältere Generation ein partielles Interesse an einer solchen Regelung, um den Widerstand gegen neue Technologien möglichst stark zu erhalten. Wie dem auch sei, als Ökonomen wollen wir festhalten, daß eine verordnete Reduktion der wöchentlichen Arbeitszeit in der Bevölkerung eine eher fortschrittsfeindliche Stimmung schafft.

- Ein weiteres Fortschrittshemmnis sind *niedrige Bevölkerungswachstumsraten* und die extensive *Zuwanderung älterer Generationen*, weil dadurch die politische Mehrheit sich in Richtung traditioneller Produktionsmethoden verschiebt.

- Schließlich möchte ich ein Fortschrittshemmnis nennen, welches im Modell nicht direkt beschrieben wird. Es ist mit der Organisation der Produktion verknüpft. Auch in einer Marktwirtschaft werden Unternehmen als hierarchische Organisationen geführt.[8] Das bedeutet im Rahmen unseres Modells, daß die zentralen strategischen Entscheidungen eher von der älteren Generation getroffen werden. Insofern können sich gerade in nach dem *Senioritätsprinzip* geführten Unternehmen und Organisationen die herkömmlichen Produktionsverfahren leichter durchsetzen als neue. Es überrascht daher beispielsweise auch kaum, daß insbesondere die hierarchisch geführten Europäischen Großbanken große Probleme mit der Einführung moderner Methoden des Risikomanagements haben. Wenn beispielsweise eine schweizerische Großbank Teile ihres Risikomanagements an private Hedgefonds delegiert, ist das auch ein Eingeständnis der eigenen Inkompetenz in Dingen Risikomanagement. Umgekehrt würde eine vernünftige interne Organisation des Risikomanagements bedeuten, daß die junge Generation in erheblich stärkerem Maße an den zentralen Unternehmensentscheidungen partizipieren müßte.

Nachdem wir wichtige Fortschrittshemmnisse diskutiert haben, ist es nun an der Zeit, Institutionen zu beschreiben und zu analysieren, die die gesellschaftlichen Widerstände reduzieren und die Chancen der Implementierung überlegener Technologien erhöhen.

Fortschrittsfördernde Institutionen und Charakteristika

- Je größer der Produktivitätsfortschritt der Innovation ist, desto eher lohnt sich ceteris paribus eine Umschulungsmaßnahme und desto eher steigen die Chancen der politischen Durchsetzbarkeit überlegener Technologien.

- Je höher die Rate des *Bevölkerungswachstums* ist, desto mehr gewinnen die jungen Generationen an Gewicht und desto eher wird die überlegene Technologie eingeführt werden.

- Je *geringer die Zeitpräferenz* der Akteure, je länger also ihr Zeithorizont ist, desto eher lohnen Umschulungsinvestitionen.

- Die *Beteiligung am volkswirtschaftlichen Kapitalstock* reduziert den Widerstand gegen neue Technologien. Wir haben bisher eine fiktive Zwei-Klassengesellschaft mit Arbeitern und Grundbesitzern betrach-

[8] Siehe auch Gehrig u. a. (2000) für ein Modell, in dem Hierarchien gerade dann wachstumshemmend wirken, wenn die Gesellschaft an einer hohen Innovationstätigkeit interessiert ist.

tet. Sobald wir aber zulassen, daß Arbeiter Grund besitzen dürfen, so mischen sich die Motivationen. Selbst wenn ältere Arbeitnehmer geringere relative Lohneinkommen hinnehmen müssen, profitieren sie dennoch als Grundstückbesitzer von den höheren Mieten. Insofern reduziert sich tendenziell der politische Widerstand der älteren Generationen.

Diese Beobachtung hat unmittelbare Implikationen für die Alterssicherungssysteme. Ein Umlageverfahren bedeutet letztlich eine strikte Trennung zwischen Kapitalstock und Rentenansprüchen der älteren Generationen. Ein kapitalfundiertes System dagegen läßt die älteren Generationen an den Wirtschaftserfolgen partizipieren und erhöht dadurch auch deren Interesse an fortschrittlichen Produktionsmethoden.

- Schließlich ist der *internationale Wettbewerb* als der wohl wichtigste Motor des technischen Fortschritts zu nennen. Wir haben ihn in unserem einfachen Modell nicht direkt modelliert, weil wir uns bisher nur ein einzelnes Land angesehen haben. Man kann das Modell aber leicht erweitern und den Handel des Produktionsgutes sowie Migration der Arbeitskräfte einführen. In einer solchen Welt sieht man sehr schnell, daß die schnelle Einführung der neuen Technologien der Nation einen Vorteil verschafft, die dies als Erste tut. Diese technologische Führungsnation kann durch die Innovation ihre Kaufkraft erhöhen und durch Grunderwerb im Ausland ihren Wohlstand mehren. Dieser Anreiz ist ein wesentlicher Motor für die Implementierung überlegener Technologien. Dieser Überlegung entspricht die historische Erfahrung, daß die großen Wachstumsimpulse v. a. in Perioden intensiven Wettbewerbs von Nationen oder Wirtschaftsräumen untereinander entstanden sind.

5 Schlußbemerkung

An dieser Stelle möchte ich die Diskussion der unmittelbaren Implikationen unseres abstrakten Denkmodells beenden. Schon dieses einfache Denkmodell erlaubt sehr reichhaltige Aussagen. Es legt die Interessenlage der verschiedenen Akteure in den unterschiedlichen Generationen schonungslos offen. Somit erlaubt es grundsätzlich eine wertfreie Trennung von wirtschaftlichen Phänomenen einerseits und Propaganda oder gar Ideologie der interessierten Gruppierungen andererseits.

Wir haben gesehen, daß eine gewisse Fortschrittsfeindlichkeit immer dann zu erwarten ist, wenn verschiedene Generationen miteinander in Konkurrenz treten und die Ausbildung bzw. die Um- und Weiterbildung teuer ist. Selbstverständlich wird die tatsächliche Propaganda der Fortschrittsgegner nicht die Einkommenssicherung einiger Generationen per se in den Vordergrund stellen. Vielmehr wird die Propaganda versuchen, mit dem Hinweis auf den Verlust von historischen Kulturgütern oder durch die Betonung der erwarteten kulturellen Gefahren der neuen Technologien den Beweis eines öffentlichen Interesses an den alten tradierten Produktionsmethoden zu führen.

Ebenso ist es erst durch die Abstraktion von existierenden Institutionen im Basismodell möglich, die von diesen Institutionen ausgehenden politischen und ökonomischen Konsequenzen zu analysieren. Wir sehen, daß beispielsweise die Verkürzung der Arbeitszeit den Ertrag von Umschulungsmaßnahmen insbesondere für jüngere Arbeitnehmer reduziert und somit die Fortschrittsfeindlichkeit einer Gesellschaft fördert. Dieser Effekt wird von gesellschaftlichen Gruppierungen und insbesondere den älteren Arbeitergenerationen nicht ungern gesehen.

Zur Bewertung politischer Maßnahmen sind die Propaganda der Interessenvertreter und die tatsächlichen ökonomischen Wirkungen strikt voneinander zu trennen. Die Formulierung der genauen Propaganda für eine konkrete wachstumshemmende politische Maßnahme oder gar Ideologie ist schwer zu prognostizieren, da sie der Innovationsfreudigkeit der Ideologen unterliegt. Die Tatsache, daß Innovationshemmnisse in der einen oder anderen Form existieren und in den politischen Prozeß eingebracht werden ist ein grundlegendes Element des wirtschaftspolitischen Alltags, welches wir im Rahmen unserer theoretischen Analyse verstehen können. Der ernsthaft interessierte Ökonom ist somit aufgerufen, durch die explizite Analyse der komplexen Gleichgewichtswirkungen, die häufig populärwissenschaftlich gehaltenen Argumentationsketten der Interessenvertreter zu durchleuchten und die wahren Interessenkonstellationen offenzulegen.

Um die eingangs genannten Erscheinungen der gesellschaftlichen Verkrustung zu überwinden, muß sich die Gesellschaft der Wirkungen der unterschiedlichen Institutionen und gesetzlichen Regelungen bewußt werden, um schließlich die Regelungen zu reformieren oder zu beseitigen, welche wachstumsfeindlich sind oder den längerfristigen Interessen einer Gesellschaft entgegenstehen.

Wie schwierig ein solcher Prozeß ist, sehen wir gegenwärtig deutlich an dem Phänomen des sogenannten Reformstaus. Der pragmatische Politiker ist im Wirrwarr der Interessen gefangen und wird immer die Lösungen wählen, welche ihm am meisten unmittelbare Unterstützung verschaffen. Die Gesellschaft jedoch sollte die Diskussion um längerfristige Werte und Ziele wieder aufnehmen und Institutionen schaffen, die dem kurzsichtigen und Partikularinteressen verpflichteten Denken des Zeitgeistes entgegenwirken.

Zur wertneutralen Beurteilung unserer gesellschaftlichen Institutionen und der von ihnen ausgehenden ökonomischen Wirkungen ist der Wirtschaftswissenschaftler immer wieder von Neuem aufgerufen, sich der Methoden der theoretischen Analyse zu bedienen. Diese Einsicht galt sicherlich nicht nur zu Zeiten Walter Euckens. Sie ist heute aktueller denn je.

Literaturverzeichnis

Eucken, W. (1940) *Die Grundlagen der Nationalökonomie*, Jena: Fischer.

Gehrig, T. (1999) The Political Economy of Technological Progress, unveröffentlichtes Arbeitspapier.

Gehrig, T./ Regibeau, P./ Rockett, K. (2000) „Project Evaluation and Organizational Form", erscheint in *Review of Economic Design.*

Mokyr, J. (1990) *The Lever of Riches: Technological Creativity and Economic Progress*, New York: Oxford University Press.

Olson, M. (1982) *The Rise and Decline of Nations*, New Haven u. a.: Yale University Press.

Samuelson, P. (1958) An exact consumption-loan model of interest without the social contrivance of money, in: *Journal of Political Economy,* Bd. 66. S. 467 – 482.

Vaubel, R. (1998) Comment on the Decline of Nations, in: Bernholz, P., Streit, M.E., Vaubel, R. (Hrsg.): *Political Competition, Innovation and Growth: A historical analysis,* Berlin u. a.: Springer, S. 77 – 81.

Ordnungsökonomik und Ethik – Zur Interessenbegründung von Moral*

Viktor Vanberg

Grundlegend für den ökonomischen Erklärungsansatz ist der Gedanke, daß Menschen eigeninteressiert handeln, daß sie, vor die Wahl zwischen Alternativen gestellt, das tun, was sie als in ihrem eigenen Interesse liegend erachten. Grundlegend für eine ethische Sichtweise ist der Gedanke, daß es Regeln moralischen Verhaltens gibt, und daß Menschen nicht einfach ihren eigenen Interessen folgen, sondern sich an diesen Regeln orientieren sollen.

Es scheint offenkundig, daß das, was Menschen in Verfolgung ihrer eigenen Interessen tun, nicht immer mit dem zusammenfallen, ja häufig mit dem konfligieren wird, was sie aus moralischer Sicht tun sollten. Solche Konflikte zwischen Moral und Interesse sind wohl auch der Hauptgrund für die gängige Auffassung, daß Ökonomik und Ethik nicht nur wenig gemeinsam haben, sondern geradezu in einem Spannungsverhältnis stehen. Der Wirtschaftsethiker P. Ulrich (1996) spricht von einem „kategorialen Unterschied zwischen ethischer und ökonomischer Perspektive“[1].

Ich möchte in diesem Beitrag zeigen, daß die Vorstellung von einem solchen „kategorialen Unterschied“ zumindest im Hinblick auf eine *ordnungs*ökonomische Perspektive revisionsbedürftig ist, so wie sie in dem von Walter Eucken begründeten Forschungsprogramm der Freiburger Schule angelegt ist[2] und wie sie – in anderer, aber mit dem Freiburger Programm durchaus kompatibler Weise – in der von James M. Buchanan

---

* Dieser Beitrag stützt sich auf meinen (Teil-) Artikel „Ethik und moderne ökonomische Theorie“, in: Korff u. a. (1999): *Handbuch der Wirtschaftsethik*, Bd. 1, Gütersloh, S. 482 - 496.

1 Ulrich (1996), S. 30.

2 Vgl. Eucken (1990); Vanberg (1998a).

begründeten Constitutional Political Economy[3] vertreten wird.[4] Mit einer gewissen Berechtigung kann man wohl sagen, daß Eucken und Buchanan mit ihren ordnungsökonomischen Ansätzen ein Forschungsprogramm wiederbelebt haben, das bereits Adam Smith mit seiner Vorstellung von politischer Ökonomie als „science of legislation" im Auge hatte, als einer Wissenschaft, die die Gesetzgebung einer Gesellschaft beratend anleiten kann.[5]

Wie in der politischen Ökonomie von Adam Smith so geht es auch in den ordnungsökonomischen Ansätzen von Eucken und Buchanan im Kern um die Frage nach den wünschenswerten Regeln menschlichen Zusammenlebens, und die Ausrichtung auf diese Fragestellung bringt ihre Bemühungen natürlicherweise in systematische Nachbarschaft zu einer Sozial-Ethik, der es um die Frage geht, welche Regeln Menschen unter moralischen Gesichtspunkten in ihrem Umgang miteinander befolgen sollten. Läßt sich doch für die Frage der Beurteilung von Regeln zeigen, daß ordnungsökonomische Argumente, die sich auf die Interessen der betroffenen Personen beziehen, und ethische Argumente, die auf Kriterien moralischer Wünschbarkeit abstellen, weit näher beieinander liegen, als es den gängigen Vorstellungen vom Konflikt zwischen „Moral und Interesse" entspricht. Was sich auf der Ebene einzelner Handlungen als anscheinend unversöhnlicher Konflikt darstellen mag, erscheint nämlich in anderem Licht, wenn man den Blick auf die Regelebene richtet und die Frage, welche Regeln aus moralischer Sicht als wünschenswert gelten können, zu der Frage in Beziehung setzt, welche Regeln aus der Interessensicht der Personen wünschenswert sind, deren Zusammenleben durch diese Regeln geordnet werden soll.

1 Handlungsinteressen, Dispositionsinteressen und konstitutionelle Interessen

In welcher Weise die Frage nach den wünschenswerten Regeln menschlichen Zusammenlebens die ordnungsökonomische Sichtweise mit der

---

3 Vgl. Buchanan (1990); Vanberg (1998b, 1999).

4 Zu den Gemeinsamkeiten von Freiburger Ordnungsökonomik und Buchananscher Constitutional Economics siehe Vanberg (1988, 1997a).

5 Siehe Vanberg (1994), S. 5.

ethischen in Verbindung bringt, möchte ich anhand einer Reihe von begrifflichen Gegenüberstellungen deutlich machen, die in der nachstehenden Tabelle zusammengefaßt sind. In der Tabelle werden drei Ebenen unterschieden, auf denen eine ethische und eine ökonomische Sichtweise Anwendung finden können, und zwar erstens die Ebene der Einzelhandlung, zweitens die Ebene individueller Verhaltensregeln oder Verhaltensdispositionen und drittens die Ebene sozialer Regeln. Für jede Ebene werden die entsprechenden ethischen und ökonomischen Fragestellungen spezifiziert (Spalten 1 und 2). Spalte 3 bezieht sich auf die ordnungspolitische Frage nach der Möglichkeit, Bedingungen herzustellen, unter denen es zu einer Kompatibilität von Moral und Interesse kommt.

Den in der Tabelle vorgenommenen Abgrenzungen liegt der Gedanke zugrunde, daß der Schlüssel zur Klärung des Verhältnisses von Interesse und Moral bzw. des Verhältnisses von Ökonomik und Ethik in der Unterscheidung verschiedener Interessenebenen liegt. Unterscheidet man, wie dies in der Tabelle geschieht, zwischen *Handlungs*interessen, *Dispositions*interessen und *Regel-* oder *konstitutionellen* Interessen, so läßt sich zeigen, daß der Eindruck eines unaufhebbaren Konflikts zwischen Moral und Interesse entstehen muß, wenn man an einzelne konkrete Handlungsentscheidungen denkt, daß er aber an Schärfe verliert, wenn man die Frage stellt, welche Handlungsdispositionen zu besitzen oder unter welchen sozialen Regeln zu leben eine Person sich in ihrem eigenen Interesse wünschen sollte. Man kann sich leicht spezifische Entscheidungssituationen vorstellen, in denen das, was im unmittelbaren Eigeninteresse des Handelnden liegt, dem widerspricht, was er aus moralischer Sicht tun sollte. Und man wird sich wohl kaum eine realisierbare Welt vorstellen können, in der dieser Konflikt zwischen Moral und Interesse nicht auftreten würde. Die Dinge erscheinen jedoch in einem etwas anderen Licht, wenn man den Blick auf die Ebene allgemeiner Verhaltensdispositionen richtet, und sie erscheinen wesentlich anders, wenn man die Ebene der konstitutionellen Interessen in den Blick faßt.

	Ethische Perspektive	*Ökonomische (Interessen-) Perspektive*	*Ordnungspolitische Perspektive*
Ebene der Einzelhandlung	Welche Handlung ist in der gegebenen Situation moralisch gefordert?	Welche Handlung liegt in der gegebenen Situation im Interesse des Handelnden?	Können Bedingungen geschaffen werden, unter denen eigeninteressierte und moralische Handlungen stets zusammenfallen?
Ebene individueller Verhaltensdispositionen	Welche Verhaltensdispositionen kann man als moralisch bezeichnen?	Welche Verhaltensdispositionen sind unter den gegebenen Rahmenbedingungen für die Handelnden vorteilhaft?	Können Bedingungen geschaffen werden, unter denen es in der Regel im Eigeninteresse der Handelnden liegt, moralische Verhaltensdispositionen zu besitzen?
Ebene sozialer Regeln	Welche Regeln sozialen Verhaltens sind moralisch wünschenswert?	Welche sozialen Regeln liegen im eigenen konstitutionellen Interesse der Betroffenen?	Können Bedingungen geschaffen werden, unter denen die konstitutionellen Eigeninteressen der Betroffenen mit den Regeln übereinstimmen, die aus moralischer Sicht wünschenswert sind?

Aus der offenkundig zutreffenden Diagnose, daß Menschen in konkreten Entscheidungssituationen in einen Konflikt zwischen Eigeninteresse und moralischen Anforderungen geraten können, wird nicht selten kurzschlüssig die Folgerung gezogen, die Bereitschaft, das eigene Interesse hintanzustellen, sei das Kennzeichen moralischen Verhaltens. Wird in solcher Weise bereits vorab unterstellt, daß Moral eine Frage der Handlungs*motivation* ist, so erübrigt sich jede weitere Untersuchung des Verhältnisses zwischen einer ökonomischen Perspektive, die von der generellen Vermutung eigeninteressierten Verhaltens ausgeht, und einer ethischen Perspektive, die nach den Grundlagen der Moral fragt. Eine solche *motivations*orientierte Vorstellung bringt Moral und Eigeninteresse bereits auf der konzeptionellen Ebene in einen unüberbrückbaren Gegensatz, mit der Konsequenz, daß ökonomische und ethische Perspektive zwangsläufig als inhärent unvereinbare Sichtweisen erscheinen müssen.

Die Frage nach dem Verhältnis von Interesse und Moral ist nur dann eine untersuchenswerte offene Frage, wenn man von einer *verhaltens*orientierten Konzeption von Moral ausgeht, d. h. von einer Vorstellung, die nicht auf die dem Handeln zugrundeliegende (und nicht beobachtbare) *Motivation* abstellt, sondern darauf, daß das beobachtbare Verhalten im Einklang steht mit angebbaren Regeln moralischen Handelns.[6]

Im Sinne einer verhaltensorientierten Konzeption verlangt Moral nicht den Verzicht auf die Verfolgung eigener Interessen, sondern lediglich den Verzicht darauf, die eigenen Interessen mit unmoralischen Mitteln zu verfolgen. Wie K. Homann dies ausdrückt, „Moral verlangt durchaus eine Art von 'Verzicht', aber sie verlangt Verzicht lediglich auf defektives Vorteilsstreben“, nicht den Verzicht auf „das Streben nach individueller Besserstellung“[7] per se. Auch ein solches Moralverständnis hebt den potentiellen Konflikt zwischen Eigeninteresse und Moral nicht auf, aber es schließt nicht bereits definitorisch aus, daß eigeninteressiertes Verhalten moralisch und moralisches Verhalten eigeninteressiert sein kann. Und es macht darauf aufmerksam, daß nicht-eigeninteressierte Motivation keineswegs ein Garant für moralisch wünschenswertes Verhalten sein muß.

---

6 Zur Gegenüberstellung von motivationsorientierter und verhaltensorientierter Moralvorstellung siehe Vanberg (1997b).

7 Homann (1997), S. 37.

Sieht man die Funktion von Moral darin, dem sozialen Zusammenleben der Menschen eine wünschenswerte Ordnung zu geben, dann wird man wohl eine verhaltensorientierte Konzeption von Moral als die angemessenere betrachten müssen. Im Sinne einer solchen Konzeption ist es für die Lösung des Problems moralischer Ordnung weder erforderlich, noch wäre es dafür hinreichend, daß man Menschen dazu bringt, ihr Eigeninteresse zu überwinden. Die Lösung dieses Problems erfordert vielmehr, daß man Rahmenbedingungen schafft, unter denen Menschen aus eigenem Interesse moralisch handeln, Bedingungen, die eigeninteressierte Verhaltens*motivation* und moralische Verhaltens*weise* in Einklang bringen.

Nun wäre das Problem der Schaffung einer moralischen Ordnung wohl unlösbar, wenn dafür Bedingungen geschaffen werden müßten (Reihe 1, Spalte 3 der Tabelle), unter denen in konkreten Entscheidungssituationen die für den Handelnden vorteilhafteste Handlungsalternative stets mit der moralisch gebotenen zusammenfällt. Die Natur des Problems ändert sich jedoch, wenn wir nicht mehr danach fragen, ob es in einzelnen Entscheidungssituationen im Interesse des Handelnden liegt, sich moralisch zu verhalten, sondern die Frage stellen, ob es dem eigenen Interesse förderlich sein kann, eine *allgemeine Disposition* zur Befolgung moralischer Regeln zu besitzen, also nicht in jedem Einzelfall zu kalkulieren, ob ein moralisches Verhalten vorteilhaft ist oder nicht. Der für das Verhältnis von Moral und Interesse relevante Vergleich auf dieser Ebene bezieht sich nicht mehr auf die Konsequenzen konkreter Einzelentscheidungen, sondern auf das Gesamtbündel von Vor- und Nachteilen, die einer Person insgesamt, über eine relevante Zeitspanne hin, aus einer „moralischen Disposition" erwachsen, also aus der Bereitschaft, grundsätzlich, unabhängig von den spezifischen Umständen einzelner Entscheidungssituationen, Regeln moralischen Verhaltens zu respektieren. Über die Vorteilhaftigkeit einer solchen Disposition entscheidet der Vergleich mit den Ertragsmustern, die die Person realisieren könnte, wenn sie *andere Disposi-*

tionen besäße oder sich rein opportunistisch von Fall zu Fall entscheiden würde.[8]

Wenn in der Alltagssprache vom Charakter einer Person gesprochen wird, so entspricht dies im wesentlichen dem, was hier mit dem Begriff der Verhaltensdisposition umschrieben wird. Ähnliches gilt für den Begriff der Tugend, der wohl ebenfalls auf Verhaltensdispositionen abstellt. Entsprechend läßt sich das hier interessierende Problem auch in die Frage kleiden, ob – und wenn ja, unter welchen Bedingungen – es dem eigenen Interesse dienlich sein kann, Tugenden oder moralische Dispositionen zu besitzen. Dies wirft freilich die weitere Frage auf, wie die damit implizierte Vorstellung von einem Vorteilskalkül auf der Ebene von Verhaltensdispositionen theoretisch zu fassen ist. Augenscheinlich kann man von einer vorteilsorientierten „Wahl" zwischen alternativen Verhaltensdispositionen (oder Charaktereigenschaften) wohl kaum in dem Sinne sprechen, in dem man üblicherweise von der Wahl zwischen Handlungsalternativen spricht. Verhaltensdispositionen sind das Ergebnis von weitgehend unbewußten Lernvorgängen, und sie werden von Menschen nicht einfach aufgrund bewußter Abwägung von Vor- und Nachteilen angenommen oder abgelegt. Das bedeutet allerdings nicht, daß eine Person sich nicht wünschen könnte, bestimmte Dispositionen zu haben, und deshalb Anstrengungen unternehmen mag, sich die entsprechenden Charaktereigenschaften anzueignen. Der Gedanke einer „Vorteilsabwägung" auf der Ebene von Dispositionen muß in einer Weise theoretisch gefaßt werden, die die Möglichkeit eines nicht auf bewußter Kalkulation beruhenden Vergleichs zwischen den Vor- und Nachteilen alternativer Verhaltensregeln zuläßt. Das herkömmliche ökonomische Modell rationaler Handlungswahl wird zu diesem Zweck wohl zu ergänzen bzw. zu modifizieren sein, so wie dies etwa Ronald Heiner (1990) in seiner Theorie des „rule-governed behavior" vorgeschlagen hat. Eine entsprechende „ökonomische", i. S. von interessenbasierte, Erklärung moralischer Dispositionen hätte wohl in zwei Argumentationsschritten zu erfolgen. Zunächst wäre zu begründen, so wie dies etwa bei Heiner geschieht, warum regelbefol-

8 Wie sich die „Vorteilsabwägung" ändert, wenn sie von der Ebene einzelner Handlungen auf die Ebene allgemeiner Verhaltensdispositionen verlagert wird, und wie Selbstbindungen eine wirksamere Verfolgung eigener Interessen ermöglichen können, ist eine Frage, die mittlerweile als Gegenstand ökonomischer Analyse einige Beachtung gefunden hat. Vgl. Frank (1987); Koboldt (1995); Schelling (1992).

gendes Verhalten über die Zeit hin zu vorteilhafteren Ertragsmustern führen kann als fallweise diskretionäre Entscheidungen. Im zweiten Schritt wäre zu zeigen, unter welchen Bedingungen eine *moralische* Disposition vorteilhafter sein kann als mögliche alternative Dispositionen.[9]

2 Moralische Ordnung und konsensfähige konstitutionelle Interessen

Der entscheidende Punkt in der Unterscheidung zwischen der Ebene einzelner Handlungsentscheidungen und der Ebene allgemeiner Verhaltensdispositionen liegt darin, daß sich das Problem der Schaffung einer moralischen Ordnung um einiges erleichtert, wenn man es nicht mit „homines oeconomici" zu tun hat, die diskretionär in jeder Einzelsituation die für sie vorteilhafteste Handlungsalternative zu wählen suchen, sondern mit Personen, die zwar auch ihr eigenes Interesse verfolgen, dies aber auf der Grundlage allgemeiner Verhaltensdispositionen tun, die sich für sie als vorteilhaft erwiesen haben. Wie der Lernprozeß im einzelnen zu erklären ist, in dem Informationen über die Vorteilhaftigkeit alternativer Verhaltensdispositionen verarbeitet werden, kann hier dahingestellt bleiben.[10] Im vorliegenden Zusammenhang ist der Umstand von Belang, daß die Bedingungen, unter denen es für regelbefolgende Personen vorteilhaft ist, *moralische* Dispositionen zu besitzen (Reihe 2, Spalte 3 der Tabelle), weit leichter herbeizuführen sein dürften als die Bedingungen dafür, daß für diskretionäre Einzelfallmaximierer in konkreten Entscheidungssituationen die vorteilhafteste Handlungsalternative in der Regel mit der moralisch geforderten zusammenfällt. Zwar bleibt der potentielle Konflikt zwischen Moral und Interesse auch auf der Ebene allgemeiner Verhaltensdispositionen bestehen, sind doch moralische Dispositionen keineswegs unter allen Rahmenbedingungen „rational". Aber das Problem, Bedingungen herzustellen, unter denen Menschen „rational" moralisch sein können,[11] ist ein

---

9 Siehe Vanberg (1994), Kap. 1, 2 und 3; Vanberg/Congleton (1992).

10 Siehe dazu etwa die Ausführungen über „adaptive agents" bei J.H. Holland (1995), S. 41ff.

11 Siehe Vanberg (1994), S. 51ff. für eine Erörterung der (nur scheinbar paradoxen) Frage: „Can it be rational to be *always moral* if it is *not always rational* to be moral?"

lösbares Problem, und in der Tat muß jede Gesellschaft dieses Problem lösen, in der eine moralische Ordnung Bestand haben soll.

Das Verhältnis von Moral und Interesse erscheint wiederum in einem anderen Licht, wenn wir uns der dritten Ebene, der Ebene sozialer Regeln zuwenden und nach den *Regel-* oder *konstitutionellen Interessen* von Menschen fragen, also ihren Präferenzen bezüglich der Verhaltensregeln, deren soziale Geltung sie wünschen. Von konstitutionellen Interessen in diesem Sinne kann man gehaltvoll jeweils nur in Bezug auf bestimmte, abgrenzbare soziale Einheiten sprechen, denen eine Person angehört und für die sie die Geltung bestimmter Regeln wünschen kann. Nun gehören Menschen in der Regel einer Vielzahl von einander überlappenden Gruppen oder Verbänden an, die jeweils intern durch bestimmte Regelordnungen (formeller und/oder informeller Art) gekennzeichnet sind, von der Familie und privaten Vereinigungen über verschiedene politische Gemeinwesen oder Organisationen auf subnationaler, nationaler und supranationaler Ebene bis hin zu der umfassendsten Personengruppe, der Weltbevölkerung, für die jeweils die Frage gestellt werden kann, welche allgemein geltenden Regeln auf der betreffenden Ebene im konstitutionellen Interesse der Beteiligten liegen.

Was nun die konstitutionellen Interessen anbelangt, die Menschen im Hinblick auf die verschiedenen Gruppen, Verbände oder Gemeinwesen hegen mögen, denen sie angehören, so ist im hier interessierenden Zusammenhang die Unterscheidung zwischen *konsensfähigen* konstitutionellen Interessen und *Privilegien*interessen von zentraler Bedeutung. Wenn Personen darüber nachdenken, welche Regeln in ihrem eigenen Interesse liegen, so mögen ihnen zunächst Regeln in den Sinn kommen, die sie in irgendeiner Weise privilegieren, ihnen also besondere Vorteile einräumen. Und in dem Maße, in dem sie in der Lage sind, ohne Rücksicht auf die Interessen anderer Beteiligter soziale Regeln wählen und durchsetzen zu können, wird man bei eigeninteressierten Individuen wohl auch damit rechnen müssen, daß sie sich von ihren Privilegieninteressen leiten lassen. Privilegieninteressen sind von ihrer Natur her nicht konsensfähig. Man mag sie durch Täuschung oder aufgrund überlegener Macht durchsetzen können, sie bieten jedoch keine Grundlage für Regelvereinbarungen, denen allen Beteiligten in klarer Sicht der eigenen Interessenlage freiwillig zustimmen können.

Im Kontrast zu den nicht konsensfähigen Privilegieninteressen sind die *konsensfähigen konstitutionellen Interessen* auf Regeln gerichtet, die für alle Betroffenen wünschenswert und zustimmungsfähig sind. Es ist die Kernthese des vorliegenden Beitrages, daß die informierten konstitutionellen Interessen, die unter allen Mitgliedern einer Gruppe oder eines Gemeinwesens konsensfähig sind, genau den Regeln gelten, die aus ethischer Sicht für die betreffende Gruppe als moralisch wünschenswert anzusehen sind. Das Adjektiv „informiert“ soll darauf hinweisen, daß der Zusammenhang zwischen der Geltung bestimmter sozialer Regeln und den daraus resultierenden Ergebnismustern komplex und nicht unmittelbar durchschaubar sein mag, und daß aufgrund mangelnder Einsicht in die tatsächlichen Zusammenhänge Menschen Regeln zustimmen mögen, denen sie ihre Zustimmung verweigern würden, wenn sie sich über die tatsächlichen Zusammenhänge im Klaren wären.

So wie von der Konsensfähigkeit konstitutioneller Interessen nur im Hinblick auf bestimmte Gruppen oder Gemeinwesen gesprochen werden kann, so kann im Sinne der hier vorgeschlagenen Interpretation auch die Frage, welche Verhaltensregeln als moralisch gelten können, sinnvoll nur beantwortet werden, wenn man die relevante Bezugsgruppe spezifiziert. Die in solchem Gruppenbezug implizierte (Gruppen-) Relativität von Moral ist dabei weniger problematisch als es zunächst erscheinen mag. Sie bedeutet keinerlei Festlegung oder Einschränkung hinsichtlich der als relevant erachteten Betrachtungsebene, da man ja die maßgebliche Bezugsgruppe so definieren kann, wie es der jeweiligen Fragestellung angemessen ist.[12]

Die These, daß die Regeln, die im konsensfähigen konstitutionellen Interesse aller Mitglieder einer Gruppe liegen, den Regeln entsprechen, die für die betreffende Gruppe als moralisch wünschenswert gelten können, ist in einem doppelten Sinne zu verstehen. Sie ist zum einen als Definiti-

[12] Man kann dies auch so umschreiben, daß es bei der Bindung an konsensfähige oder moralische Regeln um die Internalisierung von negativen Externalitäten menschlichen Verhaltens geht. Wie dabei die adäquaten Bezugsgruppen abzugrenzen sind, hängt von der Natur der von den betroffenen Personen als relevant erachteten Externalitäten ab. Für viele Probleme werden dies eher eng begrenzte Gruppen sein, für andere Probleme mag die adäquate Regelgemeinschaft die Weltbevölkerung sein. – Siehe dazu J. Sideras (1999) und die dort ausgeführten Überlegungen zum Prinzip der „konstitutionellen Äquivalenz“.

onsvorschlag gemeint, d. h. sie soll besagen, daß der Begriff der Moral sinnvoll in dieser Weise interpretiert und operationalisiert werden kann. Zum anderen ist damit die empirische Hypothese gemeint, daß sich sowohl unser Alltagsverständnis von Moral wie auch bedeutende philosophische Moralkonzeptionen, soweit sie auf die Frage wünschenswerter Regeln menschlichen Zusammenlebens abstellen, im Kern im Sinne dieser Vorstellung interpretieren lassen oder zumindest mit ihr kompatibel sind.

Für eine ganze Reihe prominenter ethischer Konzeptionen dürfte sich zeigen lassen, daß sie in ihrer Bestimmung der Charakteristika, die sie moralischen Regeln zuschreiben, auf Kriterien rekurrieren, die sich in der Sache mit dem decken, oder dem sehr nahe kommen, was hier mit dem Konzept der konsensfähigen konstitutionellen Interessen umschrieben wird. Dies gilt augenscheinlich für Konzeptionen, die das entscheidende Kriterium moralischer Regeln in deren Unparteilichkeit und Universalisierbarkeit oder, wie etwa die Diskursethik von H. O. Apel und J. Habermas, in der „Konsensfähigkeit für alle Betroffenen“[13] sehen.[14] Und dies gilt für all jene Konzeptionen, die – wie etwa die Moralphilosophie von David Gauthier (1986)[15] – in der einen oder anderen Form darauf abstellen, daß es bei moralischen Regeln um Verhaltensrestriktionen geht, die die Realisierung von Kooperationsvorteilen in Situationen ermöglichen sollen, in denen eine unrestringierte Verfolgung eigener Interessen solche Vorteile ausschließen oder gar zu direkter wechselseitiger Schädigung führen würde. Auf die Frage der konstitutionellen Interessen stellt auch etwa Donald Campbell (1986) ab, wenn er davon spricht, daß die Regeln der Moral unsere Präferenzen bezüglich des Verhaltens anderer widerspiegeln, also unsere Interessen daran, wie andere sich verhalten sollen.[16] Dieses Interesse richtet sich zwar unmittelbar darauf, daß *andere* an Regeln gebunden sind. Da Menschen dieses Interesse aber wechselseitig

---

13 Apel (1997), S. 191.

14 Habermas (1991), S. 32: „Jede gültige Norm muß der Bedingung genügen, daß die Folgen und Nebenwirkungen, die sich aus ihrer *allgemeinen* Befolgung für die Befriedigung der Interessen *jedes* Einzelnen voraussichtlich ergeben, von *allen* Betroffenen zwanglos akzeptiert werden können.“ (Hervorhebungen im Original).

15 Dazu Vanberg (1994), S. 54ff.

16 Siehe Campbell (1986), S. 171.

hegen, ist es unter rationalen Akteuren nur im Sinne einer symmetrischen, wechselseitigen Bindung konsensfähig.[17]

3 Konstitutionelle Interessen und Ordnungspolitik

Das ordnungsökonomische Konzept der konsensfähigen konstitutionellen Interessen stellt darauf ab, daß Personen dadurch wechselseitige Vorteile realisieren können, daß sie sich gemeinsam an geeignete Regeln binden. Der paradigmatische Kerngedanke dieses Ansatzes liegt darin, daß der aus der ökonomischen Theorie marktlicher Prozesse vertraute Gedanke der „gains from trade", also der gemeinsamen Vorteilsrealisierung durch freiwilligen Tausch, auf die Vereinbarung von Regeln im Sinne eines freiwilligen „Tauschs" von Selbstbindungen übertragen wird.[18] Die in diesem Zusammenhang angesprochenen konstitutionellen Interessen beinhalten freilich nur den Wunsch, in einer Gemeinschaft zu leben, in der die in Frage stehenden Regeln Geltung haben. Aus diesem Wunsch allein folgt nicht per se ein Interesse daran, sich in seinem eigenen Verhalten an die betreffenden Regeln zu halten. Anders gesagt, aus dem Regel*geltungs*interesse folgt nicht automatisch ein Regel*befolgungs*interesse. Rationale Akteure werden jedoch erkennen, daß sie ihre Regelgeltungsinteressen nur realisieren können, wenn Bedingungen gegeben sind, die ein ausreichendes Regelbefolgungsinteresse sicherstellen. Dementsprechend sollten sie ein gemeinsames Interesse daran haben, daß solche Bedingungen, wenn nötig, geschaffen werden.

Die Lösung des Problems, einerseits die Regeln zu identifizieren und festzulegen, die im konsensfähigen konstitutionellen Interesse der Mitglieder eines Gemeinwesens liegen, und andererseits Bedingungen zu schaffen, unter denen ein ausreichendes Interesse an der Befolgung dieser Regeln besteht, kann man als die Aufgabe von Ordnungspolitik betrachten, ganz in dem Sinne, in dem Walter Eucken davon gesprochen hat, daß die „Koordination von Einzelinteresse und Gesamtinteresse als ordnungspolitische Aufgabe"[19] anzusehen sei. Damit ein entsprechendes Regelbefolgungsinteresse besteht, ist es – wie erwähnt – nicht erforderlich, daß

---

[17] Siehe Baurmann (1996), S. 139ff.; Buchanan (1962), S. 312; Homann/Blome-Drees (1992), S. 44.

[18] Buchanan (1991), S. 81ff.; Vanberg (1999).

[19] Eucken (1990), S. 366.

für alle Akteure in jeder einzelnen Entscheidungssituation die nutzenmaximierende und die moralische Handlungsalternative zusammenfallen. Dies wäre in der Tat ein unlösbares Problem. Erforderlich ist die Schaffung von Bedingungen, unter denen Menschen in dem Sinne „rational" moralisch sein können, daß sie darauf vertrauen können, mit moralischem Handeln *insgesamt* ihrem eigenen Interesse zu dienen, und nicht befürchten müssen, sich durch die Respektierung moralischer Regeln systematisch und dauerhaft in Nachteil zu bringen.

In diesem Sinne kann man der Formulierung von Homann und Blome-Drees zustimmen, daß „die Rahmenordnung der systematische Ort der Moral"[20] sei, ohne sich ihrer Folgerung anschließen zu müssen, daß die „Moral nicht (mehr) in den einzelnen Handlungen ... zu finden"[21] sei. Daß das Kriterium dafür, was als moralisches Verhalten gelten soll, auf der konstitutionellen Ebene – nämlich in den konsensfähigen konstitutionellen Interessen der betroffenen Personen – zu suchen ist, bedeutet ja keineswegs, daß Moral nicht auch „in den einzelnen Handlungen" zu finden wäre, nämlich in dem Sinne, daß man Handlungen durchaus danach beurteilen kann, ob sie mit – im Sinne dieses Kriteriums – „moralischen" Regeln im Einklang stehen, und zwar auch dann, wenn die gegebene „Rahmenordnung" dafür widrige Umstände bieten sollte. Wenn die relevanten Rahmenbedingungen so geartet sein sollten, daß Menschen sich selbst systematisch in Nachteil bringen, wenn sie sich an – in diesem Sinne – „moralische" Regeln halten, dann deutet dies auf Defekte in der Rahmenordnung hin, und man mag es für verzeihlich halten, wenn Menschen sich unter solchen Bedingungen nicht an die fraglichen Regeln halten. Dies ändert jedoch nichts daran, daß man ihr Verhalten an diesen Regeln messen und Regelverstöße als „unmoralisch" werten kann. Menschen können sich auch unter widrigen Umständen an Regeln „moralischen" Handelns gebunden fühlen, und wir zollen nicht ohne Grund Personen besonderen Respekt, die ihre moralische Integrität auch unter Bedingungen bewahren, unter denen dies mit großen persönlichen Opfern verbunden ist. Worum es hier wohl sinnvollerweise nur gehen kann, ist die Einsicht, daß es ein Gebot der Klugheit in der Gestaltung sozialer Ordnung ist, Rahmenbedingungen zu schaffen, unter denen Menschen ohne Selbstaufopferung moralisch sein können, Bedingungen, unter de-

---

20 Homann/Blome-Drees (1992), S. 38.
21 Homann/Blome-Drees (1992), S. 35.

nen sie auch ihr eigenes Interesse fördern, wenn sie sich so verhalten, wie es in ihrem gemeinsamen Interesse liegt.

Eucken hat den hier angesprochenen Sachverhalt mit der Formulierung umschrieben: „Von den Menschen darf nicht gefordert werden, was allein die Wirtschaftsordnung leisten kann: ein harmonisches Verhältnis zwischen Einzelinteresse und Gesamtinteresse herzustellen."[22] Müssen Menschen systematisch und dauerhaft Nachteile in Kauf nehmen, wenn sie sich in sozial wünschenswerter Weise verhalten, so liegen Defekte in der Rahmenordnung vor, die nicht durch moralische Appelle an die individuelle Opferbereitschaft kompensiert werden können. Würden sich doch die für solche Appelle besonders Aufgeschlossen nur der Ausbeutung durch diejenigen aussetzen, die davon unbeeinflußt bleiben.[23] Und selbst wenn es gelänge, alle Beteiligten zu opferbereiter Moral zu motivieren, bliebe eine auf solcher Bereitschaft beruhende moralische Ordnung stets verletzlich, da sie keinen Schutz gegen „unmoralische Invasoren" besäße, deren ausbeuterischen Neigungen sie lediglich eine besonders ertragreiche Nische bieten würde.

Geht man von der hier vertretenen These aus, daß die ethische Frage nach den Regeln einer moralischen Ordnung und die ordnungsökonomische Frage nach den Regeln, die im konsensfähigen konstitutionellen Interesse aller Beteiligten liegen, auf dasselbe hinauslaufen, dann besagt die Formel vom „Ordnungsrahmen als dem systematischen Ort von Moral" insbesondere, daß wir ein Verhalten als moralisch wünschenswert ansehen sollten, wenn es sich im Einklang mit Regeln befindet, die einen für alle Beteiligten wünschenswerten Ordnungsrahmen konstituieren. Dieser Sachverhalt ist insofern von besonderer Bedeutung, als die moralischen Intuitionen der Menschen nicht immer mit dem übereinzustimmen brauchen, was ihren konsensfähigen konstitutionellen Interessen entspricht.

Konstitutionelle, also regelbezogene Interessen sind *abgeleitete* Interessen, in dem Sinne, daß es nicht die Regeln per se sind, denen unser Interesse gilt, sondern ihre Auswirkungen, d. h. die Ergebnismuster, die unter alternativen Regelordnungen zu erwarten sind. Der Zusammenhang zwischen Regelordnung und resultierender Handelnsordnung[24] ist aber häufig

22 Eucken (1990), S. 368.
23 Siehe Vanberg (1987).
24 Siehe Hayek (1969).

komplex und nicht leicht durchschaubar. Welche Regeln Menschen als in ihrem Interesse liegend betrachten, wird von ihren bewußten oder stillschweigenden, mehr oder minder angemessenen Vorstellungen darüber abhängen, wie sich potentielle alternative Regeln im allgemeinen und auf sie speziell auswirken werden. Entsprechend werden auch die Vorstellungen der Menschen davon, was in ihrem konsensfähigen konstitutionellen Interesse liegt, von ihren Einschätzungen der Funktionseigenschaften alternativer Regelordnungen abhängen. Und es ist durchaus denkbar, daß ihre moralischen Intuitionen nicht immer mit den konstitutionellen Interessen übereinstimmen, zu denen sie gelangen würden, wenn sie sich über die wirklichen Funktionseigenschaften der in Frage stehenden Regeln im Klaren wären. Mir scheint, daß in solchen Divergenzen zwischen spontanen moralischen Empfindungen und informierten konstitutionellen Interessen eine der Hauptursachen für das verbreitete moralische Mißtrauen zu suchen ist, dem die marktliche Wettbewerbsordnung seit jeher ausgesetzt gewesen ist.

4 Markt und Moral

Die Spielregeln marktlicher Ordnung sind Regeln für das Zusammenleben einer – im Prinzip unbegrenzten – Vielzahl von Personen, die nicht durch persönliche Vertrautheit und wechselseitige Zuneigung miteinander verbunden sind, die aber dennoch die Früchte wechselseitig vorteilhafter Kooperation möglichst weitgehend nutzen wollen, die durch freiwilligen Austausch und freiwillige Zusammenarbeit zu erreichen sind. Die moralischen Intuitionen der Menschen sind aber vornehmlich durch Erfahrungen des Zusammenlebens in kleinen Gruppen von miteinander persönlich vertrauten Personen geprägt, wobei hier unter „Erfahrungen" sowohl die Evolutionsgeschichte der Spezies „homo sapiens" zu verstehen ist als auch die Sozialisationsgeschichte einzelner Personen. Was die Evolutionsgeschichte anbetrifft, so ist sie bis vor etwa zehntausend Jahren über unzählige Generationen hin von den Bedingungen des Zusammenlebens in kleinen (Jäger- und Sammler-) Gruppen geprägt gewesen, und entsprechend muß man annehmen, daß unsere genetische Ausstattung – einschließlich unserer „moralischen Instinkte" – im wesentlichen an diese Bedingungen und nicht an die Bedingungen moderner Großgesellschaften angepaßt ist.[25] Was die Sozialisationsgeschichte des Einzelnen anbelangt, so ist auch sie typischerweise durch die Bedingungen des Zusammenlebens in Kleingruppen – in der Familie, in der Schule, am Arbeitsplatz – geprägt, und entsprechend wird man erwarten können, daß die erlernten Verhaltensdispositionen der Menschen – einschließlich ihrer moralischen Intuitionen – an die Bedingungen des Zusammenlebens in solchen Gruppen einander vertrauter Personen angepaßt sind. Die „moralischen Instinkte“ und die „moralischen Intuitionen“, die für das Zusammenleben in solchen Gruppen zweckmäßig sind, müssen aber keineswegs in ihrer Gesamtheit an die Probleme angepaßt sein, die zu lösen sind, wenn eine für alle Beteiligten vorteilhafte Kooperationsordnung unter einer Vielzahl von einander mehr oder minder fremden Menschen gesichert werden soll. Auf die Ermöglichung einer solchen Ordnung zielen aber gerade die Spielregeln des Marktes. Gewiß werden die für die Kooperation in Kleingruppen zweckmäßigen Verhaltensregeln zum Teil auch für marktliche Kooperation bedeutsam sein. Doch mögen manche der moralischen Verhaltensanforderungen (Hayek verweist hier insbesondere auf gewisse Vorstellungen über „Verteilungsgerechtigkeit“), die im Kleingruppenkontext funktional sind, sich durchaus als dysfunktional erweisen, wenn sie auf einen marktlichen Kontext übertragen werden.

Wenn die moralische Qualität einer marktlichen – oder irgendeiner anderen – Ordnung zur Debatte steht, so darf sie nicht einfach an den erwähnten moralischen Instinkten oder Intuitionen gemessen werden, sondern daran, ob die sie definierenden Spielregeln im (informierten) konsensfähigen konstitutionellen Interesse der darunter lebenden Menschen liegen. Oder anders gesagt, eine verantwortliche moralische Kritik marktlicher Ordnung sollte sich nicht nur auf moralische Instinkte oder Intuitionen berufen. Sie sollte sich daran erweisen, daß sie deutlich macht, in welchen Aspekten eine solche Ordnung zu den konsensfähigen konstitutionellen Interessen der betroffenen Menschen in Widerspruch steht und durch welche Reformen in den Spielregeln diesen Interessen in besserer Weise gedient werden kann, als es die bestehende Regelordnung tut.

Soweit sie in ordnungsökonomischen Kategorien dachten, haben die Advokaten marktlicher Wettbewerbsordnung seit Adam Smith ihre Ord-

---

25 Diesen Sachverhalt hat F.A. Hayek betont, siehe etwa Hayek (1979), S. 160, 164. Hayeks Argumente finden Bestätigung in den jüngeren Beiträgen der „evolutionären Psychologie“. Siehe dazu etwa Tooby/Cosmides (1992).

nungsempfehlungen stets aus der Überzeugung heraus vorgetragen, daß die von ihnen befürwortete wettbewerbliche Wirtschaftsverfassung im gemeinsamen Interesse aller Beteiligten liegt, daß sie – in der hier verwandten Terminologie – den konsensfähigen konstitutionellen Interessen der Menschen entspricht. In seiner Kritik der merkantilistischen Privilegienordnung und in seinem Plädoyer für das, was er das „einfache System der natürlichen Freiheit" nannte, ging es Adam Smith nicht zuletzt um die ethische Qualität der marktlichen Wettbewerbsordnung als einer privilegienfreien Ordnung, ein Gesichtspunkt, der in neuerer Zeit wohl von kaum jemandem eindrucksvoller herausgestellt worden ist, als von Franz Böhm (1966) in seinem Aufsatz über „Privatrechtsgesellschaft und Marktwirtschaft". Doch die Botschaft vom ethischen Wert der marktlichen Wettbewerbsverfassung als einer privilegienfreien Ordnung hatte und hat es offenkundig schwer, sich gegen den vielstimmigen Chor derjenigen Gehör zu verschaffen, die der Marktwirtschaft zwar „ökonomische Effizienz" zu konzedieren bereit sind, ihr aber den Geruch moralischen Makels anhängen. Wie Franz Böhm (1980) einmal über das in den letzten Jahrzehnten des vergangenen Jahrhunderts aufkommende „Ressentiment gegen die Wirtschaftsfreiheit" bemerkt hat: „Weniger die sozialistische Kritik als die mancherlei andersartigen Geistesströmungen, die seit der Jahrhundertwende innerhalb der Wissenschaften – auch innerhalb der Wirtschaftswissenschaften – in rascher Folge Mode wurden, haben dieses Ressentiment gefestigt: die Auffassung, daß die freie Wirtschaft ein ethisch anrüchiges und sozial gewissenloses System sei, wurde allmählich zu etwas wie zu einem Gemeingut aller Gebildeten."[26]

Ein von Marktkritikern gern zitierter Stein moralischen Anstoßes ist die Verbindung von Markt und Profitstreben oder genauer gesagt der Umstand, daß der marktliche Sanktionsmechanismus die Marktteilnehmer dazu anhält, ihre wirtschaftlichen Entscheidungen am erwarteten Gewinn zu orientieren. Nun ist unternehmerischer Gewinn ohne Zweifel der entscheidende Erfolgsindikator in dem, was Hayek als das „game of catallaxy", das marktliche Tauschspiel, genannt hat. Das „Marktspiel" ist ja ausdrücklich so angelegt, daß diejenigen belohnt werden sollen, denen es gelingt, Güter oder Leistungen bereitzustellen, für die ihre Mitmenschen freiwillig einen Preis zu zahlen bereit sind, der die Herstellungskosten – d. h. die Opportunitätskosten der bei der Herstellung eingesetzten Res-

---

[26] Böhm (1980), S. 260.

sourcen – übersteigt. Und Gewinn oder Profit ist nichts anderes als die Differenz zwischen Preis und (Opportunitäts-)Kosten. Nach Profit zu streben bedeutet daher nichts anderes, als danach zu streben, im „Marktspiel" Erfolg zu haben. Wenn dies so ist, welchen Sinn kann es aber dann machen, das Streben nach Gewinn oder Profit als moralisch anrüchig zu betrachten? Welchen Sinn kann es machen, den Teilnehmern an einem wettbewerblichen Spiel vorzuwerfen, daß sie sich bemühen, das Spiel erfolgreich zu spielen? Man kann sinnvoll danach fragen, ob es für die Beteiligten überhaupt wünschenswert ist, das Spiel, so wie es durch die gegebenen Spielregeln definiert ist, zu spielen, oder ob sich nicht ein besseres Spiel definieren ließe. Wenn man aber Grund zu der Annahme hat, daß es sich um ein für alle wünschenswertes Spiel handelt, dann ist es widersinnig, das Streben nach Erfolg im Spiel mit einem moralischen Makel zu versehen, solange es im Rahmen der Spielregeln bleibt.

Wie für jedes Spiel, so gilt auch für das „Marktspiel": Es ist die moralische Pflicht aller Marktteilnehmer, die für alle geltenden Spielregeln einzuhalten. Der marktliche Wettbewerb findet nicht im anarchischen Freiraum statt, er steht unter bestimmten Spielregeln, bewegt sich im Rahmen einer Wettbewerbsverfassung. Den Wettbewerbern steht es keineswegs frei, den Spielerfolg mit allen erdenklichen Mitteln zu suchen. Ihr Verhalten ist daran moralisch zu messen, daß sie sich bei ihrem Streben nach Erfolg nur solcher Strategien und Mittel bedienen, die im Einklang mit den Spielregeln stehen, und zwar nicht nur mit den explizit kodifizierten und sanktionierten Spielregeln, sondern auch mit gewissen allgemein akzeptierten Standards fairen und honorigen Verhaltens, die man zwar ohne Drohung formeller Sanktionen, aber nicht ohne Schaden für die eigene Reputation verletzen kann. Aber es ist weder sinnvoll, nicht nur regel- oder normwidriges Erfolgsstreben, sondern das Streben nach Profit per se mit moralischem Mißtrauen zu betrachten, noch ist es sinnvoll, Marktteilnehmer dazu anzuhalten, durch ungeeignete Spielregeln verursachte Mängel dadurch auszugleichen, daß sie darauf verzichten, das „Marktspiel" erfolgreich zu spielen. Sicherzustellen, daß der marktliche Wettbewerbsprozeß in dem Sinne unter „geeigneten" Regeln abläuft, daß er *bei Einhaltung der Regeln* zu für alle wünschenswerten Ergebnismustern führt, ist eine Angelegenheit geeigneter Regelwahl. Es ist die Aufgabe von Ordnungspolitik.

5 Konsens und Regelwahl

Wenn man davon ausgeht, daß das Attribut „moralisch" den Regeln zukommt, die im *konsensfähigen* konstitutionellen Interesse der Betroffenen liegen, und wenn man andererseits in Rechnung stellt, daß Menschen in der Regel Anreize haben werden, ihre jeweiligen *Privilegien*interessen zu verfolgen, dann stellt sich im Hinblick auf Prozesse der Regelwahl die Frage, ob es Bedingungen gibt, und ob man solche Bedingungen herstellen oder fördern kann, unter denen die konsensfähigen konstitutionellen Interessen zur Geltung kommen (Zeile 3, Spalte 3 der Tabelle). Dieser Frage ist der verbleibende Teil dieses Beitrages gewidmet.

In dem Maße, in dem Menschen die Regelwahl in einer Gruppe oder in einem Gemeinwesen beeinflussen können, ohne den Interessen der übrigen Beteiligten Rechnung tragen zu müssen, in dem Maße werden sie versucht sein, sich von ihren Privilegieninteressen leiten zu lassen, also von ihrem Interesse an Regeln, die für sie selbst besonders vorteilhaft sind. Ähnlich wie Eucken und Böhm mit ihrer Kritik der Tendenzen, die sie als Refeudalisierung bezeichneten,[27] hat die moderne ökonomische Theorie des Rent-Seeking[28] das Problem thematisiert, daß das simultane Bestreben aller oder vieler, je für sich Privilegien zu erwirken, als unintendiertes Ergebnis eine Rahmenordnung hervorzubringen tendiert, die für alle Beteiligten – die durch Privilegien „Begünstigten" eingeschlossen – weniger wünschenswert ist, als es eine privilegienfreie, im konsensfähigen konstitutionellen Interesse aller liegende Regelordnung wäre. Entsprechend gewinnt die Frage Bedeutung, wie eine den konsensfähigen Interessen aller entsprechende Rahmenordnung gesichert und wie verhindert werden kann, daß Privilegiensuche oder Rent-Seeking zu einem fortschreitenden Abgleiten in eine für alle Betroffenen nachteilige Ordnung führt.

Wenn das Ziel ordnungspolitischer Gestaltung des Prozesses der Regel- oder Ordnungswahl darin liegt, die konsensfähigen konstitutionellen Interessen der Mitglieder einer Regelgemeinschaft zum Tragen zu bringen und ihre Privilegieninteressen möglichst „auszufiltern", so stehen dafür grundsätzlich zwei Wege offen. Man kann einerseits versuchen,

---

27 Siehe dazu Vanberg (1997a), S. 716f.; Vanberg (1998a), S. 177f.

28 Buchanan u. a. (1980).

Bedingungen zu schaffen, unter denen die einzelnen dazu *motiviert* sind, nach „fairen" oder konsensfähigen Regeln zu suchen. Und man kann andererseits versuchen, Bedingungen zu schaffen, unter denen die einzelnen *nicht anders können*, als für konsensfähige Regelordnungen zu optieren, Bedingungen also, unter denen die Möglichkeiten erfolgreicher Privilegiensuche ausgeschlossen oder zumindest wirksam eingeschränkt sind.

Auf den ersten Weg konzentrieren sich ordnungsökonomische Ansätze wie der von James Buchanan und ethische Ansätze wie der von John Rawls, die faire Regelwahl als Wahl hinter einem Schleier der Ungewißheit bzw. der Unwissenheit modellieren.[29] Der Grundgedanke bei dieser Vorstellung ist, daß einzelne in dem Maße ein eigenes Interesse an der Wahl fairer oder konsensfähiger Regeln haben, in dem sie darüber im Ungewissen sind, wie sich die zu wählenden Regeln auf sie persönlich auswirken werden. Angesichts solcher Ungewißheit müssen sie die verschiedenen möglichen Umstände bedenken, in denen sie von den in Frage stehenden Regeln betroffen sein könnten. Da sie nicht sicher sein können, in welcher Lage sie sich konkret befinden werden, sind sie aus ihrem eigenen Interesse heraus dazu angehalten, die zu wählenden Regeln aufgrund ihrer allgemeinen voraussehbaren Wirkungen zu beurteilen. Anders gesagt, mögliche *inter*-personelle Interessenkonflikte, die sich aus unterschiedlicher Betroffenheit ergeben können, müssen als *intra*-personelle Konflikte abgewogen werden, was darauf hinausläuft, daß die einzelnen aus eigenem Interesse „unparteiische" Regeln bevorzugen werden. Für die ordnungspolitische Gestaltung von Regelwahl-Prozessen bedeutet dies: In dem Maße, in dem es gelingt, den Prozeß in einer Weise zu gestalten, die die Ungewißheit über die eigene konkrete Betroffenheit erhöht, in dem Maße werden die Mitglieder einer Regelgemeinschaft motiviert sein, mögliche Privilegieninteressen hintan zu stellen, und um so größer werden die Aussichten, daß ihre konsensfähigen konstitutionellen Interessen zum Tragen kommen.

Was den zweiten Weg anbelangt, so lassen sich hier wiederum zwei grundsätzliche Methoden unterscheiden, durch die die Möglichkeiten erfolgreicher Privilegiensuche eingeschränkt werden können. Die eine Methode liegt darin, das Regelwahl- oder Gesetzgebungsverfahren ausdrücklich an das Kriterium der Nicht-Diskriminierung oder der Privile-

---

[29] Siehe Buchanan/Tullock (1962); Rawls (1979).

gienfreiheit zu binden, also diskriminierende und privilegierende Regeln als unzulässig auszuschließen.[30] Dies zu erreichen ist das Ziel des klassischen Prinzips der Rechtsgleichheit als dem Ordnungsideal der Privatrechts- oder Zivilrechtsgesellschaft, wie F. Böhm (1980) sie nannte.[31] Doch haben Bemühungen, dieses Ideal durch verfassungsmäßige Beschränkungen der Regierungs- und Gesetzgebungsmacht zu verwirklichen, nur begrenzten Erfolg gehabt. Insbesondere im Bereich des Wirtschaftsrechts sind in allen modernen Demokratien von Regierung und Gesetzgeber erteilte Privilegien der verschiedensten Art eine gängige Erscheinung, sei es in der Form von Subventionen, von protektionistischen Regelungen, von Steuervergünstigungen oder sonstigen Sonderbehandlungen.

Die zweite Methode, durch die sich die Möglichkeiten erfolgreicher Privilegiensuche einschränken und die Aussichten für konsensfähige Regelordnungen verbessern lassen, liegt in der Förderung des Wettbewerbs zwischen politischen Gemeinwesen oder „Jurisdiktionen". Was für die einen Privilegien sind (etwa Subventionen), bedeutet für andere (etwa die Steuerzahler) diskriminierende Mehrbelastung. Je leichter es für die einzelnen ist, sich selbst oder ihre mobilen Ressourcen diskriminierender Behandlung in einer Jurisdiktion zu entziehen, indem sie in eine Alternativ-Jurisdiktion abwandern, um so enger wird der Spielraum für erfolgreiche Privilegiensuche und für die Sicherung von bestehenden Privilegien. Im theoretischen Grenzfall eines kostenlosen Wechsels zwischen Jurisdiktionen werden nur solche Regelordnungen bestandsfähig sein, die die freiwillige Kooperationsbereitschaft aller Beteiligten zu sichern vermö-

---

30 Eine Zwischenstellung zwischen dem Gedanken der Regelwahl unter Ungewißheit und der Einschränkung des Regelwahlverfahrens durch ein Gebot der Nicht-Diskriminierung nimmt in gewisser Weise (eine Erörterung der notwendigen Qualifizierungen würde hier zu weit führen) eine Diskursethik ein, die von „den Spielregeln des argumentativen Diskurses als der Metainstitution aller Institutionen" (Apel (1997), S. 209) spricht, und für die gilt: „Jede gültige Norm müßte die Zustimmung aller Betroffenen, wenn diese nur an einem praktischen Diskurs teilnehmen würden, finden können" (Habermas (1991), S. 32).

31 Aus konstitutionenökonomischer Sicht wird dieses Ideal ausführlich in Buchanan/Congleton (1998) erörtert.

gen.[32] Unter solchen Bedingungen wird Bemühungen um Privilegien kein dauerhafter Erfolg beschieden sein können, und den einzelnen wird ungeachtet ihrer möglichen Privilegieninteressen keine andere Wahl bleiben, als unter konsensfähigen Regelordnungen zu wählen. Die realen Bedingungen sind natürlich von diesem theoretischen Grenzfall weit entfernt, doch bedeutet jede Erleichterung der Mobilität zwischen Regelgemeinschaften oder Jurisdiktionen, daß die Aufrechterhaltung von Privilegien erschwert wird, und die Aussichten verbessert werden, daß die konsensfähigen konstitutionellen Interessen zur Geltung kommen. Die Entwicklungen, die heute allenthalben unter den Stichworten Globalisierung und Standortwettbewerb diskutiert werden, mögen in dieser Hinsicht das klassische liberale Ideal privilegienfreier Ordnung der Realisierung näher bringen, als es die Bemühungen einer verfassungsmäßigen Verankerung der Rechtsgleichheit bislang vermocht haben. – Freilich gilt auch auf dieser Ebene des Wettbewerbs zwischen Jurisdiktionen, daß die Wünschbarkeit des Wettbewerbs von den Spielregeln abhängt, unter denen er stattfindet. Der Ordnungstheorie und der Ordnungspolitik eröffnet sich hier ein bedeutsames Betätigungsfeld.

---

32 Diesen theoretischen Grenzfall beschreibt Nozick (1974), S. 297ff. in seinen Überlegungen zu einem „framework for utopia“, einer freiheitlichen Meta-Ordnung, in der gilt: „Each community must win and hold the voluntary adherence of its members“ (Nozick (1974), S. 316).

Literaturverzeichnis

Apel, K.-O. (1997)
Institutionsethik oder Diskursethik als Verantwortungsethik?, in: Harpes, J.-P., Kuhlmann, W. (Hrsg.): *Zur Relevanz der Diskursethik*, Münster: Lit, S. 167 – 209.

Baurmann, M. (1996)
Der Markt der Tugend – Recht und Moral in der liberalen Gesellschaft, Tübingen: Mohr (Paul Siebeck).

Böhm, F. (1966)
Privatrechtsgesellschaft und Marktwirtschaft, in: *Ordo*, Bd. 17, S. 75 - 151 (wieder abgedruckt in Böhm (1980), S. 105 – 168).

Böhm, F. (1980)
Freiheit und Ordnung in der Marktwirtschaft, hrsg. von E.-J. Mestmäcker, Baden-Baden: Nomos.

Buchanan, J. M. (1962)
Marginal Notes on Reading Political Philosophy, in: Buchanan, J.M., Tullock, G.: *The Calculus of Consent – Logical Foundations of Constitutional Democracy*, Ann Arbor: The University of Michigan Press, S. 307 – 322.

Buchanan, J.M. (1990)
The Domain of Constitutional Economics, in: *Constitutional Political Economy*, Bd. 1, S. 1 – 18.

Buchanan, J.M. (1991)
The Economics and Ethics of Constitutional Order, Ann Arbor: The University of Michigan Press.

Buchanan, J.M./ Tullock, G. (1962)
The Calculus of Consent – Logical Foundations of Constitutional Democracy, Ann Arbor: The University of Michigan Press.

Buchanan, J.M. u. a. (Hrsg.) (1980)
Toward a Theory of the Rent-Seeking Society, College Station: Texas A&M University Press.

Buchanan, J.M./ Congleton, R.D. (1998)
Politics by Principle, Not Interest: Toward Non-discriminatory Democracy, Cambridge u. New York: Cambridge University Press.

Campbell, D.T. (1986)
Rationality and Utility from the Standpoint of Evolutionary Biology, in: Hogarth, R.M., Reder, M.W. (Hrsg.): *Rational Choice – The Contrast between Economics and Psychology*, Chicago u. London: The University of Chicago Press, S. 171 – 180.

Eucken, W. (1990)
Grundsätze der Wirtschaftspolitik, 6. Auflage, Tübingen: Mohr (Paul Siebeck).

Frank, R. (1987)
If homo economicus could choose his own utility function, would he want one with a conscience?, in: *American Economic Review*, Vol. 77, Nr. 4, S. 593 – 604.

Gauthier, D. (1986)
Morals by Agreement: Oxford: Oxford University Press.

Habermas, J. (1991)
Erläuterungen zur Diskursethik, Frankfurt a. M.: Suhrkamp.

Hayek, F.A. v. (1969)
Rechtsordnung und Handelnsordnung, in: ders.: *Freiburger Studien*, Tübingen: Mohr (Paul Siebeck), S. 161 – 198.

Hayek, F.A. v. (1979)
Law, Legislation and Liberty, Bd. 3, London u. Henley: Routledge & Kegan Paul.

Heiner, R.A. (1990)
Rule-governed behavior in evolution and human society, in: *Constitutional Political Economy*, Bd. 1, S. 19 – 46.

Holland, J.H. (1995)
Hidden Order – How Adaptation Builds Complexity, Reading, Mass.: Helix Books.

Homann, K. (1997)
Sinn und Grenze der ökonomischen Methode in der Wirtschaftsethik, in: Aufderheide, D., Dabrowski, M. (Hrsg.): *Wirtschaftsethik und Moralökonomik – Normen, soziale Ordnung und der Beitrag der Ökonomik*, Volkswirtschaftliche Schriften, H. 478, Berlin: Duncker & Humblot S. 11 – 42.

Homann, K./ Blome-Drees, F. (1992)
Wirtschafts- und Unternehmensethik, Göttingen: Vandenhoeck & Ruprecht.

Koboldt, C. (1995)
Ökonomik der Versuchung, Tübingen: Mohr (Paul Siebeck).

Nozick, R. (1974)
Anarchy, State and Utopia, New York: Basic Books.

Rawls, J. (1979)
Eine Theorie der Gerechtigkeit, Frankfurt a. M.: Suhrkamp.

Schelling, T.C. (1992)
Self-Command: A New Discipline, in: Loewenstein, G., Elster, J. (Hrsg.): *Choice over Time*, New York: Russell Sage Foundation, S. 167 – 176.

Sideras, J. (1999)
The Principle of Constitutional Equivalence, Paper prepared for the 1999 Meeting of the European Public Choice Society, Lissabon 7.-10. April.

Tooby, J./ Cosmides, L. (1992)
The Psychological Foundations of Culture, in: Barkov, J.H., Cosmides, L., Tooby, J. (Hrsg.): *The Adapted Mind – Evolutionary Psychology and the Generation of Culture*, New York u. Oxford: Oxford University Press, S. 19 – 136.

Ulrich, P. (1996)
Brent Spar und der „moral point of view", in: *Die Unternehmung*, Bd. 50, S. 27 – 46.

Vanberg, V. (1987)
Erkenntnis, Interesse und Moral, in: Molden, O. (Hrsg.): *Erkenntnis und Entscheidung*, Europäisches Forum Alpbach 1987, Wien: Österreichisches College, S. 329 – 335.

Vanberg, V. (1988)
„Ordnungstheorie" as Constitutional Economics. The German Conception of a „Social Market Economy", in: *Ordo*, Bd. 39, S. 17 – 31.

Vanberg, V. (1994)
Rules and Choice in Economics, London u. New York: Routledge.

Vanberg, V. (1997a)
Die normativen Grundlagen von Ordnungspolitik, in: *Ordo*, Bd. 48, S. 707 – 726.

Vanberg, V. (1997b)
Moral und Interesse, Ethik und Ökonomik, in: Hegselmann, R., Kliemt, H. (Hrsg.): *Moral und Interesse – Zur interdisziplinären Erneuerung der Moralwissenschaft*, München: Oldenbourg, S. 167 – 181.

Vanberg, V. (1998a)
Freiburg School of Law and Economics, in: Newman, P. (Hrsg.): *The New Palgrave Dictionary of Economics and the Law*, Bd. 2, London: Macmillan, S. 172 – 179.

Vanberg, V. (1998b)
Constitutional Economics, in: Davis, J.B., Hands, D.W., Mäki, U. (Hrsg.): *The Handbook of Economic Methodology*, Cheltenham and Northampton: Edward Elgar, S. 69 – 75.

Vanberg, V. (1999)
Der konstitutionenökonomische Ansatz von J.M. Buchanan, in: Korff, W. u. a. (Hrsg.): *Handbuch der Wirtschaftsethik*, Bd. 1: Verhältnisbestimmung von Wirtschaft und Ethik, Gütersloh: Gütersloher Verlagshaus, S. 502 – 507.

Vanberg, V./ Congleton, R.D. (1992)
Rationality, Morality and Exit, in: *American Political Science Review*, Bd. 86, S. 418 – 431.

Personenverzeichnis

Autorenverzeichnis

Prof. Dr. *Norbert Berthold*, Bayerische Julius-Maximilians-Universität Würzburg, Lehrstuhl für Volkswirtschaftslehre, Wirtschaftsordnung und Sozialpolitik, Sanderring 2, 79070 Würzburg, E-Mail: norbert.berthold@mail.uni-wuerzburg.de

Prof. Dr. *François Bilger*, Université Louis Pasteur Strassbourg, Faculté des Sciences Economiques, Rue Blaises Pascal 4, F-6700 Strassbourg

Prof. Dr. *Gerold Blümle*, Albert-Ludwigs-Universität Freiburg, Institut für Allgemeine Wirtschaftsforschung, Abteilung für mathematische Ökonomie, Platz der Alten Synagoge 1, 79085 Freiburg

Dipl.-Volksw. *Claudius Christl*, Universität Bayreuth, wiss. Mitarbeiter am Lehrstuhl für Volkswirtschaftslehre IV: Wirtschaftstheorie, Universitätsstr. 30, 95447 Bayreuth

Prof. Dr. *Thomas P. Gehrig*, Albert-Ludwigs-Universität Freiburg, Institut zur Erforschung der wirtschaftlichen Entwicklung, Platz der Alten Synagoge 1, 79085 Freiburg, E-Mail: gehrigt@vwl.uni-freiburg.de

Dipl.-Volksw., Dipl.-Theol. *Nils Goldschmidt*, Albert-Ludwigs-Universität Freiburg, wiss. Mitarbeiter am Institut für Allgemeine Wirtschaftsforschung, Abteilung für mathematische Ökonomie, Platz der Alten Synagoge 1, 79085 Freiburg, E-Mail: nils.goldschmidt@vwl.uni-freiburg.de

Prof. em. Dr. *Helmut Gröner*, Vorstand des Walter Eucken Instituts Freiburg, Universität Bayreuth, Rechts- und Wirtschaftswissenschaftliche Fakultät, Universitätsstr. 1, 95440 Bayreuth

Prof. em. Dr. *Walter Hamm*, Universität Marburg, Zur Klause 28, 35041 Marburg

Dr. *Hans-Joachim Jobelius*, brain&more GmbH – Das Kompetenzteam im Gesundheitsmarkt, Zobelweg 10, 53842 Troisdorf, E-Mail: h-j.jobelius@vfa.de

Prof. Dr. *Eckhard Knappe*, Universität Trier, Fachbereich IV: Volkswirtschaftslehre, Schwerpunkt: Services Administration & Management, 54286 Trier, E-Mail: ek@zentras.uni-trier.de

Prof. Dr. *Günter Knieps*, Albert-Ludwigs-Universität Freiburg, Institut für Verkehrswissenschaft und Regionalpolitik, Platz der Alten Synagoge 1, 79085 Freiburg, E-Mail: knieps@vwl.uni-freiburg.de

Prof. Dr. *Bernhard Külp*, Albert-Ludwigs-Universität Freiburg, Institut für Allgemeine Wirtschaftsforschung, Abteilung Sozialpolitik, Platz der Alten Synagoge 1, 79085 Freiburg, E-Mail: herbertg@vwl.uni-freiburg.de

Prof. em. Dr. *Hans Otto Lenel*, Johannes-Gutenberg-Universität Mainz, Fachbereich für Rechts- und Wirtschaftswissenschaften, 50099 Mainz

Prof. Dr. Dr. h. c. *Manfred Löwisch*, Albert-Ludwigs-Universität Freiburg, Institut für Wirtschafts-, Arbeits- und Sozialversicherungsrecht, Abteilung II: Arbeitsrecht, Wilhelmstr. 26, 79085 Freiburg, E-Mail: arbrecht@ruf.uni-freiburg.de

Prof. Dr. *Peter Oberender*, Universität Bayreuth, Lehrstuhl für Volkswirtschaftslehre IV: Wirtschaftstheorie, Universitätsstr. 30, 95447 Bayreuth, E-Mail: peter.oberender@uni-bayreuth.de

Prof. *Sir Alan Peacock*, Economic Consultant and First Director of The David Hume Institute, Edinburgh, 21 George Square, Edinburgh EH8 9LD, E-Mail: peacock@ebs.hw.ac.uk

Prof. Dr. *Volker Rieble*, Universität Mannheim, Lehrstuhl für Bürgerliches Recht, Arbeitsrecht, Handels- und Wirtschaftsrecht, Schloss Westflügel, 68131 Mannheim, E-Mail: rieble@jura.uni-mannheim.de

Dr. *Gerhard Sauer*, VIK e.V., Richard-Wagner-Str. 41, 45128 Essen, E-Mail: g.sauer@vik-online.de

Prof. Dr. *Bernd Schauenberg*, Albert-Ludwigs-Universität Freiburg, Betriebswirtschaftliches Seminar III: Personal- und Organisationsökonomie, Platz der Alten Synagoge 1, 79085 Freiburg, E-Mail: schauenberg@vwl.uni-freiburg.de

Prof. Dr. *Otto Schlecht*, Staatssekretär a. D., Vorsitzender der Ludwig-Erhard-Stiftung e. V., Johanniterstraße 8, 53113 Bonn

Prof. Dr. *Franz Schober*, Albert-Ludwigs-Universität Freiburg, Institut für Allgemeine Wirtschaftsforschung, Abteilung für Wirtschaftsinformatik, Platz der Alten Synagoge 1, 79085 Freiburg, E-Mail: schober@vwl.uni-freiburg.de

Prof. Dr. *Erich W. Streissler*, Universität Wien, Institut für Wirtschaftswissenschaften, Hohenstaufengasse 9, A-1010 Wien

Prof. Dr. *Manfred E. Streit*, Max Planck-Institut zur Erforschung von Wirtschaftssystemen, Abteilung Institutionenökonomik und Wirtschaftspolitik, Kahlaische Straße 10, 07745 Jena, E-Mail: streit@mpiew-jena.mpg.de

Prof. Dr. *Viktor Vanberg*, Albert-Ludwigs-Universität Freiburg, Institut für Allgemeine Wirtschaftsforschung, Abteilung für Wirtschaftspolitik, Platz der Alten Synagoge 1, 79085 Freiburg, E-Mail: vvanberg@vwl.uni-freiburg.de

Prof. em. Dr. *Christian Watrin*, Universität zu Köln, Wirtschaftspolitisches Seminar, Albert-Magnus-Platz, 50923 Köln (Lindenthal), E-Mail: watrin@wiso-r10.wiso.uni-koeln.de

Prof. em. Dr. *Hans Willgerodt*, Universität zu Köln, Institut für Wirtschaftspolitik, Pohligstraße 1, 50969 Köln

Prof. Dr. *Ulrich Witt*, Max Planck-Institut zur Erforschung von Wirtschaftssystemen, Abteilung für Evolutionsökonomik, Kahlaische Straße 10, 07745 Jena, E-Mail: witt@mpiew-jena.mpg.de

Dr. *Michael Wohlgemuth*, wiss. Mitarbeiter am Max Planck-Institut zur Erforschung von Wirtschaftssystemen, Abteilung Institutionenökonomik und Wirtschaftspolitik, Kahlaische Straße 10, 07745 Jena, E-Mail: wohlgemuth@mpiew-jena.mpg.de

Prof. Dr. *Werner Zohlnhöfer*, Johannes-Gutenberg-Universität Mainz, Lehrstuhl für Volkswirtschaftslehre, insbesondere Wirtschaftspolitik, Fachbereich für Rechts- und Wirtschaftswissenschaften, 55099 Mainz, E-Mail: W.Zohlnhöfer@uni-mainz.de

Wechselkursmanagement der Zentralbanken (Bd. 10)
Von Dr. Lothar Bopp. 1982. 192 Seiten, Broschur DM 59,–.

Inventionsprozesse und Unternehmensentwicklung (Bd. 11)
Die Initiierung von Neuerungsprozessen in Unternehmungen.
Von Dr. Thomas Fischer. 1982. 192 Seiten, Broschur DM 59,–.

Konsumtive Arbeit (Bd. 12)
Ein wirtschaftstheoretischer Beitrag zur Humanisierung der Arbeitswelt.
Von Dr. Harald Enke. 1983. 354 Seiten, Broschur DM 98,–.

Personelle Einkommensverteilung, Planwirtschaft und Evolution (Bd. 13)
Dargestellt am Beispiel der CSSR.
Von Dr. Joachim Grund. 1982. 148 Seiten, Broschur DM 55,–.

Anwendungsprobleme des t-Tests (Bd. 14)
Eine Analyse der Eigenschaften des t-Tests bei Verletzung seiner Voraussetzungen in Eingleichungsmodellen.
Von Dr. Berthold Fischer. 1982. 283 Seiten, Broschur DM 69,–.

Grenzen neoliberaler Strategie im Nord-Süd-Konflikt (Bd. 15)
Von Dr. Joachim Rücker. 1982. 95 Seiten, Broschur DM 39,80.

Der Konsumcharakter der Einkommensentstehung (Bd. 16)
Zur Interdependenz von Konsum- und Multiplikatortheorie.
Von Dr. Friedrich L. Sell. 1982. 220 Seiten, Broschur DM 59,–.

Politische Ökonomie (Bd. 17)
Entwicklung und Wandlungen.
Von Dr. Werner Wolfgang Halbweiss. 1983. 107 Seiten, Broschur DM 39,80.

Verteilungsschwankungen im Konjunkturverlauf (Bd. 18)
Ein ökonometrisches Modell zur Erklärung der kurzfristigen Schwankungen der Verteilungsquoten in der Bundesrepublik Deutschland für den Zeitraum von 1966 bis 1975.
Von Dr. Jürgen Flaig. 1983. 221 Seiten, Broschur DM 39,–.

Feldtheorie und Konsumverhalten (Bd. 19)
Von Dr. Christel-Margret Horn. 1983. 121 Seiten, Broschur DM 48,–.

Systemtheorie und ökonomische Modelle (Bd. 20)
Systemtheoretische Grundlagen, Konzeption und Methoden der Wirtschaftstheorie und Ökonometrie.
Von Dr. Dieter Friedrich. 1984. 376 Seiten, Broschur DM 98,–.

Ökonometrische Systeme mit variablen Strukturen (Bd. 21)
Die Konstruktion adaptiver, lernfähiger Systeme als Möglichkeit zur Weiterentwicklung der ökonometrischen Modellbildung.
Von Dr. Wolfgang Röhling. 1983. 272 Seiten, Broschur DM 49,–.

Erwartungen in der Ökonomie (Bd. 22)
Das Modell der Quartischen-Modalwert-Erwartungen.
Von Dr. Wulfheinrich von Natzmer. 1985. 180 Seiten, Broschur DM 59,–.

Ordnung der Wirtschaft durch Wettbewerb (Bd. 23)
Entwicklung der Ideen der Freiburger Schule.
Von Dr. Fritz Holzwarth. 1985. 217 Seiten, Broschur DM 59,–.

Arbeitsproduktivität und Beschäftigung (Bd. 24)
Eine wirtschaftstheoretische und ökonometrische Analyse mit empirischen Ergebnissen für deutsche Industriesektoren.
Von Dr. Leo Pusse. 1984. 311 Seiten, Broschur DM 49,–.

Lohnstarrheit und Arbeitslosigkeit (Bd. 25)
Von Dr. Norbert Berthold. 1987. 209 Seiten, Broschur DM 59,–.

Chancen und Risiken marktwirtschaftlicher Umweltpolitik (Bd. 26)
Von Dr. Anita Stilz. 1987. 92 Seiten, Broschur DM 48,–.

Ökonomische Theorie der Unternehmensentstehung (Bd. 27)
Von Dr. Andreas Strohm. 1988. 75 Seiten, Broschur DM 45,–.

Nutzen-Kosten-Untersuchung einer kommunalen Großveranstaltung (Bd. 28)
Dargestellt am Beispiel der Landesgartenschau Freiburg 1986.
Von Dr. Bernd Dallmann. 1988. 218 Seiten, Broschur DM 89,–.

Afrikanische Weltanschauung und ökonomische Rationalität (Bd. 29)
Geistesgeschichtliche Hintergründe des Spannungsverhältnisses zwischen Kultur und wirtschaftlicher Entwicklung.
Von Dr. Martin Büscher. 1988. 100 Seiten, Broschur DM 48,–.

Die Volkswirtschaftslehre im Nationalsozialismus (Bd. 30)
Von Dr. Christina Kruse. 1988. 153 Seiten, Broschur DM 42,50.

Marktversagen versus Politikversagen (Bd. 31)
Von Dr. Thomas Hansen. 1988. 190 Seiten, Broschur DM 59,–.

Kapitalverkehr und Handel im römischen Kaiserreich (Bd. 32)
27 v. Chr.-235 n.Chr.
Von Dr. Hans von Freyberg. 1989. 195 Seiten, Broschur DM 59,–.

Gesetzliche Rentenversicherung und Konsum (Bd. 33)
Eine Untersuchung zur Situation in der BRD.
Von Dr. Hans-Jürgen Schniewind. 1989. 134 Seiten, Broschur DM 45,–.

Zwischen Konkurrenz und Monopol (Bd. 34)
Eine preistheoretische Untersuchung unter besonderer Berücksichtigung von Anbieterzahl und Produktdifferenzierung.
Von Prof. Dr. Paul Engelkamp. 1990. 474 Seiten, Broschur DM 98,–.

Stagflation und Phillips-Kurve (Bd. 35)
Eine völlig neue Interpretation des alten Trade-off zwischen Inflation und Arbeitslosigkeit.
Von Dr. Wolfgang Patzig. 1990. 446 Seiten, Broschur DM 79,–.

Devisenmarktinterventionen zur Konjunkturstabilisierung (Bd. 36)
Eine theoretische Analyse für eine kleine offene Volkswirtschaft bei Datenänderungen im In- und Ausland
Von Dr. Hans-Joachim Klöckers. 1990. 386 Seiten, Broschur DM 59,–.

Beschäftigungswirkungen von Prozeß- und Produktinnovationen (Bd. 37)
Eine theoretische Untersuchung.
Von Dr. Henning Röhreke. 1990. 346 Seiten, Broschur DM 79,–.

Versunkene Kosten (Bd. 38)
Zur Funktionsweise der unsichtbaren Hand.
Von Dr. Ralf Hauer. 1990. 168 Seiten, Broschur DM 49,–.

Beschäftigungseffekte des Binnenmarktes (Bd. 39)
Allokative und makroökonomische Auswirkungen des Europäischen Binnenmarktes 1992.
Von Dr. Othmar Belker. 1991. 268 Seiten, Broschur DM 59,–.

Die Fristigkeitsstruktur der Zinsen in makroökonomischen Modellen (Bd. 40)
Von Dr. Wolfgang S. Singer. 1991. 208 Seiten, Broschur DM 59,–.

Kollektive Interessenvertretung, Recht und ökonomische Effizienz (Bd. 41)
Eine institutionelle Theorie und Politik des Arbeitsmarkts.
Von Dr. Werner Dichmann. 1992. 350 Seiten, Broschur DM 69,–.

Bürokommunikation (Bd. 42)
Simulationsmodelle für den Entwurf und die Bewertung der elektronischen Vorgangsabwicklung.
Von Dr. Gitta Eipperle. 1992. 236 Seiten, Broschur DM 59,–.

Strategische Weiterbildungsplanung (Bd. 43)
Modellgestützte strategische Planung betrieblicher Weiterbildung.
Von Dr. Klaus Miltenberger. 1993. 154 Seiten, Broschur DM 49,–.

Beschäftigung und Kapitalbildung (Bd. 44)
Eine theoretische Analyse mit einer Anwendung für die Bundesrepublik Deutschland 1961-1989.
Von Dr. Jürgen Jerger. 1993. 231 Seiten, Broschur DM 59,–.

Gesundheitsökonomie und Wirtschaftspolitik (Bd. 45)
Neoklassische versus österreichische Markttheorie dargestellt am Beispiel des Gesundheits- und Krankenversicherungswesens.
Von Dr. Georg Kortendieck. 1993. 384 Seiten, Broschur DM 79,–.

Die Welthandelsordnung zwischen Konflikt und Stabilität (Bd. 46)
Konfliktpotentiale und Konfliktlösungsmechanismen.
Von Dr. Stefan Voigt. 1992. 234 Seiten, Broschur DM 59,–.

Verbraucherschutz und Marktprozesse (Bd. 47)
Versuch einer institutionentheoretisch fundierten Erklärung von Marktregulierungen.
Von Dr. Heiko Lohmann. 1992. 224 Seiten, Broschur DM 59,–.

Strukturelle Arbeitslosigkeit als Gleichgewichtskonzept (Bd. 48)
Eine Analyse unter besonderer Berücksichtigung der Langzeitarbeitslosigkeit.
Von Dr. Thomas Westermann. 1993. 284 Seiten, Broschur DM 59,–.

Internationale Kapital- und Technologietransfers multinationaler Unternehmen (Bd. 49)
Wohlfahrtswirkungen im neoklassischen Ansatz.
Von Dr. Marco Bargel. 1993. 181 Seiten, Broschur DM 59,–.

Neukeynesianismus und Marktmacht (Bd. 50)
Makroökonomische Implikationen unvollkommener Konkurrenz auf den Gütermärkten.
Von Dr. Michael Pflüger. 1994. 333 Seiten, Broschur DM 69,–.

Wissenbasierte Methodenbanken (Bd. 51)
WEPLAN – Ein Expertensystem zur Schätzung ökonometrischer Einzelgleichungsmodelle.
Von Dr. Karin Benz. 1995. 146 Seiten, Broschur DM 49,–.

Telekommunikation in der Europäischen Union (Bd. 52)
Innovative Kommunikationstechnologien im Spannungsfeld von staatlicher Regulierung und Marktdynamik
Von Dr. Petra Müller. 1995. 292 Seiten, Broschur DM 64,–.

Wachstumswirkungen des Binnenmarktes (Bd. 53)
Aus Sicht der neuen Wachstumstheorie.
Von Dr. Thomas Bley. 1995. 192 Seiten, Broschur DM 59,–.

Zur Reform der deutschen Gesetzlichen Krankenversicherung (Bd. 54)
Eine ordnungspolitische Analyse unter besonderer Berücksichtigung des Leistungskatalogs.
Von Dr. Anja Oberender. 1996. 244 Seiten, Broschur DM 59,–.

Umweltökonomik und deutsche Umweltpolitik (Bd. 55)
Wirtschaftswissenschaftliche und politische Vorschläge zur Lösung von Umweltproblemen.
Von Dr. Urs Christoph Fürst. 1996. 513 Seiten, Broschur DM 89,–.

Arbeitsmarkt und Arbeitslosigkeit (Bd. 56)
Herausgegeben von Professor Dr. Bernhard Külp. 1996. 358 Seiten, Broschur DM 128,–.

Internationale Standortentscheidung (Bd. 57)
Einflußfaktoren, informatorische Fundierung und Unterstützung durch computergestützte Informationssysteme.
Von Dr. Boris Hummel. 1997. 419 Seiten, Broschur DM 79,–.

Intelligente Informationssysteme für das Bankgeschäft (Bd. 58)
Eine theoretische und empirische Analyse ihrer strategischen Bedeutung.
Von Dr. Marcus Vögtle. 1997. 257 Seiten, Broschur DM 64,–.

Direktbanken im Retail-Banking (Bd. 59)
Informationstechnologie und Strategie.
Von Dr. Michael Veil. 1998. 436 Seiten, Broschur DM 98,–.

Kreditrationierung während der wirtschaftlichen Transformationsphase (Bd. 60)
Das Beispiel Ungarn.
Von Dr. Christopher Bangert. 1998. 222 Seiten, Broschur DM 98,-.

Einflußfaktoren auf die Prozeßqualität bei beratungsintensiven Dienstleistungen (Bd. 61)
Mit einer empirischen Analyse zur Qualitätsproblematik der Anlageberatung.
Von Dr. Alexander Holler. 1999. 276 Seiten, Broschur DM 98,-.

Ausländische Direktinvestitionen in den Transformationsstaaten Mittel- und Osteuropas (Bd. 62)
Ansätze zur Verbesserung der Standortqualität.
Von Dr. Reinhard Cluse. 1999. 356 Seiten, Broschur DM 98,-.

Politische Ökonomie der Langzeitarbeitslosigkeit (Bd. 63)
Von Dr. Thomas Pfeiffer. 1999. 172 Seiten. Broschur DM 98,-.

Die ökonomische Transformation in der Tschechischen Republik (Bd. 64)
Eine kritische Bestandsaufnahme unter besonderer Berücksichtigung der Außenhandelsreform.
Von Dr. Michael Eidel. 2000. 330 Seiten. Broschur DM 49,90.

Geld, Kredit und Zins (Bd. 65)
Eine kreislaufanalytische Betrachtung.
Von Dr. Markus Vogtmann. 2000. 240 Seiten. Broschur DM 49,90.

Auswirkungen der Industriepolitik in der EU auf die internationale Wettbewerbsfähigkeit der europäischen Wirtschaft (Bd. 66)
Von Dr. Dieter Szettele. 2000. 400 Seiten. Broschur DM 49,90.